UTB 8258

Eine Arbeitsgemeinschaft der Verlage

Beltz Verlag Weinheim · Basel
Böhlau Verlag Köln · Weimar · Wien
Wilhelm Fink Verlag München
A. Francke Verlag Tübingen und Basel
Haupt Verlag Bern · Stuttgart · Wien
Lucius & Lucius Verlagsgesellschaft Stuttgart
Mohr Siebeck Tübingen
C. F. Müller Verlag Heidelberg
Ernst Reinhardt Verlag München und Basel
Ferdinand Schöningh Verlag Paderborn · München · Wien · Zürich
Eugen Ulmer Verlag Stuttgart
UVK Verlagsgesellschaft Konstanz
Vandenhoeck & Ruprecht Göttingen
Verlag Recht und Wirtschaft Heidelberg
VS Verlag für Sozialwissenschaften Wiesbaden
WUV Facultas Wien

wisu
texte

Neue Arbeitsmarkttheorien

Thomas Wagner, Elke J. Jahn

2., vollständig überarbeitete Auflage

mit 110 Abbildungen, 39 Tabellen und einem Glossar

Lucius & Lucius · Stuttgart

Anschrift der Autoren:

Prof. Dr. Thomas Wagner
Dr. Elke J. Jahn
Hastverstr. 31
90408 Nürnberg

Bibliografische Information der Deutschen Bibliothek

Die Deutsche Bibliothek verzeichnet diese Publikation in der Deutschen Nationalbibliografie; detaillierte bibliografische Daten sind im Internet über http://dnb.ddb.de abrufbar

ISBN 3-8282-0253-5 (Lucius & Lucius)

Druck und Einband: Druckhaus Thomas Müntzer, Bad Langensalza

Printed in Germany

UTB-Bestellnummer: 3-8252-8258-9

Vorwort zur zweiten Auflage

Das Lehrbuch zu den neuen Arbeitsmarkttheorien ist auf breites Interesse gestoßen. Wir haben uns daher entschlossen, eine zweite Auflage zu schreiben. Als vor einigen Jahren Titel mit dem Versprechen aufkamen, dem Leser werde die *neue* Theorie aus diesem oder jenem Wissensgebiet präsentiert, fragten Rezensenten ironisch besorgt, wie wohl der alte Titel auf neuen Auflagen wirken werde. In der Tat herrscht in Presse und Öffentlichkeit, bei Studenten und Personalabteilungen die Meinung, „die VWL" sei ein aus zeitlos gültigen Wahrheiten bestehendes Lehrgebäude, Dynamik und Fortschritt spielten sich woanders ab. Im Gegensatz zu diesem Urteil steht unsere Erfahrung. Es war zum Beispiel ungleich einfacher, wenn auch weniger kurzweilig, seit der ersten Auflage dem schnellen technischen Fortschritt der Schreib- und Betriebssysteme zu folgen, als dem wissenschaftlichen Fortschritt der Arbeitsmarktökonomik. Wir haben die zweite Auflage grundlegend revidiert und in *neuer* Rechtschreibung geschrieben. *Neu* ist auch, dass es zu dem Lehrbuch unter

www.neue-arbeitsmarkttheorien.de

eine Homepage gibt, die Übungsaufgaben und Lösungen ebenso wie eine online-Präsentation der Grafiken und Tabellen zur Verfügung stellt. Die wichtigsten Änderungen sind:

- Das Datenmaterial wurde auf den aktuellen Stand gebracht, *neue* Tabellen und zusätzliche empirische Belege wurden ebenso hinzugefügt wie *neue* Boxen. Die Abbildungen wurden überarbeitet, verbessert und durch *neue* Grafiken ergänzt.
- Das Kapitel 5 enthält neben dem Grundmodell der Matching-Theorie, die Analyse der Effizienz des Suchgleichgewichts und in der *neuen* Auflage mit dem Mortensen-Pissarides-Modell den gegenwärtigen Standard dieser Theorierichtung.
- Das Kapitel 6 ist *neu* und stellt das Burdett-Mortensen-Modell der monopsonistischen Konkurrenz sowie das Burdett-Wright-Modell mit nicht transferierbarem Nutzen vor. Viele deutsche Arbeitsmärkte sind durch nicht transferierbaren Nutzen und die hieraus resultierende strukturelle Arbeitslosigkeit gekennzeichnet.
- Das Kapitel 8 ist *neu* und ergänzt die vertragstheoretischen Ansätze aus Kapitel 7 um das Modell des unvollständigen Arbeitsvertrags und seiner Erklärung für abwärtsrigide Nominallöhne.
- Das Kapitel 10 zur Arbeitslosenversicherung enthält eine *neue* Fassung der Reservationslohntheorie und eine *neu* eingefügte informationsökonomische Begründung für das Versagen des Marktes für Arbeitslosenversicherungen.
- Das Kapitel 11 ist *neu* und gibt eine Darstellung der Institutionen sowie der ökonomischen Theorie der öffentlichen Fürsorge und des Lohnabstandsproblems.
- Das Kapitel 12 ist weitgehend *neu* und enthält neben den *neuen* Institutionen des deutschen Kündigungsschutzes, ökonomische und juristische Begründungen für einen staatlichen Kündigungsschutz. Das Kapitel stellt die „mikroökonomische Theorie des privaten Kündigungsschutz" vor, die sich mit Hilfe *neuer* Modelle

über Kündigungsfristen, Verdienstsicherung, (privaten) Bestandsschutz und Abfindungen aus der Literatur zusammenstellen lässt.

- Der Schluss wurde um *neue* Darstellungen der Krisenhypothese und des Index of Labour Market Well-being (ILMW) ergänzt.
- *Neu* ist der ausführliche Bezug zur Rechtstheorie und zu den Institutionen der deutschen Rechtsordnung. Die Verstaatlichung aller Rechtsgrundlagen der Transaktionstechnologien der Güter-, Kapital- und vor allem der Arbeitsmärkte ist, wie es scheint, die wesentliche Ursache der persistenten Massen- und Langzeitarbeitslosigkeit.

Der Arbeitsmarkt ist neben den Kapital- und Versicherungsmärkten einer der strategischen Faktormärkte moderner Wissens- und Dienstleistungsgesellschaften. Für jeden dieser Märkte gibt es Bereichstheorien. Kenntnisse dieser Theorien gehören zum Repertoire der ökonomischen Allgemeinbildung. Um einen möglichst breiten Zugang zu den neuen Arbeitsmarkttheorien zu schaffen, haben wir dieses Buch geschrieben. Es wendet sich an Dozenten, Studenten, Juristen, Praktiker und Interessierte, die ihr Wissen über den Arbeitsmarkt ergänzen oder auffrischen wollen. Vor allem haben wir an jene Leser gedacht, die wissen möchten, was die Theorie zur Klärung des drängendsten wirtschaftspolitischen Zeitproblems, der europäischen Massenarbeitslosigkeit, die Öffentlichkeit und Politik auch während der nächsten Jahrzehnte beschäftigen wird, beizutragen hat.

Ökonomisches Grundwissen erleichtert die Lektüre. Manche Abschnitte setzen Kenntnisse der Differenzialrechnung voraus. Alle Argumente sind ausführlich mit Grafiken, Tabellen, Beispielen, Zitaten sowie mit Darstellungen und Analysen von Institutionen des deutschen Arbeitsmarktes versehen. Jedes Kapitel hat eine ausführliche Einleitung und Zusammenfassung. Am Ende des Buches finden sich ein Kapitel mit Rechenregeln, ein Glossar sowie ein Stichwortverzeichnis.

Das Buch liegt in der alleinigen Verantwortung der Autoren und stellt dort, wo Werturteile den Text ergänzen, nur die Präferenzen des einen oder des anderen Autors dar. Wie bei der ersten Auflage gilt allen, die bei der Entstehung des Buches hilfreich beteiligt waren, unser herzlicher Dank, in den wir besonders gerne auch jene Leser mit einschließen, die uns noch mit Kritik und Verbesserungsvorschlägen auf die Sprünge helfen werden.

Nürnberg, im Sommer 2004 — Thomas Wagner und Elke J. Jahn

Inhaltsübersicht

Inhaltsverzeichnis

Einführung

Es gibt viele Gründe, sich mit den neuen Arbeitsmarkttheorien auseinanderzusetzen, solche, die über den Tag hinausweisen wie Allgemeinbildung, wissenschaftliche Revolutionen, ethische Spannungen, die aus dem Warencharakter der Arbeit resultieren, sowie Besonderheiten der Märkte für den Produktionsfaktor Arbeit, und solche, die eher aktuell und gegenwartsbezogen, aber dafür von um so größerem Gewicht sind wie die europäische Integration und besonders das Phänomen der europäischen Massenarbeitslosigkeit.

Neben diesen Gründen gibt es weitere Motive, sich in die Lektüre der neuen Arbeitsmarkttheorien zu vertiefen. Wie jeder aus Erfahrung weiß, der in der freien Wirtschaft tätig war, ist der Arbeitsmarkt ein Suchmarkt, den eine extreme Heterogenität und eine Vielzahl von Koordinationsmechanismen kennzeichnet, die zwischen Anbietern und Nachfragern vermitteln und unter denen der Faktorpreis nicht selten nur eine Nebenrolle spielt. Es ist daher interessant zu beobachten, wie Arbeitsmarkttheorien mit der Schwierigkeit fertig werden, dass sich das in Theorie und Praxis gewohnte Denkschema vom Tausch homogener Güter zwischen vollständig informierten Marktteilnehmern nicht ohne weiteres auf diesen Faktormarkt anwenden lässt.

Mit der nunmehr seit drei Jahrzehnten wachsenden Arbeitslosigkeit steigt auch die Betroffenheit der breiten Mittelschicht. Nicht zuletzt deshalb, weil die Massen- und Langzeitarbeitslosigkeit immer näher an den eigenen Lebenskreis rückt. Da die Angehörigen der Mittelschicht, die über den Ausgang der Wahlen zu den Parlamenten entscheiden, eine Beschäftigung haben, ist Arbeitslosigkeit in den politischen Arenen die längste Zeit über kaum mehr als ein Stoff für den symbolischen Schlagabtausch zwischen Regierung und Opposition gewesen. Doch mit der Betroffenheit der wahlentscheidenden Schichten und ihrer Belastung durch die Folgekosten der Massenarbeitslosigkeit wächst der Druck auf die Politik, mit Reformen der Arbeitsmarktinstitutionen in den politisch riskanten Kampf gegen die Arbeitslosigkeit einzutreten. Die neuen Arbeitsmarkttheorien tragen zur Klärung des Phänomens der Massenarbeitslosigkeit einiges bei, das Rätsel ihres Zustandekommens und ihrer zählebigen Persistenz (Beharrlichkeit) lösen sie indes nicht mit einer Gewissheit, die eine der Voraussetzungen unparteiischer wirtschaftspolitischer Beratung ist. Man kann wie viele der Meinung sein, dass das deutsche Kündigungsschutzgesetz eine der Ursachen für den desolaten Zustand des Arbeitsmarktes ist. Die Theorie gewährt für diese und andere engagierte Meinungsäußerungen zu den Institutionen des Arbeitsmarktes immer nur unter speziellen Voraussetzungen Deckung und Ablass.

Neue Arbeitsmarkttheorien lautet das Thema des Buches, trotzdem mussten wir auswählen. Darstellungen der Humankapitaltheorie (*Franz* 2003, *Sesselmeier/Blauermel* 1998), der Kontrakttheorie (*Diekmann* 1982) und der Segmentationstheorien (*Rothschild* 1994, *Sesselmeier/Blauermel* 1998) finden sich in der genannten Literatur. Ausflüge in die neue Makroökonomik mussten wir uns versagen, ein Verzicht, der beim Thema der inflationsstabilen Rate der Arbeitslosigkeit (NAIRU; *Layard/Nickell/Jackman* 1991, *Jerger/Landmann* 1999, *Ball/Mankiw* 2002, *Beißinger* 2003) und angesichts der Theoreme zum Arbeitsmarkt, die von der Neuen Keynesianischen Makroökonomik seit einigen Jahren geliefert werden, mehr als bedauerlich ist (*Erlei* 1991, *Pflüger* 1994, *Stülb* 1995, *Homburg* 1996, *Illing* 1996, *Mankiw* 2003). Ebenso war es nicht möglich, die Entwicklung der Arbeitsmarktökonometrie nachzuzeichnen (*Hammermesh* 2000, *Franz* 2003, *Cahuc/Zylberberg* 2004) oder die aktive Arbeitsmarktpolitik (*Cahuc/Zylberberg* 2004) ausführlich zu behandeln und selbst die experimentelle Arbeitsmarktforschung (*Gächter/Falk* 2002, *Falk/Fehr* 2003, *Brown/Falk/Fehr* 2004) mussten wir ausklammern. Schließlich können wir auch die empirischen Untersuchungen zu den sozialpsychologischen Folgen Arbeitslosigkeit nur erwähnen (*Di Tella/MacCulloch/Oswald* 2001, *Frey/Stutzer* 2002).

In der herkömmlichen Arbeitsmarkttheorie, der neoklassischen, wie wir sie der Kürze halber nennen, auf die man allenthalben in den Lehrbüchern der Mikro- und Makroökonomie trifft, verhalten sich die Akteure als Mengenanpasser, sind über die Daten und Ereignisse des Marktgeschehens vollständig informiert und alle Anpassungsprozesse verlaufen unendlich schnell. Die neuen Arbeitsmarkttheorien erschließen sich als Variationen dieser Informations- und Verhaltensannahmen mit zahlreichen Konsequenzen, zu denen die Einsicht gehört, dass Gleichgewichtszustände mit einer positiven Arbeitslosenrate die Regel, ein geräumter Arbeitsmarkt dagegen die Ausnahme ist. Die im Gleichgewicht herrschende Arbeitslosigkeit wird in Anlehnung an den amerikanischen Ökonomen Friedman als natürliche bezeichnet. Die tatsächliche schwankt zyklisch, den Impulsen der Konjunktur folgend, um die natürliche, die ihr Konvergenzzentrum bildet. Unter Arbeitsmarkt- und Makroökonomen gibt es allerdings keinen Konsens, wie die tatsächliche in die zyklische und die natürliche oder strukturelle Komponente aufzuspalten ist. Weitgehende Einigkeit scheint aber darüber zu herrschen, dass die hohe und persistente Arbeitslosigkeit in Europa zum Großteil strukturelle, von den Institutionen des Arbeitsmarktes, dem Technischen Fortschritt und der Politik des Wohlfahrtsstaates beeinflusste Ursachen hat. Eine gleichgewichtige Arbeitslosigkeit ist, wie es scheinen mag, ein Widerspruch in sich; jedenfalls wenn man, wie in Praxis und Wissenschaft noch häufig, Gleichgewicht aus makroökonomischer Perspektive als Ausgleich von Angebot und Nachfrage definiert. Der moderne Gleichgewichtsbegriff stellt aber auf die Erwartungen und das Verhalten der Marktteilnehmer ab. In einem Gleichgewicht bestätigt das Verhalten der Akteure ihre Erwartungen und keiner glaubt, durch eine Verhaltensänderung seine Lage noch einmal verbessern zu können. Die Markträumung hat offenbar in dieser Definition keinen Platz und ist nur „zufällig" ein Zustand, in dem sich auch die Ziele und Erwartungen der Individuen erfüllen.

Die neuen Arbeitsmarkttheorien befassen sich mit der natürlichen Komponente der Arbeitslosigkeit. Von dieser hat man behauptet, sie sei kurzfristig, freiwillig und von geringem Umfang. Keine dieser Kennzeichnungen gehört zum Konzept. Die natürliche Arbeitslosigkeit kann nicht nur unfreiwillig, sondern infolge Persistenz erzeugender Mechanismen auch von langer Dauer sein. Noch auf eine andere, vertrauten Gewohnheiten widersprechende Perspektive der neuen Arbeitsmarkttheorien muss man gefasst sein. Während das Werturteil selbst unter Ökonomen weit verbreitet ist, dass eine niedrigere stets besser ist als eine höhere Arbeitslosenrate und ein „hoher Beschäftigungsstand" regelmäßig zum magischen Zielkanon der Wirtschaftspolitik gehört, gibt es im Kanon der neuen Arbeitsmarkttheorien neben der natürlichen eine sozial effiziente Arbeitslosenquote. Die natürliche Rate weicht aus Gründen, die später besprochen werden, von der sozial effizienten ab, das bedeutet, sie ist entweder zu hoch oder zu niedrig, gemessen an der sozial effizienten. Im Rahmen der neoklassischen Basistheorie ist das Urteil „Je höher der Beschäftigungsstand, desto besser!“ einleuchtend. Denn die Such-, Einstellungs- und Entlassungsaktivitäten von Anbietern und Nachfragern verbrauchen keine Ressourcen, ihre (Opportunitäts-) Kosten sind null, weshalb ein Zustand nur dann sozial effizient ist, wenn jeder, der zum herrschenden Lohn einen Arbeitsplatz sucht, auch eine Stelle findet. Der Zustand des friktionslosen Marktes, bei dem Angebot und Nachfrage übereinstimmen, ist zugleich kompatibel mit den Erwartungen der Marktteilnehmer, niemand wird enttäuscht oder glaubt, durch Änderung seines Verhaltens seine Lage zu verbessern. Deswegen sind in der Basistheorie natürliche und effiziente Rate identisch und beide gleich null. Das Lehrbuch ist am Leitfaden der Informations- und Verhaltensannahmen der neuen Arbeitsmarkttheorien folgendermaßen gegliedert:

Teil I: Neoklassische Arbeitsmarkttheorie und empirische Aspekte des Arbeitsmarktes

Teil I stellt die Grundzüge der neoklassischen Arbeitsmarkttheorie dar. Kapitel 1 behandelt das Arbeitsangebot und erläutert Konzepte wie die Partizipationsentscheidung, die Erwerbs- und Nichterwerbspersonen trennt, den Anspruchs- oder Reservationslohn, den Garantienutzen, die Teilbarkeit und die Fixkosten der Arbeit. Kapitel 2 erörtert die kurzfristige Arbeitsnachfrage eines Unternehmens mit gegebener Betriebskapazität. Im Mittelpunkt von Kapitel 3 steht der friktionslose Arbeitsmarkt, auf dem eine große Zahl homogener (gleichartiger) Anbieter auf eine ebenfalls große Zahl homogener Nachfrager trifft. Keine Partei verfügt über Marktmacht. Alle passen sich mit Arbeitsangebot und Personalpolitik an den herrschenden Faktorpreis an. Es werden Konzepte wie der Angebotsüberschuss, die Rate der Arbeitslosigkeit und die (un-) freiwillige Arbeitslosigkeit definiert, die Wirkung von Lohnnebenkosten (Aufwendungen für die Kranken-, Pflege-, Renten- und Arbeitslosenversicherung) auf Beschäftigung und Gleichgewicht wird dargestellt und das Verhältnis von effizienter und (un-) freiwilliger Arbeitslosigkeit wird besprochen. Kapitel 4 stellt die grundlegenden Bestandsgleichungen vor, von der die Messungen der Erwerbspersonen (Statistisches Bundesamt) und des Erwerbspersonenpotentials (Bundesagentur für Arbeit) ausgehen und vergleicht die Methoden der Messung der Arbeitslosigkeit, wobei die Konzepte der OECD und von Eurostat zur Sprache kommen. Der Arbeitsmarkt ist ein außerordentlich komplexes System von Strom- und Bestandsgrößen. Um sich einen Eindruck von seiner Dynamik zu verschaffen, reicht es nicht, Bestände und Bestandsänderungen zu beobachten. Kapitel 4 gibt daher einen Überblick über die Zu- und Abgänge, den Fluktuationskoeffizienten, die durchschnittliche Dauer und die Verteilung der Dauer der Arbeitslosigkeit sowie über den Job- und Laborturnover. Schließlich wird das Konzept der Persistenz und der Persistenz erzeugenden Mechanismen erläutert.

Teil II: Friktionen und asymmetrische Information

In Teil II handeln die Akteure unter Ungewissheit oder bei asymmetrisch verteilten Informationen, die Anpassungsgeschwindigkeiten auf dem Arbeitsmarkt werden von technologischen und institutionellen Friktionen begrenzt. Zu den technologischen Friktionen zählen Informationsunvollkommenheiten, die Heterogenität der Stellen und Jobsucher oder Engpässe der Kommunikationstechnologien. Institutionelle Friktionen werden dagegen von der staatlichen Rechtsordnung, privaten Verträgen oder den Verkehrssitten planmäßig oder als nicht intendierte Nebenfolgen hervorgerufen. Was heißt „von der Rechtsordnung hervorgerufen“? Die objektiven und subjektiven Ansprüche und Pflichten, die zum Beispiel das Grundgesetz, das Zivil-, Arbeits- und Sozialrecht begründen und die von staatlichen Gerichten durchgesetzt werden, lösen Verhaltensanpassungen von Arbeitsanbietern und Arbeitsnachfragern aus. Was heißt „lösen Verhaltensanpassungen aus“? Die Rechtsordnung beeinflusst mit Gesetzen, Verordnungen, Bescheiden und Gerichtsurteilen die Kosten und Erträge der Handlungsalternativen sowie den Wert der Grundausstattung, über die die Akteure verfügen, formt ihre Präferenzen, reguliert ihre Technologien, begrenzt oder zensiert etwa im Bewerbungsgespräch das gesprochene und geschriebene Wort und beeinflusst so die Richtung, die das Alltagsverhalten nimmt. Zum Beispiel: Das Kündigungsschutzgesetz wirkt wie eine Abgabe, die speziell Unternehmen belastet, die Arbeitnehmer betriebsbedingt kündigen, um die Stelle auszumustern. Eine höhere Abgabe verteuert die Kündigung, die Opportunitätskosten der Produktion sinken, die Firmen schieben geplante Entlassungen auf, die Lebensdauer der Jobs steigt, die Zahl der Trennungen sinkt, der Zustrom zum Pool der erwerbslosen Jobsucher auch, und die Arbeitslosenquote fällt, ceteris paribus.

Zum Einstieg in Kapitel 5 ist es nützlich, sich zunächst von der Vorstellung, der Austausch zwischen Arbeitsangebot und Arbeitsnachfrage finde auf einem Markt statt, so weit wie nur irgend möglich zu distanzieren. Stattdessen ist die Erinnerung an eigene Bewerbungsaktionen hilfreich. Diese gingen wahrscheinlich in die verschiedensten geographischen Richtungen, richteten sich an die unterschiedlichsten Gewerbe, vom Handel, über Tageszeitungen, Industrie-, Transport- und Bankbetriebe sowie anderen Dienstleistern, wie etwa den Wohlfahrtsträgern, und führten schließlich mit viel Glück bei entsprechender Suchintensität nach Wochen oder gar Monaten zu einem Abschluss. Dieser Suchprozess wird in Kapitel 5 als Matching-Prozess dargestellt. Die Matching-Theorie ist eine von mehreren Suchtheorien, die die neue Arbeitsmarktökonomik zur Modellierung der Job- und Bewerbersuche sowie der Arbeitsmarktfriktionen anbietet. Die Grundzüge der älteren Suchtheorie werden in den Kapiteln 6 und 10 erläutert. Das Matching bringt Paare von Stellenanbietern und Jobsuchern zusammen. Nicht der Faktorpreis koordiniert Angebot und Nachfrage, sondern ein Zufallsprozess. Ein Zufallsprozess, der bei gegebenen Suchkanälen (Zeitungen, Arbeitsagentur, Bekanntschaft) von der Zahl der Jobsucher und der offenen Stellen abhängt. Bei einem Match bilden Jobsucher und Stellenanbieter ein bilaterales Monopol und verhandeln über die Konditionen des Arbeitsvertrages, insbesondere über den Lohn. Dieser hat keine markträumende Funktion, sondern ist ein Instrument zur Aufteilung der Rente, die mit dem Match und im Schutz der Suchfriktionen entsteht. Je stärker die Verhandlungsposition der Jobsucher, umso höher ist der ausgehandelte Lohn, umso höher ist indes auch die natürliche Rate der Arbeitslosigkeit, die diese Theorie vorhersagt.

Das Kapitel 5 stellt neben dem Grundmodell der Matching-Theorie mit dem Pissarides-Mortensen-Modell den gegenwärtigen Standard dieser Richtung der Suchtheorie dar. Zwischen Grund- und Standardmodell gibt es nur einen wesentlichen Unterschied, der in der Modellierung des Nachfrageschocks besteht, der die Produktivität der Modell-Jobs treibt. Während der Schock im Grundmodell diskret ist und nur zwei Ausprägungen hat, der Job produziert oder ist vakant, treibt im Standardmodell eine stetige Zufallsvariable die Jobproduktivität, die zwischen dem Gründungsoutput für eine neugierig wartende Pioniernachfrage auf der einen und dem Tal der Rezession auf der anderen Seite, in dem nur noch eine Nachhut der Markentreuen der Firma einen Besuch abstattet, schwankt. Im Grundmodell ist daher Arbeitslosigkeit wie in der Wahrnehmung, die die Arbeitsmarktpolitik, das Arbeits- und Sozialrecht, die Rechtssprechung und den Alltag beherrscht, ein Schicksal; im Standardmodell ist Erwerbslosigkeit dagegen das Resultat eines exogenen Schocks *und* des kooperativen Entschlusses von Arbeitgeber und Arbeitnehmer, sich zu trennen und den Job aufzulösen, einer Entscheidung, die auch anders ausfallen könnte.

Die Jobsuche ist mit externen Effekten verbunden. Deshalb ist die natürliche im Allgemeinen nicht gleich der sozial optimalen Rate der Arbeitslosigkeit, wie Kapitel 5 zeigt. Bietet ein neuer Jobsucher seine Arbeitskraft an, so sinkt die Neueinstellungswahrscheinlichkeit seiner Konkurrenten, während für die Anbieter offener Stellen die Stellenbesetzungswahrscheinlichkeit steigt, der erste ist ein negativer, der zweite ein positiver externer Effekt der Suchaktivität. Die Matching-Technologie bietet den Akteuren kein Forum, die sozialen Kosten und Erträge ihres Verhaltens zu internalisieren, denn die Handlungssituation ist nicht kooperativ. Weder die Jobsucher noch die Stellenanbieter sind in der Lage, verbindliche Absprachen zu treffen und Verträge über die sozial optimale Suchintensität und die effiziente Zahl offener Stellen zu schließen. Die an einem Match beteiligten Insider haben es zwar in der Hand, über die Konditionen des Arbeitsvertrages so zu verhandeln, dass die natürliche Rate der Arbeitslosigkeit auch sozial optimal ist. Hierzu müssten sie die Rente, die bei ihrem Match entsteht, so aufteilen, dass dabei der Nutzen der arbeitslosen Outsider maximal wird. Da die Interessen der Outsider in den Lohnverhandlungen der Insider keine Rolle spielen, kommt dieses Resultat nur zufällig zustande, und das Suchgleichgewicht ist im allgemeinen nicht optimal, die natürliche Rate der Arbeitslosigkeit ist entweder zu hoch oder zu gering.

Das Kapitel 6 stellt zwei neue Entwicklungen der Suchtheorie vor, das Burdett-Mortensen-Modell der monopsonistischen Konkurrenz, ein so genanntes Lohnsetzungsspiel, und das Burdett-Wright-Modell mit nicht transferierbarem Nutzen. Die Eigenschaften des Lohnsetzungsspiels sind so attraktiv, dass es den englischen Ökonomen *Manning* (2003) zu einer Monografie veranlasst hat, die nur Varianten dieses Modells behandelt. In dem Lohnsetzungsspiel mit Suchfriktionen, setzen die Firmen die Konditionen des Arbeitsvertrags, während die Jobsucher anschließend entscheiden, ob sie die Offerten, die sie erhalten, akzeptieren oder nicht. Jede Firma verfügt über Marktmacht und ist mit einer elastischen Arbeitsangebotskurve konfrontiert. Das Modell ist infolgedessen eine Art Steg über den Kommunikationsabgrund, der die Arbeitsmarktökonomik von der Theorie des Arbeitsrechts trennt. Diesseits des Abgrunds bewegt man sich ganz überwiegend in den friktionslosen Ebenen der vollständigen Konkurrenz, jenseits herrscht demgegenüber in allen Arbeitsverhältnissen, wohin man auch kommt, eine „strukturelle Imparität“, ein „Vertragsungleichgewicht“ oder ein „Machtgefälle“ zwischen Arbeitnehmer und Arbeitgeber vor, eine Imparität, die den Interventionsstaat, das Sozialrecht und das individuelle und kollektive Arbeitsrecht auf den Plan gerufen hat, um die Arbeitnehmer vor den „entwürdigenden Folgen“ der marktwirtschaftlichen Konkurrenz zu schützen. Das Lohnsetzungsspiel zeigt, dass „reine“ Lohndispersion ein Gleichgewicht ist. Reine Lohndispersion heißt, dass homogene Arbeitnehmer im Arbeitsmarktgleichgewicht verschieden hohe Löhne verdienen, ein Sachverhalt, den die empirische Arbeitsmarktforschung schon seit Jahren beobachtet und immer wieder bestätigt hat. Suchfriktionen sind eine Ursache für reine Lohndispersion, wie das Burdett-Mortensen-Modell zeigt. Lohnunterschiede lassen sich nun mit der Heterogenität der Arbeitnehmer, ihrer Arbeitgeber oder mit Suchfriktionen erklären, wobei Suchfriktionen in den meisten Berufen die Hauptursache der zu beobachtenden Lohndifferenziale sind, wie neue empirische Untersuchungen belegen. Das Burdett-Mortensen-Modell prognostiziert darüber hinaus, dass infolge von Suchfriktionen Großunternehmen höhere Löhne bezahlen und Jobs mit einer längeren Lebensdauer anbieten.

Die deutsche Rechtsordnung – Besoldungsrecht, kollektives Tarifrecht – schließt auf vielen Arbeitsmärkten das Geld als Mittel zur Kompensation der idiosynkratischen Vor- und Nachteile einer Stelle oder der spezifischen Stärken und Schwächen eines Bewerbers aus. Dass auf den Arbeitsmärkten der öffentlichen Hand nicht der Kommerz, sondern der Staat mit hoheitlichen Verwaltungsakten Regie führt, ändert jedoch nichts an der Heterogenität der offerierten Vakanzen auf der einen und der Jobsucher auf der anderen Seite. Mit exogenen Löhnen, Gehältern und Dienstbezügen ist Nutzen nicht transferierbar und an die Stelle des Geldes treten die Kommunikations- und Suchtechniken des Naturaltauschs, d.h. die doppelte Koinzidenz der Wünsche und Erwartungen an den Matchpartner. Doch Geld senkt die Suchdauer, und ein Ausschluss des Tauschmediums verlängert sie. Die Neueinstellungsrate, mit der (arbeitlose) Jobsucher in die Beschäftigung wechseln, hängt in der geldlosen Ökonomie ja nicht nur von der Rate ab, mit der Vakanzen und Jobsucher Kontakte knüpfen, sondern auch von der Wahrscheinlichkeit, mit der eine Stelle dem Jobsucher trotz der langen Pendelzeit erstrebenswert erscheint und der Bewerber trotz dürftiger Soft Skills die Zusage der Personalabteilung erhält, ihn beim nächsten Assessment Center noch einmal auf Herz und Nieren zu prüfen.

Mit Kapitel 7, das Effizienzlohntheorien behandelt, sind wir zurück in der gewohnten Welt der Nachfrage- und Angebotskurven. Ungewohnt ist die asymmetrische Verteilung der Informationen über die Beschaffenheit der Kurven und über die Leistungen der Arbeitnehmer. Im Fall der „verborgenen Eigenschaften“ (adverse Selektion) sind die Arbeitsanbieter über ihre Produktivität informiert, während die Unternehmen die Fähigkeiten der Bewerber, die sich vorstellen, nicht unterscheiden können. Dies ist der Geburtsort der Personalabteilung, des Assessment Centers sowie der Nachfrage nach Signalen wie Zeugnissen, Herkunft, Nationalität, Handschrift, Hautfarbe, Geschlecht, Alter, Gesundheit oder der Dauer vergangener Perioden der Arbeitslosigkeit, in denen sich die nicht beobachtbaren Eigenschaften, wie die Personalverantwortlichen hoffen, glaubhaft widerspiegeln. In Kapitel 7 ist die Lohnhöhe das Signal, das die Firmen auf folgende Art dechiffrieren: Die Personalabteilung weiß, dass Bewerber mit höherer Produktivität einen höheren Anspruchslohn haben. Senkt das Unternehmen den Lohn, so nimmt die durchschnittliche Qualität des Bewerberpools ab, aus dem die Personalabteilung die neuen Mitarbeiter rekrutiert. Trotz der Lohnsenkung können also überraschenderweise die effektiven Lohnkosten steigen und der Firmengewinn abnehmen. Jener Lohn heißt Effizienzlohn, der die effektiven Lohnkosten minimiert. Ist der privat effiziente Lohn höher als der markträumende, entsteht unfreiwillige Arbeitslosigkeit. Im Fall der „verborgenen Handlungen“ (moralischer Hasard) kann das Unternehmen oder Dritte, wie das Arbeitsgericht, die Leistung der Angestellten nicht beobachten, weshalb selbst ein umfassender Arbeitsvertrag, der alle Rechte und Pflichten vollständig beschreibt, nicht durchsetzbar ist. Aus diesen Gründen bilden sich unternehmensinterne Kontrollhierarchien. Doch eine perfekte Kontrolle ist in vielen Branchen und Großunternehmen nicht möglich, nicht zuletzt deswegen, weil die vorgesetzten Kontrolleure selbst kontrolliert werden müssen. An die Stelle der perfekten Kontrolle treten als Anreizinstrumente die Karriere und der Effizienzlohn. Schwache Leistungen beenden Karrieren und führen zum Entzug von Tantiemen und Leistungszulagen, eine Drohung, die ihr Ziel nicht verfehlt. Leistungszulagen zum Konkurrenzlohn führen aber gesamtwirtschaftlich zu unfreiwilliger Arbeitslosigkeit. Effizienzlöhne werden auch bei vollständiger Information gezahlt, etwa wenn die Akteure ihre Arbeitsbeziehungen nach dem Vorbild des gerechten Tauschs organisieren. Ein Musterbeispiel hierfür liefert die Fair-wage-effort-Hypothese, die in Kapitel 7 erläutert wird. Die Effizienzlohntheorien prognostizieren rigide und „zu hohe" Reallöhne sowie eine relativ hohe Arbeitslosigkeit z.B. von Ausländern, Frauen, jungen Arbeitnehmern, die Ausbildungsverträge anstreben, Geringqualifizierten und Behinderten.

Der klassische Arbeitsvertrag, der die Rechte und Pflichten von Arbeitnehmer und Arbeitgeber spezifiziert, versagt. Dieser von vielen Ökonomen kommentarlos hingenommenen These des Vertragsversagens begegnet man nicht nur in der Theorie und Gerichtspraxis des Arbeitsrechts, sondern auch in der Theorie der Transaktionskosten und der Verfügungsrechte, wie Kapitel 8 schildert. Dort folgt das Versagen aus Macht-, hier aus Informationsasymmetrien und dem nachvertraglichen Opportunismus. Dort schreitet der staatliche Arbeitsrichter ein, um die unveräußerliche Würde des Arbeitnehmers vor Willkür und Unterbietungskonkurrenz zu schützen, hier drohen Effizienzverluste, die sich durch vertikale Integration und die residualen Kontroll- oder Direktionsrechte des Arbeitgebers minimieren lassen. Ironischerweise ist gerade das Direktionsrecht der Grund für die Machtasymmetrie und die bedrohte Würde, der das autopoietisch wachsende Arbeitsrecht und das Arbeitsgericht mobilisiert. Das Kapitel 8 stellt einen Versuch der Rehabilitierung des Arbeitsvertrags vor, der auf den englischen Ökonomen Malcomson zurückgeht. Arbeitnehmer und Arbeitgeber sind symmetrisch informiert – der Fall privater Information wird in der Literatur erörtert –, aber die beziehungsspezifische Investition des Unternehmers in den Arbeitsplatz ist für Dritte und die Gerichte nicht beobachtbar. Nachfrageschocks zwingen die Akteure über Fortsetzung oder Auflösung ihres Arbeitsverhältnisses zu entscheiden. Beenden sie das Verhältnis, muss die Firma ihre Investition abschreiben. Das bietet dem Arbeitnehmer die Gelegenheit, in der Nachverhandlung über Trennung, Fortsetzung oder Vertragsanpassung einen Lohnzuschlag zu fordern. Weist das Unternehmen das Verlangen ab, kündigt der Arbeitnehmer und lässt die Firma mit ihrem Abschreibungsaufwand zurück. Der Investor hat rationale Erwartungen, sieht das als Holdup bekannte Problem voraus, senkt sein Investitionsbudget und „Unterinvestition" ist die Folge. Welchen Gewinn bringt das Holdup-Modell? Es zeigt erstens im Gegensatz zur Lehrbuchtheorie, dass das Holdup-Phänomen nicht nur beziehungsspezifische, sondern alle Arten von Investitionen bedroht, also auch solche in universell verwendbare Gebäude, Lieferwagen oder Büroausstattungen, eine Einsicht, die mit Blick auf die seit den siebziger Jahren sinkende oder stagnierende Investitionsquote hilfreich sein könnte. Das Modell zeigt zweitens, unter welchen Voraussetzungen einfache Arbeitsverträge als Überwachungsstruktur und Schutz vor dem Holdup wirken. Drittens wird deutlich, wie abwärtsrigide Nominallöhne aus den Verhandlungen der Vertragsparteien hervorgehen, wenn Kündigungsfreiheit herrscht und Einvernehmen Voraussetzung für Vertragsanpassungen ist. Integriert man den Bestands- und Vertragsinhaltsschutz des deutschen Kündigungsschutzgesetzes (KSchG) in das Modell, erhält man weitere Resultate. Das KSchG verstärkt die natürliche Abwärtsrigidität der Nominallöhne, verteilt die Matchrenten zugunsten der Arbeitnehmer um und senkt somit den Anreiz, Vakanzen zu offerieren. Schließlich erklärt das Holdup-Modell den unsichtbaren Teil des Abfindungshandels, den das KSchG neben den dreihunderttausend Feststellungsklagen pro Jahr provoziert.

Teil III: Institutionen des Arbeitsmarktes

Asymmetrisch verteilte Informationen sind, vom Standpunkt der neuen Institutionenökonomik, ein Hauptgrund für die Existenz von Arbeitsmarktinstitutionen wie den Arbeitgeberverbänden und Gewerkschaften, der staatlich organisierten Arbeitslosenversicherung und den tarifvertraglichen und gesetzlichen Regelungen des Kündigungsschutzes, die in Teil III behandelt werden. Jedoch lassen sich für die Begründung von Institutionen neben Effizienz- auch Machtargumente anführen. Schlagkräftige Interessengruppen bilden sich zum Schutz ihrer Mitglieder oder zur Ausbeutung weniger gut organisierter oder einflussloser Dritter. Gewerkschaften lassen sich, wie in Kapitel 9, mit Effizienzargumenten erklären oder als mächtige Monopole, die im Interesse ihrer Mitglieder gegenüber den Unternehmen den Monopollohn durchsetzen. Dabei nimmt die Monopolgewerkschaft die natürliche Arbeitslosigkeit in Kauf, die infolge ihrer Lohnpolitik entsteht. Im Right-to-manage-Modell verhandelt die Gewerkschaft mit dem Verband der Arbeitgeber über den Lohn, während die Unternehmen sich mit ihrer Personalpolitik an das Verhandlungsresultat anpassen. Da der Verhandlungslohn niedriger ist als der Monopollohn, ist die natürliche Arbeitslosigkeit, die der Right-to-manage-Ansatz prognostiziert, geringer als im Monopolmodell. Doch sind beide Gleichgewichte sozial nicht optimal, die Tarifvertragsparteien können, wie im Modell der effizienten Verhandlung, ihre Positionen verbessern, indem sie einen „effizienten Tarifvertrag" abschließen. Die Arbeitsmarktparteien mit der kartellähnlichen Organisation von Arbeitnehmern auf der einen und Unternehmen auf der anderen Seite verursachen eine Reihe von makroökonomischen Externalitäten, so vor allem Inflation und Arbeitslosigkeit. Am Ende der achtziger Jahre begann daher angesichts dieser Einsicht der modernen Verbandstheorie eine Debatte über den optimalen Zentralisierungsgrad: Auf welcher Ebene sollen Tarifvertragsparteien verhandeln, um die negativen makroökonomischen Folgen ihrer Tarifauseinandersetzungen zu minimieren, auf gesamtstaatlicher, auf Branchen- oder auf der Ebene der einzelnen Betriebe? Kapitel 9 zeichnet die Debatte über die Zentralismushypothese nach, die von dem Schweden Calmfors und dem Engländer Driffill mit ihrer Behauptung angeregt wurde, „that extremes work best". Zum Schluss stellt das Kapitel 9 mit dem Kollektivverhandlungsansatz der Insider-Outsider-Theorie einen Persistenz erzeugenden Mechanismus dar. Das Modell zeigt, wie die gewerkschaftlich organisierte Macht der Insider, die eine Stelle besitzen, eine über die Konjunkturzyklen hinweg wachsende Zahl von arbeitslosen Outsidern erzeugt.

Zunächst beschäftigt uns in Kapitel 10 die Frage: Wer ist arbeitslos? Aus dem Blickwinkel der Neoklassik ist das Risiko der Arbeitslosigkeit ein Preis- oder Einkommens- und kein Mengenrisiko, denn Arbeit gibt es immer und überall. Warum organisiert aber der Staat die Versicherung gegen dieses Risiko und nicht die private Versicherungswirtschaft? Hierfür gibt es verschiedene Gründe, weltanschauliche und systematische. Zu den weltanschaulichen zählt die wohlfahrtsstaatliche, im Arbeitsförderungsrecht kodifizierte Meinung, das Arbeitslosigkeit ein negatives Schicksal sei. Ein von der Marktkonkurrenz verursachtes Schicksal, das vor allem Mitglieder der unteren sozialen Stände mit geringer Schulbildung, niedrigem Einkommen, geringen Rücklagen und einer hohen Zeitpräferenzrate trifft, die den Vorsorge- und Versicherungsgedanken erst gar nicht aufkommen lässt. Diese, durch ihre Klassenzugehörigkeit benachteiligten Arbeitslosen bringen, aus der Bahn geworfen, nicht die Kraft und Fähigkeit auf, um durch eigene Bemühungen zurück ins Berufsleben zu finden. Der Gesellschaft, vor allem aber dem Staat droht infolge der von der planlosen Konkurrenz verursachten Konjunkturen der Ausfall der Arbeitskraft und ein wachsendes Heer von Fürsorgeempfängern. Diese Gefahren und Auswüchse des Marktes abzuwehren, ist die Aufgabe der öffentlich rechtlichen Arbeitsmarktverwaltung. Die Arbeitsmarktverwaltung mit ihren spezialisierten Fachbeamten ist der effizientere Jobsucher und sorgt für den Marktausgleich. Bis dahin gewährt die Arbeitslosenversicherung den bei ihr Registrierten, soweit sie anspruchsberechtigt sind, zur Überbrückung der Wartezeit einen angemessenen Lohnersatz, der sich nach Berufs- und Familienstand und der Dauer der Zugehörigkeit zur Solidargemeinschaft der Versicherten richtet.

Informations- und versicherungsökonomische Argumente begründen systematisch, warum der Staat eine Zwangsversicherung gegen das Einkommensrisiko der Arbeitslosigkeit einrichten sollte. Um diese zu erläutern, stellt Kapitel 10 ein Modell mit zwei Typen von risikoscheuen Arbeitnehmern dar, die sich lediglich in der Höhe ihres Einkommensrisikos voneinander unterscheiden. Ist die Information über die Risikoverteilung und die Typzugehörigkeit öffentlich, so vermag die Versicherungswirtschaft die Versicherungsnehmer kostenlos zu klassifizieren, und es entsteht ein Markt, der für jeden Typ Policen mit fairen Lohnersatzraten gegen die Einkommensrisiken anbietet. Im nächsten Schritt nehmen wir an, dass der Typ private Information ist und die Versicherungswirtschaft keine Klassifizierungstechnik hat, um die Versicherungsnehmer einzustufen. Nun bietet eine Versicherung entweder einen (Pooling-) Vertrag für den gesamten Pool der Versicherungsnehmer an oder aber sie bringt typspezifische (separierende) Verträge auf den Markt, die auf die Einkommensrisiken der Arbeitnehmer zugeschnitten sind. Wie Kapitel 10 erläutert, hat der Markt für Versicherungen gegen das Beschäftigungsrisiko höchstens ein separierendes Gleichgewicht. Ob allerdings ein Gleichgewicht existiert, hängt von der Mischung der Risikotypen unter den Erwerbspersonen ab. Ist der Anteil der „guten" Risiken zu hoch, dann versagt der private Versicherungsmarkt und ein nachhaltiges Angebot von Policen gegen das Beschäftigungsrisiko kommt nicht zustande. Der Staat schließt diese Lücke, indem er eine Zwangsversicherung einrichtet, an der alle Arbeitnehmer und alle Risikotypen teilnehmen müssen.

Mit wachsender Spezialisierung nimmt die privat und sozial optimale Suchdauer der Stellen- und Arbeitsanbieter zu. Es ist daher nicht nur privat, sondern auch sozial effizient, Erwerbslose mit Unterstützungszahlungen vor der Zwangslage zu bewahren, die nächstbeste Stelle akzeptieren zu müssen. Mit dem Zwang schwindet allerdings auch der Anreiz, wie das Suchmodell in Kapitel 10 verdeutlicht, nach einer Stelle zu suchen. Erreicht die Unterstützung einen kritischen Schwellenwert, so ist es für den Erwerbslosen vorteilhafter, die Suche einzustellen und sich mit den Lohnersatzleistungen einzurichten. Der Schwellenwert, der die „echten" und die „unechten" Arbeitslosen trennt, ist endogen, die Zahl der unechten Arbeitslosen hängt von den Arbeitsmarktinstitutionen ab und schwankt im Konjunkturverlauf.

Etwa fünf bis zehn Prozent der Bevölkerung im erwerbsfähigen Alter ist außerstande, sich allein mit Hilfe der kulturellen, rechtlichen und ökonomischen Infrastruktur ein Einkommen in Höhe des Existenzminimums zu sichern oder ein Leben zu führen, „das der Würde des Menschen entspricht", wie es § 1 Sozialgesetzbuch XII allen Bürgern in Aussicht stellt. Die Ursachen hierfür sind teils institutioneller, teils privater Natur. Kapitel 11 behandelt Fürsorgesysteme und ihre Wirkungen auf das Arbeitsangebot. Die öffentliche Fürsorge lässt sich auf zwei Grundtypen zurückführen, die negative Einkommenssteuer und das System negativer Grenzsteuersätze. Die deutsche Sozialhilfe und das Arbeitslosengeld II sind Beispiele für den ersten, der amerikanische Earned Income Tax Credit (EITC) ist ein Beispiel für den zweiten Fürsorgetyp. Der EITC-Tarif, der im Gegensatz zur negativen Einkommenssteuer starke Arbeitsanreize setzt, ist wegen seiner Anreizwirkungen für viele Ökonomen das Vorbild eines modernen Fürsorgesystems: Wer nicht arbeitet, hat keinen Anspruch auf öffentliche Fürsorge. Jedes Fürsorgeprogramm besteht aus einer Lösung des Fürsorgeproblems und einer Lösung des Abstandsproblems. Der Staat – oder im Fall privater bzw. halbstaatlicher Fürsorge die Kirchen, die Wohlfahrtsverbände, die Familie und Verwandtschaftsgruppe – löst das Fürsorgeproblem, wenn alle Gesellschaftsmitglieder, die hilfebedürftig sind, tatsächlich auch Fürsorge erhalten. Er löst demgegenüber das Abstandsproblem, wenn nur die Gesellschaftsmitglieder, die hilfebedürftig sind, Fürsorgeleistungen beziehen. In Wirklichkeit verursacht jedes Fürsorgesystem sowohl Fehler vom Typ I – es gibt Hilfebedürftige, die keine Fürsorge erhalten – als auch Fehler vom Typ II – es gibt Fürsorgeempfänger, die gar nicht hilfebedürftig sind.

Die ökonomische Theorie der öffentlichen Fürsorge umfasst drei Richtungen, die wohlfahrtsökonomische Theorie der optimalen Steuer-Transfer-Systeme, die vertragstheoretischen Prinzipal-Agent-Modelle mit dem Gesetzgeber als Prinzipal und dem Fürsorgeamt als Agenten und Modelle wohlfahrtsstaatlicher Fürsorge, in denen das Sozialamt ein Fürsorgeprogramm auflegt, das die Hilfebedürftigen unterstützt und die Belastung des Steuerzahlers minimiert. Nur die optimalen Steuer-Transfer-Systeme geben eine simultane Lösung des Fürsorge- und des Abstandsproblems. Die Einkommensgrenze des soziokulturellen Existenzminimums zwischen den steuerpflichtigen und den fürsorgeberechtigten Bevölkerungsschichten wird aus einer sozialen Wohlfahrtsfunktion abgeleitet, Pflichtarbeit für Hilfebedürftige oder negative Grenzsteuersätze wie beim EITC sind im Allgemeinen, so die wohlfahrtsökonomischen Modelle, nicht optimal.

Die staatliche Arbeitslosenversicherung ist keine Vollversicherung. Angesichts niedriger und fallender Lohnersatzraten haben die Versicherungsnehmer eine ungedeckte Restnachfrage nach Versicherungsschutz. Diese artikuliert sich in Forderungen nach privatvertraglichen, tarifvertraglichen oder gesetzlichen Kündigungsschutzregeln, die in Kapitel 12 behandelt werden. Nach einer Einführung in die Institutionen des deutschen Kündigungsschutzrechts, diskutiert Kapitel 12 die Frage „Warum ein staatlicher Kündigungsschutz?". Das Kapitel stellt ökonomische und juristische Antworten vor. Die Rechtstheorie bietet eine kaum überschaubare Zahl von Argumenten für einen staatlichen Kündigungsschutz und seine Ausformung im deutschen Kündigungsschutzgesetz (KSchG). Wir fassen sechs Argumente zusammen. Schließlich weisen wir auf die in der Rechtstheorie weit verbreiteten Neutralitätstheoreme hin. Das staatliche (Kündigungsschutz-) Recht hat, folgt man den Neutralitätstheoremen, keine allokativen oder, in der schwachen Variante, keine makroökonomischen Konsequenzen. Das KSchG hat, so die

Meinung vieler Juristen, gar keinen Einfluss auf die optimale Betriebsgröße und die Zeit, die verstreicht, bis ein Unternehmen seinen Steady state erreicht. Die unternehmerischen Entscheidungen, Arbeitsplätze, die sich „betriebswirtschaftlich nicht rechnen", stillzulegen und Arbeitsplätze, die für eine betriebswirtschaftlich sinnvolle Expansion benötigt werden, einzurichten, fallen jenseits der Grenzen des staatlichen Rechts.

Dass es staatliche KSchG gibt, lässt sich ökonomisch mit asymmetrisch verteilten Informationen, mit externen Effekten oder mit dem Ziel begründen, die Volatilität der Beschäftigung senken zu wollen. Bei symmetrisch verteilten Informationen lassen sich keine eindeutig negativen Beschäftigungseffekte der KSchG nachweisen: Wenn im Aufschwung wegen der antizipierten Entlassungskosten weniger Arbeitskräfte eingestellt werden, so werden im Abschwung weniger entlassen. KSchG senken die Volatilität der Arbeitsnachfrage, haben aber, wie es scheint, keinen systematischen Einfluss auf die Beschäftigungsmenge.

Eine geschlossene ökonomische Theorie des privatvertraglichen Kündigungsschutzes existiert nicht, doch finden sich vereinzelt Modelle in der Literatur, die Arbeitsmärkte mit Kündigungsfristen, Verdienstsicherung, Abfindungen und Bestandsschutz behandeln. Das Kapitel 12 stellt zwei Kündigungsschutzmodelle mit Verdienstsicherung und Kündigungsfristen sowie mit Bestandschutz, Abfindungen und arbeitgeberseitigen Lohnersatzleistungen vor. Beide Modelle verdeutlichen, dass die Nachfrage nach Kündigungsschutz mit der Höhe der Lohnersatzleistungen negativ und mit dem Ausmaß der Suchfriktionen positiv korreliert ist. Die Modell-Akteure sind zwar risikoavers, doch Risikoaversion an sich ist, wie sich zeigt, kein hinreichender Grund für die Nachfrage nach Kündigungsschutzklauseln. Das Modell mit endogener Kündigungsfrist zeigt außerdem, dass der Satz vom Ausgleich von Reallohn und Grenzprodukt der Arbeit eine Randlösung darstellt, die der friktionslose Arbeitsmarkt erzeugt. Auf einem Arbeitsmarkt mit Suchfriktionen werden Schocks, die auf das Grenzprodukt wirken, nicht in Reallohnanpassungen, sondern in Anpassungen der Kündigungsfrist transformiert. Mit steigendem Grenzprodukt nimmt die Länge der effizienten Kündigungsfrist zu, während der Reallohn konstant ist. Eine ähnliche Wirkung haben positive Schocks auf das Grenzprodukt im zweiten Modell. Nimmt das Grenzprodukt der Arbeit zu, so steigt der Anteil der Erwerbspersonen der Bestandschutzverträge nachfragt, während mit wachsendem Konjunkturrisiko die Nachfrage nach Abfindungsklauseln wächst.

Teil IV: Kapitalmangel und Technischer Fortschritt

In Teil IV führen wir den Produktionsfaktor Kapital ein und betrachten die Wirkungen von Wachstum und Technischem Fortschritt. Kapitel 13 behandelt die Theorie des Kapitalmangels und der Lohnschere. Die fortwährende Spreizung der Schere zwischen Brutto- und Nettolöhnen durch höhere Beiträge zu den Sozialversicherungen, steigende Einkommens- und Verbrauchssteuern oder sinkende Terms of trade können zu dem Phänomen der Kapitalmangelarbeitslosigkeit führen. In diesem Zustand gibt es Millionen Arbeitslose, aber das Produktionspotenzial der Wirtschaft ist normal ausgelastet. Der Kapitalstock, der nötig wäre, um das Millionenheer der Erwerbslosen zu beschäftigen, ist gar nicht vorhanden. Einer der wesentlichen Faktoren, der die so genannte Kapitalmangelarbeitslosigkeit mit verursacht, sind die Anpassungs- und Installationskosten des Kapitalstocks. Je höher die Anpassungskosten, umso mehr Zeit verstreicht, bis eine Senkung der Lohnschere zu dem gewünschten Wachstum des Kapitalstocks und der Beschäftigung führen würde. Bei diesem Anpassungsmechanismus ist daran zu erinnern, dass in den vergangenen Jahrzehnten in Deutschland die Anpassungskosten durch Genehmigungsverfahren, Arbeitsschutz, Training der Arbeitskräfte, Installationsaufwand für neue Maschinen, Regulierungen der Maschinenlaufzeiten, Entsorgung des ausgedienten Kapitalstocks sowie, nicht zuletzt, durch umweltschützende Verordnungen steil gestiegen sind.

Kapitel 14 erläutert den Begriff der Beschäftigungsschwelle, stellt Kompensationsmechanismen dar, die den Freisetzungseffekten von Rationalisierungsinvestitionen entgegenwirken und integriert Wachstum und Technischen Fortschritt in das Modell des Matching-Prozesses aus Kapitel 5. Hiermit ist die natürliche Rate der Arbeitslosigkeit von der Geschwindigkeit des Technischen Fortschritts abhängig: Je höher die Fortschrittsrate, um so niedriger ist der Kapitalkostensatz, mit dem Investoren das in vakanten Stellen gebundene Kapital diskontieren, um so mehr Vakanzen werden offeriert und um so niedriger ist schließlich die natürliche Rate der Arbeitslosigkeit. Die meisten Ökonomen sind Fortschrittsoptimisten, davon überzeugt, dass Wachstum und Innovation die Beschäftigung erhöhen. Selbst das Modell der Matching-Technologie, in der realistisch, obwohl ungewohnt, gar keine Marktkräfte im herkömmlichen Sinn wirken, stützt diese Überzeugung. Wie ist dies zu erklären, wenn der Fortschritt, wie in diesen Modellen üblich, ausschließlich aus Verfahrensinnovationen besteht, die doch in jedem Fall Arbeitskräfte freisetzen? Je höher die Geschwindigkeit der Prozessinnovationen, umso höher sollte die technologische Arbeitslosigkeit sein. Man kann hier als Antwort einmal mehr das „Wunder des Marktes“ anführen, was aber bei den Eigenschaften, die den Matching-Prozeß auszeichnen, nicht weiter hilft. Tatsächlich sind die optimistischen Beschäftigungsprognosen der Wachstumsmodelle Artefakte, die sich auf die Art und Weise zurückführen lassen, wie Technischer Fortschritt in diesen Theorien modelliert wird: Jedermann hat kostenlos Zugang zu allen Verfahrensinnovationen und jeder Besitzer einer Maschine, auch der vom Kalenderalter her ältesten, kann kostenlos das neueste technische Design nachrüsten. Ein Technischer Fortschritt mit einem permanenten und kostenlosen Update von Hard- und Software heißt in der Sprache der Ökonomen unverkörpert. Technologische Arbeitslosigkeit entsteht aber, weil sich Verfahrensinnovationen, wie in Kapitel 15, nur in den jüngsten Maschinen und Strukturen verkörpern, die Stückgewinne der Maschinen mit ihrem technologischen Alter sinken, bis diese bei der optimalen Nutzungsdauer ausrangiert und die beschäftigten Arbeiter freigesetzt werden. Je höher die Geschwindigkeit der Prozessinnovationen, umso schneller veraltet die installierte Hardware, umso kürzer ist die ökonomische Lebensdauer der Maschinen und umso ausgeprägter ist der Freisetzungseffekt der „schöpferischen Zerstörung“. Der Technische Fortschritt wirkt also mit diametral entgegengesetzten Kräften auf das Beschäftigungsvolumen, die positive sammelt sich in dem schon erwähnten Diskontierungseffekt, der in Kapitel 14 im Mittelpunkt steht, die negative – in Wachstumsmodellen mit unverkörpertem Fortschritt nicht existente –, in dem Effekt der schöpferischen Zerstörung. Im Modell der schöpferischen Zerstörung, Kapitel 15, hängt es daher von den Parameterverhältnissen ab, ob Wachstum und Fortschritt die natürliche Rate der Arbeitslosigkeit vermindert oder erhöht. Bei einer gewissen Parameterkonstellation stellt sich der Zusammenhang von Fortschritts- und Arbeitslosenrate in der Form eines umgekehrten U dar: Eine zaghafte, opportunistisch am Konsens der gesellschaftlichen

Gruppen orientierte Wachstumspolitik, die, um den Arbeitsmarkt zu entlasten, mit vorsichtig dosierten Steuergeschenken zum Wahltermin eine an sich schon niedrige Wachstumsrate geringfügig beschleunigt, entpuppt sich am Ende als Danaergeschenk.

Schluss: Zur Neuen Politischen Ökonomie des Arbeitsmarktes

Statt eines Manifests zur Fundamentalreform des Arbeitsmarktes behandeln wir zum Schluss die Frage, warum die Politik die zahllosen Thesen, die Reformer schon seit Jahren publizieren, immer wieder achtlos übergeht. Ist Arbeitslosigkeit denn nicht ein demütigendes Schicksal für Millionen und eine Ressourcenvergeudung sondergleichen? Müssten der Nachruf und die Effizienzgewinne, die hier in Aussicht stehen, nicht für jeden Politiker unwiderstehliche Anreize sein, mit aller Macht gegen diese „Geißel" vorzugehen? Augenscheinlich nicht, und der Grund ist, dass die wahlentscheidenden Bevölkerungsschichten, an deren Präferenzen die Politik Maß nimmt, einen Arbeitsplatz besitzen und die Arbeitsmarktinstitutionen ihrem Interesse an hohen Löhnen und anderen wohlfahrtssteigernden Arbeitsplatzattributen dienen. Die Programmatik, welche die Parteien den Wählern anbieten oder in ihrer Politik verkörpern, ist endogen: Keine Partei kann sich mit einem unbekümmerten Politikstil von den Imperativen des herrschenden politischen Gleichgewichts befreien, es sei denn auf Kosten der (Wieder-) Wahlchancen ihrer führenden Politiker und ihres Parteiapparats; ebenso wenig wie eine gewinnmaximierende Unternehmung je ein Produkt anbietet, das keine Nachfrage attrahiert. Eine Fundamentalreform der Arbeitsmarktinstitutionen ist, um nur das wenigste zu sagen, unpopulär, da ihr Regulierungen zum Opfer fallen, auf denen die Wohlfahrtsgewinne der wahlentscheidenden sozialen Gruppen basieren: Soweit die Neue Politische Ökonomie des Arbeitsmarktes, in deren Mittelpunkt eben diese für viele rätselhafte Harthörigkeit der Politiker und ihrer Parteien steht.

Eine andere Lösung des Rätsels bietet die Krisenhypothese, die unter Ökonomen viele Anhänger hat. Schwere Krisen seien notwendig, um Gesellschaften so zu erschüttern, dass sie im Wagnis einer Strukturreform die einzige Rettung erblicken. Doch, so ist zu fragen, steckt eine Gesellschaft, die sich mit ihrem hoch spezialisierten staatlichen Rechtsapparat auf den Konvergenzpunkt einer „Verrechtlichung aller Lebensverhältnisse" zu entwickelt, in einer Krise, nur weil sie die fiskalischen und sozioökonomischen Folgen der von ihren Steuerungsinstrumenten hervorgerufenen Arbeitslosigkeit fortlaufend mit neuen Maßnahmegesetzen glätten muss? Keineswegs, so die Bilanz aus drei Jahrzehnten deutscher Massenarbeitslosigkeit und angesichts der krisenerprobten Anpassungsfähigkeit des arbeits-, sozial- und steuerrechtlichen Instrumentariums. Auch aus der Binnenperspektive des deutschen „Normalarbeitsverhältnisses" kann von Verfall und Krise der Institutionen nicht die Rede sein, wie der Index of Labour Market Well-being (ILMW), den wir zum Schluss darstellen, verdeutlicht. Die Qualität des Normalarbeitsverhältnisses ist vielmehr trotz Massen- und Langzeitarbeitslosigkeit noch im Jahr 2001 weit höher als zu Beginn des Messzeitraums im Jahr 1980. Im Querschnittsvergleich mit 16 OECD-Ländern belegte das deutsche Arbeitsverhältnis im Jahr 2001 nach Norwegen, Belgien und der Schweiz den vierten Rang, während das US-amerikanische, Muster ungezählter Reformvorschläge, weit abgeschlagen nur den fünfzehnten Rangplatz erreichte.

Teil I: Neoklassische Arbeitsmarkttheorie und empirische Aspekte des Arbeitsmarktes

1 Arbeitsangebot

Mit zunehmender Arbeitsteilung trennen sich Haushalt und Betrieb. Dabei entstehen Arbeits- und Gütermärkte, auf denen die beiden Transaktoren ihren Austausch von Arbeitskraft gegen Lohneinkommen und von Lohneinkommen gegen Güter organisieren. Die Akteure entscheiden nicht nur, wie viel Zeit sie für ihre diversen Aktivitäten im Haushalt verwenden, sondern auch wie viel Zeit sie auf dem Arbeitsmarkt anbieten. Die Zeit, die ein Akteur A für Marktarbeit und die, die er im Haushalt einsetzt, heißt im Folgenden kurz Arbeitszeit und Freizeit. Arbeit ist kein Selbstzweck, wie wir annehmen, sondern ein Mittel zum Erwerb des allgemeinen Tauschmediums, mit dem A Konsumgüter nachfragt, die andere spezialisierte Akteure produzieren und auf den Gütermärkten anbieten. Zur Ausstattung von A gehört neben seinen Präferenzen und Fähigkeiten die Zeit T, die er für Marktarbeit H oder für Freizeit F einsetzt, wobei das Angebot an Marktarbeit gleich dem Saldo $H = T - F$ ist. Mit C bezeichnen wir den Güterkorb, den A nachfragt. Güterkorb und Freizeit werden jeweils wie homogene Güter behandelt, bei denen eine Einheit vollkommen der anderen gleicht.

Die Instrumente, die in jeder ökonomischen Verhaltens- und Entscheidungstheorie die Hauptrolle spielen, sind die Handlungsbeschränkungen und die Nutzenfunktion. Wir nehmen an, dass A die Gesetze des Rechts und der Alltagsmoral für verbindlich hält und analysieren nur seine Budget- und Zeitbeschränkung. Handlungen, die diese Restriktionen erfüllen, heißen zulässig. Die Nutzenfunktion spiegelt die Präferenzen von A wider und liefert die Prognose, für welches der zulässigen Bündel aus Güterkorb und Freizeit der Akteur sich entscheidet.

1.1 Budget- und Zeitbeschränkung

In Abb. 1.1 gibt die schattierte Fläche die Menge der zulässigen Güterbündel an. An der rechten und linken Ordinate ist C und an der Abszisse ist die Zeit abgetragen. Die linke Ordinate gehört zum Ursprung $F = 0$, die rechte zu $H = 0$. Vom linken Ursprung nach rechts liest man die Freizeit, vom gegenüberliegenden Ursprung nach links liest man die Arbeitszeit ab. Der Abstand zwischen den Nullpunkten ist gleich dem Zeitbudget T. Die Menge der zulässigen Güterbündel ist von oben durch die Budgetgerade begrenzt.

A verhält sich auf den zwei Märkten des Modells als Mengenanpasser. Auf dem Gütermarkt passt er sich mit seiner Nachfragemenge C an den (Geld-) Preis P an und belastet sein Budget mit den Konsumausgaben PC. Auf dem Arbeitsmarkt bietet er beim (Geld-) Lohn W die Arbeitszeit H an und verdient das Lohneinkommen WH. Da A an das Zeitbudget $H = T - F$ gebunden ist, können wir sein Lohneinkommen auch mit der Variablen für die Freizeit ausdrücken, denn $WH = W(T - F)$. Erhält A neben seinem Lohn- ein Nicht-Lohneinkommen G, so steht ihm das Budget $W(T - F) + G$ zur Verfügung, um seine Konsumausgaben *PC* zu bestreiten. Zum Nicht-Lohneinkommen zählen Gewinn- und Vermögenseinkommen, Sozialeinkommen wie Bafög, Kindergeld und Sozialhilfe, Arbeitslosenunterstützung und das (Arbeits-) Einkommen anderer Familienmitglieder.

Ein Güterbündel (C, F) heißt zulässig, wenn $PC \leq W(T-F)+G$. Die strenge (Budget-) Gleichung beschreibt die Güterbündel, bei denen A sein gesamtes Einkommen ausgibt. Addiert man auf beiden Seiten der Budgetgleichung die (Opportunitäts-) Kosten der Freizeit *WF*, so erhält man $PC + WF = WT + G$. Auf der rechten Seite steht das volle Geldeinkommen $Y = WT + G$, auf der linken die vollen Konsumausgaben, die nicht nur die Geldausgaben für Konsumgüter, sondern auch die Opportunitätskosten der Freizeit umfassen. Opportunitätskosten entstehen mit jeder Stunde Freizeit, die A sich gönnt, weil A auf das Arbeitseinkommen und die Gütermenge W/P verzichtet. W/P ist die Gütermenge, die A bei dem Preis *P* und dem Lohn *W* gegen eine Stunde Arbeit eintauscht. Der Tausch ist indirekt und umspannt zwei Märkte, den Güter- und den Arbeitsmarkt. Teilt man die Budgetgleichung durch das Preisniveau und löst nach *C* auf, dann ergibt sich die in Abb. 1.1 dargestellte Budgetgerade mit der Beziehung

$$C = \frac{W}{P}(T-F) + \frac{G}{P}. \tag{1.1}$$

Setzt man in (1.1) die Freizeit gleich null, erhält man mit dem vollen Realeinkommen $Y/P = WT/P + G/P$ den Schnittpunkt der Budgetgeraden mit der linken Ordinate. Setzt man die Arbeitszeit gleich null, ergibt sich der Schnittpunkt G/P mit der rechten Ordinate. Arbeitet A, ein seltener Fall, den ganzen Tag, steht ihm das volle Realeinkommen $y = Y/P$ für seinen Konsum zur Verfügung; arbeitet A, ein häufigerer Fall, gar nicht, so kann er Konsumgüter im Umfang seines realen Nicht-Lohneinkommens *g* erwerben, wobei $g = G/P$. Fragt A zum Beispiel F_B Stunden Freizeit nach, so erlaubt sein Budget den Konsum von C_B Gütereinheiten, wobei $C_B = W(T-F_B)/P + G/P$.

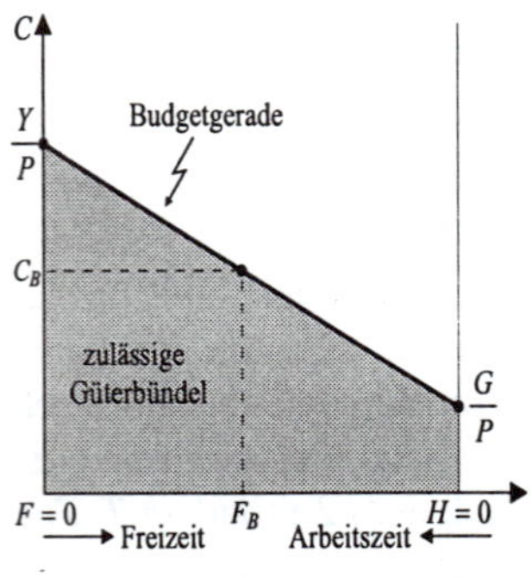

Abb. 1.1: Zulässige Güterbündel

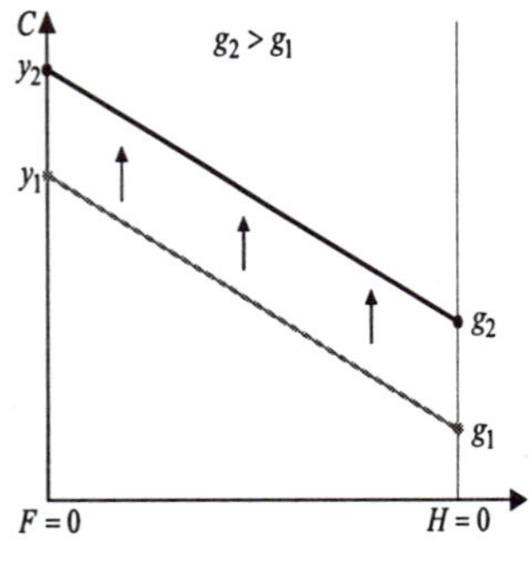

Abb. 1.2: Steigendes Nicht-Lohneinkommen

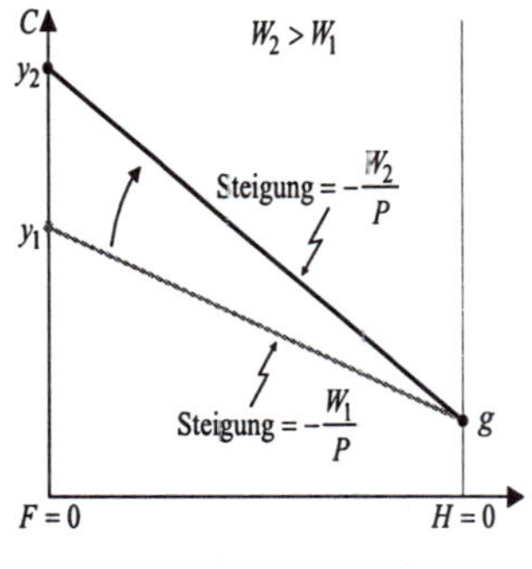

Abb. 1.3: Steigender Nominallohn

Worin besteht der Unterschied zwischen realem (kleine Buchstaben) und nominalem (große Buchstaben) Einkommen? Der Geld- oder Nominallohn *W* wird z.B. in *EUR/Stunde* gemessen und betrage $W = 30$ *EUR/Std*, das Nicht-Lohneinkommen belaufe sich auf $G = 180$ *EUR/Woche*, und das Preisniveau, das in *EUR/Stck* gemessen wird, sei mit $P = 3$ *EUR/Stck* festgelegt. Der Reallohn w, für den $w = W / P$, beträgt hiermit $w = 10$ *Stck/Std* und das reale Nicht-Lohneinkommen macht $g = 60$ *Stck* aus. Arbeitet A insgesamt $H = 40$ *Std/Woche*, erhält er ein Nominaleinkommen von $WH = 1200$ *EUR/Woche*, für das er auf dem Gütermarkt $wH = 400$ *Stck/Woche* erwerben kann.

Alle Variablen des Modells, die A (in-) direkt durch sein Verhalten beeinflusst, nennt man endogen; alle anderen Parameter heißen exogen. Die Güternachfrage (C, F) ist endogen, da es sich um die Kontrollvariablen von A handelt. Dagegen sind die Parameter (P, W, G, T) exogen. A muss sich bei seinen Entscheidungen an diese Parameter anpassen. Es gibt jedoch auch (modell-) endogene Variable, die niemand kontrolliert. Auf einem Arbeitsmarkt mit vollständiger Konkurrenz ist z.B. der Lohn (modell-) endogen, obwohl sich Nachfrager und Anbieter an die Lohnhöhe anpassen.

Wie wirken Änderungen der exogenen Parameter auf die Menge der zulässigen Güterbündel? Welche Wirkung hat etwa eine gleichmäßige Inflation, die neben dem Preisniveau, den Nominallohn und das nominale Nicht-Lohneinkommen erfasst? Da die Lage der Budgetgeraden, wie ein Blick auf Abb. 1.1 zeigt, nur vom Reallohn w und vom realen Nicht-Lohneinkommen g abhängt, ändert sich die Menge der zulässigen Güterbündel bei gleichmäßiger Inflation nicht. Steigt demgegenüber das nominale Nicht-Lohneinkommen, weil A mit dem zweiten Kind ein höheres Sozialeinkommen empfängt, von G_1 auf G_2, so verschiebt sich seine Budgetgerade um $g_2 - g_1$ parallel nach oben, wie in Abb. 1.2 zu sehen, und der Wahlbereich wird größer. Dabei ist $g_1 = G_1 / P$ und $g_2 = G_2 / P$. Wie aus der Geradengleichung (1.1) folgt, ist die Steigung der Budgetgeraden durch den Reallohn bestimmt, da $dC / dF = -W / P$. Wächst der Reallohn, z. B. weil der Stundenlohn von W_1 auf W_2 steigt, so nimmt die Steigung der Budgetgeraden betragsmäßig zu. Der höhere Nominallohn dreht, wie Abb. 1.3 zeigt, die Budgetgerade in g im Uhrzeigersinn nach außen.

Der Reallohn setzt die Preise des Arbeits- und des Gütermarktes zueinander in Beziehung und stellt den Trade-off dar, der zwischen Freizeit und Konsumgütern besteht. Für eine Zeiteinheit Arbeit bietet die Gesellschaft A im Tausch Konsumgüter im Umfang von W / P an. Man kann denselben Tausch aus der Perspektive von A betrachten: Für eine Stunde Freizeit, die A nachfragt, muss A auf die Konsumgütermenge W / P verzichten. Wenn A für eine Stunde Freizeit, auf die er verzichtet, W / P Konsumgüter bekommt, wofür soll er sich entscheiden? Angenommen wir fragen A, welche Konsumgütermenge ihn für den Freizeitverlust entschädigt. Die Menge, die A nennt, bezeichnen wir mit *GRS*, dann gilt: Ist $GRS \le W / P$, so lohnt sich der Tausch, den die Gesellschaft ihrem Mitglied A anbietet. Denn A bekommt für die Arbeit W / P, opfert *GRS* und erzielt den Gewinn $W / P - GRS \ge 0$. Wenn jedoch $GRS > W / P$, so verliert A beim Tausch, und er zieht die Freizeit vor und schlägt das Angebot der Gesellschaft aus. Seine Opportunitätskosten betragen zwar W / P, wenn er sich für die Freizeit entscheidet, doch der Freizeitgewinn *GRS* ist größer als der Verlust. Um das Arbeitsangebot von A zu erklären, müssen wir uns also (1) über den Reallohn $w = W / P$ und (2) über seine subjektive Tauschbereitschaft *GRS* informieren. Der Reallohn ist ein Beobachtungsdatum, Kenntnisse über die subjektive Tauschrate *GRS* liefert die Nutzenfunktion.

1.2 Nutzenfunktion

Genau dann, wenn A das Güterbündel $(C_1 = 12\ Stck, F_1 = 9\ Std)$ mindestens so hoch bewertet wie das Bündel $(C_2 = 10\ Stck, F_2 = 14\ Std)$, ist sein Nutzen $U(C_1, F_1)$ aus dem ersten Bündel mindestens so hoch wie aus dem zweiten, so dass $U(C_1, F_1) \geq U(C_2, F_2)$. Dabei ist $U(C, F)$ die Nutzenfunktion von A, die seine Präferenzen widerspiegelt, indem sie jedem Güterbündel genau eine (reelle) Zahl, den Nutzen, zuordnet.

Der Nutzenzuwachs, den A erfährt, wenn der Konsumgüterkorb C um eine Einheit wächst und der Nutzengewinn einer zusätzlichen Stunde Freizeit heißen der Grenznutzen des Güterkorbs und der Freizeit. Wie misst man die Grenznutzen? Man könnte A abermals befragen. Die Befragung ist allerdings nur eine von mehreren Methoden, die Nutzenfunktion zu messen. Ist die Nutzenfunktion, wie wir annehmen, bereits bekannt und stetig differenzierbar, so lassen sich die beiden Grenznutzen durch die partiellen Ableitungen der Nutzenfunktion nach dem Konsumgüterkorb, $\partial U / \partial C$, und nach der Freizeit, $\partial U / \partial F$, darstellen. Für die partiellen Ableitungen schreibt man auch kurz U_C und U_F. Nimmt die Freizeit von A um dF Einheiten zu, so ist das Produkt von U_F und dF ein Maß für den Nutzenzuwachs, den A mit der zusätzlichen Freizeit genießt. Entsprechend gibt $U_C dC$ den Nutzengewinn (-verlust) an, wenn der Güterkorb um dC größer (kleiner) wird. Insgesamt erhalten wir für beliebige, aber kleine Änderungen (dC, dF) einen Nutzengewinn (-verlust) dU, für den $dU = U_C dC + U_F dF$ gilt.

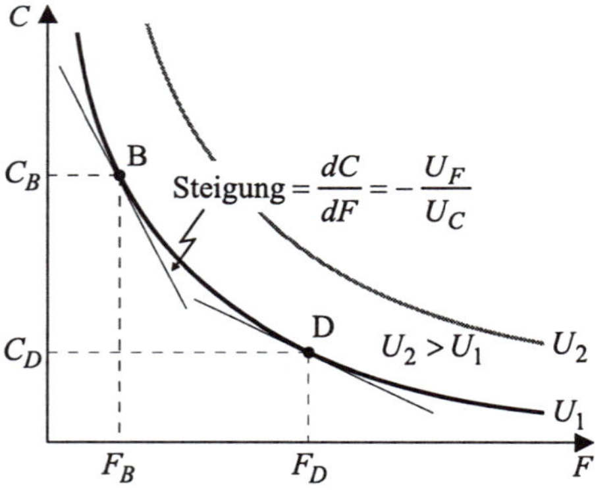

Abb. 1.4: Grenzrate der Substitution

Auf die Frage, welche Konsumgütermenge A für eine zusätzliche Zeiteinheit Arbeit entschädigt, gibt A, wie wir wissen, die Menge *GRS* an. Diese subjektive Tauschrate können wir nun mit Hilfe der Grenznutzen ausdrücken. Wenn A auf Freizeit im Umfang $dF < 0$ verzichtet und daher einen Nutzenverlust von $U_F dF < 0$ erleidet, fragt er als Kompensation eine zusätzliche Konsumgütermenge $dC > 0$ nach, die hinreicht, um mit dem Gewinn $U_C dC > 0$ seinen Verlust auszugleichen, weshalb bei voller Kompensation die Beziehung $U_C dC = -U_F dF$ gilt. Indem wir $GRS \equiv -dC / dF = U_F / U_C$ setzen, erhalten wir ein Maß für die Menge an Konsumgütern *GRS*, die A für eine zusätzliche Einheit Arbeit als Kompensation für den Nutzenverlust nachfragt. Die Menge *GRS* nennt man die (subjektive) Grenzrate der Substitution zwischen Konsumgüterkorb und Freizeit. Die GRS lässt sich, wie man sieht, mit dem Verhältnis der Grenznutzen der beiden Güter ausdrücken und mit der Steigung der Indifferenzkurven der Nutzenfunktion $U(C,F)$ veranschaulichen. Die Indifferenzkurve zum Nutzenniveau U_1, s. Abb. 1.4, besteht aus allen Güterbündeln (C,F), die den Nutzen U_1 stiften, so dass $U_1 = U(C,F)$. Die Steigung der Kurve U_1 folgt aus dem totalen Differenzial der Nutzenfunktion $dU = U_C dC + U_F dF$, indem man berücksichtigt, dass Bewegungen auf einer Indifferenzkurve das Nutzenniveau nicht ändern, weshalb $0 = U_C dC + U_F dF$. Hieraus ergibt sich die Steigung der Indifferenzkurve mit $dC / dF = -U_F / U_C$. Vergleicht man dieses Resultat mit der Gleichung für die Grenzrate der Substitution, sieht man, dass die subjektive Tauschrate z.B. im Punkt B der Indifferenzkurve U_1 mit dem Betrag der Steigung übereinstimmt, die durch die Tangente in B gegeben ist.

Die neoklassische Theorie des Arbeitsangebots nimmt an, (1) dass die Grenznutzen beider Güter positiv und (2) dass die Indifferenzkurven wie in Abb. 1.4 konvex zum Ursprung gekrümmt sind. Positive Grenznutzen implizieren, dass eine größere Gütermenge einen höheren Nutzen stiftet: „Mehr ist besser!" Indifferenzkurven wie U_2, die sich nordöstlich von U_1 befinden, verkörpern daher ein höheres Nutzenniveau. Aus der konvexen Krümmung einer Indifferenzkurve folgt, dass der Absolutbetrag ihrer Steigung mit zunehmender Freizeit wie bei der Bewegung von B nach D sinkt. Die Menge *GRS*, die A als Kompensation für eine zusätzliche Zeiteinheit Arbeit nachfragt, nimmt demnach von B nach D ab. Befindet sich der Akteur in B, wo er im Vergleich zu D weniger Freizeit aber einen größeren Güterkorb besitzt, muss ihm die Gesellschaft eine höhere Kompensation bezahlen als in D, um ihn zu motivieren, noch eine Zeiteinheit mehr auf dem Arbeitsmarkt anzubieten.

1.3 Haushaltsgleichgewicht

A wählt unter allen zulässigen jene Güterkombination, die seinen Nutzen maximiert. Das ist im Punkt E der Fall, wo die höchste Indifferenzkurve, die A erreichen kann, seine Budgetgerade tangiert, s. Abb. 1.5. In E, dem Haushaltsgleichgewicht, hat A alle Tauschgewinne, die ihm die Gesellschaft bietet, ausgeschöpft. Tauschgewinne kann A im Verkehr mit den anderen Marktteilnehmern solange erzielen, wie seine subjektive Tauschbereitschaft *GRS* vom herrschenden Reallohn abweicht. Ist seine GRS wie in B höher als der Reallohn, so ist A „überbeschäftigt". A kann seine Lage verbessern, indem er sein Arbeitsangebot einschränkt. Zwar verliert er Konsumgüter im Umfang W / P, doch andererseits erzielt er einen in Konsumgütern gemessenen Gewinn in Höhe seiner GRS, der den Verlust überwiegt, da in B gilt $GRS > W / P$.

Ist, wie in D, $GRS < W / P$, so ist A unterbeschäftigt („arbeitslos"). A kann seine Lage verbessern, indem er mehr Marktarbeit anbietet. Zwar erleidet er einen Freizeitverlust in Höhe seiner *GRS*, doch erzielt er andererseits den Gewinn W / P, der seine GRS überwiegt. Alle Tauschgewinne sind ausgeschöpft, sobald $GRS = W / P$. Dieser Zustand tritt in E und nur in E ein, da dort die Steigungen von Indifferenzkurve und Budgetgerade übereinstimmen, so dass

$$(1.2) \qquad \frac{W}{P} = GRS = \frac{U_F(C^*, F^*)}{U_C(C^*, F^*)}.$$

Mit der Tangentialbedingung (1.2) und der Budgetgleichung (1.1) erhält man die Angebots- und Nachfragefunktionen von A auf den zwei Märkten des Modells. Die Nachfragefunktion $C(W,P,G)$ zeigt das Anpassungsverhalten von A auf dem Gütermarkt mit der nutzenmaximale Konsumgüternachfrage C^*. Die Angebotsfunktion $H(W,P,G)$ stellt das Anpassungsverhalten von A auf dem Arbeitsmarkt dar mit dem nutzenmaximalen Arbeitsangebot H^*.

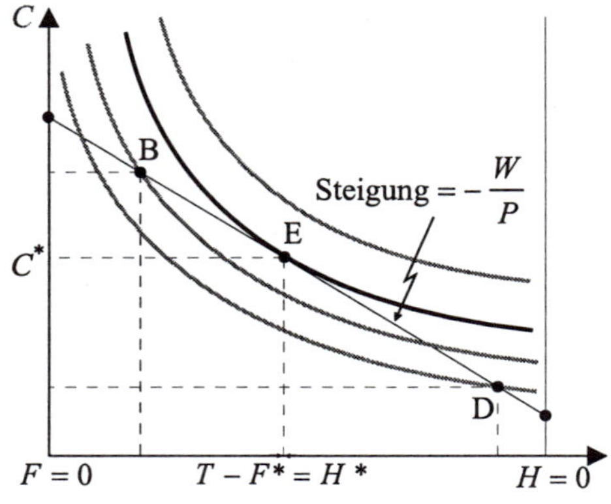

Abb. 1.5: Haushaltsgleichgewicht

Die komparativ-statische Analyse des Haushaltsgleichgewichts untersucht die Frage, wie sich Änderungen der exogenen Parameter, vor allem des Nominallohns W und des Nicht-Lohneinkommens G, auf das Arbeitsangebot auswirken. Eine Erhöhung von G verschiebt die Budgetgerade parallel nach außen und erzeugt eine Folge von Haushaltsgleichgewichten wie in Abb. 1.6. Verbindet man die Gleichgewichtspunkte E_1, E_2 und E_3, so erhält man den Einkommensexpansionspfad. Güter heißen normal, wenn die Nachfrage mit dem Einkommen zunimmt. Sind Konsumgüterkorb und Freizeit normale Güter, dann nimmt die Nachfrage nach beiden auf dem Einkommensexpansionspfad zu. Aus der Normalität der Freizeit folgt somit, dass das Angebot an Marktarbeit sinkt, wenn das Nicht-Lohneinkommen steigt.

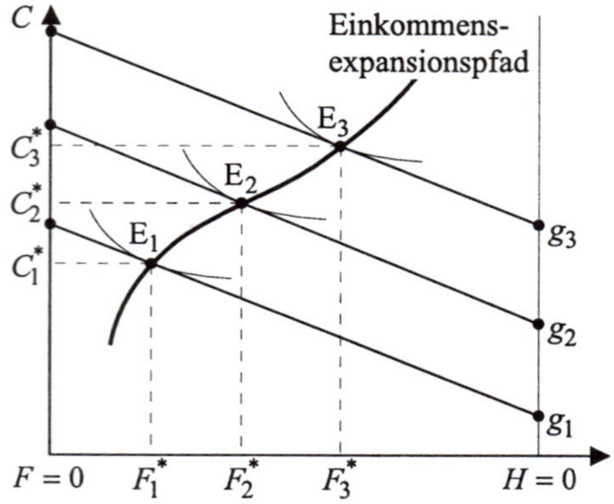

Abb. 1.6: Einkommensexpansionspfad

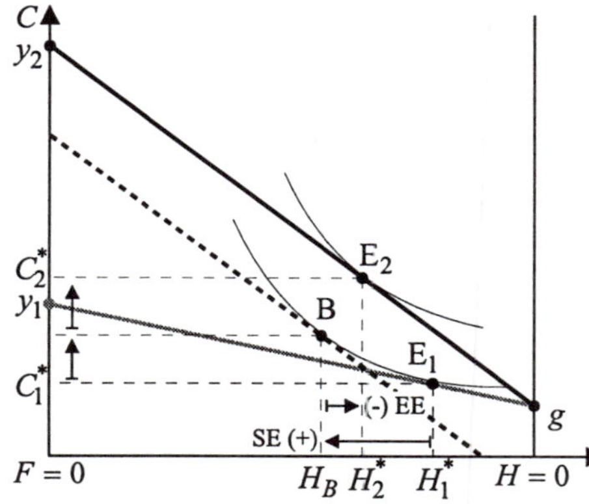

Abb. 1.7: Einkommens- und Substitutionseffekt

Cobb-Douglas-Nutzenfunktion

Angenommen wir beobachten, dass A den Bruchteil a seines vollen Einkommens für Konsum und den restlichen Teil $1 - a$ für Freizeit „ausgibt“, so dass

$$a = \frac{PC}{WT + G} \qquad 1 - a = \frac{WF}{WT + G},$$

dann können wir das beobachtete Angebots- und Nachfrageverhalten von A einfach mit der Cobb-Douglas-Nutzenfunktion

$$U = C^a F^{1-a}$$

erklären. Der Grenznutzen des Konsums und der Freizeit ergeben sich mit

$$U_C \equiv aC^{a-1} F^{1-a} = aU/C$$

$$U_F \equiv (1-a)\, C^a F^{-a} = (1-a)U/F.$$

Ein Akteur, der die Cobb-Douglas-Nutzenfunktion im Hinblick auf das Budget (1.1) maximiert, wird Konsumgüter und Freizeit nachfragen, bis die Tangentialbedingung (1.2) erfüllt ist. In diesem speziellen Fall gilt also im Haushaltsgleichgewicht

$$\frac{W}{P} = \frac{(1-a)}{a} \frac{C^*}{F^*}.$$

Mit dieser Beziehung und der Budgetgleichung (1.1) folgt die obige Behauptung: Ein Akteur, der die Cobb-Douglas-Nutzenfunktion maximiert, wird für Konsumgüter und Freizeit

$$PC^* = a\,(WT + G)$$
$$WF^* = (1-a)(WT + G)$$

„ausgeben“. Aus der letzten Gleichung folgt im Übrigen mit dem Zeitbudget $F = T - H$ das Arbeitsangebot von A mit

$$H^* = aT - (1-a)\, G/W.$$

Während Änderungen des Nicht-Lohneinkommens die Budgetgerade parallel verschieben, hat ein zunehmender Nominallohn bzw. – bei gegebenem Preisniveau – ein steigender Reallohn zur Folge, dass die Budgetgerade steiler wird, da sich die Gerade in g wie in Abb. 1.7 im Uhrzeigersinn nach außen dreht. Ein Beobachtungsprotokoll des Verhaltens von A, das vor und nach dem Lohnanstieg angefertigt wird, sollte zeigen, dass die Nachfrage- und Angebotsmengen dem neuen Haushaltsgleichgewicht E_2 entsprechen. Der Übergang vom alten Gleichgewicht E_1 zum neuen Gleichgewicht E_2 lässt sich in zwei Effekte zerlegen, den Substitutionseffekt E_1B und den Einkommenseffekt BE_2. Der Substitutionseffekt E_1B beschreibt die Anpassung, die A bei konstantem Nutzenniveau als Reaktion auf den Reallohnanstieg vollziehen würde. Da F das relativ teuerer und C das relativ billiger gewordene Gut ist, nimmt die Nachfrage nach dem Güterkorb zu und die Freizeitnachfrage sinkt, weshalb das Angebot an Marktarbeit steigt ($H_1^* \rightarrow H_B$). Der Substitutionseffekt der Lohnänderung hat also mit Bezug auf die Konsumgüternachfrage und die angebotene Arbeitszeit ein positives Vorzeichen. Der Einkommenseffekt BE_2 ist demgegenüber negativ ($H_B \rightarrow H_2^*$), wenn Freizeit ein normales Gut ist. Die Lohnerhöhung bewirkt somit einen positiven Substitutions- und einen posi-

Elastizität des Arbeitsangebots

Die Lohnelastizität ε misst die prozentuale Änderung des Arbeitsangebots, die cet. par. von einer einprozentigen Änderung des Reallohns hervorgerufen wird

$$\varepsilon = \frac{\text{Prozentuale Änderung des Arbeitsangebots}}{\text{Prozentuale Änderung des Reallohns}} = \frac{\Delta H^* / H^*}{\Delta w / w} = \frac{\Delta H^*}{\Delta w}\frac{w}{H^*}.$$

Die Einkommenselastizität η misst die prozentuale Änderung des Arbeitsangebots, die cet. par. von einer einprozentigen Änderung des vollen Einkommens hervorgerufen wird

$$\eta = \frac{\text{Prozentuale Änderung des Arbeitsangebots}}{\text{Prozentuale Änderung des vollen Einkommens}} = \frac{\Delta H^* / H^*}{\Delta y / y} = \frac{\Delta H^*}{\Delta y}\frac{y}{H^*}.$$

Empirische Untersuchungen der Elastizitäten des Arbeitsangebots bestätigen in der Regel die Hypothese, dass Freizeit ein normales Gut und die Einkommenselastizität mithin negativ ist. Die Lohnelastizität des Arbeitsangebots verheirateter Männer ist üblicherweise von null nicht zu unterscheiden, während die Werte verheirateter Frauen positiv und sehr hoch sind. *Kaiser* et al. (1992) ermitteln z.B. für verheiratete deutsche Frauen eine Elastizität der Jahresarbeitszeit mit Bezug auf den Stundenlohn von $\varepsilon = 1{,}04$. Ein Anstieg des Stundenlohns um 1 % vergrößert die Jahresarbeitszeit dieser Bevölkerungsgruppe demnach um 1,04 %. Die Einkommenselastizität verheirateter deutscher Frauen beträgt $\eta = -0{,}18$. Bei einem Anstieg des (Familien-) Einkommens um 1 % sinkt die Jahresarbeitszeit demzufolge nur um 0,18 %.

Elastizität des Arbeitsangebots von Männern

Studie	Stichprobe	ε	η
Hausman (1981)	USA (1975), verheiratet	[0,00 ; 0,03]	[- 0,95; - 1,03]
van Soest et al. (1990)	Niederlande (1985)	0,12	- 0,01
Kaiser et al. (1992)	Deutschland (1983), verheiratet	- 0,004	- 0,28

Elastizität des Arbeitsangebots verheirateter Frauen

Studie	Stichprobe	ε	η
Hausman (1981)	USA (1975)	0,995	- 0,121
van Soest et al. (1990)	Niederlande (1985)	0,79	- 0,23
Kaiser et al. (1992)	Deutschland (1983)	1,04	- 0,18

Quelle: *Blundell* und *MaCurdy* (1999, Tab. 1 und Tab. 2, S. 1646-1651)

tiven Einkommenseffekt bei der Konsumgüternachfrage, beim Arbeitsangebot hat die Lohnänderung dagegen zwei entgegengesetzte Effekte, den positiven Substitutionseffekt und den negativen Einkommenseffekt. Ohne weitere Annahmen über die Präferenzen des Akteurs liefert die Theorie keine Vorhersage, welcher der beiden Effekte der größere ist. Mit der neoklassischen Theorie des Arbeitsangebots sind daher sowohl Angebotskurven, die eine positive Steigung haben wie in Abb. 1.8, als auch Kurven mit negativer Steigung vereinbar. Im ersten Fall ist der Substitutionseffekt einer Lohnänderung betragsmäßig größer als der Einkommenseffekt, im zweiten verhält es sich umgekehrt. In Abb. 1.8 ist im Übrigen auch die Anpassungsreaktion auf ein steigendes Nicht-Lohneinkommen zu sehen. Nimmt G bei konstantem P zu und ist Freizeit ein normales Gut, so ergibt sich, wie oben erläutert, eine Linksverschiebung der Angebotskurve. Bei jedem Lohn bietet A, nachdem G gestiegen ist, weniger Arbeit an.

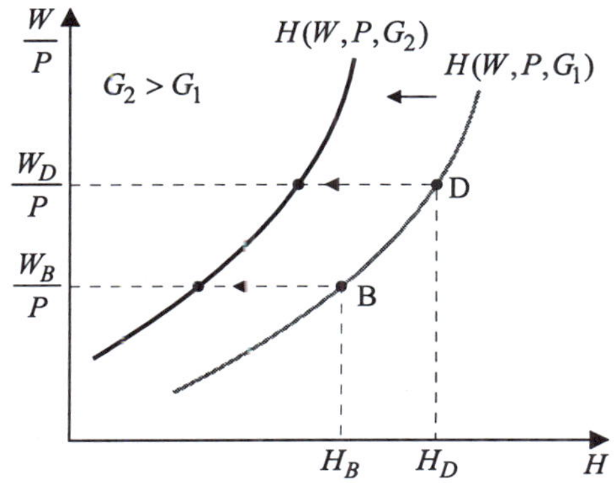

Abb. 1.8: Arbeitsangebot

1.4 Anspruchslohn, Erwerbsbeteiligung und Garantienutzen

Mit der Erwerbsfähigkeit von A ist noch nicht entschieden, ob A auch zu den Erwerbspersonen (EP) gehört. Eines der Ämter, die sich in Deutschland mit Erwerb und Arbeit beschäftigen, sagt hierzu, dass „alle Personen mit Wohnsitz im Bundesgebiet (Inländerkonzept), die eine unmittelbar oder mittelbar auf Erwerb gerichtete Tätigkeit ausüben oder suchen, unabhängig von der Bedeutung des Ertrages dieser Tätigkeit für ihren Lebensunterhalt und ohne Rücksicht auf die von ihnen tatsächlich geleistete oder vertragsmäßig zu leistende Arbeitszeit“ als Erwerbspersonen gelten sollen. „Die Erwerbspersonen“, fährt das Statistische Bundesamt fort, „setzen sich zusammen aus den Erwerbstätigen und den Erwerbslosen“ bzw. Arbeitslosen. Bevor A erwerbstätig oder arbeitslos wird, muss er sich aber als erstes entscheiden, Marktarbeit anzubieten. Ob A den Zustand der Nichterwerbsperson (NEP), für den $H(W,P,G)=0$ das definierende Merkmal ist, oder den Zustand der EP, definiert durch $H(W,P,G)>0$, bevorzugt, hängt bei gegebenem Preisniveau sowie bei gegebenem Nicht-Lohneinkommen insbesondere von der Höhe des Nominallohns ab. Der Lohnsatz W_A, bei dem A gerade noch den Zustand der NEP der Eingliederung in das Heer der Erwerbspersonen vorzieht, heißt Anspruchs- oder Reservationslohn von A. In Abb. 1.9 hat die Indifferenzkurve, die durch den Punkt der Anfangsausstattung g verläuft, den Index U_A. U_A ist dasjenige Nutzenniveau, das sich A ohne Erwerbsbeteiligung sichern kann. U_A heißt daher der Garantie- oder Reservationsnutzen von A. Der Anspruchslohn ist dadurch gekennzeichnet, dass die Budgetgerade zu W_A die Indifferenzkurve U_A in dem Randpunkt g „tangiert“. g markiert demzufolge das Haushaltsgleichgewicht, wenn die exogenen Parameter die Werte (W_A, P, G) annehmen, und der reale Anspruchslohn $w_A = W_A / P$ ist gleich der *GRS* im Punkt g. Der Reservationslohn gibt A einen Rückhalt z.B. bei Lohnverhandlungen: Ein Arbeitgeber, der A einen Lohn $W \leq W_A$ anbietet, kommt nicht zum Zug.

Anspruchslohn und Garantienutzen hängen vom Nicht-Lohneinkommen ab. Nimmt das Nicht-Lohneinkommen zu, so steigt der Garantienutzen des Akteurs und sein Anspruchslohn wächst, sofern Freizeit ein normales Gut ist. Das Nicht-Lohneinkommen einer Hausfrau A sei gleich dem Arbeitseinkommen ihres Ehemannes. A hat einen umso größeren Anreiz, Marktarbeit anzubieten, (1) je höher der Reallohn ist, den sie mit Marktarbeit verdient, und (2) je niedriger das (Arbeits-) Einkommen des Ehemanns ist. Ökonomen erklären z.B. den starken Anstieg der Erwerbsbeteiligung verheirateter Frauen während der siebziger und achtziger Jahre mit dem geschilderten Reallohneffekt und die Tatsache, dass die Erwerbsquoten von Frauen der Oberschicht niedrig sind, mit dem hohen (Arbeits-) Einkommen des Ehegatten. Das Spiegelbild dieses Einkommenseffektes findet sich in Familien am anderen Ende der Einkommenspyramide, deren Hauptverdiener arbeitslos wird. Infolge des Einkommensausfalls ihres Mannes sinkt das Nicht-Lohneinkommen der Frau, damit fällt ihr Anspruchslohn und der Anreiz, Marktarbeit anzubieten, nimmt sprunghaft zu. Tritt die Ehefrau, bislang NEP, daraufhin in den Status der EP, so ergibt sich als ungeplante Nebenfolge ihrer Erwerbsbeteiligung eine Zunahme des gesamtwirtschaftlichen Arbeitsangebots. (Massen-)Arbeitslosigkeit führt infolge dieses added-worker effect geradewegs zu einem höheren gesamtwirtschaftlichen Arbeitsangebot und zu kumulativ wachsender Arbeitslosigkeit.

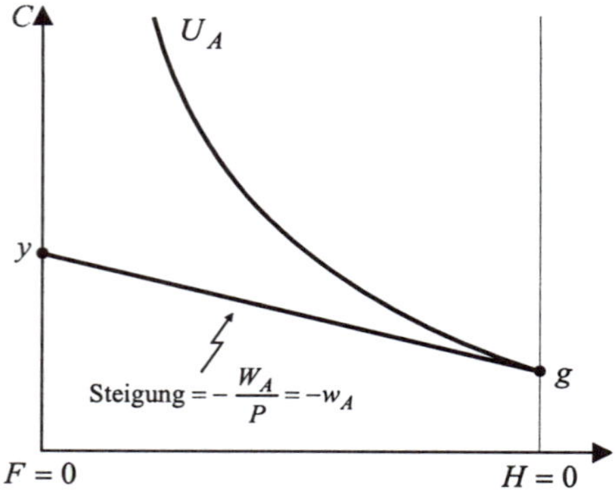

Abb. 1.9: Anspruchslohn und Garantienutzen

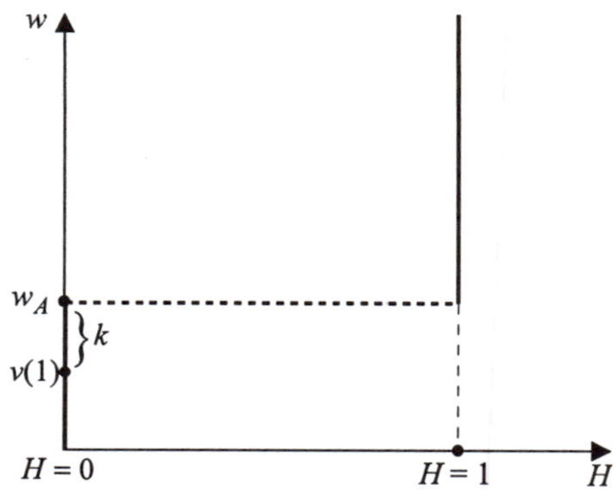

Abb. 1.10: Unteilbares Arbeitsangebot

1.5 Unteilbares Arbeitsangebot, quasi-linearer Nutzen und Fixkosten der Arbeit

Das Arbeitsangebot eines Akteurs ist unteilbar, weil die Länge des Arbeitstages oder die Anzahl der wöchentlichen oder monatlichen Arbeitstage institutionell durch Sitte, Religion, Gesetz oder Tarifvertrag normiert ist. Viele Modelle der neuen Arbeitsmarkttheorie nehmen der Einfachheit halber an, dass die Arbeitsanbieter über genau eine Zeiteinheit verfügen und diese entweder als Marktarbeit anbieten oder als Freizeit nachfragen. Das Zeitbudget eines Akteurs, der mit einer Zeiteinheit ausgestattet ist, lautet $H = 1 - F$, wobei entweder $F = 0$ $(H = 1)$ oder $F = 1$ $(H = 0)$.

Außerdem sei die Nutzenfunktion des Akteurs A quasi-linear im Konsum, so dass $U(C, F) = C + v(F)$. Für den Grenznutzen des Güterkorbes gilt $U_C = 1$ und für den Grenznutzen der Freizeit $U_F = v'(F) > 0$. Setzt man die Grenznutzen in (1.2) ein, so lautet die Tangentialbedingung in diesem Fall $W / P = v'(F^*)$. Die Nachfrage nach Freizeit ist demzufolge nur vom Reallohn und nicht vom Nicht-Lohneinkommen abhängig.

Kombiniert man die quasi-lineare Nutzenfunktion und das unteilbare Arbeitsangebot, so erzielt A, wenn er arbeitet, den Nutzen $U(C,0) = C + v(0)$. Setzt man $v(0) = 0$ und berücksichtigt in der Budgetgleichung, dass $T = 1$, weshalb $C = (W + G) / P$, dann ergibt sich die Beziehung $U(C,0) = (W + G) / P$. Arbeitet A, so ist sein Nutzen gleich seinem vollen Realeinkommen. Arbeitet er nicht, ist $F = 1$, und für seinen Nutzen gilt $U(C,1) = G / P + v(1)$, wobei $v(1)$ der Freizeitnutzen ist. A bietet genau dann Marktarbeit an, wenn $(W + G) / P \geq G / P + v(1)$. Demnach entscheidet sich A für die Erwerbsarbeit, wenn der Reallohn mindestens so hoch ist, wie der Freizeitnutzen, auf den er als Erwerbstätiger verzichtet. Hieraus ergibt sich der Anspruchslohn von A mit $W_A / P = v(1)$ und seine vollkommen unelastische in Abb. 1.10 dargestellte Arbeitsangebotskurve.

Angenommen A muss, um zu arbeiten, nicht nur Freizeit opfern, sondern auch Kosten für seine Berufskleidung und den Arbeitsweg in Höhe von $K > 0$ aufwenden. Welche Höhe hat der Anspruchslohn von A? Wenn er zum Reallohn W / P arbeitet, beläuft sich sein Nutzen auf $U(C,0) = (W - K) / P$, wenn er nicht arbeitet, beträgt sein Nutzen $U(0,1) = v(1)$. Der Akteur bietet demnach Arbeit an, wenn $(W - K) / P \geq v(1)$. Hieraus folgt sein Anspruchslohn mit $W_A / P = v(1) + K / P$. Der Reallohn, den die Gesellschaft A in Aussicht stellt, muss mindestens so hoch sein, wie die Summe aus dem Nutzen der Freizeit und den realen Fixkosten der Arbeit *k*, wobei $k = K / P$.

In Deutschland fahren zwei Drittel aller Pendler mit dem eigenen PKW zur Arbeit. Das aggregierte Arbeitsangebot, insbesondere die Erwerbsbeteiligung hängt daher vermutlich negativ vom Benzinpreis und der Benzinsteuer (Öko-Steuer) ab.

Zusammenfassung

Ob ein Akteur sich entscheidet, am Arbeitsleben teilzunehmen und aus dem Zustand der Nichterwerbsperson (NEP) in den Zustand der Erwerbsperson (EP) zu wechseln, hängt von seinen Präferenzen, seinem Nicht-Lohneinkommen sowie von seinen Budget- und Zeitrestriktionen ab. Mit wachsendem Reallohn nimmt die Wahrscheinlichkeit für die Teilnahmeentscheidung zu; je niedriger der Marktlohn, umso größer ist demgegenüber die Wahrscheinlichkeit, dass der Zustand der NEP bevorzugt und das Zeitbudget auf die Aktivitäten im Haushalt alloziiert wird. Der Lohnsatz, der die Grenze zwischen den beiden Zuständen der NEP und der EP markiert, heißt Anspruchs- oder Reservationslohn. Liegt der Reallohn über dem Reservationslohn, fällt die Entscheidung für die Erwerbsbeteiligung. Die Reaktion des Arbeitsangebots auf Lohnänderungen hängt von der Stärke des Einkommens- und des Substitutionseffektes ab. Der Substitutionseffekt einer Lohnänderung ist positiv, der Einkommenseffekt ist dagegen negativ, wenn Freizeit ein normales Gut ist. Ein wachsender Reallohn ruft ein größeres Arbeitsangebot hervor, wenn der Substitutionseffekt den Einkommenseffekt überwiegt; die Kurve des Arbeitsangebots hat eine positive Steigung und eine Zunahme des Nicht-Lohneinkommens verschiebt sie in die Richtung der Lohnachse, so dass der Akteur bei jedem Lohnniveau weniger Arbeit anbietet. Ist die Arbeitszeit unteilbar, so ist die Arbeitsangebotskurve vollkommen unelastisch. Ist die Nutzenfunktion des Akteurs außerdem quasi-linear und entstehen Fixkosten der Arbeit, ist sein Anspruchslohn gleich der Summe aus dem Freizeitnutzen und den Fixkosten, die er aufwenden muss, um seinen Beruf auszuüben.

2 Arbeitsnachfrage

Die Arbeitsnachfrage ist wie die Nachfrage nach anderen Faktorleistungen aus der Nachfrage nach Gütern und Zwischenprodukten abgeleitet. Von der „Arbeit als Lebensbedürfnis" wird im Folgenden ebenso abstrahiert wie vom Konsum am Arbeitsplatz, vom Betriebsklima und vom Einfluss der Unternehmenskultur auf die Organisation der Arbeit (s. Kapitel 7). Arbeitsverträge erfüllen mehr als eine Funktion, sie spezifizieren nicht nur das Entgelt für die vereinbarte Leistung, sie bieten Rechts- und Beschäftigungssicherheit, so dass risikoscheue Akteure bereit sind, für den Unterhalt der betrieblichen Sicherungssysteme Prämien z.B. in Gestalt von Lohnabschlägen zu bezahlen (s. Kapitel 12). Von diesen Schutz- und Versicherungskomponenten eines Arbeitsvertrages wird zunächst ebenso abgesehen wie von den Einflüssen des Arbeitsrechts. Das folgende Modell spielt in einer Umgebung, in der alle wesentlichen Informationen öffentlich und mit Sicherheit vorhersagbar sind und in der es weder technologische noch institutionelle Anpassungskosten gibt.

2.1 Kurzfristige Produktionsfunktion und Wertgrenzprodukt der Arbeit

Die Modellfirma, deren abgeleitete Nachfrage nach Arbeit untersucht wird, setzt neben Kapital K (Maschinen, Immobilien) Arbeit L von homogener Qualität als Produktionsfaktor ein, wobei das Faktoreinsatzverhältnis von der Technologie abhängt, mit der die Firma produziert. Die Technologie ist durch die Produktionsfunktion G gegeben. G gibt zu jeder Inputkombination (K, L) den Güteroutput Q an, $Q = G(K, L)$, den die Firma bei technisch effizienter Faktorkombination erzeugt. Kapital und Arbeit sind in begrenztem Umfang substituierbar. In der kurzen Frist sind die Betriebsgröße und der Kapitalstock $\overline{K}$ der Firma jedoch gegeben. Arbeit ist der einzige variable Produktionsfaktor, mit dem sich die Firma an Faktor- oder Absatzpreisänderungen quantitativ anpasst. Zu dem Kapitalstock $\overline{K}$ lässt sich die kurzfristige Produktionsfunktion F durch $F(L) = G(\overline{K}, L)$ definieren. Die kurzfristige Produktionsfunktion ist stetig differenzierbar – die erste Ableitung F' existiert und ist selbst stetig bzw. differenzierbar –, und hat darüber hinaus die folgenden neoklassischen Eigenschaften (s. Abb. 2.1):

(1) Arbeit ist ein wesentlicher Produktionsfaktor: $F(0) = 0$.
(2) Das Grenzprodukt der Arbeit ist positiv: $F'(L) > 0$.

Das Grenzprodukt ist die Outputmenge, die sich mit einer zusätzlichen Einheit Arbeit herstellen lässt. Das Konzept des Grenzprodukts der Arbeit lässt sich mit Hilfe der Ableitung der Produktionsfunktion nach L, $F'(L)$, präzisieren. In Abb. 2.1 entspricht das Grenzprodukt z.B. der Faktoreinsatzmenge L_1 der Steigung der Produktionsfunktion $F'(L_1)$ im Punkt B.

Bei Konstanz aller anderen Faktoren wird die produktive Wirkung des Faktors Arbeit immer schwächer, je mehr die Firma einsetzt bzw. das Grenzprodukt der Arbeit nimmt ab, so dass

(3) $F''(L) < 0$.

Ein sinkendes Grenzprodukt impliziert, dass die kurzfristige Produktionsfunktion wie in Abb. 2.1 streng konkav zum Ursprung gekrümmt ist, weshalb das Durchschnittsprodukt der Arbeit – wie in B, wo $tg\,\alpha = F(L_1)/L_1 > F'(L_1)$ –, bei jedem Faktoreinsatz streng größer ist als das Grenzprodukt. Der Umsatz, den die Firma bei gegebenem Absatzpreis P durch Einsatz einer weiteren Einheit Arbeit erwirtschaftet, ist gleich dem Wertgrenzprodukt der Arbeit. Das Wertgrenzprodukt der Arbeit, das Produkt aus Absatzpreis und physischem Grenzprodukt, $PF'(L)$, hat bei exogenem P dieselben Eigenschaften wie dieses, ist streng größer als null und fällt, wenn der Faktoreinsatz steigt.

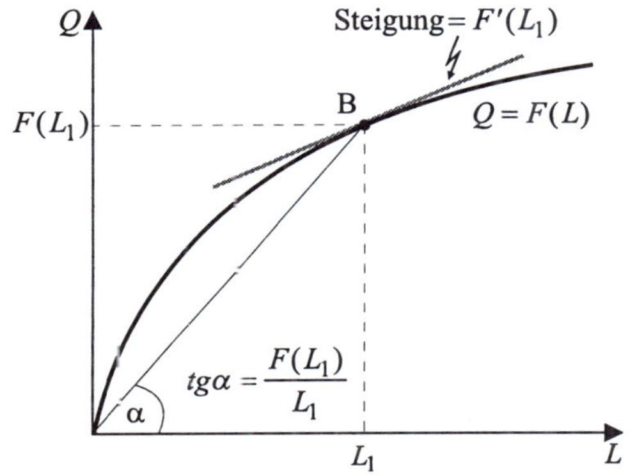

Abb. 2.1: Kurzfristige Produktionsfunktion

2.2 Firmengleichgewicht

Die Modellfirma maximiert mit Blick auf den Absatzpreis P, den Lohnsatz W und die Fixkosten K_f ihren Periodengewinn Π, der sich mit dem Umsatz PQ und den Kosten $WL + K_f$ aus $\Pi = PQ - WL - K_f$ ergibt. Das Unternehmen hat bereits über den Markteintritt entschieden und – wie wir annehmen –, die versunkenen Fixkosten investiert. Da das Unternehmen kein Lager für Fertigprodukte unterhält, stammt die Absatzmenge aus der laufenden Produktion, und bei effizienter Faktorkombination lässt sich der Absatz Q in der Gewinngleichung mit Hilfe von $Q = F(L)$ ersetzen. Der Periodengewinn lautet hiermit $\Pi(L) = PF(L) - WL - K_f$. Da die Modellfirma nicht mit Einstellungs- und Entlassungskosten rechnen muss, nimmt sie ihre Produktion auf, sobald $\Pi(L) \geq -K_f$. Der Deckungsbeitrag zu den Fixkosten ist gleich $\Pi(L) + K_f$, und die Firma produziert und bietet an, sobald ihr Deckungsbeitrag positiv ist. Folglich kann das Unternehmen seinen Verlust auf die Fixkosten begrenzen.

Die Beschäftigungsmenge L ist die endogene Variable des Modells und zugleich die Kontrollvariable der Firma. Die Firma verhält sich auf Güter- und Arbeitsmarkt als Mengenanpasser. Wie hoch ist die Arbeitsnachfrage im Unternehmensgleichgewicht? Solange das Wertgrenzprodukt der Arbeit größer ist als der Lohn, ist der Grenzgewinn Π_L positiv, und es lohnt sich für das Unternehmen, zusätzliche Arbeitskräfte einzustellen. Ist demgegenüber bei der gegebenen Belegschaftsstärke $\Pi_L < 0$, wird die Geschäftsführung Arbeitskräfte entlassen, bis das Wertgrenzprodukt der übrig bleibenden Belegschaft dem Nominallohn entspricht, so dass im Gewinnmaximum $\Pi_L \equiv PF' - W = 0$. Teilt man die Marginalbedingung durch den Preis, so erhält man mit dem Real-

Produktionsfunktion und G + V

Angenommen die Analyse der G + V ergibt, dass der Lohnkostenanteil am Umsatz der betrachteten Firma gleich α und die mit dem Deckungsbeitrag gemessene Umsatzrendite gleich $1-\alpha$ ist, so dass

$$\alpha \equiv WL/PQ = wL/F(L)$$

$$1-\alpha \equiv (\Pi + K_f)/PQ = (\pi + k_f)/F(L);$$

dann können wir das Angebots- und Nachfrageverhalten der Firma einfach mit der Produktionsfunktion

$$F(L) = L^{\alpha}$$

erklären. Denn eine Firma, die mit Rücksicht auf diese Produktionsfunktion und das Grenzprodukt der Arbeit

$$F'(L) = \alpha L^{\alpha-1}$$

ihren Gewinn maximiert, wählt gemäß (2.1) eine Faktoreinsatzmenge, für die $\alpha L^{\alpha-1} - w = 0$, so dass

$$L^{*} = (\alpha/w)^{1/(1-\alpha)}.$$

Mit dieser Arbeitsnachfragefunktion ergibt sich aber

$$F(L^{*}) \equiv L^{*\alpha} = (\alpha/w)^{\alpha/(1-\alpha)} = wL^{*}/\alpha,$$

woraus der erste Teil der obigen Behauptung über den Lohnkostenanteil folgt

$$\alpha = wL^{*}/F(L^{*}).$$

Nun gilt im Firmengleichgewicht für den Gewinn: $\pi^{*} = F(L^{*}) - wL^{*} - k_f$. Hieraus ergibt sich: $\pi^{*} + k_f = F(L^{*}) - wL^{*} = F(L^{*})(1-\alpha)$, so dass auch der zweite Teil der Behauptung folgt:

$$1-\alpha = (\pi^{*} + k_f)/F(L^{*}).$$

lohn $w = W/P$ den realen Grenzgewinn π_L, für den $\pi_L = F' - w$, und im Unternehmensgleichgewicht gilt die Bedingung

$$\text{(2.1)} \qquad \pi_L(L^{*}, w) \equiv F'(L^{*}) - w = 0.$$

Ob eine innere Lösung des Maximierungsproblems mit streng positiver Beschäftigungsmenge existiert, oder ob das Unternehmen gar nicht erst mit der Produktion beginnt, lässt sich mit den neoklassischen Eigenschaften der Produktionsfunktion (1)-(3) noch nicht eindeutig feststellen. Ist z.B. der Reallohn hoch und die Arbeitsproduktivität der Firma gering, so dass $\pi_L(0,w) \equiv F'(0) - w < 0$, dann hat das Maximierungsproblem keine innere Lösung. Denn für die Firma ist wegen $\pi_L(0,w) < 0$ die Produktion nicht rentabel, zusätzlich zu den Fixkosten könnte sie auch einen Teil der Lohnkosten nicht aus ihren Umsätzen decken. Für die Aufnahme der Produktion ist mithin

$$\text{(4)} \qquad \pi_L(0,w) \equiv F'(0) - w > 0$$

eine notwendige Bedingung, die fordert, dass es zu jedem Reallohn w eine Belegschaft geben soll, deren Grenzprodukt hinreicht, um den Reallohn zu decken.

Elastizität der Arbeitsnachfrage

Die Lohnelastizität ε misst die prozentuale Änderung der Nachfrage nach Arbeitskräften, die cet. par. von einer einprozentigen Änderung des Reallohns hervorgerufen wird

$$\varepsilon = \frac{\text{Prozentuale Änderung der Arbeitsnachfrage}}{\text{Prozentuale Änderung des Reallohns}} = \frac{\Delta L^* / L^*}{\Delta w / w} = \frac{\Delta L^*}{\Delta w} \frac{w}{L^*}.$$

Die Tabelle stellt lang- und kurzfristige Nachfrageelastizitäten des westdeutschen verarbeitenden Gewerbes für den Zeitraum 1976-1995 mit Bezug auf die Bruttolöhne der folgenden drei Qualifikationsgruppen dar. Hohe Qualifikation: Universitäts- oder FH-Abschluss; mittlere Qualifikation: Abitur oder betriebliche Ausbildung; geringe Qualifikation: ohne Schulabschluss oder Berufsausbildung. Mit Ausnahme der kurzfristigen Elastizität der Nachfrage nach hoch qualifizierten Arbeitskräften sind alle Elastizitäten negativ und signifikant von null verschieden. Offenbar sind die Elastizitäten in der langen Frist betragsmäßig größer als in der kurzen, z.B. weil die Firmen ihr Personal kurzfristig infolge des Kündigungsschutzrechts nicht so schnell anpassen können. Darüber hinaus nehmen die Werte zumindest in der kurzen Frist mit steigendem Qualifikationsniveau ab.

Nachfrageelastizitäten des verarbeitenden Gewerbes (1976-1995)

Qualifikation	langfristig	kurzfristig
hoch	- 2,25	0,014
mittel	- 2,75	- 0,045
niedrig	- 1,54	- 0,091

Quelle: *Falk* und *Koebel* (2001)

Wenn das Grenzprodukt der Arbeit sinkt, aber nicht bis auf das Niveau des Reallohns fällt, dann gibt es keine endliche Nachfrage nach Arbeitskräften, die die Marginalbedingung (2.1) erfüllt. Für alle L wäre $\pi_L(L,w) \equiv F'(L) - w > 0$, und die Firma könnte mit einem immer höheren Faktoreinsatz ein unbegrenztes Vermögen verdienen. Diese letzte, für den Firmeninhaber an sich sehr angenehme Schwierigkeit lässt sich mit der Annahme

(5) $\quad F'(\infty) = 0$

ausschalten. Wegen der Signifikanz der Namengebung bezeichnen wir im Folgenden die Annahmen (1) bis (5) als Inada-Bedingungen. Im Schrifttum werden dagegen meist nur die Eigenschaften (4) und (5) nach dem japanischen Ökonomen *Inada* (1963) benannt. Gelten diese Bedingungen, dann erwirtschaftet das Unternehmen bei jedem Reallohn einen echt positiven Deckungsbeitrag zu den Fixkosten und ist daher auf dem Absatzmarkt als Anbieter und auf dem Arbeitsmarkt als Nachfrager anzutreffen (s. Anhang).

2.3 Arbeitsnachfrage der Firma

Wie passt sich die Arbeitsnachfrage der Firma an einen steigenden oder sinkenden Reallohn an? Wie die Marginalbedingung (2.1) verdeutlicht, ist im Gewinnmaximum das physische Grenzprodukt der Arbeit gleich dem Reallohn. Stellt man (2.1) wie in

Abb. 2.2 graphisch dar, so entspricht die Lohngerade der unendlich elastischen Arbeitsangebotskurve, mit der die einzelne Firma bei vollkommener Konkurrenz auf dem Arbeitsmarkt konfrontiert ist. Ihre Arbeitsnachfragekurve ist dagegen negativ geneigt. Denn das einzelne Unternehmen passt sich bei Änderungen des Reallohns, wie aus (2.1) folgt, entlang seiner Grenzproduktskurve an, bis es die Beschäftigungsmenge erreicht, bei der die Marginalbedingung (2.1) gilt und der reale Grenzgewinn verschwindet. Mithin sind die Grenzproduktskurve der Arbeit und die Arbeitsnachfragekurve der Firma identisch. Steigt der Lohn von w_1 auf w_2, so wandert das Firmengleichgewicht von E_1 nach E_2 und die Nachfrage nach Arbeitskräften fällt von L_1^* auf L_2^*; sinkt der Preis für Arbeit dagegen auf w_3, so bewegt sich das Firmengleichgewicht nach E_3 und die Arbeitsnachfrage wächst, bis bei L_3^* das Grenzprodukt der Arbeit und der Reallohn wieder ausgeglichen sind.

Aus den neoklassischen Eigenschaften der Produktionsfunktion folgt erstens, wie im Anhang erläutert wird, dass die Faktornachfragekurve, s. Abb. 2.2, monoton fallend und überall im ersten Quadranten verläuft und sich asymptotisch den Achsen nähert; zweitens, dass der maximale Gewinn, den die Firma erwirtschaftet, mit steigendem Lohn sinkt; drittens, dass der Deckungsbeitrag zu den Fixkosten für alle Reallöhne streng positiv ist. Die Inada-Bedingungen schließen nicht aus, dass das Unternehmen in die Verlustzone gerät, jedoch können die Unternehmensverluste nicht höher ausfallen als die Fixkosten.

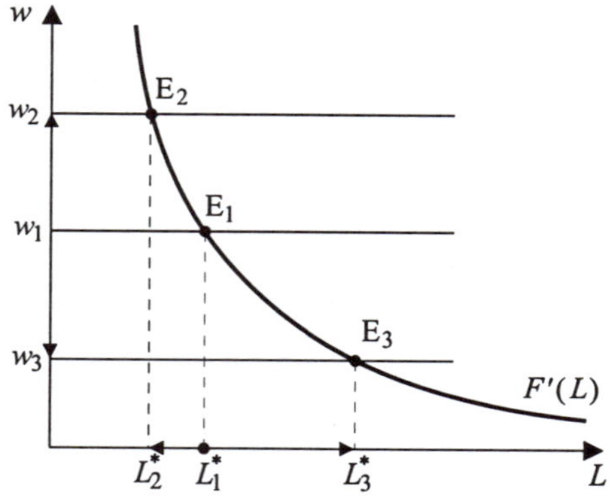

Abb. 2.2: Arbeitsnachfrage

Zusammenfassung

Die Arbeitsnachfrage ist abgeleitet aus der Nachfrage nach Zwischenprodukten oder Konsumgütern. Bei exogenem Kapitalstock gibt die kurzfristige Produktionsfunktion eines Unternehmens den Output an, den die Firma bei effizientem Einsatz des Faktors Arbeit produziert. Das Grenzprodukt der Arbeit ist die Outputmenge, die das Unternehmen mit dem Einsatz einer zusätzlichen Arbeitseinheit herstellt. Bewertet man diese Menge mit dem Absatzpreis, ergibt sich das Wertgrenzprodukt der Arbeit. Ein gewinnmaximierendes Unternehmen, das keine Such- und Fluktuationskosten hat, wird Arbeitskräfte einstellen oder entlassen, bis das Wertgrenzprodukt der Belegschaft gleich dem Nominallohn bzw. bis das Grenzprodukt der Mitarbeiter gleich dem Reallohn ist. Die Kurve des Grenzprodukts der Arbeit ist die Nachfragekurve der Firma auf dem Arbeitsmarkt. Da das Grenzprodukt bei neoklassischer Produktionsfunktion streng positiv ist und sinkt, ergibt sich für die gewinnmaximierende Firma eine negativ geneigte Nachfragekurve, bei der mit steigendem Reallohn die Nachfrage nach Arbeit fällt. Zwar sinkt der Gewinn, wenn der Reallohn steigt, doch ist der Deckungsbeitrag streng positiv und das Unternehmen daher bei jedem Reallohn als Anbieter auf dem Absatzmarkt und als Nachfrager auf dem Arbeitsmarkt anzutreffen.

Anhang

1. Die negative Steigung der Nachfragekurve lässt sich mit Hilfe der Marginalbedingung folgendermaßen begründen. Die Arbeitsnachfrage ist mit (2.1) eine implizite Funktion des Reallohns, für die $\pi_L(L^*, w) \equiv F'(L^*) - w = 0$. Eine geringfügige Erhöhung des Faktoreinsatzes senkt den Grenzgewinn, wie auch die Ableitung von π_L nach L ergibt: $\pi_{LL} = F'' < 0$; während eine marginale Änderung des Reallohns eine betragsmäßig gleich hohe Anpassung des Grenzgewinns zufolge hat, wie die Ableitung von π_L nach dem Lohn $\pi_{Lw} = -1$ belegt. Berücksichtigt man diese Ausdrücke in dem totalen Differenzial des Grenzgewinns, $d\pi_L = \pi_{LL} dL + \pi_{Lw} dw$, so folgt $0 = F'' dL - dw$, wenn man bedenkt, dass im Gewinnmaximum $d\pi_L = 0$. Für die Steigung der Faktornachfragekurve ergibt sich damit $dL / dw = 1 / F'' < 0$.

2. Wie ändert sich der maximale Gewinn $\pi(w)$, wenn der Reallohn steigt? Leitet man die Gewinnfunktion nach dem Reallohn ab und berücksichtigt, dass die Firma ihre gewinnmaximale Arbeitsnachfrage ständig an den Reallohn anpasst, so erhält man: $d\pi(w) / dw = F'(L^*) dL / dw - L^* - w dL / dw$ und mit Rücksicht auf (2.1) ergibt sich hieraus das nach dem amerikanischen Ökonomen benannte Lemma von *Hotelling* (1932): $d\pi(w) / dw = -L^* < 0$.

3. Gelten die Inada-Bedingungen, so ist der Deckungsbeitrag zu den Fixkosten streng positiv. Den Deckungsbeitrag erhält man aus $\pi(w) = F(L^*) - wL^* - k_f$, indem man die realen Fixkosten $k_f = K_f / P$ addiert: $\pi(w) + k_f$. Angenommen bei dem Lohn $\hat{w} > 0$ wäre der Deckungsbeitrag entgegen der Behauptung kleiner oder gleich null, $\pi(\hat{w}) + k_f = F(\hat{L}) - \hat{w}\hat{L} \leq 0$, wobei $\hat{L} > 0$ die Marginalbedingung (2.1) erfüllt. Dann folgt $\hat{L}\,[\,F(\hat{L}) / \hat{L} - \hat{w}\,] = \hat{L}\,[\,F(\hat{L}) / \hat{L} - F'(\hat{L})\,] \leq 0$, weshalb das Durchschnittsprodukt der Arbeit höchstens so groß ist wie das Grenzprodukt $F(\hat{L}) / \hat{L} - F'(\hat{L}) \leq 0$, was der Annahme des sinkenden Grenzprodukts widerspricht, wie man sich auch mit Blick auf Abb. 2.1 überlegt. Mithin gilt für alle Lohnsätze $w > 0$, dass $\pi(w) + k_f > 0$.

3 Arbeitsmarkt

Als nächstes betrachten wir einen Arbeitsmarkt mit repräsentativen Marktteilnehmern. Mit dem Konzept der repräsentativen Agenten stellt man die Marktnachfrage und das Marktangebot stellvertretend durch deren Nachfrage- und Angebotsfunktionen dar. Die Aggregation einzelwirtschaftlicher Angebots- und Nachfragefunktionen ist nicht ohne Annahmen über die verschiedenen Anbietertypen, ihre Verteilung unter den Erwerbspersonen, die Eigenschaften der Nutzen- und Produktionsfunktionen, die Substitutionsbeziehungen zwischen den Produkten und den Produktionsfaktoren und andere mehr durchführbar. Das Konzept des repräsentativen Akteurs vereinfacht und umgeht diese Probleme. Außerdem nehmen wir an, dass sich das repräsentative Unternehmen und der repräsentative Haushalt nur auf dem Arbeitsmarkt begegnen. Folglich hat weder die Güternachfrage des Haushalts für das Unternehmen noch der Unternehmensgewinn für das Einkommen des Haushalts Gewicht, die Argumentation ist partialanalytisch.

Das Marktverhalten des repräsentativen Arbeitsanbieters ist durch seine Angebotsfunktion $H(w)$ charakterisiert, in der $w = W / P$ der Reallohn und H die nutzenmaximale Arbeitszeit ist. Beim Reallohn w ergibt sich das aggregierte Arbeitsangebot L^S im Allgemeinen durch Addition der individuellen Angebotsmengen. Mit Hilfe des repräsentativen Anbieters A bewältigen wir den Sprung von der mikro- zur makroökonomischen Ebene, indem wir das gesamtwirtschaftliche Aggregat gleich der nutzenmaximalen Arbeitszeit von A setzen, so dass $L^S(w) = H(w)$. Nun gilt auf gesamtwirtschaftlicher Ebene, dass das Angebot mit dem Reallohn steigt, wenn beim repräsentativen Akteur, wie wir annehmen, der Substitutionseffekt einer Lohnänderung betragsmäßig größer ist als der Einkommenseffekt, und dass sich niemand für die Erwerbstätigkeit entscheidet, solange wie der Reallohn niedriger ist als der Anspruchslohn von A.

Ähnlich verfahren wir mit der gesamtwirtschaftlichen Arbeitsnachfrage. Die Faktornachfrage der repräsentativen Unternehmung ist durch $L(w)$ gegeben. Die Firma fragt bei allen Reallohnsätzen eine positive Faktormenge nach, wenn ihre Produktionsfunktion die Inada-Bedingungen erfüllt. Die gesamtwirtschaftliche Arbeitsnachfrage L^D ergibt sich, indem man kurzerhand $L^D(w) = L(w)$ setzt. Die Marktnachfrage sinkt, wenn der Reallohn steigt und umgekehrt, sie fällt, wenn die Faktorkosten wachsen. Außerdem gibt es bei jedem Reallohn eine positive Nachfrage nach Arbeitskräften.

3.1 Arbeitsmarktgleichgewicht und Arbeitsrecht

In Abb. 3.1 sind die Kurven der gesamtwirtschaftlichen Arbeitsnachfrage und des gesamtwirtschaftlichen Arbeitsangebots abgetragen. Der Arbeitsmarkt hat genau ein Gleichgewicht bei dem Reallohn w_1, der Beschäftigungsmenge L_1 und dem Angebotsüberschuss $A\ddot{U}(w_1) \equiv L^S(w_1) - L^D(w_1) = 0$. Existenz und Eindeutigkeit des Gleichgewichts folgen aus den Eigenschaften der Angebots- und der Nachfragefunktion. Der Angebotsüberschuss gibt zu jedem Lohn den Saldo aus geplantem Arbeitsangebot und geplanter Arbeitsnachfrage an. Bei dem Lohn w_2 ist der Angebotsüberschuss positiv, bei dem Lohn w_3 dagegen negativ. Bei dem Lohn w_2 bieten die Haushalte mehr Arbeit an als die Firmen nachfragen. Beim Reallohn w_3 sind die Verhältnisse umgekehrt, die Unternehmen suchen mehr Faktorleistungen als die Haushalte anbieten.

Lohnnebenkosten (LNK) I

LNK sind „Jobkiller“ und Mitursache der Massenarbeitslosigkeit, so die weit verbreitete Meinung über die Beschäftigungsfolgen der LNK. Vor allem bei den Arbeitgeberverbänden steht die Senkung der LNK daher ganz oben auf der Liste der Maßnahmen zur Reform des Arbeitsmarktes. Die LNK setzen sich aus den Aufwendungen für die Kranken-, Pflege-, Renten- und Arbeitslosenversicherung zusammen.

Können LNK bei flexiblem Reallohn unfreiwillige Arbeitslosigkeit verursachen? Ist der Arbeitsmarkt friktionslos und hat der Markt ein eindeutiges Gleichgewicht bei einem positiven Reallohn, so verursachen LNK keine unfreiwillige Arbeitslosigkeit. Kombiniert man LNK jedoch mit rigiden Reallöhnen, so ist unfreiwillige Arbeitslosigkeit die wahrscheinliche Folge, wie die Box Lohnnebenkosten II belegt. Nicht die LNK, sondern die Kombination von LNK und rigidem Reallohn verursacht unfreiwillige Arbeitslosigkeit.

Bei flexiblem Reallohn ist das Gleichgewicht (w_1, L_1) stabil, wie folgende Überlegung zeigt. Bei dem Lohn w_3, bei dem die Unternehmen zunächst für die von ihnen nachgefragte Arbeitsleistung kein gleich großes Angebot antreffen, besteht ein Anreiz für die Firmen, das Lohnangebot zu erhöhen, um die Erwerbsbeteiligung zu steigern und Arbeitskräfte von der Konkurrenz abzuwerben. Die Unternehmen überbieten sich bei ihrer Suche nach Bewerbern mit höheren Löhnen. Sind Angebot und Nachfrage preiselastisch, so gerät der Nachfrageüberschuss von zwei Seiten her unter Druck, wie in Abb. 3.2 zu sehen ist. Auf der einen Marktseite sinkt wegen der steigenden Lohnkosten die Nachfrage der Firmen; auf der anderen Seite wird Marktarbeit für die Anbieter immer attraktiver, denn die Opportunitätskosten der Freizeit steigen mit dem Lohn.

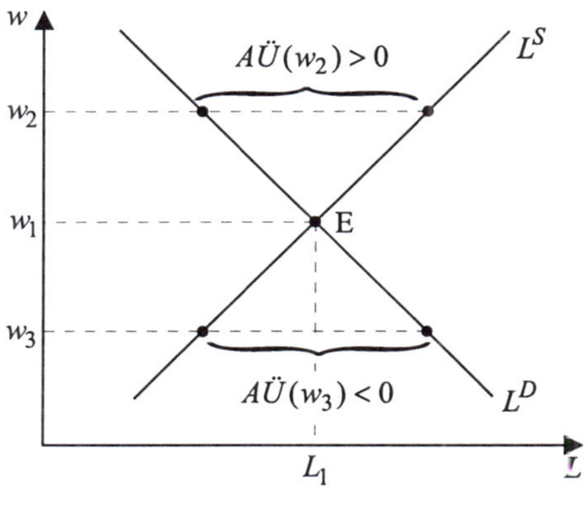

Abb. 3.1: Marktgleichgewicht

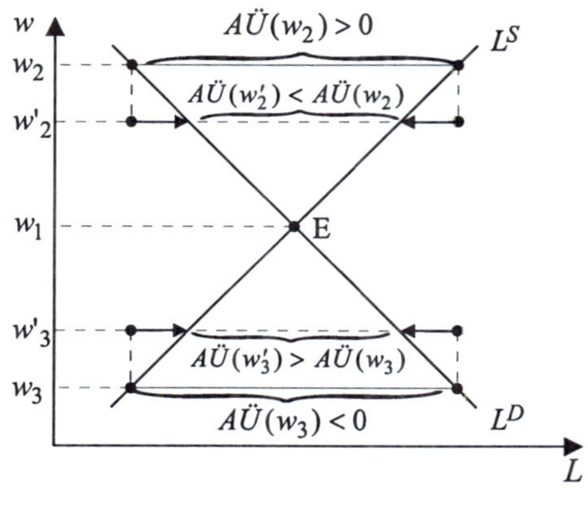

Abb. 3.2: Angebotsüberschuss

Bei w_2 herrscht ein Angebotsüberschuss, da die Haushalte mehr Marktarbeit anbieten als die Firmen bei den hohen Lohnkosten nachfragen. Die Haushalte könnten mehr Faktorleistungen absetzen, wenn sie bereit wären, zu einem geringeren Lohn zu arbeiten. Die Anbieter beginnen sich zu unterbieten, und bei fallendem Reallohn sinkt der Angebotsüberschuss. Auf der einen Seite fragen die Unternehmen bei niedrigeren Lohnkosten mehr Arbeitskraft nach. Auf der anderen Seite des Marktes nehmen die Opportunitätskosten der Freizeit ab, und die Haushalte bieten weniger Arbeitszeit an. Über- und Unter-

Lohnnebenkosten (LNK) II

Wir betrachten zunächst einen Haushalt mit dem Bruttoentgelt w. In Deutschland teilen sich Arbeitnehmer und Arbeitgeber den Gesamtsozialversicherungsbeitrag, Zahlstelle ist der Arbeitgeber, Einzugsstelle die Krankenkasse. Ist $2t$ der gesamte Beitragssatz, so ist $w^n = (1-t)w$ der Konsumentenlohn und $w^b = (1+t)w$ der Produzentenlohn. Im Jahr 2004 belief sich der durchschnittliche Beitragssatz auf ca. 42 % vom Bruttolohn w, so dass $t = 0{,}21$. Die Lohnschere LS (s. Kap. 13) misst das Verhältnis zwischen Produzenten- und Konsumentenlohn: $LS \equiv w^b / w^n = (1+t)/(1-t)$.

Der Haushalt, der auf einem friktionslosen Arbeitsmarkt sein Arbeitsangebot H kontinuierlich anpasst, rechnet mit der Budgetrestriktion $C = (1-t)wH + C_S$, in der C_S den „Sozialkonsum" bezeichnet, den der Wohlfahrtsstaat den Sozialversicherungspflichtigen zur Verfügung stellt. Der Einfachheit halber nehmen wir an, dass C_S unabhängig vom Bruttolohn ist. Zu C_S gehören z.B. die Dienste des Hausarztes und des Apothekers, die Fortbildungsmaßnahmen der Bundesagentur für Arbeit etc. Der Sozialkonsum ist mit einem Einkommenseffekt verbunden, der das Arbeitsangebot reduziert, wenn Konsum und Freizeit normale Güter sind. Der Beitragssatz t hat neben dem Einkommens- einen Substitutionseffekt, jener erhöht und dieser senkt das Arbeitsangebot, da infolge des Sozialbeitrags Freizeit relativ billiger wird. Der Nettoeffekt ist nicht eindeutig und wir nehmen an, dass der Substitutionseffekt den Einkommenseffekt überwiegt, so dass der Beitragssatz t das Arbeitsangebot senkt. Bei den Arbeitsnachfragern erhöht der Sozialbeitrag den Produzentenlohn und senkt die Arbeitsnachfrage.

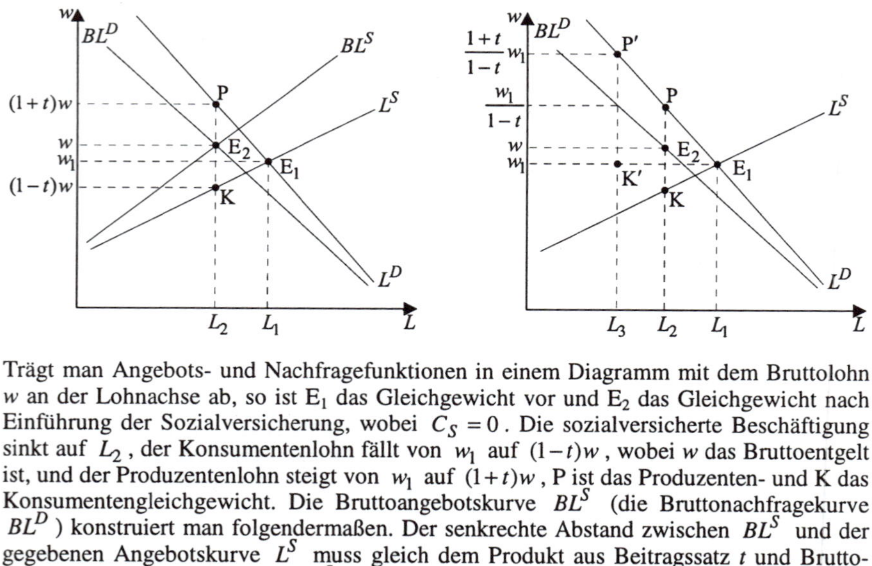

Trägt man Angebots- und Nachfragefunktionen in einem Diagramm mit dem Bruttolohn w an der Lohnachse ab, so ist E_1 das Gleichgewicht vor und E_2 das Gleichgewicht nach Einführung der Sozialversicherung, wobei $C_S = 0$. Die sozialversicherte Beschäftigung sinkt auf L_2, der Konsumentenlohn fällt von w_1 auf $(1-t)w$, wobei w das Bruttoentgelt ist, und der Produzentenlohn steigt von w_1 auf $(1+t)w$, P ist das Produzenten- und K das Konsumentengleichgewicht. Die Bruttoangebotskurve BL^S (die Bruttonachfragekurve BL^D) konstruiert man folgendermaßen. Der senkrechte Abstand zwischen BL^S und der gegebenen Angebotskurve L^S muss gleich dem Produkt aus Beitragssatz t und Bruttolohn w sein, wobei man w an BL^S abliest. Der senkrechte Abstand zwischen der gegebenen Nachfragekurve L^D und BL^D muss gleich tw sein, wobei man w an BL^D abliest. Zu jedem Produzentenlohn liest man die Beschäftigung, die die Firma nachfragt, an L^D ab; zu jedem Konsumentenlohn liest man das Arbeitsangebot des Haushalts an L^S ab.

Angenommen der Konsumentenlohn w_1 ist rigide. Dann erhalten wir, wie das rechte Diagramm verdeutlicht, mit $w_1/(1-t)$ das Bruttoentgelt und mit $(1+t)w_1/(1-t)$ den Produzentenlohn zu dem die Firma die sozialversicherungspflichtige Faktormenge L_3 nachfragt, so dass unfreiwillige Arbeitslosigkeit im Umfang von $L_1 - L_3$ entsteht.

bietungsprozesse kommen im Gleichgewicht zum Stillstand, in jenem Zustand, in dem die Pläne der Anbieter und Nachfrager simultan in Erfüllung gehen: Beim Reallohn w_1 plant der repräsentative Anbieter Marktarbeit im Umfang $L^S(w_1)$. Die repräsentative Firma plant die Faktornachfrage $L^D(w_1)$, woraus sich ein Angebotsüberschuss von $A\ddot{U}(w_1) \equiv L^S(w_1) - L^D(w_1)$ ableitet, für den, wie wir wissen, $A\ddot{U}(w_1) = 0$, so dass die Pläne der Marktteilnehmer tatsächlich konsistent sind. Bei jedem anderen Lohn wird dagegen eine der beiden Marktseiten enttäuscht.

Mit Blick auf den geschilderten Anpassungsprozess lässt sich die Funktion sowohl des kollektiven (z.B. Tarifvertragsgesetz) wie des Individualarbeitsrechts (z.B. Kündigungsschutzgesetz) folgendermaßen kennzeichnen: Arbeitsrecht ist „negatives Wettbewerbsrecht". Seine sozialpolitische Bedeutung besteht darin, durch Ge- und Verbote den geschilderten Unterbietungsprozess auszuschalten bzw. die Wohlfahrtsverluste der Arbeitnehmer, die dabei entstehen, umzuverteilen.

3.2 Rationierung, unfreiwillige Arbeitslosigkeit und Arbeitslosenquote

In (Ungleichgewichts-) Zuständen, bei denen die Pläne der Anbieter und Nachfrager nicht konsistent sind, wird die kurze durch die lange Marktseite rationiert, s. Abb. 3.3.

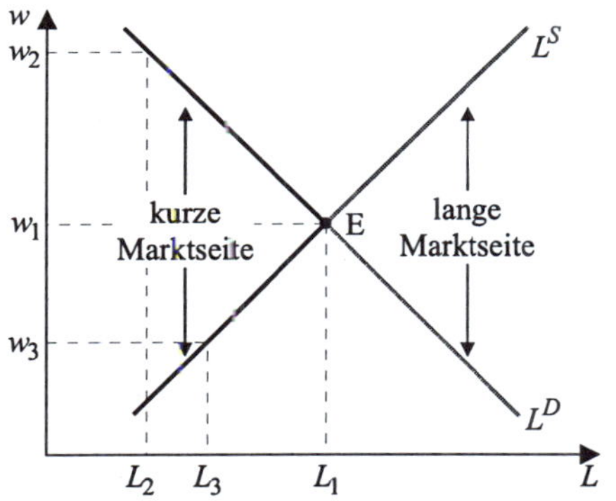

Abb. 3.3: Kurze und lange Marktseite

Beim Lohn w_3 ist das Angebot auf der kurzen Marktseite und rationiert die Nachfrage, die mehr Faktorleistungen im Produktionsprozess einsetzen möchte, als sie beim herrschenden Lohn attrahiert. Ist der Lohn rigide, so setzt das Angebot seine Pläne durch und realisiert die Beschäftigungsmenge $L_3 = L^S(w_3)$. Beim Lohn w_2 kehren sich die Verhältnisse um, die Nachfrage befindet sich auf der kurzen Marktseite und rationiert das Angebot. Ist der Reallohn starr, so implementiert der Rationierungsmechanismus die Beschäftigungsmenge $L_2 = L^D(w_2)$, während die Pläne der Anbieter im Umfang des Angebotsüberschusses $A\ddot{U}(w_2) \equiv L^S(w_2) - L^D(w_2) > 0$ nicht in Erfüllung gehen. Man bezeichnet daher $A\ddot{U}(w_2)$ auch als ungeplante oder unfreiwillige Arbeitslosigkeit. Lohnflexibilität bewirkt, dass der Preis für Arbeit im Zustand $A\ddot{U}(w_2) > 0$ unter Druck gerät, der Lohn sinkt, und die unfreiwillige Arbeitslosigkeit geht zurück, bis sie schließlich im Gleichgewicht verschwindet. Die Menge aller (Un-) Gleichgewichtszustände, die bei dezentraler Koordination von Angebot und Nachfrage auftreten können, wenn bei inkonsistenten Plänen die kurze Marktseite die lange rationiert, ist in Abb. 3.3 durch die dunkle Linie hervorgehoben. Bei Löhnen oberhalb des Marktgleichgewichts kommen beim geschilderten Rationierungsverfahren die Nachfragepläne und bei Löhnen unterhalb die Angebotspläne zum Zug.

Die unfreiwillige Arbeitslosigkeit, die bei zu hohem Reallohn auftritt, lässt sich mit Hilfe der Arbeitslosenquote messen. Wenn beim Lohn w_2 Erwerbsarbeit im Umfang $L^S(w_2)$ angeboten, jedoch nur die Faktorleistungen $L^D(w_2)$ im Produktionsprozess verwendet werden, dann beträgt die Arbeitslosenquote

$$u(w_2) = \frac{A\ddot{U}(w_2)}{L^D(w_2) + A\ddot{U}(w_2)}. \tag{3.1}$$

Die Bezugsgröße im Nenner von (3.1) ist die Zahl der Erwerbspersonen, die gleich der Summe aus Erwerbstätigen und Erwerbslosen ist. Die Arbeitslosenquote sinkt, wenn der Lohn fällt, denn die Zahl der unfreiwillig Arbeitslosen im Zähler und im Nenner nimmt ab, während die Zahl der Erwerbstätigen steigt.

3.3 Indifferenzkurven, Iso-Gewinnlinien und Kontraktkurve

In keinem anderen Zustand des Arbeitsmarktes gibt es mehr Erwerbstätige als im Marktgleichgewicht. Die dunkel hervorgehobene Kurve der Rationierungsgleichgewichte in Abb. 3.3 verdeutlicht diese Behauptung: Mehr als die Beschäftigung L_1, die der Markt beim Gleichgewichtspreis w_1 realisiert, kann eine Gesellschaft, die die Allokation des Faktors Arbeit marktwirtschaftlich mit Einzelarbeitsverträgen koordiniert, nicht mobilisieren. Wenn sich die Pläne der kurzen gegen die Ansprüche der langen Marktseite durchsetzen, ist die Beschäftigung bei jedem anderen Lohn geringer, und sie sinkt in dem Maße, wie der Lohn in die eine oder die andere Richtung von seinem Gleichgewichtswert abweicht.

Im Gleichgewicht erreicht die Beschäftigung aber nicht nur ein Maximum, sondern das Gleichgewicht ist Pareto-effizient. Pareto-Effizienz ist ein Kriterium zur Bewertung sozialer Zustände, das auf den Soziologen und Ökonomen Pareto zurückgeht. Das Kriterium setzt die Interessen einer Gruppe von Akteuren als Bewertungsbasis voraus. Hier bilden die Nachfrager und Anbieter des Arbeitsmarktes mit ihrem Gewinn und ihren Präferenzen die Referenzgruppe. Zustände sind immer dann Pareto-effizient, wenn eine Reform die Akteure nicht besser stellen kann, es sei denn auf Kosten der anderen Mitglieder der Referenzgruppe. Ein Arbeitsanbieter stellt sich z.B. im Vergleich zu einem Ausgangszustand besser, wenn er einen höheren Lohn erhält oder seine Arbeitszeit abnimmt. Eine Firma stellt sich im Vergleich zu einem Ausgangszustand besser, wenn der Lohn ihrer Arbeitskräfte sinkt.

Während das Arbeitsmarktgleichgewicht Pareto-effizient ist, sind die Rationierungsgleichgewichte auf der dunkel hervorgehobenen Kurve in der Abb. 3.3 ineffizient: Zu allen Zuständen gibt es Reformen, die mindestens einen Akteur besser stellen, ohne den anderen Haushalten und Firmen zu schaden. Nur zum Gleichgewichtszustand existiert eine Reform, die den sozialen Zustand verbessert, nicht. Um diese Behauptungen zu belegen, stellen wir nun die Präferenzen des repräsentativen Arbeitsanbieters durch seine Indifferenzkurven und die Zielfunktion der repräsentativen Firma durch ihre Iso-Gewinnlinien dar.

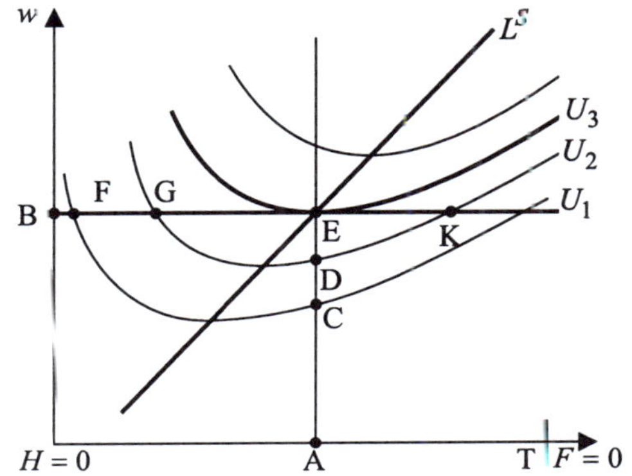

Abb. 3.4: Indifferenzkurven

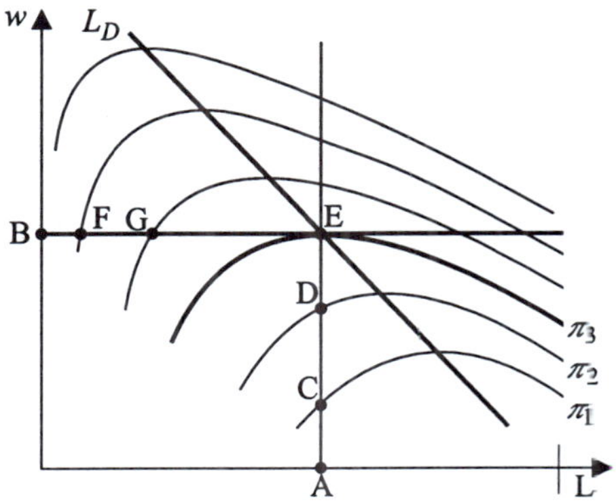

Abb. 3.5: Iso-Gewinnlinien

In Abb. 3.4 sind die Indifferenzkurven des repräsentativen Haushalts abgebildet. An der Ordinate ist der Reallohn, an der Abszisse die Beschäftigungsmenge abgetragen. Eine Indifferenzkurve zum Nutzenniveau U_1 umfasst alle (w,H)-Kombinationen, deren Nutzen gleich U_1 ist. Bewegt man sich vom Punkt A in nördliche Richtung, so nimmt der Reallohn kontinuierlich zu, während die Aufteilung der Zeit T auf Frei- und Arbeitszeit konstant ist. Infolgedessen nimmt der Haushaltsnutzen zu und für die Indifferenzkurven, die man in C und D schneidet, gilt $U_1 < U_2$. Bewegt man sich dagegen entlang einer Reallohngeraden von B aus in östliche Richtung, so trifft man zunächst in F und G auf Indifferenzkurven mit zunehmendem Nutzenniveau: $U_1 < U_2$. Zwar ist die Arbeitszeit in G länger als in F, doch der Nutzenverlust der höheren Arbeitszeit wird durch den Nutzengewinn überkompensiert, den das höhere Arbeitseinkommen dem Haushalt verschafft. Die Nutzenzuwächse nehmen jedoch mit steigender Arbeitszeit von F nach G kontinuierlich ab und verschwinden in E ganz, wo der Nutzen des Haushalts bei dem gegebenen Reallohn ein Maximum erreicht und die Reallohngerade die Indifferenzkurve U_3 in ihrem Minimum tangiert. In E ist folglich die Bedingung erster Ordnung für ein Haushaltsgleichgewicht (1.2) erfüllt, die GRS ist dort gleich dem Reallohn. E liegt mithin wie die Minima der anderen Indifferenzkurven auf der Arbeitsangebotskurve L^S des Arbeitsmarktes.

Abb. 3.5 stellt die Iso-Gewinnlinien der repräsentativen Unternehmung in der (w,L)-Ebene dar, dabei gelte für die Fixkosten $K_f = 0$. Die Iso-Gewinnlinie π_1 zeigt alle (w,L)-Kombinationen, mit denen die Firma den Gewinn π_1 erwirtschaftet. Bewegt man sich vom Punkt A in nördliche Richtung, dann steigt der Reallohn, die Lohnkosten wachsen und der Gewinn des Unternehmens fällt, weshalb man in C und D Iso-Gewinnlinien mit sinkenden Gewinniveaus schneidet: $\pi_1 > \pi_2$. Bewegt man sich zu gegebenem Reallohn vom Punkt B in östliche Richtung, so steigt der Faktoreinsatz und das Grenzprodukt der Arbeit sinkt. Doch anfangs, bei geringem Faktoreinsatz, ist das Grenzprodukt höher als der Reallohn – Annahme (4), Kapitel 2 –, und der Firmengewinn wächst von B nach F und G. Zugleich wird aber der Grenzgewinn kleiner und verschwindet schließlich in E ganz. In E ist das Grenzprodukt der Arbeit gleich dem Reallohn, die Marginalbedingung (2.1) ist erfüllt, und der Gewinn ist maximal. E liegt mithin wie die Maxima der anderen Iso-Gewinnlinien auf der Nachfragekurve L^D des Arbeitsmarktes.

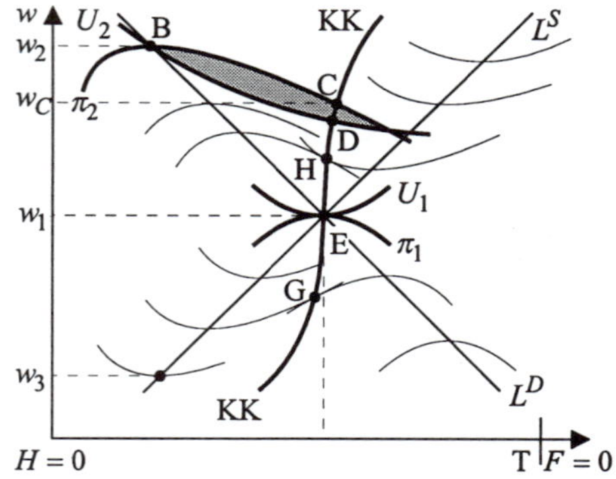

Abb. 3.6: Kontraktkurve

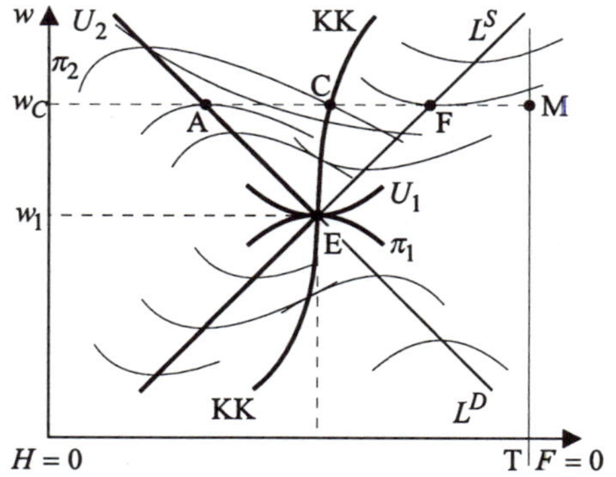

Abb. 3.7: (Un-)Freiwillige Arbeitslosigkeit

In Abb. 3.6 sind die Kurvenscharen aus Abb. 3.4 und Abb. 3.5 übereinander gelegt. Beim Lohn w_1 im Schnittpunkt E von Angebot und Nachfrage befindet sich das Gleichgewicht des Arbeitsmarktes. Die Pareto-effizienten Zustände liegen auf der Kontraktkurve KK. Die Kontraktkurve ist die Verbindungslinie aller Tangentialpunkte von Indifferenzkurven auf der einen und Iso-Gewinnlinien auf der anderen Seite. Oberhalb des Gleichgewichts befinden sich die Tangentialpunkte z.B. wie H auf den fallenden Ästen von Indifferenzkurve und Iso-Gewinnlinie; unterhalb des Gleichgewichts befinden sich die Tangentialpunkte z.B. wie G auf den steigenden Ästen der Indifferenzkurven und Iso-Gewinnlinien; im Marktgleichgewicht E tangieren sich U_1 und π_1 in ihren jeweiligen Extrempunkten, mithin liegt E auf der Kontraktkurve und ist Pareto-effizient. Von den Rationierungsgleichgewichten der Abb. 3.3 liegt allein das Marktgleichgewicht auf der Kontraktkurve KK.

Dass die Punkte auf der Kontraktkurve effizient sind, davon überzeugt man sich, wenn man z.B. einen beliebigen wie D wählt und sich von dort in irgendeine Richtung des Diagramms bewegt. Bei jeder Bewegung verschlechtert sich entweder die Gewinnlage des Unternehmens oder der Nutzen des Haushalts. Ganz anders im Zustand B, wo beim Reallohn w_2 unfreiwillige Arbeitslosigkeit in Höhe von $A\ddot{U}(w_2) = L^S(w_2) - L^D(w_2) > 0$ entsteht. In B schneidet die Indifferenzkurve U_2 die Iso-Gewinnlinie π_2. In jedem Zustand unterhalb von U_2 geht es dem Arbeitsanbieter schlechter als in B, also z.B. im Marktgleichgewicht E. In jedem Zustand oberhalb von U_2 geht es ihm besser als in B, also z.B. in C auf der Kontraktkurve. Zwischen den Zuständen B und D ist der Haushalt indifferent, da er in beiden den Nutzen U_2 erhält. Das Unternehmen verdient in jedem Zustand oberhalb der Iso-Gewinnlinie π_2 einen Gewinn, der geringer ist als π_2 und in jedem Zustand unterhalb einen Gewinn, der höher ist als π_2. Zwischen den Zuständen C und B ist die Firma indifferent, denn in beiden ist ihr Gewinn gleich π_2.

Die Zustände, die eine Pareto-Verbesserung gegenüber B bedeuten, liegen folglich in der schattierten, von den Kurven U_2 und π_2 eingeschlossenen Linse. Eine Reform, die von B nach C führt, ist eine Pareto-Verbesserung, da es dem Haushalt in C besser geht als in B, während die Firma wie in B mit dem Gewinn π_2 abschließt. Alle Reformen, die vom Zustand B in das Innere der schattierten Linse führen, sind Pareto-Verbesserungen, bei denen sowohl der Nutzen als auch der Gewinn steigen. Reformen, die auf einem der Ränder der Linse enden, sind Pareto-Verbesserungen, bei denen es freilich nur einer Marktseite besser geht, die andere erleidet allerdings keinen Schaden. Unter allen Pareto-Verbesserungen sind nur die Endzustände Pareto-effizient, die auf der Kontraktkurve in dem Segment [C,D] liegen. Denn zu allen anderen Zuständen lassen sich wieder Pareto-verbessernde Reformen finden, solange bis die Reformsequenz schließlich auf der Kontraktkurve endet, wo Verbesserungen für die eine Partei nur noch auf Kosten der anderen erreichbar sind.

Insbesondere ist E, das Marktgleichgewicht, obwohl effizient, keine Pareto-Verbesserung gegenüber B. Eine Reform – wie die häufig geforderte „Lohnflexibilisierung" oder die Einführung von „Öffnungsklauseln" in die Tarifverträge der Arbeitsmarktparteien oder gar die „Abschaffung des Flächentarifs" –, die von B nach E führt, hat die Firmen als Gewinner auf ihrer Seite, die Arbeitsanbieter als Verlierer gegen sich. Kommt in diesem Verteilungskonflikt eine allgemeingültige Regel zum Ausdruck?

Nein. Denn erstens existieren zu B Pareto-Verbesserungen mit Endzuständen im Kontraktkurven-Segment [C,D], bei denen wenigstens eine Partei gewinnt und sich keine verschlechtert. Ein Verteilungskampf um die mit Allokation B verknüpften Ansprüche wäre also vermeidbar. Doch, mit welchem Allokationsmechanismus lässt sich eine konfliktfreie Reallokation bewerkstelligen, die von B zu irgendeinem Punkt in [C,D] führt? Ein Mechanismus, bei dem Firmen und Arbeitsanbieter sich bei Transaktionskosten von null organisieren und effizient über den Lohn und die Arbeitszeit verhandeln, endet, wenn B der Anfangszustand ist, irgendwo im Segment [C,D], wo alle Transaktionsgewinne abgeschöpft und Gewinne des einen, nur noch auf Kosten des anderen realisierbar sind. Doch bei positiven Transaktionskosten muss die Reform kollektivvertraglich oder verfassungsrechtlich verankert und von einer verbindlichen Rechtsordnung, die Nachverhandlungen ausschließt, legitimiert werden. Gibt es einen praktikablen Koordinationsmechanismus mit diesen Eigenschaften? Höchstwahrscheinlich nicht. Doch vielleicht findet sich im „Modell effizienter Verhandlungen" (Kap. 9) ein Schlüssel zur Lösung dieses rechtspolitischen Problems. Dort verhandeln Gewerkschaften und Arbeitgeberverbände über „effiziente Tarifverträge" – wie sie der Sachverständigenrat (1996) zur Begutachtung der gesamtwirtschaftlichen Entwicklung genannt hat –, die im Segment [C,D] lokalisiert sind, wenn B die Ausgangsallokation darstellt: Die Gewerkschaft müsste z.B. auf den Lohnzuschlag $w_2 - w_C$ verzichten, und der Arbeitgeberverband glaubhaft versichern, die Beschäftigung von B nach C zu erhöhen.

Zweitens könnte eine Lohnflexibilisierung und Reallohnsenkung die Wohlfahrt des repräsentativen Arbeitsanbieters erhöhen, nämlich wenn die Indifferenzkurve U_2 zu dem Rationierungsgleichgewicht B die Nachfragekurve der Firma nicht von unten, wie in Abb. 3.6, sondern von oben schneidet. Eine notwendige Bedingung dafür ist, dass die Lohnelastizität der Arbeitsnachfrage betragsmäßig streng größer ist als eins. Andernfalls, wenn die Elastizität nicht größer ist als eins, nimmt entlang der monoton fallenden Nachfragekurve mit sinkendem Reallohn nicht nur die Freizeit sondern auch das Realeinkommen und folglich die Wohlfahrt des Arbeitsanbieters ab. Realistische Schätzungen der Lohnelastizität liefern Werte, die kleiner sind als eins (s. Kap. 2).

Im Marktgleichgewicht E und bei stetiger Arbeitsnachfragefunktion auch in einer ganzen Umgebung von E hat der Arbeitsanbieter stets einen Anreiz, sich zu organisieren und einen höheren Reallohn durchzusetzen (s. Kap. 9). Denn in E schneidet die Indifferenzkurve U_1 die monoton fallende Arbeitsnachfrage L^D von unten, eine Lohnerhöhung ist daher trotz sinkender Beschäftigung mit einem Wohlfahrtsgewinn für den Arbeitnehmer verbunden. Die Rechtsordnung kann den Anreiz zur Organisation verstärken, in dem sie die Organisationskosten der Arbeitnehmer mit den Instrumenten des kollektiven Arbeitsrechts (z.B. Tarifvertragsgesetz) oder des Verfassungsrechts (z.B. Artikel 9 GG) senkt bzw. mit dem Steuerrecht umverteilt.

3.4 Unfreiwillige Arbeitslosigkeit und Pareto-Effizienz

Als Fundament von Wert- und Effizienzurteilen hat sich das Pareto-Kriterium in den vergangenen Jahrzehnten in der normativen und positiven Ökonomik etabliert. Von dieser Regel, die den Wissenschaftsbetrieb dominiert, gibt es allerdings wichtige Ausnahmen. Zu den Spezialgebieten der Ökonomie, die andere Bewertungskriterien verwenden, zählen die Makroökonomik und die Theorie der Wirtschaftspolitik. Beide Disziplinen unterhalten häufig nur lose Verbindungen zu den mikroökonomischen Grundlagen der Wirtschaftswissenschaft. Außenwirtschaftliches Gleichgewicht, angemessenes Wachstum, Preisniveaustabilität oder Vollbeschäftigung sind einige typische wirtschaftspolitische Ziele, die im Jahr 1967 sogar den Rang eines Ausführungsgesetzes „zur Förderung der Stabilität und des Wachstums der Wirtschaft" zum Artikel 109 des Grundgesetzes erlangten. Aus den dreißiger Jahren des vorigen Jahrhunderts und aufs engste verbunden mit der keynesianischen Makroökonomik stammt ein weiteres Kriterium, die „unfreiwillige" Arbeitslosigkeit. Gefragt wird diesem Kriterium zufolge nicht, ob die herrschende Arbeitslosigkeit Pareto-effizient, sondern ob sie freiwillig oder unfreiwillig ist.

Was ist unfreiwillige Arbeitslosigkeit? Es gibt viele Definitionen. Die gebräuchlichste ist die Folgende: In jedem Zustand des Arbeitsmarktes, der sich links von der Angebotskurve befindet, herrscht unfreiwillige Arbeitslosigkeit. In F, auf der Angebotskurve der Abb. 3.7, bietet der repräsentative Haushalt zum Reallohn w_C nur einen Teil seines Zeitbudgets T auf dem Arbeitsmarkt an, im Umfang des anderen Teils ist er freiwillig arbeitslos. Die gesamte Arbeitslosigkeit, die bei dem Lohn w_C entsteht, wenn sich wie in Punkt A die Interessen der kurzen gegen die lange Marktseite durchsetzen, hat mithin eine freiwillige und eine unfreiwillige Komponente, wobei erstere der Freizeit FM und letztere dem Angebotsüberschuss AF entspricht.

Mit den Konzepten der Effizienz und der Freiwilligkeit betritt man zwei Welten, die in keinem offensichtlichen Zusammenhang stehen. Freiwilligkeit impliziert zwar Effizienz bzw. das Resultat eines freiwilligen Tauschs unter vollständig informierten Akteuren ist Pareto-effizient. Doch, ist die Anfangsallokation, die dem Tausch vorausgeht, freiwillig zustande gekommen? Effizienz impliziert im Allgemeinen nicht Freiwilligkeit bzw. eine effiziente Allokation ist mit den etablierten Tauschregeln nicht ohne weiteres erreichbar. So ist z.B. die Allokation C in Abb. 3.7 unter der Voraussetzung, dass der Haushalt den Lohn w_C als Kompensation für seine Faktorleistungen erhält, mit der unfreiwilligen Arbeitslosigkeit CF verbunden. Zugleich weist C aus dem Blickwinkel der Firma, falls diese den Lohn w_C bezahlen muss, einen unerwünscht hohen Faktorinput auf, der sie zwingt, Arbeitskraft im Umfang AC zu horten. Beim Lohn w_C wäre es für den Anbieter vorteilhaft, wenn er von einem Recht auf Arbeit Gebrauch machen und mehr Arbeit erzwingen könnte. Für die Firma wäre es dagegen vorteilhaft, wenn sie ein „right to manage" hätte und die unerwünscht hohe Faktormenge abbauen und kündigen könnte. Zwar ist der Zustand C Pareto-effizient, aber den Marktkräften und Interessen überlassen, wird keine der beiden Marktseiten beim Lohn w_C freiwillig die entsprechende Menge an Arbeit nachfragen oder anbieten.

Welches Recht, das auf Arbeit oder das auf Kündigung, setzt sich durch, wenn C die Anfangsallokation ist? Die Allokation C, obschon effizient, ist unter den Tauschregeln des Marktes nicht stabil und nach der üblichen Hypothese setzt bei starrem Lohn die kurze Marktseite ihr Interesse durch. Der Zustand A, wo der Anpassungsprozess bei rigidem Lohn vorläufig endet, ist vom Interessenstandpunkt des Haushalts eine Verschlechterung gegenüber allen Zuständen im Segment (A,F]. Doch A ist besser als das Arbeitsmarktgleichgewicht E. In allen Zuständen auf L^D, in denen die Indifferenzkurven die Arbeitsnachfrage L^D von unten schneiden, also insbesondere im Marktgleichgewicht E, sind die Arbeitsanbieter bereit, Kosten für eine Gewerkschaft zu tragen, die eine Lohnflexibilisierung und den daraufhin einsetzenden Unterbietungsprozess verhindert. Zwar gibt es im Zustand A nicht ausgeschöpfte Tauschgewinne, denn A ist ineffizient. Doch mit dem Marktmechanismus lassen sich diese Gewinne nicht konfliktfrei realisieren.

Zusammenfassung

Das Konzept des repräsentativen Akteurs liefert eine Aggregationsvorschrift, die den Schritt von der einzelwirtschaftlichen zur gesamtwirtschaftlichen Analyse sehr vereinfacht. Man setzt das Aggregat gleich dem repräsentativen Individuum und erhält Arbeitsangebots- und Arbeitsnachfragefunktionen mit den Eigenschaften des mikroökonomischen Korrelats. Diese garantieren, dass ein stabiles Arbeitsmarktgleichgewicht existiert, das nach jedem Schock wieder erreicht wird, wenn der Reallohn flexibel den Anpassungsprozess steuert. Flexibilität des Reallohns setzt voraus, dass Anbieter und Nachfrager in einem Prozess wechselseitiger Unter- oder Überbietung in Konkurrenz um Arbeitsplätze oder Faktorleistungen treten. Ein rigider Reallohn setzt diesen Anpassungsprozeß außer Kraft. Anstelle dessen rationiert nun die kurze die lange Marktseite. Bei einem zu hohen Reallohn entsteht Arbeitslosigkeit, die Haushalte bieten mehr Marktarbeit an als die kurze Marktseite an Faktorleistungen nachfragt. Die Arbeitslosenquote misst das Verhältnis der Erwerbslosen zur Zahl der Erwerbspersonen. Die Anzahl der Erwerbspersonen, die zusammen mit den Nichterwerbspersonen die Bevölkerung bilden, ist gleich der Summe aus Erwerbstätigen und Erwerbslosen.

Obschon es eine große Zahl von Pareto-effizienten Allokationen gibt, die auf der Kontraktkurve liegen, lässt sich mit dem Mechanismus des Arbeitsmarktes, wenn alle Akteure sich als Mengenanpasser verhalten, nur eine einzige realisieren, das ist das Arbeitsmarktgleichgewicht. In allen anderen Zuständen auf der Kontraktkurve sind die Pläne der Anbieter und Nachfrager nicht konsistent. Oberhalb des Gleichgewichts ist jeder Punkt der Kontraktkurve simultan durch unfreiwillige Arbeitslosigkeit – der Punkt liegt links von der Angebotskurve – und unfreiwilliges Horten von Arbeitskräften – der Punkt liegt rechts von der Nachfragekurve – gekennzeichnet. Von den Rationierungsgleichgewichten auf der Reaktionsfunktion der Unternehmen aus ist das Marktgleichgewicht im Allgemeinen keine Pareto-Verbesserung. Bei einer Lohnflexibilisierung sind die Unternehmen die Gewinner, die Arbeitsanbieter sind die Verlierer, denn ihre Wohlfahrt sinkt trotz der wachsenden Beschäftigung, wenn der Reallohn unter Druck gerät. Die Arbeitsanbieter sind folglich bereit, um die drohenden Wohlfahrtsverluste zu vermeiden, Kosten für eine Gewerkschaft zu tragen, die diese Entwicklung verhindert.

4 Empirische Aspekte des Arbeitsmarktes

Die empirischen Aspekte, die im Folgenden zur Sprache kommen, sind nicht deckungsgleich mit „der Realität" des Arbeitsmarktes. „Die Realität" des Arbeitsmarktes ist lediglich ein Faktor unter vielen, der – neben Gesetzen, Verordnungen, Partei- und Verbandsinteressen sowie den Präferenzen der Experten, die die Primärdaten erheben, auswerten und der Öffentlichkeit verfügbar machen – die Tabellen und Graphiken der folgenden Abschnitte miterzeugt. Wir geben zunächst einen Überblick über die Messkonzepte des Statistischen Bundesamtes (StBA), der Bundesagentur für Arbeit (BA), des Statistischen Amtes der Europäischen Union (Eurostat) und der Organisation for Economic Cooperation and Development (OECD). Anschließend kommen wir auf Bestands- und Stromgrößen der Arbeitsmarktstatistik zu sprechen, auf die Verteilung der Arbeitslosigkeitsdauer sowie auf den Job- und Laborturnover. Schließlich wird mit Blick auf die anhaltende Massenarbeitslosigkeit das Konzept der Persistenz (Beharrungsvermögen) erläutert, wie es sich im Bild der Arbeitslosenquote darstellt.

4.1 Mikrozensus

Der Mikrozensus ist eine seit 1957 jährlich erhobene Haushaltsstichprobe des StBA, bei der nach dem Mikrozensusgesetz ca. 1 % der deutschen Haushalte Fragen zu erwerbsstatistischen und soziodemographischen Merkmalen beantworten – oder beantworten müssen, da bei vielen Fragen eine Auskunftspflicht besteht. Die Hochrechnungen des Mikrozensus liefern Statistiken über die Entwicklung der Bevölkerung, der (Nicht-) Erwerbspersonen und der Erwerbslosen, von denen im Folgenden ein Ausschnitt dargestellt wird.

<table>
<tr><td colspan="3">Bevölkerung</td></tr>
<tr><td rowspan="2">Nichterwerbs-personen (NEP)</td><td colspan="2">Erwerbspersonen (EP)</td></tr>
<tr><td>Erwerbstätige (ET)</td><td>Erwerbslose (EL)</td></tr>
<tr><td colspan="3">Methode: Stichprobe / Mikrozensus</td></tr>
</table>

Abb. 4.1: Erwerbskonzept des StBA

Grundlage der Betrachtung sind zwei Bestandsgleichungen. Nach der ersten ist die Bevölkerung eines Landes gleich der Summe der Erwerbspersonen (EP) und der Nichterwerbspersonen (NEP). Zur Bevölkerung zählen alle Personen mit Hauptwohnsitz in Deutschland, die sich nicht nur vorübergehend im Bundesgebiet aufhalten. Zwischen 1970 und 1988 schwankte die Bevölkerungszahl des früheren Bundesgebietes um 61 Mio. Personen, seit 1990 ist sie vor allem infolge des Zuzugs von Ausländern sowie Personen aus den neuen Bundesländern kontinuierlich gestiegen und hat 2003 einen Wert von 67,7 Mio. erreicht. Zusammen mit der Bevölkerung der neuen Bundesländer lebten in Deutschland im Jahr 2003 ca. 82,5 Mio. Menschen. Zu den EP gehören alle Personen mit Wohnsitz im Bundesgebiet, die eine unmittelbar oder mittelbar auf Erwerb gerichtete Tätigkeit ausüben oder suchen, unabhängig von der tatsächlich geleisteten oder vertragsmäßig zu leistenden Arbeitszeit. Das in Kapitel 2 behandelte Arbeitsangebot wird durch die Zahl der EP gemessen. Aus der Differenz von Bevölkerung und EP ergibt sich die Zahl der NEP, zu denen vor allem Kinder und Jugendliche gehören, die jünger als 15 Jahre sind, und diejenigen Personen, die wie Rentner und Pensionäre weder erwerbstätig, noch erwerbslos sind. Abb. 4.2 zeigt die Entwicklung der EP und NEP zwischen 1960 und 2003.

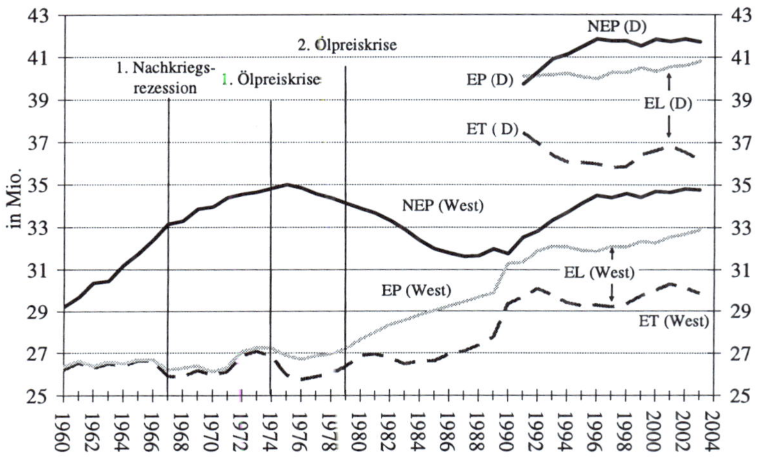

Ursprungsdaten: Statistisches Bundesamt

Abb. 4.2: Bevölkerung, Erwerbspersonen und Nichterwerbspersonen

Während die Zahl der NEP (West) zwischen 1960 und 1975 von 29 Mio. auf 35 Mio. gestiegen ist, fiel sie anschließend infolge der schnell wachsenden Erwerbsbeteiligung bis 1986 auf 31,6 Mio., nahm danach mit der anhaltenden Massenarbeitslosigkeit wieder zu und erreichte 2003 mit 34,8 Mio. nahezu den alten Höchstwert von 1975. Im gleichen Zeitraum stieg die Zahl der EP (West) – seit Mitte der siebziger Jahre sogar mit beschleunigter Rate – von 26,3 Mio. in 1960 auf 32,9 Mio. in 2003 an. Die Zunahme der EP ist eine Folge von Zuwanderungen, der Partizipation der geburtenstarken Jahrgänge sowie einer steigenden Erwerbsbeteiligung der Frauen.

Nach der zweiten Bestandsgleichung sind die EP gleich der Summe der Erwerbstätigen (ET) und der Erwerbslosen (EL). Alle Personen im Alter von 15 und mehr Jahren, die in einem Arbeitsverhältnis stehen, einschließlich der Soldaten und mithelfenden Familienangehörigen, oder selbständig ein Gewerbe oder eine Landwirtschaft betreiben oder einen freien Beruf ausüben, gehören zu den ET. Entsprechend zählen nach dem Mikrozensus zu den EL alle Personen ohne Arbeitsverhältnis, d.h. alle Personen, die keiner entlohnten Beschäftigung nachgehen, die sich aber um eine Arbeitsstelle bemühen. Als entlohnte Beschäftigung gilt schon eine wöchentliche Arbeitszeit von einer Stunde. Die Abb. 4.2 zeigt, dass die Zahl der ET (West) – die identisch ist mit der Zahl der besetzten Arbeitsplätze –, mit Ausnahme der Krisenjahre 1967, 1974/75, 1982/83, 1993/95 und 2002/03 kontinuierlich gestiegen ist. Im Jahr 1993 erfuhr die seit Mitte der achtziger Jahre ungebrochene Konjunktur nach dem Wiedervereinigungsboom erstmals eine Zäsur, mit einer für viele Konjunkturbeobachter überraschend tiefen und lang anhaltenden Rezession.

Seit 1960 nahm die Zahl der Erwerbslosen (West) von 0,15 Mio. bis auf 2,4 Mio. in 1985 zu und sank anschließend in der Periode von 1986 bis 1991 auf 1,7 Mio., wofür vor allem der Wiedervereinigungsboom ausschlaggebend war. Der Wiedervereinigungsboom setzte nach 1989 auf einer Basis von 2,2 Mio. Erwerbslosen ein. Die folgende Rezession von 1993/95 hinterließ tiefe Spuren in der Erwerbsstatistik, die Zahl der EL (West) nahm bis auf 2,9 Mio. in 1997 zu. Anschließend sank die Zahl der EL bis 2001 auf 2,2 Mio., um im Jahr 2003 den in der Nachkriegsgeschichte höchsten Wert von 3,0 Mio. EL (West) zu erreichen. In den neuen Bundesländern fiel in der Zeit zwischen 1991 und 1993 die Zahl der ET und der verfügbaren Arbeitsplätze in großen Sprüngen von 7,8 Mio. bis auf 6,6 Mio., um sich anschließend bis 1995 auf 6,8 Mio. zu erhöhen. Seitdem fällt die Zahl der ET (Ost) kontinuierlich, um im Jahr 2003 mit 6,3 Mio. den niedrigsten Stand seit der Wiedervereinigung zu erreichen.

Ein schärferes Bild ergibt sich anhand der Erwerbsquoten (EQ). EQ sind nach dem folgenden Muster definierte Verhältniszahlen

$$\text{(4.1)} \qquad \text{Erwerbsquote (EQ)} = \frac{\text{Erwerbspersonen}}{\text{Bevölkerung}}\,.$$

Um sich einen Eindruck von der Entwicklung des Arbeitsangebots zu verschaffen, ist es sinnvoll, den Quotienten aus der Zahl der 15- bis 65-jährigen EP und dem gleichaltrigen Bevölkerungsteil zu bilden, vgl. Abb. 4.3. Die EQ (West) ist seit 1970 von 66,2 % bis auf 72,5 % in 2003 gestiegen. Während die EQ (West) der Männer im gesamten Betrachtungszeitraum von 88,3 % (1970) bis auf 80,4 % in 2003 gefallen ist, hat der Anteil der erwerbstätigen Frauen parallel zu den steigenden Reallöhnen und zum Ausbau der sozialen Sicherungssysteme sowie zum Wandel der Familienstrukturen von 46,2 % in 1970 auf 64,5 % 2003 zugenommen.

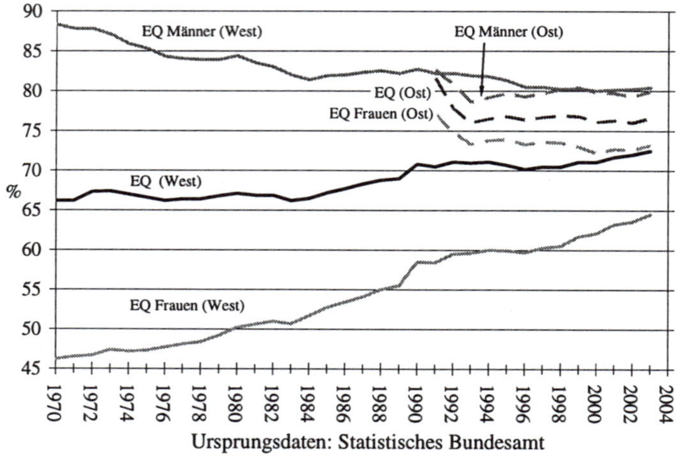

Abb. 4.3: Erwerbsquoten

Der Anteil der erwerbstätigen Frauen (Ost) zeigt mit 73,2 % im Jahr 2003 besonders deutlich die Nachwirkungen realsozialistischer Planung und Emanzipation. In den osteuropäischen Planwirtschaften waren Partizipationsraten der Frauen von weit über 80 % keine Seltenheit. Nach der Wiedervereinigung sind, wie Abb. 4.3 zeigt, die EQ in den neuen Bundesländern gefallen. Die EQ der Männer (Ost) ist mit 79,9 % sogar unter den Pfad der Zeitreihe der EQ Männer (West) gesunken, was, wie die Konjunkturbeobachter feststellen, vor allem eine Folge der kolonisatorischen Tarifpolitik ist, die Arbeitgeber- und Arbeitnehmerverbände in den neuen Bundesländern betrieben haben. Im Gegensatz hierzu verläuft der Zeitpfad der EQ Frauen (Ost) noch immer weit über dem Pfad der EQ Frauen (West).

4.2 Arbeitsmarkt- und Berufsforschung

Neben dem StBA ist die Bundesagentur für Arbeit (BA) für die Produktion und Auswertung von Primärdaten zur Arbeitsmarktentwicklung zuständig: „Die Bundesagentur hat Lage und Entwicklung der Beschäftigung und des Arbeitsmarktes ... sowie die Wirkungen der aktiven Arbeitsförderung zu beobachten, ... indem sie Statistiken erstellt, Arbeitsmarkt- und Berufsforschung betreibt und Bericht erstattet.“, ordnet der Gesetzgeber in § 280 des Sozialgesetzbuches III (SGB III) an. Die in Abb. 4.4 dargestellte zentrale Bestandsgleichung der BA weicht von den grundlegenden Gleichungen des vorigen Abschnitts ab, führt zusätzlich den Begriff des Erwerbspersonenpotenzials (EPP) ein und definiert dieses Potenzial als Summe der Erwerbstätigen (Quelle: Mikrozensus), der registrierten Arbeitslosen (Quelle: Register der BA) und der Stillen Reserve (Quelle: Schätzung des IAB). Diese auf Jahresbasis ausgewiesene Potenzialgröße soll das Arbeitsangebot wiedergeben, das auf den Markt gekommen wäre, wenn dort hochkonjunkturelle Vollbeschäftigung geherrscht hätte. Da die reale Marktlage in den Jahrzehnten der Massenarbeitslosigkeit weit hinter der idealen zurückblieb, kann niemand die Potenzialgröße direkt messen oder beobachten, sondern das Potenzial wird von dem der BA zugeordneten Institut für Arbeitsmarkt- und Berufsforschung (IAB) geschätzt. Neben Trendextrapolationen kommen hierzu Regressionsanalysen der Zeitreihe der Erwerbsquoten (EQ) in Frage, wobei die Primärdaten, die das IAB regressionsstatistisch auswertet, dem Mikrozensus des StBA entnommen sind. Die Zeitreihe der EQ wird auf Einflussfaktoren wie die Entwicklung der Haushaltsstruktur, der Geburten, des Bildungsstandes, des Angebots an Teilzeitarbeitsplätzen und auf zyklische Komponenten zurückgeführt, die mit der Zeitreihe der Arbeitslosenquote (oder anderer „Arbeitsmarktindikatoren“) in die Schätzgleichung eingehen. In die spezifizierte Schätzgleichung setzt man nun anstelle der tatsächlichen die ideale bei Vollbeschäftigung herrschende Quote der Arbeitslosigkeit ein und erhält hiermit die Potenzialerwerbsquote (PEQ). Mit der PEQ und der Bevölkerungsstatistik errechnet man anschließend das EPP.

<table>
<tr><td colspan="4">Erwerbspersonenpotenzial (EPP)</td></tr>
<tr><td colspan="2">Erwerbstätige (ET)</td><td rowspan="2">registrierte Arbeitslose</td><td rowspan="2">Stille Reserve</td></tr>
<tr><td>Selbständige/ Mithelfende</td><td>abhängig Beschäftigte</td></tr>
<tr><td colspan="4">Methode: Regressionsanalyse auf Basis d. Mikrozensus + Auszählung d. Arbeitslosenregister</td></tr>
</table>

Abb. 4.4: Erwerbspersonenpotenzial der BA

Die Stille Reserve ist eine Residualgröße und ergibt sich als Differenz aus dem geschätzten EPP, den Erwerbstätigen und der Zahl der registrierten Arbeitslosen. Die registrierten Arbeitslosen und die Erwerbslosen nach dem Mikrozensus sind zu unterscheiden! Die registrierten Arbeitslosen umfassen nur diejenigen Personen, die bei einer der Agenturen für Arbeit als arbeitslos gemeldet sind. Voraussetzung für die Registrierung ist, dass sie eine Beschäftigung von mindestens 15 Stunden für mehr als 7 Kalendertage „suchen", für die Arbeitsaufnahme sofort zur Verfügung stehen, nicht arbeitsunfähig erkrankt sind, das 15. Lebensjahr vollendet und das 65. Lebensjahr noch nicht vollendet haben.

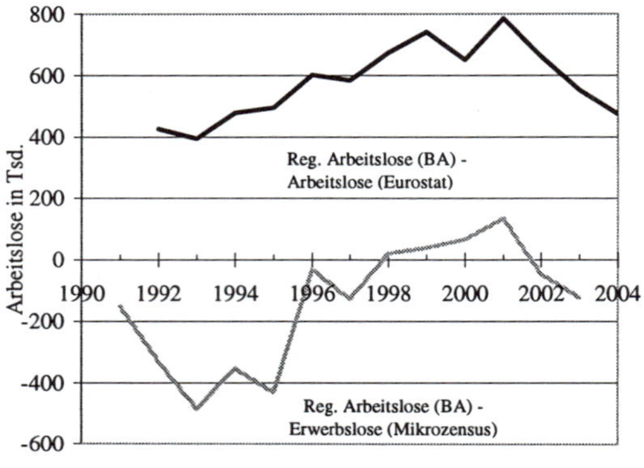

Ursprungsdaten: Statistisches Bundesamt, Bundesagentur für Arbeit, Eurostat

Abb. 4.5: Registrierte Arbeitslose versus Erwerbslose

Die Zahl der Arbeitslosen wird durch Auszählung der Register der Agenturen für Arbeit ermittelt. Wie die Abb. 4.5 verdeutlicht, differieren die Zahlen der registrierten Arbeitslosen (BA) und der Erwerbslosen (StBA) von Jahr zu Jahr um einige hunderttausend, in der ersten Hälfte der neunziger Jahre war die Zahl der registrierten Arbeitslosen niedriger als die Zahl der EL, in der zweiten Hälfte wurden mehr EL gezählt als registrierte Arbeitslose. Die Gründe für die Differenz folgen aus Unterschieden in den Messkonzepten und -methoden wie zum Beispiel die unterschiedlichen Konzepte der Verfügbarkeit oder der Suche bei der BA und im Mikrozensus.

Die Stille Reserve soll über die Zahl derjenigen Personen Auskunft geben, die eine Arbeit suchen, aber nicht bei einer Arbeitsagentur registriert sind, oder die entmutigt sind und die Suche nach einer Stelle aufgegeben haben. Die BA unterscheidet eine Stille Reserve in Maßnahmen von der Stillen Reserve im engeren Sinn. Zur Stillen Reserve in Maßnahmen zählen Arbeitsuchende, die nicht als arbeitslos eingestuft werden, die sich aber entweder in arbeitsmarktpolitischen Maßnahmen der BA befinden, im Vorruhestand oder Teilnehmer an Vollzeitmaßnahmen beruflicher Weiterbildung sowie von Rehabilitationsmaßnahmen oder Sprachkursen sind. Ihre Zahl lässt sich durch Auszählung der entsprechenden Register von der BA direkt messen. Zur Stillen Reserve im engeren Sinn zählen Personen, die nicht registriert sind, keinen Anspruch auf Arbeitslosenunterstützung haben und nicht erwarten, dass die BA ihnen eine Arbeitsplatzofferte unterbreiten kann. Hinzu kommen Personen, die sich infolge der Arbeitsmarktlage in den Warteschleifen des Ausbildungs- und Hochschulsystems aufhalten. Bei der Stillen Reserve im engeren Sinn nimmt man an, dass sie bei verbesserter Arbeitsmarktlage ihre

Arbeitskraft (wieder) am Arbeitsmarkt anbieten wird. Die Tab. 4.1 zeigt, dass die Stille Reserve – folgt man der Theorie der BA, die voraussetzt, dass die Massenarbeitslosigkeit nicht struktureller, sondern zyklischer Natur ist –, eine beachtliche, außerordentlich schnell wachsende Größe ist. Nach Schätzung des IAB sind 2003 zu den 4,4 Mio. registrierten Arbeitslosen noch 2,8 Mio. Personen hinzuzurechnen, die als Stille Reserve nicht in der Arbeitslosenstatistik erscheinen.

Tab. 4.1: Arbeitslose und Stille Reserve für Deutschland in 1 000

	Stille Reserve				Reg. Arbeitslose	
	Deutschland			West	D	West
	Gesamt	Maßnahmen	i. e. S.			
1980	—	—	—	753	—	889
1985	—	—	—	1 189	—	2 304
1990	1 361	—	—	1 164	2 123	1 883
1995	2 916	1 604	1 312	1 826	3 612	2 565
2000	2 240	1 015	1 225	1 646	3 889	2 529
2003	2 824	790	2 034	2 164	4 376	2 753

Quelle: IAB, ab 2003 neue Gebietsabgrenzung: West ohne Berlin; Ost mit Berlin

Vergleicht man die Zahlen des Mikrozensus mit der Arbeitskräfte-Gesamtrechnung der BA, so ist zu berücksichtigen, dass ein Teil der Stillen Reserve zu den Erwerbslosen, ein anderer zu den NEP zählt. In konjunkturell schwachen Phasen nimmt die Stille Reserve zu, da die Wahrscheinlichkeit, einen Arbeitsplatz zu finden, sinkt. Andererseits ist in Rezessionen mit einer Zunahme des Arbeitsangebots zu rechnen, wie bereits in Kapitel 2 erläutert wurde. Steigt die Wahrscheinlichkeit, dass der Hauptverdiener einer Familie seinen Arbeitsplatz verliert, suchen Personen, die in der Hochkonjunktur keine Arbeit anbieten, einen Arbeitsplatz, um das Familieneinkommen zu sichern. Die Interpretation der Arbeitslosenstatistik wird weiterhin dadurch erschwert, dass sich unter den registrierten Arbeitslosen „unechte Arbeitslose" in größerer Zahl befinden (s. Kapitel 10), worunter man Akteure versteht, die zwar keine Arbeit suchen, sich aber als arbeitslos registrieren lassen oder sogar einen Anspruch auf Arbeitslosenunterstützung besitzen, oder die erwerbstätig und trotzdem arbeitslos gemeldet sind und neben ihrem Lohn Arbeitslosenunterstützung beziehen.

4.3 Standardisierte Arbeitslosenquoten

Neben der Erwerbs- und Arbeitsmarktstatistik des StBA und der BA existiert als dritte Datenquelle das standardisierte an dem Labour-Force-Konzept der Internationalen Arbeitsorganisation (ILO) angelehnte Zahlenwerk von Eurostat und der OECD. Analog zum Mikrozensus, der sich seit Beginn der achtziger Jahre an den Aufbau des Labour-Force-Konzeptes anlehnt, liegt den Daten von Eurostat eine Repräsentativstatistik zugrunde. Die Arbeitskräftestichprobe der EU Erhebung umfasst 0,45 % der Bevölkerung und ist in die Befragung des Mikrozensus integriert. Die Definition der Arbeitslosen entspricht in etwa derjenigen der Erwerbslosen des Mikrozensus, wobei sich Unterschiede vor allem deshalb ergeben, weil das Verfügbarkeitskriterium – kann der Befragte eine angebotene Stelle innerhalb von zwei Wochen annehmen oder nicht –, von Eurostat streng ausgelegt wird, im Mikrozensus zwar erfragt, aber bei der Schätzung der EL nicht berücksichtigt wird. Laut Mikrozensus waren im Jahr 2003 in Deutschland beinahe 600 Tsd. Akteure, d.h. ca. 13 % der EL, nicht in der Lage das Verfügbarkeitskriterium zu erfüllen. Der häufigste Grund für die Nichtverfügbarkeit war mit 35 % Krankheit oder Arbeitsunfähigkeit. Ab 2005 übernimmt der Mikrozensus die Definition der ILO, so dass künftig auch im Mikrozensus ein Arbeitsuchender nur dann als erwerbslos zählt, wenn er das Verfügbarkeitskriterium erfüllt.

Vergleicht man die Zahl der von Eurostat ermittelten EL mit der Zahl der registrierten Arbeitslosen, zeigt sich, dass Eurostat und die BA ganz unterschiedliche Messresultate vorlegen, vgl. Abb. 4.5. So betrug die Differenz im Berichtsmonat April zwischen den registrierten Arbeitslosen (BA) und den EL im Jahr 1992 bereits 425 Tsd. und stieg 2001 bis auf 785 Tsd. um 2004 wieder auf 474 Tsd. zu sinken.

Tab. 4.2: Vergleich der Definitionen der Arbeitslosigkeit

	Erhebungsart / Zeitpunkt / Quelle	**Definition Arbeitslos / Erwerbslos**
BA	– Auswertung der Register – Vollerhebung – monatlich – Legaldefinition § 16 SGB III, §§ 117-122 SGB III	– 15-65 Jahre – ohne Beschäftigung, über 15 Stunden wöchentlich, mehr als 7 Kalendertage – arbeitslos gemeldet, aktive Suche – sofort verfügbar, arbeitsfähig und -bereit
StBA (bis einschl. 2004)	– Stichprobe – Befragung, 1 % der Bevölkerung – Mikrozensus – jährlich letzte Aprilwoche – ILO und Mikrozensusgesetz	– 15 Jahre und älter – Beschäftigungslos, nicht selbständig – keine Verfügbarkeit – aktive Suche (4 Wochen) – weniger als eine Stunde gearbeitet
Eurostat / OECD (seit 1996)	– Stichprobe, Befragung 0,45 % der Bevölkerung – Unterstichprobe im Mikrozensus integriert – jährlich letzte Aprilwoche – ILO und EG Verordnung 577/98 sowie 1897/2000	– 15-74 Jahre – Beschäftigungslos, nicht selbständig – sofort verfügbar (2 Wochen) – aktive Suche (4 Wochen) – weniger als eine Stunde gearbeitet – keine Stelle in den nächsten drei Monaten in Aussicht

Seit 1996 übernimmt die OECD für die Mitglieder der EU die EL-Daten von Eurostat. Jedoch legt Eurostat den Begriff der aktiven Arbeitssuche enger aus als die OECD. Während die reine Kontaktaufnahme mit den lokalen Agenturen der BA nach der Definition der OECD als Suchschritt ausreicht, gilt bei Eurostat die Meldung bei einer der Agenturen für Arbeit nicht als aktiver Suchschritt. Sowohl Eurostat als auch die OECD berechnen international vergleichbare Arbeitslosenquoten. Die standardisierte Arbeitslosenquote der OECD ergibt sich aus dem Verhältnis der EL zu der Gesamtzahl der EP, Eurostat berücksichtigt demgegenüber im Nenner nur EP, die in privaten Haushalten leben. Militärpersonal geht nicht in die Berechnungen mit ein. Auf der Basis der monatlichen Erhebungen der BA schreiben die OECD und Eurostat durch Extrapolation ihr Zahlenwerk auch monatlich fort.

Um die Messung der deutschen Arbeitslosenzahlen den international gebräuchlichen Meßmethoden anzunähern, baut das StBA zur Zeit eine „ILO-Statistik“ auf, in deren Mittelpunkt die monatliche Erhebung der Zahl der Erwerbslosen sowie der Erwerbslosenquoten nach ILO-Kriterien steht. Hierzu werden seit dem Jahr 2003 monatlich Personen nach ihrem Erwerbsstatus telefonisch befragt. Schon im Herbst 2006 soll diese Befragung in eine monatliche Auswertung des dann kontinuierlich durchgeführten Mikrozensus einmünden.

Die BA veröffentlicht zwei Arbeitslosenquoten, die erste bezieht die registrierten Arbeitslosen auf die abhängigen zivilen EP, zu denen die sozialversicherungspflichtig und geringfügig Beschäftigten, die Beamten und die registrierten Arbeitslosen gehören, die zweite auf alle zivilen EP (inklusive Selbständige und mithelfenden Familienangehörige) und hat daher eine Bezugsbasis, die mit derjenigen der internationalen Arbeitslosenquoten vergleichbar ist. Die unterschiedlich strenge Auslegung der Verfügbarkeit bewirkt, wie Tab. 4.3 zeigt, dass die von der OECD und Eurostat geschätzte Arbeitslosenquote stets um etwa ein bis eineinhalb Prozentpunkte niedriger ist als die vergleichbare Quote der BA.

Tab. 4.3: Arbeitslosenquoten BA und OECD [a)]

Arbeitslosenquote	1980	1985	1990	1995	2000	2003
BA (abhängige zivile EP)	3,8	9,3	7,2	10,4	10,7	11,6
BA (alle zivilen EP)	3,3	8,2	6,4	9,4	9,6	10,5
OECD	2,9	7,1	4,8	8,2	7,7	9,3
Eurostat	2,7	7,2	4,8	8,2	7,8	9,3

Quelle: Bundesagentur für Arbeit, Eurostat, OECD, [a)]ab 1995 Deutschland

4.4 Dynamik des Arbeitsmarktes

Hohe Arbeitslosenquoten sind kein Beweis für hohe Effizienzverluste. In einer dezentral organisierten, auf Privateigentum und Vertragsfreiheit basierenden Marktwirtschaft bewegen sich infolge des technologischen, organisatorischen, regionalen und strukturellen Wandels in einem fort Massen freigesetzter Produktionsfaktoren über die Märkte und durch die Regionen, deren Besitzer nach einer neuen oder vorteilhafteren Beschäftigung suchen.

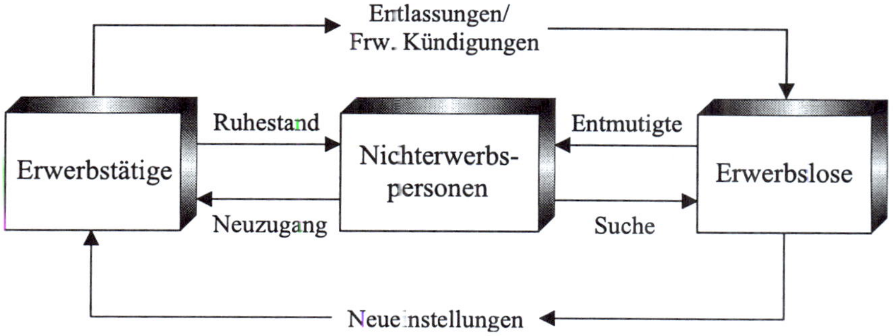

Abb. 4.6: Dynamik des Arbeitsmarktes

Je geringer diese vom sozioökonomischen und technologischen Wandel hervorgerufene Mobilität zwischen Unternehmen, Branchen und Regionen ist, umso niedriger ist die dynamische Effizienz eines Wirtschaftssystems. Neben der Höhe des Bestandes arbeitsloser Jobsucher kommt es vor allem auf die Dauer an, die ein Arbeitsuchender im Zustand der Arbeitslosigkeit verbringen muss, bevor er eine neue Stelle findet. Die Arbeitsmarktentwicklung ist kritisch zu beurteilen, wenn bei zunehmendem Bestand zugleich die durchschnittliche Dauer der Arbeitslosigkeit und der Anteil der Langzeitarbeitslosen wachsen. Denn zunehmender Bestand, wachsende Dauer und ein steigender Anteil von Langzeitarbeitslosen sind unmissverständliche Signale für eine sinkende Arbeitsmarktdynamik. Um sich einen Eindruck von der Dynamik des Arbeitsmarktgeschehens zu verschaffen, ist es daher unabdingbar, wie in Tab. 4.4 die Zu- und die Abgänge zu analysieren und Maßzahlen für die durchschnittliche Dauer der Arbeitslosigkeit und ihre Verteilung zu gewinnen.

Tab. 4.4: Strom- und Bestandsgrößen am Arbeitsmarkt in 1 000 Personen

	Stromgrößen				Bestandsgrößen				
	Zugänge zur Arbeitslosigkeit		Abgänge aus der Arbeitslosigkeit		Arbeitslose JD		Offene Stellen JD		Flukt.-Koeff.
	D	West	D	West	D	West	D	West	West
1965	—	1 422	—	1 446	—	147	—	649	9,8
1970	—	1 296	—	1 314	—	149	—	795	8,6
1975	—	3 450	—	3 173	—	1 074	—	236	3,1
1980	—	3 081	—	2 830	—	889	—	308	3,3
1985	—	3 750	—	3 728	—	2 304	—	110	1,6
1990	—	3 703	—	3 971	—	1 883	—	314	2,0
1995	6 525	4 649	6 294	4 516	3 612	2 552	321	266	1,8
2000	6 935	4 650	7 173	4 886	3 889	2 529	514	452	1,9
2003	7 886	5 335	7 534	5 066	4 376	2 753	355	292	1,9
Quelle: Pfahler (1994, S. 86), BA, ab 2003 neue Gebietsabgrenzung: West ohne Berlin; Ost mit Berlin									

Strom- und Bestandsgrößen

Im Jahr 2003 gab es in Deutschland, wie Tab. 4.4 verdeutlicht, 7,9 Mio. Zugänge zur und 7,5 Mio. Abgänge aus der registrierten Arbeitslosigkeit. Damit ist die Dynamik des deutschen Arbeitsmarktes im europäischen Vergleich sogar relativ hoch. Um den Umschlag an Zu- und Abgängen zu beziffern, den das dichte Netz von Arbeitsmarktinstitutionen bewältigt, schätzt man die Umschlagshäufigkeit mit dem Fluktuationskoeffizienten

$$\text{(4.2)} \qquad \text{Fluktuationskoeffizient}_t = \frac{(\text{Zugänge}_t + \text{Abgänge}_t)\,/\,2}{\varnothing - \text{Bestand}_t}.$$

Bildet man Kennziffern wie den Koeffizienten (4.2), der Strom- und Bestandsgrößen aufeinander bezieht, so ist zu berücksichtigen, dass die Länge der Untersuchungsperiode die Höhe der Vergleichszahl positiv beeinflusst. Während nämlich die Stichtagsgröße Bestand_t oder ein Durchschnitt wie $\varnothing\text{-Bestand}_t$ von der Länge der Untersuchungsperiode unabhängig ist und von Tag zu Tag steigen oder fallen kann, nehmen die Zugänge_t und die Abgänge_t und folglich unter sonst gleichen Umständen auch der $\text{Fluktuationskoeffizient}_t$ mit der Länge der Untersuchungsperiode monoton zu. Der Fluktuationskoeffizient (West) hat, wie Tab. 4.4 zeigt, in den letzten vier Jahrzehnten eine beachtliche Fallhöhe durchmessen, eine Arbeitsmarktdynamik mit einem Umschlag von 9,8 wie im Jahr 1965 ist bei den herrschenden Marktverhältnissen geradezu unvorstellbar.

Deutlicher noch als der Fluktuationskoeffizient zeigt die in Tab. 4.5 dargestellte Entwicklung der Dauerklassen der Arbeitslosigkeit die nachlassende Dynamik des deutschen Arbeitsmarktes. Die BA ermittelt sechs verschiedene Dauerklassen, von denen in Tab. 4.5 vier dargestellt sind. Die Dauerklassen „unter 1 Monat" und „1 Monat bis unter 3 Monate" wurden zu der Klasse „unter 3 Monate" sowie die Dauerklassen „1 Jahr bis unter 2 Jahre" mit „2 Jahre und länger" zur Klasse „1 Jahr und länger" aggregiert.

Während im September des Jahres 1970 mit 61,4 % weit mehr als die Hälfte aller Arbeitslosen eine *bisher zurückgelegte* Arbeitslosigkeitsdauer von unter 3 Monaten hatten, halbierte sich dieser Anteil bis September 2003 auf 28,4 %. In der gleichen Zeit ist der Anteil der Langzeitarbeitslosen mit einer *bisher zurückgelegten* Dauer der Arbeitslosigkeit von einem Jahr und länger von 4 % in 1970 bis auf 36,4 % im Jahr 2003 gestiegen, während die bisherige durchschnittliche Dauer der Arbeitslosigkeit von 27,7 Wochen in 1980 bis auf 63,7 Wochen in 2003 zunahm.

Tab. 4.5: *Bisher zurückgelegte* Dauer der Arbeitslosigkeit in % der Arbeitslosen[1)]

	unter 3 Monate	3 Monate bis unter ½ Jahr	½ Jahr bis unter 1 Jahr	1 Jahr und länger	durchschnittliche Dauer in Wochen		Arbeitslose im September in 1 000
					bisherige	abgeschlossen[2)]	
1970	61,4	26,2	8,4	4,0	—	6,6	98
1975	41,9	21,2	27,2	9,6	—	12,1	1 006
1980	45,2	18,6	19,2	17,0	27,7	15,5	823
1985	32,5	15,8	20,7	31,0	50,3	28,9	2 151
1990	35,2	16,2	18,8	29,7	57,6	27,5	1 728
1995	31,9	15,9	20,2	31,9	58,5[3)]	28,1	3 521
2000	30,8	14,7	18,1	36,4	64,6	39,0	3 685
2003	28,4	14,6	20,6	36,4	63,7	37,5	4 208

Quelle: [1)]bis 1990 West; [2)]bis 1995 näherungsweise mit dem Fluktuationskoeffizienten berechnet; [3)]West; BA, Strukturanalyse, Arbeitsmarkt, verschiedene Jahrgänge, eigene Berechnungen

Die Berechnung der durchschnittlichen Dauer der Arbeitslosigkeit für eine Bewegungsmasse wie die registrierten Arbeitslosen ist sehr viel komplizierter, als man zunächst vermutet, und auf vielen Wegen mit unterschiedlichen Resultaten durchführbar. Die Tab. 4.5 zeigt neben Durchschnitten für die abgeschlossene auch die im Durchschnitt bisher zurückgelegte Dauer der Arbeitslosigkeit. Die *bisher zurückgelegte* Dauer ist eine Stichtagszahl, die als Differenz zwischen dem Erhebungsstichtag und dem Tag der letzten Arbeitslosmeldung ermittelt wird. Der Erhebungsstichtag liegt am Ende des Monats September. Die *abgeschlossene* Dauer, die sehr viel kürzer ist als die *bisher zurückgelegte* Dauer, wird anhand der Dauer der Arbeitslosigkeitsperioden der Akteure ermittelt, die vom 1. Oktober des Vorjahres bis zum 30. September des Berichtsjahres aus der registrierten Arbeitslosigkeit ausgeschieden sind. Die *abgeschlossene* durchschnittliche Dauer enthält in der Regel sehr viel mehr Kurzzeitarbeitslose, die *bisher zurückgelegte* durchschnittliche Dauer dagegen sehr viel mehr Langzeitarbeitslose. Einen Näherungswert für die abgeschlossene durchschnittliche Dauer erhält man, indem man den Kehrwert des Fluktuationskoeffizienten aus Tab. 4.4 mit der Wochenzahl 52 gewichtet.

Dauer der Arbeitslosigkeit

Die Dauer der Arbeitslosigkeit ist zunächst ein Maß für die Länge einer Arbeitslosigkeitsperiode. Darüber hinaus gibt die durchschnittliche Dauer an, wie groß für Personengruppen das durchschnittliche Risiko ist, arbeitslos zu bleiben. Zur Ermittlung der Länge einer solchen Periode gibt es unterschiedliche methodische Konzepte. Wir unterscheiden:

1. die abgeschlossene Dauer

Dies ist die Zeitspanne zwischen Beginn und Ende einer Arbeitslosigkeitsperiode. Dabei bezieht sich die durchschnittliche Dauer auf Personen, die innerhalb eines festgelegten Zeitraums, z.B. eines Jahres, ihre Arbeitslosigkeit beendeten. Mit Hilfe der so genannten Umschlagsformel errechnet sich die – in Wochen gemessene – mittlere Verweildauer näherungsweise wie folgt

$$\frac{\text{Jahresdurchschnittlicher Bestand an Arbeitslosen}}{(\text{Zugänge in + Abgänge aus Arbeitslosigkeit eines Jahres}) / 2} \times 52$$

Liegen ausnahmsweise nur Zugänge – wie bei den Leistungsempfängern – oder nur Abgänge vor, wird der Nenner dieser Formel näherungsweise durch eine dieser beiden Bewegungsgrößen ersetzt.

Die Dauer der Arbeitslosigkeit wird außerdem durch die Abgangserhebung vom Juni eines jeden Jahres ermittelt, die indes möglicherweise saisonal oder anderweitig verzerrt und damit nicht unbedingt repräsentativ für alle Abgänge eines Jahres ist. Der Vorteil der Juni-Erhebung besteht aber darin, dass sie neben der durchschnittlichen Dauer der Arbeitslosigkeit auch die Dauerverteilung und eine Differenzierung für zahlreiche Personengruppen liefert.

2. die nicht abgeschlossene Dauer (bisherige Dauer)

Hierbei handelt es sich um die Dauer der Arbeitslosigkeit, die bis zu einem Stichtag (30. Sept.) zurückgelegt ist. Wegen der Überrepräsentation von Personen mit längerer Arbeitslosigkeitsdauer ist dieses Konzept aber ungeeignet, das durchschnittliche Verweilrisiko zu quantifizieren.

Quelle: Bundesagentur für Arbeit (2004, S. 55)

Arbeitslose, die länger als ein Jahr ohne Beschäftigung sind, zählen nach der in Europa üblichen Definition zu den Langzeitarbeitslosen. Wie Tab. 4.5 verdeutlicht, ist die BA-Quote der Langzeitarbeitslosen von 4 % in 1970 auf 36,4 % in 2003 angestiegen. Obwohl die Zahlenwerke der BA und von Eurostat dieselbe Definition der Langzeitarbeitslosigkeit zu Grunde legen, fallen die Messergebnisse ganz verschieden aus. So gibt die OECD auf Basis der Daten von Eurostat z.B. im Jahr 2003 eine Quote von 50,0 % an. Wie lässt sich dieser Unterschied erklären? Einerseits liegt die Zahl der Arbeitslosen in der Eurostat-Statistik aufgrund der Unterschiede in den Erhebungskonzepten weit unterhalb der Zahl der registrierten Arbeitslosen, so dass vor allem der Nenner der Eurostat-Quote – die Gesamtzahl der Arbeitslosen – wesentlich niedriger ist als der Nenner der BA-Quote, s. Abb. 4.5. Auf der anderen Seite ist der Zähler der Eurostat-Quote wesentlich größer, da die Angaben über die Dauer der Arbeitslosigkeit auf Befragungen beruhen, während die Statistik der BA den Abgrenzungen des SGB III folgt und eine ganze Reihe von Tatbeständen als Unterbrechungen der Arbeitslosigkeit wertet, die die zurückgelegte Dauer reduzieren. Hierzu gehören etwa längere Krankheitszeiten, Ortsabwesenheit, Meldeversäumnisse oder auch die Teilnahme an Maßnahmen der aktiven Arbeitsmarktpolitik, die von den für Eurostat Befragten subjektiv als Arbeitslosigkeitsperioden wahrgenommen werden.

An einer so massiven Umschichtung der Verteilung der Arbeitslosigkeitsdauer, wie sie Tab. 4.5 zeigt, wirken eine ganze Reihe von Einflussfaktoren mit. So könnte z.B. im Verlauf der vergangenen drei Jahrzehnte die fachliche und räumliche Spezialisierung von Fähigkeiten, Kenntnissen und Standorten sprunghaft zugenommen haben, so dass auch die effiziente Suchdauer – die freigesetzte Produktionsfaktoren aufwenden müssen, bis sie endlich auf die ko-spezialisierten Faktorbesitzer treffen, mit denen sie die vorteilhafteste Faktorkombination bilden –, von 6,6 Wochen in 1970 auf 37,5 Wochen in 2003 gestiegen ist. Die zeitlichen Abstände zwischen Nachfrage- und Angebotsschocks könnten infolge der Globalisierung oder der Liberalisierung der Kapital- und Devisenmärkte immer kürzer geworden sein, ohne dass die Dynamik des Arbeitsmarktes, der von einem verhältnismäßig starren Institutionengeflecht durchzogen ist, Schritt halten konnte, so dass noch vor der Bereinigung der einen bereits die nächste Krise auf den Markt trifft und diesen erschüttert.

Die Zugänge zur und die Abgänge aus der registrierten Arbeitslosigkeit stellen nur einen Teil der Arbeitsmarktdynamik dar. Die Zahl der Arbeitsverträge, die in einer Periode geschlossen und gekündigt werden, sowie die Zu- und die Abgänge an Stellen in bereits etablierten und in neugegründeten Firmen sind Stromgrößen, die im Folgenden behandelt werden. Die OECD-Daten der folgenden Ländervergleiche sind nicht standardisiert und infolge methodischer Probleme (OECD 1994, 1996) nur von begrenztem Aussagewert.

Jobturnover

Die Abb. 4.7 zeigt die Komponenten des Jobturnovers. Im Mittelpunkt steht die Klassifikation von Betriebsstätten danach, ob es sich um Neugründungen (*A*), wachsende (*B*), schrumpfende (*C*) oder um Betriebe handelt, die in der Berichtsperiode geschlossen wurden (*D*). Der Bestand an besetzten Arbeitsplätzen eines neugegründeten Betriebes ist zu Beginn der Berichtsperiode null, am Ende der Periode dagegen positiv; in einem wachsenden Betrieb ist der Bestand am Ende der Periode größer als am Anfang; in einem schrumpfenden Betrieb ist der Bestand am Periodenende geringer als am Anfang; und zu den stillgelegten Betrieben zählen jene mit einem positiven Bestand an Arbeitsplätzen am Anfang der Periode und einem Bestand von null am Ende.

Aus *A* und *B* erhält man den Brutto-Stellengewinn (*JC*), aus *C* und *D* die Brutto-Stellenverluste (*JD*). Summiert man die absoluten Werte der Stellengewinne und -verluste, ergibt sich der Jobturnover (*JT*). Bildet man die Differenz zwischen den Stellengewinnen (*JC*) und den Stellenverlusten (*JD*), erhält man die Netto-Beschäftigungsänderung (*NET*). Die Differenz zwischen Jobturnover (*JT*) und Netto-Beschäftigungsänderung (*NET*), der Netto-Jobturnover, (*NJT*) lässt sich als Maß für die inter- und intrasektoralen Reallokationen von Stellen in der Volkswirtschaft interpretieren. Hat eine Volkswirtschaft z.B. einen wachsenden und einen schrumpfenden Sektor mit $JC = 5$ Brutto-Stellengewinnen und $JD = 5$ Brutto-Stellenverlusten, dann beträgt der Jobturnover $JT = 10$ Stellen, während die Netto-Beschäftigungsänderung $NET = 0$ ist. Hiermit ergibt sich ein Netto-Jobturnover von $NJT = 10$ Stellen. Besteht die Volkswirtschaft dagegen nur aus einem wachsenden Sektor mit $JC = 10$ und $JD = 0$, dann ist der Jobturnover in beiden Volkswirtschaften mit $JT = 10$ Stellen identisch, in der zweiten findet jedoch keine inter- und keine intrasektorale Stellenumschichtung statt, was nur der Netto-Jobturnover zeigt, der in der ersten $NJT = 10$ und in der zweiten Volkswirtschaft $NJT = 0$ beträgt.

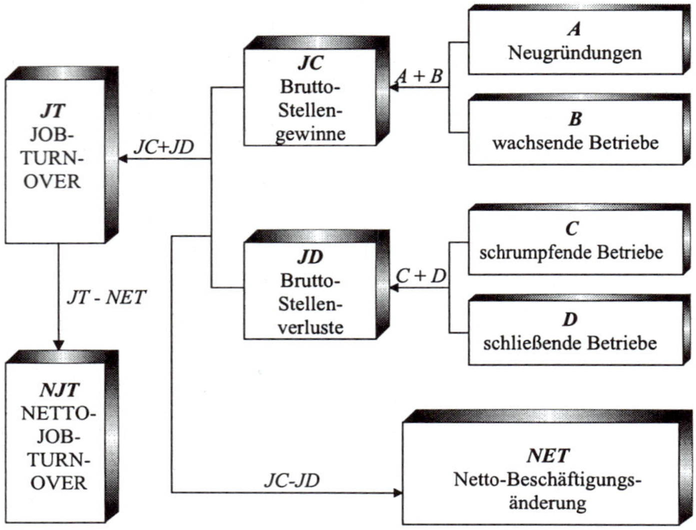

Quelle: OECD (1994, S. 105), [1] absolute Werte

Abb. 4.7: Jobturnover

Die Tab. 4.6 gibt den Jobturnover und die Netto-Beschäftigungsänderung in vier Ländern der EU (Deutschland, Frankreich, Großbritannien, Italien) sowie in Kanada und den USA wieder. Wie zu erwarten, ist der Jobturnover in den USA und in Kanada höher als in Europa, die Unterschiede sind indes – zumindest auf den ersten Blick – sehr viel moderater als nach der Debatte über die „rigiden", „erstarrten" und „sklerotisierten" europäischen Arbeitsmärkte anzunehmen war.

Tab. 4.6: Stellengewinne und -verluste in % aller Erwerbstätigen

	Deutschland 1983–90	Frankreich 1984–92	GB 1985–91	Italien 1984–92	Kanada 1983–91	USA 1984–91
Brutto-Stellengewinne	9,0	13,9	8,7	12,3	14,5	13,0
– Neugründungen	2,5	7,2	2,7	3,9	3,2	8,4
– wachsende Betriebe	6,5	6,7	6,0	8,4	11,2	4,6
Brutto-Stellenverluste	7,5	13,2	6,6	11,1	11,9	10,4
– geschlossene Betriebe	1,9	7,0	3,9	3,8	3,1	7,3
– schrumpfende Betriebe	5,6	6,3	2,7	7,3	8,8	3,4
NET	1,5	0,6	2,1	1,3	2,6	2,6
Jobturnover	16,5	27,1	15,3	23,4	26,3	23,4

Quelle: OECD (1994, S. 106)

Während sich in Deutschland im Durchschnitt der Jahre 1983–90 unter 6 Stellen eine stillgelegte oder neugegründete befand, war im Vergleich hierzu in den USA in der Zeitspanne 1984–91 unter 4 Stellen eine neugegründete oder stillgelegte. Die Auswertungen der Arbeitsmarktstatistiken durch die OECD zeigen, dass der Jobturnover in den USA anders als in Deutschland mit dem Konjunkturzyklus korreliert ist, dabei verhalten sich die Stellengewinne schwach pro- und die Stellenverluste stark antizyklisch, so dass der amerikanische Jobturnover eine antizyklische Entwicklung aufweist. Dieser Unterschied zwischen den nordamerikanischen und den europäischen Arbeitsmärkten wird insbesondere auf die Wirkung der Kündigungsschutzgesetze in Europa zurückgeführt, die den Beschäftigungszyklus glätten (s. Kap. 12).

Untersucht man, wie sich der Netto-Jobturnover (*NJT*) auf inter- und intrasektorale Stellenverschiebungen verteilt, zeigen die Auswertungen der OECD (1994), s. Tab. 4.7, dass in allen untersuchten Ländern weit mehr als 90 % des Netto-Jobturnover auf intrasektorale Verschiebungen entfällt. Die intersektorale Mobilität ist dabei in den USA mit 7,2 % am größten und beläuft sich in Deutschland auf lediglich 3,1 %.

Tab. 4.7: Inter- und intrasektoraler Jobturnover in %

	Periode	intersektoraler *JT*	intrasektoraler *JT*
Deutschland	1983–90	3,1	96,9
Frankreich	1984–88	6,1	93,1
Italien	1986–91	1,7	98,2
USA	1989–91	7,2	92,8

Quelle: OECD (1994, S. 114)

Laborturnover

In einer Volkswirtschaft werden in der Berichtsperiode 10 neue Arbeitsplätze eingerichtet und besetzt, darüber hinaus verlassen 10 Arbeitnehmer ihre Firmen. Die 10 freigewordenen Stellen werden durch Neueinstellungen wieder besetzt. Der Jobturnover beträgt $JT = 10$ und resultiert aus den 10 neugegründeten Stellen, der Laborturnover beträgt $LT = 30$ Beschäftigte und resultiert aus $P = 20$ Einstellungen und $S = 10$ Kündigungen, wobei $LT = P + S$. Der Laborturnover ergibt sich folglich aus dem Jobturnover sowie aus dem Mobilitätsvolumen, das mit dem Personalwechsel auf vorhandenen Stellen entsteht. Je kürzer die Berichtsperiode ist, umso geringer ist die Differenz zwischen dem Job- und dem Laborturnover, denn umso geringer ist die Fluktuation auf den vorhandenen Stellen. Tab. 4.8 vergleicht Job- und Laborturnover in einigen europäischen Ländern und auf dem nordamerikanischen Markt. Da sich die ausgewerteten Stichproben für Job- und Laborturnover von jenen unterscheiden, die der Tab. 4.6 zugrunde liegen, ergeben sich Differenzen in den Werten des jeweils ausgewiesenen Jobturnover. Vergleicht man den amerikanischen mit dem europäischen Laborturnover, ergeben sich größere Unterschiede. So ist der US-Wert mit 126,4 % mehr als doppelt so hoch wie der deutsche mit 62,0 % und erreicht mit 174,4 % fast das Dreifache, wenn man die befristeten Arbeitsverhältnisse berücksichtigt. Das Verhältnis von Job- und Laborturnover ist in den europäischen Ländern wie z.B. auch in Deutschland mit 25,9 % niedrig, ein Großteil des Arbeitskräfteumschlags resultiert offenbar aus dem Personalwechsel auf vorhandenen Stellen und nicht aus Stellenvernichtungen oder Neugründungen. Dennoch ist der Laborturnover auf den europäischen Arbeitsmärkten, wie es scheint, keineswegs „erstarrt“. Die Aussicht ändert sich allerdings, sobald man

Verhält sich der Jobturnover prozyklisch?

Häufig wird vermutet, dass sich der Jobturnover prozyklisch verhält. Empirische Untersuchungen bestätigen indessen diese Vermutungen nicht. Simulationen auf der Basis US-amerikanischer Daten zeigen, dass die Brutto-Stellengewinne und Brutto-Stellenverluste im Verarbeitenden Gewerbe antizyklischen Schwankungen unterliegen (Mortensen/Pissarides 1994). Auch die Auswertungen von Alogoskoufis et al. (1995), Boeri (1996), Davis et al. (1996) und Davis/Haltiwanger (1990) ergeben, dass in den USA der Jobturnover im Verarbeitenden Gewerbe mit dem Konjunkturzyklus negativ korreliert. Boeri (1996) und Garibaldi (1998) zeigen, dass im Gegensatz zu den USA, Großbritannien und Kanada der Jobturnover in Deutschland, Dänemark, Frankreich, Italien und Schweden keinem oder nur einem schwach prozyklischen Muster folgt.

Flexible Arbeitsmärkte. Um den antizyklischen Verlauf des Jobturnovers auf flexiblen Märkten zu erklären, wurden verschiedene Hypothesen entwickelt: (1) Der Job-creation-Prozess ist nach Davis/Haltiwanger (1990) im Gegensatz zum Job-destruction-Prozess zeitaufwendiger. Bis eine neue Stelle geschaffen und eingerichtet ist, verstreicht Zeit, weshalb in einer prosperierenden Phase neue Stellen nur langsam entstehen. Da in einer Krise der Kündigungsschutz den Stellenabbau nicht verhindert, werden überzählige Arbeitsplätze sofort abgebaut. Boomphasen werden daher von sinkenden Brutto-Stellenverlusten aber nur von einer geringen Zunahme der Brutto-Stellengewinne begleitet. Hingegen nehmen in einer Rezession die Brutto-Stellenverluste zu und die -gewinne sinken moderat. (2) Nach Blanchard/Diamond (1990) und Caballero/Hammour (1995) sind Rezessionen Reinigungsphasen. Stellen können sofort abgebaut werden, die Schaffung neuer Stellen ist demgegenüber nicht nur zeit- sondern auch kostenintensiv. Die mit der Gründung einer neuen produktiven Stelle verbundenen Opportunitätskosten sind jedoch im Abschwung niedriger als im Aufschwung. Die Firmen nehmen daher einen Teil der im Aufschwung zu erwartenden Kosten vorweg und richten bereits in der Krise neue Stellen ein. Rezessionen sind deshalb von geringen Rückgängen der Brutto-Stellengewinne und von hohen Zuwächsen der Brutto-Stellenverluste gekennzeichnet. (3) Nach Mortensen/Pissarides (1994) ist die Heterogenität der Marktteilnehmer eine Ursache für den antizyklischen Job-creation und Job-destruction-Prozess. Bis ein erfolgreiches Match zustande kommt, verstreicht Zeit. Das gilt vor allem im Aufschwung, wo die Konkurrenz um geeignete Matchpartner intensiv ist. Während eines Abschwungs können die Firmen hingegen bestehende Stellen sofort abbauen. (4) Burda/ Wyplosz (1994) unterscheiden zwischen offenen und neugegründeten Stellen. Die Reaktion der Firmen hängt von der erwarteten Dauer und Stärke des Nachfrageeinbruchs ab. Ist der Nachfragerückgang moderat, ziehen die Firmen geplante oder offene Stellen zurück und setzen keine Arbeitskräfte frei. Dauert eine Rezession länger, fallen die Entlassungskosten unter die Opportunitätskosten einer unbesetzten Stelle. Temporäre Entlassungen sind dann die dominante Form der Beschäftigungsanpassung. Mit der Zahl der temporär freigesetzten Arbeitskräfte steigt jedoch die Arbeitskräftequalität im Arbeitslosenpool. Folglich wird die Besetzung neuer Vakanzen stimuliert und der negative Einfluss der Rezession auf die Brutto-Stellengewinne gedämpft.

Rigide Arbeitsmärkte. Der schwach prozyklische Verlauf des kontinentaleuropäischen Jobturnovers wird auf den Einfluss der Kündigungsschutzgesetze in Europa zurückgeführt. Hopenhayn/Rogerson (1993) berechnen die Wirkung stochastischer Produktivitätsschocks auf die Brutto-Stellengewinne und -verluste. Entlassungskosten reduzieren nicht nur den Jobturnover und die Beschäftigung, sondern auch die Wohlfahrt. Wird der Kündigungsschutz dereguliert, nimmt der Jobturnover sprunghaft zu (Cabrales/Hopenhayn 1997). Dabei verhalten sich die Brutto-Stellengewinne stark prozyklisch und die Brutto-Stellenverluste stark antizyklisch. Die Volatilität der Arbeitsnachfrage steigt und die Beschäftigung fällt. Millard/Mortensen (1997) untersuchen im Rahmen eines Matching-Modells die Wirkung des Kündigungsschutzes auf die Brutto-Stellengewinne und Brutto-Stellenverluste. Da der Kündigungsschutz die Entlassungskosten erhöht, fallen sowohl die Brutto-Stellengewinne als auch die -verluste und damit der Jobturnover.

Tab. 4.8: Jobturnover und Laborturnover in % aller Erwerbstätigen

	Periode	Job-turnover	Labor-turnover	Einstel-lungen	Kündi-gungen	Jobturnover / Laborturnover (%)
Deutschland	1985–90	16,0	62,0	31,6	30,4	25,9
Frankreich	1990–91	7,2	58,0	—	—	12,4
Italien	1985–91	22,8	68,1	34,5	33,6	33,5
Japan	1988–92	8,2	39,1	20,2	18,9	21,0
USA	1979–83	53,6	126,4 (174,4)	64,6	61,8	42,5

Quelle: OECD (1996, S. 166)

den Anteil der Beschäftigten mit einer Betriebszugehörigkeit von weniger als einem Jahr ermittelt und mit den Stellengewinnen vergleicht, s. Tab. 4.9. In Deutschland ist der Anteil der Beschäftigten mit einer Zugehörigkeit von weniger als einem Jahr mit 12,8 % vergleichsweise niedrig (Japan: 9,8 %) und z.B. in den Vereinigten Staaten mit 28,8 % mehr als doppelt so hoch. Die Differenz zwischen dem Anteil der Beschäftigten mit einer Zugehörigkeit von weniger als einem Jahr und dem Anteil der neugegründeten Stellen, s. Tab. 4.9, lässt sich als Indikator für den Stellenteil interpretieren, der vor allem für Erwerbslose und die „Stille Reserve" zur Verfügung steht. Der Indikatorwert beträgt im Jahr 1991 in Deutschland 3,2 % und ist etwa im Vergleich mit den USA sehr niedrig, wo im Jahresdurchschnitt 16,8 % aller Stellen für den Laborturnover offen sind.

Tab. 4.9: Jobturnover und Betriebszugehörigkeit

	(1) Stellengewinn		(2) Stellenverlust		(3) Betriebszugehörig-keit < 1 Jahr		(4) = (3) – (1) vorhandene Stellen, offen für Laborturnover	
	1985	1991	1985	1991	1985	1991	1985	1991
Deutschland	7,9	9,6	8,2	6,5	8,5	12,8	0,6	3,2
Frankreich	13,0	12,3	10,8	13,3	13,4	16,8	0,4	4,5
Italien	12,8	9,6	10,0	10,5	—	15,6	—	6,0
Japan	4,2	4,7	3,7	3,8	9,4	9,8	1,2	1,8
USA	10,4	12,0	9,3	11,3	28,9	28,8	18,5	16,8

Quelle: OECD (1996, S. 168)

Setzt man den US-Laborturnover aus Tab. 4.8 ins Verhältnis zum deutschen Laborturnover – wobei sich der Faktor $2,0 \approx 126,4/62,0$ ergibt –, und vergleicht mit dem entsprechenden Faktor, der sich für den Anteil der vorhandenen Stellen errechnet, die für den Laborturnover offen sind – hierfür ist $5,3 \approx 16,8/3,2$ –, klingt die Interpretation der OECD (1996, S. 167) plausibel, die diesen Unterschied als Hinweis darauf wertet, dass auf Arbeitsmärkten wie dem deutschen oder dem französischen ein relativ kleiner Teil der Erwerbstätigen fortlaufend zwischen Stellen mit einer sehr kurzen Beschäftigungsdauer wechselt, während der Großteil aller Arbeitskräfte auf permanenten Stellen sitzt, die nur für die firmeninternen Arbeitsmärkte offen sind. Extrapoliert man diese Hinweise der OECD auf die deutsche Arbeitsmarktdynamik, erhält man ein Bild mit zwei Marktsegmenten, das kleinere weist eine sehr hohe Dynamik auf – und sorgt für die beachtlichen Umschlagswerte, die in Tab. 4.8 gezeigt werden –, das größere Segment der permanent besetzten Stellen ähnelt demgegenüber dem Bild der „sklerotisierten" Arbeitsmarktverfassung europäischen Typs.

Hysteresis und Rechtsordnung

Bis in die sechziger Jahre mit Arbeitslosenquoten von weniger als 1 % war jeder Konjunkturexperte davon überzeugt, dass das Phänomen der Massenarbeitslosigkeit der Vergangenheit angehört. Die zunächst überraschende, dann aber schnell abklingende erste Nachkriegsrezession von 1967 bestärkte den Glauben von Ökonomen und Wirtschaftspolitikern, mit den keynesianischen Instrumenten antizyklischer Stabilitätspolitik jederzeit Herr über den Konjunkturzyklus zu sein. Im Verlauf der achtziger Jahre wurde immer deutlicher, dass es verschiedene Typen von (Massen-) Arbeitslosigkeit gibt, die eine durch zyklische Faktoren hervorgerufen, die andere strukturell von der Rechtsordnung, den Institutionen des Arbeitsmarktes und dem politischen System bedingt. Die Einsicht in die institutionellen Ursachen der „modernen" Massenarbeitslosigkeit erwuchs vor allem aus den Versuchen, ihr Beharrungsvermögen zu erklären (s. Abb. 4.8).

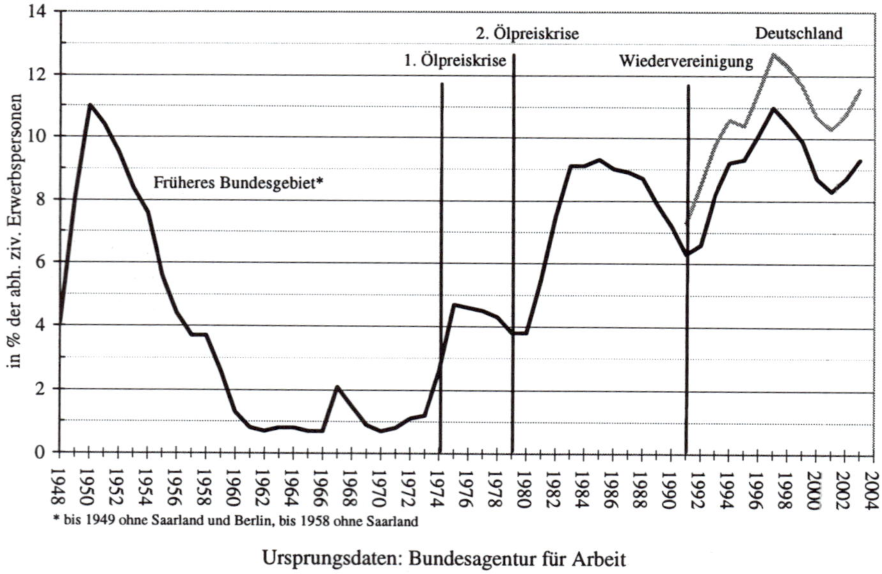

Ursprungsdaten: Bundesagentur für Arbeit

Abb. 4.8: Arbeitslosenquote

Nach den beiden Ölpreisschocks 1974 und 1979 stieg die Arbeitslosenquote in zwei Sprüngen bis 1975 auf 4,7 % und bis 1981 auf 5,5 %, um 1985 einen vorläufigen Höchststand von 9,3 % zu erreichen. Zwischen 1985 und 1988 verharrte die Quote auf hohem Niveau, um erst 1989/90, mit hervorgerufen durch den Konjunkturimpuls der Wiedervereinigung, spürbar zu sinken und dann infolge der am Ende des Jahres 1992 einsetzenden Rezession bis 1997 wieder auf 12,7 % (D) zu steigen. Zwar fiel die Arbeitslosenquote danach infolge des New Economy Booms bis 2001 auf 10,3 % (D). Doch das Niveau der „Sockelarbeitslosigkeit" von 7,3 % (D) in 1991, auf der der letzte

Abschwung einsetzte, konnte mit Abstand nicht wieder erreicht werden. Seit 2002 beginnt die Arbeitslosenquote von neuem zu steigen, um im Jahr 2003 mit 11,6 % (D) erneut einen vorläufigen Höchststand zu erreichen.

Ein Blick auf Abb. 4.8 zeigt, dass die Arbeitslosenquote nach 1970 infolge der erwähnten Angebotsschocks sprunghaft in wenigen Monaten oder Jahren zunahm und selbst nach dem Wegfall der direkten zyklischen Ursachen das Ausgangsniveau nie mehr wieder erreichte. Dass die Arbeitslosigkeit am Ende der achtziger und zu Beginn sowie erneut am Ende der neunziger Jahre relativ schnell abgebaut wurde, ist nicht dem Wandel der Institutionen des Wohlfahrtsstaates, des deutschen Parteien- und Verbändewesens zu verdanken, als vielmehr den zyklischen Sonderfaktoren der Wiedervereinigung und des New Economy Booms. Der Zyklus der Arbeitslosenquote (West) scheint die Vermutung zu bestätigen, dass die deutsche Rechtsordnung, insbesondere der gesetzliche und tarifvertragliche Kündigungsschutz, den schnellen Job-destruction-Prozess während Stagnations- und Rezessionsphasen bestenfalls dämpft, aber nicht aufhält, während der Job-creation-Prozess im anschließenden Aufschwung unter der Last der technologisch und institutionell bedingten Anpassungskosten nur verzögert in Gang kommt und relativ langsam verläuft.

Seit den siebziger Jahren sind die Arbeitslosenquoten des einen Jahres positiv mit den Quoten der vorangehenden Jahre korreliert bzw. der Prozess, der die Quoten erzeugt, ist, wie es scheint, persistent oder gar hysteretisch. Hysteretische Systeme sind pfadabhängig. Pfadabhängigkeit bedeutet, dass der Wirtschaftsgeschichte eine große Bedeutung bei der Erklärung der gegenwärtigen sozioökonomischen Verhältnisse zukommt. Formal und mit Blick auf den Arbeitsmarkt heißt Pfadabhängigkeit, dass die Arbeitslosenquote der Periode t, u_t, nicht allein von Angebots- und Nachfrageschocks z_t der laufenden Periode, sondern wie in

$$u_t = u_{t-1} + z_t \tag{4.3}$$

auch von den Arbeitslosenquoten und Schocks der Vorperiode beeinflusst wird. Selbst wenn der Impuls z_t in der Folge verschwindet, so dass eine Periode später $z_{t+1} = 0$, lässt seine Wirkung auf alle zukünftigen Arbeitslosenquoten nicht mehr nach, denn mit $u_{t+1} = u_t$ ergibt sich $u_{t+1} = u_{t-1} + z_t$. Die Gleichung (4.3) ist eine lineare Differenzengleichung für die Arbeitslosenquote. Mit (4.3) erhält man die folgende allgemeine Lösung für die Periode t

$$u_t = u_0 + \sum_{i=0}^{t-1} z_{t-i} \ , \tag{4.4}$$

die vom Anfangswert der Arbeitslosenquote u_0 und der Gesamtheit der historischen Schocks abhängig ist.

Welche „Tiefenstruktur“ bewirkt die kausale Verknüpfung der Arbeitslosenquoten in der Zeit? Zur Erklärung der hysteretischen Eigenschaften des Arbeitsmarktes bietet die Ökonomik drei Hypothesen an, erstens die Bewerberrangordnung, zweitens die Insider-Outsider-Theorie (s.a. Kap. 9) und drittens die Kapitalmangelthese (s.a. Kap. 13). Unternehmen bieten offene Stellen an, auf die sich erwerbslose Jobsucher bewerben. Treffen mehrere Bewerbungen ein, stellen sie – eventuell nach ausgedehnten Testserien –

eine Rangordnung auf, nach der sie den Bewerbern die Vakanzen anbieten. Hiermit ist bereits ein Keim der Pfadabhängigkeit gelegt, da die abgewiesenen Bewerber auf den niedrigen Rangplätzen die künftigen Langzeitarbeitslosen sind. Dies gilt umso mehr, wenn eines der Rangordnungskriterien, wie in der Praxis üblich, die Dauer der Arbeitslosigkeit ist. Unter zwei ähnlichen Bewerbern wird der mit der längeren Dauer der Arbeitslosigkeit zurückgesetzt und womöglich allein deswegen zum Dauerarbeitslosen. Warum verwenden Unternehmen Sortierkriterien wie die Arbeitslosigkeitsdauer? Die Unternehmen würden, wenn sie könnten, die Bewerber nach deren Kenntnissen, Fähigkeiten und deren Arbeitsmotivation ordnen. Doch diese Informationen sind nicht öffentlich und stehen im Gegensatz zur Information über die Dauer der Arbeitslosigkeit nicht kostenlos zur Verfügung. Nun zeigt die Erfahrung vielen Personalverantwortlichen, dass die Arbeitslosigkeitsdauer negativ mit den drei genannten Persönlichkeitsmerkmalen korreliert ist, deshalb nutzen sie die Dauer als kostenloses Signal für die direkt nicht messbaren Charakteristika.

In der Insider-Outsider-Theorie legen die Gewerkschaften die Lohnhöhe, die Unternehmen die Beschäftigung fest. Vertreten die Gewerkschaften dabei nur die Interessen der Arbeitsplatzbesitzer, werden sie z.B. versuchen, jenen Reallohn zu wählen, der das Einkommen der Insider unter der Nebenbedingung eines nicht zu hohen Arbeitsplatzrisikos maximiert. Infolge der hohen Löhne, die die Gewerkschaften fordern, kommt es zu keinen nennenswerten Neueinstellungen, die Firmen substituieren Arbeit durch Kapital und führen unter dem Druck der Lohnkosten Rationalisierungsinvestitionen durch. Nach Rezessionen vertreten die Gewerkschaften nur noch die übrig gebliebenen Insider und wählen nach dem bereits bekannten Prinzip ohne Rücksicht auf die gewachsene Schar der arbeitslosen Outsider einen Reallohn, der sicherstellt, dass die organisierten Insider ihre hohen Einkommen bei einem nicht zu großen Arbeitsplatzrisiko behalten.

Als dritte Ursache für die Persistenz der Arbeitslosigkeit gilt der Mangel an Sachkapital. Kapitalmangel entsteht z.B. infolge negativer Angebotsschocks wie den beiden Ölpreiskrisen, die nicht nur momentan die Beschäftigung reduzieren, sondern in deren Folge die Firmen den unterausgelasteten Kapitalstock und im gleichen Zuge die Beschäftigung weiter abbauen. Nach Abschluss der Anpassung ist die Arbeitslosigkeit gestiegen, während das Produktionspotenzial der Firmen, anders als man zunächst vermutet, infolge von Bereinigungen der Betriebsgrößen wieder normal ausgelastet ist. Der Kapitalstock, der bei durchschnittlicher Kapitalintensität benötigt würde, um alle Arbeitslosen zu beschäftigen, steht der Volkswirtschaft gar nicht mehr zur Verfügung. Klingt der Schock ab, so wird der Kapitalstock wieder aufgebaut, doch die erneute Anpassung benötigt Zeit und die Arbeitsnachfrage wächst nur langsam und verzögert bis auf ihr altes Niveau. Die Geschwindigkeit des Kapitalaufbaus hängt insbesondere von den Anpassungskosten ab, die die Firmen vom ersten Genehmigungsantrag über die Implementierung aller Arbeitsschutzmaßnahmen bis zur Fertigstellung der Werkhalle aufwenden müssen. Diese Anpassungskosten sind in Deutschland wie in anderen europäischen Staaten in den siebziger und achtziger Jahren drastisch gestiegen.

Einen weiteren augenfälligen Hinweis darauf, dass die deutsche Rechtsordnung bzw. die Rechtsordnung als Filter von Schocks die Ursache der deutschen Massenarbeitslosigkeit ist – und nicht Nachfragemangel infolge zu geringer Lohnzuwächse oder zu geringer Staatsquoten –, geben die Abb. 4.9 und 4.10. Die Abbildungen zeigen für den Zeitraum 1960-2000 die Entwicklungen der durchschnittlichen Reallöhne sowie der Beschäftigungsmengen in den USA und in Deutschland. Während der Reallohn in den USA in der Zeit von 1960 bis 1970 um 30 % zugenommen hat und danach für zweieinhalb Jahrzehnte bis zur Mitte der neunziger Jahre stagnierte, stieg der Reallohn in Westdeutschland von 1960 bis zur Wiedervereinigung 1990 stetig um 150 %. In der gleichen Zeit stagniert die deutsche Beschäftigung, unterbrochen lediglich durch die Wiedervereinigung, die jedoch die Beschäftigungsmenge nur auf ein höheres Niveau gehoben hat, an den stagnativen Wirkungen der Rechtsordnung hat sich infolge der strukturschonend implementierten Wiedervereinigung nichts geändert. Die Beschäftigungsmenge in den USA ist demgegenüber seit 1960 um 110 % gewachsen, wobei die Einbrüche infolge des ersten und zweiten Ölpreisschocks sowie der Rezession zu Beginn der neunziger Jahre deutlich zu erkennen sind. Zur Theorie, dass die deutsche Rechtsordnung als Filter von Schocks die Ursache der Massenarbeitslosigkeit ist, gibt es vermutlich keine Alternative, sondern nur eine Ergänzung nämlich um die negativen Beschäftigungswirkungen der Politik der deutschen Bundesbank.

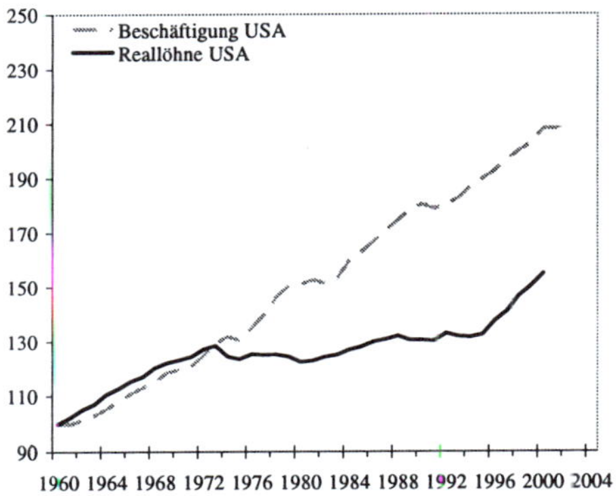

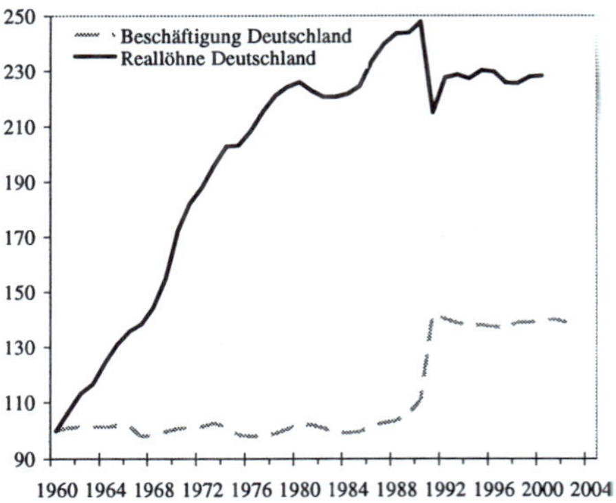

Ursprungsdaten: OECD, Labour Force Survey

Abb. 4.9: Beschäftigung und Reallöhne in USA

Abb. 4.10: Beschäftigung und Reallöhne in Deutschland

Zusammenfassung

Arbeitsmarktstatistiken stammen aus vier verschiedenen Quellen. Erstens aus der Haushaltsstichprobe des Mikrozensus, die organisatorisch dem Statistischen Bundesamt zugeordnet ist; zweitens aus den Arbeitslosenregistern der Bundesanstalt für Arbeit, drittens aus dem Labour-Force-Survey von Eurostat und viertens – auf dem Zahlenwerk von Eurostat aufbauend – von der OECD. Die Konzepte von Eurostat sowie der OECD beruhen auf den Empfehlungen der ILO, die mit ihren Definitionen und Abgrenzungen auch das Muster für den Mikrozensus geliefert hat. Da das Statistische Amt der EU (Eurostat) und die OECD eine engere Abgrenzung für die Zahl der EL verwenden – das Verfügbarkeitskriterium ist enger und die Frage nach geeigneten Suchanstrengungen ist strenger – kommt es zu Differenzen in den ausgewiesenen Erwerbslosenzahlen und -quoten. Unter den registrierten Arbeitslosen befindet sich eine nicht genau quantifizierbare Zahl von „unechten Arbeitslosen", die sich aus verschiedenen Gründen registrieren lassen oder sich infolge der Konstruktion der sozialen Sicherungssysteme registrieren lassen müssen.

Um die Dynamik eines Arbeitsmarktes zu beurteilen, reichen Stichtagszahlen zu den Nichterwerbspersonen, den Erwerbstätigen und Erwerbslosen allein nicht aus. Erst wenn man die Fluktuation sowie die Verteilung der Arbeitslosigkeitsdauer z.B. anhand der Besetzung der von der BA berechneten sechs Klassen der *bisher zurückgelegten* Dauer zu Rate zieht und Zeitvergleiche anstellt, erkennt man, in welch hohem Maß der deutsche Arbeitsmarkt in den letzten vier Jahrzehnten an Dynamik eingebüßt hat.

Die Daten zum Job- und zum Laborturnover zeigen demgegenüber zunächst ein anderes Bild. Der Jobturnover misst die Summe aus Brutto-stellengewinnen und -verlusten, der Netto-Jobturnover ist gleich dem Saldo aus Jobturnover und Netto-Beschäftigungsänderung und dient als Maß für den Umfang der inter- und intrasektoralen Stellenumschichtungen. Die Daten belegen, dass der Netto-Jobturnover im Wesentlichen aus intrasektoralen Umschichtungen resultiert. Der Laborturnover ergibt sich aus dem Jobturnover sowie dem Personalwechsel auf bereits vorhandenen Stellen. Aus diesem resultiert auch der größte Teil des Laborturnover, die Stellengewinne und -verluste tragen in Deutschland dagegen nur mit ca. 25 % zum Laborturnover bei. Der Anteil der permanent belegten Stellen hat in Deutschland japanische Ausmaße, nur knapp 13 % aller Beschäftigten hatten im Boomjahr 1991 eine Betriebszugehörigkeit von weniger als einem Jahr. Bildet man die Differenz zwischen den Brutto-Stellengewinnen und diesem Anteil der Beschäftigten mit einer Zugehörigkeit von weniger als einem Jahr, erhält man einen Indikator für den Teil der vorhandenen Stellen, die für den externen Laborturnover – für Erwerbslose und die Stille Reserve – offen sind. In Deutschland ist dieser Anteil sehr niedrig. Hiermit erhält man folgende Deutung der deutschen Arbeitsmarktverhältnisse: Es gibt ein kleineres Marktsegment mit einer kleinen Gruppe von Beschäftigten, die überwiegend für die zunächst vorteilhaft erscheinenden Umschlagszahlen des Laborturnover ursächlich sind; daneben existiert ein großes Marktsegment mit der Masse der Beschäftigten auf permanent belegten Stellen, die in der Regel nicht für den externen Laborturnover zur Verfügung stehen. Zu berücksichtigen ist außerdem, dass in den Zahlen der OECD der öffentliche Sektor sowie die Organisationen ohne Erwerbscharakter (z.B. Kirchen) keine Rolle spielen, ein weiterer Grund, warum die Umschlagszahlen von Ländern wie Deutschland und Frankreich in einem relativ vorteilhaften Licht erscheinen.

Die Entwicklung der Zahl der deutschen Arbeitslosen und der Arbeitslosenquote zeigt kein zyklisches Muster, sondern einen ausgeprägten Aufwärtstrend. Auf sprunghafte Zuwächse in der Folge von Rezessionen bilden sich die Arbeitslosenzahlen nur langsam zurück und erreichen in keiner der anschließenden Aufschwungphasen das ursprüngliche Ausgangsniveau. Diese Persistenz der Arbeitslosigkeit wird auf drei Ursachen zurückgeführt. Erstens darauf, dass Firmen Bewerber nach der Dauer der Arbeitslosigkeit sortieren. Zweitens auf Insider-Outsider-Mechanismen, die erwerbslose Outsider vom aktiven Arbeitsleben ausgrenzen und drittens auf Kapitalmangel, der z.B. entsteht, weil mit jeder Rezession Realkapital vernichtet wird.

Teil II: Friktionen und asymmetrische Information

5 Matching

Arbeitsmärkte sind Suchmärkte. Firmen mit offenen Stellen (Vakanzen) suchen nach qualifizierten Arbeitskräften, Bewerber suchen nach geeigneten Jobs. Vakanzen unterscheiden sich in Hinblick auf ihre Arbeitszeiten, Firmenkulturen oder Standorte, Bewerber in ihren Fähigkeiten oder ihrem Wissen. Heterogenität, Informations- und Mobilitätskosten kurz technologische Friktionen zwingen die Marktteilnehmer zur Suche nach ko-spezialisierten Faktorbesitzern. In der friktionslosen Welt des neoklassischen Basismodells ist allein das Produzieren eine nützliche Tätigkeit, in den neuen Arbeitsmarkttheorien ist die Suche nicht weniger produktiv. Die Akteure entscheiden, welchen Teil ihrer Zeit und Ressourcen sie für die Produktion und welchen Teil sie für die Suche nach einem (produktiveren) Match verwenden. Doch noch bevor alle Jobsucher und Vakanzen einen Matchpartner finden, zerstören lokale oder globale Nachfrage- und Technologieschocks viele der etablierten Stellen, diese schließen, werden stillgelegt oder vakant und die Beschäftigten werden arbeitslos. Im Arbeitsmarktgleichgewicht existieren daher offene Stellen neben arbeitslosen Jobsuchern.

In manchen Gesellschaften reguliert die Rechtsordnung das Matching von Jobsuchern und Vakanzen und erzeugt institutionelle Friktionen. Zum Beispiel versorgt das Arbeitsförderungsrecht arbeitslose Jobsucher mit Ansprüchen auf Lohnersatzleistungen, entlastet sie von den Mühen der Jobsuche und schreibt vor, welche Stellen zumutbar sind; das Arbeits- und Vertragsrecht stärkt die Verhandlungsstärke der Beschäftigten und ordnet Kündigungsfristen an; das Gewerberecht reguliert den Zugang zu den Absatzmärkten und damit das Angebot an Vakanzen. Es stellt sich folglich die Frage, welche Wirkung die Rechtsordnung auf die Anpassungsgeschwindigkeit der Arbeitsmarktteilnehmer, auf die Rate der Arbeitslosigkeit, ihre Dauer, die Zahl der Gründungen und der Liquidationen hat.

Unter den Theorien, die den Arbeitsmarkt als Suchmarkt behandeln, lassen sich mehrere Richtungen unterscheiden. Im Mittelpunkt der älteren Suchtheorie steht eine exogene Lohnverteilung, die Angebot und Nachfrage ähnlich koordiniert wie der Lohn des neoklassischen Basismodells. Das Modell mit exogener Lohnverteilung ist die historische und systematische Grundlage der modernen Suchttheorie und kommt in Kapital 6 und in Kapitel 10 zur Sprache. Die späteren Suchtheorien lassen sich zwei Gruppen zuordnen, je nachdem, ob sie die Friktionen des Arbeitsmarktes explizit modellieren oder nicht, ob sie die Suche als zielgerichtete Aktivität behandeln wie etwa in *Shi* (2002) oder die Friktionen implizit berücksichtigen und das Matching vom Zufall gesteuert wird.

Das zentrale Konzept der Suchtheorien, die die Friktionen des Arbeitsmarktes implizit und die Suche als Zufallsprozess modellieren, ist die Matching-Technologie, deren Eigenschaften die technologischen und institutionellen Friktionen des Arbeitsmarktes widerspiegeln. Modelle mit Matching-Technologie, endogenem Stellenangebot und

Matchpartnern, die über die Konditionen des Arbeitsvertrages verhandeln, erörtern wir in diesem Kapitel. In Kapitel 6 wird nicht verhandelt, stattdessen setzen die Firmen den Lohn. Die Jobsucher, die eine Offerte erhalten, akzeptieren oder lehnen das Angebot ab und setzen die Suche fort.

Im Mittelpunkt dieses Kapitels steht die Matching-Technologie, die die Friktionen und Informationsunvollkommenheiten, die den Arbeitsmarkt kennzeichnen, widerspiegelt. Jobsucher wählen zufällig unter den angebotenen Vakanzen und verhandeln danach über den Arbeitsvertrag insbesondere über den Lohn. In Abschnitt 5.1 wird das Basismodell der Matchingtheorie mit homogenen Arbeitern und homogenen Stellen vorgestellt (s. *Pissarides* 2000). Die Zeit des Modells ist diskret. Die Übergänge zwischen den Zuständen des Arbeitsmarktes sind zufallsbedingt. Die Übergangswahrscheinlichkeit von der Arbeitslosigkeit in die Beschäftigung wird von der Matching-Technologie erzeugt. Das Matching ist eine Variante der „unsichtbaren Hand", hat aber im Gegensatz zum perfekten Markt keine inhärenten Eigenschaften, die die individuellen Entscheidungen von Firmen und Jobsuchern zu einem sozial effizienten Ergebnis kombinieren. Sucharbeitslosigkeit ist weder von Natur aus (in-) effizient, noch von kurzer Dauer, wie häufig behauptet oder definiert wird. Dass Suchgleichgewichte im Allgemeinen nicht effizient sind, ist, wie Abschnitt 5.2 darstellt, die Folge von Suchexternalitäten. Ein zusätzlicher Jobsucher erhöht die Chance der Vakanzen, einen Bewerber zu finden. Dieser positiven Suchexternalität steht ein negativer externer Effekt gegenüber, da sich die Chance der konkurrierenden Jobsucher mit jedem weiteren Bewerber, der auf den Markt kommt, verschlechtert. In Abschnitt 5.3 wird das gegenwärtige Standardmodell der Matching-Theorie von *Mortensen* und *Pissarides* (1994, 1999) dargestellt. Die Entscheidung, einen Job, der produziert, zu zerstören, wird im Mortensen-Pissarides-Modell endogenisiert. Arbeitslosigkeit ist das Resultat exogener Schocks und der Entscheidung von Firma und Arbeitnehmer, das Match zu beenden.

5.1 Natürliche Rate der Arbeitslosigkeit

Zunächst wird die Matching-Technologie behandelt, anschließend kommt die Beveridge-Kurve zur Sprache, danach wird die Job-creation-Bedingung erläutert und schließlich werden die Lohnverhandlung und die Lohnkurve dargestellt.

Die Matching-Technologie ist kein Koordinationsmechanismus im hergebrachten Sinn. Der Suchprozess wird so modelliert, wie ihn viele Jobsucher und Anbieter von Vakanzen erleben, als Zufallsprozess. Suchkosten wirken wie eine Barriere zwischen den Insidern eines erfolgreichen Match – dem glücklichen Bewerber und dem nicht minder glücklichen Stellenanbieter – und den Outsidern, die, ebenso zufällig wie die anderen aufeinander getroffen sind, keine Stelle oder keinen passenden Bewerber getroffen haben. Die Insider eines erfolgreichen Match bilden ein bilaterales Monopol und verhandeln, von keiner Konkurrenz gestört, über die Aufteilung der Transaktionsrente. Der Lohn ist in dieser Theorie vor allem ein Instrument zur Verteilung der Transaktionsrente.

Das Gleichgewicht des Matching-Prozesses ist ein anspruchsvollerer Zustand als das Gleichgewicht des neoklassischen Arbeitsmarktes. Erstens müssen die an einem erfolgreichen Match beteiligten Partner ein Verhandlungsergebnis über die Aufteilung der Wertschöpfung herbeiführen. Die Aufteilungsregel muss sie glaubhaft vor Neuverhandlungen schützen. Zweitens muss die Anzahl der Vakanzen bestimmt werden, die im Gleichgewicht angeboten werden. Drittens müssen in einem stationären Gleichgewicht der Zufluss der Jobsucher zum Pool der Arbeitslosen und der Zufluss der offenen Stellen zum Pool der Vakanzen ausgeglichen sein mit den Strömen der in die Beschäftigung wechselnden Arbeitslosen und der neu besetzten Stellen. Das Modell hat drei unabhängige endogene Variable, den Lohn, die Arbeitsmarktanspannung und die natürliche Rate der Arbeitslosigkeit. Zur Bestimmung dieser drei Variablen benötigt man drei Gleichgewichtsbedingungen, nämlich die Funktion der Beveridge-Kurve, die Job-creation-Bedingung und die Lohnfunktion. Im Übrigen ist die Struktur des Modells so übersichtlich – sobald die drei Modellgleichungen vorliegen –, dass die Wirkungen von Schocks wie im neoklassischen Basismodell einer graphischen Analyse zugänglich sind.

Matching-Technologie

Auf einem Markt mit Friktionen ist die Suche nach Tauschpartnern eine nicht weniger nützliche Aktivität als die eigentliche Produktion. Die Suche ist nicht nur eine notwendige Voraussetzung der Produktion, sondern sie erhöht die Chance, auf einen ko-spezialisierten Partner zu treffen. Wie die Produktion von Gütern und Diensten so absorbiert allerdings auch die Suche Ressourcen und erzeugt infolge von Skalen- und Learning-by -doing-Effekten komparative Suchkostenvorteile, so dass sich spezialisierte Personalvermittler etablieren. Auch die staatliche Arbeitsvermittlung und das Arbeitsförderungsrecht wurzeln in der Vorstellung, dass der Suchprozess Ressourcen verbraucht, über die der typische Arbeitslose nicht verfügt, und dass die staatliche Arbeitsmarktverwaltung im Vergleich mit den Privaten besser informiert und der effizientere Jobsucher ist.

Die Gesamtheit aller Institutionen und Organisationen für die Stellensuche und -vermittlung wird als die Matching-Technologie bezeichnet. Das Matching führt Paare von Jobsuchern und Stellenanbietern zusammen, die anschließend über die Konditionen des Arbeitsvertrages verhandeln. Bevor wir das Modell einer einfachen Matching-Technologie darstellen, geben wir in Tab. 5.1 einen Überblick über das Spektrum der Suchwege, die von westdeutschen Unternehmen eingeschlagen werden.

Tab. 5.1: Such- und Besetzungswege in deutschen Unternehmen im Jahr 2003[1)]

	Insgesamt	Un-/ angelernte Arbeiter	Facharbeiter	Einfache Angestellte und Beamte	Qualifizierte Angestellte und Beamte
1. Agentur für Arbeit	31 (14)	28 (22)	29 (17)	27 (16)	29 (12)
2. Eigene Inserate	27 (18)	17 (8)	27 (18)	30 (27)	42 (30)
Internet	10 (2)	2 (0)	12 (3)	12 (3)	16 (4)
Inserate Arbeitssuchender	4 (1)	4 (1)	3 (1)	4 (3)	6 (1)
Private Arbeitsvermittlung	9 (2)	1 (1)	3 (2)	2 (1)	4 (3)
Aushang Werkstor	8 (0)	5 (0)	1 (0)	0 (0)	2 (0)
Initiativbewerbungen	20 (11)	21 (18)	13 (12)	10 (9)	15 (11)
3. Interne Ausschreibung	12 (2)	6 (1)	4 (1)	10 (3)	11 (5)
Mitarbeiterhinweise	35 (22)	36 (34)	37 (27)	30 (24)	26 (19)

Quelle: IAB/Economix (Stellenangebotserhebung). [1)]in % aller Betriebe

Suchwege. Die Tab. 5.1 unterscheidet drei Suchkanäle, den zentralstaatlichen über die Bundesagentur für Arbeit (BA), die externen und die internen Suchkanäle. Zu den externen Suchwegen gehören neben Inseraten, Stellenausschreibungen im Internet, Initiativbewerbungen, Aushänge am Werkstor sowie die privaten Arbeitsvermittler. Die firmeninternen Kanäle umfassen die interne Ausschreibung und Mitarbeiterhinweise. Über die staatliche Arbeitsvermittlung offerierten 31 % der befragten Firmen ihre vakanten Stellen. Insgesamt 37 % der vom IAB befragten Firmen gaben an, ihre Stellen zu inserieren (27 %) oder im Internet auszuschreiben (10 %), 9 % der Firmen nutzen private Arbeitsvermittler. Mit 20 % ist die Initiativbewerbung bzw. die Auswahl über Bewerberlisten ebenfalls ein häufig genutzter Suchkanal. Mitarbeiterhinweise sind jedoch der häufigste und erfolgreichste Suchkanal, der bei 35 % der Stellenbesetzungen genutzt wurde und bei 22 % erfolgreich war. Aufgrund von Inseraten kamen 18 % der erfolgreichen Stellenbesetzungen zustande, 14 % durch die Vermittlung der Agenturen für Arbeit.

Offenbar funktioniert der Weg der firmeninternen Suche und Vermittlung besser als der externe. Der Weg über die Vermittlung der BA führt hingegen nur in 14 % der Fälle zu einem erfolgreichen Match. Selbst die Initiativbewerbungen sind mit 11 % unter den erfolgreichen Stellenbesetzungen fast so häufig vertreten wie die Vermittlung durch den Staat. Nur bei der Besetzung von Stellen mit Niedrigqualifizierten spielt die BA mit 22 % eine bedeutendere Rolle. Darüber hinaus belegt die Tab. 5.1, dass der externe Vermittlungskanal zwar relativ häufig eingeschaltet wird, aber bei den meisten Qualifikationen recht erfolglos operiert, so kommen z.B. nur 18 % der erfolgreich mit Facharbeitern besetzten Stellen durch Inserate zustande, 27 % dagegen durch Mitarbeiterhinweise.

Tab. 5.2: Besetzungswege und vorheriger Erwerbsstatus im Jahr 2002 in %

	Insgesamt	Arbeitslos gemeldet	Erwerbstätig
Agentur für Arbeit	11	30	8
Stellenanzeige in der Zeitung	14	11	16
Bekannte, Freunde, Angehörige	35	26	40
Rückkehr zu früherem Arbeitgeber	8	[6]	8
Private Stellenvermittlung / Agentur	2	/	[2]
Stellenanzeige im Internet	4	[6]	4
Sonstiges / trifft nicht zu	25	19	22

Quelle: Holst / Schupp (2004); / weniger als zehn Fälle; [ ] weniger als 30 Fälle

Über die Besetzungswege von Erwerbstätigen im Jahr 2002, die sich in den vergangenen zwölf Monaten beruflich verändert oder eine neue Beschäftigung aufgenommen haben, informiert die Tab. 5.2. Ähnlich wie bei den Besetzungswegen der Unternehmen spielte für Jobsucher, die vorher erwerbstätig waren, die Vermittlung über die BA nur eine vergleichsweise geringe Rolle. Von der Stelle erfahren hatten viele Bewerber vor allem über Freunde und Verwandte. Für Arbeitslose spielte die BA immerhin in 30 % der Fälle eine wichtige Rolle bei der Stellensuche. Stellenanzeigen sowie die Suche über Freunde und Bekannte waren mit 37 % jedoch die erfolgreichere Suchstrategie. Bemerkenswert ist, dass unabhängig vom vorhergehenden Status in 8 % der Fälle der Arbeitnehmer bereits vorher bei demselben Arbeitgeber beschäftigt war. Private Arbeitsvermittlung spielt in Deutschland weder für die Unternehmen noch für die Bewerber eine nennenswerte Rolle.

Urnenmodell. Wir stellen nun ein mikroökonomisches Modell einer Matching-Technologie mit U Jobsuchern, V offenen Stellen und M Vermittlungen pro Periode dar. Als Referenzperiode wählen wir die Woche. Jede Vakanz wird pro Woche einmal offeriert. Jeder Stellensuchende ist über die offenen Stellen und ihre Standorte informiert und bewirbt sich einmal pro Woche, indem er zufällig eine der Vakanzen auswählt und sein Interesse an einem Vorstellungsgespräch bekundet.

Bei V offenen Stellen ist die Wahrscheinlichkeit, dass sich ein Jobsucher um eine gegebene Stelle bewirbt, gleich $1/V$, und die Wahrscheinlichkeit, dass er sich nicht um diese Stelle bewirbt gleich $1-1/V$. Da es insgesamt U Suchende gibt, die ihre Suche infolge von Friktionen nicht koordinieren können, ist die Wahrscheinlichkeit, dass sich niemand um die Stelle bewirbt, durch $(1-1/V)^U$ gegeben. Diese Wahrscheinlichkeit lässt sich mit Hilfe der Marktanspannung θ, wobei θ das Verhältnis der Anzahl der Vakanzen zur Anzahl der Jobsucher misst, $\theta = V/U$, folgendermaßen schreiben: $(1-1/\theta U)^U$. Bei gegebener Anspannung θ und einer wachsenden Zahl von Jobsuchern U konvergiert die Wahrscheinlichkeit, dass sich niemand um die Stelle bewirbt: $(1-1/\theta U)^U \to e^{-1/\theta}$ (s. Rechenregeln). Für großes U ist $e^{-1/\theta}$ die Wahrscheinlichkeit, dass eine offene Stelle nicht besetzt wird. $q(\theta)=1-e^{-1/\theta}$ ist daher die Wahrscheinlichkeit, dass sich für die Stelle mindestens ein geeigneter Bewerber findet. $q(\theta)$ wird im Folgenden als *Stellenbesetzungswahrscheinlichkeit* bezeichnet. Wie viele erfolgreiche Vermittlungen M kommen pro Woche mit der Matching-Technologie zustande? Bei V offenen Stellen, die ihre Suche nicht koordinieren, kommen $M = q(\theta)V$ Vermittlungen zustande, wenn die Wahrscheinlichkeit, einen Bewerber zu finden, für jede Stelle $q(\theta)$ ist. Die Beziehung

$$M = (1-e^{-1/\theta})V \qquad (5.1)$$

ist die Matching-Funktion. Nach (5.1) hängt die Zahl der Vermittlungen von zwei Einflussfaktoren ab. Erstens von der Anspannung des Arbeitsmarktes $\theta = V/U$, und zweitens von der Zahl der angebotenen Vakanzen V.

Tab. 5.3: Transaktionstechnologie $M = q(\theta)V$ mit der Stellenbesetzungswahrscheinlichkeit $q(\theta) = (1-e^{-1/\theta})$ und der Wahrscheinlichkeit der Neueinstellungen $p(\theta) = \theta q(\theta)$

(1) V Stellen	(2) $\theta = V/U$	(3) q %	(4) p %	(5) M Personen	(6) $d = 1/q$ Wochen	(7) $D = 1/p$ Wochen
90	0,90	67,1	60,4	60,4	1,5	1,7
50	0,50	86,5	43,2	43,2	1,2	2,3
10	0,10	99,9	10,0	10,0	1,0	10,0
5	0,05	100,0	5,0	5,0	1,0	20,0
1	0,01	100,0	1,0	1,0	1,0	100,0

Beispiel. In Tab. 5.3 treffen $U = 100$ Jobsucher auf alternativ $V \in \{1, 5, 10, 50, 90\}$ Vakanzen. Bei $V = 90$ ist die Anspannung des Arbeitsmarktes mit $\theta = 0,90$ sehr hoch, bei $V = 1$ mit $\theta = 0,01$ dagegen verschwindend gering. Die Wahrscheinlichkeit, dass ein Arbeitsloser bei einem Angebot von $V = 90$ Vakanzen eine Stelle findet, ist mit $p =$

60,4 % relativ hoch. Diese Übergangswahrscheinlichkeit ergibt sich folgendermaßen. Bei M Vermittlungen und U Jobsuchern hat ein Arbeitsloser eine Vermittlungschance von $p = M / U$. Berücksichtigt man nun, dass $M = qV$, so folgt $p = (V / U)q$ und mit der Anspannung des Arbeitsmarktes erhält man $p = \theta q =$ Spalte (2) $*$ Spalte (3). Bei $V = 50$ Vakanzen ist die Stellenbesetzungswahrscheinlichkeit gleich 86,5 %. Mithin ist eine Stelle im Mittel $d \equiv 1 / q = 1,2$ Wochen lang vakant. Demgegenüber beträgt die *Neueinstellungswahrscheinlichkeit* (job finding rate) $p = 43,2\%$, so dass ein Jobsucher unabhängig von seiner *bisher zurückgelegten* Dauer der Arbeitslosigkeit mit einer durchschnittlichen Suchdauer von $D \equiv 1/ p = 2,3$ Wochen rechnen muss.

Die Stellenbesetzungs- und die Neueinstellungswahrscheinlichkeit hängen nur von der Anspannung θ des Arbeitsmarktes ab. Warum? Weil die Matching-Funktion (5.1) linear homogen in den beiden Inputfaktoren U und V ist bzw. konstante Skalenerträge aufweist: Multipliziert man die Argumente der Matching-Funktion mit dem Faktor $t > 0$, ändert sich die Anspannung nicht (die Anspannung ist homogen vom Grad null in den beiden Inputfaktoren), und mit (5.1) ergibt sich $tM = (1 - e^{-1/\theta})tV$. Wie wirken sich Änderungen der Anspannung auf die beiden Übergangswahrscheinlichkeiten aus? Betrachten wir zunächst die Stellenbesetzungswahrscheinlichkeit $q(\theta) = 1 - e^{-1/\theta}$. Wenn z.B. im Konjunkturaufschwung die Anspannung des Arbeitsmarktes steigt, so wird die Stellenbesetzungswahrscheinlichkeit sinken. Leitet man $q(\theta)$ nach der Anspannung ab, so erhält man $q'(\theta) = -e^{-1/\theta}\theta^2 < 0$. Das negative Vorzeichen verdeutlicht die auf dem Arbeitsmarkt herrschenden Suchexternalitäten, die in zwei Richtungen wirken: Wenn die Vakanzen relativ zu den Arbeitslosen zunehmen, wächst die Anspannung und die Stellenbesetzungswahrscheinlichkeit fällt, das ist der negative externe Effekt, den die Stellenanbieter zu spüren bekommen. Nimmt dagegen die Zahl der Jobsucher zu, dann sinkt die Anspannung und die Stellenbesetzungswahrscheinlichkeit steigt, das ist der positive externe Effekt, den die Jobsuchenden auf die Stellenanbieter ausüben. Die Verhältnisse auf dem Arbeitsmarkt sind jedoch symmetrisch, da eine sinkende Anspannung die Einstellungswahrscheinlichkeit reduziert, wie Differenzieren von $p(\theta) = \theta q(\theta)$ nach θ verdeutlicht. Mit $p'(\theta) = q(\theta) + \theta q'(\theta)$ erhält man $p'(\theta) = 1 - (1 + 1/\theta)e^{-1/\theta} > 0$. Sinkt die Anspannung des Arbeitsmarktes z.B. im Konjunkturabschwung, weil die Zahl der arbeitslosen Jobsucher wächst, so verschlechtert sich die Erfolgswahrscheinlichkeit der Jobsuchenden insgesamt, wie das Vorzeichen von $p'(\theta) > 0$ anzeigt.

Matching-Funktion. Für das Basismodell der Matchingtheorie benutzen wir im Folgenden anstelle von (5.1) eine allgemeinere Matching-Funktion. Bei L Erwerbspersonen (EP) und M Kontakten zwischen Jobsuchern und Vakanzen ist $m = M / L$ die Kontaktquote, $u = U / L$ ist die Arbeitslosenquote und $v = V / L$ ist die Quote der Vakanzen. Wir nehmen im Folgenden an, dass sich die Akteure vollständig spezialisieren, entweder suchen oder produzieren, jedoch nicht beide Aktivitäten simultan ausüben. Folglich gibt es keine Suche vom Arbeitsplatz. Wenn sich nur die Arbeitslosen und die Vakanzen am Matching beteiligen, dann ist die Anzahl der Kontakte zwischen beiden Marktseiten durch die Matching-Funktion gegeben

$$(5.2) \qquad mL = m(uL, vL) .$$

Die Matching-Funktion (5.2) hat, wie wir annehmen, die folgenden Eigenschaften. Erstens nimmt die Anzahl der Kontakte mL mit der Anzahl der Jobsucher uL und der

Anzahl der offerierten Vakanzen vL monoton zu; zweitens sind beide Inputfaktoren für das Matching wesentlich, so dass $0 = m(0, vL) = m(uL, 0)$; drittens hat die Matching-Funktion (5.2) konstante Skalenerträge. Konstante Skalenerträge implizieren erstens, dass die Kontakt- oder Vermittlungsquote m nicht von der Anzahl L der EP abhängt, da $m = m(u, v)$. Wenn die Kontakte zwischen den Marktteilnehmern uL und vL zufällig sind, dann ist zweitens die Stellenbesetzungswahrscheinlichkeit $q = mL / vL$ eindeutig durch die Anspannung bestimmt, da $q(\theta) \equiv m(uL, vL) / vL = m(u / v, 1) = m(1/\theta, 1)$. Drittens ist auch die Neueinstellungswahrscheinlichkeit $p = mL / uL$ eine Funktion allein der Anspannung, da $p(\theta) \equiv m(uL, vL) / uL = m(1, \theta)$. Zwischen den beiden Übergangswahrscheinlichkeiten gilt schließlich die Beziehung: $p(\theta) = m(1, \theta) = \theta m(1/\theta, 1) = \theta q(\theta)$. Im Übrigen ist die Neueinstellungswahrscheinlichkeit $p(\theta) = m(1, \theta)$ eine monoton zunehmende und die Stellenbesetzungswahrscheinlichkeit $q(\theta) = m(1/\theta, 1)$ eine monoton fallende Funktion der Anspannung θ, wenn die Anzahl der Kontakte (5.2) monoton in den beiden Inputfaktoren zunimmt.

Beveridge-Kurve

Der Arbeitsmarkt des Modells ist ein System von Bestands- und Stromgrößen, das in Abb. 5.1 mit Hilfe von drei Transaktoren für die Bestände der offenen Stellen V, der Erwerbstätigen oder besetzten Stellen E und der Arbeitslosen U erfasst ist. L ist die Anzahl der EP und K die Anzahl der Stellen, so dass $L = E + U$ und $K = E + V$. Man kann die Ökonomie in zwei spezialisierte Subsysteme zerlegen, in das für die Produktion mit dem Transaktor E und in das für die Suche mit der Matching-Technologie und den Transaktoren U und V. Betrachtet man die Ströme, die die Subsysteme verbinden, so ist λE gleich der Anzahl der Beschäftigten bzw. der besetzten Stellen die aus der Produktion in den Pool der Arbeitslosen bzw. in den Pool der Vakanzen wechseln. Dabei ist $\lambda > 0$ die Wahrscheinlichkeit, dass ein gegebener Job von einem lokalen, idiosynkratischen oder matchspezifischen Nachfrage- oder Technologieschock getroffen wird, der die Jobproduktivität so weit reduziert, dass die Matchpartner sich trennen. Alle Jobs sind mit der gleichen Schockverteilung konfrontiert, die Schocks erfolgen unabhängig voneinander und jeder Job wird pro Periode von höchstens einem Schock getroffen.

Abb. 5.1: Bestands- und Stromgrößen

In jeder Periode wechseln pU Arbeitslose in den Zustand der Beschäftigung, während qV offene Stellen besetzt werden. Die vermittelten Arbeitslosen pU und die Stellenbesetzungen qV sind gleich der Anzahl der Vermittlungen, so dass $pU = M = qV$. In einem Steady state sind die Zu- und die Abgänge an jedem Transaktor gleich hoch, und es gilt $pU = \lambda E$ sowie $qV = \lambda E$.

Betrachten wir die Steady-state-Bedingung $pU = \lambda E$, links vom Gleichheitszeichen stehen die Abgänge und rechts die Zugänge zum Arbeitslosenpool. Teilt man die Gleichung durch die Anzahl der EP und berücksichtigt, dass für die Erwerbstätigenquote

$E/L = 1-u$ gilt, so folgt $pu = \lambda(1-u)$. Löst man diese Gleichung nach der Arbeitslosenquote auf und bedenkt, dass die Neueinstellungswahrscheinlichkeit eine Funktion der Arbeitsmarktanspannung ist, so erhält man die Beziehung

$$u(\theta) = \frac{\lambda}{\lambda + p(\theta)}. \tag{5.3}$$

Wie (5.3) zeigt, ist die Arbeitslosenquote des Steady state durch zwei Faktoren bestimmt. λ gibt die Wahrscheinlichkeit an, mit der ein Job unproduktiv und zerstört wird. Steigt λ, so nimmt auch die Arbeitslosenquote zu. Die durchschnittliche Dauer der Arbeitslosigkeit ist der zweite Faktor, von dem u abhängt. Hat ein Jobsucher unabhängig von seiner *bisher zurückgelegten* Dauer der Arbeitslosigkeit im Steady state in jeder Periode eine Neueinstellungswahrscheinlichkeit von $p(\theta) > 0$, dann muss er im Durchschnitt $D(\theta) = 1/p(\theta)$ Perioden suchen, bis er eine Stelle findet. Die Dauer der Arbeitslosigkeit D ist durch die Arbeitsmarktanspannung bestimmt, nimmt diese zu, so steigt die Neueinstellungswahrscheinlichkeit, die Dauer der Arbeitslosigkeit sinkt und die Arbeitslosenquote nimmt ab.

Die Abb. 5.2 zeigt die Steady-state-Bedingung (5.3) in der (u, θ)-Ebene, die Abb. 5.3 in der (v, u)-Ebene. Beide Graphen werden nach einem britischen Ökonomen und Politiker als Beveridge-Kurve bezeichnet.

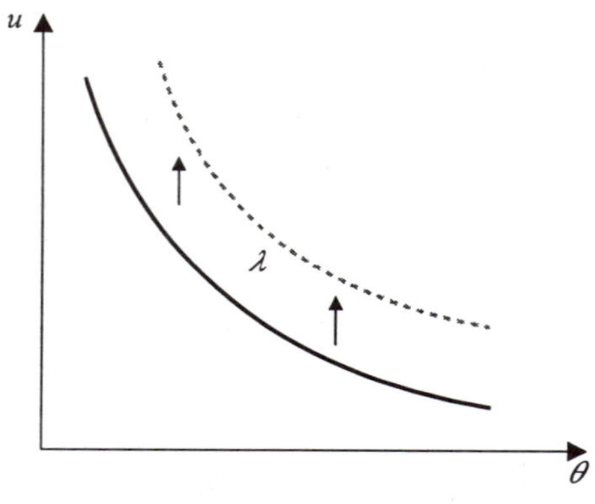

Abb. 5.2: Beveridge-Kurve

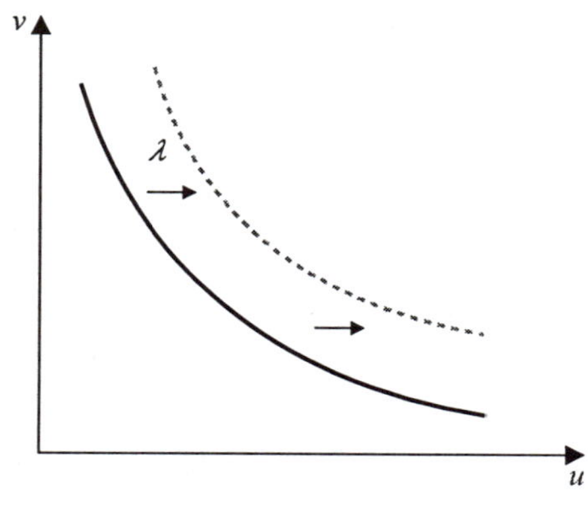

Abb. 5.3: U/V-Kurve

Betrachten wir zuerst die linke Abbildung. Die Abszisse zeigt die Anspannung des Arbeitsmarktes, die Ordinate die Arbeitslosenquote. Bei zunehmender Anspannung wächst aus Sicht eines Jobsuchers die Chance einer erfolgreichen Vermittlung. Infolgedessen nimmt der Nenner von (5.3) zu, und die Arbeitslosenquote sinkt. In der (u, θ)-Ebene hat die Beveridge-Kurve also eine negative Steigung. Eine Änderung von λ verschiebt die Kurve. Steigt die Trennungsrate, so wird bei jeder Anspannung die Arbeitslosenquote höher sein als im Ausgangszustand. Folglich verschiebt sich die Kurve nach oben, wenn λ steigt, und umgekehrt, wenn λ sinkt. In der Abb. 5.3 gibt die Ordinate die Quote der Vakanzen und die Abszisse die Arbeitslosenquote an. Die Beveridge-Kurve hat auch in dieser Form eine negative Steigung: Nimmt die Quote der Vakanzen ab, so fällt die Anspannung, die Neueinstellungswahrscheinlichkeit sinkt und die Arbeitslosenquote steigt.

Änderungen der Trennungswahrscheinlichkeit wirken ganz ähnlich wie im vorherigen Fall: Ein steigendes λ verschiebt die U/V-Kurve nach außen.

Die Beveridge-Kurve ist die Verbindung aller Arbeitslosenquoten, die bei gegebener Matching-Technologie mit einem Steady state vereinbar sind. Doch welche dieser Quoten ist die natürliche, die im Suchgleichgewicht zu beobachten ist? Um die gleichgewichtige Rate der Arbeitslosigkeit zu ermitteln, benötigt man über die in (5.3) enthaltene Information hinaus Hypothesen zum Angebotsverhalten der Stellenanbieter, zum Verhalten der Jobsucher und schließlich zum Ablauf der Lohnverhandlung, die sich bei einem erfolgreichen Match entwickelt

Jobs, Vakanzen und Job-creation-Bedingung

Die Zeitstruktur des Modells ist diskret. Die Länge einer Modellperiode entspricht z.B. der Kalenderzeit eines Quartals. Firma und Arbeiter sind risikoneutral und haben einen unbeschränkten Planungshorizont. Sobald die Akteure auf einen Matchpartner treffen, ist die Suche abgeschlossen und die Lohnverhandlung beginnt, die mit dem Abschluss eines Arbeitsvertrages endet. Sofort danach beginnt die Produktion. Der Arbeiter produziert mit dem von der Firma installierten Kapitalstock in jeder Periode einen Output von y Gütereinheiten. Am Ende der Periode vermarktet das Unternehmen y und bezahlt den Reallohn w. Welche Marktwerte J und V haben die besetzte und die vakante Stelle? Am Ende der Periode erhält die Firma den Deckungsbeitrag $y-w$, s. Abb. 5.4; mit der Wahrscheinlichkeit λ wird der Job von einem Schock getroffen, die Matchpartner trennen sich, der Arbeiter wird arbeitslos und die Stelle vakant; mit der Wahrscheinlichkeit $1-\lambda$ bleibt die Stelle erhalten, und die Matchpartner setzen in der nächsten Periode die Produktion fort.

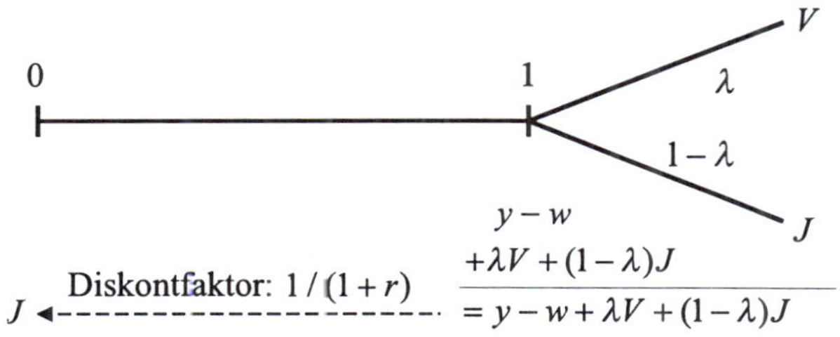

Abb. 5.4: Marktwert einer besetzten Stelle

Aus dem Blickwinkel des Periodenanfangs beläuft sich der erwartete Marktwert der Stelle folglich auf $\lambda V + (1-\lambda)J$. Zusammen mit dem Deckungsbeitrag ergibt sich ein Endwert von $y-w+\lambda V+(1-\lambda)J$ oder umgeformt von $y-w+\lambda(V-J)+J$, wobei $V-J$ der Kapitalverlust ist, der die Unternehmung trifft, wenn ein Schock die Stelle zerstört. Um den Gegenwartswert der besetzten Stelle J zu ermitteln, diskontieren wir den Endwert mit dem Diskontfaktor $1+r$ auf den Gegenwartszeitpunkt ab und erhalten: $J=[y-w+\lambda(V-J)+J]/(1+r)$. Umformen der Gleichung liefert die Beziehung

(5.4) $$rJ = y - w + \lambda(V-J)\,.$$

Die Gleichung (5.4) lässt sich als Arbitragebedingung interpretieren. Akteure, die Finanz- oder Sachkapital aus einer Verwendung A in eine Verwendung B umlenken, weil B einen höheren Ertrag verspricht, heißen Arbitrageure und der Gewinn, den sie bei der Reallokation einstreichen, heißt Arbitragegewinn. Eine Volkswirtschaft ist arbitragefrei, wenn sie Bedingungen wie die Gleichung (5.4) erfüllt: Der Zinsertrag rJ, den ein Investor durch Anlage des Kapitals J zum Zins r auf dem Kapitalmarkt erzielt, ist gleich dem Ertrag $y - w + \lambda(V - J)$, den er erwirtschaftet, wenn er sein Kapital stattdessen in einer besetzten Stelle des produzierenden Sektors der Volkswirtschaft bindet. So lange die Arbitragebedingung (5.4) nicht erfüllt ist, fließt das Kapital entweder auf den Kapitalmarkt oder in den produzierenden Sektor, der Zins beginnt zu sinken oder zu steigen, bis im Gleichgewicht alle Arbitragegewinne abgeschöpft und die Erträge der alternativen Verwendungen des Kapitals ausgeglichen sind.

Wie hoch ist der Marktwert V einer Vakanz? Der Marktwert offener Stellen lässt sich analog zu dem einer besetzten Stelle ableiten. Ein Investor erzielt mit dem Kapital V auf dem Kapitalmarkt den Zinsertrag rV. Investiert er stattdessen in eine Vakanz, muss er Such- und Rekrutierungskosten ky aufwenden und streicht bei einer erfolgreichen Besetzung den Vermögensgewinn $J - V$ ein. Die Suchkosten hängen von dem Anforderungsprofil y des Jobs ab. Mit Rücksicht auf die Stellenbesetzungswahrscheinlichkeit ergibt sich mithin ein erwarteter Gewinn von $-ky + q(\theta)(J - V)$. Im Gleichgewicht ist dieser Gewinn gleich den Opportunitätskosten der Investition, rV, und es gilt

$$rV = -ky + q(\theta)(J - V)\,. \tag{5.5}$$

So lange der Marktwert einer Vakanz positiv ist, haben Unternehmen einen Anreiz, neue Stellen zu schaffen. Ist der Markeintritt frei, so fließt, durch die Aussicht auf den Gewinn $V > 0$ angezogen, Kapital in den produzierenden Sektor, Stellen werden gegründet, bis im Gleichgewicht $V = 0$. Setzt man $V = 0$ in (5.4) und (5.5) ein, so erhält man den Marktwert einer besetzten Stellen mit

$$J = \frac{y - w}{\lambda + r} = \frac{ky}{q(\theta)}\,. \tag{5.6}$$

J ist gleich dem Gegenwartswert des Deckungsbeitrags, berechnet mit dem risikokorrigierten Diskontfaktor $\lambda + r$ bzw. gleich den erwarteten Suchkosten $ky / q(\theta)$. Der Anbieter einer Vakanz muss mit Blick auf die Stellenbesetzungswahrscheinlichkeit im Durchschnitt $d(\theta) = 1 / q(\theta)$ Perioden warten, bis er die Vakanz besetzen kann und in jeder Periode Suchkosten in Höhe von ky aufwenden. Die erwarteten Suchkosten betragen mithin $kyd(\theta) = ky / q(\theta)$.

Löst man (5.6) nach dem Lohn auf, so erhält man die Job-creation-Bedingung

$$w = y - \frac{(\lambda + r)ky}{q(\theta)}\,. \tag{5.7}$$

Die Job-creation-Bedingung (5.7) gibt die Menge aller Kombinationen aus Lohn und Anspannung an, bei denen die Arbitragegewinne abgeschöpft sind und die Investoren keinen Anreiz mehr haben, weitere Stellen zu offerieren.

Abb. 5.5 stellt die Job-creation-Bedingung dar. An der Ordinate ist der Lohn, an der Abszisse die Anspannung abgetragen. Bei der Anspannung $\theta = 0$ ist die Stellenbesetzungswahrscheinlichkeit für die erste Vakanz, die auf den Markt kommt, gleich eins, wie wir annehmen (s.a. (5.1)), $q(0) = 1$, und die Job-creation-Kurve (JC-Kurve) schneidet die Lohnachse bei dem Lohnsatz $y - (\lambda + r)ky > 0$. Nimmt die Anspannung zu, so sinkt die Wahrscheinlichkeit einer Stellenbesetzung und der Lohn (5.7) fällt. Die JC-Kurve hat folglich eine negative Steigung. Darüber hinaus existiert eine Anspannung θ_0, bei der die JC-Kurve die Abszisse schneidet. Dort gilt $y - (\lambda + r)ky / q(\theta_0) = 0$. Veränderungen der Parameter verschieben die JC-Kurve. Steigendes *r*, λ oder *k* hat zufolge, dass beide Achsenschnittpunkte näher an den Ursprung rücken, so dass sich die JC-Kurve nach innen bewegt. Steigendes *y* bewegt den Ordinatenschnittpunkt nach oben, hat aber keinen Einfluss auf die Nullstelle der JC-Kurve, die Kurve dreht sich mithin in der Nullstelle im Uhrzeigersinn nach außen.

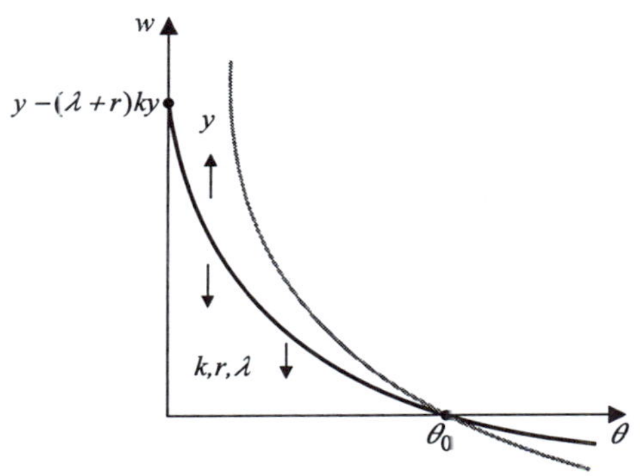

Abb. 5.5: JC-Kurve

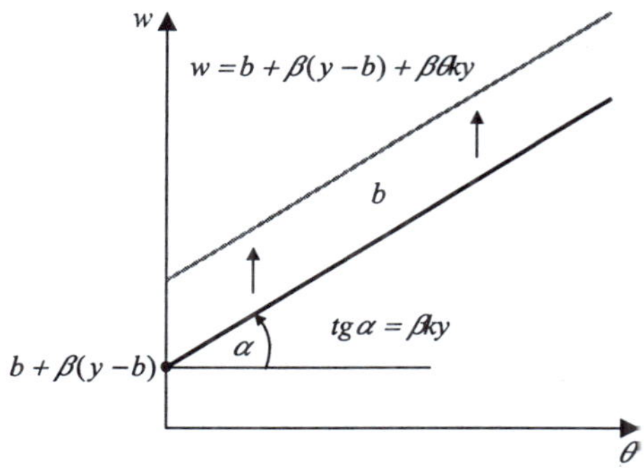

Abb. 5.6: Lohnkurve

Jobsucher und Beschäftigte

Humankapital kann wie Sachkapital zwei Zustände annehmen, es ist entweder beschäftigt oder arbeitslos. Ist der Arbeiter beschäftigt, so ist der Marktwert seines Humankapitals gleich *W*; ist er arbeitslos, so ist der Marktwert seines Humankapitals gleich *U*. Im Steady state gelten für die beiden Kapitalwerte *W* und *U* die folgenden Beziehungen

(5.8) $$rW = w + \lambda(U - W)$$

(5.9) $$rU = b + p(\theta)(W - U)\,.$$

$U - W$ ist der Vermögensverlust, den ein Arbeiter erleidet, der eine Stelle hat, aber infolge eines Schocks arbeitslos wird, ein Ereignis, das mit der Wahrscheinlichkeit λ eintritt. Folglich ist $w + \lambda(U - W)$ der erwartete Periodenertrag eines beschäftigten Arbeiters, der den Lohn *w* verdient. Alternativ könnte der Akteur ein Einkommen in Höhe des Zinsertrags rW verdienen. Im Steady state sind die Erträge der Anlagealternativen, wie (5.8) verdeutlicht, ausgeglichen. Ein Arbeitsloser erhält die Lohnersatzleistung *b*. Außerdem erzielt er den Vermögensgewinn $W - U$, wenn er eine Stelle findet, ein Ereignis, das mit der Wahrscheinlichkeit $p(\theta)$ eintritt. Dieser Vermögensgewinn, der den Anreiz für den Arbeitslosen bildet, nach einer Stelle zu suchen, lässt sich berechnen, indem man die Differenz von (5.8) und (5.9) nimmt und nach $W-U$ auflöst. Ein alternativer Weg besteht darin, in Gleichung (5.8) auf beiden Seiten rU zu subtrahieren und dann nach dem Vermögensgewinn aufzulösen. Man erhält

$$W-U=\frac{w-b}{\lambda+r+p(\theta)}=\frac{w-rU}{\lambda+r}. \tag{5.10}$$

Die Gleichungen (5.10) liefern zwei wichtige Folgerungen. Erstens muss der Lohnabstand zwischen dem Reallohn und dem Lohnersatz positiv sein, $w-b\geq 0$, denn andernfalls ist niemand bereit zu arbeiten oder nach einer neuen Stelle zu suchen. Zweitens zeigt die Gleichung, dass rU nichts anderes ist als der Anspruchslohn des Jobsuchers, denn nur wenn $w\geq w_A\equiv rU$, ist er bereit, zu suchen und zu arbeiten.

Lohnverhandlung

Bei einem erfolgreichen Match stehen sich der Anbieter einer offenen Stelle und ein Jobsucher gegenüber. Das Match wieder zu verlassen, ist für keinen der beiden vorteilhaft, bedeutet es doch mindestens eine weitere Periode Arbeitslosigkeit mit dem entsprechenden Einkommensverzicht und eine weitere Periode Suche nach einer anderen Arbeitskraft bzw. einer anderen Vakanz. Diese Strategie verursacht Kosten und bringt wegen der Homogenität der Marktteilnehmer keinen Gewinn. Unter- oder Überbietungen wie auf dem friktionslosen neoklassischen Arbeitsmarkt sind nicht zu erwarten, das Match bildet vielmehr im Schutz der Such- und Transaktionskosten ein bilaterales Monopol, und die Partner sind daran interessiert, ihr Treffen mit Verhandlungen über die Aufteilung der Monopolrente fortzusetzen. Das Verhandlungsresultat hängt von der Verhandlungsstärke sowie von den Garantienutzen der Akteure ab. Der Garantienutzen der Firma, den diese bezieht, wenn die Verhandlung scheitert, ist gleich dem Marktwert der unbesetzten Stelle, ihr Beitrag zur Monopolrente besteht daher in dem Vermögensgewinn $J-V$, der mit der Stellenbesetzung entsteht. Der Marktwert des unbeschäftigten Humankapitals ist der Garantienutzen des Bewerbers und sein Beitrag zur Transaktionsrente ist der Vermögensgewinn $W-U$ beim Übergang in die Beschäftigung. Die Beziehungsrente *S*, über deren Verteilung Firma und Bewerber verhandeln, ist daher durch $S=(J-V)+(W-U)$ gegeben und mit Rücksicht auf $V=0$ ist $S=J+W-U$. Die Verteilung von *S*, auf die sich die Matchpartner einigen, wird nun mit der Verhandlungslösung von Nash spezifiziert (Anhang A1). Demnach erhält der Bewerber den Teil β von *S*, so dass $W-U=\beta S$, wobei β, mit $0\leq\beta\leq 1$, ein Maß seiner Verhandlungsstärke ist. Der Teil $1-\beta$ von *S* geht an die Firma. Ersetzt man die Rente *S* mit Hilfe ihrer Bestimmungsgleichung, so ergibt sich die folgende Aufteilungsregel, auf die sich die Matchpartner im Verhandlungsgleichgewicht einigen

$$W-U=\frac{\beta}{1-\beta}J. \tag{5.11}$$

Mit Hilfe von (5.6), (5.9), (5.10) und (5.11) ergibt sich schließlich der Lohn, den die Matchpartner am Ende ihrer Verhandlung festlegen (Anhang A2)

$$w = b + \beta(y - b) + \beta\theta ky \,. \tag{5.12}$$

Der Verhandlungslohn hat drei Komponenten: den Lohnersatz b, den von der Verhandlungsstärke abhängigen Anteil β an der laufenden Transaktionsrente $y-b$ und einen Anteil $\beta\theta$ an den Such- und Rekrutierungskosten der Firma ky, der von der Verhandlungsstärke und der Arbeitsmarktanspannung abhängt.

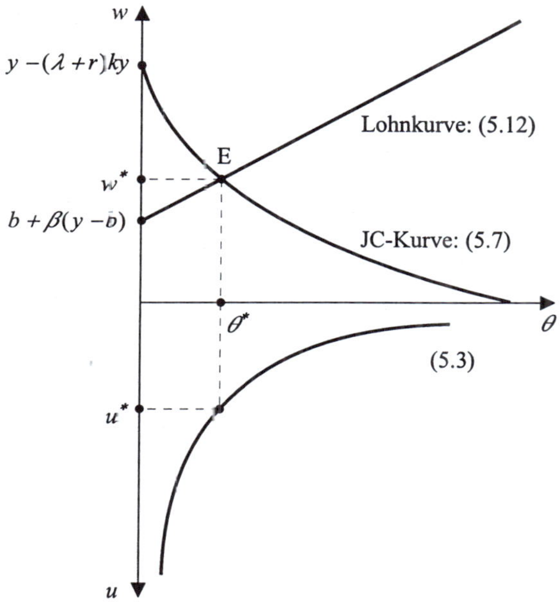

Abb. 5.7: Natürliche Rate der Arbeitslosigkeit

Was und wie viel die Suchtheorie und das Modell des neoklassischen Arbeitsmarktes trennt, wird an dieser Stelle besonders deutlich. Auf dem neoklassischen Arbeitsmarkt herrscht vollständige Konkurrenz, der Zustrom von Arbeitsanbietern und -nachfragern hält so lange an, bis im Marktgleichgewicht alle Transaktionsgewinne abgeschöpft sind, das Grenzprodukt der Arbeit gleich dem Lohn und dieser gleich der Grenzrate der Substitution ist. Der Lohn, an den sich die Marktteilnehmer mit ihren Mengenplänen anpassen, erfüllt auf diese Art eine soziale Informations- und Koordinationsfunktion. Der Lohn des Suchmodells ist dagegen ein Instrument zur Aufteilung des Monopolgewinns auf Stellenbesitzer und Jobsucher, eine weitere soziale Informations- und Koordinationsfunktion hat der Lohn nicht.

Wie die Lohnfunktion (5.12) zeigt, besteht ein linearer Zusammenhang zwischen dem Verhandlungslohn und der Anspannung des Arbeitsmarktes. Die Lohnkurve ist daher eine Gerade mit positiver Steigung wie in Abb. 5.6, deren Ordinatenabschnitt durch $b+\beta(y-b)$ gegeben ist. Steigendes b verschiebt die Kurve parallel nach oben. Steigendes k führt zu einer Drehung im Ordinatenschnittpunkt nach oben. Die Verhandlungsstärke β und die Produktivität y wirken auf den Ordinatenabschnitt und auf die Steigung der Lohnkurve. Steigt y, wird die Lohnkurve steiler und bewegt sich nach oben. Nimmt die Verhandlungsstärke des Jobsuchers zu, so verschiebt sich der Ordinatenschnittpunkt nach oben, vorausgesetzt $y > b$, und die Lohnkurve wird steiler.

Gleichgewicht und komparative Statik

Die Abb. 5.7 zeigt im ersten Quadranten die JC-Kurve (5.7) und die Lohnkurve (5.12). Die JC-Kurve nimmt die Stelle der Nachfragekurve, die Lohnkurve die Stelle der Angebotskurve ein. Im Schnittpunkt sind der Lohnsatz w^* und die Anspannung θ^* des Arbeitsmarktgleichgewichts bestimmt. Im vierten Quadranten ist die aus Abb. 5.2 übertragene Beveridge-Kurve zu sehen, die zu gegebener Anspannung die natürliche Rate der Arbeitslosigkeit und die Zahl der Arbeitslosen festlegt: $U^* = u^* L$.

Die komparativ-statische Analyse der drei Gleichgewichtsbedingungen (5.3), (5.7) und (5.12) informiert über die Wirkungen exogener Schocks auf die endogenen Variablen des Modells, s. Tab. 5.4. Alle Effekte sind mit den oben geschilderten Kurvenverschiebungen nachprüfbar. Lediglich die eingeklammerten Werte in den Spalten (1), (2) und (3) sind nicht offensichtlich. Wie erhält man z.B. das positive Vorzeichen in Zeile (1), Spalte (3)? Nimmt die Trennungswahrscheinlichkeit λ zu, so berührt dieser Schock die Lohnkurve nicht, während die JC-Kurve nach unten verschoben wird. Der Gleichgewichtspunkt E, s. Abb. 5.7, wandert mithin auf der Lohnkurve in Richtung des Ordinatenschnittpunkts, weshalb sowohl der Lohn als auch die Anspannung abnehmen. Eine geringere Anspannung senkt die Neueinstellungswahrscheinlichkeit, verlängert folglich die Dauer der Arbeitslosigkeit und erhöht die Arbeitslosenquote, wie die Beveridge-Kurve zeigt. Zu berücksichtigen ist dabei, dass eine höhere Trennungswahrscheinlichkeit die Beveridge-Kurve zugleich nach unten verschiebt, ein Effekt, der den Anstieg der Arbeitslosenquote verstärkt.

Tab. 5.4: Komparativ-statische Eigenschaften des Gleichgewichts

		Wirkung:			
Ursache:		(1) w^*	(2) θ^*	(3) $D^* = 1/p^*$	(4) u^*
(1)	λ	–	–	(+)	+
(2)	r	–	–	+	+
(3)	y	+	(+)	–	–
(4)	β	+	–	+	+
(5)	k	(–)	–	+	+
(6)	b	+	–	+	+

Ein Technischer Fortschritt, der das Grenzprodukt der Arbeit erhöht, vergrößert die Anspannung des Arbeitsmarktes, wie in Zeile (3), Spalte (2) zu sehen ist. Auch diese Prognose ergibt sich nicht ohne weiteres mit Hilfe der Abb. 5.7. Denn der Technische Fortschritt verschiebt sowohl die JC-Kurve als auch die Lohnkurve nach oben. Damit steigt zwar eindeutig der Gleichgewichtslohn – das Vorzeichen in Zeile (3), Spalte (1) ist positiv –, aber die Anspannung des Arbeitsmarktes könnte sinken, wenn die Reaktion der Lohnkurve stärker ausfällt als die Reaktion der JC-Kurve und umgekehrt, die Anspannung könnte steigen, wenn die Reaktion der Lohnkurve schwächer ausfällt. Der zweite Fall tritt deswegen ein, wie man mit Hilfe der Gleichgewichtsbedingungen (5.7) und (5.12) erkennt (s. Rechenregeln), weil die Jobsucher cet. par. nur den Bruchteil β vom zusätzlichen Grenzprodukt bekommen, während der Zustrom neuer Stellen erst dann stoppt, wenn der Lohn im vollen Umfang des zusätzlichen Grenzprodukts gestiegen ist.

Wie sich steigende Suchkosten in Zeile (5), Spalte (1) auf den Lohn auswirken, ist ebenfalls nicht ohne weiteres mit Hilfe der Abb. 5.7 ersichtlich (s. Rechenregeln). Einerseits wird die JC-Kurve nach unten verschoben, da erst eine hinreichend große Lohnsenkung die Stilllegung von offenen Stellen beendet; andererseits können die Jobsucher in den Lohnverhandlungen cet. par. höhere Löhne durchsetzen, wenn die Suchkosten steigen. Hierbei kommt ihnen ein typischer Insidereffekt zugute. Fluktuationskosten wie der Suchaufwand, mit dem die Anbieter von Vakanzen rechnen müssen, sind ein Schild, in dessen Schutz der Jobsucher zusätzliche Lohnforderungen durchsetzen kann: Bricht die Firma die Lohnverhandlung ab, muss sie nicht nur auf den Erlös aus der Vermarktung des Produktes verzichten, das der Arbeiter hergestellt hätte, sondern sie muss in der nächsten Periode Suchkosten aufwenden, um mit unsicherem Ausgang eine neue Kraft zu finden, die allerdings dieselbe Lohnforderung stellen wird, wie die gerade abgewiesene. Ein höherer Lohn senkt jedoch die Zahl der angebotenen Vakanzen, die Arbeitsmarktanspannung nimmt ab, die Position der Insider wird schwächer und der Rückgang der Anspannung überwiegt schließlich sogar den direkten Effekt der gestiegenen Suchkosten, so dass der Gleichgewichtslohn fällt.

Welche Wirkungen haben Änderungen der Lohnersatzleistung? Steigt der Lohnersatz, so wird die Lohnkurve parallel nach oben verschoben. Die Folgen hieraus sind: der Gleichgewichtslohn steigt, die Anspannung des Arbeitsmarktes sinkt, die Zahl der Arbeitslosen nimmt zu und die Dauer der Arbeitslosigkeit wächst. Warum? Mit sinkender Anspannung fällt die Neueinstellungswahrscheinlichkeit und es vergeht daher mehr Zeit bis zum nächsten Match. Außerdem nimmt der Wert der Arbeitslosigkeit mit der höheren Lohnersatzleistung im Verhältnis zum Wert der Beschäftigung zu, wie aus (5.6) und (5.11) folgt, bzw. die Opportunitätskosten der Beschäftigung wachsen. Einerseits sinkt mit der Attraktivität der Beschäftigung die Arbeitsmarktanspannung; andererseits haben die Bewerber, die eine Stelle finden, einen höheren Garantienutzen und fordern im ersten Zug einen um den zusätzlichen Lohnersatz Δb höheren Lohn; die Kosten des Stelleneigentümers nehmen daher um Δb zu und die Transaktionsrente sinkt im gleichen Umfang; von diesem Kostenzuwachs muss der Arbeiter, gegeben die Verteilungsregel der Nashlösung, den Teil β tragen, so dass sein Lohn bei gegebener Anspannung netto um den Betrag $\Delta b - \beta\Delta b = (1-\beta)\Delta b$ steigt.

Dass der Lohn der Matching-Theorie zufolge anders als im neoklassischen Basismodell keine Koordinationsfunktion hat, lässt sich folgendermaßen einsehen. Angenommen die Zahl der EP, die arbeiten wollen, nimmt zu. Dann steigt zwar die Arbeitslosigkeit, doch der Lohn reagiert nicht. Denn L, die Zahl der EP, die sich um einen Arbeitsplatz bemühen, ist gar kein Argument in den Gleichungen (5.3), (5.7) und (5.12), die den Reallohn und die anderen endogenen Größen des Modells festlegen. Der Matching-Prozess ist kein herkömmlicher Marktmechanismus. Nimmt die Zahl der Arbeitslosen zu, so verringert dieser exogene Schock die Anspannung des Arbeitsmarktes. Hiermit steigt temporär die Stellenbesetzungswahrscheinlichkeit, die erwarteten Suchkosten sinken, es wird attraktiv, in Vakanzen zu investieren, weshalb es zu einem „Gründungsboom" kommt, was indessen die Anspannung wieder größer werden lässt, bis der Anpassungsvorgang beim Ausgangspunkt θ^* abbricht: Die Zahl der Arbeitslosen ist gestiegen, die Zahl der Vakanzen ist proportional gestiegen, auch die Zahl der Erwerbstätigen ist proportional größer geworden, aber an den Relationen und Quoten sowie am Reallohn ändert sich nichts.

5.2 Suchgleichgewicht und Effizienz

Im Folgenden steht die Frage der Effizienz des Suchgleichgewichts im Vordergrund. Gibt es einen Lohn, der die gewinnmaximierenden Firmen veranlasst, die sozial effiziente Anzahl von Vakanzen zu offerieren und generiert die Lohnverhandlung mit der Nashlösung (5.12) diesen Lohn? Die Arbeitsmarktteilnehmer treffen ihre Entscheidungen, nach einem Job zu suchen oder eine Vakanz zu offerieren, nicht allein in Hinblick auf den Lohn, sondern vor allem mit Rücksicht auf die Anzahl der anderen Marktteilnehmer. Anders als im neoklassischen Basismodell, in dem eine Firma, die eine Vakanz ausschreibt, die Stelle sofort besetzt, bewirken Friktionen im Matching-Modell, dass die Marktteilnehmer mit einer positiven Wahrscheinlichkeit trotz ihrer Suchanstrengungen in der laufenden Periode keine Handelspartner finden und in der nächsten Periode die Suche fortsetzen müssen. Im Durchschnitt verstreichen $1/q(\theta)$ Perioden, bis eine Vakanz einen geeigneten Bewerber trifft und $1/p(\theta)$ Perioden, bis ein Jobsucher eine freie Stelle findet. Die Suchtechnologie erzeugt eine – vom Preissystem unabhängige – Interdependenz zwischen den Vakanzen und den Jobsuchern. Die Such- oder Überfüllungsexternalitäten, die dabei im Matching-Modell im Mittelpunkt stehen, zählt man zu den makroökonomischen Externalitäten, diese unterteilt man in Such- und Nachfrageexternalitäten, letztere sind pekuniärer, erstere dagegen wie die Umweltexternalitäten technologischer Natur.

Bietet eine Firma eine zusätzliche Stelle an, so ruft die Offerte bei allen konkurrierenden Anbietern negative externe Effekte hervor, da die Stellenbesetzungswahrscheinlichkeit, mit der sie konfrontiert sind, wegen $q'(\theta)<0$ sinkt und die Suchdauer und mit dieser die erwarteten Suchkosten steigen. Von den Offerten geht außer dem negativen jedoch auch ein positiver externer Effekt aus, da die Arbeitsmarktanspannung mit jeder Ausschreibung wächst, und die Chance der Jobsucher, eine Stelle zu finden, steigt, während sich ihre Suchdauer verkürzt, da $p'(\theta)=q(\theta)+\theta q'(\theta)>0$.

Formt man die positive Suchexternalität um, ergibt sich: $p'(\theta)=q(\theta)[1-\eta(\theta)]$, wobei $\eta(\theta)$ der Absolutbetrag der Elastizität der Stellenbesetzungswahrscheinlichkeit $q(\theta)$ mit Bezug auf die Anspannung θ ist, $\eta(\theta)=-q'(\theta)\theta/q(\theta)$. Infolge der Eigenschaften der Matching-Funktion (5.2) ist $\eta(\theta)$ eine Zahl zwischen null und eins. Die Elastizität misst den prozentualen Rückgang der Stellenbesetzungswahrscheinlichkeit bei einem einprozentigen Anstieg der Arbeitsmarktanspannung. Offenbar ist $1-\eta(\theta)$ die Elastizität der Neueinstellungswahrscheinlichkeit $p(\theta)$ mit Bezug auf θ und misst den Prozentsatz, um den die Chance der Jobsucher steigt, eine Stelle zu finden, wenn die Arbeitsmarktanspannung um ein Prozent zunimmt.

Wir untersuchen nun die Frage, unter welchen Umständen das Suchgleichgewicht mit der JC-Bedingung (5.7), dem Verhandlungslohn (5.12) und der Steady-state-Bedingung (5.3) effizient ist. Aus der JC-Bedingung (5.7) und dem Verhandlungslohn (5.12) erhält man zunächst die Gleichgewichtsbedingung

(5.13) $$(1-\beta)(y-b)-\frac{[\lambda+\beta\theta q(\theta)]ky}{q(\theta)}=0\,.$$

Der Einfachheit halber entwickeln wir die Bedingung eines (beschränkt) effizienten Suchmarktgleichgewichts nur für den Steady state und nehmen daher an, dass $r=0$. Die Effizienz ist beschränkt, da die Friktionen und insbesondere die Steady-state-Bedingung (5.3) als exogen gegeben betrachtet werden. Ob das dezentrale unkoordinierte Matching mit der Allokationsregel (5.13) ein effizientes Angebot an Vakanzen erzeugt oder nicht, lässt sich durch Vergleich von (5.13) mit jener Allokationsregel feststellen, die die Akteure implementieren würden, würden sie anstelle ihres privaten den sozialen Nutzen mit Rücksicht auf die gegebenen Friktionen und die Steady-state-Bedingung (5.3) maximieren. Die Steady-state-Bedingung (5.3) stellt dabei die Menge aller zulässigen (u,θ)-Kombinationen dar, die sich mit der herrschenden Matching-Technologie realisieren lassen. Diejenige zulässige (u,θ)-Kombination heißt beschränkt effizient, die den sozialen Nutzen Ω, der am Matching beteiligten Jobsucher und Firmen, maximiert, wobei

(5.14) $$\Omega=(1-u)y+ub-u\theta ky\,.$$

Ω ist gleich dem Output der $(1-u)L$ Erwerbstätigen plus dem Freizeitnutzen der uL erwerbslosen Jobsucher abzüglich den Suchkosten der offerierten Stellen, von denen es vL gibt. Da $\theta=v/u$, lässt sich die Zahl der offerierten Vakanzen auch durch $u\theta L=vL$ ausdrücken. Da die Anzahl L der EP exogen ist, ist es zulässig, anstelle der aggregierten Wohlfahrt die Pro-Kopf-Wohlfahrt (5.14) zu maximieren. Wir interpretieren b im Folgenden als Freizeitnutzen bzw. als die Opportunitätskosten der Arbeit.

Zur Lösung des Maximierungsproblems setzt man die Nebenbedingung (5.3) in die Zielfunktion (5.14) ein, womit sich der soziale Nutzen als Funktion der Anspannung ergibt

(5.15) $$\Omega(\theta)=y-\frac{\lambda(y+\theta ky-b)}{\lambda+\theta q(\theta)}\,.$$

Ein Anspannungswert, der die soziale Wohlfahrt (5.15) maximiert, erfüllt die notwendige Bedingung

(5.16) $$\frac{d\Omega}{d\theta}=\frac{\lambda}{[\lambda+\theta q(\theta)]^2}\{[q(\theta)+\theta q'(\theta)](y+\theta ky-b)-[\lambda+\theta q(\theta)]ky\}=0\,.$$

Mit der Elastizität der Stellenbesetzungswahrscheinlichkeit $\eta(\theta)$ lässt sich die Bedingung erster Ordnung (5.16) folgendermaßen schreiben

(5.17) $$[1-\eta(\theta)](y-b)-\frac{[\lambda+\eta(\theta)\theta q(\theta)]ky}{q(\theta)}=0\,.$$

Die Beziehung (5.17) ist die Allokationsregel, die bei kooperativer Nutzenmaximierung zusammen mit der Matching-Funktion (5.2) die sozial effiziente Arbeitslosenquote festlegt. Vergleicht man die kooperative Allokationsregel (5.17) mit der Regel des dezentralen Marktgleichgewichts (5.13), sieht man, dass die dezentrale Allokation genau dann sozial effizient ist, wenn die Verhandlungsstärke der Arbeitnehmer die folgende Bedingung erfüllt

$$\beta = \eta(\theta) \,. \tag{5.18}$$

Wirft man einen Blick zurück auf die Tab. 5.4, in der die komparativ-statischen Wirkungen der Verhandlungsstärke zu sehen sind, zeigt Zeile (4), Spalte (4), dass bei einem Anstieg der Verhandlungsstärke der Arbeitnehmer die Arbeitslosenquote wächst. Ist daher im Suchgleichgewicht $\beta > \eta(\theta)$, so ist die natürliche Arbeitslosigkeit, gemessen an der sozial effizienten, zu hoch und umgekehrt, wenn $\beta < \eta(\theta)$, dann wird infolge der schwachen Verhandlungsposition der Arbeitnehmer ein relativ niedriger Lohn ausgehandelt, die Zahl der Vakanzen ist zu groß, die Arbeitsmarktanspannung ist, gemessen an der sozial effizienten, zu hoch, und die gleichgewichtige Arbeitslosenquote ist zu gering.

Es gibt verschiedene Wege, die Effizienzbedingung (5.18) zu interpretieren. Vor allem kann man fragen, was die Matchpartner zu tun hätten, um so zu verhandeln, als hätte die Arbeitnehmerseite eine Verhandlungsstärke, die der Bedingung (5.18) genügt? Die Analyse des Garantieeinkommens (5.9) eines typischen Arbeitslosen, für das $rU = b + p(\theta)(W - U)$, wobei $r > 0$, liefert die Antwort. Substituiert man in der Gleichung des Garantieeinkommens mit Hilfe der Aufteilungsregel (5.11) den Kapitalgewinn oder Optionswert der Jobsuche $W - U$, so ergibt sich $rU = b + \beta\theta q(\theta)J/(1-\beta)$. Da der Marktwert einer besetzten Stelle den erwarteten Suchkosten entspricht, $J = ky/q(\theta)$, lässt sich für das Garantieeinkommen eines Arbeitslosen schreiben

$$rU = b + \frac{\beta}{1-\beta}\theta ky \,. \tag{5.19}$$

Das Garantieeinkommen besteht aus zwei Komponenten, dem Freizeitnutzen b und dem Optionswert der Suche $\beta\theta ky/(1-\beta)$. Der Optionswert der Suche hängt von der Arbeitsmarktanspannung des privaten Suchgleichgewichts ab, und diese ist eine Funktion der Verhandlungsstärke der Arbeitnehmer. Wie die Anspannung von der Verhandlungsstärke abhängt, wird implizit durch die private Allokationsregel (5.13) festgelegt, wobei nach Tab. 5.4, Zeile (4), Spalte (2) gilt: $\theta'(\beta) < 0$.

Nun zur Antwort auf die Frage, was die an der Lohnverhandlung Beteiligten tun müssten, um so zu verhandeln, dass die Bedingung (5.18) Gültigkeit erlangt und das private Suchmarktgleichgewicht sozial effizient ist. Um die Frage zu beantworten, nehmen wir an, dass die Matchpartner den Verteilungsparameter β kontrollieren, dann gilt: Wenn sich die Insider – das sind die Jobsucher, die ihrer Arbeitslosigkeit gerade entkommen sind, und die Stellenanbieter, die einen Bewerber gefunden haben, mit dem sie gerade über den Lohn verhandeln –, auf eine Verteilung der Matchrente einigen, die das Garantieeinkommen (5.19) des typischen Arbeitslosen maximiert, dann legen sie den Verteilungsparameter β gerade so fest, dass die Effizienzbedingung (5.18) gilt. Bei gegebenem Freizeitnutzen b ist die Maximierung des Einkommens rU mit Bezug auf den Verteilungsparameter β im Übrigen äquivalent mit der Maximierung des Optionswerts der Jobsuche.

Für den Verteilungsparameter β, der das Einkommen des repräsentativen Arbeitslosen (5.19) maximiert, gilt die Bedingung erster Ordnung $drU/d\beta = 0$. Genau dann, wenn diese Bedingung erfüllt ist, gilt (Anhang A3)

$$(\beta - \eta)(y - w) = 0 . \tag{5.20}$$

Wenn $y > w$, dann ist für den Verteilungsparameter β, der das Garantieeinkommen des typischen Arbeitslosen bzw. den Optionswert der Jobsuche maximiert, die Effizienzbedingung (5.18) erfüllt.

5.3 Lokale Schocks und Trennungsentscheidung

Was ist noch charakteristischer für den Konjunkturzyklus als die kumulativ wachsende Welle von Betriebsgründungen in Aufschwung und Boom und die Flut von Liquidationen in Abschwung und Rezession? Jeder kennt dieses Bild, das eines der ehernen Gesetze des Wirtschaftlebens darstellt. Im Gegensatz zu diesem Urbild des Konjunkturzyklus zeigen neuere empirische Untersuchungen der Arbeitsmarktdynamik, dass relativ unabhängig von der nationalen Arbeitsmarktverfassung in allen Ländern der OECD ein Großteil des Jobturnovers durch lokale, firmenspezifische Ursachen hervorgerufen wird. Nichtbeobachtbare job- oder firmenspezifische Ursachen dominieren, wie es scheint, die zyklischen oder makroökonomischen Schocks ebenso wie die von beobachtbaren Einflussfaktoren hervorgerufenen Reaktionen. Zu den makroökonomischen Schocks (aggregate shocks) zählt man Änderungen der Energiepreise, der Fiskal- und Geldpolitik, der Exportnachfrage oder Animal Spirits, die „Herdenverhalten“ auf den Gütermärkten und den Märkten für Finanzaktiva auslösen. Zu den beobachtbaren Faktoren, die Gründungen oder Schließungen beeinflussen, gehören z.B. das Alter, die Größe, die Branchenzugehörigkeit oder die Rechtsform einer Firma. Zu den – jedenfalls auf Basis der üblichen Datenquellen – nicht beobachtbaren job- oder firmenspezifischen Ursachen für den Jobturnover gehören z.B. die Fähigkeiten des Managements, die Firmenkultur, die Nutzungskosten der lokalen Infrastruktur, die Finanzierungskonditionen der Hausbank, die Verkehrs-, Siedlungs- und Industriepolitik der Kommune, das kommunale Steuerrecht oder die lokale Schulpolitik. Diese firmen- oder standortspezifischen Faktoren rufen in einer Welt mit Friktionen den Großteil des Job- und Laborturnovers hervor und nicht die Konjunktur. Hinzu kommen jobspezifische Faktoren wie die Gesundheit und Motivation des einzelnen Arbeitnehmers, die Zuverlässigkeit seines Arbeitsgeräts oder die lokale betriebliche Organisation.

Bartelsman et al. (2003) stellen an Hand von Untersuchungen für die erste Hälfte der neunziger Jahre des vorigen Jahrhunderts fest, dass der Firmenturnover (= Gründungen + Liquidationen) in einer Volkswirtschaft in Prozent der Gesamtzahl der Firmen 15 % bis 20 % ausmacht: Von hundert zufällig ausgewählten Firmen zählt jede fünfte entweder zu den Gründungen oder wird noch im laufenden Jahr liquidiert. Würden makroökonomische und zyklische Faktoren wie die Konjunktur, allgemeine Technologieschocks und Präferenzänderungen die Hauptrolle bei der Gründung und Liquidation von Firmen spielen, so sollten die beiden Stromgrößen negativ miteinander korreliert sein: Im Aufschwung und während des Booms sollte die Anzahl der Gründungen hoch sein und die der Liquidationen sollte gegen null gehen, die meisten Firmen sollten Gewinne erwirtschaften und Preise erzielen, die zumindest ihre variablen Kosten decken; umgekehrt während einer Rezession oder Stagnation, viele Betriebe sollten schließen und infolge der schlechten Konjunkturaussichten sowie der zu befürchtenden Verluste sollten keine Betriebe gegründet werden. Gründungen und Liquidationen, so die klassischen Theorien von den Wirkungen der Konjunktur, verlaufen in gegenläufigen Wellen, die beiden Zeitreihen sind negativ korreliert. Tatsächlich zeigt die Gründungsstatistik ein völlig anderes Bild, s. Abb. 5.8. Man findet auch auf der Ebene der Firmen und nicht nur der Jobs, dass Gründungen und Liquidationen nur schwach negativ oder sogar positiv korrelieren. Gründungen und Liquidationen erfolgen nicht in Wellen, sondern sind Teil eines Prozesses der „schöpferischen Zerstörung" (*Schumpeter* 1912), der in jeder Periode und weitgehend unabhängig von makroökonomischen Schocks eine große Zahl von Gründungen und ausscheidenden Firmen erzeugt.

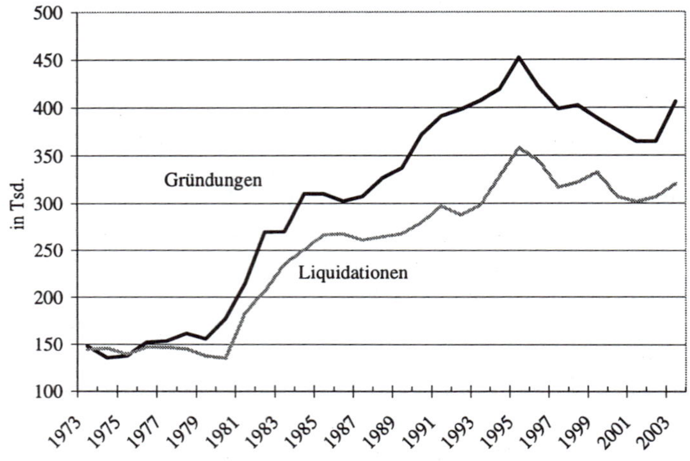

Quelle: Institut für Mittelstandsforschung

Abb. 5.8: Firmenturnover (West)

Wie lassen sich diese lokalen oder jobspezifischen Schocks, die für den Job- und Laborturnover von zentraler Bedeutung sind, in das Matching-Modell des Abschnitts 5.1 integrieren? Das Mortensen-Pissarides-Modell, das wir anschließend vorstellen, zeigt, wie sich dieses Ziel mit einem geringen zusätzlichen technischen Aufwand erreichen lässt. Ein einfacher exogener Zufallsprozess mit zwei Zuständen steuert den Joboutput bereits im Grundmodell. Dieser Zufallsprozess erhält im Mortensen-Pissarides-Modell mehr Spielraum, der Joboutput wird als Zufallsvariable mit einer großen Zahl von Ausprägungen modelliert, die zwischen Boom und Rezession schwanken (s. Rechenregeln). Wenn der Joboutput eine Zufallsvariable ist, die nicht nur vom installierten Kapitalstock und den Fähigkeiten der Arbeitskraft, sondern auch von exogenen lokalen Schocks abhängt, stellt sich die Frage nach der Untergrenze der Jobproduktivität, bei der die Matchpartner den Job nicht mehr fortsetzen wollen. Um diese Grenze zu bestimmen, erklären wir zunächst die Eigenschaften des Zufallsprozesses, der die Jobproduktivität treibt und führen danach die so genannte Reservationsproduktivität ein, bei der die Matchpartner sich entschließen, den Job zu zerstören.

Reservationsproduktivität und Rechtsordnung

Die Volkswirtschaft besteht wieder aus einer großen Zahl kleiner Firmen. Jede Firma verfügt über einen Job. Jobs sind entweder vakant oder besetzt. yx ist die Produktivität oder der Output eines Jobs, wobei $y > 0$ der Output bei voller Leistung und x ein jobspezifischer Produktivitätsschock mit der Verteilungsfunktion $G(x)$ ist (s. Rechenregeln). $G(x) = P(X \leq x)$ mit dem Definitionsbereich $0 \leq \alpha \leq x \leq 1$ ist die Wahrscheinlichkeit, dass der Schock X kleiner oder gleich x ist. Der Output des Jobs kann bis auf $y\alpha$ sinken, wenn $x = \alpha$, nimmt aber höchstens den Wert y an, wenn $x = 1$.

Der Einfachheit halber behandeln wir die Zeit nicht wie in Abschnitt 5.1 als diskrete sondern als stetige Variable, die in beliebig kleine Zeitintervalle $dt > 0$ unterteilbar ist. Die lokalen Schocks, die einen gegebenen Job treffen, werden von einem Poisson-Prozess mit den folgenden Eigenschaften erzeugt (s. Rechenregeln). Wie im Grundmodell ist $\lambda > 0$ die Ankunftsrate der Schocks. Nun ist die Eintrittswahrscheinlichkeit des Schockereignisses aber nicht allein von λ, sondern auch von der Länge des betrachteten Zeitintervalls abhängig. Dass der Zufallsprozess ein Poisson-Prozess mit der Ankunftsrate λ ist, impliziert, dass die Eintrittwahrscheinlichkeit in dem Zeitintervall $dt > 0$ gleich $\lambda dt < 1$ ist. Die Ankunftsrate können wir als Wahrscheinlichkeit pro Zeiteinheit oder als „Stromwahrscheinlichkeit" interpretieren, die beliebig groß, aber endlich ist, $0 < \lambda < \infty$. Die Schockwirkung ist persistent, denn zwischen zwei aufeinander folgenden Schocks vergeht im Durchschnitt die Zeit $1/\lambda > 0$. Aufeinander folgende Schocks sind unabhängig voneinander, der Prozess, der die Schocks erzeugt, hat, wie man sagt kein Gedächtnis. Die Schocks sind einerseits irreversibel, denn die Firma kann weder das Anforderungsprofil des Jobs nachträglich an die neuen Umstände anpassen, noch eine fallende Nachfrage durch absatzpolitische Maßnahmen kurzfristig auffangen. Doch die Firma ist frei, sich von dem Arbeiter zu trennen und die Stelle zu schließen (free disposal). Danach kann sie eine neue Vakanz gründen und ihr neues Produkt an die Präferenzen der Nachfrage oder an das neue Kapitalgut anpassen, mit dem sie den Job ausrüstet. Die Firma legt bei der Einrichtung des Jobs das Anforderungsprofil fest und kontrolliert bei der Gründung – aber nur bei der Gründung –, den Produktivitätsparameter $x \in [\alpha, 1]$, wobei sie naturgemäß für den neuen Job $x = 1$ wählt.

Nach jedem Schock entscheiden Firma und Arbeitnehmer, ob sie das Match fortsetzen oder den Job wegen seiner niedrigen Produktivität zerstören. Der Marktwert eines besetzten Jobs, $J(x)$, hängt nun von der jobspezifischen Produktivität x ab. Da die Firma die Produktion jederzeit stoppen und den Job durch eine Vakanz mit dem Marktwert V ersetzen kann, wird sie die Produktion nur so lange fortsetzen, wie $J(x) \geq V$. Freier Marktzutritt bewirkt jedoch, das im Gleichgewicht $V = 0$. Die Firma schließt daher den Job, sobald $J(x) < 0$; so lange $J(x) \geq 0$, setzt sie die Produktion fort. $J(x)$ ist, wie sich zeigen wird, eine monoton zunehmende Funktion der jobspezifischen Produktivität x. Hieraus folgt, dass der Marktwert des Jobs die so genannte Reservationseigenschaft hat und eine Reservationsproduktivität R existiert, für die

(5.21) $$J(R) = 0\,.$$

Der Definitionsbereich des Produktivitätsparameters x, $[\alpha, 1]$, lässt sich mithin in zwei Teilintervalle zerlegen: Wenn $x \in [\alpha, R)$, zerstört die Firma den Job, da $J(x) < 0$; ist dagegen $x \in [R,1]$, setzt sie die Produktion fort, da $J(x) \geq 0$ Die Firma entscheidet sich auch dann für die Fortsetzung, wie wir annehmen, wenn $x = R$ und daher $J(x) = 0$.

Die Rechtsordnung wirkt über eine Vielzahl von Kanälen (in-) direkt auf die Reservationsproduktivität *R*. Kündigungsschutz zum Beispiel senkt *R*, die Kündigungsfristen des BGB, die Vermittlungstätigkeit der Bundesagentur für Arbeit oder die Lohnersatzleistungen des Sozialgesetzbuchs (s. unten) erhöhen dagegen *R*, wie man sich durch entsprechende Modifikationen des Modells klar machen kann.

Arbeitslosenquote und Trennungsrate

Die linear homogene Matching-Funktion des Modells mit der Kontaktrate *m* als Funktion der Arbeitslosenrate und der Vakanzen lautet $m = m(u, v)$. $q(\theta)$ ist die von der Arbeitsmarktanspannung θ abhängige Stellenbesetzungsrate und $p(\theta) = \theta q(\theta)$ ist die Neueinstellungsrate. Beide Ankunftsraten sind beliebig große aber endliche Stromwahrscheinlichkeiten (s. Rechenregeln).

In jeder Periode wird der Teil λ der *e* besetzten Stellen von lokalen Schocks getroffen und die spezifische Jobproduktivität ändert sich. Bei dem Bruchteil $G(R)$ der λe Stellen, die eine Produktivitätsänderung erfahren, fällt die Produktivität irreversibel unter die Grenze *R*, der Marktwert dieser Jobs wird negativ und die Firmen geben die Jobs auf, mithin ist $\lambda G(R)$ die endogene Trennungsrate des Modells.

Der Zugang zum Arbeitslosenbestand ist gleich $\lambda G(R)e$ oder gleich $\lambda G(R)(1-u)$, da $e = 1 - u$. Von den *u* arbeitslosen Jobsuchern finden $p(\theta)u$ einen neuen Job, diese bilden den Abgang aus dem Arbeitslosenbestand. Im Steady state sind die Zugänge gleich den Abgängen, so dass $p(\theta)u = \lambda G(R)(1-u)$. Hieraus folgt die Steady-state-Rate der Arbeitslosigkeit mit

$$u(\theta, R) = \frac{\lambda G(R)}{\lambda G(R) + p(\theta)}. \tag{5.22}$$

(5.22) liefert die Beveridge-Kurve des Matching-Modells mit endogener Trennungsrate. Die Arbeitslosenrate des Steady state ist wie die Quote (5.3) durch zwei Faktoren bestimmt, durch die Trennungsrate $\lambda G(R)$, die aber nun endogen ist, und die Dauer der Arbeitslosigkeit $D(\theta) = 1/p(\theta)$. Die Arbeitslosenrate nimmt zu, wenn die Trennungsrate oder wenn die Dauer der Arbeitslosigkeit steigt. Die Suchdauer $D(\theta)$ wächst, wenn die Arbeitsmarktanspannung abnimmt. Die Trennungsrate nimmt monoton mit der Schockwahrscheinlichkeit λ zu und ist bei gegebener Verteilungsfunktion *G* von der Reservationsproduktivität *R* abhängig.

Die Anspannung θ und die Reservationsproduktivität *R* sind modellendogene Größen. Während jedoch θ aus dem Blickwinkel der individuellen Firma zu den nicht kontrollierbaren Makrovariablen gehört, zählt *R* zu ihren Kontrollvariablen. Gibt das Arbeitsrecht den Firmen z.B. den Anreiz, ihre Reservationsproduktivität zu senken, so fällt die Trennungswahrscheinlichkeit $\lambda G(R)$ und die Arbeitslosenrate (5.22) nimmt ab. Bei diesem Argument berücksichtigt man, dass *G* eine Verteilungsfunktion ist, die monoton in *R* wächst. Würden die Firmen $R = \alpha$ setzen, so wäre $\lambda G(\alpha) = 0$ und für die Steady-state-Rate der Arbeitslosigkeit erhielte man den klassischen Vollbeschäftigungsfall mit $u(\theta, \alpha) = 0$.

Jobs und Vakanzen

Arbeitsverträge $[w(x), R]$ haben zwei Komponenten, den Lohn $w(x)$ und die Reservationsproduktivität R. Der Lohn verteilt die Matchrente und hängt wie diese von der lokalen Produktivität x ab. Die Matchpartner verhandeln nicht über den Lohn, sondern über die Lohnfunktion $w:[R,1] \to \Re$, indem sie jeder möglichen Produktivität x aus dem Intervall $[R,1]$ den Lohn $w(x)$ zuordnen, den der Arbeiter unter den Umständen x erhält. Der Lohn $w(x)$ ist eine reelle Zahl und daher Element der Menge der reellen Zahlen $\Re$.

Bei der Produktivität $x \in [\alpha,1]$ hat die besetzte Stelle den Wert $J(x)$. Für $J(x)$ gilt mit Rücksicht auf den Lohn $w(x)$ im Steady state

$$rJ(x) = yx - w(x) + \lambda \int_R^1 [J(z) - J(x)]dG(z) + \lambda G(R)[V - J(x)],$$

dabei sind $rJ(x)$ die Opportunitätskosten eines Investors, der sein Kapital in dem Job bindet, V ist der Wert der Vakanz und $r > 0$ die Momentanverzinsung. Die rechte Seite der Arbitragegleichung besteht aus drei Komponenten. Die erste $yx - w(x)$ misst den laufenden Gewinn, den die Firma bei der aktuellen Jobproduktivität erzielt. Die anderen beiden Summanden messen den erwarteten Kapitalgewinn oder -verlust, wenn der Job von einem Schock getroffen wird. Schocks treffen mit der Rate $\lambda > 0$ ein. Wird der Job von einem Produktivitätsschock getroffen und ist z die neue Produktivität, so ist entweder $z \in [\alpha, R)$ oder $z \in [R,1]$. Der erste Fall tritt mit der Wahrscheinlichkeit $\lambda G(R)$ ein, die Firma liquidiert den Job und erleidet den Kapitalverlust $V - J(x)$. Der zweite Fall tritt mit der Wahrscheinlichkeitsrate $\lambda dG(z)$ ein, die Firma setzt die Produktion fort und erzielt einen Kapitalgewinn oder -verlust in Höhe von $J(z) - J(x)$. Der bedingte Erwartungswert der Kapitalgewinne und -verluste im zweiten dem Fortsetzungsfall ist durch das Integral gegeben. Das Integral „summiert" die mit ihren Eintrittswahrscheinlichkeiten gewichteten Kapitalwertänderungen für alle $z \in [R,1]$. Berücksichtigt man, dass bei freiem Marktzutritt der Zustrom von Vakanzen erst dann stoppt, wenn $V = 0$, und dass $\lambda \int_R^1 - J(x)dG(z) = -\lambda J(x)[1 - G(R)]$ so erhält man aus der obigen Beziehung die folgende Assetgleichung für den Steady-state-Wert eines besetzten Jobs

$$rJ(x) = yx - w(x) + \lambda \int_R^1 J(z)dG(z) - \lambda J(x). \tag{5.23}$$

Die Opportunitätskosten einer offerierten Vakanz belaufen sich auf rV. Um die Vakanz zu besetzen, entstehen Such- und Rekrutierungskosten in Höhe von ky. Bei einem erfolgreichen Match erzielt die Firma den Kapitalgewinn $J(1) - V$, denn bei der Gründung kann sie das Jobprofil frei wählen und legt das Profil so fest, dass $x = 1$. $q(\theta)$ ist die Ankunftsrate der Jobsucher bei der Vakanz, so dass im Steady state gilt

$$rV = -ky + q(\theta)[J(1) - V]. \tag{5.24}$$

Berücksichtigt man, dass im Gleichgewicht bei freiem Zutritt $V = 0$, so erhält man aus (5.24) die mit Gleichung (5.6) übereinstimmende Null-Gewinn-Bedingung

$$J(1) = ky / q(\theta) . \tag{5.25}$$

Wie (5.25) zeigt, stoppt der Zustrom von Vakanzen genau dann, wenn der Wert einer neu gegründeten Stelle auf die erwarteten Such- und Rekrutierungskosten gesunken ist.

Jobsucher und Beschäftigte

Jobsucher haben den Wert U. Für U gilt im Steady state die Assetgleichung

$$rU = b + p(\theta)[W(1) - U] , \tag{5.26}$$

dabei ist b der Lohnersatz, $p(\theta)$ ist die Übergangsrate in die Beschäftigung bzw. die Ankunftsrate der Vakanzen bei den Jobsuchern und $W(1) - U$ ist der Kapitalgewinn, den der Jobsucher erzielt, wenn er in die Beschäftigung und auf eine neu eingerichtete Stelle mit der jobspezifischen Produktivität $x = 1$ wechselt.

Mit der jobspezifischen Produktivität x ist der Wert eines Arbeiters $W(x)$, und im Steady state gilt für $W(x)$

$$rW(x) = w(x) + \lambda \int_R^1 [W(z) - W(x)] dG(z) + \lambda G(R)[U - W(x)] .$$

Die Assetgleichung lässt sich ähnlich interpretieren wie die Gleichung der besetzten Jobs. Schocks treffen mit der Rate $\lambda > 0$ ein und für die neue Produktivität gilt entweder $z \in [\alpha, R)$ oder $z \in [R,1]$. Der erste Fall tritt mit der Wahrscheinlichkeit $\lambda G(R)$ ein, die Firma schließt den Job, der Arbeiter wird arbeitslos und erleidet einen Verlust in Höhe von $U - W(x)$. Der zweite Fall tritt mit der Wahrscheinlichkeit $\lambda dG(z)$ ein, die Firma setzt die Produktion fort und der Arbeiter erzielt einen Kapitalgewinn oder -verlust in Höhe von $W(z) - W(x)$. Der Erwartungswert der Gewinne und Verluste im Fortsetzungsfall ist durch das Integral gegeben. Berücksichtigt man $\lambda \int_R^1 - W(x) dG(z) = -\lambda W(x)[1 - G(R)]$, so erhält man die Assetgleichung für den Steady-state-Wert eines beschäftigten Arbeiters

$$rW(x) = w(x) + \lambda \int_R^1 W(z) dG(z) + \lambda G(R) U - \lambda W(x) . \tag{5.27}$$

Wie die Firma, so kann auch der Arbeiter den Job sofort kündigen (free disposal), wenn er bei einer Fortsetzung des Match verglichen mit seiner Suchoption, die den Wert U hat, mit einem Verlust rechnen muss. Die Fortsetzung des Jobs kommt daher für den Arbeiter nur infrage, wenn $W(x) \geq U$. Folglich hat auch der Arbeiter eine Reservationsproduktivität, bei der er die Jobsuche bevorzugt und den alten Job kündigt. Wie sich noch zeigen wird, nimmt $W(x)$ monoton mit der Produktivität x zu und die Matchpartner bevorzugen die gleiche Reservationsproduktivität R, die Entscheidung, den Job zu zerstören, fällt einvernehmlich. Diese Präferenz des Arbeiters für die gleiche Reservationsproduktivität ist in der Assetgleichung (5.27) schon berücksichtigt.

Lohnverhandlung und Rechtsordnung

Die Matchrente $S(x)$, die Firma und Arbeiter mit dem Lohn untereinander aufteilen, ist von der jobspezifischen Produktivität abhängig und es gilt mit Rücksicht auf $V = 0$, dass $S(x) = J(x) + W(x) - U$. Der Arbeiter erhält von der Rente den Teil $W(x) - U = \beta S(x)$ und die Firma erhält $J(x) = (1-\beta)S(x)$, so dass

(5.28) $$W(x) - U = \frac{\beta}{1-\beta} J(x).$$

Aus der Nashlösung (5.28) folgt, dass die Zerstörung des Jobs einvernehmlich erfolgt, denn beide Rentenanteile haben stets dasselbe Vorzeichen: genau dann, wenn $J(x) \geq 0$, ist auch $W(x) - U \geq 0$.

Auf welchen Annahmen beruht das Resultat der „einvernehmlichen Trennung"? Erstens auf der Annahme der vollständigen Spezialisierung von Suche und Produktion. Während der Produktion kann weder der Arbeiter noch die Firma zugunsten einer besseren Alternative kündigen, denn die erforderlichen Suchaktivitäten sind während der Produktion technisch oder rechtlich unzulässig. Zweitens auf der Annahme, dass der Nutzen, den die Akteure aus dem Job ziehen, transferierbar ist und sich mit dem Lohn auf Firma und Arbeiter aufteilen lässt. Die Transferierbarkeit des Nutzens hängt einerseits von den Präferenzen der Akteure und andererseits von der Rechtsordnung ab. In einem deutschen öffentlich-rechtlichen Dienstverhältnis zum Beispiel ist der Lohn exogen und die Renten, die die Matchpartner erzielen, sind nicht transferierbar.

Aus den Assetgleichungen (5.23) und (5.27) sowie aus der Aufteilungsregel (5.28) erhält man den Verhandlungslohn mit (Anhang A4)

(5.29) $$w(x) = rU + \beta(yx - rU).$$

Der Lohn (5.29) ist gleich der Summe aus dem Einkommen eines Jobsuchers, rU, und dem Anteil β an der Rente $yx - rU$. Setzt man (5.29) in die Assetgleichungen (5.23) und (5.27) ein, sieht man, dass $J(x)$ und $W(x)$ tatsächlich monoton mit der Produktivität x zunehmende Funktionen sind.

Das Einkommen eines Jobsuchers rU ergibt sich aus (5.26) mit der Verteilungsregel (5.28) und der Null-Gewinn-Bedingung (5.25) zu

(5.30) $$rU = b + \frac{\beta}{1-\beta} \theta k y.$$

Job-creation und Job-destruction

Im Anhang A5 berechnen wir den Marktwert eines besetzten Jobs, $J(x)$, für den man die folgende sehr einfache Beziehung erhält

(5.31) $$J(x) = (1-\beta)y\frac{x-R}{\lambda+r}\text{, für } R \le x \le 1 .$$

Wie (5.31) noch einmal zeigt, ist $J(x)$ eine monoton zunehmende Funktion der Produktivität x und erfüllt damit die sog. Reservationsbedingung.

Mit der Null-Gewinn-Bedingung (5.25) und der Assetgleichung (5.31) erhalten wir im nächsten Schritt die Job-creation-Bedingung (JC-Bedingung) des Modells

(5.32) $$J(1) = (1-\beta)y\frac{1-R}{\lambda+r} = \frac{ky}{q(\theta)} .$$

Die JC-Bedingung ist die erste Schlüsselgleichung für die Lösung nach den beiden endogenen Variablen R und θ. Die JC-Bedingung gibt die Menge der (R,θ) -Kombinationen an, für die der Marktwert einer Gründung gerade gleich den erwarteten Suchkosten ist und der Zustrom neuer Vakanzen stoppt. Die JC-Kurve hat eine negative Steigung in der (R,θ) -Ebene, s. Abb. 5.9. Denn mit der Anspannung steigen die erwarteten Suchkosten, es lohnt sich für die Firmen, die Lebensdauer ihrer Jobs zu verlängern, die Reservationsproduktivität nimmt daher solange ab, bis der Marktwert eines besetzten Jobs wieder die Höhe der Suchkosten erreicht. Ein Anstieg der Suchkosten k, der Schockfrequenz λ, der Momentanverzinsung r oder der Verhandlungsstärke der Arbeiter β dreht die JC-Kurve in ihrem Schnittpunkt mit der R-Achse im Uhrzeigersinn.

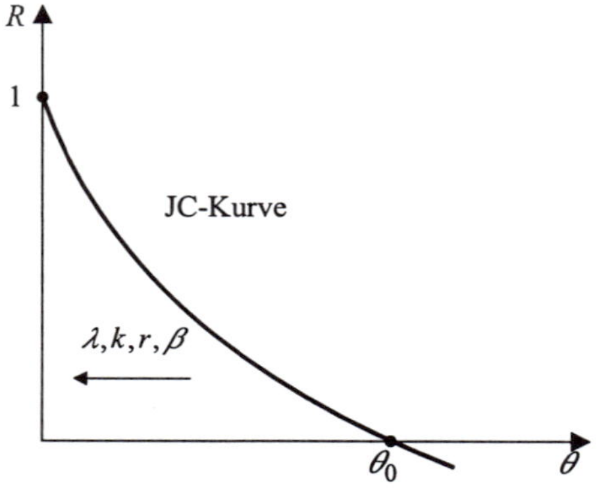

Abb. 5.9: JC-Kurve

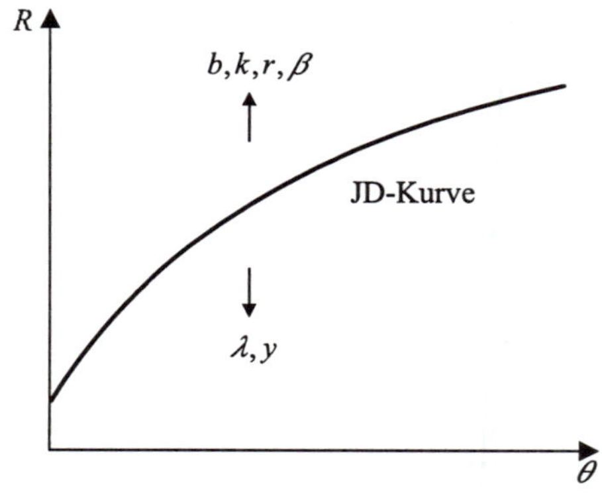

Abb. 5.10: JD-Kurve

Die zweite Schlüsselgleichung des Modells ist die Job-destruction-Bedingung (JD-Bedingung). Die JD-Bedingung erhält man für $x = R$ aus der Assetgleichung (5.23), wobei man berücksichtigt, dass $J(R) = 0$. Ersetzt man den Lohn $w(R)$ mit Hilfe der Lohngleichung (5.29) und formt um, so folgt

$$yR + \frac{\lambda}{1-\beta}\int_R^1 J(z)dG(z) = rU .$$

Ersetzt man in dieser Gleichung $J(z)$ mit Hilfe von (5.31), so erhält man schließlich die Job-destruction-Bedingung

(5.33) $$yR + \frac{\lambda}{\lambda + r} y \int_R^1 (z - R) dG(z) = rU \ .$$

Die Reservationsproduktivität in yR ist der Schwellenwert für die Matchproduktivität, bei der die Akteure den Job zerstören und sich trennen. Nach einer Trennung ist die Stelle vakant, und der Eigentümer verdient das Reservationseinkommen rV, der Jobsucher ist arbeitslos und erhält das Reservationseinkommen rU. Damit sind die Opportunitätskosten der Fortsetzung des Match gleich rU, denn wegen des freien Zutritts ist $rV = 0$. Bei friktionslosem Markt und unendlicher Anpassungsgeschwindigkeit würde der Job in dem Moment zerstört, in dem der Umsatz yx unter die Opportunitätskosten fällt, die Reservationsproduktivität bei friktionslosem Markt, R_f, ist daher durch $yR_f = rU$ bestimmt. Auf einem Markt mit Suchfriktionen und endlicher Anpassungsgeschwindigkeit, hat der Wert der Fortsetzung, also die linke Seite von (5.33), zwei Komponenten, erstens den Umsatz yR, den die Firma an der Grenze erzielt, und zweitens den Wert der Option, die Produktion ohne Verzögerung fortsetzen zu können, sobald ein positiver Schock die Jobproduktivität erhöht. Warum hat diese Option einen Wert, der ja bedingt, dass $R < R_f$ bzw. dass $yR < rU$?

Bei jeder Matchproduktivität besteht die Chance, dass die Produktivität in der kommenden Periode steigt und das Match eine höhere Rente erwirtschaftet. Könnte die Firma auf positive Schocks ohne Verzögerung reagieren und wie im neoklassischen Basismodell sofort einen neuen Arbeiter einstellen, würde sie den Job liquidieren, sobald der Umsatz unter die Opportunitätskosten der Fortsetzung fällt, $yx < rU$. Die Suchfriktionen bewirken jedoch, dass die Firma mit positiver Wahrscheinlichkeit gerade im Moment eines vorteilhaften Produktivitätsschocks keinen Arbeitnehmer findet und es lohnt sich daher für sie, die verfügbare Arbeitskraft zu horten. Verbessert sich die Absatzlage, so kann sie sofort die Produktion hochfahren, da auf dem firmeninternen Arbeitsmarkt weder Such- noch Rekrutierungskosten entstehen. Löst die Firma demgegenüber den Job auf, muss sie auf dem externen Arbeitsmarkt Suchkosten aufwenden und während der Suchdauer auf den Umsatz verzichten, den der besetzte Job erwirtschaftet hätte.

Der Wert der Fortsetzungsoption nimmt zu, wenn die Schockfrequenz λ steigt oder der Zins r sinkt und ist im Übrigen mit der Reservationsproduktivität R negativ korreliert. Trotzdem ist die Ableitung der linken Seite von (5.33) nach R streng positiv, da der Umsatzzuwachs an der Grenze größer ist als der Wertverlust der Option. Die rechte Seite von (5.33), die unabhängig von R ist, wie (5.30) verdeutlicht, nimmt zu, wenn die Anspannung θ steigt. Der Graph von (5.33), die JD-Kurve, hat folglich eine positive Steigung in der (R, θ)-Ebene, s. Abb. 5.10. Ein Anstieg von r, β, k oder b verschiebt die JD-Kurve nach oben und ein Anstieg von λ oder y verschiebt die Kurve nach unten.

Gleichgewicht und komparative Statik

Die Abb. 5.11 zeigt die JC-Kurve, die JD-Kurve sowie eine Schar von Isoklinen zur Funktion der Steady-state-Arbeitslosenquote (5.22). Die Isokline u_1 verbindet zum Beispiel alle (R, θ)-Kombinationen, bei denen die Steady-state-Arbeitslosenquote $u(\theta, R)$ den Wert u_1 hat, so dass $u_1 = u(\vartheta, R)$. Die Isoklinen nehmen streng monoton zu, höhere Reservationsproduktivitäten und niedrigere Anspannungen sind mit höheren Arbeitslosenraten verbunden. Im Schnittpunkt von JC- und JD-Kurve sind die Reservationsproduktivität R^* und die Anspannung θ^* des Arbeitsmarktgleichgewichts bestimmt. Die gleichgewichtige Arbeitslosenquote des Steady state, $u^* = u(\theta^*, R^*)$, befindet sich auf der Isokline u_3.

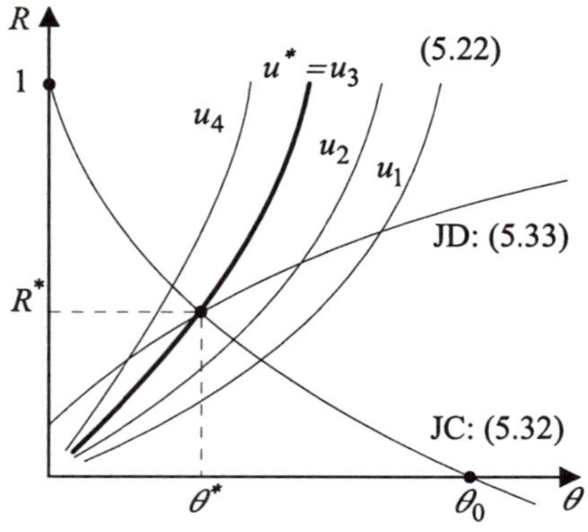

Abb. 5.11: Suchmarktgleichgewicht (5.11)

Schocks, die den Arbeitsmarkt treffen, rufen zwar in den meisten Fällen eindeutige Reaktionen der Reservationsproduktivität R^* und der Arbeitsmarktanspannung θ^* hervor, wie die komparativ-statische Analyse der beiden Gleichgewichtsbedingungen (5.32) und (5.33) zeigt, doch mit Bezug auf u^* sind die Schockwirkungen in der Regel ambivalent.

Tab. 5.5: Komparativ-statische Eigenschaften des Gleichgewichts

Ursache:		Wirkung:				
		(1) R^*	(2) θ^*	(3) $\lambda G(R^*)$	(4) $D^* = 1/p^*$	(5) u^*
(1)	λ	–	–	? (+)	+	? (+)
(2)	y	–	+	–	–	–
(3)	β	sign [$\eta(\theta) - \beta$]	–	sign [$\eta(\theta) - \beta$]	+	? (+)
(4)	b	+	–	+	+	+

Nimmt die Schockfrequenz λ zu, so sinkt R^*, denn sowohl die JC- als auch die JD-Kurve werden nach unten verschoben; dass auch die Arbeitsmarktanspannung fällt, wird im Anhang A6 gezeigt. Die Dauer der Jobsuche D^* nimmt daher zu, wenn λ steigt. Ob die Trennungsrate $\lambda G(R^*)$ steigt oder fällt, lässt sich nicht ohne weitere Annahmen entscheiden, da die Firmen ihre Reservationsproduktivität infolge der höheren Schockfrequenz senken. Folglich ist auch die Wirkung, die eine Änderung von λ auf die Arbeitslosenrate hat, nicht eindeutig. Folgt man der Intuition und nimmt an, dass die Trennungsrate mit der Schockfrequenz steigt, so nimmt die Arbeitslosenrate mit der Schockfrequenz λ zu.

Dass mit wachsender Verhandlungsstärke der Arbeitnehmer das Angebot an Vakanzen sinkt und die Arbeitsmarktanspannung abnimmt, zeigen die Abb. 5.9 und 5.10 eindeutig, denn ein Anstieg von β dreht die JC-Kurve nach innen und verschiebt die JD-

Kurve nach oben. Wie jedoch die Reservationsproduktivität auf eine höhere Verhandlungsstärke der Arbeiter reagiert, ist nicht eindeutig, und hängt von dem Vorzeichen der Differenz $\eta(\theta)-\beta$ ab (Anhang A6), dabei ist $\eta(\theta)$ der Absolutbetrag der Elastizität der Stellenbesetzungsrate $q(\theta)$ mit Bezug auf θ. Ist die Verhandlungsstärke geringer als die Elastizität der Stellenbesetzungsrate, $\eta(\theta)-\beta>0$, dann nimmt die Trennungsrate zu, wenn β steigt, und die Arbeitslosigkeit wächst. Bei $\eta(\theta)-\beta=0$ erreicht die Reservationsproduktivität mit Bezug auf β ein Maximum und die erwartete Lebensdauer der Jobs ist minimal. Wenn $\eta(\theta)-\beta<0$, bewirkt eine Zunahme von β einerseits eine Verlängerung der Suchdauer und andererseits eine Verringerung der Trennungsrate, der eine Effekt erhöht, der andere senkt die Arbeitslosenrate, welcher der beiden Effekte überwiegt, ist eine empirische Frage und hängt insbesondere von der Rechtsordnung speziell von den Regeln der Arbeitslosenversicherung ab.

Die Produktivität y wirkt, wie die Grafiken verdeutlichen, nur auf die JD-Kurve, wobei eine Zunahme von y die JD-Kurve nach unten verschiebt. Mit y nehmen die Opportunitätskosten einer Trennung zu und das Match reagiert mit einer Senkung der Reservationsproduktivität und der Trennungsrate – mithin ist R^* eine monoton fallende Funktion von y, $R^*=R(y)$, für die $R'(y)<0$; außerdem fällt die Suchdauer, wenn y steigt, da für $\theta^*=\theta(y)$, wie die Abbildungen zeigen, $\theta'(y)>0$. Aus $R'(y)<0$ und $\theta'(y)>0$ folgt, dass die Arbeitslosenrate sinkt, wenn y steigt. Die geschilderten Abläufe hängen von der Annahme ab, dass die Lohnersatzleistung b konstant ist. Ändert sich der Lohnersatz stattdessen proportional zu y, dann ist das Suchgleichgewicht neutral mit Bezug auf Änderungen der Produktivität y. Um die Resultate $R'(y)<0$ und $\theta'(y)>0$ zu erhalten, ist allerdings die strenge Voraussetzung $b=\text{konst.}$ nicht notwendig. Es reicht hin, wenn der Abstand zwischen Produktivität und Lohnersatz, $y-b(y)$, eine monoton zunehmende Funktion von y ist, so dass Arbeiter mit einer höheren Fähigkeit oder mit einer besseren Ausbildung ein weniger elastisches Arbeitsangebot aufweisen (s. Kap. 1).

Zusammenfassung

Der Alltag der Modell-Akteure der neuen Arbeitsmarkttheorien besteht aus Suchen und Produzieren. Suchen ist wie Produzieren eine Aktivität, die Nutzen stiftet, aber auch Zeit und Ressourcen bindet. Suchen ist eine notwendige Voraussetzung, um einen (besseren) Job zu finden. Im neoklassischen Basismodell verlaufen die Anpassungsprozesse unendlich schnell, jede Vakanz ist im Moment der Offerte besetzt, jeder Arbeitslose findet sofort einen neuen (besseren) Job. Technologische und institutionelle Friktionen wie etwa Informationsunvollkommenheiten und das Kündigungsschutzgesetz senken die Anpassungsgeschwindigkeiten und erhöhen die Dauer der Suche. Matching-Modelle stellen diese Friktionen implizit in Gestalt einer Matching-Technologie dar, die in Anlehnung an das Konzept der (aggregierten) Produktionsfunktion konstruiert ist. Im Basis-Modell der Matching-Theorie hat die Matching-Funktion zwei Inputfaktoren, die Vakanzen und die Jobsucher, und konstante Skalenerträge. Das Matching wird als Kombination von Zufallsprozessen dargestellt, wobei die Matching-Technologie die Übergangswahrscheinlichkeiten zwischen den Zuständen der Jobsuche und der Beschäftigung, der Rekrutierung von Arbeitskräften und der Produktion erzeugt. Kommt ein Match zustande, bilden Jobsucher und Stellenanbieter ein bilaterales Monopol und verhandeln über die Aufteilung der Quasi-Rente, die sich infolge der Friktionen bildet. Der Lohn hat anders als auf dem neoklassischen Arbeitsmarkt keine Informations- und Koordinationsfunktionen, sondern ist ein Instrument zur Verteilung der Rente.

Wenn der Staat oder die Verbände auf einem zentral verwalteten Arbeitsmarkt Höhe und Dauer des Lohnersatz anordnen, auf den ein arbeitsloser Jobsucher Anspruch hat, steuern sie damit die Opportunitätskosten der Produktion. Da der Staat naturgemäß nicht in der Lage ist, mit den Instrumenten des Verwaltungsrechts neben dem Lohnersatz auch die Angemessenheit der Anpassungsreaktionen der Investoren und Jobsucher zu kontrollieren, nimmt mit steigendem Lohnersatz der Anreiz zu suchen ab, darüber hinaus nimmt der Verhandlungslohn zu und die Zahl der offerierten Vakanzen sinkt. Die Folgen sind steigende strukturelle Arbeitslosigkeit, zunehmende Dauer der Jobsuche und ein wachsender Anteil von Langzeitarbeitslosen.

Externalitäten sind nicht kompensierte Nebenfolgen zielgerichteten Handelns pekuniärer oder technologischer Art und spielen in der neuen Makro- und Arbeitsmarktökonomik als Nachfrage- oder Suchexternalitäten eine zentrale Rolle. Infolge der Suchexternalitäten ist das Gleichgewicht des Matching-Prozesses im Allgemeinen nicht effizient und die effiziente Allokation mit der sozial erwünschten Rate der Arbeitslosigkeit ist kein Gleichgewicht. Würden die Insider bei ihrer Verhandlung über die Aufteilung der Rente die Interessen der arbeitslosen Outsider berücksichtigen und die Aufteilungsregel so wählen oder würde der Staat z.B. mit dem Sozialgesetzbuch die Aufteilungsregel so anordnen, dass das Einkommen der Outsider maximiert wird, dann wäre das Suchgleichgewicht sozial effizient. Für diesen Schritt zurück hinter die eigenen Interessen haben die Insider jedoch weder Grund noch Anreiz, und der Staat vermag den Lohnersatz aber nicht das Anpassungsverhalten der Vakanzen und Jobsucher zu kontrollieren. Das Verhandlungsergebnis und die natürliche Rate der Arbeitslosigkeit sind daher nur zufällig sozial effizient.

Der Job- und Firmenturnover wird nur zu einem kleinen Teil von zyklischen Faktoren hervorgerufen. Der überwiegende Teil des Turnovers folgt stattdessen aus nichtbeobachtbaren lokalen und firmenspezifischen Ursachen. Der Nutzen eines Arbeitnehmers und der Marktwert seiner Stelle sind im Mortensen-Pissarides-Modell monoton zunehmende Funktionen des Matchoutputs und haben daher die Reservationseigenschaft. Es gibt eine eindeutige Reservationsproduktivität die das Intervall der möglichen Matchoutputs in zwei Teilintervalle trennt. In dem Teilintervall mit niedriger Produktivität ziehen es die Firmen vor, ihre Stelle zu vernichten und die Arbeitnehmer bevorzugen die Arbeitslosigkeit. Dass Firma und Arbeitnehmer im Mortensen-Pissarides-Modell sich einvernehmlich trennen (die gleiche Reservationsproduktivität bzw. die gleiche Stoppregel befolgen) hat mehrere Gründe. Ein Grund ist die Transferierbarkeit des Nutzens. Das Match legt mit Blick auf seine Opportunitätskosten einen Reservationsumsatz fest. Fällt der Umsatz infolge lokaler jobspezifischer Störungen unter diesen Schwellenwert, wird das Match zerstört, die Stelle wird vakant und der Arbeitnehmer arbeitslos. Die technologischen und institutionellen Friktionen, die den Arbeitsmarkt kennzeichnen, bewirken, dass der Reservationsumsatz niedriger ist als die Opportunitätskosten von Firma und Arbeitnehmer, d.h. die Option, auf einen lokalen Aufschwung zu warten, hat einen positiven Wert. Die Firmen sind daher bereit, in schlechten Zeiten Arbeitskräfte zu horten und die Arbeitnehmer akzeptieren Löhne, die niedriger sind als das Einkommen, auf das sie als arbeitslose Jobsucher Anspruch hätten.

Anhang

A1 Nashlösung

Die Nashlösung beschreibt das Gleichgewicht eines Verhandlungsspiels, das eine Reihe von Eigenschaften hat, die man nach dem amerikanischen Mathematiker und Spieltheoretiker Nash als Nash-Axiome bezeichnet. Die Nashlösung (5.11) erhält man durch Maximierung des Nashprodukts

$$NP(w) = (W(w) - U)^{\beta}(J(w) - V)^{1-\beta}$$

unter den Nebenbedingungen

$$W(w) \geq U \qquad J(w) \geq V.$$

Das Tupel (U,V) heißt der Drohpunkt oder Status-quo-Punkt des Verhandlungsspiels. Für das Nashprodukt lässt sich auch kurz $NP(w) = \Delta W(w)^{\beta} \Delta J(w)^{1-\beta}$ schreiben, wobei $\Delta W(w) = W(w) - U$ und $\Delta J(w) = J(w) - V$. Ein Verhandlungslohn, der das Nashprodukt maximiert, erfüllt mit Rücksicht auf (5.6) und (5.10) die Bedingung erster Ordnung

$$NP' \equiv \Delta W^{\beta-1} \Delta J^{-\beta}[\beta \Delta J - (1-\beta)\Delta W]/(\lambda + r) = 0,$$

aus der nach Umformung und mit $V = 0$ die Aufteilungsregel (5.11) folgt.

A2 Lohngleichung

Setzt man in (5.11) die Beziehungen (5.6) und (5.10) ein, so ergibt sich: $w - rU = \beta(y-w)/(1-\beta)$. Ersetzt man hierin rU mit (5.9), folgt: $w - b - p(\theta)(W - U) = \beta(y-w)/(1-\beta)$. In dieser Gleichung substituiert man den Vermögensgewinn des Bewerbers mit (5.11), nutzt anschließend wieder (5.6) und erhält die Beziehung $(1-\beta)(w-b) - \beta k p(\theta)/q(\theta) = \beta(y-w)$. Bedenkt man, dass für die Anspannung des Arbeitsmarktes $\theta = p/q$ gilt, und formt die letzte Gleichung dementsprechend um, folgt die Lohngleichung (5.12).

A3 Effiziente Aufteilung der Matchrente

Umformen der dezentralen Allokationsregel (5.13) ergibt

$$H \equiv (1-\beta)(y-b)q(\theta) - [\lambda + \beta\theta q(\theta)]ky = 0.$$

Bildet man die partiellen Ableitungen von H nach β und θ

$$H_\beta = -q(\theta)(y-b+\theta ky)$$
$$H_\theta = -[(1-\beta)(y-b)\eta(\theta)+\beta\theta ky[1-\eta(\theta)]]q(\theta)/\theta$$

und setzt diese in das totale Differenzial der Allokationsregel $dH = H_\beta d\beta + H_\theta d\theta = 0$ ein (s. Rechenregeln), aus dem $d\theta / d\beta = -H_\beta / H_\theta$ folgt, dann erhält man

$$\frac{d\theta}{d\beta} = -\frac{\theta(y-b+\theta ky)}{(1-\beta)(y-b)\eta(\theta)+[1-\eta(\theta)]\beta\theta ky},$$

womit sich die folgende Beziehung ergibt

(A1) $$-\frac{d\theta}{d\beta}\frac{\beta}{\theta} = \frac{\beta(y-b+\theta ky)}{(1-\beta)(y-b)\eta(\theta)+[1-\eta(\theta)]\beta\theta ky}.$$

Durch Ableiten von (5.19) ermittelt man, dass $drU / d\beta = 0$ genau dann gilt, wenn

(A2) $$-\frac{d\theta}{d\beta}\frac{\beta}{\theta} = \frac{1}{1-\beta}.$$

Ersetzt man die linke Seite von (A2) mit (A1), so folgt mit Rücksicht auf die Gleichung $y-w=(1-\beta)(y-b)-\beta\theta ky$, die man mit (5.12) erhält, nach einigen Umformungen die notwendige Bedingung (5.20): $(\beta-\eta)(y-w)=0$.

A4 Verhandlungslohn bei endogener Trennungsentscheidung

Aus der Aufteilungsregel (5.28) folgt

(A3) $$(1-\beta)W(x)-\beta J(x) = (1-\beta)U.$$

Setzt man in (A3) die Gleichungen (5.23) und (5.27) ein, so ergibt sich: $w(x) = \beta yx + (1-\beta)(\lambda+r)U - (1-\beta)\lambda G(R)U - \lambda\int_R^1[(1-\beta)W(z)-\beta J(z)]dG(z)$. Nun ersetzt man das Integral mit Hilfe von (A3): $\int_R^1[(1-\beta)W(z)-\beta J(z)]dG(z) = (1-\beta)U\int_R^1 dG(z) = (1-\beta)U[1-G(R)]$, formt um und erhält die Lohngleichung (5.29).

A5 Wert eines besetzten Jobs

Löst man (5.23) nach $J(x)$ auf, schreibt anschließend die resultierende Gleichung zwei Mal an, setzt in der zweiten $x=R$, berücksichtigt (5.21) und bildet dann die Differenz der beiden Gleichungen, so erhält man: $J(x) = [yx - w(x) - yR + w(R)]/(\lambda + r)$. Aus der Lohngleichung (5.29) und der Einkommensgleichung (5.30) folgt: $w(x) = b + \beta(yx-b) + \beta\theta ky$. Ersetzt man hiermit die Löhne $w(x)$ und $w(R)$ in der obigen Gleichung für $J(x)$, so folgt die Gleichung (5.31).

A6 Komparative Statik des Matching-Modells mit endogener Trennungsrate

Die JC- und die JD-Bedingung können wir als implizite Funktionen notieren

(A4) $$JC \equiv (1-\beta)\frac{1-R}{\lambda+r} - \frac{k}{q(\theta)} = 0$$

(A5) $$JD \equiv R + \frac{\lambda}{\lambda+r}\int_R^1 (z-R)dG(z) - \frac{b}{y} - \frac{\beta}{1-\beta}\theta k = 0 .$$

Die partiellen Ableitungen der beiden Bedingungen nach den endogenen Variablen (θ, R) und den exogenen Parametern (λ, β, b, y) ergeben

$$JC_\theta = \frac{k}{q(\theta)^2}q'(\theta) < 0 \qquad JD_\theta = -\frac{\beta k}{1-\beta} < 0$$

$$JC_R = -\frac{1-\beta}{\lambda+r} < 0 \qquad JD_R = 1 - \frac{\lambda}{\lambda+r}(1-G(R)) > 0$$

$$JC_\lambda = -\frac{(1-\beta)(1-R)}{(\lambda+r)^2} < 0 \qquad JD_\lambda = \frac{r}{(\lambda+r)^2}\int_R^1 (z-R)dG(z) > 0$$

$$JC_\beta = -\frac{1-R}{\lambda+r} < 0 \qquad JD_\beta = -\frac{\theta k}{(1-\beta)^2} < 0$$

$$JC_b = 0 \qquad JD_b = -\frac{1}{y} < 0$$

$$JC_y = 0 \qquad JD_y = \frac{b}{y^2} > 0 .$$

Mit den partiellen Ableitungen können wir die totalen Differenziale der Gleichgewichtsbedingungen (A4) und (A5) in Form der Matrixgleichung schreiben

(A6) $$\begin{pmatrix} JC_\theta & JC_R \\ JD_\theta & JD_R \end{pmatrix}\begin{pmatrix} d\theta \\ dR \end{pmatrix} = -\begin{pmatrix} JC_\lambda & JC_\beta & JC_b & JC_y \\ JD_\lambda & JD_\beta & JD_b & JD_y \end{pmatrix}\begin{pmatrix} d\lambda \\ d\beta \\ db \\ dy \end{pmatrix} .$$

Mit Hilfe des Gleichungssystems (A6) und der Cramerschen Regel berechnet man nun die Ableitungen der endogenen Variablen nach den beiden Parametern. Hierzu benötigt man die Jacobi-Determinante von (A6)

$$D = JC_\theta JD_R - JC_R JD_\theta = k\left[\frac{q'}{q^2}\left[1-\frac{\lambda}{\lambda+r}(1-G(R))\right] - \frac{\beta}{\lambda+r}\right] < 0 .$$

Mit der Cramerschen Regel erhält man aus (A6), wenn $d\beta = db = dy = 0$, dass

$$\frac{d\theta}{d\lambda} = \frac{D_{\theta\lambda}}{D} < 0$$

und mit $d\lambda = db = dy = 0$ gilt

$$\frac{dR}{d\beta} = \frac{D_{R\beta}}{D} \underset{>}{\leq} 0 \qquad \Leftrightarrow \qquad \beta \underset{<}{\geq} \eta(\theta) .$$

Für die Zählerdeterminanten in den beiden obigen Gleichungen gilt

$$\begin{aligned} D_{\theta\lambda} &= -JC_{\lambda}JD_{R} + JC_{R}JD_{\lambda} \\ &= \frac{(1-\beta)(1-R)}{(\lambda+r)^2}\left[1 - \frac{r}{\lambda+r}\int_R^1 \frac{z-R}{1-R}dG(z) - \frac{\lambda}{\lambda+r}(1-G(R))\right] > 0 \end{aligned}$$

$$D_{R\beta} = -JC_{\theta}JD_{\beta} + JC_{\beta}JD_{\theta} = \frac{k^2}{(1-\beta)^2 q(\theta)}\left[\beta - \eta(\theta)\right].$$

6 Lohnpolitik und nicht transferierbarer Nutzen

Arbeitsmärkte sind Suchmärkte mit technologischen oder institutionellen Friktionen wie Mobilitätskosten, Informationsasymmetrien oder Kündigungsschutzregeln. Friktionen dämpfen die Unter- und Überbietungskonkurrenz um Renten und Gewinne und verhindern deren Dissipation. Trotz eines (überabzählbaren) Kontinuums von Jobs mit einem im Verhältnis zum Gesamtmarkt verschwindenden Gewicht erzielt zum Beispiel jeder Job im Matching-Modell, Kapitel 5, im Schutz der Suchfriktionen eine Rente. Für das Arbeitsverhältnis ist der Lohn kein Datum wie bei friktionslosem Markt, sondern eine Größe, die die Matchpartner umgeben von einem Kontinuum von Konkurrenten dennoch kontrollieren. Wie verteilen die Akteure die Rente des Jobs? Matching-Modelle beschreiben die Verteilung als Verhandlungsspiel um den Lohn und das Gleichgewicht wie in Kapitel 5 mit der Lösung von Nash. Dem Konzept der Nashlösung fehlen indes jene anschaulichen Momente, die aus dem Blickwinkel des Alltags und des Arbeitsrechts an der betrieblichen Lohnpolitik so überaus typisch sind: Arbeitnehmer betreten mit dem Abschluss des Arbeitsvertrags einen fremden Herrschaftsbereich, so die Theorie des Arbeitsrechts, wo sie sich dem Direktionsrecht einer Geschäftsleitung unterwerfen, die Arbeitsbedingungen und Entgelt diktiert. Konfrontiert mit einem strukturell übermächtigen Gegner, gewährt das liberale Recht der Abschlussfreiheit dem Arbeitnehmer A nur die Wahl zwischen Annahme oder Ablehnung des Vertrags. Weist A das Vertragsangebot zurück, rekrutiert die Firma kurzerhand den nächsten Bewerber, während A in den Pool der Jobsucher zurücktreten muss.

Trotz Friktionen ist die Macht selbst der größten Firmen, sich gegen den Willen des Arbeitnehmers die Matchrente anzueignen, begrenzt, wie das folgende Lohnsetzungsspiel verdeutlicht. Abschnitt 6.1 führt zunächst in das Thema der Lohnsetzungsspiele ein. In einem Lohnsetzungsspiel kontrollieren die Firmen die Löhne und Arbeitsbedingungen und die Jobsucher den Anspruchs- oder Reservationslohn, zu dem sie bereit sind, Jobofferten zu akzeptieren. Abschnitt 6.2 behandelt anschließend die Suchtheorie des Reservationslohns. Mit Blick auf eine exogene Lohnverteilung und gegebene Neueinstellungsraten wählen die Jobsucher den Anspruchslohn, der ihre persönliche Wohlfahrt maximiert. In Abschnitt 6.3 stellen wir dann das Modell von *Burdett* und *Mortensen* (1998) vor, das die Lohnverteilung von Abschnitt 6.2 endogenisiert. Abschnitt 6.4 erörtert schließlich das Modell von *Burdett* und *Wright* (1998) und die Konsequenzen, die nicht transferierbarer Nutzen für das Suchgleichgewicht hat.

Empirische Evidenz belegt die Vermutung, dass deutsche (Langzeit-) Arbeitslose Suchstrategien mit ungewöhnlich hohen Reservationslöhnen befolgen. Sind deutsche (Langzeit-) Arbeitslose irrational oder schlecht über die Tatsache der Massenarbeitslosigkeit informiert? Oder worin besteht die Rationalität eines Suchverhaltens, das die Einstellungschancen stark reduziert? Von einem Arbeitslosen erwartet man, dass er niedrige Einstiegslöhne und harte Arbeitsbedingungen akzeptiert, um sich, sobald er irgendwo Fuß fasst, hoch zu arbeiten. Überwiegend wird die Großzügigkeit des Systems der sozialen Sicherung für das eigensinnige Verhalten der Langzeitarbeitslosen verantwortlich gemacht. Abschnitt 6.2 begründet dieses Argument und zeigt, dass die Höhe des Lohnersatz mit dem Reservationslohn positiv korreliert.

Reservationslohn I

Zur Bedeutung des Reservationslohns schreibt der Sachverständigenrat in seinem Jahresgutachten 2001: „Systematisch betrachtet geht es darum, dass die soziale Absicherung durch die Instrumente des Arbeitslosengelds, der Arbeitslosenhilfe und der Sozialhilfe ein Alternativeinkommen zum Markteinkommen definiert. Damit ist ein Anspruchseinkommen oder ein Anspruchslohn bestimmt, den viele von ihrer nächsten Beschäftigung erwarten. Dieser Anspruchslohn hängt von der eigenen Präferenz für Freizeit ab, verändert sich aber auch mit der Dauer und Höhe des vom Staat bereitgestellten Alternativeinkommens; er beeinflusst ... das Suchverhalten am Arbeitmarkt und die Bereitschaft, einen Arbeitsplatz anzunehmen. Ist der Lohn am Markt unter dem Anspruchslohn, unterbleibt in der Regel (ein) Arbeitsangebot, das untere Segment des Arbeitsmarkts trocknet aus. ... Aus der Analyse von Individualdaten des Sozio-ökonomischen Panels ergibt sich, dass die Dauer der Arbeitslosigkeit mit höherem Anspruchseinkommen ansteigt; des Weiteren zeigen ökonometrische Auswertungen dieser Daten mit Hilfe von Übergangsratenmodellen, dass die Wahrscheinlichkeit, aus der Arbeitslosigkeit herauszufinden, mit längerer Bezugsdauer geringer wird. Einen signifikanten Einfluss der Länge der Arbeitslosenunterstützung auf die Beschäftigung ermitteln auch ländervergleichende makro-ökonometrische Studien, nach denen mit der Höhe und der Dauer der staatlichen Transfers die Arbeitslosigkeit zunimmt. Verblüffenderweise liegt in Deutschland bei den im Sozio-ökonomischen Panel erfassten Arbeitslosen die Relation zwischen dem Anspruchslohn und dem Lohn vor Arbeitslosigkeit bei 1,2 im Mittel; die Mehrheit – 55,7 vH aller Personen – erwartet einen höheren Lohn als in der letzten Beschäftigung, obwohl man annehmen würde, dass sich ein Arbeitsloser mit einem geringeren Lohn zufrieden gäbe, um eine Stelle zu finden. Dabei liegt die Relation zwischen Anspruchslohn und dem Lohn vor der Arbeitslosigkeit in Deutschland deutlich höher als im Ausland. Nur ein geringer Anteil der Arbeitslosen ist bereit, eine Lohnminderung für den nächsten Arbeitsplatz hinzunehmen. Besonders ausgeprägt ist die Distanz des Anspruchslohns zu dem am Arbeitsmarkt zu erzielenden Lohn bei den Arbeitslosen mit geringerer Qualifikation; sie überschätzen ihre Einkommenschancen am häufigsten.“

Quelle: Sachverständigenrat (2001, Tz 421 f.)

Neben dem Sozialrecht spielt jedoch eine andere weniger offensichtliche Rigidität eine wesentliche Rolle bei der zu beobachtenden Präferenz vieler (Langzeit-) Arbeitsloser für Suchstrategien mit hohen Reservationslöhnen. Das ist die öffentlich-rechtliche Ordnung der Berufe mit ihrem dichten Netz an Zulassungsregeln, das Einstieg und Wechsel zwischen den Berufssparten zu einem Kampf mit hohen oder gar prohibitiven Mobilitätskosten macht. Warum beeinflusst die öffentlich-rechtliche Ordnung der Berufe die Wahl des Reservationslohns? Weil, wie der Abschnitt 6.2 zeigt, der Reservationslohn arbeitsloser Jobsucher negativ mit der Neueinstellungsrate für Arbeitnehmer korreliert, die von ihrem Einstiegsjob nach einer Anschlussstelle suchen. Der Arbeitslose, der einen niedrig bezahlten Einstiegsjob und harte Arbeitsbedingungen akzeptiert, gerät in eine „Niedriglohnfalle“, da er auf einen Anschlussjob, hart arbeitend und schlecht bezahlt, lange oder gar vergebens warten muss. In einem durch Verwaltungs- und Standesrecht (Handwerksordnung, Berufsbildungsgesetz, Recht der freien Berufe, Gewerberecht) segmentierten System der Berufe, ist die Neueinstellungsrate für berufsfremde oder gar für gering qualifizierte Berufseinsteiger und Berufswechsler extrem gering (s. Tab. 4.7). Denn auf einem Arbeitsmarkt mit einem hohen Anteil zwingender Zugangs-

Reservationslohn II

Christensen (2003), der das Sozio-ökonomischen Panel in Hinblick auf den Reservationslohn deutscher Arbeitsloser für verschiedene Arbeitslosigkeitsdauern ausgewertet hat, schreibt im deskriptiven Teil seiner Untersuchung: „Für die vorliegende Auswertung werden die ersten 17 Wellen bis einschließlich 2000 genutzt. Der Grunddatensatz umfasst alle Personen, die in Westdeutschland wohnhaft und zwischen 19 und 58 alt sind … Die *Reservation Wage Ratio* [RWR] ist das mittlere Verhältnis von Reservationslohn zu dem letzten Lohn vor Arbeitslosigkeit und analog dazu die *Accepted Wage Ratio* [AWR] das mittlere Verhältnis von akzeptiertem Lohn nach Arbeitslosigkeit zu dem letzten Lohn vor Arbeitslosigkeit …

Arbeitslosigkeits-dauer	AWR		RWR	
	Mittelwert	Median	Mittelwert	Median
Alle	1,10	1,03	1,06	1,00
bis 6 Monate	1,12	1,05	1,08	1,01
7–12 Monate	1,10	1,01	1,06	1,01
13–18 Monate	1,08	0,99	0,97	0,91
19–24 Monate	1,07	1,01	0,87	0,86
25–36 Monate	1,09	1,04	0,98	0,93
über 36 Monate	1,12	1,07	0,84	0,80

… Bei der Bewertung der Höhe der RWR bzw. der AWR fällt … auf: Zum einen liegt die mittlere RWR durchweg über der mittleren AWR. Dieses Phänomen lässt sich … auf den Selektionseffekt zurückführen, der bei Arbeitslosen mit einem hohen Reservationslohn zu einer geringeren Wiederbeschäftigungswahrscheinlichkeit führt."

Quelle: Christensen (2003)

und Laufbahnen kommt es für den Ein- und Aufstieg naturgemäß weniger auf das Training-on-the-job als auf staatliche Zeugnisse, Titel und Diplome an. Doch je geringer die Chance ist, jemals einen Anschlussjob als Masseur, Friseur, Gärtner, Sportlehrer oder Steuerberater zu finden, umso höher ist der Reservationslohn, mit dem arbeitslose Jobsucher die Offerten für Aushilfskräfte und Bürohilfen sortieren.

In Abschnitt 6.3 stellen wir das Burdett-Mortensen-Modell vor, das die Lohnverteilung, die dem Reservationslohn von Abschnitt 6.2 zugrunde liegt, endogenisiert. Wie sich zeigt, ist „reine" Lohndispersion ein Gleichgewicht des Lohnsetzungsspiels. Was ist reine Lohndispersion? Homogene Jobsucher, die über die gleichen Fähigkeiten und Kenntnisse verfügen, erhalten im Gleichgewicht des Lohnsetzungsspiels trotz ihrer Homogenität verschieden hohe Löhne. Wie in der Theorie des Arbeitsrechts diktieren die gewinnmaximierenden Firmen Entgelt und Arbeitsbedingungen, während die Arbeitnehmer mit vorformulierten Vertragstexten vorlieb nehmen müssen. Folgt man dem arbeitsrechtlichen Dogma, so sollten homogene Arbeitnehmer ein umso geringeres Entgelt beziehen, je größer die Firma ist, die sie unter Vertrag nimmt. Denn je größer die Firma umso ausgeprägter ist die Imparität – das Vertragsungleichgewicht oder das Machtgefälle – zwischen den Vertragsparteien. Tatsächlich zahlen große Firmen höhere Löhne, ein schon seit langem bekannter Sachverhalt, der sich nun mit dem Burdett-

Mortensen-Modell erklären lässt. Das Burdett-Mortensen-Modell hat den weiteren Vorzug, wie Abschnitt 6.3 erläutert, dass es unterschiedliche Marktformen als Spezialfälle umfasst, neben der monopsonistischen Konkurrenz, das reine Monopson, die Bertrand-Konkurrenz und den friktionslosen Arbeitsmarkt mit vollständiger Konkurrenz.

Nutzen ist nicht transferierbar, wenn wie in Abschnitt 6.4 die Rechtsordnung kompensierende Lohnvariationen ausschließt. Während zum Beispiel das Günstigkeitsprinzip oder der § 2 des Kündigungsschutzgesetzes kompensierende Lohnsenkungen erschwert, wendet sich der Betriebsrat gegen kompensierende Lohnerhöhungen zugunsten einzelner Mitarbeiter, so dass in Vertragsverhandlungen der einschlägige (Tarif-) Lohn ein Datum ist. Angenommen die Rechtsordnung eines Landes schließt Lohn und Geld als Instrumente zur Kompensation idiosynkratischer Eigenschaften von Jobs oder Jobsuchern aus. Welcher Koordinationsmechanismus tritt an die Stelle des Lohns? Ein zentraler Plan, ein Kollektivvertrag, Rechtsverordnungen, Dienstanweisungen oder eben wie beim Naturaltausch die doppelte Koinzidenz der Wünsche und Ansprüche. Im Burdett-Wright-Modell steht die doppelte Koinzidenz im Mittelpunkt. Basiert die Matching-Technologie einer Volkswirtschaft – wie etwa in Deutschland auf den öffentlich rechtlich, tarifvertraglich oder standesrechtlich regulierten Arbeitsmärkten – auf dem Prinzip der doppelten Koinzidenz, so ist die strukturelle Arbeitslosigkeit cet. par. höher als auf einem Arbeitsmarkt, wo der Lohn und die nutzenrelevanten Arbeitsplatzeigenschaften unter der Kontrolle der Matchpartner sind.

6.1 Lohnsetzungsspiele und Lohndispersion

Bei monopsonistischer Konkurrenz verfügen die Firmen über die Macht, den Lohn und die Arbeitsplatzbedingungen – Standort, Arbeitsmittel und Arbeitszeiten – zu fixieren. Die Angebotskurve, mit der ein Unternehmen auf dem Arbeitsmarkt konfrontiert ist, hat eine positive Steigung und das Angebot eine endliche Lohnelastizität. Anders als im Modell des reinen Monopsons wird die Marktmacht der Unternehmen jedoch durch die Konkurrenz um die Arbeitskräfte begrenzt.

Tab. 6.1: Lohndifferenziale der Wirtschaftszweige

	MINV	NEM	EISS	GETR	LED	MUS
1980	15,1**	5,1**	- 0,3	- 5,8**	- 17,0**	- 12,2**
1985	24,7**	7,2**	0,2	- 4,0**	- 17,0**	- 13,2**
1989	27,3**	6,4**	0,3	- 3,2*	- 14,7**	- 17,2**

Quelle: Möller/Bellmann (1995); ** Signifikanz auf dem 1 %-, / * 5 %-Niveau;
MINV = Verarbeitung von Mineralöl, NEM = NE-Metallerzeugung, EISS = Eisen- und Stahlerzeugung, GETR = Getränkeherstellung; LED = Ledererzeugung /-verarbeitung, MUS = Musikinstrumente-, Spielwaren, Sportgeräteherstellung, Verarbeitung von Edel- und Schmucksteinen sowie Herstellung von Schmuckwaren.

Man spricht von reiner Lohndispersion, wenn der Unterschied zwischen den Löhnen zweier Arbeitnehmer nicht auf arbeitnehmer- oder firmenspezifische Charakteristika zurückgeht, das Differenzial also nicht Ausdruck spezifischer Fähigkeiten oder eine Kompensation für heterogene Arbeitsplatzqualitäten ist. In der friktionslosen Welt der vollständigen Konkurrenz gibt es keine Lohndispersion, es herrscht vielmehr das „Gesetz des einheitlichen Lohns“.

Tab. 6.2: Firmengröße und Lohndispersion in %, 1984-1987

Zahl der Beschäftigten	Männer	Frauen
kleiner als 20	- 6,62**	- 10,55**
20 bis unter 200	Referenzwert	Referenzwert
200 bis unter 2 000	2,33**	4,76
größer als 2 000	9,75**	15,22**
Quelle: Gerlach/Schmidt (1989, S. 360f.), **bezeichnet Signifikanz auf dem 1%-Niveau		

Die Daten für Deutschland offenbaren Lohndifferenziale in allen Zweigen der Wirtschaft, wobei die Unterschiede zwischen den Zweig-Differenzialen selbst beachtlich sind, wie Tab. 6.1 verdeutlicht; oder sie offenbaren signifikant höhere Löhne für beobachtungsmäßig identische Arbeitnehmer, die in großen Unternehmen beschäftigt sind, s. Tab. 6.2. Im Jahr 1989 lag zum Beispiel das Lohndifferenzial für beobachtungsmäßig äquivalente Arbeitskräfte in der Mineralölverarbeitung um 27,3 % über dem Durchschnitt der Lohndifferenziale der 31 in der Untersuchung betrachteten Branchen des Verarbeitenden Gewerbes, während das Lohndifferenzial der Musikinstrumente-, Spielwaren- und Sportgerätehersteller um 17,2 % unter dem Durchschnitt lag. Das monatliche Bruttoeinkommen beobachtungsmäßig identischer vollzeitbeschäftigter Männer lag in der Periode 1984-1987 in Unternehmen mit weniger als 20 Beschäftigten um 6,62 % unter dem entsprechenden Durchschnittseinkommen in Unternehmen mit mehr als 20 aber weniger als 200 Beschäftigten (= Referenzwert), während das Bruttoeinkommen in Unternehmen mit mehr als 2 000 Beschäftigten um 9,75 % höher war als der Referenzwert. Die entsprechenden Differenziale für Frauen sind in der Regel noch ausgeprägter. Vollzeitbeschäftigte beobachtungsmäßig identische Frauen erzielten in kleinen Unternehmen ein Bruttoeinkommen, das um 10,55 % geringer war als der Referenzwert (= Unternehmen mit mehr als 20 und weniger als 200 Beschäftigten), während das Bruttoeinkommen von beobachtungsmäßig identischen Frauen in Unternehmen mit mehr als 2 000 Beschäftigten um 15,22 % über dem Referenzwert lag.

Tab. 6.3: Firmengröße und Jobturnover in %, 1986/1987

Zahl der Beschäftigten	Männer	Wechsel[1)]	Frauen	Wechsel[1)]
kleiner als 20	8,8	61	13,5	46
20 bis unter 200	3,5	20	6,6	50
200 bis unter 2000	1,0	—	2,4	33
größer als 2000	1,1	—	0,0	—
Quelle: Gerlach/Schmidt (1989, S. 362f.), [1)]davon Wechsel in größere Firmen				

Was ist die Ursache für diese erstaunlichen Lohndifferenziale zwischen beobachtungsmäßig identischen Arbeitskräften? Friktionen, so die Antwort des Burdett-Mortensen-Modells. Naturgemäß können andere Faktoren als Friktionen die inter- und intrasektoralen oder die mit der Firmengröße korrelierenden Lohndifferenziale hervorrufen: Messfehler in den Daten, idiosynkratische Unterschiede des Humankapitals der Arbeiter oder der Merkmale ihrer Arbeitsplätze, die keine Resonanz in den Daten erzeugen, und schließlich insbesondere Effizienzlöhne (s. Kapitel 7). Das Burdett-Mortensen-Modell erklärt, s. Tab. 6.2 und Tab. 6.3, dass auf einem Arbeitsmarkt mit Suchfriktionen (1) reine Lohndispersion ein Gleichgewicht ist, größere Unternehmen (2) höhere Löhne zahlen,

Strategische Spiele

Ein Spiel besteht aus einer Menge von Spielern, den zulässigen Strategien, in denen die Spielregeln zur Geltung kommen, sowie den Auszahlungen, die jeder Spieler erhält. Die Jobsucher und die Firmen sind die Spieler des Lohnsetzungsspiels. Die Spieler wählen ihre Strategien simultan. Die Jobsucher kontrollieren den Reservationslohn, die Firmen den Lohn, den sie den Arbeitern, die sich bewerben, anbieten. Die angekündigten Löhne sind verbindlich. Das Lohnsetzungsspiel hat mithin Eigenschaften eines kooperativen Spiels, obwohl es „nicht-kooperativ gelöst" wird.

Ein Spiel heißt „kooperativ", wenn die Spieler verbindliche Verträge abschließen können. Der „verbindliche Vertrag" ist eine Metapher für alle Arten sozialer Techniken, mit denen sich Akteure gegenüber Dritten glaubhaft binden. Durchsetzbare Verträge gehören typischerweise zu diesen Techniken ebenso wie verbindliche Versprechen, Pfänder, Gewährleistungen oder Sicherheiten, wie sie etwa im Kreditgeschäft üblich sind.

Jeder der Spieler kennt die Strategiemenge der anderen, kennt deren Auszahlungen und weiß, dass die anderen jene Handlung wählen, die ihren Nutzen maximiert. Darüber hinaus weiß jeder von den anderen, dass sie über dieses Wissen verfügen. Die Spieler eines nicht-kooperativen Spiels mit vollständiger Information werden, in dem was sie tun, allein von ihren Interessen und den Regeln des Spiels geleitet. Es gibt weder äußere (Gericht/Polizei) noch innere (Normen/Gewissen) Sanktionen, die es ihnen erlauben, sich glaubhaft gegenüber anderen und sich selbst zu binden.

Welche der möglichen Strategien werden die Spieler wählen? Ein Strategieprofil ist ein Vektor, der jedem Spieler eine Strategie zuordnet. Ein Strategieprofil, bei dem jeder Spieler seine beste Antwort auf das Verhalten der Gegenspieler gibt, nennt man nach dem amerikanischen Mathematiker und Spieltheoretiker Nash ein Nash-Gleichgewicht des nicht-kooperativen Spiels.

(3) einen geringeren Jobturnover haben und (4) Jobs mit einer längeren Lebensdauer anbieten als kleinere Unternehmen.

Selbst wenn Friktionen gewisse Lohnunterschiede zwischen Arbeitnehmern bewirken, so könnten diese im Vergleich zum Gesamtdifferenzial, das ja vor allem von arbeitnehmer- und arbeitgeberspezifischen Faktoren erzeugt wird, wie man angesichts der herkömmlichen (neo-) klassischen Theorie der Lohndifferenziale vermuten sollte, gering und unbedeutend sein. Doch, das Gegenteil ist richtig. Das Gewicht der Friktionen ist, wie *Postel-Vinay* und *Robin* (2002) belegen – zumindest auf dem französischen Arbeitsmarkt –, zwar unterschiedlich hoch, doch bei allen untersuchten Berufen die Hauptursache für die beobachteten Lohndifferenziale s. Tab. 6.4. Nur in der Stichprobe der Führungskräfte, Manager und Ingenieure, sind Fähigkeitsunterschiede mit 41,9 % wichtiger als Friktionen, die in dieser Berufsgruppe nur 38,7 % des Lohndifferenzials erklären. Bei Hilfskräften haben die beobachteten Lohnunterschiede dagegen gar nichts mit den Fähigkeiten der Arbeiter zu tun, sondern gehen zu fast 60 % auf Friktionen und zu gut 40 % auf arbeitgeberspezifische Einflüsse zurück. Von dem beobachteten Lohndifferenzial beim Verkaufspersonal lassen sich immerhin doch 5 % auf die Verkaufstalente der Arbeitnehmer zurückführen, 57,9 % der Lohnunterschiede sind dagegen friktionsbedingt.

Friktionen allein sind indes kein hinreichender Grund für Arbeitsmarktgleichgewichte mit nicht degenerierten Lohnverteilungen, wie auch die Matching-Modelle, Kapitel 5, verdeutlichen, bei denen ja die gleichgewichtige Lohnverteilung trotz Friktionen degeneriert ist und nur aus dem Verhandlungslohn besteht. Auch in den folgenden beiden

Lohnsetzungsspielen, dem Diamond-Paradoxon und dem Bertrand-Gleichgewicht, in denen die Firmen den Lohn und die Jobsucher den Reservationslohn kontrollieren, sind die Lohnverteilungen trotz Friktionen degeneriert.

Tab. 6.4: Der Einfluss von Friktionen auf die Lohndifferenziale, in %

	Personen	Unternehmen	Friktionen
Führungskräfte, kaufmännisch und technisch	41,9	19,4	38,7
Abteilungsleiter, Verwaltung und Vertrieb	17,8	27,9	55,1
Abteilungsleiter, Technik und Techniker	6,6	32,8	60,6
Verwaltungsangestellter	9,7	34,6	55,7
Facharbeiter	0,0	41,5	58,5
Verkaufs- und Service-Personal	5,0	37,1	57,9
Hilfskräfte	0,0	40,8	59,2
Postel-Vinay und Robin (2002, Tab. 7)			

Diamond-Paradoxon

In dem ersten Lohnsetzungsspiel ist die Jobsuche vom Arbeitsplatz ausgeschlossen, nur Arbeitslose suchen. Friktionen bewirken, dass ein Jobsucher höchstens ein Stellenangebot pro Periode erhält. Da die Jobsucher homogen sind, wählen sie im Gleichgewicht alle den gleichen Reservationslohn w_A, darüber hinaus offerieren alle Firmen den Monopson-Lohn $w = w_A$ und erhalten die gesamte Rente des Jobs, wie wir nun zeigen. Hierzu müssen wir belegen, dass es für keine Firma vorteilhaft ist, einen Lohn w zu offerieren, für den $w < w_A$ oder $w > w_A$. Der erste Fall ist völlig klar, denn eine Firma, die einem Jobsucher den Lohn $w < w_A$ anbietet, kommt nicht zum Zug, niemand ist bereit, für einen Lohn zu arbeiten, der geringer ist als der Anspruchslohn. Stellt die Firma dagegen den Lohn $w > w_A$ in Aussicht, so könnte sie ihre Lage verbessern, wenn infolge der freundlichen Offerte der Pool ihrer Bewerber größer würde. Mit dem Angebot $w > w_A$ führt schließlich jeder Kontakt mit einem Jobsucher zum Abschluss eines Vertrags, denn alle Jobsucher sind arbeitslos und erhalten pro Periode höchstens eine Offerte, die sie sofort akzeptieren, wenn $w \geq w_A$. Doch die Firma würde in Wirklichkeit nur auf Gewinn verzichten, wenn sie einen Lohn bezahlt, der höher ist als der Reservationslohn. Denn ihr Bewerberpool und die Stellenbesetzungswahrscheinlichkeit würden trotz der freundlichen Lohnpolitik nicht größer, während der Firmengewinn infolge der hohen Lohnkosten schrumpft. Warum? Weil jeder Bewerber pro Periode höchstens eine Offerte erhält und an dieser Häufigkeit ändert die Lohnpolitik der Firma nichts. Also ist $w = w_A$ der Gleichgewichtslohn und die gleichgewichtige Lohnverteilung ist trotz der schweren Friktionen degeneriert.

Von dieser Beobachtung zum Diamond-Paradoxon ist es nur noch ein Schritt. Das Paradoxon zeigt, dass der Markt gar nicht zustande kommt, wenn die Jobsucher Suchkosten aufwenden müssen, um eine Stelle zu finden. Da im Gleichgewicht alle Firmen den Monopson-Lohn bezahlen, ist die Lohnverteilung degeneriert und der Wert der Suchoption ist gleich null, denn ein beschäftigter Arbeiter stellt sich nicht besser als ein arbeitsloser Jobsucher. Folglich ist der Reservationslohn im Gleichgewicht identisch mit dem Lohnersatz b abzüglich der direkten Suchkosten c, $w_A = b - c$. Das Einkommen einer Nichterwerbsperson (NEP) sei gleich n. Falls nun $n \geq b - c$, wie etwa im Fall $b = n$ und $c > 0$, ziehen die Akteure den Zustand der NEP der Erwerbstätigkeit vor und im Gleichgewicht des Arbeitsmarktes findet kein Handel statt, denn kein Arbeiter sucht eine Stelle. Der Markt versagt, weil der Gleichgewichtszustand ohne Handel und Produktion ineffizient ist, wenn für das Grenzprodukt der Arbeit $y > b - c$ gilt.

Bertrand-Gleichgewicht

In dem zweiten Lohnsetzungsspiel erhalten alle Arbeiter pro Periode mindestens zwei Stellenangebote, die Friktionen sind daher milder als in dem ersten Spiel und jeder Arbeiter hat einen Vergleich. Auch die Arbeiter, die einen Job haben, suchen nach einem besseren und erhalten wenigstens eine Offerte pro Periode. Beschäftigte Arbeiter kündigen, wenn der Anschlussjob attraktiver ist als der aktuelle. Die Kündigungs- und Mobilitätskosten sind null. Die Arbeiter sind homogen und erzeugen ein Produkt, für das $y \geq w_A$. Im Gleichgewicht, das man nach dem französischen Mathematiker als Bertrand-Gleichgewicht bezeichnet, offerieren alle Firmen wie bei friktionslosem Markt und vollständiger Konkurrenz einen Lohn in Höhe des Grenzprodukts $w = y$. Warum ist diese Lohnpolitik ein Gleichgewicht, also die beste Antwort auf die Lohnpolitik der Konkurrenz? Eine Firma, die vom Strategieprofil des Bertrand-Gleichgewichts abweicht und ihren Lohn senkt, findet keine Bewerber. Denn alle Empfänger ihrer Offerte, ob beschäftigt oder arbeitslos, haben mindestens noch ein zweites Angebot, in dem die Firma einen Lohn in Höhe des Grenzprodukts zugesagt. Im Gleichgewicht ist die Lohnverteilung daher degeneriert, und die Matchrenten fließen an die Arbeitnehmer.

6.2 Reservationslohn

Bevor wir die Offertenverteilung endogenisieren, entwickeln wir zunächst das suchtheoretische Grundmodell des Reservationslohns mit exogener Offertenverteilung. Die Zeit des Modells ist stetig. Die Jobsucher, ob arbeitslos oder beschäftigt, sind über die exogene Verteilung der Lohnofferten F informiert. $F(w) = P(W \leq w)$ ist die Wahrscheinlichkeit für ein Jobangebot mit einem Lohn W, der höchstens so hoch ist wie w.

Arbeitslose Jobsucher haben einen Reservationslohn w_A, mit dem sie die Offerten sortieren. Offerten, für die $w \geq w_A$, werden akzeptiert, solche mit $w < w_A$ werden verworfen. Jobsucher, die ein Angebot ablehnen, erhalten erst in der Folgeperiode ein neues Angebot und müssen sich bis dahin mit dem Lohnersatz b begnügen. Da Lohnofferten mit der exogenen Rate p_0 eintreffen und keine direkten Suchkosten entstehen, beläuft sich das Einkommen eines arbeitslosen Jobsuchers, rU, auf

$$rU = b + p_0 \int_{w_A}^{\infty} [W(\omega) - U] dF(\omega). \tag{6.1}$$

Der Integralausdruck in Gleichung (6.1) ist der erwartete Kapitalgewinn beim Wechsel von der Arbeitslosigkeit in die Beschäftigung. $W(\omega)$ ist der Wert einer Beschäftigung zum Lohn ω, U ist der Wert der Jobsuche, und $W(\omega)-U$ ist der Kapitalgewinn beim Übergang in den Job ω. Ein Kapitalgewinn in Höhe von $W(\omega)-U$ tritt bei der gegebenen Lohnverteilung F mit der Wahrscheinlichkeit $dF(\omega)$ ein.

Beschäftigte Jobsucher sind mit der gleichen Offertenverteilung F konfrontiert wie arbeitslose. Lohnofferten treffen bei der Jobsuche vom Arbeitplatz mit der Rate p_1, idiosynkratische Schocks, die das Match zerstören, mit der Rate λ ein, so dass sich das Einkommen eines Arbeiters, der aktuell den Lohn w verdient, $rW(w)$, folgendermaßen ergibt

$$rW(w) = w + p_1 \int_w^\infty [W(\omega) - W(w)]dF(\omega) + \lambda[U - W(w)]. \tag{6.2}$$

Der Arbeiter w kündigt und wechselt direkt zu dem Anschlussjob ω, sobald er die Offerte $\omega \geq w$ erhält. Kündigungs- oder Mobilitätskosten entstehen beim Jobwechsel nicht. w ist mithin der Reservationslohn, und das Integral auf der rechten Seite von (6.2) stellt den erwarteten Kapitalgewinn eines Jobwechsels dar: $W(\omega)-W(w)$ ist der Gewinn beim Wechsel von w nach ω, und $dF(\omega)$ ist bei der gegebenen Offertenverteilung F die Wahrscheinlichkeit, dass dieses Ereignis eintritt. Idiosynkratische Schocks, die zur Zerstörung des Jobs und zur Trennung führen, treffen mit der Rate λ ein und bewirken den Wertverlust $U - W(w)$.

Der Wert $W(w)$ ist eine streng monoton zunehmende Funktion von w (Anhang A1). Folglich hat die Wertfunktion (6.2) die Reservationseigenschaft, und es existiert ein Reservationslohn w_A, für den $W(w_A) = U$. Die Gleichung $W(w_A) = U$ liefert eine implizite Definition des Reservationslohns und hat die folgende Lösung.

Bei einer Offerte mit dem Lohn w_A sind die arbeitslosen Jobsucher indifferent zwischen Annahme und Ablehnung. Setzt man in (6.2) den Reservationslohn ein und berücksichtigt, dass $W(w_A) = U$, so erhält man mit Gleichung (6.1), dass

$$w_A = b + (p_0 - p_1) \int_{w_A}^\infty [W(\omega) - W(w_A)]dF(\omega). \tag{6.3}$$

Aus der Beziehung (6.3) folgt, s. Anhang A2, dass der Reservationslohn w_A, den die Jobsucher wählen, um die Offerten der Firmen zu sortieren, die Lösung der folgenden Integralgleichung ist

$$w_A = b + (p_0 - p_1) \int_{w_A}^\infty \left[\frac{1 - F(\omega)}{r + \lambda + p_1[1 - F(\omega)]} \right] d\omega. \tag{6.4}$$

Der positive Integrand von (6.4) ist der Wertzuwachs, den der Arbeiter w_A infolge einer Offerte $\omega \geq w_A$ erfährt, gewichtet mit der Wahrscheinlichkeit für das Eintreffen eines solchen Angebots. Das Integral misst folglich den Wert der Suchoption. Allerdings kann der Arbeiter entweder aus dem Zustand der Arbeitslosigkeit oder aber aus dem Zustand der Beschäftigung suchen. Ist es vorteilhafter als Beschäftigter zu suchen, weil $p_0 - p_1 < 0$, senkt er seinen Reservationslohn unter den Lohnersatz, um möglichst bald eine Stelle zu finden, von der er die Suche nach einem besser dotierten Anschlussjob mit größerer Erfolgsaussicht fortsetzen kann. Sind demgegenüber die Aussichten als Beschäftigter eine Stelle zu finden wegen $p_0 - p_1 > 0$ relativ schlecht, setzt der Jobsucher seinen Reservationslohn hinauf, um die „Niedriglohnfalle", die ihm droht, zu vermeiden. Der arbeitslose Jobsucher wählt folglich einen Reservationslohn, der genau dann niedriger ist als der Lohnersatz b, wenn der Wert der Suche vom Arbeitsplatz wegen $p_0 - p_1 < 0$ höher ist als der Wert der Suche im Zustand der Arbeitslosigkeit. Der höhere Optionswert der Suche vom Arbeitsplatz entschädigt den arbeitslosen Jobsucher für den Einkommensverzicht, auf den er sich einlässt, wenn er die Lohnersatzleistungen aufgibt und einen schlecht bezahlten Job mit harten Arbeitsbedingungen akzeptiert.

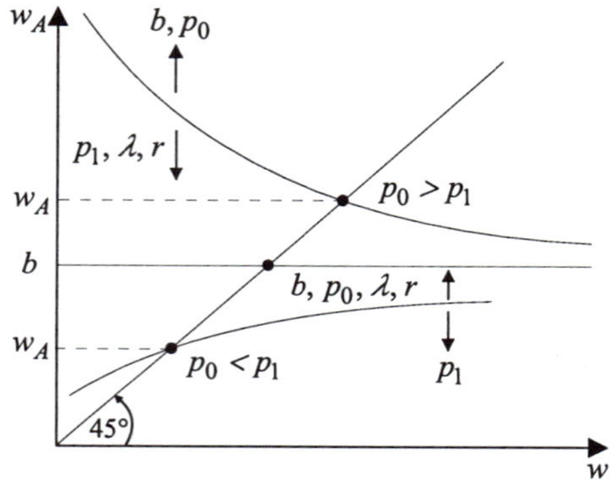

Abb. 6.1: Reservationslohn

In der Abb. 6.1 sind die beiden Fälle mit den zugehörigen Reservationslöhnen sowie die Lohnersatzgerade dargestellt, die eine Parallele zur w-Achse im Abstand des Lohnersatz b ist. Ist $p_0 - p_1 > 0$, so ist die erwartete Differenzialrente zwischen den Suchoptionen als arbeitsloser und als beschäftigter Jobsucher und damit die rechte Seite von (6.4) eine konvexe monoton fallende Kurve in der (w_A, w)-Ebene, die sich der Lohnersatzgeraden asymptotisch von oben nähert. Wenn dagegen $p_0 - p_1 < 0$, dann ist die Differenzialrente und mit ihr die rechte Seite von (6.4) eine konkave monoton steigende Kurve. In beiden Fällen liefert der jeweilige Schnittpunkt mit der 45^0-Achse den Reservationslohn.

Tab. 6.5: Komparative Statik des Reservationslohns

Wirkung:	Ursache:				
	b	p_0	p_1	r	λ
w_A	+	+	–	+/–	+/–

Tab. 6.5 oder Abb. 6.1 zeigen die Reaktionen des Reservationslohns auf Veränderungen der exogenen Parametern des Modells (s. Anhang A3). Der Reservationslohn steigt, wenn der Lohnersatz b oder die Übergangsrate p_0 der arbeitslosen Jobsucher zunehmen, und er ist umso niedriger, je höher die Chance p_1 ist, über einen Einstiegsjob Zugang zu besser bezahlten Anschlussjobs zu erlangen. Die Wirkung der Trennungsrate λ

hängt vom Vorzeichen der Differenz der Ankunftsraten $\Delta p = p_0 - p_1$ ab. Genau dann, wenn $\Delta p > 0$, ist der Zusammenhang negativ und eine höhere Trennungsrate bewirkt, dass der Reservationslohn fällt.

Die in Politik und Öffentlichkeit diskutierte Bereitschaft von Arbeitslosen, Einstiegsjobs mit niedrigen Löhnen zu akzeptieren, ist, wie das Modell unterstreicht, nicht nur von der Höhe der Lohnersatzleistungen, sondern vor allem von der Chance abhängig, über den Einstiegsjob Zugang zu höher dotierten Anschlussjobs zu finden. Je geringer diese Chance p_1 ist, umso eher ist es für einen arbeitslosen Jobsucher rational, in den Rängen des Systems der sozialen Sicherung auf einen Job mit einem hohen Einstiegslohn zu warten, denn hat er einmal bei einer Firma mit niedrigem Lohn und harten Arbeitsbedingungen zugesagt, bietet sich ihm nicht so bald die Chance, einen besser bezahlten Job zu finden.

Mit dem Reservationslohn w_A und der exogenen Offertenverteilung F ist die Wahrscheinlichkeit, dass ein arbeitsloser Jobsucher die nächste Offerte akzeptiert, gleich $1 - F(w_A)$. Berücksichtigt man, dass Offerten mit der Rate p_0 eintreffen, so beträgt die durchschnittliche Dauer seiner Arbeitslosigkeit $D(w_A) = 1/p_0[1 - F(w_A)]$.

Ein besetzter Job mit dem Lohn w hat demgegenüber eine durchschnittliche Lebensdauer von

$$d(w) = \frac{1}{\lambda + p_1[1 - F(w)]} \tag{6.5}$$

Perioden, da eine Trennung entweder durch den Schock λ oder durch eine arbeitnehmerseitige Kündigung hervorgerufen wird. Je höher der Lohn ist, den die Firma ihren Arbeitnehmern bezahlt, umso geringer ist die Kündigungsrate $p_1[1 - F(w)]$ und umso länger ist die Lebensdauer ihrer Jobs.

6.3 Lohndispersion

Im Folgenden wird die Offertenverteilung F endogenisiert und gezeigt, welche Gestalt F im Gleichgewicht des Lohnsetzungsspiels mit homogenen Arbeitnehmern hat. Wir normieren die Zahl der EP mit eins, dann gilt mit e Erwerbstätigen (ET) und u Arbeitslosen die Bestandsgleichung $e + u = 1$. Von den $1 - u$ ET verlieren pro Periode $\lambda(1-u)$ infolge spezifischer Schocks ihren Job und bilden die Zugänge zum Arbeitslosenpool u. Die Zahl der Abgänge ist $p_0 u[1 - F(w_A)] = p_0 u$, da $1 - F(w_A) = 1$. Im Gleichgewicht des Lohnsetzungsspiels bietet eine gewinnmaximierende Firma nur Löhne an, von denen sie weiß, dass sie eine Chance hat, Bewerbungen zu erhalten. Der niedrigste Lohn, bei dem Bewerbungen zu erwarten sind, ist der Reservationslohn. Die Firmen offerieren daher im Gleichgewicht des Lohnsetzungsspiels nur Löhne $w \geq w_A$, so dass $F(w) = 0$ für alle $w \leq w_A$. Im Steady state sind die Zugänge zu u gleich den Abgängen und für die Steady-state-Arbeitslosenquote gilt daher

$$u = \frac{\lambda}{\lambda + p_0}. \tag{6.6}$$

Der Einfachheit halber nehmen wir im Folgenden an, dass der Diskontsatz gleich null ist, $r = 0$. Die Arbeiter sind homogen und erzeugen das gleiche Produkt *y*. $y - w$ ist daher der Firmengewinn pro Beschäftigtem, wenn die Firma den Lohn *w* bezahlt. Hat das Unternehmen im Steady state eine Belegschaft mit $l(w)$ Arbeitskräften, dann ist

$$\pi(w) = (y - w)l(w) \tag{6.7}$$

ihr Steady-state-Gewinn. $l(w)$ ist die Arbeitsangebotsfunktion, mit der die Firma konfrontiert ist. Für $l(w)$ gilt, wie im Anhang A4 gezeigt wird,

$$l(w) = \frac{\lambda p_0(\lambda + p_1)}{\lambda + p_0} d(w)^2. \tag{6.8}$$

Die Gleichung (6.8), in der $d(w)$ die Lebensdauer (6.5) eines Jobs mit dem Lohn *w* ist, liefert die Hypothese über den in Tab. 6.2 dargestellten Zusammenhang zwischen der Firmengröße und der Höhe des Lohns: Firmen mit höheren Löhnen, haben größere Stammbelegschaften bzw. die Unternehmen sind mit monoton zunehmenden Arbeitsangebotskurven konfrontiert. Die komparativ statische Analyse von (6.8) offenbart im Übrigen, dass $l(w)$ sowohl mit der Offertenrate p_0 als auch mit der Rate p_1 monoton zunimmt.

Gleichgewicht

Ein Gleichgewicht des Lohnsetzungsspiels ist ein Vektor (π_m, w_A, F), mit dem Firmengewinn π_m, dem Reservationslohn w_A und der Offertenverteilung *F*, wobei (π_m, w_A, F) die Reservationslohngleichung (6.4) und die folgenden beiden Bedingungen erfüllt. Erstens, ein Zustand, in dem die homogenen Firmen unterschiedliche Gewinne machen, ist kein Gleichgewicht. Daher ist $\pi(w) = \pi_m$ für alle Löhne *w*, die im Gleichgewicht offeriert werden. Zweitens, ein Lohn, bei dem die Firmen einen noch höheren Gewinn erwirtschaften könnten als π_m, existiert nicht.

Die Offertenverteilung des Gleichgewichts erhält man wie folgt. Der Gewinn, den die Firmen erzielen, die den Reservationslohn anbieten, ist: $\pi(w_A) = (y - w_A)l(w_A)$, wobei die Belegschaftsstärke dieser marginalen Firmen $l(w_A) = \lambda p_0 /(\lambda + p_0)(\lambda + p_1)$ ist, wie aus (6.8) zusammen mit (6.5) und $F(w_A) = 0$ folgt. Alle Firmen erwirtschaften im Gleichgewicht den gleichen Gewinn, so dass für alle offerierten Löhne *w* gilt: $\pi(w) = \pi(w_A)$. Löst man diese Gleichung nach der Offertenverteilung auf, so findet man für *F*, dass

$$F(w) = \frac{\lambda + p_1}{p_1}\left[1 - \sqrt{\frac{y - w}{y - w_A}}\right], \text{ für alle } w \in [w_A, \overline{w}], \tag{6.9}$$

wobei sich die obere Grenze der Verteilung aus der Verteilungsfunktion (6.9) ergibt, indem man $F(\overline{w}) = 1$ nach $\overline{w}$ auflöst

(6.10)
$$\overline{w} = y - \frac{\lambda^2(y - w_A)}{(\lambda + p_1)^2}.$$

Setzt man die Verteilungsfunktion (6.9) in die Gleichung für den Reservationslohn (6.4) ein, so erhält man die explizite Lösung für w_A

(6.11)
$$w_A = b + \beta(y - b)\text{, mit } \beta = \frac{(p_0 - p_1)p_1}{(p_0 - p_1)p_1 + (\lambda + p_1)^2}.$$

In dem Faktor β und seinem Vorzeichen sammelt sich der Einfluss, den die Suchfriktionen auf die Lohnsetzungsmacht der Unternehmen und die Offertenverteilung haben. Da die Ankunftsraten der Offerten in allen Zuständen des Arbeitsmarkts infolge von Friktionen endlich sind, ist die Jobsuche insbesondere für Arbeitslose mit Zeitaufwand verbunden, denn $p_0 < \infty$. Ist $p_0 < \infty$, so folgt aus der Definition von β, dass $\beta < 1$. Hieraus ergibt sich mit (6.11), dass $y > w_A$, sofern $y > b$. Folglich ist der Gewinn der Firmen im Gleichgewicht streng größer als null, denn $\pi_m = \pi(w_A) = (y - w_A)l(w_A) > 0$. Friktionen verhindern die Dissipation der Firmenrenten. Im Übrigen sind die arbeitslosen Jobsucher genau dann bereit, Einstiegslöhne zu akzeptieren, die niedriger sind als der Lohnersatz b, wie (6.11) zeigt, wenn $\Delta p = p_0 - p_1 \leq 0$. Denn der Reservationslohn ist kleiner als b, wenn $\beta \leq 0$; und $\beta \leq 0$ gilt genau dann, wenn die Bedingung $\Delta p \leq 0$ erfüllt ist.

Könnte ein Unternehmen mit der Lohnpolitik $w < w_A$ oder $w > \overline{w}$ seinen Gewinn noch steigern? Nein, denn Firmen mit Löhnen, die niedriger sind als w_A, finden keine Bewerber, so dass $\pi(w) = 0 < \pi_m$. Firmen, die Löhne w anbieten, die höher sind als $\overline{w}$, müssen trotzdem mit der Belegschaft $l(\overline{w})$ produzieren, da $F(w) = F(\overline{w}) = 1$, so dass angesichts der hohen Lohnkosten: $\pi(w) < \pi_m$. Infolge der Konstruktion der Offertenverteilung erwirtschaften alle Firmen mit Löhnen $w \in [w_A, \overline{w}]$ den gleichen Gewinn, $\pi(w) = \pi_m$. Da es darüber hinaus keinen Lohn gibt, mit dem sich ein noch höherer Gewinn erzielen lässt, ist die Offertenverteilung (6.9) ein Gleichgewicht des Lohnsetzungsspiels.

Monopson, Bertrand-Gleichgewicht und vollständige Konkurrenz

Zwar sind Friktionen der Grund für die Existenz einer nicht degenerierten Lohnverteilung (6.9), doch dürfen die Friktionen die Konkurrenzintensität nicht zu sehr reduzieren, weil die Verteilung sonst degeneriert, wie wir abschließend erläutern.

Monopson. Nehmen die Friktionen zu, so dass $p_1 \to 0$, dann folgt mit (6.11), dass die Lohnsetzungsmacht der Unternehmen wächst und $\beta \to 0$. Der Reservationslohn strebt folglich gegen den Lohnersatz, $w_A \to b$, und die Offertenverteilung degeneriert, da auch $\overline{w} \to b$, wie (6.10) zeigt. An der Grenze verdienen alle Beschäftigten nicht mehr als den Monopson-Lohn, $w = b$, und die Unternehmen streichen die Monopson-Rente, $\pi(b) = p_0(y - b)/(\lambda + p_0)$, ein, die aus der Gewinngleichung (6.7) folgt.

Bertrand-Gleichgewicht. Nehmen die Friktionen ab, so dass $p_1 \to \infty$, dann folgt mit (6.10), dass $\overline{w} \to y$. Darüber hinaus ergibt sich mit der im Anhang A4 abgeleiteten Einkommensverteilung (s. Gleichung (A3)), dass der Anteil der ET, die einen Lohn erhalten, der niedriger ist als $\overline{w}$ gegen null strebt. An der Grenze verdienen alle Beschäftigten einen Lohn, der dem Grenzprodukt der Arbeit entspricht, $w = y$. Von hier ist es nur noch ein Schritt zum Modell der vollständigen Konkurrenz mit Vollbeschäftigung.

Vollständige Konkurrenz. Sind die Anpassungsgeschwindigkeiten in allen Arbeitsmarktzuständen hoch, so dass neben $p_1 \to \infty$ auch $p_0 \to \infty$, dann streben nicht nur die Löhne gegen das Grenzprodukt der Arbeit, sondern darüber hinaus geht die Arbeitslosigkeit gegen null, $u \to 0$, wie sich mit (6.6) ergibt.

6.4 Nicht transferierbarer Nutzen

Friktionen erzeugen Renten. Private Lohnfindungssysteme wie die Lohnpolitik der Firmen, Lohnverhandlungen, Auktionen und andere Regeln verteilen die Renten. Häufig setzt die Rechtsordnung den privaten Lohnfindungssystemen zusätzliche, mitunter sehr enge Grenzen. Das öffentliche und das zwingende Zivilrecht in Gestalt etwa von Schutzgesetzen, kollektivem und individuellem Arbeitsrecht, Tarifverträgen, Dienstrecht und Besoldungsordnungen entziehen wie ein zentraler Plan viele der Charakteristika eines Jobs den privaten Abreden. Zu diesen Charakteristika gehören zum Beispiel der Lohn, die Qualifikationsanforderungen, die Arbeitsmittel, die Arbeitszeiten, sogar die Arbeitskleidung, die Kündigungsfristen oder der Wohnort. Sind jedoch Löhne, Gehälter und Bezüge für die Akteure exogen, so scheidet das Geld als Maß und Instrument zur Aufteilung der Matchrenten aus. Der Erfolg einer Bewerbung hängt dann wie in einer Naturaltauschwirtschaft von der Koinzidenz der Wünsche und Ansprüche der Akteure ab. Empfindet der Jobsucher die angebotene Stelle als Zumutung, weil etwa die Pendelzeit mehr als eine Stunde beträgt, kommt das Match selbst dann nicht zustande, wenn die Firma eine hohe Rente erzielen würde, da sie dem Bewerber angesichts der exogenen Besoldungsordnung keine Kompensation anbieten kann. Und umgekehrt, die Firma lehnt den Jobsucher ab, wenn er ihren Ansprüchen nicht ganz genügt, eine kompensierende Lohnsenkung kommt nicht infrage, da der Lohn durch Gesetz, Besoldungsordnung, Tarifvertrag, Günstigkeitsprinzip oder andere Regulierungen fixiert ist.

Nutzen ist nicht transferierbar, wenn die Nutzenmöglichkeitenkurve der Akteure nicht linear ist oder wenn die Rechtsordnung den Transfer privater Transaktionsrenten ausschließt. Die Rechtsordnung wirkt, indem sie den Transfer privater Renten verbietet, beschränkt oder mit prohibitiven Transaktionskosten belegt. Der Schulrektor stellt während des Vorstellungsgesprächs erfreut fest, das der Bewerber für den Englischunterricht in besonderem Maße geeignet ist und möchte den Anwärter für seine Schule gewinnen. Der Kandidat schätzt das Sprachlabor der Schule, die Auslandskontakte, die Klassengrößen, die geringe Zahl der Ausfall- und Vertretungsstunden, doch der Schulweg ist lang, der Stunden- und Urlaubsplan ist exogen und der Vorschlag einer kompensierenden Erhöhung seiner Bezüge weckt in dem Rektor den Verdacht, die Person des Anwärters entspreche vielleicht doch nicht der Würde des Amtes. Das Match kommt nicht zustande. Der Anwärter hat Glück, findet an seinem Wohnort eine Schule – mit dem gleichen Stundendeputat, den gleichen Bezügen, den gleichen Zulagen, den gleichen Ferienzeiten etc. –, wo er bis zur Pensionierung sein Zweitfach Turnen unterrichtet.

Der Arbeitsmarkt des folgenden Modells ist ein Suchmarkt mit einer exogenen Anzahl von Stellen und EP. Die Matching-Technologie des Marktes erzeugt die exogenen Kontaktraten q und p, wobei q die Rate ist, mit der eine gegebene Vakanz auf einen

Bewerber trifft und p die Rate ist, mit der ein Bewerber im Pool der Vakanzen eine freie Stelle findet. Der Einfachheit halber nehmen wir an, dass Vakanzen und Jobsucher ex ante jeweils homogen sind – wie Jobs, die für Bäckergesellen mit fünfjähriger Berufserfahrung oder wie Planstellen, die für Lehramtsanwärter mit den Fächern Englisch und Turnen vorgesehen sind. Jeder Job ist durch den (Plan-) Output y und den exogenen Lohn w charakterisiert. y und w sind durch Tarifvertrag, Verordnung oder Gesetz festgelegt.

Der Periodennutzen eines beschäftigten Arbeiters setzt sich aus seinem Lohn w und dem Zusatznutzen z_w zusammen. z_w ist eine matchspezifische Zufallsvariable, die sich dem Jobsucher zum Zeitpunkt des Kontakts mit der Vakanz erschließt – wie z.B. die Nachteile des Schulwegs, die Größe des Lehrerzimmers, das Sortiment der Konditorei, der Führungsstil des Bäckermeisters etc. Der Periodennutzen einer Firma besteht aus dem Output y und dem Zusatznutzen z_e. z_e ist der Wert der spezifischen Charakteristika des Beschäftigten für die Firma – wie der Wert des Jahres, das der Bäckergeselle als Konfiseur gearbeitet oder des Auslandssemesters, das der Anwärter an der University of East London studiert hat. Die $z_j \geq 0$, $j = w, e$, sind stetige und beschränkte Zufallsvariable mit den Verteilungsfunktionen F_j. $F_w(z_w) = P(Z \leq z_w)$ ist zum Beispiel die Wahrscheinlichkeit für ein Jobangebot mit einer täglichen Pausenzeit Z, die kürzer ist als $z_w = 2$ Stunden.

Reaktionsfunktionen

Die Werte eines beschäftigten Arbeiters und eines produzierenden Jobs, $W(z_w)$ und $J(z_e)$, sind monoton zunehmende Funktionen der Zusatznutzen z_w und z_e, die der Arbeiter aus den Charakteristika der Stelle und die Firma aus den Eigenschaften des Arbeiters erhält (s. Anhang A5). Sowohl die Jobsucher als auch die Stellenanbieter verfolgen Reservationsstrategien bei ihrer Suche nach geeigneten Matchpartnern. Der Reservationsnutzen des Arbeiters, R_w, ergibt sich implizit mit der Reservationsbedingung $W(R_w) = U$, wobei U der Wert des arbeitslosen Humankapitals ist. Der Arbeiter akzeptiert beim herrschenden Lohn jeden Job $z_w \geq R_w$ und lehnt andere Stellenangebote ab. Warum lehnt er die Angebote $z_w < R_w$ ab, obwohl sie vielleicht allerhand Vorzüge bieten? Weil seine private Transaktionsrente beim herrschenden Lohn negativ ist, wenn er die Stelle $z_w < R_w$ akzeptiert. Und da die Firma infolge exogener Restriktionen außerstande ist, ihm einen Lohn zu zahlen, der den Nutzenverlust $z_w - R_w < 0$ kompensiert, lehnt er die Stelle ab und setzt die Jobsuche fort. Der Reservationsnutzen der Firma, R_e, ergibt sich mit der Reservationsbedingung $J(R_e) = V$, wobei V den Wert einer Vakanz bezeichnet. Die Firma akzeptiert beim herrschenden Lohn jeden Jobsucher, der ihr einen Zusatznutzen z_e verschafft, für den $z_e \geq R_e$ und lehnt alle anderen Bewerber ab. Denn Lohnsenkungen, die sie für den Verlust $z_e - R_e < 0$ kompensieren, schließt die Rechtsordnung aus.

Die Gleichgewichtsbedingungen des Modells legen die in Abb. 6.2 dargestellten Reaktionsfunktionen der Arbeiter, $R_w = \rho_w(R_e)$, und der Unternehmen, $R_e = \rho_e(R_w)$, fest. Die Grafen der beiden Reaktionsfunktionen sind monoton fallende Kurven in der (R_w, R_e)-Ebene. Die Reaktionsfunktion eines Arbeiters stellt den Reservationsnutzen R_w als Funktion des Reservationsnutzens der Firmen dar. Sortieren die Firmen die Bewerber mit dem Kriterium R_e, so antworten die Arbeiter mit dem Reservationsnutzen $R_w = \rho_w(R_e)$. Im Anhang A7 wird gezeigt, dass die Reaktionsfunktion der Arbeiter monoton sinkt: Erhöhen die Unternehmen ihre Ansprüche an die Bewerber, so reagieren die Jobsucher mit einer Senkung ihres Reservationsnutzens. Der Grund hierfür ist leicht einzusehen. Werden die Unternehmen anspruchsvoller, sinkt die Chance der Jobsucher, ein Vertragsangebot zu erhalten. Um ihre Chance zu wahren, müssen sie daher auf Forderungen verzichten, denn eine kompensierende Lohnanpassung kommt nicht infrage. Die Reaktionsfunktion der Unternehmen zeigt, mit welchem Reservationsnutzen die Firmen auf die Ansprüche der Arbeiter reagieren, wobei ρ_e ebenfalls eine monoton fallende Funktion ist: Werden die Arbeiter anspruchsvoller und nimmt infolgedessen die Chance der Firmen, Bewerber für ihre Vakanzen zu finden, ab, so reagieren sie mit einer Senkung ihres Reservationsnutzens.

Gleichgewicht und Arbeitslosenquote

Ein Gleichgewicht des oben beschriebenen Arbeitsmarktes ist ein Zustand (R_w^*, R_e^*), in dem jeder Marktteilnehmer mit seinem optimalen Reservationsnutzen auf das Anspruchsniveau der anderen Marktseite reagiert, so dass sich die beiden Reaktionsfunktionen im Punkt (R_w^*, R_e^*) schneiden, s. Abb. 6.2.

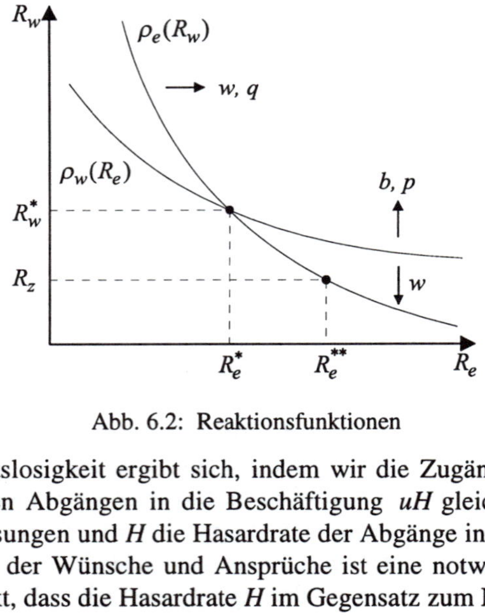

Abb. 6.2: Reaktionsfunktionen

Die natürliche Arbeitslosigkeit ergibt sich, indem wir die Zugänge zum Arbeitslosenpool $(1-u)\lambda$ mit den Abgängen in die Beschäftigung uH gleichsetzen, wobei λ die Rate der Stellenauflösungen und H die Hasardrate der Abgänge in die Beschäftigung ist. Doppelte Koinzidenz der Wünsche und Ansprüche ist eine notwendige Bedingung für ein Match und bewirkt, dass die Hasardrate H im Gegensatz zum Modell (5.3), wo $H = p$, ein relativ komplizierter Ausdruck ist: H ist gleich dem Produkt aus der Kontaktrate der Jobsucher, p, der Wahrscheinlichkeit, bei einem Kontakt eine zumutbare Stelle anzutreffen, $1-F(R_w)$, und der Wahrscheinlichkeit, von dem Unternehmen akzeptiert zu werden: $H = p[1-F_w(R_w)][1-F_e(R_e)]$. Im Steady state gilt damit

$$u(R_w^*, R_e^*) = \frac{\lambda}{\lambda + p[1-F_w(R_w^*)][1-F_e(R_e^*)]}. \tag{6.12}$$

Die Tab. 6.6 stellt die Resultate der komparativ statischen Analyse der Gleichgewichtsbedingungen sowie der natürlichen Rate der Arbeitslosigkeit (6.12) dar (s. Anhang A7).

Tab. 6.6: Komparativ statische Analyse des Arbeitsmarktgleichgewichts

Ursache:	Wirkung:		
	R_w^*	R_e^*	u^*
b	+	−	+
w	−	+	?
p	+	−	−
q	−	+	+

Erhalten die Jobsucher einen höheren Lohnersatz b, so steigen ihre Ansprüche an eine neue Stelle, während die Firmen mit einem niedrigeren Reservationsnutzen reagieren. Da b nicht direkt auf den Reservationsnutzen der Firmen wirkt, hat der erste Effekt ein stärkeres Gewicht als der zweite und die natürliche Arbeitslosenrate steigt. Steigt der exogene (Tarif-) Lohn w, so nehmen die Ansprüche der Jobsucher an einen neuen Job ab. Die Firmen werden demgegenüber kritischer. Die beiden Anpassungen weisen in entgegen gesetzte Richtungen, so dass die Wirkung auf die Arbeitslosenrate nicht eindeutig ist. Mit ihrer Kontaktrate p steigt auch der Reservationsnutzen der Jobsucher, während der Reservationsnutzen der Firmen sinkt. Die Arbeitslosenrate nimmt allerdings trotz der gestiegenen Ansprüche der Arbeiter ab, da ein Zuwachs von p die erwartete Dauer der Arbeitslosigkeit senkt. Steigt dagegen q, die Rate mit der die Vakanzen auf Jobsucher treffen, so können es sich die Vakanzen leisten, die Bewerber mit höheren Erwartungen zu konfrontieren, und die Arbeitslosenrate nimmt zu, obwohl sich die Jobsucher mit weniger zufrieden geben.

Zumutbare Beschäftigungen

Je höher das Lohnersatzeinkommen b ist, das ein Jobsucher erhält, umso höher sind seine Ansprüche R_w^* bei der Auswahl der nächsten Stelle und umso höher ist cet. par. die natürliche Rate der Arbeitslosigkeit. Sind erst einmal der Lohn, die Arbeitslosenversicherung und die Arbeitsvermittlung verstaatlicht, so kann der Staat in Zeiten der Massenarbeitslosigkeit die Entscheidung über die Zumutbarkeit einer Stelle nicht mehr einfach dem Willen der Jobsucher überlassen, er muss die Angemessenheit des Anpassungsverhaltens der Jobsucher und Jobanbieter kontrollieren. Die erste staatliche Regulierung der Zumutbarkeit in der Nachkriegszeit stellte die „Zumutbarkeitsanordnung" der Bundesanstalt für Arbeit von 1982 dar – eine Reaktion auf die beginnende Massenarbeitslosigkeit und eine Fortentwicklung der Zumutbarkeitsregelung des § 90 des Gesetzes über Arbeitsvermittlung und Arbeitslosenversicherung von 1927 (AVAVG), eine Norm, die während der Weimarer Massenarbeitslosigkeit entstand. Seit 1997 ist die Zumutbarkeitsregel fester Gesetzesbestandteil und in § 121 Sozialgesetzbuch (SGB III) kodifiziert. Welche Wirkung hat die Regulierung der Zumutbarkeit auf die natürliche Rate der Arbeitslosigkeit in dem Burdett-Wright-Modell?

Bei der Steuerung der Zumutbarkeitsgrenze sind ähnlich wie bei einer Preisverordnung zwei Fälle zu unterscheiden. Erstens die Mindestanforderung an eine Stelle r_z, die in Schutzgesetzen eine zentrale Rolle spielt. Adressaten der Verordnung sind die Anbieter

Deutsche Unternehmen suchen in Osteuropa Flexibilität

Niedrigere Löhne sind für die Entscheidung, Teile der Produktion nach Mittel- und Osteuropa zu verlagern, kaum mehr von Bedeutung, denn viele osteuropäische Länder gehören schon lange nicht mehr zu den Billiglohnländern.

„Viel wichtiger als die Höhe der Löhne ist für Unternehmen wie Audi und Volkswagen, deren Produktion erheblichen Kapitaleinsatz verlangt, die fast uneingeschränkte Flexibilität in der Nutzung der Arbeitskraft. Nach Aussagen des kaufmännischen Leiters des Audi-Motorenwerkes in der nordungarischen Industriestadt Györ können die Produktionsanlagen wenn immer nötig 365 Tage im Jahr rund um die Uhr laufen. Das Werk braucht für eine derartige Auslastung weder die Zustimmung der Gewerkschaften einzuholen, noch sich von sonstigen Behörden eine Erlaubnis geben zu lassen. Umgekehrt kann es aber auch ohne langwierige Abstimmung mit den Behörden oder Gewerkschaften Kurzarbeit anordnen, sollte die Auftragslage dies verlangen. Dank dieser Flexibilität, die eine optimale Nutzung der Produktionsanlagen erlaubt, könne man die Produktionsanlagen kleiner auslegen als beispielsweise in Deutschland, sagt die Geschäftsleitung. Das Unternehmen spart Kapitalkosten, die im Fall Audi rund 10 Prozent geringer sein sollen als in Deutschland. ...

Die Starrheit der Arbeitsmarktregeln und nicht die Lohnhöhe treibt folglich viele Unternehmen ins Ausland. Dabei kommt der uneingeschränkten Erlaubnis, die Produktionsanlagen völlig flexibel entsprechend der Auftragslage zu nutzen, auch größere Bedeutung zu als der Aufhebung des Kündigungsschutzes.“

Was der Autor des FAZ-Artikels offenbar übersieht ist, dass sich die „Starrheit der Arbeitsmarktregeln“ durch flexible Löhne kompensieren ließe. Doch der Nutzengewinn infolge der geltenden Schutzgesetze, den Audi-Mitarbeiter an deutschen Standorten genießen, ist angesichts der Starrheit der Löhne nicht transferierbar.

Quelle: FAZ, Nr. 70, 23.03.2004, S. 15

von Vakanzen, denen der Staat technische, zeitliche und soziale Mindestanforderungen vorschreibt, die ein Job und das Unternehmen erfüllen müssen, um eine gewerbliche Zutrittserlaubnis zum offiziellen Arbeitsmarkt zu bekommen. Eine Wirkung haben diese Schutzverordnungen nur, wenn der vom Staat kontrollierte Mindestnutzen r_z höher ist als der endogene Reservationsnutzen der Jobsucher, so dass $r_z > R_w^*$. Zweitens der Höchstanspruch R_z, den der Jobsucher bei der staatlichen Vermittlung an einen Job stellen kann. Adressaten der Regelung, die nur dann eine Wirkung entfaltet, wenn $R_z < R_w^*$, sind die Jobsucher.

Tab. 6.7: Komparativ statische Analyse des Arbeitsmarktgleichgewichts

	Ursache:			
Wirkung:	R_z	w	p	q
R_e^{**}	–	+	0	+
u^{**}	+	+	–	+

Das Arbeitsmarktgleichgewicht mit staatlicher Zumutbarkeitsgrenze R_z ist durch die Gleichgewichtsbedingung für den Reservationsnutzen der Firmen bestimmt, während sich die Arbeitslosenrate analog zur Gleichung (6.12) ergibt, indem man darin R_w^* durch die gesetzliche Zumutbarkeitsgrenze R_z ersetzt. Bei exogenen Kontaktraten p

und q erhält man die in Tab. 6.7 dargestellten Resultate der komparativ statischen Analyse des regulierten Gleichgewichts, s. auch Abb. 6.2.

Senkt der Staat die Zumutbarkeitsgrenze R_z, so können die Firmen mit einem größeren Bewerberpool rechnen und erhöhen ihre Anforderungen. Trotzdem nimmt die Arbeitslosenrate ab. Lohnerhöhungen haben bei exogener Zumutbarkeitsgrenze dieselbe Wirkung auf den Reservationsnutzen der Firmen wie im Gleichgewicht bei privatautonomen Entscheidungen über die Zumutbarkeit. Da der kompensierende Effekt des fallenden Anspruchsniveaus der Jobsucher allerdings nun entfällt, nimmt die Arbeitslosenrate zu, wenn der Lohn w steigt. p hat bei exogenem R_z keinen Einfluss auf den Reservationsnutzen der Firmen und senkt daher die Arbeitslosenrate, während die Wirkungen von q die gleichen sind wie bei endogenem Reservationsnutzen.

Zusammenfassung

In den Lohnsetzungsspielen des Kapitels kontrollieren die Firmen die Lohnofferten, während die Jobsucher den Reservationslohn wählen, mit dem sie die angebotenen Stellen sortieren. Da Friktionen die Ankunftsraten der Offerten beschränken, hat der Reservationslohn zwei Komponenten. Die erste ist der Lohnersatz, die zweite der Saldo zwischen den Werten der Suchoptionen der arbeitslosen und der beschäftigten Jobsucher. Arbeitslose Jobsucher sind bereit, trotz hoher Lohnersatzraten niedrige Einstiegslöhne zu akzeptieren, wenn sie die Chance, einen vorteilhaften Anschlussjob zu finden, für den anfänglichen Einkommensverzicht kompensiert. Die Erwartungen hoher Einstiegslöhne von deutschen (Langzeit-) Arbeitslosen reflektieren nicht nur die Großzügigkeit des Sozialrechts und die Unkenntnis der Arbeitsmarktverhältnisse, sondern vor allem die verwaltungsrechtliche Segmentierung der deutschen Arbeitsmärkte. Aberhunderte von Gesetzen und Verordnungen regulieren den Berufseinstieg, die Laufbahn und die zwischenberufliche Mobilität. Staatliche Zeugnisse, Titel und Diplome sind Voraussetzung für die Ausübung selbst der einfachsten Jobs. Geringqualifizierte ohne staatliche Zeugnisse, die eine niedrig bezahlte Hilfsarbeit mit harten Arbeitsbedingungen akzeptieren, laufen in eine „Niedriglohnfalle“, aus der es keinen Aufstieg gibt. Angesichts dieser Aussicht erscheint vielen (Langzeit-) Arbeitslosen die Dauerarbeitslosigkeit als das kleinere Übel.

Brücken zwischen der Theorie des Arbeitsrechts und der Modellwelt der Ökonomie gibt es kaum. Eine Kommunikation über die Grenzen der Fächer hinweg findet in Deutschland nicht statt. Das Modell der Arbeitsmarktökonomen ist die friktionslose Welt vollständiger Konkurrenz. Der arbeitsrechtliche Diskurs, der die praktische Arbeitsmarktpolitik beherrscht, dreht sich noch immer um die rechtspolitische Verarbeitung der „sozialen Frage“, der Umverteilung der sozialen und privaten Kosten der Unter- und Überbietungskonkurrenz und um die strukturelle Imparität, die das Arbeitsverhältnis in einer Marktwirtschaft im Gegensatz zum Schein des liberalen Vertragsrechts mit seiner Abschluss- und Gestaltungsfreiheit in Wirklichkeit beherrscht.

Um die Idee der strukturellen Imparität auch einmal zu modellieren, ist es nützlich, die neuen Suchtheorien als Alternativen zum Modell der vollständigen Konkurrenz in Betracht zu ziehen. Die Marktform der Lohnsetzungsspiele ist die monopsonistische Konkurrenz, bei der die Firmen die Löhne und Arbeitsbedingungen setzen, während die Arbeiter die Vertragsofferten mit ihrem vom Sozialrecht beeinflussten Reservationslohn sortieren und dort zusagen, wo das Angebot ihren Reservationslohn erreicht. Die Wirkung der Lohnsetzungsmacht der Firmen hängt davon ab, ob die Jobsucher Vergleichsangebote haben oder nicht. Die Zahl der pro Periode möglichen Vergleiche ist ein Maß für die herrschenden Friktionen. Sind die Friktionen gering und die Anpassungsgeschwindigkeiten hoch, nähert sich das Gleichgewicht des Suchmarktes dem Zustand der vollständigen Konkurrenz und die Arbeitnehmer erhalten – trotz der Lohnsetzungsmacht der Firmen – Löhne in Höhe des Grenzprodukts. Sind die Anpassungsgeschwindigkeiten niedrig und die Vergleiche begrenzt, nähert sich das Suchmarktgleichgewicht dem Monopson, die Arbeiter verdienen ein Einkommen, das nicht höher ist als ihr Reservationslohn. In allen Zwischenlagen mit positiver aber endlicher Anpassungsgeschwindigkeit ergibt sich ein Suchmarktgleichgewicht mit reiner Lohndispersion. Homogene Arbeiter verdienen unterschiedlich hohe Löhne. Je größer die Firma und je signifikanter die Imparität zwischen den Arbeitsvertragsparteien ist, umso höher ist das Entgelt, das der Arbeitgeber den Mitarbeitern bezahlt, umso niedriger ist seine Fluktuationsrate und umso länger die Lebensdauer seiner Jobs.

Recht und Moral begrenzen die Verwendbarkeit von Geld als Instrument zur Verteilung von Transaktionsrenten. Löhne, die durch Gesetz, Verordnung oder kollektive Verträge gebunden sind, stehen für kompensierende Lohnvariationen nicht zur Verfügung, die Transaktionsrenten sind nicht transferierbar, der Abschluss eines Arbeitsvertrags hängt, wie in einer Naturaltauschwirtschaft, von der doppelten Koinzidenz der Wünsche und Ansprüche der Tauschenden ab. Dass Modell des Suchmarktes mit exogenem Lohn und nicht transferierbarem Nutzen stellt die Interdependenz der Reservationsnutzen von Firmen und Jobsuchern in Gestalt von Reaktionsfunktionen dar. Der Reservationsnutzen – etwa die Pendelzeit – tritt an die Stelle des Reservationslohns bei der Auswahl einer passenden Stelle. Werden die Unternehmen bei der Personalrekrutierung anspruchsvoller, sinkt cet. par. die Chance der Bewerber, eine Stelle zu finden, die sie akzeptiert. Diese reagieren daraufhin mit einem niedrigeren Reservationsnutzen und nehmen zum Beispiel längere Pendelzeiten in Kauf. Mit den Modellen nicht transferierbaren Nutzens lassen sich die Wirkungen einer Verstaatlichung der Sortierkriterien studieren. Mit der Kodifikation der zumutbaren Beschäftigung (SGB III, § 121) legt der Staat den Höchstanspruch fest, den ein registrierter Arbeitsloser bei der Jobsuche an einen Job stellen darf. Senkt der Staat diese Zumutbarkeitsgrenze unter den endogenen Gleichgewichtswert der Jobsucheransprüche, geht in dem Modell mit exogenen Offertenraten die gleichgewichtige Arbeitslosigkeit zurück.

Anhang

A1 Monotonie der Wertfunktion $W(w)$ – Gleichung (6.2)

Differenziert man die Wertgleichung (6.2) nach dem Lohn w, den der Arbeiter aktuell verdient und berücksichtigt, dass die Ableitung des Integrals nach der unteren Grenze w gleich null ist (s. Rechenregeln), so erhält man

$$rW'(w) = 1 - p_1 W'(w) \int_w^\infty dF(\omega) - \lambda W'(w).$$

Das Integral in der obigen Gleichung ist gleich $1-F(w)$. Löst man hiermit die Gleichung nach der Ableitung $W'(w)$ auf, so folgt die Behauptung

(A1) $$W'(w)=\frac{1}{\lambda+r+p_1[1-F(w)]}>0.$$

Die Wertfunktion ist streng monoton und hat daher die Reservationseigenschaft.

A2 Ableitung der Integralgleichung (6.4)

Durch partielle Integration (s. Rechenregeln) erhält man aus Gleichung (6.3)

$$\begin{aligned} w_A &= b+(p_0-p_1)\int_{w_A}^{\infty}[W(\omega)-W(w_A)]dF(\omega)\\ &= b+(p_0-p_1)\left[W(\omega)F(\omega)\Big|_{w_A}^{\infty}-\int_{w_A}^{\infty}W'(\omega)F(\omega)d\omega-[1-F(w_A)]W(w_A)\right]\\ &= b+(p_0-p_1)\left[\int_{w_A}^{\infty}W'(\omega)d\omega-[1-F(\omega)]W(\omega)\Big|_{w_A}^{\infty}-[1-F(w_A)]W(w_A)-\int_{w_A}^{\infty}W'(\omega)F(\omega)d\omega\right]\\ &= b+(p_0-p_1)\int_{w_A}^{\infty}W'(\omega)[1-F(\omega)]d\omega . \end{aligned}$$

Beim Übergang zur letzten Zeile berücksichtigt man, dass $[1-F(\omega)]W(\omega)\Big|_{w_A}^{\infty}=-[1-F(w_A)]W(w_A)$, da $F(\infty)=1$. Ersetzt man nun in der letzten Zeile die Ableitung der Wertfunktion mit (A1), so erhält man die Integralgleichung (6.4).

A3 Komparative Statik des Reservationslohns (6.4)

Schreibt man den Reservationslohn (6.4) als implizite Funktion, so ergibt sich

$$K(w_A,b,p_0,p_1,r,\lambda)\equiv w_A-b-(p_0-p_1)\int_{w_A}^{\infty}\left[\frac{1-F(\omega)}{r+\lambda+p_1[1-F(\omega)]}\right]d\omega=0 .$$

Die partiellen Ableitungen der oben definierten Funktion folgen – mit $K_x=\partial K/\partial x$ für $x\in X=\{w_A,b,p_0,p_1,r,\lambda\}$ –, wobei wir, wenn nötig, annehmen, dass $p_0-p_1\neq 0$

$$K_{w_A}=\frac{r+\lambda+p_0[1-F(w_A)]}{r+\lambda+p_1[1-F(w_A)]}>0 \qquad K_b=-1$$

$$K_{p_0}=-\frac{w_A-b}{p_0-p_1}<0 \qquad K_{p_1}=\int_{w_A}^{\infty}\frac{[1-F(\omega)]\{r+\lambda+p_0[1-F(\omega)]\}}{\{r+\lambda+p_1[1-F(\omega)]\}^2}d\omega>0$$

$$K_r = K_\lambda = (p_0 - p_1) \int_{w_A}^{\infty} \frac{1 - F(\omega)}{\{r + \lambda + p_1[1 - F(\omega)]\}^2} d\omega .$$

Mit dem totalen Differenzial $dK = \sum_{x \in X} K_x dx = 0$ und den Vorzeichen der partiellen Ableitungen ergeben sich die Vorzeichen in der Tab. 6.5.

A4 Lohndispersion

Zunächst leiten wir die Lohnverteilung G und anschließend die gleichgewichtige Belegschaftsstärke $l(w)$ ab.

A4.1 Verteilung des Lohneinkommens G

Von der Verteilung der Lohnofferten F ist die Verteilung des Lohneinkommens G zu unterscheiden. $G(w)$ ist der Anteil der ET, der den Lohn w oder einen niedrigeren Lohn als w verdient. G und F sind verschieden, da Unternehmen mit verschiedenen Löhnen auch verschieden große Belegschaften haben. Die Einkommensverteilung G ist wie F endogen und ergibt sich für den Steady state folgendermaßen.

Die Zahl der Arbeiter, die mit dem Lohn w oder einem niedrigeren Lohn als w beschäftigt sind, ist gleich $G(w)(1-u)$. Die *bestandswirksamen* Neuzugänge zu diesem Pool bestehen nur aus arbeitslosen Jobsuchern, deren Zahl $p_0 F(w)u$ beträgt. Denn von den u Arbeitslosen erhalten $p_0 u$ Jobofferten und unter diesen ist ein Anteil $F(w)$, der den Adressaten den Lohn w oder weniger als w in Aussicht stellt. Natürlich gibt es in dem Pool $G(w)(1-u)$ auch Arbeiter, die ihren Job kündigen, um zu einem Anschlussjob $\omega \le w$ zu wechseln, der ebenfalls zu dem Pool $G(w)(1-u)$ gehört. Diese Zugänge sind jedoch gleich den entsprechenden Abgängen und sind daher nicht *bestandswirksam*. Die *bestandswirksamen* Abgänge aus dem Pool bestehen erstens aus $\lambda G(w)(1-u)$ Arbeitern, die den Job verlieren und arbeitslos werden und zweitens aus $p_1[1-F(w)]G(w)(1-u)$ Arbeitern, die kündigen, um zu einem Anschlussjob $\omega > w$ zu wechseln. Im Steady state sind die *bestandswirksamen* Zu- und Abgänge gleich hoch, so dass

(A2) $$p_0 F(w)u = \lambda G(w)(1-u) + p_1[1-F(w)]G(w)(1-u) .$$

Ersetzt man in der Steady-state-Bedingung (A2) die Arbeitslosenquote u mit Hilfe von (6.6) und löst nach der Einkommensverteilung G auf, so ergibt sich

(A3) $$G(w) = \frac{\lambda F(w)}{\lambda + p_1[1-F(w)]} .$$

Die Verteilung des Lohneinkommens G hat die folgenden Eigenschaften, die sich mit Hilfe der Beziehung (A3) ableiten lassen. Erstens gilt für alle w mit $0 < F(w) < 1$, dass $0 < G(w) < F(w)$. Mithin ist der Anteil der Jobs mit hohem Lohn in der Offertenverteilung geringer als in der Einkommensverteilung. Da im Gleichgewicht des Lohnsetzungsspiels der Reservationslohn der niedrigste unter allen angebotenen Löhnen ist, gilt zweitens $G(w_A) = F(w_A) = 0$. Die Offertenverteilung des Gleichgewichts ist von oben begrenzt. Sei $\overline{w} > w_A$ die obere Grenze. Ist w ein Lohn der im Gleichgewicht des Lohnsetzungsspiels angeboten wird, dann ist $w \leq \overline{w}$ und für alle Löhne $w \geq \overline{w}$ gilt $G(w) = F(w) = 1$. Aus der Tatsache, dass die Definitionsbereiche der Offerten- und der Einkommensverteilung identisch sind und dass $0 < G(w) < F(w)$, folgt viertens für die Erwartungswerte der beiden Verteilungen, dass $E_G[w] > E_F[w]$, d.h. F wird von G stochastisch dominiert. Schließlich ist die Offenverteilung F des Gleichgewichts differenzierbar, so dass auch zur Einkommensverteilung G die erste Ableitung existiert. Mithin haben F und G Dichtefunktionen f und g, für die $f(w) = F'(w)$ und $g(w) = G'(w)$

A4.2 Firmengröße

Die Größe der Stammbelegschaft $l(w)$ erhält man folgendermaßen. Von den $1-u$ Beschäftigten, die es in der Volkswirtschaft gibt, verdienen $g(w)(1-u)$ den Lohn w. $f(w)$ Unternehmen offerieren Vakanzen mit dem Lohn w. Bedenkt man, dass im Mittel alle Unternehmen, die w anbieten, gleich groß sind, so ist die Stammbelegschaft der Unternehmen, die den Lohn w bezahlen, $l(w) = (1-u)g(w)/f(w)$. Mit der Gleichung (6.6) erhält man zunächst für die Beschäftigungsquote $1-u = p_0/(\lambda + p_0)$. Differenziert man die Beziehung (A3) nach dem Lohn w, so findet man außerdem mit Rücksicht auf (6.5), dass $g(w)/f(w) = \lambda(\lambda + p_1)d(w)^2$. Setzt man diese beiden Resultate in die Gleichung für die Stammbelegschaft ein, so folgt schließlich

$$l(w) = \frac{(1-u)g(w)}{f(w)} = \frac{\lambda p_0(\lambda + p_1)}{\lambda + p_0} d(w)^2.$$

A5 Nicht transferierbarer Nutzen

Zuerst stellen wir die Wertfunktionen der Jobsucher und der Beschäftigten und im nächsten Abschnitt die Wertfunktionen der Vakanzen und der besetzten Stellen dar.

A5.1 Jobsucher und Beschäftigte

Im Steady state hat ein Job mit dem Zusatznutzen z_w für den Beschäftigten den Wert $W(z_w)$, wobei

(A4) $$rW(z_w) = w + z_w + \delta_w[U - W(z_w)] - \lambda_w W(z_w).$$

Exogene Schocks, die den Arbeiter dazu bewegen, den Job aufzugeben, ohne den Arbeitsmarkt zu verlassen, treffen mit der Rate δ_w ein. U ist der Wert der Jobsuche, der Freizeit oder einer alternativen Beschäftigung und $U - W(z_w)$ ist der Verlust, der den Arbeiter trifft, wenn er den Job z_w verliert. Mit der Rate λ_w scheidet der Arbeiter endgültig aus dem Arbeitsleben aus, wobei er, wie wir annehmen, sofort durch eine gleichartige Arbeitskraft, die als Jobsucher beginnt, ersetzt wird.

U hängt nicht von z_w ab. $W(z_w)$ ist daher, wie die Assetgleichung (A4) zeigt, eine differenzierbare, streng monoton zunehmende Funktion von z_w mit der Ableitung $W'(z_w) = 1/(r + \delta_w + \lambda_w) > 0$. Die Wertfunktion hat folglich die Reservationseigenschaft, und es existiert ein Reservationsnutzen R_w, für den $W(R_w) = U$. Der Arbeiter akzeptiert jeden Job $z_w \geq R_w$ und lehnt andere Stellenangebote ab.

Für das Einkommen eines Jobsuchers, rU, gilt mit Rücksicht auf den endogenen Reservationsnutzen R_w die Steady-state-Beziehung

$$rU = b + p_w \int_{R_w}^{\bar{z}_w} [W(z_w) - U] dF_w(z_w) - \lambda_w U, \tag{A5}$$

dabei ist b das Einkommen während der Jobsuche, p_w ist die Rate, mit der ein Jobsucher effektive Stellenangebote erhält und $\bar{z}_w > 0$ ist die obere Grenze der Verteilung der Jobcharakteristika. Das Integral in der Einkommensgleichung (A5) gibt den erwarteten Gewinn bei einem Übergang in die Beschäftigung an. Mit der Rate λ_w scheidet der Arbeiter aus dem Arbeitsleben aus und erleidet einen Verlust in Höhe von U.

Die Einstellungsrate p_w hat zwei Komponenten: $p_w = p[1 - F_e(R_e)]$. Erstens muss der Jobsucher überhaupt eine freie Stelle finden, und p ist die Rate, mit der er Kontakte zu Vakanzen knüpft. Zweitens muss der Arbeitgeber den Jobsucher akzeptieren, was nur mit der Wahrscheinlichkeit $1 - F_e(R_e)$ der Fall ist. Nur die Jobsucher $z_e \geq R_e$, deren Produktivität oder Zusatznutzen z_e so hoch ist, dass die Firma ihren Reservationsnutzen R_e erreicht, erhalten ein Vertragsangebot.

Ähnlich wie bei der Ableitung der Integralgleichung (6.4) erhält man durch partielle Integration aus der Wertgleichung (A5)

$$\begin{aligned}(r + \lambda_w)U &= b + p_w \int_{R_w}^{\bar{z}_w} W'(z_w)[1 - F_w(z_w)] dz_w \\ &= b + \frac{p_w}{r + \lambda_w + \delta_w} \int_{R_w}^{\bar{z}_w} [1 - F_w(z_w)] dz_w \\ &= b + \frac{p_w}{r + \lambda} \mu_w(R_w),\end{aligned} \tag{A6}$$

wobei wir die Abkürzung $\lambda = \lambda_w + \delta_w$ verwenden und in der ersten Gleichung die Ableitung $W'(z_w)$ mit Hilfe von $W'(z_w) = 1/(r + \lambda_w + \delta_w)$ ersetzen.

Mit μ_w, der sog. Surplus-Funktion, vereinfacht man die Schreibweise der Integralgleichung (A6). Die Surplus-Funktion der Arbeiter ist eine Funktion des Reservationsnutzens R_w und folgendermaßen definiert

$$\mu_w(R_w) \equiv \int_{R_w}^{\bar{z}_w} (z_w - R_w) dF_w(z_w) = \int_{R_w}^{\bar{z}_w} [1 - F_w(z_w)] dz_w, \tag{A7}$$

wobei man die zweite Gleichung durch partielle Integration erhält, wie im folgenden Anhang A6 gezeigt wird. Die Surplus-Funktion (A7) ist eine monoton fallende und konvexe Funktion der Zumutbarkeitsgrenze R_w, da $\mu_w'(R_w) = -[1 - F_w(R_w)] \leq 0$ und $\mu_w''(R_w) = F_w'(R_w) \geq 0$, wobei man für das letzte Resultat die Differenzierbarkeit der Verteilungsfunktion der Jobcharakteristika voraussetzen muss.

Aus der Wertgleichung (A4) und der Reservationsbedingung $W(R_w) = U$ ergibt sich für den Wert der Jobsuche U die folgende Beziehung

(A8) $$U = \frac{w + R_w}{r + \lambda_w}.$$

Aus (A6) und (A8) erhält man als nächstes die Gleichung

$$R_w + w - b = \frac{p_w}{r + \lambda}\mu_w(R_w).$$

Mit der Surplus-Funktion der Unternehmen, $\mu_e(R_e)$, die – auf Basis der Verteilungsfunktion der Charakteristika der Arbeiter $F_e(z_e)$ –, analog definiert ist wie die Surplus-Funktion (A7), gilt $\mu_e'(R_e) = -[1 - F_e(R_e)]$. Hiermit lässt sich die Einstellungsrate p_w folgendermaßen schreiben: $p_w = p[1 - F_e(R_e)] = -p\mu_e'(R_e)$, so dass schließlich

(A9) $$(r + \lambda)(R_w + w - b) = -p\mu_e'(R_e)\mu_w(R_w).$$

Die Beziehung (A9) legt implizit die in Abb. 6.2 dargestellte Reaktionsfunktion der Arbeiter fest, $R_w = \rho_w(R_e)$. Im Anhang A7 wird gezeigt, dass die Reaktionsfunktion der Arbeiter eine monoton fallende Funktion von R_e ist.

A5.2 Vakanzen und besetzte Stellen

Die Reaktionsfunktion der Unternehmen, $R_e = \rho_e(R_w)$, können wir in Analogie zur Reaktionsfunktion der Arbeiter ableiten. Hierzu benötigt man das Einkommen eines besetzten Jobs, $rJ(z_e)$, für das

(A10) $$rJ(z_e) = y + z_e - w + \delta_e[V - J(z_e)] - \lambda_e J(z_e).$$

Beschäftigt die Firma einen Arbeiter mit der Eigenschaft z_e, so ist der laufende Firmennutzen bestimmt durch den Output des Arbeiters abzüglich der exogenen Lohnkosten, $y + z_e - w$. Mit der Rate δ_e wird das Arbeitsverhältnis aufgelöst und die Stelle wird vakant; mit der Rate λ_e scheidet die Stelle endgültig aus. Ausscheidende Stellen werden sofort durch neue Vakanzen ersetzt.

Da weder die Firmen noch die Arbeiter einen Job freiwillig aufgeben und beide Marktseiten rationale Erwartungen haben, gilt

(A11) $$\delta_e = \lambda_w \quad \text{und} \quad \delta_w = \lambda_e,$$

denn eine besetzte Stelle wird nur dann vakant, wenn der Beschäftigte endgültig ausscheidet, und der Arbeiter wird nur dann Jobsucher, wenn seine Stelle endgültig den Markt verlässt.

Der Wert einer Vakanz, V, hängt nicht von den spezifischen Eigenschaften der Arbeiter ab. Mithin ist der Wert einer besetzten Stelle, wie die Gleichung (A10) verdeutlicht, eine differenzierbare, streng monoton in z_e zunehmende Funktion, die die Reservationseigenschaft besitzt. Der Reservationsnutzen der Firma, R_e, ergibt sich mit der Reservationsbedingung $J(R_e) = V$, der Wertgleichung (A10) und dem Steady-state-Wert einer Vakanz

(A12) $$rV = -k + q_e \int_{R_e}^{\bar{z}_e} [J(z_e) - V] dF_e(z_e) - \lambda_e V.$$

Das Integral in (A12) gibt den erwarteten Kapitalgewinn bei einer Stellenbesetzung an. Mit der Rate λ_e scheidet die Vakanz endgültig aus, wobei die Firma einen Verlust in Höhe von V erleidet.

Die Stellenbesetzungsrate q_e hat zwei Komponenten: $q_e = q[1 - F_w(R_w)]$. Zunächst muss die Vakanz auf einen Bewerber treffen, und q ist die Rate der Kontakte zu den Jobsuchern. Darüber hinaus muss der Bewerber die Stelle akzeptieren, was nur mit der Wahrscheinlichkeit $1 - F_w(R_w)$ der Fall ist.

Analog zur Ableitung der Reaktionsfunktion (A9) erhalten wir aus den Wertgleichungen der Firma sowie mit Rücksicht auf die Gleichungen (A11) die folgende Beziehung für den Reservationsnutzen R_e

(A13) $$(r + \lambda)(y + R_e - w + k) = -q\mu_w'(R_w)\mu_e(R_e).$$

Wie im Fall des Arbeiters, so bestimmt die Gleichung (A13) die in Abb. 6.2 dargestellte Reaktionsfunktion der Unternehmen, $R_e = \rho_e(R_w)$. ρ_e ist eine monoton fallende Funktion, wie im folgenden Anhang A7 dargestellt wird.

A6 Surplus-Funktion

Wir betrachten die Surplus-Funktion $\mu(R)$ der beschränkten Zufallsvariablen $z \geq 0$, wobei $F(z)$ die Verteilungsfunktion von z ist. Für $\mu(R)$ gilt

(A14) $$\mu(R) = \int_R^{\bar{z}} (z - R) dF(z).$$

Partielle Integration von (A14) liefert

$$\begin{aligned}\mu(R) &= (z - R)F(z)\Big|_R^{\bar{z}} - \int_R^{\bar{z}} F(z)dz = (\bar{z} - R)F(\bar{z}) - \int_R^{\bar{z}} F(z)dz \\ &= (\bar{z} - R) - \int_R^{\bar{z}} F(z)dz = \int_R^{\bar{z}} [1 - F(z)]dz,\end{aligned}$$

wobei man berücksichtigt, dass für alle $z \geq \bar{z}$: $F(z) = 1$. Der Wert der Surplus-Funktion bei einem Reservationsnutzen von null, $R = 0$, ist gleich dem Erwartungswert der Verteilung der Jobcharakteristika, $\mu(0) = E[Z]$. Ist der Reservationsnutzen gleich der oberen Grenze der Verteilung der Jobcharakteristika, gilt außerdem $\mu(\bar{z}) = 0$.

Die Funktion $\mu(R)$ ist an der Stelle R log-konkav, wenn die Funktion $\log(\mu(R))$ konkav ist. Ist die Surplus-Funktion stetig differenzierbar, so ist $\mu(R)$ genau dann log-konkav, wenn

$$\mu''(R)\mu(R) - (\mu'(R))^2 \leq 0 .$$

Das strenge Ungleichheitszeichen gilt genau dann, wenn $\mu(R)$ streng log-konkav ist.

A7 Reaktionsfunktionen sowie Tab. 6.6 und Tab. 6.7

Die Reaktionsfunktionen der Arbeiter, $R_w = \rho_w(R_e)$, und der Firmen, $R_e = \rho_e(R_w)$, werden implizit durch die Beziehungen (A9) und (A13) definiert, die hier der Übersichtlichkeit halber noch einmal dargestellt werden

(A15) $$K_w(R_w, R_e, b, w, p, q) \equiv (r+\lambda)(R_w + w - b) + p\mu_e'(R_e)\mu_w(R_w) = 0$$

(A16) $$K_e(R_w, R_e, b, w, p, q) \equiv (r+\lambda)(y + R_e - w + k) + q\mu_w'(R_w)\mu_e(R_e) = 0.$$

Bildet man zu den impliziten Funktionen K_w und K_e die partiellen Ableitungen nach den beiden endogenen Variablen und den Parametern des Modells, so ergeben sich die anschließend notierten Ausdrücke. Dabei verwenden wir, am Beispiel von K_w erläutert, die folgende Schreibweise: $K_{wx} = \partial K_w / \partial x$ für $x \in X = \{R_w, R_e, b, w, p, q\}$ und nehmen an, dass die Surplus-Funktionen stetig differenzierbar sind.

$$\begin{aligned}
K_{wR_w} &= (r+\lambda) + p\mu_e'\mu_w' > 0 & \qquad K_{eR_w} &= q\mu_w''\mu_e \geq 0 \\
K_{wR_e} &= p\mu_e''\mu_w \geq 0 & K_{eR_e} &= (r+\lambda) + q\mu_w'\mu_e' > 0 \\
K_{wb} &= -(r+\lambda) < 0 & K_{eb} &= 0 \\
K_{ww} &= r+\lambda > 0 & K_{ew} &= -(r+\lambda) < 0 \\
K_{wp} &= \mu_e'\mu_w \leq 0 & K_{ep} &= 0 \\
K_{wq} &= 0 & K_{eq} &= \mu_w'\mu_e \leq 0.
\end{aligned}$$

Die totalen Differenziale von (A15) und (A16) haben die Form $dK_i = \sum_X K_{ix} dx$, wobei $i = w, e$ und $x \in X = \{R_w, R_e, b, w, p, q\}$. Umformung der totalen Differenziale der beiden Gleichgewichtsbedingungen ergibt das folgende Gleichungssystem, wobei wir berücksichtigen, dass im Gleichgewicht $dK_i = 0$

(A17) $$\begin{pmatrix} K_{wR_w} & K_{wR_e} \\ K_{eR_w} & K_{eR_e} \end{pmatrix} \begin{pmatrix} dR_w \\ dR_e \end{pmatrix} = - \begin{pmatrix} K_{wb} & K_{ww} & K_{wp} & K_{wq} \\ K_{eb} & K_{ew} & K_{ep} & K_{eq} \end{pmatrix} \begin{pmatrix} db \\ dw \\ dp \\ dq \end{pmatrix}.$$

Die Jacobi-Determinante zu (A17) lautet

$$\begin{aligned}
J = \begin{vmatrix} K_{wR_w} & K_{wR_e} \\ K_{eR_w} & K_{eR_e} \end{vmatrix} &= K_{wR_w} K_{eR_e} - K_{wR_e} K_{eR_w} \\
&= (r+\lambda)^2 - (r+\lambda)\mu_w'\mu_e'(p+q) + pq[(\mu_w'\mu_e')^2 - \mu_w''\mu_e''\mu_w\mu_e].
\end{aligned}$$

Vorausgesetzt die Surplus-Funktionen der Arbeiter und Unternehmen sind log-konkav (s. Anhang A6), ist die Jacobi-Determinante echt größer als null, $J > 0$.

Im Folgenden bezeichnen wir mit $J_{R_i x}$, $i = w, e$, die Determinanten

$$J_{R_w x} = -\begin{vmatrix} K_{wx} & K_{wR_e} \\ K_{ex} & K_{eR_e} \end{vmatrix} = -K_{wx}K_{eR_e} + K_{wR_e}K_{ex}$$

$$J_{R_e x} = -\begin{vmatrix} K_{wR_w} & K_{wx} \\ K_{eR_w} & K_{ex} \end{vmatrix} = -K_{wR_w}K_{ex} + K_{wx}K_{eR_w},$$

wobei $x \in \{b, w, p, q\}$. Wir können nun die folgenden Resultate ableiten.

1. Für die Ableitungen der Reaktionsfunktionen erhalten wir mit dem Theorem über implizite Funktionen (s. Rechenregeln) mit (A15) und (A16) die folgenden Vorzeichen.

$$\frac{d\rho_w(R_e)}{dR_e} = -\frac{K_{wR_e}}{K_{wR_w}} = -\frac{p\mu_e''\mu_w}{(r+\lambda) + p\mu_e'\mu_w'} \leq 0 \qquad \frac{d\rho_e(R_w)}{dR_w} = -\frac{K_{eR_w}}{K_{eR_e}} = -\frac{q\mu_w''\mu_e}{(r+\lambda) + q\mu_w'\mu_e'} \leq 0.$$

2. Zur komparativ-statischen Analyse der Gleichgewichtsbedingungen (A15) und (A16), lösen wir das Gleichungssystem (A17) mit Hilfe der Cramerschen Regel (s. Rechenregeln). Bei der komparativ-statischen Analyse der Arbeitslosenrate u ist zu berücksichtigen, dass u eine monoton fallende Funktion der Hasardrate H ist, wobei $H = p[1 - F_w(R_w)][1 - F_e(R_e)]$.

2.1 Für den Lohnersatz b

$$\frac{dR_w}{db} = \frac{J_{R_w b}}{J} = \frac{1}{J}(r+\lambda)[(r+\lambda) + q\mu_w'\mu_e'] > 0 \qquad \frac{dR_e}{db} = \frac{J_{R_e b}}{J} = -\frac{1}{J}(r+\lambda)q\mu_w''\mu_e \leq 0.$$

Hiermit ergibt sich für H

$$\frac{dH}{db} = p[\mu_w''\mu_e' \frac{dR_w}{db} + \mu_w'\mu_e'' \frac{dR_e}{db}] = \frac{1}{J} p(r+\lambda)\mu_w''\Big[(r+\lambda)\mu_e' + q\mu_w'[(\mu_e')^2 - \mu_e''\mu_e]\Big] \leq 0.$$

2.2 Für den Lohnsatz w

$$\frac{dR_w}{dw} = \frac{J_{R_w w}}{J} = -\frac{1}{J}(r+\lambda)[(r+\lambda) + q\mu_w'\mu_e' + p\mu_e''\mu_w] < 0$$

$$\frac{dR_e}{dw} = \frac{J_{R_e b}}{J} = \frac{1}{J}(r+\lambda)[(r+\lambda) + p\mu'_w\mu'_e + q\mu''_w\mu_e] > 0.$$

Hiermit ergibt sich für H

$$\frac{dH}{dw} = p[\mu''_w\mu'_e \frac{dR_w}{dw} + \mu'_w\mu''_e \frac{dR_e}{dw}]$$
$$= \frac{1}{J} p(r+\lambda)\left[(r+\lambda)[\mu'_w\mu''_e - \mu''_w\mu'_e] - q\mu'_w\mu''_w[(\mu'_e)^2 - \mu''_e\mu_e] + p\mu'_e\mu''_e[(\mu'_w)^2 - \mu''_w\mu_w]\right].$$

Der zweite und dritte Summand ist negativ, das Vorzeichen des ersten ist nicht eindeutig.

2.3 Für die Kontaktrate p

$$\frac{dR_w}{dp} = \frac{J_{R_w p}}{J} = -\frac{1}{J}\mu_w\mu'_e[(r+\lambda) + q\mu'_w\mu'_e] \geq 0 \qquad \frac{dR_e}{dp} = \frac{J_{R_e p}}{J} = \frac{1}{J}\mu_w\mu'_e q\mu''_w\mu_e \leq 0.$$

Hiermit ergibt sich für H

$$\frac{dH}{dp} = \mu'_w\mu'_e + p[\mu''_w\mu'_e \frac{dR_w}{dp} + \mu'_w\mu''_e \frac{dR_e}{dp}]$$
$$= \frac{1}{J}\left[(r+\lambda)^2\mu'_w\mu'_e + (r+\lambda)(\mu'_e)^2\left[p[(\mu'_w)^2 - \mu''_w\mu_w] + q(\mu'_w)^2\right] + pq\mu'_w\mu'_e(\mu'_e)^2[(\mu'_w)^2 - \mu''_w\mu_w]\right]$$
$$\geq 0.$$

2.4 Für die Kontaktrate q

$$\frac{dR_w}{dq} = \frac{J_{R_w q}}{J} = \frac{1}{J}\mu'_w\mu_e p\mu_w\mu''_e \leq 0 \qquad \frac{dR_e}{dq} = \frac{J_{R_e q}}{J} = -\frac{1}{J}\mu'_w\mu_e[(r+\lambda) + p\mu'_w\mu'_e] \geq 0.$$

Hiermit ergibt sich für H

$$\frac{dH}{dq} = p[\mu''_w\mu'_e \frac{dR_w}{dq} + \mu'_w\mu''_e \frac{dR_e}{dq}]$$
$$= -\frac{1}{J} p\mu'_w\mu_e\mu''_w\left[(r+\lambda)\mu'_w + p\mu'_e[(\mu'_w)^2 - \mu''_w\mu_w]\right] \leq 0.$$

3. Die komparativ-statische Analyse der Gleichgewichtsbedingung (A16) mit gesetzlicher Zumutbarkeitsgrenze R_z ergibt die folgenden Resultate.

3.1 Für die gesetzliche Zumutbarkeitsgrenze R_z

$$\frac{dR_e}{dR_z} = -\frac{K_{eR_w}}{K_{eR_e}}$$

$$= -\frac{q\mu''_w\mu_e}{(r+\lambda) + q\mu'_w\mu'_e} \leq 0.$$

Hiermit ergibt sich für H

$$\frac{dH}{dR_z} = p[\mu''_w\mu'_e + \mu'_w\mu''_e \frac{dR_e}{dR_z}]$$

$$= \frac{1}{K_{eR_e}} p\mu''_w\left[(r+\lambda)\mu'_e + q\mu'_w[(\mu'_e)^2 - \mu''_e\mu_e]\right] \leq 0.$$

3.2 Für den Lohn w und die Hasardrate H

$$\frac{dR_e}{dw} = \frac{r+\lambda}{K_{eR_e}} > 0 \qquad \frac{dH}{dw} = \frac{(r+\lambda)p\mu'_w\mu''_e}{K_{eR_e}} \leq 0.$$

3.3 Für die Kontaktrate p und H

$$\frac{dH}{dp} = \mu'_w\mu'_e \geq 0.$$

3.4 Für die Kontaktrate q und H

$$\frac{dR_e}{dq} = -\frac{\mu'_w\mu_e}{K_{eR_e}} \geq 0 \qquad \frac{dH}{dq} = -\frac{p(\mu'_w)^2\mu_e\mu''_e}{K_{eR_e}} \leq 0.$$

7 Effizienzlöhne

Arbeitslosigkeit als Gleichgewichtsphänomen ist unter den Axiomen des neoklassischen Arbeitsmarktmodells undenkbar. Ein flexibler Reallohn, vollständige Information sowie friktionslose Über- und Unterbietungsprozesse sorgen dafür, dass Marktstörungen rasch beseitigt werden und der Arbeitsmarkt geräumt wird. Doch die neoklassische Arbeitsmarkttheorie operiert auf einem schmalen Grat. Schon eine geringe Variation der Informationsannahmen genügt, um, wie in Kapitel 5 und 6 dargestellt, natürliche Arbeitslosigkeit zu erzeugen. Unvollständige Information über Standort und Charakteristika offener Stellen und Bewerber zwingt die Akteure, nach ko-spezialisierten Transaktionspartnern zu suchen. Arbeitslosigkeit und Vakanzen sind die Folge. Dabei ist das gesamte Orientierungswissen im Matching-Prozess wie im neoklassischen Grundmodell öffentlich. Weder Jobsucher noch Unternehmen verfügen über private Informationen. Informationen heißen privat, wenn sie für Fremde nicht beobachtbar sind und diese Ressourcen aufwenden müssen, um in ihren Besitz zu gelangen. Wissbegierde, Neugierde und ähnlichen Antrieben auf der einen entsprechen auf der anderen Seite – jedenfalls in den modernen Gesellschaften, in denen der soziale Kodex nicht weitgehende Öffentlichkeit erzwingt – hohe Investitionen in Technologien und Institutionen zum Schutz der Privatheit. Die Informationsstruktur, in die das Handeln der Akteure in Wirklichkeit eingebettet ist, ist auf natürliche oder künstlich erzeugte Art unvollständig. Es gibt nicht nur Ungewissheit über die Ausprägungen des Datenkranzes, sondern die Informationen sind asymmetrisch unter den Agenten verteilt. Asymmetrisch verteilte Informationen sind ein Grund für die Existenz von Institutionen wie dem Betriebsrat, den Gewerkschaften (s. Kapitel 9), der staatlichen Arbeitslosenversicherung (s. Kapitel 10) und dem Kündigungsschutz (s. Kapitel 12) sowie dem Test- und Personalwesen. Die Asymmetrie kann dabei einseitig – wie in den folgenden Modellen – oder zweiseitig sein. Die Bewerber sind über ihre Fähigkeiten und Präferenzen informiert, doch aus der Perspektive des Sachbearbeiters der Personalabteilung sind sie zunächst ununterscheidbar, er kann die guten Mechaniker nicht von den weniger guten unterscheiden, die verlässlichen Controller nicht von den windigen, die mit ihren Zeugnissen glänzen, aber wenig wissen. Einseitig ist die Asymmetrie, wenn die Informationen über den Stellenanbieter öffentlich sind, zweiseitig, wenn auch der Stellenanbieter nicht beobachtbare Eigenschaften hat, über die der Bewerber gerne Aufklärung hätte. Darf man die Produktionsmittel der Firma (Telefon, Kopierer, Kfz) für private Zwecke nutzen? Wie hoch ist die Chance, nach der Probezeit ein AT-Gehalt zu beziehen oder Vorstandsassistent zu werden? Ist das Eigenkapital der Firma werthaltig, und wie wahrscheinlich ist der Konkurs?

Bei asymmetrisch verteilten Informationen suchen Akteure nach Signalen, die ihnen Aufschluss über die nicht beobachtbaren Eigenschaften geben. Preisen und Löhnen wächst eine Signalfunktion zu. Sind z.B. der Anspruchslohn der Akteure und ihre nicht beobachtbaren Fähigkeiten wie in Abschnitt 7.1 positiv korreliert, weiß die Personalabteilung, dass sie mit dem Lohn, den sie den Bewerbern anbietet, die Fähigkeitsverteilung ihres Bewerberpools beeinflusst. Mit dem Lohn nehmen die Fähigkeiten der Akteure, die sich bewerben, zu; eine Lohnsenkung führt dagegen zu einem Qualitätsverlust und womöglich zu einem Anstieg der effektiven Lohnkosten. In diesem manifestiert sich der

Asymmetrische Information

Im Mittelpunkt der Informationsökonomie steht das Thema der asymmetrischen Informationen. Unter der Vielzahl der asymmetrischen Informationsstrukturen hebt die Literatur die folgenden vier besonders hervor. Zur Erläuterung gehen wir von einem Arbeitsverhältnis aus mit Arbeitnehmer A, Firma F und Gericht G, an das sich A und F bei Vertragsstreitigkeiten wenden können. Die asymmetrische Informationsverteilung besteht entweder schon vor oder erst nach Abschluss des Arbeitsvertrags und bezeichnet entweder die Informationsverteilung zwischen A und F oder zwischen A und F auf der einen und G auf der anderen Seite.

(1) *Adverse Selektion*: A hat vor Vertragsabschluß private Informationen, die z.B. seine Fähigkeiten und Kenntnisse oder seinen Werdegang betreffen. F ist nicht informiert und veranstaltet Tests oder installiert Probezeiten oder beeinflusst mit Anreizen wie dem Lohn den Mix von Fähigkeitstypen, die sich bei ihr bewerben. Lohn und Durchschnittsfähigkeit im Bewerberpool sind positiv korreliert. Eine Lohnsenkung ruft daher die Anpassungsreaktion hervor, der diese Informationsstruktur ihren Namen verdankt: negative Auslese.

(2) *Verborgene Handlung* (hidden action): Verborgene Handlungen sind ein nachvertragliches Problem. F und G sind nur begrenzt imstande, die Erfüllung der Pflichten aus dem Arbeitsvertrag durch A zu kontrollieren. Der Vertrag ist gültig und A, über die asymmetrischen Informationen informiert, passt sein Verhalten an und widmet sich mit Genuss dem Arbeitsplatzkonsum. Die Tatsache, dass der Vertragsabschluss das Verhalten von A ändert, heißt moralischer Hasard – und *nicht* die Art und Weise wie sich das Verhalten von A ändert.

(3) *Verborgene Information* (hidden information): Adverse Selektion ist ein Fall von hidden information, doch ist es üblich, diesen Titel nur nachvertraglichen asymmetrischen Informationen vorzubehalten wie z.B. der zwischen Fahrer und Spedition. Der Fahrer verliert die Fahrerlaubnis und ist über den Erlaubnisentzug naturgemäß informiert, der haftende Arbeitgeber ist dagegen ganz irritiert und erstaunt als eines Tages die Polizei auf dem Speditionshof erscheint.

(4) *Holdup* (s. Kap. 8): A und F sind symmetrisch über alles informiert, könnten alle Pflichten und Rechte aus dem Arbeitsverhältnis sowie die Verteilung des Ertrags aus der Investition in den Arbeitsplatz in einem umfassenden Vertrag vereinbaren. Doch G kann den Vollzug des „Monster-Vertrags" nicht prüfen. Die Folge: Friktionen oder beziehungsspezifische Investitionen bewirken, dass A sich in Nachverhandlungen Teile des Investitionsertrags „vertragswidrig" aneignen kann, dieses Verhalten von A heißt Holdup.

Aspekt der adversen Selektion oder der negativen Auslese. Negative Auslese ruft Warteschlangen unfreiwillig Arbeitsloser hervor, bewirkt, dass Kohorten von Erwerbspersonen arbeitslos bleiben oder dass sich der Markt in Hoch- und Niedriglohnsegmente spaltet.

Der Lohn erfüllt neben der Signal- und Sortierfunktion noch eine Vielzahl anderer privater Zwecke. Nach den Wirkungen des Lohns unterscheidet man daher die in Tab. 7.1 aufgeführten Varianten von Effizienzlohntheorien. So dient der Lohn wie in Abschnitt 7.2 als Motivationsinstrument oder wie in Abschnitt 7.3 sogar als Fairnessmaßstab. Ein Lohn, von dem Jobsucher und Stellenanbieter glauben, durch Anpassungen keine weiteren Transaktionsgewinne mehr erzielen zu können, heißt Effizienzlohn. Durch Wahl eines anderen Lohnsatzes entstünden den beiden private Verluste, für die sie niemand kompensiert. Sie werden daher den Lohn selbst dann nicht in die sozial erwünschte Richtung korrigieren, wenn er über dem markträumenden Lohnsatz liegt.

Die soziale Koordinationsfunktion des Lohns gehört nicht zu den Restriktionen der Akteure, für das Marktgleichgewicht ist in einer Marktwirtschaft niemand zuständig.

Tab. 7.1: Effizienzlohntheorien

	Wirkungen des Lohns auf:		
	(1) Qualitätsverteilung	(2) Verhalten	(3) Präferenzen
Theorien und Modelle:	Adverse Selektion mit: – Gleichgewichtslohn – Lohnverteilung	– Motivation – Ernährung – Fluktuation	Austausch-/Fairnesstheorien

Im Anschluss an die Theorie der adversen Selektion werden in den folgenden Abschnitten der Motivations- und der Fairnessansatz besprochen. Die Ernährungs- und Fluktuationsmodelle werden nicht behandelt. Ernährungsmodelle zeigen, wie der Lohn auf Ernährung, Hygiene und Gesundheitsvorsorge wirkt und die Produktivität von Arbeitnehmern direkt beeinflusst. Löhne beeinflussen darüber hinaus die Fluktuation: Firmen, die mit hohen Einstellungs- und Entlassungskosten rechnen, finden es daher unter Umständen vorteilhaft, mit Lohnzuschlägen Fluktuationskosten zu begrenzen (s. Kapitel 6). Ein steigender Lohn senkt die Summe aus effektiven Lohn- und Fluktuationskosten, und der Lohn heißt Effizienzlohn, der die Summe dieser Kostenarten minimiert.

7.1 Adverse Selektion

Eine große Zahl heterogener Bewerber sucht nach Stellen. Über ihre eigenen Fähigkeiten und Kenntnisse sowie über die Verhältnisse der ebenfalls in großer Zahl vertretenen homogenen Stellenanbieter sind sie vollständig informiert. Aus dem Blickwinkel der Stellenanbieter sind die Bewerber indes ununterscheidbar. Die Heterogenität manifestiert sich in Fähigkeitsdifferenzen, wie man sie etwa bei Facharbeitern des gleichen Handwerks oder bei Ärzten ähnlicher Spezialisierung trifft. Die Heilerfolge des einen sind größer als die des anderen, eine Differenz, die durch Inspektion des Doktors und seiner Praxis nicht feststellbar ist. Die Bewerber haben weder das Kapital noch die institutionelle Umgebung, ihre Fähigkeiten glaubhaft zu signalisieren. Die Stellenanbieter suchen daher nach nicht manipulierbaren Anzeichen, die mit den Fähigkeiten korrelieren. Jeder kann einen Anzug tragen, doch nur wenige können in vier Jahren ein Mathematik- und BWL-Doppelstudium absolvieren, weshalb dieser Abschluss hoch signifikant ist für eine Reihe intellektueller und sozialer Eigenschaften. Im Folgenden Modell sind die verborgenen Fähigkeiten und der Anspruchslohn eines Akteurs positiv korreliert. Bezeichnet q die Fähigkeit oder Produktivität der Bewerber und w ihren Anspruchslohn, so lässt sich die Produktivität als Funktion des Anspruchslohns darstellen, $q = q(w)$, und es gilt $q'(w) > 0$. Humankapitalinvestitionen sind ein möglicher Grund für die positive Korrelation von Fähigkeiten und Reallohn. Da die Funktion $q(w)$ zu den öffentlichen Informationen gehört, weiß eine Firma, die den Lohn w anbietet, dass der Bewerber A, dessen Produktivität ex ante nicht beobachtbar ist, einen Anspruchslohn $w_A \leq w$ und somit eine Produktivität $q_A = q(w_A)$ hat, für die $q_A \leq q(w)$. Akteure mit einer höheren Produktivität haben einen höheren Anspruchslohn und bewerben sich entweder bei Firmen, die höhere Löhne bieten, oder aber sie ziehen den Zustand der

Nichterwerbsperson einer Stelle mit dem Lohn w vor. Auch die Verteilung der Fähigkeiten in der Erwerbsbevölkerung gehört zu den öffentlichen Informationen. Eine Firma, die den Lohn w anbietet, ist somit über die erwartete oder durchschnittliche Produktivität $Q(w)$ desjenigen Teils der Erwerbsperson (EP) informiert, dessen Anspruchslohn höchstens gleich w ist. Ein zufällig aus diesem Teil der EP ausgewählter Bewerber hat die erwartete Produktivität $Q(w)$. Angenommen auf dem Arbeitsmarkt herrscht bei dem Lohn w ein Angebotsüberschuss, dann wird eine Firma bei asymmetrisch verteilten Informationen trotz der Warteschlangen nicht ohne weiteres mit einer Lohnsenkung reagieren. Denn die Lohnkürzung setzt den Mechanismus der adversen Selektion in Gang: die Firma verliert ihre besten Arbeitskräfte zuerst, die effektiven Lohnkosten steigen und der Firmengewinn sinkt. Ein Arbeitsloser, der versucht, durch Unterbietung des Lohns einen Arbeitsplatz zu erlangen, wird mit seiner Strategie nicht ohne weiteres Erfolg haben. Denn die Unterbietung signalisiert vor allem, dass seine Produktivität ziemlich gering ist. Wir untersuchen zuerst Arbeitsmärkte mit einem Gleichgewichtslohn und anschließend solche mit einer gleichgewichtigen Lohnverteilung.

Arbeitsmarktgleichgewicht mit einem Lohn

Zwar ist die Produktivität eines Bewerbers nicht beobachtbar – Tests existieren nicht bzw. die Testkosten sind zu hoch –, aber da die Firma die Fähigkeitsverteilung der Erwerbsbevölkerung kennt, kann sie die durchschnittliche Produktivität des nächsten Bewerbers vorhersagen, wenn sie einen Arbeitsvertrag mit dem Lohn w anbietet, wie das Folgende Beispiel belegt. Unter den EP gibt es genau vier Typen, die mit den in Tab. 7.2 genannten Häufigkeiten in der Population vertreten und durch die in der Tabelle aufgeführten Anspruchslöhne und Produktivitäten gekennzeichnet sind.

Tab. 7.2: Produktivitätsverteilung und Anspruchslöhne

	Bewerbertypen:			
	$i=1$	$i=2$	$i=3$	$i=4$
relative Häufigkeit f_i	$\frac{3}{12} \mathrel{\hat{=}} 25\,\%$	$\frac{6}{12} \mathrel{\hat{=}} 50\,\%$	$\frac{2}{12} \mathrel{\hat{=}} 16{,}67\,\%$	$\frac{1}{12} \mathrel{\hat{=}} 8{,}33\,\%$
Anspruchslohn w_i	1	2	3	4
Arbeitsinput q_i	1,2	4,0	8,0	10,0

50 % der EP gehören zum Beispiel zum Typ $i=2$, haben den Anspruchslohn $w_2 = 2$ und den Arbeitsinput $q_2 = 4$. Nur 8,33 % der EP sind vom Typ $i=4$ mit einem Anspruchslohn, der doppelt so hoch ist wie der von Typ 2 und einer um 150 % höheren Produktivität. Die Tab. 7.3 stellt auf Basis der Daten aus Tab. 7.2 die erwartete Produktivität eines Bewerberpools in Abhängigkeit von dem Lohn dar, den die betrachtete Firma anbietet.

Bietet die Firma einen Lohn w mit $0 \le w < 1$, so wird keiner der vier Typen zum Bewerbungsgespräch erscheinen. Zwar kann die Firma die Produktivität der Bewerber nicht beobachten, doch bei vier Typen mit den in Tab. 7.2 aufgeführten Anspruchslöhnen ist es gewiss, dass sich bei einem Lohn w mit $1 \le w < 2$ nur Typ 1 bewirbt, so dass alle Bewerber die Produktivität 1,2 aufweisen. Die effektiven Lohnkosten bzw. die

Lohnkosten pro Inputeinheit betragen 0,83. Bei einem Lohnangebot von $2 \leq w < 3$ weiß die Firma, dass zwei Typen unter den Bewerbern vertreten sind, deren Produktivität jedoch ex ante nicht unterscheidbar ist. Bekannt ist indessen die Durchschnittsproduktivität von 3,07, mit der die Firma rechnen kann, wenn sie Arbeitsverträge mit einem Lohn abschließt, für den $2 \leq w < 3$. Der niedrigste Lohn, zu dem das Unternehmen diese Durchschnittsleistung bekommt, ist der Anspruchslohn des Typs 2, eine weitere Lohnsenkung würde zu einem Fall der Durchschnittsproduktivität auf 1,2 führen. Die Firmen maximieren den Gewinn und werden daher nicht mehr als den Lohn $w = 2$ bieten, wenn sie die Durchschnittsproduktivität 3,07 bevorzugen. Mit diesem Lohn ergeben sich effektive Lohnkosten von 0,65. Die Verdoppelung des Lohns von 1 auf 2 bewirkt mithin eine Senkung der effektiven Lohnkosten von 0,83 auf 0,65 pro Arbeitseinheit!

Bietet die Unternehmung einen Lohn in Höhe von $w = 3$, dann finden sich auch Jobsucher vom Typ 3 im Bewerberpool, und die durchschnittliche Produktivität, mit der die Firma rechnen kann, wenn sie Arbeitsverträge zum Lohn $w = 3$ abschließt, steigt auf 3,96. Die Zunahme der erwarteten Produktivität von 3,07 auf 3,96 (29 %) muss indes mit einem Lohnanstieg von 2 auf 3 (50 %) erkauft werden, so dass die effektiven Lohnkosten von 0,65 auf 0,76 (17 %) wachsen. Da auch weitere Lohnerhöhungen die effektiven Lohnkosten nicht unter das Niveau 0,65 senken, ist $w = 2$ der Lohnsatz mit den minimalen effektiven Lohnkosten bzw. der Effizienzlohn, den die gewinnmaximierende Firma ihren Bewerbern anbieten wird, sofern sie ihre Nachfrage nach Arbeitskräften mit diesem Vertragsangebot decken kann. Der Effizienzlohn ist mithin derjenige Lohnsatz w^*, der die effektiven Lohnkosten minimiert, so dass für alle Lohnsätze w gilt: $w / Q(w) \geq w^* / Q(w^*)$. Stattdessen kann man den Effizienzlohn auch mit Hilfe des erwarteten Arbeitsinputs pro Lohneinheit definieren als jenen Lohn, der diesen normierten Arbeitsinput maximiert: $Q(w^*) / w^* \geq Q(w) / w$. Es ist bemerkenswert, dass für die effektiven Lohnkosten und den Effizienzlohn die Zahl der EP, die ihre Arbeitskraft anbieten, keine Rolle spielt; Gewicht haben nur die relativen Häufigkeiten, mit denen die verschiedenen Typen unter den EP vertreten sind. Als nächstes wird gezeigt, dass ein gewinnmaximierendes Unternehmen bei asymmetrischen Informationen über die Bewerberproduktivität stets ihren Effizienzlohn anbieten wird.

Zunächst lässt sich mit Blick auf Tab. 7.3 feststellen, dass die erwartete Produktivität eines Bewerbers mit dem angebotenen Lohn steigt. Nimmt man an, dass die Funktion $Q(w)$ differenzierbar ist, dann gilt mithin wie in Abb. 7.1, dass $Q'(w) \geq 0$. In Abb. 7.1 nimmt die durchschnittliche Produktivität des Bewerberpools mit steigendem Lohnangebot zunächst überproportional und nach Erreichen des Effizienzlohns w^* unterproportional zu. Auch die Produktivität pro Lohneinheit, die die Firma auf dem Arbeitsmarkt vorfindet, wächst zunächst, wie die Steigung des Fahrstrahls aus dem Ursprung an die Kurve der Durchschnittsproduktivität zeigt, erreicht beim Effizienzlohn ein Maximum und fällt anschließend wieder, wenn der Lohn weiter zunimmt. Die Steigung eines Fahrstrahls wie α_1 ist durch $\operatorname{tg} \alpha_1 = Q_1 / w_1$ bestimmt und gibt das Verhältnis von erwarteter Produktivität und dem Lohnsatz an, der diese Produktivität hervorruft. Kennzeichnend für den Effizienzlohn ist, dass der Ursprungsstrahl bei α^* zur Tangente an die Produktivitätskurve wird, so dass in A die Effizienzlohnbedingung gilt

(7.1) $$\frac{Q(w^*)}{w^*} = Q'(w^*).$$

Bei Löhnen wie in B, die niedriger sind als der Effizienzlohn, gilt $Q(w_1)/w_1 < Q'(w_1)$. Weil in B der Produktivitätszuwachs die Produktivität pro Lohneinheit, die die Firma auf dem Arbeitsmarkt findet, übertrifft, kann die Firma durch eine Lohnerhöhung die Produktivität pro Lohneinheit weiter steigern. Bei Löhnen wie in C, die höher sind als der Effizienzlohn, ist $Q(w_2)/w_2 > Q'(w_2)$, und die Firma muss den Lohn senken, wenn sie die Produktivität ihrer Belegschaft pro angebotener Lohneinheit erhöhen will.

Tab. 7.3: Erwartete Produktivität und effektive Lohnkosten

Lohn	Erwartete Produktivität	Effektive Lohnkosten	Arbeitsinput pro Lohneinheit
w	$Q(w)=\frac{\sum\limits_{w_i \le w} f_i q_i}{\sum\limits_{w_i \le w} f_i}$	$\frac{w}{Q(w)}$	$\frac{Q(w)}{w}$
$0 \le w < 1$	$Q(w)=0$	—	—
$1 \le w < 2$	$Q(w)=\frac{f_1 q_1}{f_1}=1{,}20$	$w=1$: 0,83	1,20
$2 \le w < 3$	$Q(w)=\frac{f_1 q_1 + f_2 q_2}{f_1 + f_2}=3{,}07$	$w=2$: 0,65	1,54
$3 \le w < 4$	$Q(w)=\frac{f_1 q_1 + f_2 q_2 + f_3 q_3}{f_1 + f_2 + f_3}=3{,}96$	$w=3$: 0,76	1,32
$4 \le w$	$Q(w)=\frac{f_1 q_1 + f_2 q_2 + f_3 q_3 + f_4 q_4}{f_1 + f_2 + f_3 + f_4}=4{,}46$	$w=4$: 0,90	1,11

Eine Firma, die den Lohn w anbietet, hat bei L Beschäftigten und einer durchschnittlichen Produktivität $Q(w)$ einen erwarteten Arbeitsinput von $Q(w)L$. Mit der installierten Technologie F, die die Inada-Bedingungen erfüllt, wie wir annehmen, erzielt das Unternehmen den Output $F[Q(w)L]$ und den Deckungsbeitrag

$$\pi(w,L) = F[Q(w)L] - wL\,. \tag{7.2}$$

Das Unternehmen wählt Lohn und Belegschaftsgröße so, dass sein Gewinn maximal wird. Im Gewinnmaximum sind die beiden Bedingungen erster Ordnung erfüllt

$$\pi_L \equiv QF' - w = 0 \tag{7.3}$$

$$\pi_w \equiv L(Q'F' - 1) = 0\,. \tag{7.4}$$

Die Beziehung (7.3) ist eine modifizierte Grenzproduktivitätsbedingung, wie man an der Umformung $F' = w/Q$ erkennt: Die Belegschaftsstärke ist gewinnmaximal, wenn ihr Grenzprodukt bei der erwarteten Durchschnittsproduktivität gleich den effektiven Lohnkosten ist, die das Unternehmen dafür aufwendet. Der gewinnmaximale Lohn, den die Firma ihren Arbeitskräften bezahlt, ergibt sich mit (7.4). Um diese Beziehung zu interpretieren und zu zeigen, dass der Effizienzlohn w^* den Gewinn maximiert, setzt man die Grenzproduktivitätsbedingung (7.3) in (7.4) ein, und erhält, wie behauptet, die Effizienzlohnbedingung (7.1): $Q(w)/w = Q'(w)$. Die Effizienzlohnbedingung lässt noch eine andere Interpretation zu, die auf den amerikanischen Ökonomen *Solow* (1979) zurückgeht. Hierzu definiert man die Elastizität der Durchschnittsproduktivität mit Bezug auf den Lohn: $\eta(w) = wQ'/Q$. Bei einer Änderung des Lohns um ein Prozent ändert sich die Durchschnittsproduktivität um η %. Die Solow-Bedingung besagt, dass das Gewinnmaximum bzw. der Effizienzlohn erreicht ist, wenn die Elastizität der Durchschnittsproduktivität gleich eins ist: $\eta(w^*) = 1$.

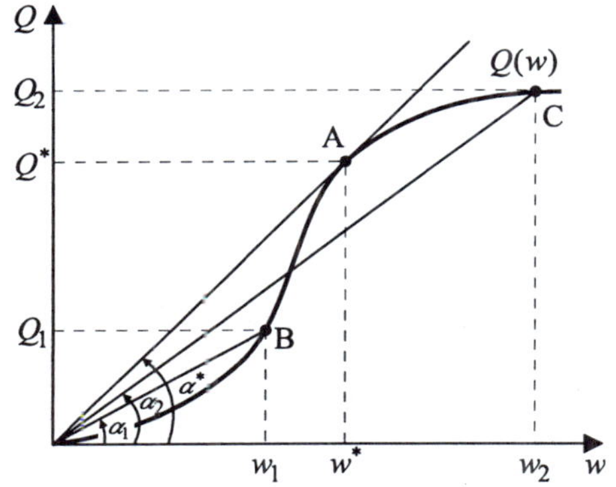

Abb. 7.1: Durchschnittsproduktivität des Bewerberpools

Welche Gestalt hat bei asymmetrisch verteilter Information die Arbeitsnachfragekurve einer typischen Firma? Im neoklassischen Grundmodell nimmt die Nachfrage bei steigendem Lohn ab, wenn die Produktionsfunktion die Inada-Bedingungen erfüllt (s. Kapitel 2). Bei asymmetrischer Information ist dieser Zusammenhang zwischen Lohn und Nachfrage aber keineswegs selbstverständlich. Denn, wie man an der Grenzproduktivitätsregel (7.3) erkennt, beeinflusst eine Lohnerhöhung den Grenzgewinn der Firma nicht nur über einen Kanal, sondern über drei: (1) über die Lohnkosten, das ist der übliche Einflusskanal; (2) über das Grenzprodukt der Arbeit und (3) über die Durchschnittsproduktivität der Arbeit. Leitet man (7.3) nach dem Lohn ab, so ergibt sich nämlich

(7.5) $$\pi_{Lw} \equiv Q'F' + QF''Q'L - 1 \gtreqless 0\,.$$

Während der Kosteneffekt $QF''Q'L - 1 < 0$ infolge des fallenden Grenzprodukts negativ ist, weshalb die Nachfrage der Firma wie im neoklassischen Modell bei steigendem Lohn und sinkendem Grenzgewinn abnehmen würde, ist noch ein positiver Qualitätseffekt zu berücksichtigen, da mit dem Lohn auch die durchschnittliche Fähigkeit der Belegschaft wächst und dieser Qualitätszuwachs den Grenzgewinn der Firma erhöht: $Q'F' > 0$. Vor allem bei niedrigen Löhnen ist zu erwarten, dass der positive Qualitätseffekt den negativen Kosteneffekt überwiegt, und der Grenzgewinn folglich wegen der Lohnerhöhung steigt, so dass die Firma nicht weniger, sondern wie in Abb. 7.2 zunächst mehr Arbeitskräfte nachfragt: Zunächst hat die Nachfragekurve L^D infolge des Qualitätseffektes eine positive Steigung, dann erreicht sie im Scheitelpunkt ein Maximum und nimmt anschließend, sobald der Kosteneffekt größer ist als der Qualitätseffekt, den herkömmlichen Verlauf.

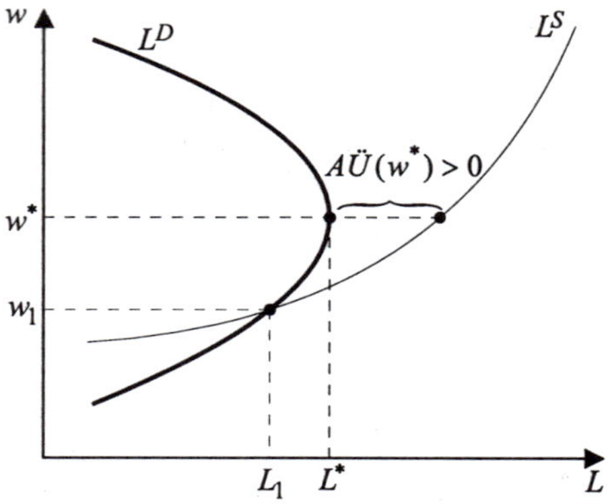

Abb. 7.2: Natürliche Arbeitslosigkeit

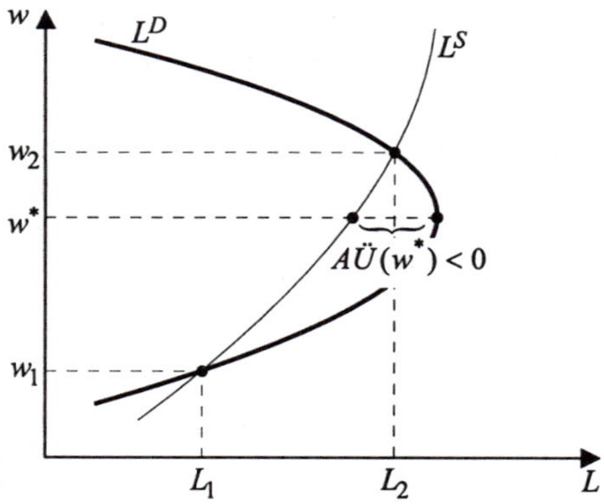

Abb. 7.3: Markträumung

Mit Hilfe des Konzeptes der repräsentativen Firma wechseln wir nun von der einzel- zur gesamtwirtschaftlichen Ebene und analysieren mit Abb. 7.2 das Gleichgewicht des Arbeitsmarktes. Die Arbeitsangebotskurve verläuft konventionell. Beim Lohn w_1 wird der Markt geräumt. Doch w_1 ist kein Gleichgewichtslohn, da er nicht mit dem Maximierungskalkül der Firmen vereinbar ist. Beim Lohn w_1, der unter dem Effizienzlohn liegt, lohnt es sich nämlich für die Firmen, Arbeitsverträge mit höherem Lohn anzubieten. Die vom markträumenden Lohn abweichende Firma würde nicht nur Arbeitskräfte anziehen, sie bezahlt schließlich mehr als die Konkurrenz, sondern zugleich auch ihren Gewinn steigern. Der Gleichgewichtslohn des Arbeitsmarktes kann, wie man sieht, niemals geringer sein als der Effizienzlohn.

In Abb. 7.2 ist der Effizienzlohn auch der Gleichgewichtslohn, denn erstens sind die Firmengewinne, wie wir wissen, maximal und zweitens können die Firmen ihre Nachfrage nach Arbeitskräften voll befriedigen. Beim Effizienzlohn herrscht sogar unfreiwillige Arbeitslosigkeit in Höhe des Angebotsüberschusses $A\ddot{U}(w^*) > 0$. Die Arbeitslosen, die sich in die Warteschlange einreihen, können den Effizienzlohn nicht ohne weiteres unterbieten. Denn ein Arbeitsloser A, der bereit ist, für einen Lohn $w < w^*$ zu arbeiten, hat, wie jeder Marktteilnehmer weiß, einen Anspruchslohn $w_A \leq w < w^*$. Daher signalisiert A mit seiner Unterbietung eine geringe Produktivität. Die Firma, die Leute wie A einstellt, muss also damit rechnen, dass die Produktivität der Belegschaft fällt, während die effektiven Lohnkosten steigen und der Firmengewinn sinkt. Schocks, die auf die Lage der Angebots- oder der Nachfragekurve wirken, haben, anders als in der neoklassischen Basistheorie, keinen Einfluss auf den Gleichgewichtslohn, solange der Schnittpunkt von Angebot und Nachfrage, wie in Abb. 7.2, unterhalb des Effizienzlohns liegt, der Lohn ist rigide. Verschiebt sich nämlich die Arbeitsnachfragekurve nach rechts oder links, so beeinflussen diese Schocks nur das Ausmaß der Arbeitslosigkeit, die im ersten Fall sinkt und im zweiten steigt.

In Abb. 7.3 ist die Arbeitsnachfrage beim Effizienzlohn größer als das Angebot, die Firmen werden auf dem Arbeitsmarkt rationiert und können ihre Mengenpläne nicht durchsetzen. Die Firmen, die nun um die knappen Arbeitskräfte konkurrieren, beginnen, sich wechselseitig zu überbieten. Der Anpassungsprozeß ist abgeschlossen, sobald w_2 erreicht ist. Warum ist w_2 der Gleichgewichtslohn? Nicht deswegen, weil beim Lohn w_2 der Arbeitsmarkt geräumt wird, sondern nur deswegen, weil die Firmen ihre Nachfrage nach Arbeitskräften und zugleich ihr von der Arbeitskräfteknappheit beschränktes Gewinnmaximum realisieren. Eine Firma, die einen höheren Lohn anbieten würde, müsste auf Gewinn verzichten, weil ihr Lohn über dem Effizienzlohn liegt und die effektiven Lohnkosten mit dem Lohn steigen. Würde sie stattdessen ihr Lohnangebot senken, würde ihr Gewinn zwar zunehmen, wenn sie Arbeitskräfte fände. Doch bei dem niedrigen Angebot ist angesichts der Alternativen niemand bereit, bei dem Unternehmen zu arbeiten. Infolgedessen lohnt es sich für das Unternehmen nicht, von w_2 abzuweichen, und w_2 ist der Gleichgewichtslohn.

Im Gleichgewicht der Abb. 7.2 ist der Arbeitsmarkt nicht nur durch einen rigiden Reallohn und durch unfreiwillige Arbeitslosigkeit gekennzeichnet, sondern der Marktmechanismus versagt noch in anderen Hinsichten. Erstens lässt sich mit Blick auf die asymmetrisch verteilte Information nicht ausschließen, dass ein Teil der Arbeitslosen produktiver und fähiger ist als die Beschäftigten. Denn wie in der Realität, so kann man auch hier zwei Akteuren A und B begegnen, für deren effektive Lohnkosten gilt

$$\frac{w_A}{q(w_A)} < \frac{w_B}{q(w_B)}.$$

A ist offenbar produktiver als B, da die Firma mit A einen höheren Output pro Lohneinheit erzielen würde, gleichwohl ist es bei asymmetrisch verteilter Information nicht ausgeschlossen, dass A arbeitslos seine Zeit in der Warteschlange verbringt, während B beschäftigt ist. Zweitens ist die Zahl der in Effizienzeinheiten gemessenen Arbeitskräfte, die im Gleichgewicht Beschäftigung finden, zu gering: Im Marktgleichgewicht ist die Grenzproduktivitätsregel (7.3) erfüllt, so dass $w^* = Q(w^*)F'$. Diese Regel impliziert, dass die typische Firma auch ihrem durchschnittlichen Belegschaftsmitglied mit dem Grenzprodukt $Q(w^*)F'$ den Effizienzlohn bezahlt. Wenn die Firma aber einen Arbeitsvertrag mit dem Lohn w^* anbietet, dann bewerben sich nur Arbeitskräfte deren Anspruchslohn höchstens gleich w^* ist. Somit haben fast alle Mitarbeiter, die die Firma beschäftigt, einen Anspruchslohn, der niedriger ist als w^*. Mithin gilt auch für den Anspruchslohn $\overline{w}$ des durchschnittlichen Belegschaftsmitglieds, dass $\overline{w} < w^*$. Zusammen mit der notwendigen Bedingung (7.3) folgt also

$$\overline{w} < Q(w^*)F' = w^*. \tag{7.6}$$

Wie (7.6) verdeutlicht, ist im Gleichgewicht das Grenzprodukt des durchschnittlichen Belegschaftsmitglieds höher als sein Anspruchslohn, $\overline{w} < Q(w^*)F'$. Würde die Firma ihre Mitarbeiterzahl vergrößern, würde der gesamtwirtschaftliche Output und, wie (7.6) zeigt, auch das gesamtwirtschaftliche Wohlfahrtsniveau zunehmen. Während nämlich der Einsatz des durchschnittlichen Beschäftigten aus der gesamtwirtschaftlichen Perspektive soziale Kosten in Höhe von $\overline{w}$ verursacht und der Faktoreinsatz solange gesteigert werden sollte, bis dessen Grenzprodukt auf die sozialen Grenzkosten $\overline{w}$ gefallen ist, muss die einzelne Firma auch für die Arbeitskraft des durchschnittlichen Arbeiters den Gleichgewichtslohn w^* bezahlen und passt sich infolgedessen mit ihrer Beschäftigungsmenge gemäß ihrer privaten Grenzproduktivitätsregel (7.3) an. Die privaten Kosten des Faktoreinsatzes sind somit höher als die sozialen und die gleichgewichtige Beschäftigungsmenge ist folglich zu klein.

Arbeitsmarktgleichgewicht mit mehreren Löhnen

Zwei Fälle werden betrachtet. In dem einen spaltet sich der Arbeitsmarkt in ein Hochlohn- und ein Niedriglohnsegment; in dem anderen sind im Gleichgewicht ganze Kohorten von Arbeitskräften unfreiwillig arbeitslos. Der erste Fall wird anhand von Abb. 7.4, der zweite anhand von Abb. 7.5 diskutiert.

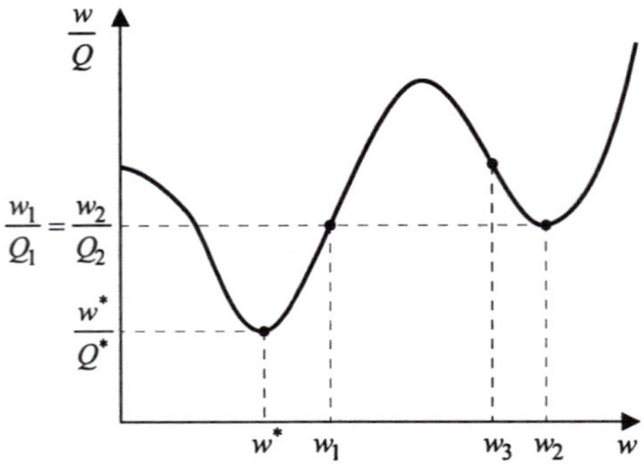

Abb. 7.4: Hoch- und Niedriglohnsegment

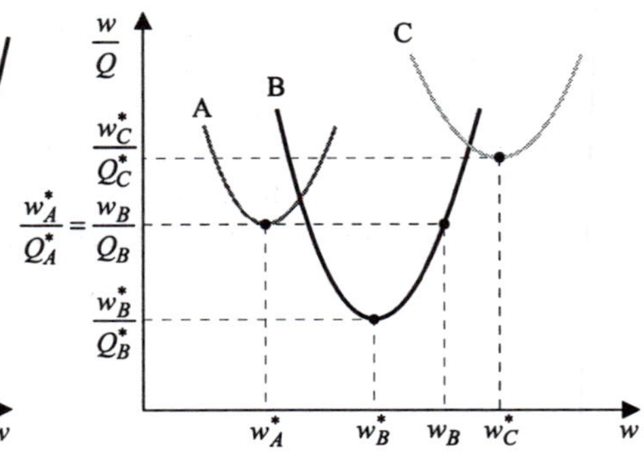

Abb. 7.5: Heterogene Erwerbspersonen

In beiden Abbildungen misst die Abszisse den Lohn und die Ordinate die effektiven Lohnkosten. Die effektiven Lohnkosten sind in Abb. 7.4 bei w_1 und w_2 gleich hoch. w^* ist der Effizienzlohn, der die effektiven Lohnkosten minimiert, so dass $w^* / Q(w^*) < w_1 / Q(w_1) = w_2 / Q(w_2)$. Darüber hinaus gelten folgende Annahmen: (A1) Bieten alle Firmen den Lohn w_1 an, bildet sich ein Nachfrageüberschuss nach Arbeitskräften und die Firmen werden auf dem Arbeitsmarkt rationiert. (A2) Bieten alle Firmen den Lohn w_2 an, bildet sich ein Angebotsüberschuss und die Arbeitsanbieter werden rationiert bzw. unfreiwillig arbeitslos. Unter diesen Voraussetzungen werden im Gleichgewicht des Arbeitsmarktes die beiden Löhne w_1 und w_2 angeboten und alle Arbeitskräfte mit einem Anspruchslohn zwischen w_1 und w_2 sind unfreiwillig arbeitslos, wie nun erläutert wird. Alle Arbeitsanbieter, deren Anspruchslohn niedriger ist als w_2, bewerben sich bei den Hochlohnfirmen, die Arbeitsverträge mit dem Lohn w_2 anbieten. Doch nicht alle Bewerber finden dort einen Arbeitsplatz, wie unter (A2) angenommen wurde. Von den abgewiesenen werden diejenigen mit Anspruchslöhnen zwischen w_1 und w_2 arbeitslos, die anderen bewerben sich bei den Niedriglohnfirmen, die Verträge mit dem Lohn w_1 anbieten, so dass es in diesem Segment, wie wir annehmen, zu einem Ausgleich von Angebot und Nachfrage kommt. Warum ist dieser Zustand mit einem gespaltenen Arbeitsmarkt ein Gleichgewicht? Weil es sich für die Hochlohnfirmen, bei denen sich Warteschlangen unfreiwillig arbeitsloser Bewerber bilden, trotz dieses Überschusses nicht lohnt, den Lohn zu senken, wie ein Blick auf Abb. 7.4 verdeutlicht. Eine Firma, die ihren Lohn z.B. von w_2 auf w_3 senkt, erhöht ihre effektiven Lohnkosten und schmälert ihren Gewinn. Die Niedriglohnfirmen, die w_1 anbieten, könnten zwar durch eine Lohnsenkung ihren Gewinn steigern, doch eine Firma, die vom Lohn w_1 abweicht und ihr Lohnangebot senkt, findet keine Arbeitskräfte auf dem Markt.

In Abb. 7.5 sind die Kurven der effektiven Lohnkosten für drei Kohorten von Erwerbspersonen dargestellt. Die Gruppenmerkmale sind zwar kostenlos beobachtbar und die Gruppen kostenlos unterscheidbar (Beispiel: Facharbeiter, FH-Ingenieure, Uni-Ingenieure), doch existiert eine gruppeninterne Heterogenität – ein Facharbeiter ist ein wenig fleißiger und geschickter als ein anderer –, die für Außenstehende nicht messbar ist, so dass die Mitglieder der Gruppe A untereinander ununterscheidbar sind, die Mitglieder der Gruppe B ununterscheidbar sind usw. Für jede Kohorte zeigt Abb. 7.5 den gruppenspezifischen Effizienzlohn sowie die zugehörigen effektiven Lohnkosten, die bei der Gruppe B am niedrigsten und bei der Gruppe C am höchsten sind. Gewinnmaximierende Firmen, die wohl die Gruppen, aber nicht die Mitglieder einer Gruppe untereinander unterscheiden können, werden zuerst B-Arbeiter zum gruppenspezifischen Effizienzlohn einstellen, weil deren effektive Lohnkosten am niedrigsten sind. Können die Firmen ihren Arbeitskräftebedarf mit B-Arbeitern befriedigen, ist damit das Gleichgewicht bereits erreicht. Ein Teil der B-Arbeiter wird zum gruppenspezifischen Effizienzlohn eingestellt, der andere Teil wird abgewiesen und bleibt unfreiwillig arbeitslos. Von den A- und den C-Arbeitern bekommt keiner eine Stelle. Allerdings finden sich unter den Warteschlangen, die sich vor dem verschlossenen Arbeitsmarkt bilden, eventuell nur A- und B-Arbeiter, wenn nämlich w_B^* unter dem niedrigsten Anspruchslohn der C-Arbeiter liegt. Die C-Arbeiter fragen dann bei der Bezahlung w_B^* keine Erwerbsarbeit nach und sind infolgedessen auch nicht erwerbslos, sondern bilden eine „Stille Reserve". Angenommen bei dem Lohn w_B^* ergibt sich ein Nachfrageüberschuss, so dass die Firmen rationiert werden. Die Unternehmen beginnen nun, sich zu überbieten, um ihre Mengenpläne zu verwirklichen. Wird ihr Arbeitskräftebedarf bei irgendeinem Lohn zwischen w_B^* und w_B erfüllt, bilden sich wieder Warteschlangen von A- und eventuell auch von B-Arbeitern, während die C-Arbeiter wie die A-Arbeiter zwar nicht beschäftigt werden, aber bei den niedrigen Löhnen auch keine Erwerbsarbeit suchen. Falls die Nachfrage der Firmen auch bei dem Lohn w_B noch nicht befriedigt wird, wechseln die Unternehmen die Kohorte und fragen als nächstes zum gruppenspezifischen Effizienzlohn A-Arbeiter nach. Im Marktgleichgewicht beschäftigen die Firmen dann mit gruppenspezifischen Löhnen sowohl Mitglieder der Gruppe A als auch der Gruppe B; Teile der A-Kohorte sind eventuell unfreiwillig arbeitslos – denn zumindest zum Lohn w_B fragen alle A-Arbeiter eine B-Stelle nach – und Teile der B- sowie die gesamte C-Kohorte finden keine Beschäftigung.

7.2 Moralischer Hasard

Verwenden die Privaten den Lohn als Motivationsinstrument, so ergeben sich in manchem ähnliche Folgen wie bei adverser Selektion, so vor allem unfreiwillige Arbeitslosigkeit und eine Verteilung der Arbeitslosigkeitsdauer, die von Persönlichkeitsmerkmalen abhängt. Zunächst wird erklärt, warum Firmen den Lohn zur Motivation verwenden, anschließend wird anhand des Modells von *Shapiro* und *Stiglitz* (1984) die Frage behandelt, welche Lohnhöhe die erwünschte Wirkung auf das Verhalten der Beschäftigten hat. Jener Lohn ist ein Effizienzlohn, der diese Wirkungen mit dem geringsten Aufwand herbeiführt.

Im Vollbeschäftigungsgleichgewicht des neoklassischen Arbeitsmarktes hat jeder Beschäftigte ein Nutzenniveau wie in seiner nächstbesten Verwendung der verfügbaren Zeit (ein anderer Job, Freizeit). Der subjektive Wert der nächstbesten Verwendung der Zeit gibt die Opportunitätskosten der Erwerbsarbeit an. Vollbeschäftigung lässt sich daher auch als Zustand definieren, in dem jeder Faktorbesitzer indifferent ist zwischen dem Beruf, den er bekleidet, und seiner nächstbesten Alternative. Sei $[w_1, e]$ ein Arbeitsvertrag mit dem Lohn w_1 und der Leistung e. Die Leistung misst die Produktivität, die Anstrengung während des Arbeitstages, oder sie gibt den Teil der Arbeitszeit an, in dem sich ein Arbeiter effektiv mit der ihm zugewiesenen Aufgabe beschäftigt. Bei $e =$ 100 % produziert er, von vereinbarten Pausen abgesehen, mit voller Leistung. Bei $e =$ 50 % arbeitet er während der einen Hälfte des Tages und befasst sich in der anderen mit Arbeitsplatzkonsum, unterhält sich, schläft, telefoniert oder liest Zeitung. Im folgenden sei $[w_1, e]$ ein Vertrag, bei dem der Akteur A wie im neoklassischen Vollbeschäftigungsgleichgewicht indifferent ist zwischen Annahme und Ablehnung. Nimmt er den Vertrag an und wird später gekündigt, erleidet er keinen Nutzenverlust. Kündigung ist beim Vertrag $[w_1, e]$ keine ernsthafte Drohung. Darüber hinaus sei $\hat{e}$ die „Spaßmenge" an Arbeit, die A bereit ist, bei dem Einkommen w_1 ohne zusätzliche extrinsische Motivationsmittel einzusetzen. Jede Anstrengung oder jede Aufteilung des Arbeitstages in Arbeits- und Konsumzeit mit einem Arbeitseinsatz der $\hat{e}$ übersteigt, ist dagegen mit einem Nutzenverlust verbunden.

Kontrollsysteme

Der Vertrag, den das Unternehmen anbietet, ist selbstüberwachend, wenn die Leistungskomponente höchstens so groß ist wie die Spaßmenge. Wenn jedoch $e > \hat{e}$, dann ist die zusätzliche Anstrengung, die das Unternehmen von A verlangt, mit Nutzeneinbußen verbunden, der Vertrag ist nicht selbstüberwachend, und die Firma muss, um $[w_1, e]$ durchzusetzen, ein Kontrollsystem installieren, das die Leistung von A kontinuierlich überwacht. Das Kontrollsystem ist notwendig, da eine Entlassung, mit der A rechnen muss, wenn er moralischen Hasard begeht und gegen die Abmachung verstößt, beim Vertrag $[w_1, e]$ keine Drohung darstellt. Um den moralischen Hasard zu verhindern und den Vertrag durchzusetzen, muss die Firma vielmehr ein perfektes Kontrollsystem installieren. Ein Kontrollsystem heißt perfekt, (1) wenn es die Leistung von A ohne Unterbrechung (kontinuierlich) und (2) messfehlerfrei misst. Ein Kontrollsystem, das mit Messfehlern oder nicht kontinuierlich, sondern nur mit der Kontrollwahrscheinlichkeit $q < 1$ misst, veranlasst A zu einer nutzenmaximalen Leistung (seine Spaßmenge), die geringer ist als die vereinbarte. Wird A entdeckt und entlassen, was mit der Wahrscheinlichkeit q eintritt, ist sein Nutzen genauso hoch wie bei der Erfüllung des Vertrages. Wird er nicht entdeckt, was mit der Wahrscheinlichkeit $1-q$ geschieht, erreicht A gegenüber der Vertragserfüllung einen Nutzenzuwachs, da er nun mit w_1 ein „anstrengungsloses" Einkommen bezieht. Allerdings scheitert die Installation eines perfekten Kontrollsystems – bei dem ja die kontrollierenden Vorgesetzten wieder durch ein perfektes Kontrollsystem überwacht werden müssen –, in vielen Branchen an prohibitiven (Transaktions-) Kosten. Da der Vertrag mit der meist impliziten Leistungskomponente eine für Dritte (das Arbeitsgericht) nicht verifizierbare Komponente enthält, ist eine trilaterale Überwachungsstruktur (*Richter* und *Furubotn* 2003) ohne Nutzen. Häufig wird aber ein System aus Überwachung und Lohnanreiz die Transaktionskosten gegenüber einem perfekten Kontrollsystem senken. Die Wirkung des kombinierten Systems beruht darauf, dass A, dem nun ein Vertrag $[w, e]$ mit $w > w_1$ angeboten wird, Nutzeneinbußen hinnehmen muss, wenn er sich entschließt zu shirken (bummeln) und dabei entdeckt und entlassen wird. Der Lohnanreiz $w - w_1 > 0$ wird umso höher ausfallen müssen, je geringer die Kontrollwahrscheinlichkeit ist, mit der die Bummelei von A entdeckt wird. Der Einfluss der Kontrollwahrscheinlichkeit und anderer Faktoren wie der Arbeitslosenquote auf die Höhe des Lohnanreizes, der ausreicht, um die Beschäftigten zur erwünschten Leistung zu motivieren, wird im nächsten Abschnitt untersucht.

No Shirking Condition (NSC)

Mit der NSC erhält man die Mindesthöhe des Lohnanreizes, der nötig ist, um die Beschäftigten zur erwünschten Leistung zu bewegen. Der Akteur A hat einen unbegrenzten Zeithorizont und eine Nutzenfunktion $U = w - e$, die additiv separabel ist im Lohn w und den Kosten der Anstrengung e. Die monetären und psychischen Kosten des Arbeitseinsatzes e werden in Einheiten des produzierten Outputs gemessen. Zusätzliches Einkommen steigert die Wohlfahrt, denn der Grenznutzen des Einkommens ist positiv, $U_w = 1$. Zusätzliche Anstrengungen senken den Nutzen, denn Anstrengung ist ein Übel und ihr Grenznutzen ist negativ, $U_e = -1$. Die Spaßmenge der Arbeit ist gleich null: Für A ist eine Einteilung des Arbeitstages am vorteilhaftesten, die ihm während des ganzen Tages Zeit für ungestörten Arbeitsplatzkonsum lässt. A wählt zwischen der Erfüllung des Arbeitsvertrags $[w, e]$, wobei er die vereinbarte Leistung $e > 0$ erbringt und hierfür den Lohn w erhält, oder seiner Spaßmenge $\hat{e} = 0$. Mit Hilfe einiger Arbitragebedingungen lässt sich die NSC für den Steady state ermitteln.

Bezeichne W_n den Wert des Humankapitals von A, wenn A eine Stelle hat und nicht shirkt. Im Gleichgewicht müssen die Opportunitätskosten der Beschäftigung rW_n, wobei r der Zinssatz oder die subjektive Zeitpräferenzrate von A ist, gleich dem Einkommen sein, welches A auf dem Arbeitsmarkt verdient, abzüglich des Nutzenverlustes, der mit der Vertragserfüllung verbunden ist

$$rW_n = w - e + \lambda(U - W_n) . \tag{7.7}$$

Das Einkommen vor Abzug der Kosten hat zwei Komponenten, den Lohn w und den Vermögensverlust $U - W_n$, mit dem A rechnen muss, wenn er am Ende der Periode arbeitslos wird, was infolge jobspezifischer Schocks mit der exogenen Kündigungsrate λ geschieht. U ist dabei der Wert des arbeitslosen Humankapitals. W_s sei der Wert des Humankapitals, wenn A eine Stelle hat und shirkt. Für den Shirker gilt die folgende Arbitragegleichung $(e = 0)$

$$rW_s = w + (\lambda + q)(U - W_s) . \tag{7.8}$$

Die linke Seite der Beziehung zeigt die Opportunitätskosten der Beschäftigung, die rechte den Arbeitsertrag, der sich aus dem Lohn und dem Vermögensverlust beim Eintritt der Arbeitslosigkeit zusammensetzt. Für den Shirker gibt es zwei Ursachen, warum er mit Arbeitslosigkeit rechnen muss, erstens der exogene Schock und zweitens sein eigenes Verhalten, das mit der Wahrscheinlichkeit q kontrolliert wird und zur „verhaltensbedingten Kündigung“ führt. Ist A arbeitslos, so gilt die Arbitragebeziehung

$$rU = b + p(W_j - U) , \tag{7.9}$$

dabei ist b der Wert der Freizeit oder die Arbeitslosenunterstützung, p ist die exogene Neueinstellungsrate, und $W_j - U$ ist der Vermögensgewinn, der beim Übergang in die Beschäftigung entsteht, wobei W_j den Wert des Humankapitals auf der neuen Stelle angibt. Für diesen gilt $W_j = W_n$, wenn A dort den Vertrag erfüllt, und $W_j = W_s$, wenn A shirkt. Wir nehmen an, dass A entweder seine Verträge immer erfüllt oder immer shirkt, lösen (7.9) nach dem Wert des arbeitslosen Humankapitals auf

$$U = \frac{b + pW_j}{r + p} \tag{7.10}$$

und setzen (7.10) in (7.7) bzw. in (7.8) ein, um den Wert des Humankapitals bei Vertragserfüllung

$$W_n = \frac{\lambda b + (r + p)(w - e)}{r(r + \lambda + p)} \tag{7.11}$$

und bei Vertragsverletzung

$$W_s = \frac{(\lambda + q)b + (r + p)w}{r(r + \lambda + p + q)} \tag{7.12}$$

zu ermitteln. Der Lohnanreiz, den der Arbeitsvertrag $[w, e]$ mit der Leistungskomponente e bietet, ist ausreichend, um A zur erwünschten Leistung zu motivieren, wenn $W_n \geq W_s$. Setzt man die Beziehungen (7.11) und (7.12) in die Ungleichung ein und formt um, so erhält man

$$w \geq b + \frac{(r + p + \lambda + q)e}{q}. \tag{7.13}$$

Bei insgesamt L homogenen Erwerbstätigen verlieren in jeder Periode λL infolge von Nachfrage- oder Angebotsschocks ihren Arbeitsplatz, während von den $U = L^S - L$ Arbeitslosen bei insgesamt L^S Erwerbspersonen pU neu eingestellt werden. Im Steady state ist der Zufluss zum Pool der Arbeitslosen gleich dem Abfluss, so dass $\lambda L = pU$. Mit dieser Steady-state-Bedingung und der Arbeitslosenquote $u = (L^S - L) / L^S$ ergibt sich für die Neueinstellungsrate: $p = (1 - u)\lambda / u$. Ersetzt man hiermit p in (7.13), so erhält man die NSC in ihrer endgültigen Form

$$w \geq W(L) \equiv b + e + \frac{[r + \lambda / u(L)]e}{q}. \tag{NSC}$$

Jeder Vertrag $[w, e]$ mit einem Lohn, der die NSC erfüllt, motiviert A, die von seinem Arbeitgeber nachgefragte Leistung e zu erbringen. Der kostenminimale Lohn, der diese Motivation hervorruft, ist der in Abb. 7.6 dargestellte Effizienzlohn $W(L)$. An der Ordinate der Abbildung ist das Lohnniveau und an der Abszisse die Zahl der Erwerbstätigen abgetragen. Bei $L = 0$ ist $u = 1$ und für den Ordinatenschnittpunkt ergibt sich mit

(NSC): $W(0) = b + e + (r + \lambda)e/q$. Eine wachsende Beschäftigung senkt die Arbeitslosenquote und zwingt die Firmen, einen höheren Effizienzlohn zu bezahlen, die NSC hat demnach eine positive Steigung und nähert sich asymptotisch der Angebotskurve L^S. Offenbar hat die Arbeitslosenquote eine disziplinierende, die effektiven Lohnkosten senkende Wirkung. Vollbeschäftigung setzt dagegen den Effizienzlohnmechanismus außer Kraft. Denn jeder Akteur, der den Vertrag missachtet, entdeckt und entlassen wird, findet sofort eine neue Stelle zu den alten Konditionen. Ein Lohnanreiz, der zur nachgefragten Leistung motiviert, setzt demnach eine gewisse unfreiwillige Mindestarbeitslosigkeit voraus. Die komparativ-statische Analyse der NSC ergibt: Die NSC wird nach oben verschoben, wenn (1) die Arbeitslosenunterstützung, (2) der Kapitalmarktzins, (3) die Kündigungsrate oder (4) die vereinbarte Leistung steigt. Eine höhere Kontrollwahrscheinlichkeit verschiebt die Kurve dagegen nach unten.

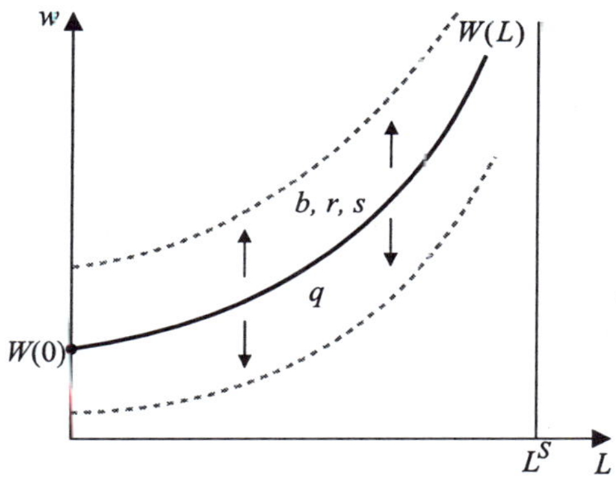

Abb. 7.6: No Shirking Condition

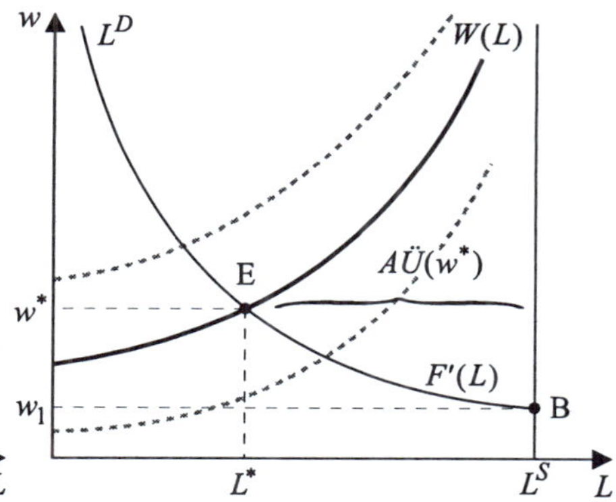

Abb. 7.7: Effizienzlohn

Wie entsteht die Arbeitslosigkeit, die der Effizienzlohnmechanismus „benötigt", um seine Motivationswirkung zu entfalten? Um diese Frage zu beantworten, müssen wir zunächst die Nachfrageseite des Arbeitsmarktes betrachten. Die repräsentative Unternehmung produziert mit L Arbeitskräften den Output $F(L)$, wenn die Arbeiter die vereinbarte Leistung erbringen, wobei die Produktionsfunktion F die Inada-Bedingungen erfüllt. Um einen positiven Output zu erhalten, muss die Firma ihren Arbeitskräften jedoch mindestens einen Effizienzlohn anbieten. Unter dieser Voraussetzung ist die Produktionsfunktion neoklassisch und die Marginalbedingung (2.1), für die $\pi_L \equiv F'(L) - w = 0$, liefert die Bedingung erster Ordnung für die gewinnmaximale Beschäftigungsmenge. Die Kurve des Grenzprodukts der Arbeit ist daher die Nachfragekurve der repräsentativen Firma auf dem Arbeitsmarkt. Abb. 7.7 zeigt das Gleichgewicht mit dem Effizienzlohn w^*, der Beschäftigungsmenge L^*, für die $w^* = W(L^*)$, und der gleichgewichtigen oder natürlichen Rate der Arbeitslosigkeit $u^* = (L^S - L^*)/L^S$ sowie den $A\ddot{U}(w^*) = L^S - L^*$ unfreiwillig Arbeitslosen. Wie die Abbildung verdeutlicht, verhindert der Effizienzlohnmechanismus selbst, dass das Lohnniveau auf den neoklassischen Vollbeschäftigungslohn w_1 sinkt. Der Punkt E ist der einzige, der zugleich auf der NSC und auf der Arbeitsnachfragekurve der Industrie liegt. Der Punkt B mit dem markträumenden Lohn w_1 ist dagegen kein Gleichgewicht. Denn B liegt nicht auf der NSC und beim Lohn w_1 ist für alle Beschäftigten die Leistung $e = 0$ optimal.

Man kann die komparativ-statische Analyse aus Abb. 7.6 ohne weiteres auf die Abb. 7.7 übertragen, denn die diskutierten Parameteränderungen beeinflussen nur die (NSC) und nicht die Nachfragekurve des Marktes. Daher ergibt sich, dass ein Anstieg der Arbeitslosenunterstützung, ein steigender Zins und eine höhere Kündigungsrate die Beschäftigung senken und die natürliche Rate der Arbeitslosigkeit erhöhen, während eine steigende Kontrollwahrscheinlichkeit die Beschäftigung erhöht und die natürliche Arbeitslosenquote vermindert. Des weiteren ergeben sich folgende Vorhersagen: (1) Alle Erwerbstätigen erfüllen im Gleichgewicht ihren Vertrag mit der geforderten Leistung. (2) Unter den Arbeitslosen gibt es nicht einen, der wegen einer Verletzung des Vertrags entlassen wurde. (3) Trotz der herrschenden Arbeitslosigkeit wird kein Unternehmen den Lohn unterbieten. Denn eine Lohnsenkung provoziert den moralischen Hasard der Beschäftigten, senkt ihre Leistung, steigert die effektiven Lohnkosten und schmälert den Firmengewinn. (4) Kein Arbeitsloser findet durch Unterbietung einen Arbeitsplatz. Da der Arbeitslose nicht glaubhaft versichern kann, dass er zum Lohn $w < w^*$ den Vertrag $[w, e]$ erfüllt, wird ihn kein Unternehmen beschäftigen. (5) Von zwei ansonsten identischen Arbeitskräftekohorten mit unterschiedlich hoher Produktivität haben die „Geringqualifizierten" eine im Durchschnitt längere Dauer der Arbeitslosigkeit zu erwarten. Da der Lohn der Geringqualifizierten im Gleichgewicht niedrigerer ist als der Lohn der produktiveren Gruppe, reicht cet. par. der Lohnanreiz nicht hin, die erwünschte Leistung zu stimulieren. Die Mitglieder der weniger produktiven Gruppe erhalten daher keine Jobs, ihre Neueinstellungsrate sinkt, die durchschnittliche Dauer der Arbeitslosigkeit steigt, und diese Anpassung nimmt ihren Lauf, bis bei niedrigerer Neueinstellungsrate und höherer Dauer der geringere Lohn, der den Geringqualifizierten infolge ihrer niedrigeren Produktivität gezahlt wird, die NSC erfüllt. (6) Haben ältere Arbeitnehmer, wie oft behauptet, einen höheren Freizeitnutzen oder eine höhere Zeitpräferenzrate r, so gilt für sie das nämliche Gesetz. Die Dauer der Arbeitslosigkeit der Älteren ist länger als jene vergleichbarer, aber jüngerer Gruppen, mit einem niedrigeren Freizeitnutzen oder einer geringeren Zeitpräferenzrate. (7) Ähnlich differenziert sich die Dauer der Arbeitslosigkeit bei Kohorten, die zwar gleich produktiv sind, doch unterschiedliche Abneigungen gegen die Mühen der (fremdbestimmten) Marktarbeit, unterschiedlich vorteilhafte Alternativen bzw. eine höhere oder niedrigere Produktivität in der Hausarbeit haben. Unter sonst gleichen Umständen haben Gruppen mit Abneigungen gegen Hierarchie und Marktarbeit oder Gruppen mit den vorteilhafteren Alternativen zur Marktarbeit bzw. mit einer höheren Produktivität in der Hausarbeit eine geringere Neueinstellungsrate und daher auch eine im Durchschnitt längere Arbeitslosigkeitsdauer. (8) Nimmt die Kündigungsrate in einer (Branchen-) Rezession zu, so steigt der Effizienzlohn und die Arbeitslosigkeit wächst. (9) Branchen mit niedrigen Kontrollwahrscheinlichkeiten (hohen Kontrollkosten) zahlen unter sonst gleichen Umständen höhere Löhne und weisen eine höhere Arbeitslosenrate auf. (10) Große Unternehmen zahlen höhere Löhne als kleine, da die Kontrollkosten in den Konzernen höher sind als bei ihren kleinen Konkurrenten.

Im Modell des moralischen Risikos wird ein beschäftigter Arbeiter, den das Kontrollsystem der Firma als Bummelant identifiziert, sofort entlassen. Es gibt keine Entlassungskosten und kein geschütztes Recht auf den Arbeitsplatz. Anders als in der amerikanischen steht aber in vielen europäischen Volkswirtschaften zwischen der Entdeckung und der Entlassung eine Phalanx von Kündigungsschutzregeln (s. Kapitel 10). Diese bewirken, dass ein als Bummelant identifizierter Akteur nicht mit Sicherheit, sondern nur mit einer gewissen Wahrscheinlichkeit mit einer vom Arbeitgeber durchsetzbaren „verhaltensbedingten Kündigung“ rechnen muss. Gilt für die bedingte Wahrscheinlichkeit einer erfolgreichen verhaltensbedingten Kündigung $h < 1$, dann ist die Entlassungswahrscheinlichkeit für einen Shirker gleich qh. Eine Verschärfung des Kündigungsschutzes senkt die Entlassungswahrscheinlichkeit und verschiebt die NSC nach oben. Hiermit steigt der Effizienzlohn und die Arbeitslosigkeit wächst. Mit weiteren Verschärfungen der Gesetzgebung und sinkender Entlassungswahrscheinlichkeit, für die schließlich wie bei einem Recht auf Arbeit $h \to 0$, wächst der Effizienzlohn über alle Grenzen und der Effizienzlohnmechanismus bricht zusammen. Im Gleichgewicht des Arbeitsmarktes herrscht dann Vollbeschäftigung, die Produktivität bzw. die Anstrengung der Arbeitskräfte ist gering, und es bilden sich neue Institutionen, die den Effizienzlohnmechanismus ersetzen, wie z.B. interne Arbeitsmärkte, die mit Karrierechancen Leistungen stimulieren, die sich mit Lohnanreizen nicht mehr wecken lassen. Verhaltensbedingte Kündigungen eines Shirkers wirken über die Entlassungswahrscheinlichkeit qh, „betriebsbedingte Kündigungen“ über die Kündigungswahrscheinlichkeit λ. Verschärfungen der Regeln für betriebsbedingte Kündigungen senken λ, woraufhin der Effizienzlohn fällt und die natürliche Arbeitslosigkeit abnimmt.

Zusammenfassung

Mit der Annahme asymmetrisch verteilter Informationen bewegt man sich einen weiteren Schritt fort von der vollständigen Informationsstruktur des neoklassischen Basismodells. Die Privaten nutzen den Lohn – im Fall der verborgenen Eigenschaften – als Sortierkriterium und als Signal und – bei nicht beobachtbarer Leistung – auch als Anreiz, um die erwünschten Leistungen zu motivieren. In beiden Fällen beeinflusst die Lohnhöhe den Transaktionsgewinn, den die Beteiligten zu Beginn ihres Beschäftigungsverhältnisses erwarten. Sie wählen daher jenen Lohn, der ihren privaten Tauschgewinn maximiert. Dieser Effizienzlohn ist höher als der markträumende Lohn, der im Allgemeinen nicht mit den privaten Nutzen- und Gewinnkalkülen vereinbar ist, weshalb es im Marktgleichgewicht zu unfreiwilliger Arbeitslosigkeit kommt. Im Modell des moralischen Hasards ist Arbeitslosigkeit sogar die Bedingung, ohne die der Effizienzlohnmechanismus nicht funktioniert. Bei ungleich verteilten Informationen sind Warteschlangen von Erwerbslosen kein Anreiz für Firmen, ihren Lohn zu senken. Bei adverser Selektion nicht, weil bei einer Lohnsenkung gerade die besten Arbeitskräfte die ersten sind, die gehen, und die neuen Bewerber infolge ihrer geringeren Produktivität kein Ersatz sind. Mit der Lohnsenkung steigen die effektiven Lohnkosten und der Gewinn der Firma fällt. Bei verborgener und nicht verifizierbarer Leistung provoziert die Lohnsenkung geradezu jenen Arbeitsplatzkonsum, den der Effizienzlohn verhindern soll. Wie bei adverser Selektion steigen die effektiven Lohnkosten und der Gewinn fällt. Adverse Selektion kann zur Folge haben, dass ganze Kohorten von Arbeitskräften nicht in die Arbeitswelt integrierbar sind (s.a. Aufgabe 7.6–7.9 zur Ausländerarbeitslosigkeit), dass sich Hochlohn- und Niedriglohnsegmente bilden mit Bewerberschlangen vor dem Hochlohnsegment, dass die Talente und Fähigkeiten ineffizient alloziiert sind, da die produktiveren Arbeitskräfte arbeitslos und die weniger produktiven beschäftigt werden, und dass die Beschäftigungsmenge gemessen an der sozial effizienten zu gering ist. Das Modell des moralischen Risikos zeigt, warum Geringqualifizierte, Ältere, Akteure mit hochwertigen Alternativen oder mit Abneigungen gegen Marktarbeit, oder warum Frauen eine im Durchschnitt längere Dauer der Arbeitslosigkeit haben als andere und warum größere Unternehmen höhere Löhne zahlen. Regeln für verhaltensbedingte und betriebsbedingte Kündigungen haben diametral entgegengesetzte Folgen. Während eine Verschärfung der Regeln für betriebsbedingte Kündigungen den Effizienzlohn senkt und die Beschäftigung erhöht, tritt mit einer strengeren Regelung der verhaltensbedingten Kündigung die entgegengesetzte Wirkung ein, der Effizienzlohn steigt und die natürliche Rate der Arbeitslosigkeit nimmt zu.

7.3 Fairness

Akteure und Organisationen orientieren sich an Technologien, Preisen, Budgets und Gesetzen, aber ebenso an Normen, Werten, Sitten und Gebräuchen. Gerade die Arbeitswelt ist in ein engmaschiges Netz von Normen und Unternehmenskulturen eingebettet, und es wäre verwunderlich, fänden diese nicht ihren Niederschlag in Arbeitsverträgen, Arbeitsmotivation und Arbeitsleistung sowie in den Regeln der Lohnbildung. Thematisch gehören die Fairnesstheorien des Arbeitsmarktes zum Teil III des Buches. Trotzdem werden sie in diesem Kapitel in Anlehnung an *Akerlof* und *Yellen* (1988, 1990) besprochen, da abermals Effizienzlöhne im Mittelpunkt stehen, die die Unternehmen ihren von Gleichheits-, Gerechtigkeits-, Reziprozitäts- oder Fairnessnormen geprägten Mitarbeitern bezahlen, um sie zur gewünschten Leistung zu veranlassen. Die Informationsstruktur der Fairnesstheorien ist neoklassisch, alle Akteure sind vollständig informiert. Nur ihr Verhalten entspricht nicht ganz dem naiven Muster des rigoros maximierenden Homo oeconomicus, sondern die Nutzenfunktionen sind durch imitierendes Lernen oder durch Erziehung (Konditionierung) normativ geprägt.

Dass Normvorstellungen, die das Verhalten lenken, zu den Vergesellschaftungsmustern traditionaler wie moderner Gesellschaften gehören, kann man mit dem Hinweis erläutern, dass Normen und Werte (Verteilungs-) Konflikte unterdrücken, die Akteuren, die nichts als ihren materiellen Nutzen maximieren, zum Verhängnis würden. Normen integrieren, indem sie Spielraum für Kooperation, für glaubhafte Verträge und Gelegenheit zur Selbstbindung schaffen. Doch Normen und Werte haben zwei Seiten und auf ihrer Schattenseite ein ebenso desintegrierendes wie konflikterzeugendes Potenzial.

Ein Akteur, der kaltblütig und nur am materiellen Erfolg seiner Handlungen orientiert ist, verspürt weder Neid, noch Hass, noch Statusängste, kennt weder Schuld-, noch Überlegenheitsgefühle, weiß weder, was Fremdenfeindlichkeit oder Nationalismus ist, und staunt allenfalls über die Dramen, die sich in normativ integrierten Handlungssystemen wie etwa der Familie entwickeln. Schließlich lassen sich sogar Fehlallokationen wie Warteschlangen auf Güter- und Faktormärkten auf von Normen durchdrungenes Verhalten zurückführen, wie das folgende Modell belegt.

Sowohl bei individuellen als auch bei kollektiven Lohnverhandlungen spielen Gleichheits- und Fairnessnormen eine zentrale Rolle. Gewerkschaften legitimieren Lohnforderungen mit den hohen Profiten, die das Kapital verdient, oder mit den Tarifabschlüssen anderer Branchen, hinter deren Einkommen man nicht zurückfallen darf. Andere Leitvorstellungen, die bei der Lohnbildung Einfluss haben, kommen etwa in der Forderung zum Ausdruck, dass die Kapitalrendite einen angemessenen Wert nicht übersteigen soll, dass Gewinne reinvestiert und nicht an anonyme Eigentümer als arbeitsloses Einkommen

Reziprozität und Nominallohnrigidität

Unterbietungskonkurrenz und Lohnsenkungen sind trotz hoher Arbeitslosigkeit seltene Ereignisse. Für dieses Phänomen gibt es informationsökonomische, institutionelle oder soziologische bzw. sozialpsychologische Erklärungen, wie die des amerikanischen Ökonomen *Bewley* (1999), der diesen Fragen in einer Felduntersuchung nachgegangen ist. Aus den 265 Interviews mit amerikanischen Managern und Gewerkschaftsführern, die zu Beginn der neunziger Jahre des vorigen Jahrhunderts inmitten einer Rezession stattfanden, ergibt sich, so *Bewley* (2002), dass „the primary resistance to wage reduction comes from upper management, not from employees. The main reason for avoiding pay cuts is that they damage morale … A general sense of fairness is conductive to good morale; it contributes to an atmosphere of mutual trust. The sense of fairness is created by having supervisors treat workers decently, by having impartial rules for settling disputes and determining promotions and job assignments, and by using reasonable standards for setting the relative pay of different employees. These standards are often elaborate systems and are termed internal pay structures. They clearly determine pay differentials on the basis of such factors as training, experience, tenure at the firm, and productivity … Resistance to wage reduction and the need for internal pay equity stem from ideas of fairness that usually refer to some reference wage. The reference wage for pay cuts is the past wage. The reference wage for internal equity is that of other workers within the firm with similar qualifications and a similar job … Although managers attempt to use reasonable criteria when establishing an internal pay structure, once a structure is established, tradition by itself makes it a standard of fairness … Although pay cuts are unusual, they do occur and usually do not have the harmful effects described by managers when arguing that pay should not be cut. The explanation for this inconsistency is that pay cuts are accepted by the work force if they prevent a firm from closing or if they save a large number of jobs.

Another puzzle … is why unemployed workers do not try to take jobs away from employed people by offering to replace them at lower pay … I found that explicit undercutting is impossible for most people, because they do not know exactly what job they are applying for or what its pay is … A similar puzzle is why firms don't replace employees during recessions with cheaper unemployed ones … I found that the main reasons employers do not replace employees are that the new ones would lack the skills of the existing ones … The skills would be lost in part because many of them are specific to the firm.

John Maynard Keynes (1936) proposed that downward wage rigidity is explained by employees' preoccupation with pay differentials among workers in similar jobs at different firms. I found, however, that such external pay differentials are not an issue, except in highly unionized industries. In most companies, employees know so little about pay rates at other firms that they do not know whether they are underpaid.

A popular explanation of wage rigidity is the no shirking theory of *Shapiro* and *Stiglitz* (1984) … The theory is so popular among economists that I frequently asked managers and labor leaders about it and was almost always told that it did not apply … Employers do not see much connection between pay and morale … Shirking is usually dealt with through discussions and reprimands, and workers are normally fired only because of a pattern of egregious behavior.

Another popular explanation of wage rigidity is the adverse selection model of *Andrew Weiss* (1980 and 1990) … I found strong support for Weiss's theory as it applies to quits, but none as it applies to hiring. Although managers do believe that a pay cut would cause their best employees to quit, I found no evidence that recruiters use pay aspirations as an indicator of job candidate quality.

Quelle: Bewley (2002)

ausgeschüttet werden sollen; stark egalitäre Normen fordern gleiche Bezahlung für alle; Gerechtigkeitsnormen drängen zu einer Entlohnung, bei der „jedem im Verhältnis zu X" Einkommen zufließt, wobei an die Stelle der Variablen X die Leistung, die Fähigkeiten, die Ausbildung, das Alter, die Lebenshaltungskosten, die Größe der Familie, die Kinderzahl oder der Beitrag zum Output rücken kann.

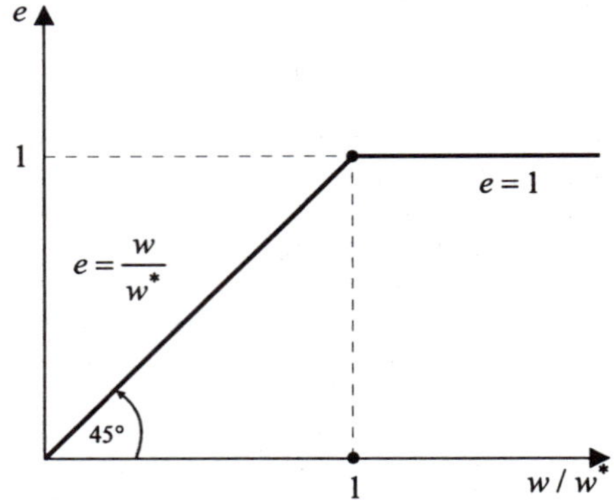

Abb. 7.8: Fair-wage-effort-Hypothese

Dem folgenden Modell liegt eine Gerechtigkeitsnorm zugrunde. Dabei stellt man sich in Anlehnung an die (Sozial-) Psychologie vor, dass Akteure bei ihren Marktaktivitäten Referenztransaktionen zum Vergleich heranziehen. In ihren Denk- und Wahrnehmungsschemata kristallisiert sich die Vorstellung von einem Recht, so behandelt zu werden, wie es das Vorbild verlangt. Die Referenztransaktionen fassen vergangene Erfahrungen zusammen oder sie sind das Resultat moralischer Erziehung. Speziell die Equity-Theorie von *Adams* (1963) arbeitet mit der Hypothese, dass das Verhalten in einer Handlungssituation wie dem Arbeitsplatz in dem Verhältnis von geleistetem Input und Output I/O wahrgenommen und mit einem Referenzwert I^*/O^* verglichen wird. Die Handlungssituation wird als fair oder gerecht empfunden, sobald $I/O = I^*/O^*$. Ein Vergleich, der in der Arbeitswelt üblich ist, betrifft z.B. das Verhältnis zwischen der eigenen Leistung und dem Einkommen, das hierfür bezahlt wird, mit dem, was ein Referenzakteur oder eine Referenzgruppe (Kollegen, Vorgesetzte) für ihre Leistung verdienen. Die Arbeitssituation ist gerecht, wenn das Verhältnis von Leistung und Einkommen e/w dem Referenzwert entspricht. Der Referenzwert sei dabei mit $1/w^*$ festgelegt. Als ungerecht empfundene Handlungssituationen lösen Anpassungen entweder der Situationswahrnehmung (kognitive Dissonanz) oder aber, wie im Folgenden, des Verhaltens aus. Verhaltensänderungen modifizieren den eigenen Input oder den eigenen Output.

Nimmt man an, dass der Lohn aus dem Blickwinkel des Akteurs exogen ist, bleibt ihm die Anpassung seiner Leistung als Reaktion auf die wahrgenommene Handlungssituation übrig. Ist das eigene Einkommen nicht höher als das Referenzeinkommen, dann wird der Beschäftigte, so die Equity-Theorie, seine Leistung anpassen, bis $e = w/w^*$. Dass wahrgenommene „Unterbezahlung" $w/w^* \leq 1$ mit einer Leistungseinschränkung beantwortet wird, gilt als durch Erfahrung und Experiment gesichert. Wie verhalten sich die Akteure jedoch bei „Überbezahlung"? In der Regel werden die Experimente, die Reaktionen auf „Überbezahlung" testen, als nicht eindeutig bezeichnet, und man nimmt da-

Gerechtigkeitstheorie

Die Fair-wage-effort-Hypothese ist ein Spezialfall der Gerechtigkeitstheorie des amerikanischen Sozialpsychologen *Adams* (1963). Im Gegensatz zur Ökonomik ist die Sozialpsychologie eine strikt empirische Wissenschaft. So hat bereits Adams seine Theorie mit dem folgenden Experiment getestet, das in *Scholz* (2000) beschrieben wird:

„Da die Gerechtigkeitstheorie von Adams auf den ersten Blick relativ operabel wirkt, fehlt es nicht an Versuchen zu ihrer empirischen Überprüfung: Im klassischen Experiment von Adams und Rosenbaum ... wurden 36 Studenten als Hilfskräfte eingestellt. Als Aufgabe hatten sie Interviews durchzuführen. Bei Einstellungsgesprächen wurden ihnen unterschiedliche Auskünfte über ihre Qualifikation gegeben. Zwei Gruppen wurden pro Stunde bezahlt, zwei andere pro Stück (s. Übersicht).

Dabei sollten folgende aus der Dissonanztheorie abgeleitete Hypothesen getestet werden:

– Wird eine Person im Stundenlohn bezahlt, wird ihre Produktivität bei dem Gefühl der zu hohen Bezahlung größer sein als bei dem Gefühl der gerechten Bezahlung.
– Wird eine Person im Stücklohn bezahlt, wird ihre Produktivität bei dem Gefühl der zu hohen Bezahlung pro Einheit geringer sein als bei dem Gefühl der gerechten Bezahlung.

	Studenten wurden für einen Teilzeitjob eingestellt mit dem Hinweis ...			
	'... Qualifikation entspricht überhaupt nicht den Anforderungen, aber trotzdem Einstellung bei normaler Bezahlung wegen betriebsinterner Umstände'		' ... Qualifikation entspricht exakt den Anforderungen'	
Bezahlung pro:	Stunde	Stück	Stunde	Stück
Gruppe:	A	B	C	D
Produktivität:	0,27	0,15	0,23	0,2

Vergleicht man zunächst die Gruppen A und C miteinander, so realisiert die als unterqualifiziert bezeichnete Gruppe A einen höheren Produktivitätswert als die ‚ausreichend qualifizierte' Gruppe C, ein mit der These von Adams konformes Ergebnis: Die Studenten, die sich aufgrund mangelnder Qualifikation gegenüber ausreichend qualifizierten Personen zu gut bezahlt fühlten, versuchten das ‚unausgeglichene Verhältnis' durch eine erhöhte Leistungserbringung (= höhere Produktivität) in eine als gerecht empfundene Relation zu bringen. Mangelnder Input (= mangelnde Qualifikation) soll durch höheren Output (= Produktivität) kompensiert werden... Gruppe B hatte im Vergleich zu Gruppe D nicht die Möglichkeit, über die Produktivität ‚Ungerechtigkeit' abzubauen: Bei der Bezahlung pro Stück hätte eine Erhöhung der Produktivität (Output) auch eine Einkommenssteigerung bewirkt, wodurch die Dissonanz zwischen erreichtem Einkommen und gerechtem Einkommen zusätzlich verstärkt worden wäre. Als einzig wirksame Maßnahme, eine gerechte Beziehung zu den Vergleichspersonen herzustellen, kommt in diesem Fall daher die Verringerung der Produktivität (Verringerung der Stückzahl) in Betracht. Der Vergleich der Ergebnisse von Gruppe B mit Gruppe D stützt also ebenfalls die Behauptung von Adams."

Quelle: Scholz (2000, S. 894 ff.)

her an, dass ein Akteur auf „Überbezahlung" mit der, wie er glaubt, fairen Leistung $e = 1$ reagiert. Die in Abb. 7.8 dargestellte Fair-wage-effort-Hypothese zeigt die Anpassungsleistung eines von der Reziprozitätsnorm geprägten Beschäftigten bei unterschiedlichen Lohnangeboten

(7.14) $$e = \min\left\{w / w^*, 1\right\}.$$

Zunächst wächst die Leistung proportional mit dem Lohn; wird die Handlungssituation schließlich als fair empfunden, bleibt die Leistung auch bei „Überbezahlung" konstant auf dem fairen Niveau. Eine gewinnmaximierende Firma wird dieses normativ geprägte Verhalten ihrer in allen Hinsichten homogenen Beschäftigten folgendermaßen berücksichtigen. Bei L Arbeitskräften, die jeder eine Einheit Arbeit mit der Leistung $e \leq 1$ anbieten, ist eL der effektive Arbeitsinput und $F(eL)$ der Output. Für die Produktionsfunktion F gelten die Inada-Bedingungen. Das Unternehmen verhält sich auf seinem Absatzmarkt als Mengenanpasser und der Absatzpreis ist mit eins normiert. Die Firma erwirtschaftet daher einen Deckungsbeitrag von

(7.15) $$\pi = F(eL) - wL.$$

Das gewinnmaximierende Unternehmen kontrolliert die Beschäftigungsmenge und den Lohn. Gegeben sind die Referenzleistung, der Referenzlohn und die verhaltenslenkende Wirkung der Gerechtigkeitsnorm (7.14).

Da die Firma für Lohnangebote, die über dem Referenzlohn liegen, nicht mehr als die gerechte Referenzleistung bekommt, hat sie keinen Anlass, mehr als den Referenzlohn zu bezahlen. Mithin bildet dieser bei der Wahl des gewinnmaximierenden Lohnsatzes die obere Grenze, es sei denn, die Firma wird auf dem Arbeitsmarkt rationiert und muss die Löhne der Konkurrenz überbieten. Von diesem Fall abgesehen, können wir daher die Leistung e in (7.15) durch das Lohnverhältnis w / w^* ersetzen. Zu gegebenem Lohn wird die Firma Arbeitskräfte nachfragen, bis das Grenzprodukt des in Effizienzeinheiten gemessenen Arbeitsinputs gleich dem Lohn ist

(7.16) $$\pi_L \equiv (w / w^*) F'(wL / w^*) - w = 0.$$

Teilt man (7.16) durch w und multipliziert mit dem Referenzlohn, so erhält man die notwendige Bedingung für ein Maximum des Firmengewinns in der Beschäftigungsmenge

(7.17) $$F'\left(\frac{w}{w^*} L\right) = w^*.$$

Mit (7.17) lässt sich die Arbeitsnachfrage der typischen Firma charakterisieren. Erreicht der Lohn das Referenzniveau, dann ist die Arbeitsnachfrage wie im neoklassischen Modell durch den Punkt $F'(L^*) = w^*$ auf der Grenzproduktivitätskurve bestimmt, s. den Punkt E in Abb. 7.9. Der Grund ist leicht einzusehen, da die Beschäftigten bei einem Lohn in Höhe des Referenzlohns ihrer normativen Prägung gemäß die faire Leistung $e = 1$ anbieten. Fällt der Lohn, dann sinkt die Leistung, weil die Beschäftigten die Situation als ungerecht empfinden und versuchen, durch eine reduzierte Leistung die gerechte Handlungssituation wiederherzustellen. Wie reagiert die Nachfrage nach Arbeitskräften auf diese Moralökonomie? Bei gegebenem Referenzlohn wird die gewinnmaximierende Firma ihre Nachfrage L an die fallende Leistung stets so anpassen, wie (7.17) verdeutlicht, dass $wL / w^* = L^*$. Die (indirekte) Nachfrage der Firma hat somit für Löhne $w / w^* \leq 1$ die in Abb. 7.9 dargestellte Gestalt einer gleichseitigen Hyperbel

$$w = \frac{w^* L^*}{L}. \tag{7.18}$$

Als nächstes ist der (Effizienz-)Lohn zu bestimmen, den das Unternehmen seiner Belegschaft anbieten wird. Setzt man die Nachfrage (7.18) für einen beliebigen Lohn $w \leq w^*$ mit Rücksicht auf die Fair-wage-effort-Hypothese in die Gewinngleichung (7.15) ein, so ergibt sich

$$\pi^* \equiv F\left(\frac{w}{w^*} L\right) - wL = F(L^*) - w^* L^*. \tag{7.19}$$

Wie (7.19) verdeutlicht, legt die Gerechtigkeitsnorm den maximalen Gewinn, den die Firma verdient, eindeutig fest, und die Nachfragekurve (7.18) ist identisch mit der Iso-Gewinnkurve π^*. Aus dem Blickwinkel der reinen Gewinnrechnung ist die Geschäftsführung der Firma mithin indifferent zwischen allen (w, L)-Kombinationen, die (7.18) erfüllen. Nimmt man nun an, dass auch die Geschäftsführung „ein wenig Sinn für Gerechtigkeit hat“, so ist mit dieser Präferenz für reziproke Handlungssituationen das Firmengleichgewicht eindeutig durch den Referenz- bzw. den Effizienzlohn w^* und die Arbeitskräftenachfrage L^* bestimmt, vorausgesetzt das Unternehmen wird auf dem Arbeitsmarkt nicht rationiert.

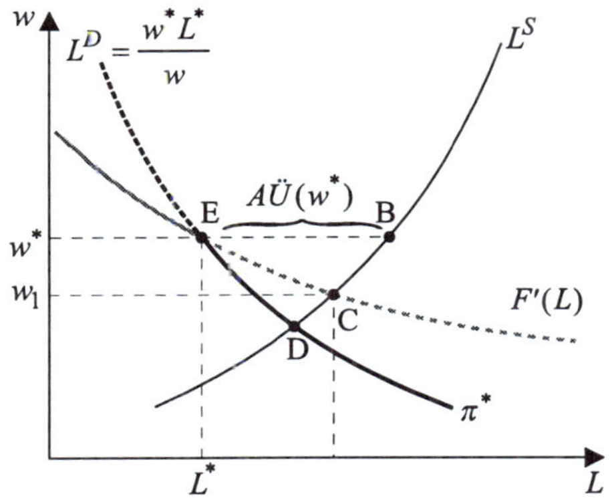

Abb. 7.9: Effizienzlohn als Fairnessmaßstab

Wir wechseln nun die Betrachtungsebene und analysieren den Arbeitsmarkt mit einer Vielzahl homogener Anbieter und Nachfrager und nehmen an, dass die Arbeitsangebotskurve wie in Abb. 7.9 den üblichen Verlauf hat. Die Unternehmen können ihre Nachfragepläne genau dann realisieren, wenn der „gerechte Lohn“ wie in Abb. 7.9 mindestens so hoch ist wie der neoklassische Gleichgewichtslohn w_1. Unter dieser Voraussetzung ist der Effizienzlohn der Gleichgewichtslohn und $A\ddot{U}(w^*) > 0$ ist die natürliche Arbeitslosigkeit, die sich beim Effizienzlohn bildet. Für keine Firma lohnt es sich, von dieser Lohnpolitik abzuweichen. Ein höherer Lohn senkt den Gewinn, da oberhalb des Effizienzlohns wegen $e = 1$ die Grenzproduktskurve der Arbeit die Nachfragekurve der gewinnmaximierenden Firma ist und überall auf $F'(L)$ oberhalb von E der Gewinn niedriger ist als π^*. Bei einer Lohnsenkung andererseits bewegt sich die Firma zwar auf ihrer Iso-Gewinnkurve π^* von E nach D, doch die Reziprozitätsnorm, an die sich auch die Geschäftsführung des Unternehmens gebunden fühlt, ist nun verletzt.

Keiner der Arbeitslosen wird mit Erfolg den gerechten Lohn unterbieten und auf diesem Weg einen Arbeitsplatz finden können. Denn erstens verstößt jemand, der versichert, zu einem Lohn $w < w^*$ zu arbeiten, gegen die Norm. Zweitens kann er nicht glaubhaft machen, dass er nicht selbst von der Norm getrieben, es als Ungerechtigkeit empfinden wird, in einem Unternehmen zu arbeiten, in dem andere für die gleiche Arbeit ein höheres Einkommen beziehen. Da die Firma annehmen muss, dass die Fair-wage-effort-Hypothese das zu erwartende Verhalten des „Unterbieters" korrekt prognostiziert, kann sie leicht feststellen, dass seine effektiven Lohnkosten genauso hoch sind wie die Kosten des Mitarbeiters, für den der Ersatzmann käme. Die effektiven Lohnkosten des zu ersetzenden Mitarbeiters sind gleich dem Effizienzlohn, die effektiven Lohnkosten des Unterbieters betragen dagegen mit Rücksicht auf sein Angebot $w < w^*$ und die Anstrengungsfunktion (7.14): $w / e = w^*$. In effektiven Lohnkosten ausgedrückt, vermag der Arbeitslose, wie man sieht, die Insider gar nicht zu unterbieten.

Wie reagiert der Markt auf Nachfrageschocks? Der Gleichgewichtslohn des Arbeitsmarktes reagiert nicht auf Schocks, solange der gerechte Lohn der gleiche und über dem neoklassischen Gleichgewichtslohn bleibt. Der Punkt E rückt näher an die Ordinate, wenn sich die Grenzproduktskurve infolge des Schocks nach innen verlagert, und wandert nach außen in die Richtung von B, wenn der Schock die Grenzproduktskurve in die entsprechende Richtung verschiebt. Bei gerechtem, aber rigidem Lohn manifestieren sich die Schocks allein in der Volatilität der Arbeitslosenzahl.

Zusammenfassung

Auch bei vollständiger Information und einer Technologie wie im neoklassischen Modell kann Arbeitslosigkeit entstehen, wenn soziale Normen und Werte, wie etwa die Vorstellung vom gerechten Lohn, die Präferenzen der Akteure prägen und die Lohnflexibilität einschränken. Transaktionen werden als Tausch von Leistung und Gegenleistung begriffen und mit Blick auf Reziprozitätsnormen bewertet. Der Equity-Theorie zur Folge bilden sich Vergleichsniveaus als Maßstab, an denen die Akteure das wahrgenommene Verhältnis ihres Inputs und Outputs messen. Am Arbeitsplatz ist dies häufig das Verhältnis der Leistung zum Einkommen, während das Vergleichsniveau nach dem Verhalten von Vorgesetzten oder Kollegen oder nach einem abstrakten, z. B. einkommensstatistischen Schema konstruiert wird. Genau dann wird die Handlungssituation als gerecht empfunden, wenn die Wahrnehmung der eigenen Situation dem Vergleichsniveau entspricht. Als ungerecht empfundene Situationen provozieren Reaktionen wie Wahrnehmungsanpassungen oder Änderungen des Verhaltens. Unternehmen werden daher ihre Lohn- und Personalpolitik mit Rücksicht auf die normativen Integrationsmuster ihrer sozialen Umgebung gestalten und bestrebt sein, den Mitarbeitern Effizienzlöhne anzubieten. Dabei entsteht natürliche, aber unfreiwillige Arbeitslosigkeit, sobald der Effizienzlohn über dem Vollbeschäftigungslohn liegt.

8 Unvollständige Arbeitsverträge

Arbeitsverhältnisse sind Dauerschuldverhältnisse, die auf (un-)bestimmte Zeit geschlossen sich durch zwei Besonderheiten von anderen Vertragsverhältnissen unterscheiden: Einseitige Kündigungen und Nachverhandlungen. Kündigung und Nachverhandlung bieten die Chance, die Klammer des geltenden Vertrags zu lockern und seine Konditionen neuen Lagen anzupassen. Kündigung und Nachverhandlung sind aber zugleich das Einfallstor des strategischen Kalküls der Vertragsparteien. So werden die Parteien die Nachverhandlung nutzen, um Vertragsanpassungen mit dem Ziel zu erreichen, ihren Anteil an der Transaktionsrente zu erhöhen. Nimmt ein Matchpartner die Forderungen des anderen nicht ernst, droht der mit Kündigung. Auf die Kündigung folgt der unwiederbringliche Verlust von Rente und investiertem Kapital, die Spezialmaschine wird wertlos, der Umzug der Familie, die Suche nach Kindergartenplatz und Schule, alles war umsonst. Die Aussicht, schutzlos den Risiken von Nachverhandlung und Kündigung ausgeliefert zu sein, verringert die Bereitschaft der Akteure, in den Arbeitsplatz zu investieren, der Vertrag als Anreiz- und Überwachungsinstrument versagt, „Unterinvestition" ist die Folge dieses als Holdup bekannten Phänomens. Statt der leistungsstarken Spezialmaschine kauft die Firma das Standardaggregat, das weniger Kapital bindet und sich schneller amortisiert. Statt seinen Lebensmittelpunkt in die Nähe des Arbeitsplatzes zu verlegen, wohnt der Arbeitnehmer im möblierten Appartement und pendelt.

Die Transaktionskostenökonomie, die Theorie der Verfügungsrechte und die Vertragstheorie gehören zu den ökonomischen Disziplinen, die sich mit der Analyse von Überwachungsstrukturen (governance structures) von Dauerschuldverhältnissen beschäftigen. Spezielle Vertragsformen wie Tarifverträge oder Betriebsvereinbarungen, Privat-, Genossenschafts- oder Staatseigentum, Gesetze und Rechtsprechung sowie vertikale Integration in der Rechtsform der Personen- oder Kapitalgesellschaft sind Beispiele für Überwachungsstrukturen, die den Wert der überwachten Transaktionen steigern und Nachverhandlungs- und Kündigungskosten reduzieren sollen. Über die tieferen Ursachen dieser „Kosten für die Nutzung des Marktsystems" (*Arrow* 1969) sind sich die verschiedenen Theorien einig. (Arbeits-) Verträge sind unvollständig, die Akteure opportunistisch, beschränkt rational und die Aktiva, die sie im Produktions- und Tauschprozess verwenden, beziehungsspezifisch. Verträge heißen unvollständig, wenn sie lückenhaft, widersprüchlich, mehrdeutig oder durch Dritte wie dem Gericht nur mit hohem Ressourceneinsatz prüf- oder durchsetzbar sind. Die Höhe der von Vertragsversagen wie dem Holdup verursachten Transaktionskosten hängt, so der amerikanische Ökonom *Williamson* (1985), von den Charakteristika der geplanten Transaktion ab. Die drei Dimensionen, in denen sich Transaktionen voneinander unterscheiden, sind die "asset specificity, uncertainty, and frequency". Die Transaktionskosten eines durch Einzelvertrag gestalteten Arbeitsverhältnisses nehmen mit dem Grad der Ungewissheit, mit der Häufigkeit der Transaktion und vor allem mit der Spezifizität der Inputfaktoren zu, die, mit der Leistung des Arbeitnehmers kombiniert, den Output erzeugen.

Mit zunehmender Spezifizität der Inputfaktoren suchen die Akteure daher nach alternativen Überwachungsinstrumenten, die den (neo-) klassischen Vertrag ersetzen oder ergänzen und die Effizienzverluste der rein vertraglichen Koordination vermeiden. Zu diesen Strukturen zählen vor allem die Institutionen des Privateigentums und die vertikale Integration, so *Williamson* (1985) für die Transaktionskostentheorie oder *Hart* (1995) für die ökonomische Theorie der Verfügungsrechte. Privateigentum und vertikale Integration (Hierarchie) verteilen die Entscheidungsmacht und verleihen einer der am Tausch beteiligten Parteien die residualen Kontrollrechte. Residuale Kontrollrechte ermächtigen den Akteur, in vertraglich nicht oder mehrdeutig oder inkonsistent spezifizierten Handlungssituationen zu entscheiden, welche Fortsetzung das Dauerschuldverhältnis nimmt. „Der Eigentümer einer Sache kann, soweit nicht das Gesetz oder Rechte Dritter entgegenstehen, mit der Sache nach Belieben verfahren und andere von jeder Einwirkung ausschließen" umreißt § 903 BGB (Befugnisse des Eigentümers) das residuale Kontrollrecht des Eigentümers. Und zum residualen Kontrollrecht des Arbeitgebers, seinem Direktions- oder Weisungsrecht, heißt es in § 106 Gewerbeordnung (Weisungsrecht des Arbeitgebers): „Der Arbeitgeber kann Inhalt, Ort und Zeit der Arbeitsleistung nach billigem Ermessen näher bestimmen, soweit diese Arbeitsbedingungen nicht durch den Arbeitsvertrag, Bestimmungen einer Betriebsvereinbarung, eines anwendbaren Tarifvertrages oder gesetzliche Vorschriften festgelegt sind. Dies gilt auch hinsichtlich der Ordnung und des Verhaltens der Arbeitnehmer im Betrieb … ."

Effizienz ist kein Rechtsprinzip. Aus dem Blickwinkel der Rechtswissenschaft stellt sich das Versagen des individuellen Arbeitsvertrags daher ein wenig anders dar als aus dem Blickwinkel der Ökonomie. Der individuelle Arbeitsvertrag ist ein Residuum der liberalen Marktgesellschaft des 19. Jahrhunderts. Er zählt, wie die Historisierung nahe legt, zu den überlebten und bald abgestreiften Formen des Vertragsrechts. Die Geschichte von Industrialisierung und Frühkapitalismus, der Alltag von Personalrekrutierung und Personalentlassung beweisen, so die herrschende Meinung unter Juristen, dass der Vertrag als Gestaltungsinstrument des Dienstverhältnisses zwischen erwerbswirtschaftlichen Unternehmen und privaten Haushalten aus strukturellen Gründen versagt. Allenfalls der durch die zwingenden Normen sozialstaatlicher Gesetzgebung und Rechtsprechung oder durch tarifvertragliche Absprachen zwischen Unternehmen und „sozial mächtigen" Gewerkschaften humanisierte Einzelvertrag verbürgt jene „Richtigkeitsgewähr", die in der Weltanschauung der bürgerlich liberalen Marktgesellschaft des 19. Jahrhunderts schon aus der Freiwilligkeit des Tauschs resultierte.

Die Reichweite und Effizienz der individualvertraglichen Gestaltung von Dauerschuldverhältnissen ist allerdings umstritten. In Reaktion auf die zahllosen ökonomischen oder juristischen Hypothesen zum Markt- und Vertragsversagen mehren sich in jüngerer Zeit die Beiträge, die simplen Einzelverträgen mehr allokative Effizienz zubilligen, als die ökonomischen Versagensthesen oder gar die juristische Theorie der „strukturellen Imparität" implizieren. So zeigt das Holdup-Modell von *MacLeod* und *Malcomson* (1993, 1995) sowie *Malcomson* (1997, 1999), das Arbeitsverträge, die nicht mehr als ein paar Hauptpflichten von Arbeitgeber und Arbeitnehmer wie Zeit, Ort und Inhalt der Arbeitsleistung und das Entgelt festlegen, in der Regel hinreichen, um die Akteure sowohl zu effizienten (Arbeitsplatz-) Investitionen als auch zu effizienten Trennungsentscheidungen zu bewegen. Das „institutionalistische" Kontraktmodell von MacLeod und Malcomson liefert allerdings nicht nur eine Rehabilitierung des Arbeitsvertrags, sondern in Konkurrenz zu den sozialpsychologisch fundierten Theorien reziproken Verhaltens, s. Kapitel 7, eine alternative Erklärung für die Abwärtsrigidität von Nominallöhnen und die empirisch zu beobachtenden Entgeltänderungsverteilungen.

Tab. 8.1: Zusammenfassung der behandelten Fälle

Überwachungs-struktur	Fälle	Trennung / Fortsetzung[1]	Lohn-kosten[2]	Holdup
1. Markt				
Bilaterales Monopol		F	ω	ja
Ex-post-Konkurrenz	1. $\underline{w} > \overline{w}$	T	$\overline{w}$	universell: ja[3] spezifisch: ja[3)+4)]
	2. $\underline{w} < \overline{w}$	F		
	$\omega \geq \overline{w}$		$\overline{w}$	
	$\omega \leq \underline{w}$		$\underline{w}$	
	$\underline{w} < \omega < \overline{w}$		ω	
2. Vertrag				
2.1 Lohnbestimmung				
Bilaterales Monopol		F	b	nein
Ex-post-Konkurrenz	1. $\underline{w} > \overline{w}$	T	$\overline{w}$	nein
	2. $\underline{w} < \overline{w}$	F	$\underline{w}$	
2.2 Festlohnvertrag mit: $y > w^T > b$				
Bilaterales Monopol		F	w^T	nein
Ex-post-Konkurrenz	1. $\underline{w} > \overline{w}$	T	$\overline{w}$	universell: nein spezifisch: ja[5]
	2. $\underline{w} < \overline{w}$	F		
	$\hat{W} \geq \overline{w}$		$\overline{w}$	
	$\hat{W} \leq \underline{w}$		$\underline{w}$	
	$\underline{w} < \hat{W} < \overline{w}$		w^T	
3. Kündigungsschutz				
Ex-post-Konkurrenz	1. $\underline{w} > \overline{w}$	T		nein
	$w^T \leq \underline{w}$		$\overline{w}$	
	$\kappa > w^T > \underline{w}$		$\overline{w} + A$	
	2. $\underline{w} < \overline{w}$	F		
	$w^T \geq \overline{w}$		w^T	
	$w^T \leq \underline{w}$		$\underline{w}$	
	$\underline{w} < w^T < \overline{w}$		w^T	

[1] T: Trennung; F: Fortsetzung; [2] w^T : Vertragslohn, $\overline{w}$: Reservationslohn der Firma, $\underline{w}$: Reservationslohn des Arbeiters, ω : Verhandlungslohn, A: Abfindung;
Ausmaß der Unterinvestition hängt von der Wahrscheinlichkeit ab, dass [3] $\underline{w} < \omega < \overline{w}$; [4] $\omega \leq \overline{w}$; [5] $\hat{W} \geq \overline{w}$.

Die grundlegenden Elemente des Modells von MacLeod und Malcomson sind leicht überschaubar: der Arbeitsvertrag, die Investition in den Arbeitsplatz, Schocks, die das Arbeitsverhältnis treffen, das Nachverhandlungsspiel mit der Trennungsentscheidung und den Friktionen, die den Spielraum für die Vertragsverhandlungen begründen. Die Akteure des Modells, Arbeitgeber und Arbeitnehmer, sind rational und vollständig informiert. Angesichts ihrer unbeschränkten Rechenkapazität könnten sie sich auf einen umfassenden Vertrag (comprehensive contract) verständigen, der nicht nur die effiziente Investition beschreibt, sondern auch die Verteilung der Transaktionsrente und die Beendigung des Arbeitsverhältnisses gestaltet. Doch in der Welt der Holdup-Modelle gibt es keinen Mechanismus, der die Durchsetzung dieses Mega-Vertrags kontrolliert und die Ansprüche aus dem Vertrag im Streitfall erzwingt. Sogar die Gerichte könnten den Vollzug nicht überprüfen. Kurz, ein Mega-Vertrag, der die Transaktion und ihre Rechtsfolgen vollständig beschreibt, lässt sich nicht verifizieren – so die zentrale Annahme der Holdup-Theorien und des MacLeod-Malcomson-Modells. Eigenschaften der Transaktion, die sich von Dritten (nicht) verifizieren lassen, heißen im Folgenden (nicht) kontrahierbar. Das weitere Kapitel ist folgendermaßen gegliedert.

In Abschnitt 8.1 stellen wir die Sequenz der Ereignisse und Einzelheiten des Nachverhandlungsspiels mit der Kündigungs- und Trennungsentscheidung dar. Abschnitt 8.2 analysiert die Investitionsentscheidung mit dem Holdup-Problem, stellt die sozial effiziente Investition und schließlich das Investitionsprojekt vor, das ein Investor wählt, der sich zum Schutz von Projekt und Arbeitsverhältnis weder auf einen Vertrag noch auf das Gesetz stützen kann. Abschnitt 8.3 behandelt zwei vertragliche Überwachungsstrukturen, das Lohnbestimmungsrecht sowie den Festlohnvertrag, und Abschnitt 8.4 eine gesetzliche, den Vertragsinhalts- und Bestandsschutz des Kündigungsschutzgesetzes (KSchG). Gegenstand des Abschnitts 8.5 sind die Vertragslohndynamik, die das Nachverhandlungsspiel im Rahmen der Institutionen des Vertrags- und Kündigungsschutzrechts erzeugt sowie ein Ausblick auf die empirischen Entgeltänderungsverteilungen der europäischen Volkswirtschaften.

8.1 Nachverhandlung und Trennungsentscheidung

Zunächst stellen wir die Sequenz der Ereignisse und Einzelheiten des Nachverhandlungsspiels mit der Kündigungs- und Trennungsentscheidung dar. Dabei betrachten wir zwei Fälle. Im ersten sind die Vertragsparteien infolge von Friktionen vollkommen vom Markt isoliert, so dass sie während der Dauer der Nachverhandlung von keinen Beschäftigungsalternativen Kenntnis erlangen. Wer kündigt, wird erwerbslos. Das ist der Fall des bilateralen Monopols. Im zweiten Fall herrscht trotz der Friktionen Ex-post-Konkurrenz. Wer das Arbeitsverhältnis verlässt, wird sofort ersetzt. Doch die Qualität des Ersatzes hängt vom Grad der Spezifizität der ex ante getätigten Investition ab. Hat die Firma den Arbeitsplatz mit einem Standardaggregat ausgerüstet, erleidet sie keinen Verlust, wenn sich das Arbeitsverhältnis auflöst, denn der Ersatzmann hat die gleiche Produktivität wie der scheidende Arbeitnehmer; hat sie dagegen ein beziehungsspezifisches Spezialaggregat angeschafft, muss sie im Fall der Trennung Produktivitätsverluste hinnehmen.

Sequenz der Ereignisse und Entscheidungen

Die Sequenz der Ereignisse und Entscheidungen des Holdup-Modells ist in Abb. 8.1 dargestellt. Auf Stufe 0 verhandeln die risikoneutralen Parteien – Arbeitnehmer und Firma – über den Arbeitsvertrag und vereinbaren ein Entgelt für die Arbeitsleistung. Auf Stufe 1 investiert die Firma. Auf Stufe 2 wird das Arbeitsverhältnis von einem exogenen Schock getroffen. Schocks – Änderungen der Faktor- und Absatzpreise, Stillstandszeiten – wirken auf die Produktivität des Jobs und die Opportunitätskosten der Akteure. Ex post heißen alle Ereignisse, die nach dem Schock und ex ante alle Ereignisse, die vor dem Schock eintreten. Ex post können die Parteien die Schockfolgen beobachten und feststellen, welche Früchte ihre Investition unter den neuen Umständen trägt, ob sich eine Fortsetzung des Arbeitsverhältnis lohnt oder ob eine unheilbare Störung der Geschäftsgrundlage eingetreten ist. Alle für das Arbeitsverhältnis relevanten Informationen sind den Parteien, jedoch nicht dem Gericht, ex post bekannt. Auf Stufe 3 findet das Nachverhandlungsspiel um die Aufteilung der Jobrente statt. Anpassungen des Arbeitsvertrags an die neue Marktlage erfolgen einvernehmlich. Es gilt der Grundsatz der Kündigungsfreiheit. Die Parteien können auf Stufe 3 – ohne Begründung – kündigen und das Arbeitsverhältnis beenden. Den Schaden, der womöglich aus einer Trennung erwächst, trägt das „Kündigungsopfer".

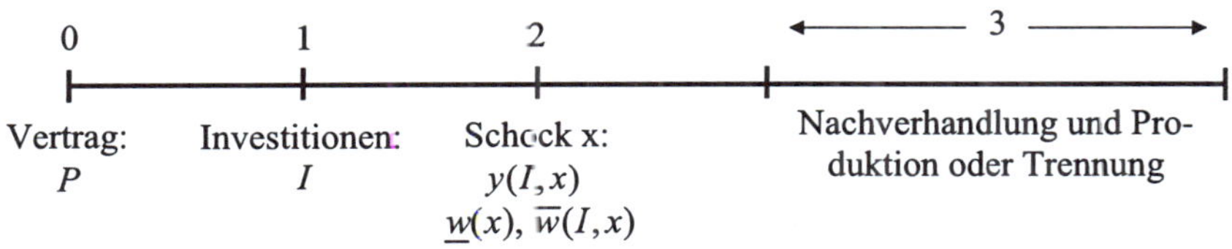

Abb. 8.1: Sequenz der Ereignisse

Friktionen. Friktionen reduzieren die Anpassungsgeschwindigkeit auf dem Arbeitsmarkt. Zwei Fälle kommen zur Sprache. (1) Arbeiter und Firma erhalten nicht mehr als ein Jobangebot und eine Bewerbung pro Periode. Die Akteure bilden ein bilaterales Monopol. Der Reservationsnutzen des Arbeiters besteht aus Freizeit und den staatlichen oder privaten Lohnersatzleistungen, der Reservationsnutzen der Firma ist gleich null. (2) Arbeiter und Firma erhalten mindestens zwei Jobangebote und Bewerbungen pro Periode und können daher auf Stufe 3, wenn die Vertragsverhandlung scheitert, auf Anschlussjob und Ersatzmann zurückgreifen. Der Reservationsnutzen des Arbeiters besteht in diesem Fall aus dem Lohn des Anschlussjobs und der der Firma aus dem Gewinn, den sie mit dem Ersatzmann erwirtschaftet.

Vertrag. Auf Stufe 0 schließen Arbeiter und Firma den Vertrag $P = [w^T]$, von Ex-ante-Abfindungen (s. Kapitel 12) sowie Mobilitätskosten sehen wir ab. w^T ist der Nominallohn, den die Firma für die Arbeitsleistung bezahlt. Die Investition ist nicht kontrahierbar und kein Bestandteil von P. Zwar kontrollieren die Akteure P, doch das Zustandekommen von P wird nicht weiter erklärt. P wurde zum Beispiel in früheren Perioden vereinbart, die Anpassung von P setzt Einvernehmen voraus, da Einvernehmen bislang nicht zu erreichen und eine Trennung bisher immer unvorteilhaft war, ist der alte Vertrag schon seit drei Jahren in Kraft. Auf Stufe 3, zu Beginn des Nachverhandlungsspiels, ist P jedenfalls der Vertrag, der die Parteien bindet. Während der Nachverhandlung entscheiden sie, ob sie P implementieren, anpassen oder ob sie das Arbeitsverhältnis beenden.

Wertgrenzprodukt. $y(I,x)$ ist das Wertgrenzprodukt des Jobs, das die Akteure ex post auf Stufe 2 beobachten. $y(I,x)$ fällt der Firma zu, wenn sie den Arbeiter beschäftigt, auf Stufe 1 die Investition I installiert und auf Stufe 2 der Zustand x eintritt. x ist eine exogene Zufallsvariable mit der Beschreibung aller für das Arbeitsverhältnis relevanten Daten wie z.B. den Absatz- und Faktorpreisen oder den Strategien der Konkurrenz. Mit x sind auch alle Parameter des Modells, die von x abhängen, Zufallsvariable. Die Investition erhöht das Wertgrenzprodukt des Jobs, $y'(I,x) > 0$, doch das Grenzprodukt sinkt mit steigendem Budget, da $y''(I,x) < 0$. Hierbei gilt die Schreibweise: $y'(I,x) = dy/dI$ und $y''(I,x) = d^2y/dI^2$.

Reservationsnutzen. $b(x)$ ist der Nutzen des Arbeiters während der Erwerbslosigkeit. Sein Freizeitnutzen, das Schwarzmarkteinkommen oder die staatlichen bzw. privaten Lohnersatzleistungen sind in allen Lagen positiv. Der Reservationsnutzen der Firma während einer Stilllegung des Jobs ist gleich null. Wir nehmen außerdem an, dass Handel und Produktion stets vorteilhafter sind als der Stillstand und fassen die Annahmen wie folgt zusammen

(A1) $$y(0,x) > b(x) > 0 \text{ für alle Zustände } x.$$

Ex-post-Konkurrenz. Endet die Nachverhandlung mit einer Kündigung, so wechselt der Arbeiter bei Ex-post-Konkurrenz sofort zu seinem Anschlussjob und erhält dort den Lohn $\underline{w}(x)$. Die Firma erzielt mit dem Ersatzmann, der die Aufgaben seines Vorgängers übernimmt, den Gewinn $\underline{\pi}(I,x)$. $\underline{\pi}(I,x)$ ist wie das Wertgrenzprodukt stetig differenzierbar in I. Für die Auszahlungen, die die Akteure bei Ex-post-Konkurrenz erhalten, wenn sie ihre Handlungsalternativen ergreifen, nehmen wir an, dass

(A2) $$\underline{w}(x) \geq b(x) \text{ und } \underline{\pi}(I,x) \geq 0 \text{ für alle Zustände } x.$$

Bei Ex-post-Konkurrenz ist die Firma nicht bereit, für die Leistung des Arbeitnehmers mehr als ihren Reservationslohn $\overline{w}(I,x)$ zu bezahlen, für den $\overline{w}(I,x) = y(I,x) - \underline{\pi}(I,x)$. Fordert der Arbeitnehmer einen höheren Lohn als $\overline{w}(I,x)$, ist die Firma besser gestellt, wenn sie das Arbeitsverhältnis kündigt und den Ersatzmann ruft, der mit $\overline{w}(I,x)$ zufrieden ist.

Investition. Nur die Firma investiert und zwar in das Sachkapital des Jobs. Die Investition ist entweder spezifisch – die Firma lässt eine Spezialmaschine bauen, die auf die Charakteristika des Mitarbeiters zugeschnitten ist – oder universell – die Firma kauft ein Standardaggregat, zu dessen Bedienung keine spezialisierten Arbeitskräfte nötig sind. Für den von I abhängigen Reservationslohn der Firma gilt

(A3) $$\overline{w}'(I,x) = \begin{cases} y'(I,x) - \underline{\pi}'(I,x) = 0 : I \text{ ist universell} \\ \\ y'(I,x) - \underline{\pi}'(I,x) > 0 : I \text{ ist spezifisch.} \end{cases}$$

Ist die Investition universell, so ist der Ersatzmann, den die Firma beim Scheitern der Nachverhandlung ruft, mit der Bedienung des Aggregats vertraut. Die Rendite der Investition ist daher unabhängig von der Arbeitskraft, die die Firma zur Bedienung des Aggregats einstellt, und es gilt $y'(I,x) = \underline{\pi}'(I,x) > 0$. Folglich ist der Reservationslohn der Firma unabhängig von I, $\overline{w}'(I,x) = 0$, und wir können für alle I kurz schreiben: $\overline{w}(x) = \overline{w}(I,x)$. Ist die Investition beziehungsspezifisch, so bildet der Ersatzmann in Kombination mit dem Spezialaggregat ein weniger produktives Match als das ursprünglich geplante, und es gilt $y'(I,x) > \underline{\pi}'(I,x) \geq 0$. Der Reservationslohn der Firma nimmt infolgedessen mit dem Umfang des Investitionsbudgets zu: $\overline{w}'(I,x) > 0$.

Ex-post-Rente und Cash Flow. Für die Ex-post-Rente $S(I,x)$, die sich die Matchpartner beim Eintritt des Zustands x auf Stufe 3 aneignen können, wenn die Firma auf der Stufe 1 das Budget I investiert und die Akteure effizient nachverhandeln, gilt

$$(8.1)\qquad S(I,x)=\begin{cases} y(I,x)-b(x): \text{ bilaterales Monopol} \\ \\ \max\left\{y(I,x),\ \underline{w}(x)+\underline{\pi}(I,x)\right\}-b(x): \text{ Ex-post-Konkurrenz.}\end{cases}$$

In (8.1) ist berücksichtigt, dass die Investition auf Stufe 3 längst installiert und die Anschaffungsausgabe I abgeflossen ist. Da es keinen Second-hand-Markt für Investitionsgüter gibt, ist das Investitionsbudget I auf Stufe 3 versunken, gleichgültig ob die Investition universell oder spezifisch ist. Darüber hinaus ist $S(I,x)$ eine (Differenzial-) Rente mit dem „Drohpunkt" des Nachverhandlungsspiels als Referenzzahlung und nicht der Cash Flow. Der Drohpunkt des Spiels besteht aus den Einkommen der Spieler im Zustand der Erwerbslosigkeit, also aus dem Arbeitslosengeld bzw. dem Freizeitnutzen des Arbeitnehmers $b(x)$, denn das Einkommen des stillgelegten Job ist gleich null. Der aggregierte Cash Flow, den sich das Match bei effizienter Verhandlung aneignen kann, ist gleich $S(I,x)+b(x)$. Im Fall des bilateralen Monopols ist $S(I,x)+b(x)=y(I,x)$, wie (8.1) verdeutlicht. Bei Ex-post-Konkurrenz gibt es zwei Möglichkeiten, entweder die Matchpartner produzieren und setzen das Match fort, dann ist $S(I,x)+b(x)=y(I,x)$, oder sie trennen sich, der Arbeitnehmer bekommt $\underline{w}(x)$ und die Firma $\underline{\pi}(I,x)$, so dass $S(I,x)+b(x)=\underline{w}(x)+\underline{\pi}(I,x)$.

Effiziente Trennung. Die Parteien verhandeln effizient, wenn die aggregierte Auszahlung, auf die sie sich während des Nachverhandlungsspiels einigen, nicht geringer ist als $S(I,x)+b(x)$. Mit Annahme (A1) folgt, dass die Matchpartner stets eine positive Rente erzielen, sofern sie effizient verhandeln, da sowohl im bilateralen Monopol als auch bei Ex-post-Konkurrenz $S(I,x)>0$ für alle x.

Im bilateralen Monopol ist daher wegen der Annahme (A1) eine Trennung nie effizient. Bei Ex-post-Konkurrenz ist die Auflösung des Arbeitsverhältnisses dagegen genau dann effizient, wenn $y(I,x)<\underline{w}(x)+\underline{\pi}(I,x)$. Das Trennungskriterium für den Fall der Ex-post-Konkurrenz lässt sich auch mit den Reservationslöhnen ausdrücken. Hierzu subtrahiert man auf beiden Seiten der Ungleichung den Gewinn $\underline{\pi}(I,x)$ und berücksichtigt, dass $\overline{w}(I,x)=y(I,x)-\underline{\pi}(I,x)$. Das Trennungskriterium lautet nun: Hat der Arbeitnehmer einen höheren Reservationslohn als die Firma, $\underline{w}(x)>\overline{w}(I,x)$, so ist es effizient, wenn sich die Akteure trennen und jeder seine Handlungsalternative ergreift.

Nachverhandlung und Gleichgewichtsauszahlung. Die Details des Nachverhandlungsspiels schildern *MacLeod* und *Malcomson* (1993, 1995). Wie die Autoren nehmen wir an, dass die Spieler effizient verhandeln und sich stets die volle Matchrente (8.1) aneignen. Sei $W(P,I,x)$ die Auszahlung des Arbeiters und $\Pi(P,I,x)$ diejenige der Firma auf Stufe 3 im Gleichgewicht des Nachverhandlungsspiels, wobei P der Vertrag von Stufe 0, I die Investition von Stufe 1 und x der Wert des Schocks von Stufe 2 ist. Dann gilt mit Rücksicht auf die Annahme effizienter Verhandlung sowohl im bilateralen Monopol als auch bei Ex-post-Konkurrenz, dass

$$(8.2)\qquad \Pi(P,I,x)+W(P,I,x)=S(I,x)+b(x).$$

Wir betrachten anschließend zunächst das bilaterale Monopol, bei dem die Spieler keine Unter- und Überbietungskonkurrenten haben. Um die Gleichgewichtsauszahlungen des bilateralen Monopols zu kennzeichnen, schreiben wir für diese speziell $\hat{\Pi}(P,I,x)$ und $\hat{W}(P,I,x)$.

Bilaterales Monopol

Auf Stufe 3 – die Investition I ist installiert und der Zustand x ist den Parteien bekannt – haben Arbeiter und Firma drei Alternativen. Sie können den auf Stufe 0 vereinbarten Vertrag $P=[w^T]$ erfüllen, anpassen oder kündigen und in die Erwerbslosigkeit gehen, wobei der Arbeiter das Arbeitslosengeld $b(x)$ und die Firma eine Auszahlung von null erhält. Da die Matchrente positiv ist – im bilateralen Monopol gilt wegen (A1), dass für alle x: $S(I,x)=y(I,x)-b(x)>0$ –, und die Spieler effizient verhandeln, scheidet die Kündigung aus. Zwei Fälle sind dann noch zu untersuchen, die Spieler akzeptieren den Vertrag oder sie passen die Vertragskonditionen an.

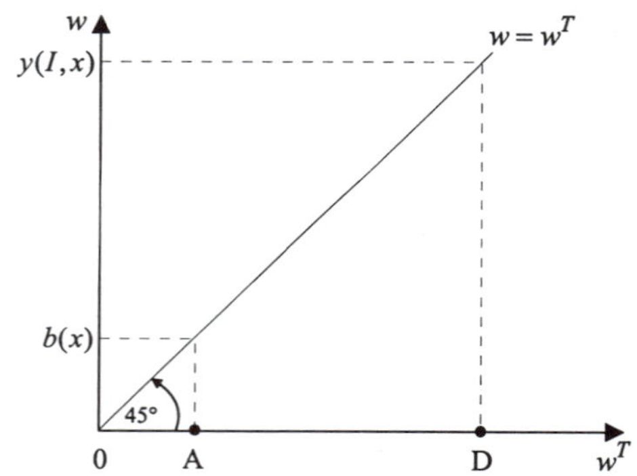

Abb. 8.2: Bilaterales Monopol

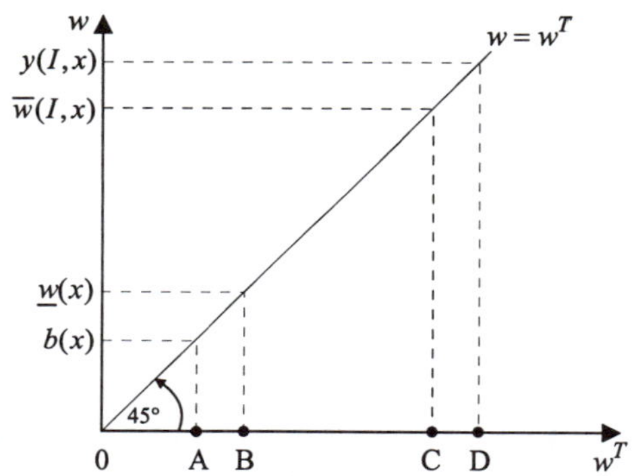

Abb. 8.3: Ex-post-Konkurrenz

Akzeptanz des Vertrags. Die Parteien ziehen die Erfüllung des Vertrags $P=[w^T]$ der Kündigung vor, wenn die Teilnahmebedingungen erfüllt sind

$$(8.3) \qquad y(I,x)-w^T>0 \qquad w^T-b(x)>0\,.$$

Die Abb. 8.2 zeigt an der Ordinate die beiden Schranken der Teilnahmebedingungen (8.3) und an der Abszisse den Vertragslohn w^T. Befindet sich w^T im Intervall 0A ist die Teilnahmebedingung des Arbeiters, befindet sich w^T rechts von D ist die Teilnahmebedingung der Firma verletzt. Angenommen w^T befindet sich im Intervall AD, dann sind beide Teilnahmebedingungen erfüllt und jeder Versuch, Vertragsanpassungen zu erzwingen, ist zum Scheitern verurteilt. Denn auf der einen Seite sind Kündigungsdrohungen nicht glaubhaft, da beide Spieler wissen, dass die Erfüllung des Vertrags für sie vorteilhafter ist als die Trennung. Andererseits sind Vertragsanpassungen nur einvernehmlich möglich. Die Firma verweigert einer Lohnerhöhung, der Arbeiter einer Lohnsenkung die Zustimmung. Der Arbeitsvertrag P wird also erfüllt, und die Gleichgewichtsauszahlungen des Nachverhandlungsspiels sind

$$\hat{\Pi}(P,I,x) = y(I,x) - w^T \qquad \hat{W}(P,I,x) = w^T. \tag{8.4}$$

Vertragsanpassung. Der auf Stufe 0 vereinbarte Vertrag $P = [w^T]$ verletzt eine der beiden Teilnahmebedingungen und der entsprechende Akteur zieht die Kündigung vor. Folglich kommt es zur Anpassung des Vertrags, denn seine Drohung zu kündigen ist glaubhaft und der Job wirft eine Rente $S(I,x) > 0$ ab, die sich die Akteure nicht entgehen lassen wollen. Das Gleichgewicht des Verhandlungsspiels, das sich nun entfaltet, entspricht der Lösung von Nash (s. Anhang A1, Kap. 5). Sei also $\beta \in (0,1)$ die Verhandlungsstärke des Arbeiters. Dann einigen sich die Parteien auf den Verhandlungslohn $\omega(I,x)$, wobei

$$\omega(I,x) = b(x) + \beta[y(I,x) - b(x)]. \tag{8.5}$$

Der Verhandlungslohn hat zwei Komponenten, die Lohnersatzleistung ist die erste, der Anteil des Mitarbeiters an der Transaktionsrente die zweite. Für die Gleichgewichtsauszahlungen des Nachverhandlungsspiels erhält man mit Rücksicht auf (8.5) die Werte

$$\hat{\Pi}(P,I,x) = y(I,x) - \omega(I,x) = (1-\beta)[y(I,x) - b(x)] \tag{8.6}$$

$$\hat{W}(P,I,x) = \omega(I,x). \tag{8.7}$$

Der Verhandlungslohn (8.5) liegt im Intervall AD der Abb. 8.2 und erfüllt die Teilnahmebedingungen, wie man sieht, wenn man in (8.3) den Vertragslohn durch den Verhandlungslohn ersetzt. Denn wegen (A1) ist $y(I,x) - b(x) > 0$, so dass beide Teilnahmebedingungen in strenger Form gelten.

Zusammenfassung. Im Fall des bilateralen Monopols gibt es zwei mögliche Spielausgänge, je nachdem ob die Teilnahmebedingungen (8.3) für den Vertrag *P* gelten oder nicht. Im ersten Fall wird der auf Stufe 0 vereinbarte Vertrag erfüllt, im zweiten wird *P* angepasst. Angenommen, sowohl der Vertragslohn w^T als auch der Verhandlungslohn $\omega(I,x)$ liegen im Intervall AD von Abb. 8.2, und es gilt $w^T \neq \omega(I,x)$. Warum spielen die Akteure nicht die Nash-Lösung $\omega(I,x)$? Antwort: Der Vertrag *P* ist gültig. Die Akteure müssten *P* anpassen, um die Nash-Lösung zu spielen. Vertragsanpassungen setzen jedoch das Einvernehmen der Parteien voraus. Eine Zustimmung beider Parteien zu einer Lohnerhöhung oder Lohnsenkung ist nicht zu erreichen. Also ist die Erfüllung des Vertrags das Gleichgewicht des Verhandlungsspiels, die Nash-Lösung spielt dabei keine Rolle.

Ex-post-Konkurrenz

Sei *I* die auf Stufe 1 installierte Investition, *x* der auf Stufe 2 offenbarte Zustand der Umgebung, $\underline{w}(x)$ der Reservationslohn, den sich der Arbeiter und $\underline{\pi}(I,x)$ der Gewinn, den sich die Firma ex post mit dem sofort verfügbaren Ersatzmann sichern kann. Der Reservationslohn der Firma bzw. der Lohn des Ersatzmanns, $\overline{w}(I,x) = y(I,x) - \underline{\pi}(I,x)$, ist der höchste Lohn, den das Unternehmen bereit ist, dem eigenen Mitarbeiter für dessen Dienste zu bezahlen. Der Reservationslohn des Mitarbeiters bzw. der Lohn $\underline{w}(x)$, den ihm die Konkurrenz bietet, ist der Mindestlohn, zu dem der Arbeitnehmer gerade noch bereit ist, bei seinem gegenwärtigen Arbeitgeber zu bleiben. Für das Nachverhandlungsspiel mit Ex-post-Konkurrenz ist zunächst zu klären, wie diese beiden Reservationslöhne, die der Markt erzeugt, in die Lösung des Modells zu integrieren sind?

Die Antwort liefert das Prinzip der Handlungsalternativen (outside-option principle, *Binmore* 1998). Das Prinzip besagt, dass eine zusätzliche Handlungsalternative nicht den Drohpunkt des Spiels modifiziert oder gar ersetzt, wie man zunächst vermuten könnte, sondern als Restriktion zu berücksichtigen ist, die die Menge der zulässigen Spiellösungen begrenzt. Das Prinzip der Handlungsalternativen ist mit wichtigen Annahmen verbunden. Zu diesen zählt, dass der Gekündigte stets die Möglichkeit hat, dem Kündigenden noch rechtzeitig ein Lohnangebot zu unterbreiten, bevor dieser unwiderruflich vom Verhandlungstisch aufsteht und geht. Würden Spielregeln wie Fristen und Formvorschriften dem Gekündigten diese letzte Chance nicht einräumen, so würden die zusätzlichen Handlungsalternativen gerade den Drohpunkt des Spiels modifizieren oder ersetzen. Das Prinzip hat außerdem die wichtige Konsequenz, dass nun mit einer gewissen Wahrscheinlichkeit der Vertrag P oder der Verhandlungslohn (8.5) *keine* zulässigen Lösungen des Nachverhandlungsspiels sind, weil sie die neuen vom Markt erzeugten Nebenbedingungen verletzen. Unter dem Prinzip der Handlungsalternativen hat das Nachverhandlungsspiel mit Ex-post-Konkurrenz die im Folgenden geschilderten Gleichgewichtsauszahlungen. Zunächst sind zwei Fälle zu unterscheiden, je nachdem welcher der beiden Reservationslöhne $\underline{w}(x)$ und $\overline{w}(I,x)$ der höhere von beiden ist.

Wenn $\underline{w}(x) > \overline{w}(I,x)$, dann gibt es keinen Lohn, auf den sich die Akteure einigen können. Das Arbeitsverhältnis wird aufgelöst, die Akteure wenden sich ihren Handlungsalternativen zu und erhalten die Gleichgewichtsauszahlungen

$$\Pi(P,I,x) = \underline{\pi}(I,x) \qquad W(P,I,x) = \underline{w}(x). \tag{8.8}$$

Da der Reservationslohn des Arbeitnehmers den der Firma übersteigt, ist die Trennung effizient, denn nur durch Auflösung des Jobs können sich die Akteure die Rente $S(I,x)$ vollständig aneignen.

Wenn dagegen $\underline{w}(x) < \overline{w}(I,x)$, wie in Abb. 8.3, dann sind drei Unterfälle zu unterscheiden. Zunächst folgt aus der Ungleichung jedoch, dass $S(I,x) + b(x) = y(I,x) > \underline{w}(x) + \underline{\pi}(I,x)$, so dass im Gegensatz zum ersten Fall die Fortsetzung des Jobs sozial effizient ist. Bevor wir auf die drei Unterfälle zu sprechen kommen, sei zur Erinnerung noch einmal auf den folgenden Sachverhalt hingewiesen. Entweder erfüllt der Arbeitsvertrag P die Teilnahmebedingungen (8.3), der Vertragslohn befindet sich im Intervall AD der Abb. 8.3 und die Gleichgewichtsauszahlungen im Spiel *ohne* Handlungsalternativen sind durch die Gleichungen (8.4) bestimmt, so dass $\hat{W}(P,I,x) = w^T$; oder der Vertrag erfüllt die Teilnahmebedingungen nicht, und $\hat{W}(P,I,x)$ ist gemäß (8.7) gleich dem Verhandlungslohn (8.5), der sich stets im Intervall AD der Abb. 8.3 befindet. Nun können wir die drei Unterfälle kennzeichnen: (1) Die vom Markt erzeugte Handlungsalternative der Firma bindet, da $\hat{W}(P,I,x) \geq \overline{w}(I,x)$. (2) Die Handlungsalternative des Mitarbeiters bindet, da $\hat{W}(P,I,x) \leq \underline{w}(x)$. (3) Keine der vom Markt erzeugten Handlungsalternativen bindet, da $\underline{w}(x) < \hat{W}(P,I,x) < \overline{w}(I,x)$. Ob die Handlungsalternativen, die der Markt erzeugt, binden oder nicht, entscheidet sich also mit Blick auf die Auszahlungen, die die Parteien im Spiel ohne die Handlungsalternativen erhalten hätten.

Die Handlungsalternative der Firma bindet: $\hat{W}(P,I,x) \geq \overline{w}(I,x)$. Der Mitarbeiter wäre mit der Auszahlung $\hat{W}(P,I,x)$, die er ohne die Unterbietung durch seine Konkurrenten bekommen hätte, zufrieden, doch die Firma nicht, da sich $\hat{W}(P,I,x)$ im Intervall CD der Abb. 8.3 befindet. Da die Handlungsalternative der Firma bindet, kann sie glaubhaft mit Kündigung drohen und das Entgelt des Arbeitnehmers drücken. Im Gleichgewicht des Nachverhandlungsspiels erhalten die Parteien daher die folgenden Auszahlungen

$$(8.9) \qquad \Pi(P,I,x) = \underline{\pi}(I,x) \qquad\qquad W(P,I,x) = \overline{w}(I,x).$$

Zwar kann die Firma den Arbeitnehmer zwingen, den Lohn $\overline{w}(I,x)$ hinzunehmen, doch der Grundsatz der Einvernehmlichkeit bewirkt, dass sie den Lohn nur bis auf das Niveau ihres Reservationslohns zu drücken vermag, denn zu weiteren Lohnzugeständnissen ist der Arbeitnehmer nicht bereit. Warum stimmt er überhaupt einer Bezahlung zu, bei der er nicht mehr als den Reservationslohn der Firma als Entgelt erhält? Erstens kündigt die Firma, wenn der Arbeiter auf der Einhaltung des Vertrags besteht und seine Zustimmung zur Lohnsenkung verweigert. Zweitens stellt er sich mit dem Lohn seiner Handlungsalternative schlechter als mit der Auszahlung $\overline{w}(I,x)$, da $\underline{w}(x) < \overline{w}(I,x)$. Also akzeptiert der Mitarbeiter $\overline{w}(I,x)$, und der Grundsatz der Einvernehmlichkeit schützt ihn davor, weitere Zugeständnisse machen zu müssen.

Die Handlungsalternative des Arbeitnehmers bindet: $\hat{W}(P,I,x) \leq \underline{w}(x)$. Die Firma wäre mit dem Lohn $\hat{W}(P,I,x)$, den sie bezahlen müsste, hätte sie keine Konkurrenz, die sie überbietet, zufrieden, doch der Arbeiter nicht, da sich $\hat{W}(P,I,x)$ im Intervall 0B der Abb. 8.3 befindet. Da die Handlungsalternative des Arbeiters bindet, kann dieser glaubhaft mit Kündigung drohen. Im Gleichgewicht des Nachverhandlungsspiels erhalten die Parteien daher die Auszahlungen

$$(8.10) \qquad \Pi(P,I,x) = y(I,x) - \underline{w}(x) \qquad\qquad W(P,I,x) = \underline{w}(x).$$

Diesmal begrenzt der Grundsatz der Einvernehmlichkeit die Ansprüche, die der Arbeitnehmer durchsetzen kann. Vertragsanpassungen sind nur einvernehmlich möglich, die Drohungen des Arbeiters zu kündigen, sind nicht glaubhaft und so kann er mehr als seinen Reservationslohn in der Nachverhandlung nicht verlangen, höhere Lohnforderungen weist die Firma zurück.

Keine Handlungsalternative bindet: $\underline{w}(x) < \hat{W}(P,I,x) < \overline{w}(I,x)$. Zwar haben beide Spieler Konkurrenten, doch die Konkurrenzofferte kommt für keine Partei in Betracht. Beide Spieler sind mit dem (Vertrags- oder Verhandlungs-) Lohn $\hat{W}(P,I,x)$, der sich im offenen Intervall BC, Abb. 8.3, befindet, zufrieden. Das Nachverhandlungsspiel endet folglich trotz Ex-post-Konkurrenz mit den Auszahlungen des bilateralen Monopols

$$(8.11) \qquad \Pi(P,I,x) = \hat{\Pi}(P,I,x) \qquad\qquad W(P,I,x) = \hat{W}(P,I,x).$$

Zusammenfassung. Bei Ex-post-Konkurrenz gibt es vier mögliche Spielausgänge. (1) Die Parteien lösen das Arbeitsverhältnis auf, weil das Unternehmen nicht bereit ist, den Lohn zu zahlen, den die Konkurrenz dem Mitarbeiter bietet. Die Trennung ist effizient. In den anderen drei Fällen treffen die Akteure die effiziente Fortsetzungsentscheidung. (2) Die Firma hat einen Ersatzmann, der den Vertrags- oder Verhandlungslohn, den der beschäftigte Mitarbeiter bekäme, unterbietet. Die Firma dringt auf Vertragsanpassung oder sie kündigt. Der Mitarbeiter stimmt der Anpassung zu und sie einigen sich auf den Reservationslohn der Firma. (3) Der Arbeitnehmer hat ein Konkurrenzangebot, das den Vertrags- oder Verhandlungslohn überbietet. Er dringt auf Vertragsanpassung oder er kündigt. Die Firma verhandelt und die Spieler einigen sich auf den Reservationslohn des Arbeitnehmers. (4) Die Parteien stellen sich beide mit dem Vertrags- oder Verhandlungslohn besser als mit den vom Markt erzeugten Handlungsalternativen und wählen die Gleichgewichtsstrategien des bilateralen Monopols, also den Vertragslohn, wenn die Teilnahmebedingungen gelten oder den Verhandlungslohn, wenn der Vertrag die Teilnahmebedingungen verletzt.

8.2 Investieren ohne Vertrag und Gesetz

Die Investition der Firma erfolgt auf Stufe 1. Das privat optimale Investitionsbudget des risikoneutralen Unternehmens maximiert den erwarteten Gewinn nach Abzug der Lohnkosten und der Anschaffungsausgabe für das Aggregat. Zur Planung zieht das Unternehmen den Charakter der Investition, das Ausmaß der Friktionen und den Schutz in Betracht, den die auf Stufe 0 installierte Überwachsungsstruktur bzw. der Markt in Gestalt der Ex-post-Konkurrenz bieten. Vor welchem Risiko will sich das Unternehmen schützen, wozu fragt es eine spezielle Überwachungsstruktur nach? Erhöht das Unternehmen das Investitionsbudget um $dI > 0$, so nimmt die Produktivität der Stelle zu, wie wir angenommen haben, und der Output des Jobs steigt um $dy > 0$. Dieser Investitionsertrag ist der Grund, warum die Firma investiert. Dabei will sie nicht nur entscheiden, ob die Investition vorteilhaft ist oder nicht, sondern sie will das privat optimale Investitionsbudget ermitteln. Das Investitionsbudget bzw. die Kapazität des (spezifischen oder universellen) Aggregats, dessen Anschaffung das Unternehmen plant, lässt sich kontinuierlich variieren. Anpassungs- und Installationskosten entstehen dabei nicht. Eine Kapazitätserweiterung steigert den Firmengewinn allerdings nur dann, wenn der Teil von der Gesamtrendite $y'(I,x) = dy/dI > 0$, der der Firma zufällt, ihre Anschaffungskosten deckt. Die Frage, die uns daher im Folgenden beschäftigt, ist, welchen Teil des Investitionsertrags der Investor erhält.

Die Bereitschaft des Unternehmens zu investieren wächst mit seinem Anteil am Investitionsertrag. Holdup ist das Phänomen, bei dem der Arbeitnehmer Teile der Projektrendite „erbeutet". Holdup treibt einen Keil zwischen den sozialen und den privaten Investitionsertrag mit dem Resultat der Unterinvestition. Für das Ausmaß des Holdup ist das zu erwartende Ergebnis der Nachverhandlung auf Stufe 3 maßgeblich, die geltende Überwachungsstruktur, die Friktionen und die Spezifizität der Investition sind daher die drei Faktoren, die im Mittelpunkt der Planung des privat optimalen Investitionsbudgets stehen.

Bevor wir den Einfluss dieser Faktoren behandeln, stellen wir die Bedingung für das sozial effiziente Investitionsbudget dar. Anschließend erörtern wir die Entscheidung der Firma, wenn kein Vertrag, sondern nur die vom Markt erzeugten Handlungsalternativen der Ex-post-Konkurrenz zur Verfügung stehen. Warum ist diese Frage interessant? Weil nach einer weit verbreiteten Meinung Ex-post-Konkurrenz bzw. die Kontrolle durch den Markt ausreicht, um eine gewinnmaximierende Firma zur sozial effizienten Investition zu veranlassen. Doch ist Marktkontrolle tatsächlich hinreichend für die Konvergenz von privater und sozialer Projektrendite? Die Antwort der herkömmlichen Marktideologie ist uneingeschränkt positiv, die der klassischen Holdup-Theorie ist negativ, wenn die Investition beziehungsspezifisch und positiv, wenn sie universell einsetzbar ist. Die Antwort der jüngeren Holdup-Theorie ist auch für Standardinvestitionen negativ und die Friktionen sind der Grund.

Effizient Investieren

Ex ante auf Stufe 1, wenn die Investitionsentscheidung fällt, ist die Rente des Jobs, $s(I,x)$, durch folgende Beziehung bestimmt: $s(I,x) = S(I,x) - I$, wobei $S(I,x)$ die Ex-post-Rente (8.1) und I die Anschaffungsausgabe oder das Investitionsbudget ist. Firma und Arbeiter sind risikoneutral. In der erstbesten Welt, in der alle Entscheidungen kooperativ erfolgen und weder Verträge, noch andere Überwachungsstrukturen nötig sind, um effizient zu investieren, verständigen sich daher die Akteure auf die Investition I^*, die die erwartete Jobrente maximiert: $I^* = \arg\max E[s(I,x)]$, wobei $E[s(I,x)]$ der Erwartungswert der Jobrente mit Bezug auf die Verteilung der Zustände x ist.

Das (beschränkt) sozial optimale Investitionsvolumen I^* ist von zwei Faktoren abhängig, die man leicht übersieht. Hierzu gehört erstens das Ausmaß der Friktionen. Denn von den Friktionen hängt die Ex-post-Rente (8.1) und von dieser wiederum die oben definierte Ex-ante-Rente $s(I,x)$ ab. Zweitens ist I^* bei Ex-post-Konkurrenz von der Wahrscheinlichkeit abhängig, mit der sich die Matchpartner trennen. Da die Akteure kooperativ entscheiden, beenden sie das Arbeitsverhältnis, wenn die Wahl ihrer Handlungsalternativen eine höhere aggregierte Rente verspricht. Je höher diese Trennungswahrscheinlichkeit ist, umso geringer ist cet. par. das sozial effiziente Budget I^*, falls die Investition spezifisch ist, denn die „Genossenschaft“ muss spezifische Investitionen abschreiben, wenn sie sich auflöst. Ist die Investition dagegen universell, hat die Trennungswahrscheinlichkeit keinen Einfluss auf I^*.

Die Bedingung erster Ordnung für ein Maximum des Erwartungswerts der Jobrente bei dem Investitionsvolumen I^* ergibt sich mit der Ableitung der erwarteten Rente nach I und lautet

$$(8.12) \qquad \partial E[s(I^*,x)]/\partial I = \partial E[S(I^*,x)]/\partial I - 1 = 0.$$

Im Maximum ist, wie (8.12) zeigt, die erwartete Rendite der Investition gleich dem marginalen Euro, den die Genossenschaft in ihr Projekt investiert: $\partial E[S(I^*,x)]/\partial I = 1$. Im bilateralen Monopol gilt für die erwartete Projektrendite $\partial E[S(I,x)]/\partial I = E[y'(I,x)]$. Bei Ex-post-Konkurrenz ist die erste Ableitung der erwarteten Projektrendite nach dem Investitionsbudget ein längerer Ausdruck, den wir im Folgenden nicht benötigen und daher hier übergehen.

Kontrolle durch den Markt

Ex-post-Konkurrenz sei unter gewissen Voraussetzungen als Überwachungsstruktur ausreichend, um die Erträge der Firma vor dem Holdup zu schützen und die Geschäftsführung zu effizienter Investition zu veranlassen, so die klassische Holdup-Theorie. Ein Vertrag sei hierzu vor allem dann nicht erforderlich, wenn die Investition universellen Charakter hat. Wie das Holdup-Modell zeigt, ist die klassische Version der Holdup-

Theorie falsch, wenn Friktionen die Anpassungsgeschwindigkeit des Arbeitsmarktes reduzieren. Friktionen bewirken Unterinvestition nicht nur bei spezifischen sondern auch bei Standardprojekten.

Was ist das Besondere an einem Arbeitsverhältnis ohne Vertrag? Ein Arbeitsverhältnis ohne Vertrag gleicht einem impliziten Vertragsverhältnis mit dem Lohn $w^T = 0$. Doch, wenn $w^T = 0$, so ist angesichts der Annahme (A1) die Teilnahmebedingung (8.3) verletzt. Folglich wird der „Vertragslohn" $w^T = 0$ auf Stufe 3 angepasst. In Abhängigkeit vom Ausmaß der Friktionen sind zwei Fälle zu unterscheiden, das bilaterale Monopol und die Ex-post-Konkurrenz.

Bilaterales Monopol. Auf Stufe 3 kommt es zur Nachverhandlung über den Lohn mit dem Verhandlungslohn $\omega(I,x)$ als Resultat. Die Firma hat rationale Erwartungen und antizipiert das Ergebnis, weshalb sie bei ihrer Investitionspolitik den folgenden Plan verfolgt. Da der Verhandlungslohn $\omega(I,x)$ monoton mit dem nicht kontrahierbaren Investitionsaufwand I wächst, $\omega'(I,x) = \beta y'(I,x) > 0$, ist Holdup die Folge: Der soziale Grenzertrag der Investition ist größer als der private. Von der Investitionsrendite bekommt der Arbeiter den Teil $\beta y'(I,x)$ als Lohnzuwachs und die Firma behält nur den Rest $(1-\beta)y'(I,x)$. Die Firma, die den Investitionsaufwand trägt, aber nur den Teil $1-\beta$ der Rendite behält, installiert naturgemäß die Investition $\hat{I}$, die ihren privaten Gewinn $E[y(I,x)-\omega(I,x)-I]$ maximiert. Ableiten des privaten Gewinns nach I ergibt für das privat optimale Investitionsbudget $\hat{I}$ die Bedingung erster Ordnung

$$E[y'(\hat{I},x)-\beta y'(\hat{I},x)-1] = (1-\beta)E[y'(\hat{I},x)]-1 = 0. \tag{8.13}$$

Vergleicht man nun die soziale Bedingung erster Ordnung (8.12) für I^* mit der privaten (8.13) für $\hat{I}$, stellt man zunächst fest, dass

$$E[y'(\hat{I},x)] = 1/(1-\beta) > 1 = E[y'(I^*,x)], \tag{8.14}$$

wobei wir in (8.14) berücksichtigen, dass im Fall des bilateralen Monopols für die soziale Rendite der Investition I^* gilt: $\partial E[S(I^*,x)]/\partial I = E[y'(I^*,x)]$. Bedenkt man nun, dass die Rendite $y'(I,x)$ monoton sinkt, wenn I wächst, so folgt das Unterinvestitions-Resultat. Denn, da $E[y'(\hat{I},x)] > E[y'(I^*,x)]$, wie aus (8.14) folgt, ist die privat optimale Investition, die die Firma installiert, zu klein: $\hat{I}(\beta) \le I^*$. $\hat{I}(\beta)$, die optimale Investition, wenn der Arbeiter die Verhandlungsstärke β hat, nimmt mit steigendem β monoton ab, $d\hat{I}(\beta)/d\beta < 0$, erreicht für $\beta = 1$ den Wert null, während an der unteren Grenze des Intervalls, wo die Verhandlungsstärke des Arbeiters gleich null ist, der private und der soziale Investitionsertrag konvergieren, $\hat{I}(0) = I^*$.

Ex-post-Konkurrenz. Ex-post-Konkurrenz diszipliniert das strategische Kalkül der Akteure und zwingt sie zu effizientem Handeln, so zum Beispiel *Williamson* (1975). Demnach sollte der Arbeitsmarkt mit den Reservationslöhnen $\underline{w}(x)$ und $\overline{w}(I,x)$ eine Überwachungsstruktur bilden, die das Holdup-Problem eliminiert. Wie das folgende Argument belegt, bietet der Markt in Wirklichkeit keinen hinreichenden Schutz vor dem Ex-post-Opportunismus. Hierfür gibt es zwei Gründe: Erstens, den seit langem bekannten der Spezifizität und zweitens die Friktionen. Zwei Fälle sind zu unterscheiden, je nachdem ob der Reservationslohn des Arbeitnehmers höher ist als der des Arbeitgebers oder nicht.

Auf Stufe 2 stellen die Akteure fest, dass $\underline{w}(x) > \overline{w}(I,x)$. Der Arbeiter folgt aus eigenem Antrieb dem Gebot der Effizienz und kündigt. Die Firma erleidet keinen Schaden, wenn der Arbeiter geht und ihre Investition universell einsetzbar ist. Ist die Investition von Stufe 1 jedoch beziehungsspezifisch, so muss sie die Investition teilweise oder ganz abschreiben, die Firma ist das „Kündigungsopfer".

Sei nun $\underline{w}(x) < \overline{w}(I,x)$. Ist die Investition spezifisch, und gibt es für das Arbeitsverhältnis, so wie wir angenommen haben, keinen Vertrag, so kann der Arbeiter die Spezifizität der Investition nutzen, um einen Teil des Investitionsertrags für sich zu erbeuten. Der Beweis dieser Behauptung ergibt sich mit den Gleichungen (8.9) – (8.11), die die Gleichgewichtsauszahlungen des Nachverhandlungsspiels für die drei denkbaren Fälle kennzeichnen.

Betrachten wir zuerst die Auszahlungen (8.9) und den Fall, bei dem die Handlungsalternative der Firma bindet, wie die Akteure auf Stufe 2 feststellen. Der Arbeiter erhält im Gleichgewicht den Lohn $W(P,I,x) = \overline{w}(I,x)$ und da die Investition spezifisch ist, gilt $\overline{w}'(I,x) > 0$. Folglich steigt der Lohn mit dem Investitionsbudget und die soziale Investitionsrendite ist höher als die private. Bindet hingegen die Handlungsalternative des Arbeiters, die Auszahlungen sind in diesem Fall durch (8.10) gegeben, so dass $W(P,I,x) = \underline{w}(x)$ der von I unabhängige Gleichgewichtslohn ist, dann stimmen soziale und private Rendite überein, die Ex-post-Konkurrenz schützt die Rendite trotz der Spezifizität der Investition vor dem Holdup. Im dritten Fall, die Auszahlungen sind durch (8.11) gegeben, ist der Verhandlungslohn $\omega(I,x)$ die Gleichgewichtsauszahlung des Arbeiters und dieser erbeutet einen von seiner Verhandlungsstärke abhängigen Teil der Rendite, da $\omega'(I,x) = \beta y'(I,x) > 0$. Wie stark die Rückwirkung des Holdup auf das privat optimale Investitionsbudget ist, hängt davon ab, wie hoch die Wahrscheinlichkeiten für den Eintritt der Gleichgewichte (8.9) und (8.11) sind. Je höher diese Wahrscheinlichkeiten sind, umso kleiner ist die privat optimale spezifische Investition im Vergleich zu dem sozial effizienten Investitionsvolumen.

Eine wesentliche Einsicht der jüngeren Holdup-Theorie ist, dass nicht nur spezifische, sondern auch Standardinvestitionen ausbeutungsoffen sind, wenn Friktionen die Anpassungsgeschwindigkeit des Arbeitsmarktes herabsetzen. Um diese Einsicht zu erläutern, nehmen wir an, dass die Investition ein Standardprojekt und der Reservationslohn der Firma $\overline{w}(x)$ unabhängig von I ist.

In der friktionslosen Welt vollständiger Konkurrenz ist eine Lücke zwischen den Reservationslöhnen wie $\underline{w}(x) < \overline{w}(x)$ nur von temporärer Dauer. Im Gleichgewicht des Arbeitsmarktes mit freiem Marktzutritt gilt nach Abschluss aller Anpassungsprozesse $\underline{w}(x) = \overline{w}(x)$ und für den Verhandlungslohn gibt es nur *zwei* Möglichkeiten. Wenn $\omega(I,x) \leq \underline{w}(x) = \overline{w}(x)$, ist der Arbeiter an einer Nachbesserung interessiert und droht andernfalls zu kündigen, wenn $\underline{w}(x) = \overline{w}(x) \leq \omega(I,x)$, ist das Unternehmen an einer Anpassung interessiert. Der Gleichgewichtslohn ist jedoch stets derselbe und unabhängig von I – nämlich $W(P,I,x) = \underline{w}(x) = \overline{w}(x)$. Folglich ist die Standardinvestition, die die Firma im Schutz des friktionslosen Arbeitsmarktes installiert, effizient, der friktionslose Markt reicht als Überwachungsstruktur, um das erstbeste Resultat zu erzielen.

Wenn jedoch infolge von Friktionen persistent $\underline{w}(x) < \overline{w}(x)$, dann gibt es eine *dritte* Möglichkeit für den Verhandlungslohn: $\underline{w}(x) < \omega(I,x) < \overline{w}(x)$. $\omega(I,x)$ ist in diesem Fall der mit I monoton zunehmende Gleichgewichtslohn des Nachverhandlungsspiels, und da die Firma diese Möglichkeit bereits auf Stufe 1 antizipiert, ist ihre Investition, obschon universell, nicht effizient.

Zusammenfassung. Es gibt keinen Vertrag, der die Matchpartner bindet, weder das Investitionsbudget noch die Rechte und Pflichten des Arbeitsverhältnisses sind kontrahierbar, das Arbeitsverhältnis verfügt über keinen institutionalisierten Schutz. Im Fall des bilateralen Monopols lässt sich Unterinvestition nicht vermeiden, der Arbeitnehmer erbeutet einen Teil des Investitionsertrags und die Firma reagiert mit Unterinvestition. Bei Ex-post-Konkurrenz übernimmt der Markt die Kontrolle. Da Kündigungsfreiheit herrscht, ist die Trennungsentscheidung effizient. Bei spezifischen Investitionen ist die Firma das Kündigungsopfer, wenn sich der Arbeitnehmer wegen der Konkurrenzofferte von der Firma trennt. Angenommen der Arbeitnehmer hat den niedrigeren Reservationslohn. Zwei Fälle sind zu unterscheiden, je nachdem ob die Firma eine spezifische oder eine universelle Investition plant. Ist die Investition spezifisch, folgt Unterinvestition, denn der Investor weiß, dass nur bei einem bindenden Reservationslohn des Arbeitnehmers, kein Holdup zu befürchten ist. In allen anderen Lagen, regelmäßig also mit der größeren Wahrscheinlichkeit, bekommt der Arbeitnehmer entweder den Reservationslohn der Firma oder den Verhandlungslohn der Nash-Lösung als Entgelt und Holdup ist die Folge. Investiert die Firma in ein Standardaggregat, so bietet die Ex-post-Konkurrenz einen gewissen Schutz vor dem Holdup. Der Schutz ist aber keineswegs lückenlos. Denn Friktionen verhindern die Konvergenz der Reservationslöhne, die Folge ist, dass mit einer gewissen Wahrscheinlichkeit der Verhandlungslohn der Nash-Lösung die Gleichgewichtsauszahlung an den Mitarbeiter ist. Der erbeutet, sobald diese Lage eintritt, einen Teil des Investitionsertrags. Die Kapazität des Standardaggregats, das die Firma, die den Holdup voraussieht, installiert, ist daher kleiner als die sozial effiziente.

8.3 Investieren mit Vertrag

Wir stellen zwei privatvertragliche Überwachungsstrukturen dar, das Lohnbestimmungsrecht und den Festlohnvertrag.

Lohnbestimmungsrecht

Die Parteien handeln auf Stufe 0 einen Vertrag aus und vereinbaren, dass die Firma ex post auf Stufe 3 den Lohn so wie ihre Allgemeinen Geschäftsbedingungen (AGB) einseitig bestimmt. Der Arbeitnehmer hat auf Stufe 3 zwei Alternativen, er akzeptiert die AGB, die die Firma anbietet und produziert oder er kündigt und geht. Die Firma hält mithin die residualen Kontrollrechte über den Lohn. Sie wird angesichts der Macht, die ihr der Vertag verleiht, die Lohnpolitik so gestalten, dass der Arbeitnehmer nie mehr als sein Reservationseinkommen verdient.

Da auf Stufe 3 die Marktverhältnisse x bekannt sind, bestimmt die Firma naturgemäß einen Lohn in Höhe des Reservationslohns $\underline{w}(x)$ oder im Fall des bilateralen Monopols in Höhe des Lohnersatz $b(x)$. Erhält der Arbeiter seinen Reservationslohn, wird er, da er rationale Präferenzen hat, selbst wenn er mit Kündigung droht, trotzdem zur Arbeit erscheinen, wo es ihm ja mindestens so gut ergeht wie bei der Konkurrenz. Der Lohnersatz und der Reservationslohn $\underline{w}(x)$ sind beide unabhängig von I, die AGB des Investors schalten das Holdup-Problem aus, und die privat optimale Investition der Firma ist, unabhängig vom Grad ihrer Spezifizität, stets sozial effizient.

Anzumerken ist hier, dass die Parteien nach deutschem Recht keinen rechtswirksamen Vertrag schließen könnten, mit dem das Direktionsrecht des Arbeitgebers oder sein Widerrufsvorbehalt auf eine der Hauptpflichten aus dem Vertrag, dem so genannten „Kernbereich des Arbeitsverhältnisses", erstreckt wird. Grundsätzlich ist die einseitige Bestimmung von vertraglichen (Gegen-) Leistungen nach §§ 315 BGB (Bestimmung der Leistung durch eine Partei) zulässig, und allenfalls mit der Einschränkung versehen, dass die Bestimmung „nach billigem Ermessen zu treffen ist". Kapitalmarktverträge mit einseitigem Preisbestimmungsrecht kommen häufig vor. Das oben diskutierte Lohnbestimmungsrecht verstieße aber gegen zwingendes deutsches Richterrecht.

Festlohnvertrag

Die Akteure schließen auf Stufe 0 einen Vertrag mit dem (Fest-) Lohn w^T als Entgelt. Der Vertrag verpflichtet die Firma, den vereinbarten Lohn und den Arbeitnehmer die vereinbarten Dienste zu leisten. Der Dienstvertrag verpflichtet dagegen keine Partei, nach Eintritt des Schocks an dem Arbeitsverhältnis festzuhalten. Jeder Akteur kann das Arbeitsverhältnis einseitig beenden, es gilt der Grundsatz der Kündigungsfreiheit. Eine Änderung des Vertrags kommt dagegen nur einvernehmlich zustande.

Ein Festlohnvertrag, der nicht angepasst wird, gibt der Firma die Gewissheit, sich den Grenzertrag ihrer Investition vollständig aneignen zu können, so dass sie frei von Ex-post-Opportunismus effizient investiert. Falls ein Festlohnvertrag existiert, der diese Sicherheit bietet, ist der Vertrag obschon außerordentlich einfach doch ein Beleg, dass die Thesen der Transaktionskostenökonomik und der Theorie der Verfügungsrechte zum Versagen des (neo-) klassischen (Arbeits-) Vertrags als Überwachungsstruktur nicht ohne weiteres gültig sind.

Aus der Diskussion der Nachverhandlung und Kündigung in Dauerschuldverhältnissen folgt, dass ein Vertrag $P=[w^T]$, der die Teilnahmebedingungen (8.3) für alle möglichen Zustände x erfüllt, einen hohen Schutz vor opportunistischen Nachverhandlungen bietet. Für einen Vertrag mit diesen Eigenschaften gilt

(A4) $$y(0,x) > w^T > b(x) \text{ für alle } x.$$

Im bilateralen Monopol reicht die Vertragseigenschaft (A4) zusammen mit dem Grundsatz der Einvernehmlichkeit bereits hin, um sicher zu stellen, dass $\hat{W}(P,I,x) = w^T$ für alle x die Gleichgewichtsauszahlung ist. Der Vertrag mit der Eigenschaft (A4) wird infolgedessen nie angepasst, und das Unternehmen installiert die sozial effiziente Investition. Zur Erinnerung: Ohne Vertrag wäre die Investition der Firma dagegen gerade im bilateralen Monopol immer ineffizient. Im Folgenden ist daran zu denken, dass die Gleichgewichtsauszahlung $\hat{W}(P,I,x)$ wegen der Vertragseigenschaft (A4) unter allen Umständen x gleich dem Vertragslohn w^T und nie gleich dem Verhandlungslohn $\omega(I,x)$ ist.

Zum Verständnis von (A4) ist es nützlich, die Frage zu stellen, ob die Intervallgrenze $y(0,x)$, für die ja $I=0$, nicht sehr klein und ob folglich der Vertragslohn mit (A4) nicht auf ein unrealistisch enges Intervall begrenzt ist? Das ist nicht der Fall. Für das

Grenzprodukt des Jobs können wir $Y(K+I,x)$ schreiben. K ist der möglicherweise sehr hohe Kapitalstock, mit dem die Stelle zu Beginn der Periode ausgestattet ist, und I ist die (Netto-) Investition, die die Produktivität des Arbeitsplatz erhöht, so dass die Firma mit dem Kapitalstock $K+I$ den Output $y(I,x)=Y(K+I,x)$ erzielt, folglich ist $y(0,x)=Y(K,x)$.

Wir betrachten als nächstes die Wirkung der Ex-post-Konkurrenz. Hat der Vertrag die Eigenschaft (A4) und bindet eine der Handlungsalternativen, so will entweder die Firma den Vertrag anpassen, weil $\hat{W}(P,I,x) \geq \overline{w}(I,x)$, oder der Arbeitnehmer hat diesen Wunsch, weil $\hat{W}(P,I,x) \leq \underline{w}(x)$. Im ersten Fall ist der Reservationslohn der Firma und im zweiten der des Arbeiters der Gleichgewichtslohn des Nachverhandlungsspiels. Nur der Reservationslohn der Firma hängt von I ab, und nur wenn $\overline{w}(I,x)$ der Gleichgewichtslohn des Nachverhandlungsspiels ist, ergibt sich daher ein Holdup-Problem. Wieder sind die zwei Fälle der spezifischen und der universellen Investition zu unterscheiden.

Ist die Investition universell, dann gilt für alle I, wie oben erläutert, dass $\overline{w}(x)=\overline{w}(I,x)$. Hat der Festlohnvertrag die Eigenschaft (A4), so wird der Vertrag zwar nachverhandelt, wenn die Handlungsalternative der Firma bindet, doch der Gleichgewichtslohn $\overline{w}(x)$ ist neutral mit Bezug auf I und folglich ist die Investition trotz der Friktionen effizient. Zur Erinnerung: Ohne Vertrag antizipiert die Firma die Wahrscheinlichkeit des Holdup, der cet. par. in allen Lagen entsteht, in denen der Verhandlungslohn $\omega(I,x)$ zwischen den Reservationslöhnen des Arbeiters und der Firma liegt, und investiert infolgedessen nicht effizient.

Ist die Investition spezifisch, ergibt sich trotz der Vertragseigenschaft (A4) ein Holdup-Problem, sobald die Handlungsalternative der Firma bindet: $\hat{W}(P,I,x) \geq \overline{w}(I,x)$. In diesem Fall ist $\overline{w}(I,x)$ der Gleichgewichtslohn des Nachverhandlungsspiels und da gemäß (A3): $\overline{w}'(I,x)>0$ erbeutet der Arbeitnehmer einen Teil des Investitionsertrags, private und soziale Rationalität divergieren, Unterinvestition ist die Folge.

Zusammenfassung. Ein Festlohnvertrag mit der Eigenschaft (A4) umgeht das Holdup-Problem wenn auch nicht vollständig. Ist die Investition spezifisch *und* bindet die Handlungsalternative des Unternehmens, erbeutet der Arbeiter einen Teil des Investitionsertrags, Unterinvestition ist die Folge. Einigen sich die Parteien auf einen Vertragslohn, bei dem kein Risiko besteht, dass die Handlungsalternative der Firma bindet, dann wird der Lohn bei Nachverhandlungen höchstens nach oben an den Reservationslohn des Arbeitnehmers, aber nie nach unten an den Reservationslohn des Unternehmens angepasst, der einfache Festlohnvertrag eliminiert im Zusammenhang mit dem Grundsatz der Einvernehmlichkeit das Holdup-Problem, und selbst die spezifischen Investitionen der Firma sind infolge der Überwachung durch den Vertrag sozial effizient.

8.4 Kündigungsschutz

Wie die Akteure mit Festlohnvertrag und staatlichem Kündigungsschutz auf das Trennungs- und das Holdup-Problem reagieren, versuchen wir in diesem Abschnitt zu erklären. Bei der Diskussion nehmen wir an, dass der Vertrag die Bedingung (A4) erfüllt. Die Vielzahl der allokativen und distributiven Wirkungen, die das KSchG hat, sind beim Stand der Forschung weder systematisiert noch überschaubar. Anschließend diskutieren wir fünf Konsequenzen des Gesetzes, das im Übrigen seine Wirkungen nur bei Ex-post-Konkurrenz entfaltet. (1) Das Gesetz bewirkt eine Umverteilung der Jobrente zugunsten des Arbeitnehmers. (2) Die Lohnfindung unter dem Gesetz erzeugt Nominallöhne, die – mit der Ausnahme jener Lagen, in denen die „wirtschaftliche Existenz des Betriebes" auf dem Spiel steht – vollständig abwärtsrigide sind. (2) Die Trennungsentscheidung ist trotz der Rigidität, die das KSchG planmäßig erzeugt, sozial effizient. (4) Das Gesetz modifiziert das Nachverhandlungsspiel, indem es den unverdeckten Opportunitätskostenkalkül der Firma beseitigt, den Arbeitsvertrag zum Drohpunkt des Nachverhandlungsspiels macht und den aus dem Alltag des Kündigungsrechts bekannten Abfindungshandel provoziert. Ex-post-Abfindungen sind der Preis, den die Unternehmen bezahlen, um das KSchG zu umgehen. (5) Schließlich eliminiert das KSchG wegen der Abwärtsrigidität des Vertragslohns das Holdup-Problem und bewirkt cet. par. sogar eine „strategische Überinvestition" in beziehungsspezifisches Sachkapital, die der Senkung der Personalkosten dient.

Bekenntnisse zur Vertrags- und Kündigungsfreiheit gehören überall zum Repertoire der symbolischen Rechtspolitik. Gesetzgebung und Rechtsprechung begrenzen dagegen häufig das Recht der einseitigen Kündigung oder schalten es wie im Fall des Arbeitsvertrags weitgehend aus. Seit den Reformen der Arbeitsmarktverfassung in den Anfangsjahren der Bonner Republik gilt der Grundsatz der Kündigungsfreiheit nur noch für den Arbeitsanbieter, dem Arbeitsnachfrager ist das unverdeckte Opportunitätskostenkalkül bei der Planung des Personals durch die Auslegung der Prinzipien des Bestands- und des Vertragsinhaltsschutz verwehrt. Bestandsschutz gibt dem Arbeitnehmer das Recht auf den Arbeitsplatz, Vertragsinhaltsschutz auf den vereinbarten Lohn.

Bestands- und Inhaltsschutz, die ihre rechtsdogmatischen Wurzeln nach herrschender Meinung im Grundgesetz (z.B. Art. 12 GG), im BGB (§§ 138, 242) und im KSchG (§§ 1, 2) haben, zwingen den Arbeitgeber, Änderungs- und Beendigungskündigungen sachlich zu begründen, da sie andernfalls „sozial ungerechtfertigt" und damit unwirksam sind. Opportunitätskosten sind kein Kündigungsgrund. Warum? Weil betriebsbedingte (Änderungs-) Kündigungen, ein „dringendes betriebliches Erfordernis" voraussetzen. Und „eine Änderungskündigung zur Lohnsenkung ist nicht erforderlich und damit ausgeschlossen, wenn der Betrieb wirtschaftlich nicht gefährdet ist und sie nur zur Erhöhung der Rentabilität erfolgt" (v. Hoyningen-Huene, 2002, S. 468).

Liegt dem Unternehmen eine Bewerbung vor, in der ein – womöglich arbeitsloser –, Ersatzmann den Vertragslohn unterbietet, $w^T \geq \overline{w}(I,x)$, so will die am Profit orientierte Geschäftsführung den Vertrag revidieren, nicht weil ein „dringendes betriebliches Erfordernis" sie dazu zwingt, sondern um die Rücklagen, die Rentabilität, die Dividende oder den Konsum der Kapitalgeber zu erhöhen. Da der Arbeitnehmer der Lohnsenkung nicht freiwillig zustimmt, droht die Firma mit Kündigung. Die Drohung ist glaubhaft, die Akteure passen den Vertrag an und $W(P,I,x) = \overline{w}(I,x)$ ist das Entgelt, das der Arbeitnehmer im Gleichgewicht bei Kündigungsfreiheit erhält. Die wesentliche Konsequenz des staatlichen Kündigungsschutzes ist die Ausschaltung dieser Unterbietungs- und Verdrängungskonkurrenz. Eine (Änderungs-) Kündigung, die nichts anderes als erwerbswirtschaftliche, von keiner Not und keinem höheren Zweck diktierte Ziele verfolgt, kann der Arbeitnehmer mit Verweis auf das KSchG bestreiten. Bestands- und Inhaltsschutz beseitigen die unverdeckte an den Opportunitätskosten $\overline{w}(I,x)$ orientierte Personalpolitik und unterwerfen sie dem kündigungsrechtlichen Imperativ der „dringenden betrieblichen Erfordernisse" und der richterlichen „Dringlichkeitsprüfung".

Doch, wie füllt die Rechtsprechung die Leerstelle des suspendierten betrieblichen Reservationslohns aus? An welchem Maßstab darf sich ein deutscher Betrieb bei seiner Rekrutierungs- und Entlassungspolitik orientieren? Welchen Maßstab legt das Arbeitsgericht bei einer Dringlichkeitsprüfung zugrunde? An die Stelle der Marktgesetze mit dem Reservationslohn $\overline{w}(I,x)$ rücken Rechtsprechung und Rechtstheorie das Wertgrenzprodukt des Jobs. Für den rechtstheoretisch richtigen Referenzlohn $\kappa(I,x)$ gilt im Regime des KSchG also $\kappa(I,x) = y(I,x)$. Warum?

Der Kürze halber unterstellen wir, dass $\kappa(I,x)$ vom Arbeitsgericht verifizierbar ist. $\kappa(I,x)$ ist die Grenze, an der Bestands- und Inhaltsschutz enden: Einen Vertragslohn, der höher ist als κ, kann der Arbeitnehmer nicht verteidigen, und einen Vertragslohn der niedriger ist, kann der Arbeitgeber nicht kündigen. Im ersten Fall würde die Firma einen Verlust in Höhe von $y(I,x) - w^T < y(I,x) - \kappa(I,x) = 0$ erleiden, der das Unternehmen in die Insolvenz treiben und einen Eingriff in das vom Grundgesetz geschützte Eigentum des Unternehmers, die Freiheit seiner Berufswahl etc. bedeuten würde. Kurz, ein Vertragslohn der höher ist als der Referenzlohn κ „gefährdet die wirtschaftliche Existenz des Betriebes". Der Arbeitnehmer hat rationale Erwartungen und sieht, dass er bei einer Feststellungsklage unterliegen wird. Infolgedessen stimmt er der Abwärtsanpassung des Vertragslohns zu. Diesseits der von der Judikative gezogenen Grenze $\kappa(I,x)$ schützen Recht und Rechtsprechung die Ansprüche des Arbeitnehmers. Die Firma kann einen Vertragslohn, der niedriger ist als der Referenzlohn κ, nicht weiter drücken, da ihr der Bestands- und Inhaltsschutz mit dem kündigungsrechtlichen Imperativ im Wege steht. Der Arbeitgeber hat rationale Erwartungen und sieht, dass er im Fall einer (Änderungs-) Kündigung bei einer Feststellungsklage der Unterlegene sein wird und verzichtet auf die Anpassung des Vertrags. Allerdings lassen Gesetz und Rechtssprechung dem Unternehmen die Option, die Engstelle der Dringlichkeitsprüfung zu umgehen. Denn diesseits der Grenze, an der Bestands- und Inhaltsschutz enden, kontrolliert nur der Arbeitnehmer und nicht der staatliche Richter die Trennungsentscheidung. Folglich gibt es im typischen Fall einen Preis zu dem der Mitarbeiter bereit ist, auf die Aktivierung der Schutzrechte zu verzichten und einen Auflösungsvertrag zu schließen, mit dem die Akteure das KSchG umgehen.

Trennungsentscheidung

Wie erfolgt eine Trennung im Regime des KSchG? Zwei Fälle sind zu unterscheiden. Zuerst sei $\underline{w}(x) < \overline{w}(I,x)$. Außerdem sei der Vertragslohn Element des Intervalls 0C der Abb. 8.4 (die Abb. 8.3 repliziert), so dass $w^T < \overline{w}(I,x)$. Die Akteure folgen dem Gebot der Effizienz und setzen aus eigenem Interesse das Arbeitsverhältnis fort, wobei entweder der Vertragslohn oder nach Aufwärtsanpassung der Reservationslohn des Arbeitnehmers der Gleichgewichtslohn des Nachverhandlungsspiels ist, das KSchG hat also keinen Einfluss auf das Verhandlungsergebnis. Das KSchG greift, wenn sich der Vertragslohn wegen $w^T \geq \overline{w}(I,x)$ im Intervall CD, Abb. 8.4, befindet. Die Akteure verhandeln effizient und setzen auch diesmal das Arbeitsverhältnis fort. Doch auf welchen Lohn werden sie sich einigen? Zur Erinnerung: Bei Kündigungsfreiheit kommt es zu einer Abwärtsanpassung mit der Auszahlung $W(P,I,x) = \overline{w}(I,x)$. Vertragsanpassungen setzen allerdings Einvernehmen voraus, der Arbeitgeber ist gegen eine Erhöhung, der Arbeitnehmer gegen eine Senkung des Lohns, gleichgültig ob die Firma ihm mit einer (Änderungs-) Kündigung droht und so ist w^T der Gleichgewichtslohn des Nachverhandlungsspiels. Warum ist der Mitarbeiter unbeeindruckt von der Kündigungsdrohung des Arbeitgebers? Die Drohung ist nicht glaubhaft. Bei einer Feststellungsklage kann die Firma ihre Kündigung nicht begründen, da ihr ein „dringendes betriebliches Erfordernis" fehlt. Die Firma erzielt nämlich mit dem Vertrag P einen Gewinn und nähme eine unzulässige „Personalaustauschkündigung" vor (BAG 1996). Der Gewinn, den die Firma mit dem Vertrag P einstreicht, $\pi^T(P,I,x) = y(I,x) - w^T > 0$, ist „auskömmlich", wie aus der Vertragseigenschaft (A4) mit $w^T \leq y(0,x) < y(I,x)$ folgt, falls $I > 0$.

Nun sei wie in Abb. 8.5 $\underline{w}(x) > \overline{w}(I,x)$. Dann ist die Beendigung des Arbeitsverhältnisses sozial effizient. Zwei Unterfälle sind zu unterscheiden. Wenn $w^T < \underline{w}(x)$, dann ist der Vertragslohn Element des Intervalls 0B und das KSchG hat keinen Einfluss auf die Trennungsentscheidung. Der Arbeitgeber lehnt die Lohnerhöhung ab, die der Arbeitnehmer beiläufig erwähnt, da ihm mit dem Ersatzmann eine kostengünstigere Alternative zur Verfügung steht. Änderungen des Vertrags setzen jedoch Einvernehmen voraus, dem Arbeitnehmer bleibt also nichts als die Kündigung übrig.

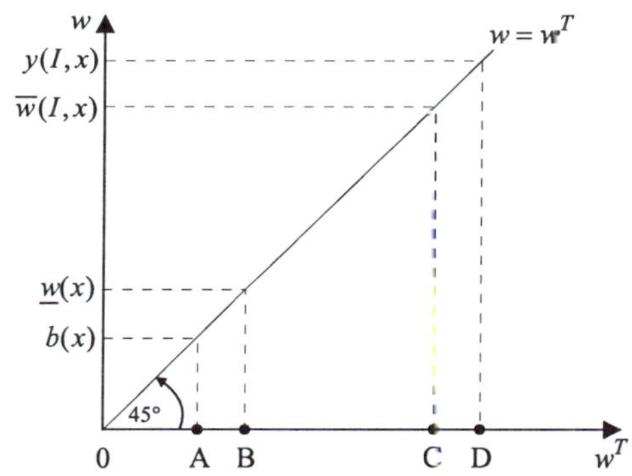

Abb.8.4: Ex-post-Konkurrenz

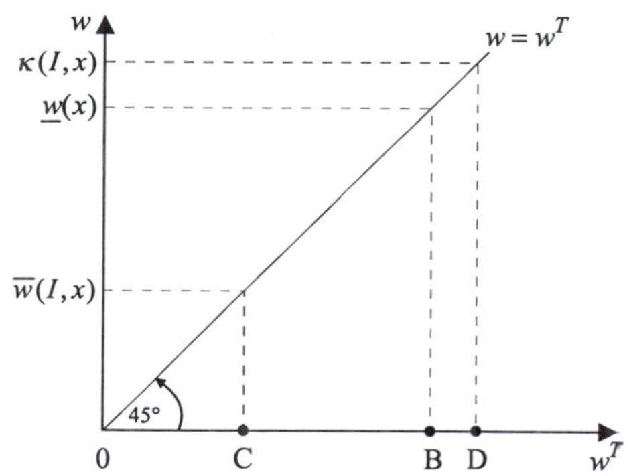

Abb. 8.5: Kündigungsschutzdilemma: BD Abfindungshandel

Sei nun $w^T > \underline{w}(x) > \overline{w}(I,x)$, der Vertragslohn ist Element des Intervalls BD. Mit der Vertragseigenschaft (A4) gelten die folgenden Ungleichungen des, wie wir die Situation im Folgenden nennen, Kündigungsschutz-Dilemmas

(8.15) $$\kappa(I,x) > w^T > \underline{w}(x) > \overline{w}(I,x).$$

Opportunitätskosten und Effizienz legen eine Trennung nahe, sobald sich ex post das in (8.15) dargestellte Dilemma ergibt. Die Trennung kommt trotz KSchG zustande, weil der Arbeitgeber eine Ex-post-Abfindung bezahlt. Die Abfindung heißt ex post, weil sie endogen und weder durch zwingendes Recht oktroyiert, noch rechtsgeschäftlich im Vertrag ex ante vereinbart ist. Der Arbeitnehmer kontrolliert diesseits des Referenzlohns $\kappa(I,x)$ die Auflösung des Vertrags. Die Ex-post-Abfindung ist der Preis, den die Firma für seine Zustimmung zum Auflösungsvertrag bezahlt.

Aus dem Dilemma (8.15) ergeben sich die Folgenden fünf Konsequenzen, die wir mit Blick auf die Implikationen der Ungleichungen von (8.15) diskutieren. (1) zu $w^T >$

$\overline{w}(I,x)$: Dem Arbeitgeber liegt die Bewerbung eines Ersatzmannes vor, der den Vertragslohn des Mitarbeiters unterbietet. Dabei spielt es keine Rolle, ob die installierte Investition spezifisch ist oder universell, die Firma will in beiden Fällen den Ersatzmann beschäftigen. (2) zu $\kappa(I,x) > w^T$: Der Arbeitgeber will, aber kann nicht kündigen, da er keinen sozial gerechtfertigten Grund für seine „Personalaustauschkündigung" vorbringen kann. Man kann diesen zentralen Tatbestand auch so erklären, dass die Firma, wie oben erläutert, mit dem geltenden Vertrag einen auskömmlichen Gewinn erzielt und den Arbeiter nur entlassen würde, um ihn durch einen billigeren zu ersetzen. (3) zu $w^T > \underline{w}(x)$: Bestands- und Inhaltsschutz sichern den Anspruch des Arbeitnehmers auf Arbeitsplatz und Lohn. Er hat das residuale Kontrollrecht über die Auflösung des Vertrags. Eine (Änderungs-) Kündigung könnte er mit einer Feststellungsklage abwehren, da die Personalaustauschkündigung sozial ungerechtfertigt ist. Da es ihm bei seinem Arbeitgeber besser geht als bei der Konkurrenz, wird er außerdem nicht ohne weiteres von sich aus kündigen und gehen. Die Rente $r(P,x)$, zu der ihm das KSchG verhilft, wenn er auf Vertragserfüllung dringt, beträgt: $r(P,x) = w^T - \underline{w}(x) > 0$. (4) zu $\underline{w}(x) > \overline{w}(I,x)$: Die Fortsetzung des Match ist ineffizient. Die Akteure würden einen Teil ihrer Transaktionsrente vergeuden. Der Deadweight loss $d(I,x)$, der bei einer Fortsetzung entsteht, ergibt sich wie folgt. Der Arbeitgeber ist offenbar der Verlierer, der Arbeitnehmer der Gewinner des staatlichen Kündigungsschutz. $v(P,I,x)$ sei die Rente, die die Firma verliert, wenn sie keinen Ausweg findet, um das Arbeitsverhältnis zu beenden und den Vertrag erfüllen muss. Wie hoch ist der Verlust $v(P,I,x)$?

Kann das Unternehmen dem Ersatzmann, der sich bewirbt, einen Vertrag anbieten, beläuft sich der Unternehmensgewinn auf $\underline{\pi}(I,x)$. Muss die Firma dagegen den geltenden Vertrag erfüllen, verdient sie nur den auskömmlichen Gewinn $\pi^T(P,I,x)$. Damit ergibt sich die Rente, die die Firma verliert, falls sie gezwungen ist, das Arbeitsverhältnis fortzusetzen, aus $v(P,I,x) = \underline{\pi}(I,x) - \pi^T(P,I,x)$. Einsetzen führt zu: $v(P,I,x) = [y(I,x) - \overline{w}(I,x)] - [y(I,x) - w^T]$ und hieraus ergibt sich $v(P,I,x) = w^T - \overline{w}(I,x) > 0$. Der Arbeitnehmer erbeutet mit dem Hebel des staatlichen Gesetzes die Rente $r(P,x)$, die Firma verliert wegen des Gesetzes $v(P,I,x)$, der aggregierte Deadweight loss aus dem Vollzug des geltenden Vertrags beläuft sich damit auf $d(I,x) = v(P,I,x) - r(P,x)$, so dass $d(I,x) = \underline{w}(x) - \overline{w}(I,x) > 0$.

(5) zu $v(P,I,x) = d(I,x) + r(P,x)$: Die Rente, die die Firma bei einer Fortsetzung des Arbeitsverhältnis verliert, ist, wie die Gleichung zeigt, genau um den Deadweight loss größer als die Rente, die der Arbeitnehmer mit dem KSchG erbeutet. Mithin hat die Firma Spielraum, dem Mitarbeiter eine Abfindung A anzubieten, wenn dieser einwilligt, mit einem Auflösungsvertrag das KSchG zu umgehen. Welche Bedingungen muss A erfüllen, damit vor der Kulisse des KSchG ein einvernehmlicher Abfindungshandel zustande kommt? A muss einerseits mindestens so hoch sein wie die Rente $r(P,x)$, die der Arbeitnehmer wegen des Bestands- und Inhaltsschutz genießt, denn andernfalls beharrt er auf der Erfüllung des Vertrags. Andererseits kann die Abfindung nicht höher sein als $v(P,I,x)$, der Rente, die die Firma verliert, wenn es ihr nicht gelingt, die Trennung einzufädeln. Folglich ist die Ex-post-Abfindung von oben und unten beschränkt und für A muss gelten, dass $r(P,x) < A < v(P,I,x)$.

Sei A die Abfindung, die den Arbeitnehmer zur Einwilligung in den Auflösungsvertrag bewegt. Mit A belaufen sich die Gleichgewichtsauszahlungen des Nachverhandlungsspiels auf

(8.16) $\Pi(P,I,x)=\underline{\pi}(I,x)-A \qquad W(P,I,x)=\underline{w}(x)+A.$

Mit der Trennung ruft die Firma den Ersatzmann und der ehemalige Mitarbeiter wechselt zur Konkurrenz. Das Einkommen, das er im Gleichgewicht verdient, besteht aus dem Entgelt $\underline{w}(x)$, das der neue Arbeitgeber und der Abfindung A, die der alte bezahlt. Wir müssen noch die Höhe der Ex-post-Abfindung ermitteln. Beim Eintritt des KSchG-Dilemmas (8.15) auf Stufe 2 modifiziert das KSchG das Nachverhandlungsspiel. Die Spieler verhandeln effizient, und wir können die Abfindung mit der Nash-Lösung $A(P,I,x)= r(P,x)+\beta[v(P,I,x)-r(P,x)]$ darstellen, wobei β die Verhandlungsstärke des Arbeitnehmers ist. Einsetzen und Umformen ergibt für die Abfindung

(8.17) $$A(P,I,x)=w^T-[(1-\beta)\underline{w}(x)+\beta\overline{w}(I,x)],$$

womit schließlich das Gesamteinkommen folgt, das der Arbeitnehmer im Gleichgewicht des Nachverhandlungsspiels erhält

(8.18) $$W(P,I,x)=w^T+\beta[\underline{w}(x)-\overline{w}(I,x)].$$

Damit ist das Einkommen des Arbeitnehmers unter dem KSchG um $\beta[\underline{w}(x)-\overline{w}(I,x)]$ höher als der Vertragslohn und im Übrigen bei beziehungsspezifischen Investitionen vom Investitionsbudget der Firma abhängig.

Zusammenfassung. Betrachten wir zuerst den Fortsetzungsfall. Unter dem KSchG ist die Gleichgewichtsauszahlung des Nachverhandlungsspiels an den Arbeitnehmer entweder dessen Reservationslohn, der sich nach einer Aufwärtsanpassung des Vertrags an die Konkurrenzofferte ergibt oder der Vertragslohn selbst. Das KSchG erzeugt mithin eine vollständige Abwärtsrigidität des Nominallohns. Abwärtsanpassungen kommen dann und nur dann in Betracht, wenn wegen $w^T \geq \kappa(I,x)$ die wirtschaftliche Existenz des Betriebs auf dem Spiel steht. Als letztes werfen wir noch einmal einen Blick auf den Trennungsfall. Trotz KSchG treffen die Parteien die effiziente Entscheidung und beenden das Match. Der Arbeitnehmer kontrolliert allerdings die Auflösungsentscheidung. Falls sein Vertragslohn höher ist als der Lohn der Konkurrenzofferte, gibt es für ihn zunächst keinen Grund zu gehen. Eine (Änderungs-) Kündigung seines Arbeitgebers ist nicht glaubhaft. Der Arbeitnehmer hat rationale Erwartungen und weiß, dass er die unzulässige Personalaustauschkündigung mit einer Klage zurückweisen kann. „Eine Änderungskündigung zur Lohnsenkung ist nicht erforderlich und damit ausgeschlossen, wenn der Betrieb wirtschaftlich nicht gefährdet ist und sie nur zur Erhöhung der Rentabilität erfolgt", so etwa würde das Urteil des Arbeitsgerichts lauten. Der Arbeitgeber hat jedoch Spielraum, um dem Beschäftigten eine Abfindung zu bezahlen, wenn dieser in einen Auflösungsvertrag einwilligt, mit dem die Akteure am Ende den Bestandsschutz und das KSchG umgehen. Da es von Amts wegen keine Dringlichkeits- oder Zweckmäßigkeitskontrolle gibt, instrumentalisiert der Arbeitnehmer naturgemäß das KSchG und die Drohung der Feststellungsklage für sein Einkommensziel. Diesem individuell rationalen Verhalten könnte der Staat nur mit einer richterlichen Rechtmäßigkeitskontrolle sämtlicher Trennungsentscheidungen Einhalt gebieten.

Investitionsentscheidung

Als nächstes diskutieren wir das Holdup-Problem. Oben wurde gezeigt, dass bei Kündigungsfreiheit ein Festlohnvertrag mit der Eigenschaft (A4) universelle Investitionen vollständig und spezifische Investitionen mit Ausnahme von jenen Lagen schützt, in denen der Reservationslohn der Firma bindet. Tritt das KSchG an die Stelle der Marktgesetze, so kommt es zu „strategischer Überinvestition" in spezifisches Sachkapital.

Ist $\underline{w}(x) < \overline{w}(I, x)$, so wird das Arbeitsverhältnis fortgesetzt und die Firma bezahlt entweder nach einer Aufwärtsanpassung den Reservationslohn des Arbeitnehmers oder das Vertragsentgelt. Folglich sind anders als bei Kündigungsfreiheit universelle *und* spezifische Investitionen durch die Kombinationswirkung von Festlohnvertrag und KSchG vor dem Holdup geschützt.

Wenn $\underline{w}(x) > \overline{w}(I, x)$, so sind die bekannten zwei Unterfälle zu unterscheiden. Falls $w^T < \underline{w}(x)$, kündigt der Arbeiter, die Firma ist „Opfer" und muss wie in der Marktwirtschaft mit Kündigungsfreiheit die Anschaffungsausgaben ihrer Investition abschreiben, wenn das Aggregat beziehungsspezifische Charakteristika hat. Wenn $w^T > \underline{w}(x)$, dann tritt das KSch-Dilemma (8.15) auf. Aus (8.17) folgt, dass die Abfindung, über die die Parteien verhandeln, bei universellen Investitionen nicht von I abhängt, so dass ein Festlohnvertrag unabhängig davon, ob Kündigungsschutz oder Kündigungsfreiheit gilt, immer die gleiche uneingeschränkte Sicherheit vor dem Holdup gewährt.

Bei spezifischen Investitionen bewirken Kündigungsfreiheit und staatlicher Kündigungsschutz angesichts der Wahrscheinlichkeit, mit der sich auf Stufe 2 das Dilemma (8.15) einstellt, ein unterschiedliches Investorverhalten. Bei Kündigungsfreiheit beenden die Akteure das Arbeitsverhältnis, sobald $\underline{w}(x) > \overline{w}(I, x)$ und die Firma schreibt die spezifische Investition ab. Unter dem KSchG lösen die Akteure das Arbeitsverhältnis ebenfalls auf, da sie effizient verhandeln. Doch das Investitionsbudget hat nun noch eine strategische Bedeutung im Kampf um die Verteilung der Jobrente, wie die Abfindung (8.17) in Verbindung mit (A3) zeigt: Denn je mehr die Firma auf Stufe 1 investiert hat, umso geringer ist die Abfindung, die der Arbeitnehmer auf Stufe 3 für seine Zustimmung zum Auflösungsvertrag verlangt. Um diese Behauptung zu erläutern, betrachten wir die Investitionsentscheidung unter Sicherheit.

Angenommen die Firma hätte bereits auf Stufe 1 Gewissheit, dass das Dilemma (8.15) auftritt. Dann wäre ihr Ex-ante-Gewinn bei Kündigungsfreiheit gleich $\underline{\pi}(I, x) - I$. Ist I vollkommen spezifisch, wie wir der Einfachheit halber nun annehmen, so gilt $\underline{\pi}'(I, x) = 0$ und der marginale Euro, den die Firma in das Projekt investiert, ist in Kombination mit dem Ersatzmann, der nach der Trennung die Aufgaben seines Vorgängers übernimmt, ohne Wert, weshalb $\partial(\underline{\pi}(I, x) - I) / \partial I = -1$. Die Firma würde folglich bei Gewissheit über den Verlauf der Transaktion die spezifische Investition überhaupt nicht vornehmen und von einer Investition ganz absehen.

Im Regime des KSchG beträgt der Gewinn ex ante $\underline{\pi}(I, x) - A(P, I, x) - I$ und für den marginalen Euro, den die Firma in der spezifischen Investition versenkt, erhält sie, wenn wir $A'(P, I, x) = -\beta\overline{w}'(I, x) = -\beta y'(I, x)$ berücksichtigen, den Grenzertrag $\partial(\underline{\pi}(I, x) - A(P, I, x) - I) / \partial I = \beta y'(I, x) - 1$ zurück, der insbesondere für verhandlungsstarke Arbeitnehmer oder für nicht zu hohe Investitionsbudgets sogar positiv, aber jedenfalls cet. par. streng größer als bei Kündigungsfreiheit ist. Es lohnt sich daher für die

Firma bei beziehungsspezifischer Investition im Regime des KSchG mehr zu investieren, nur um sich für den Verteilungskampf um die Abfindungszahlung zu rüsten.

8.5 Lohndynamik

Das Einperiodenmodell lässt sich zu einer Mehrperiodenanalyse erweitern, die der in Abb. 8.6 gezeigten Lohndynamik zugrunde liegt (*MacLeod* und *Malcomson*, 1993). Hierzu nehmen wir an, dass das Arbeitsverhältnis pro Periode von höchstens einem Schock getroffen wird, der insbesondere die Reservationslöhne modifiziert. Das Arbeitsverhältnis beruht auf einem Festlohnvertrag und es gilt Kündigungsfreiheit. Wurde der Vertragslohn der Vorperiode, w_{-1}^T, nicht angepasst, dann hat w_{-1}^T die Eigenschaft (A4) in der Vorperiode erfüllt. Reagieren die Intervallgrenzen von (A4) nicht zu sprunghaft auf Schocks, dann ist es wahrscheinlich, dass der Lohn w_{-1}^T auch in der laufenden sowie den Folgeperioden die je aktuellen Bedingungen für (A4) erfüllt und nur angepasst wird, wenn die aktuellen Handlungsalternativen binden, so dass sich die in Abb. 8.6 dargestellte Dynamik des Festlohnvertrags $P = [w^T]$ ergibt.

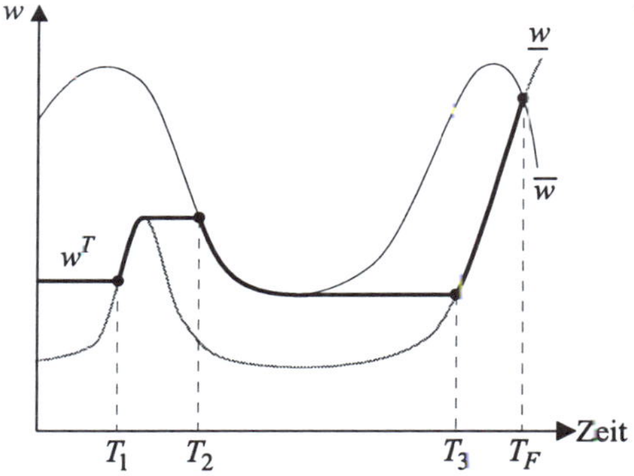

Abb. 8.6: Dynamik der Festlöhne

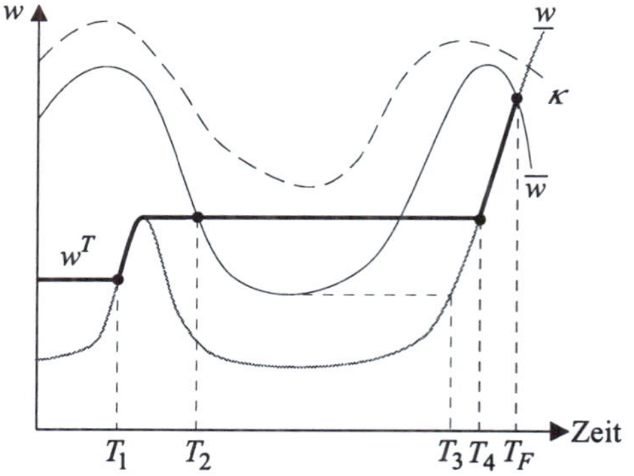

Abb. 8.7: Wirkung des KSchG

Der Vertrag wird angepasst, sobald einer der Reservationslöhne bindet. Der Vertragslohn ist infolgedessen nicht zeitabhängig und ändert sich nur infolge der Vertragsanpassungen. Der nachverhandelte Lohn bleibt wiederum solange in Kraft, bis eine der Handlungsalternativen bindet und der Lohn abermals angepasst wird. Im Gegensatz zum Leistungsaustausch folgen die Vertragsanpassungen keinem regelmäßigen, zeitabhängigen Schema, sondern reagieren allein auf neue Informationen, die die Reservationslöhne unvorhersehbar senken oder erhöhen, bis eine Restriktion bindet und die entsprechende Partei in der Nachverhandlung die Anpassung des Vertrags verlangt.

Vertragsanpassungen erfolgen einvernehmlich. Die Folge ist, dass die Anpassungen des Lohns genau in dem Ausmaß stattfinden, das erforderlich ist, um das Arbeitsverhältnis fortzusetzen. Das Ausmaß der Anpassungen folgt daher wie ihre Ursachen keiner vorhersehbaren Regel, sondern hängt von den Reaktionen der Reservationslöhne auf neue Informationen ab. Die Sequenz der Nachverhandlungen und das Arbeitsverhältnis enden, wenn der Reservationslohn des Arbeiters den der Firma übersteigt, wie im Zeitpunkt T_F in Abb. 8.6 und Abb. 8.7.

Das KSchG suspendiert den Reservationslohn der Firma und setzt an dessen Stelle den mit dem kündigungsrechtlichen Imperativ kompatiblen Referenzlohn κ, der notwendig höher ist als der Reservationslohn des Marktes, wie die Abb. 8.7 zeigt. Im Aufschwung bindet der Reservationslohn des Arbeitnehmers, im Abschwung bindet der des Unternehmens. Das hat zur Folge, dass wie in Abb. 8.6 die Gleichgewichtslöhne bei Kündigungsfreiheit bzw. bei Gültigkeit des KSchG im Abschwung anfangen zu divergieren, sobald die Handlungsalternative der Firma wie zum Zeitpunkt T_2 bindet. Bei Kündigungsfreiheit beginnt das Entgelt, das identisch ist mit dem Reservationslohn der Firma, zu sinken; im Regime des KSchG ist das Entgelt dagegen rigide, bis schließlich der Referenzlohn κ, an dem Bestands- und Inhaltsschutz enden, bindet und die „wirtschaftliche Existenz des Betriebs“ auf dem Spiel steht. Je länger der folgende Aufschwung dauert, umso stärker konvergiert das Lohndifferenzial zwischen den beiden Regimes der Kündigungsfreiheit und des KSchG, bis es, sobald der Reservationslohn des Arbeitnehmers wie im Zeitpunkt T_4 wieder bindet, ganz verschwindet.

Das Mehrperiodenmodell verdeutlicht, warum Vertragslöhne relativ rigide sind – die Rigidität ist ein Resultat des Nachverhandlungsspiels und daher (beschränkt) effizient –, zum anderen liefert es Gründe für die Existenz reiner Lohndispersion. Namentlich ist es wahrscheinlich, dass verschiedene Unternehmen Arbeitern mit denselben Reservationslohnschranken unterschiedlich hohe Löhne zahlen. Wie im Fall des Lohnsetzungsspiels, Kapitel 6, ist die Dispersion der Löhne eine Konsequenz der Arbeitsmarktfriktionen, die eine Dissipation der Lohndifferenziale verhindern.

Inflation erhöht die Reservationslöhne des Arbeiters und der Firma. Mit allgemeiner Preissteigerung wächst folglich die Wahrscheinlichkeit, dass bei gegebenem Festlohn der Reservationslohn des Arbeiters eines Tages bindet. Anschließend wird der Festlohnvertrag in jeder Periode im Umfang der Inflation nach oben angepasst. Eine kräftigere Lohnsteigerung lässt sich, da Vertragsanpassungen das Einvernehmen beider Parteien voraussetzen, nicht durchsetzen. Inflation verstärkt mithin die Tendenz zur Abwärtsrigidität der Nominallöhne. Allerdings spiegeln sich in den Reservationslöhnen neben der Inflation, Nachfrage- und Technologieschocks wider, die den Anstieg der Restriktionen beschleunigen oder bremsen, so dass Nominallohnrigidität mit einer kontinuierlichen Inflation durchaus kompatibel ist. Zur Erklärung der Rigidität, die (beschränkt) effizient und eine Nebenfolge des Verhandlungsspiels ist, sind, wie das Modell zeigt, keine Annahmen über Geldillusion oder negative Reziprozität erforderlich.

Tab. 8.2: Entgeltänderungsverteilungen bei konstanter Arbeitszeit

	1994-95			**1995-96**		
	sinkt	konstant	steigt	sinkt	konstant	steigt
Dänemark	24,0	17,0	59,0	23,2	22,6	54,3
Deutschland	15,9	42,9	41,2	22,9	27,3	49,8
Frankreich	31,2	11,7	57,1	32,4	10,8	56,9
Großbritannien	20,5	16,0	63,5	16,3	5,0	78,8
Italien	19,6	30,1	50,3	15,9	28,8	55,4
Quelle: Dessy (2002)						

Die Entgeltänderungsverteilungen der Tab. 8.2 zeigen auf der Basis des europäischen Haushaltspanels eine Asymmetrie der Vertragsanpassungen ähnlich der, wie sie das

Modell prognostiziert. In den Jahren 1994-95 wurden die nominalen Vertragslöhne der vollzeitbeschäftigten deutschen Arbeitskräfte in der Stichprobe bei konstanter Arbeitszeit bei 42,9 % der Verträge nicht und bei 41,2 % aufwärts angepasst, so dass nur bei einem Anteil von 15,9 % der Verträge der Lohn nach unten korrigiert wurde. Im Zeitraum 1995-1996 nimmt der Anteil der Abwärtsanpassungen auf 22,9 % zu.

Zusammenfassung

Arbeitsverhältnisse sind Dauerschuldverhältnisse mit Optionen auf Nachverhandlung und Kündigung des Vertrags. Nachverhandlung und Kündigung bieten einerseits die Chance, den geltenden Vertrag an neue Informationen anzupassen und effiziente Trennungsentscheidungen zu fällen. Nachverhandlung und Kündigung öffnen jedoch zugleich das Tor für den Ex-post-Opportunismus der Arbeitsvertragsparteien, die versuchen, Vertragsanpassungen mit dem Ziel zu verlangen, ihren Anteil an der Jobrente zu erhöhen. Verweigert der Partner seine Zustimmung, droht der andere mit Kündigung und dem unwiderruflichen Verlust der Rente und des in den Arbeitsplatz investierten Kapitals. Die Aussicht auf die Risiken von Nachverhandlung und Kündigung, verringert die Bereitschaft der Akteure, in den Arbeitsplatz zu investieren, Unterinvestition ist die Folge dieses als Holdup bekannten Phänomens.

Im Mittelpunkt des behandelten Holdup-Modells steht ein Verhandlungsspiel mit vier Stufen. Auf Stufe 0 schließen Arbeitgeber und Arbeitnehmer einen Vertrag, der nur die Hauptpflichten des Arbeitsverhältnisses bestimmt, die sich im Streitfall gerichtlich prüfen lassen. Hierzu zählen der Lohn und die Zuordnung der Direktionsrechte. Auf Stufe 1 investieren die am Arbeitsverhältnis beteiligten Akteure. Auf Stufe 2 wird der Job von einem Schock getroffen, der die Matchrente und den Wert der Handlungsalternativen, auf die die Parteien bei Ex-post-Konkurrenz zurückgreifen können, modifiziert. Auf Stufe 3 findet das Nachverhandlungsspiel statt, und die Akteure entscheiden, ob sie den Vertrag erfüllen, kündigen oder anpassen. Die Kombination aus Nachverhandlungen und Friktionen, die die Anpassungsgeschwindigkeit auf dem Arbeitsmarkt reduzieren, unterscheidet die jüngere von der älteren Holdup-Literatur.

Nachverhandlungen bewirken einerseits, dass die Trennungsentscheidungen der Parteien ex post effizient sind, wenn Kündigungsfreiheit gilt. Andererseits sind sie die Quelle des Holdup-Problems. Den Akteur, der seine Investition auf Stufe 1 irreversibel installiert und das gebundene Kapital versenkt hat, liefert die Nachverhandlung dem Opportunismus der Mitspieler aus. Da die Investoren den Ex-post-Opportunismus antizipieren, sind ihre Investitionen nicht effizient, es sei denn der Arbeitsvertrag oder andere Überwachungsstrukturen schützen die Investitionserträge vor dem Holdup.

Eine wesentliche Einsicht des Holdup-Modells ist, das in Gegenwart von Friktionen neben den Erträgen spezifischer auch die universeller Investitionen in Gebäude, Maschinen oder Lieferfahrzeuge angreifbar sind. Bei vollständiger Konkurrenz und friktionslosem Arbeitsmarkt ist der Lohn, der im Gleichgewicht des Arbeitsmarkts gezahlt wird, unabhängig von den Investitionserträgen und die Firma investiert effizient. Friktionen etwa in Form von Fluktuationskosten treiben einen Keil zwischen die Reservationslöhne der Parteien. Und mit dieser Lücke entsteht ein Spielraum für Nachverhandlungen über den Lohn und die Verteilung der Investitionserträge. Deshalb investiert die Firma zu wenig, es sei denn der Vertrag, auf den sie sich mit dem Arbeitnehmer einigt, schließt das Holdup-Problem aus. Ein Festlohnvertrag, wie er bei vielen Einzelarbeitsverträgen üblich ist, hat, wie sich zeigt, diese schützende Wirkung. Gilt der Grundsatz der Kündigungsfreiheit sowie das Prinzip, dass Vertragsänderungen nur einvernehmlich möglich sind, so schützt der Festlohnvertrag die Erträge universeller Investitionen vollständig und die spezifischer Investitionen solange wie der Vertragslohn von keinem Konkurrenten unterboten wird.

Das Kündigungsschutzgesetz ist eine exogene Überwachungsstruktur, die in Kombination mit einem Festlohnvertrag das Holdup-Problem löst. Das KSchG hat bei vollständiger Information keinen Einfluss auf die Trennungsentscheidung der Vertragsparteien, die Auflösung des Arbeitsvertrags ist trotz KSchG ex post effizient. Mit dem Bestands- und Vertragsinhaltsschutz im Rücken erbeutet der Arbeitnehmer einen größeren Anteil an der Transaktionsrente als bei Kündigungsfreiheit. Darüber hinaus sind die Nominallöhne unter dem KSchG anders als bei Kündigungsfreiheit vollständig abwärts rigide. Mit Ausnahme der Lagen, in denen die wirtschaftliche Existenz des Betriebs auf dem Spiel steht, schließt der Vertragsinhaltsschutz Abwärtsanpassungen der Vertragslöhne aus. Das KSchG modifiziert darüber hinaus das Nachverhandlungsspiel, indem es unter bestimmten Umständen den Drohpunkt des Spiels verschiebt und den aus dem Alltag des Kündigungsrechts bekannten Abfindungshandel verursacht. Die Ex-post-Abfindung, die das Unternehmen dem Arbeitnehmer überweist, ist endogen und weder durch zwingendes Recht oktroyiert, noch rechtsgeschäftlich im Vertrag ex ante vereinbart. Die Abfindung ist vielmehr ein situationsspezifisches Instrument, mit dem sich Unternehmen ex post aus der Klammer des KSchG befreien. Das KSchG gibt dem Arbeitnehmer die Kontrolle über Auflösung und Änderung des Arbeitsvertrags. Die Ex-post-Abfindung ist der Preis, den die Unternehmung im Tausch gegen die Zustimmung, den Arbeitvertrag im Einvernehmen aufzulösen, bezahlt.

Typisch für langfristige Verträge ist, dass der Austausch der vereinbarten Leistungen – Wohnraum gegen Miete, Arbeitsleistung gegen Lohn – mit höherer Frequenz und regelmäßiger stattfindet als Nachverhandlungen über den Vertrag. Geleistet und bezahlt wird monatlich, angepasst wird dagegen nur in großen, unregelmäßigen Zeitabständen. Das Holdup-Modell erklärt die Gründe, warum Anpassungen keinem festen Rhythmus folgen und warum die Vertragslöhne abwärts rigide sind. Das KSchG verstärkt nicht nur diese Abwärtsrigidität, sondern die Nominallöhne sind im Regime des KSchG im Durchschnitt und unter sonst gleichen Umständen höher als bei Kündigungsfreiheit.

Teil III: Institutionen des Arbeitsmarktes

9 Gewerkschaften und Marktmacht

Der Arbeitsmarkt ist kein Markt wie jeder andere. Arbeitsanbieter und Arbeitsnachfrager nutzen verschiedene Mechanismen zur Abstimmung ihrer Interessen und zur Beilegung ihrer Konflikte. Marktelemente spielen dabei nicht selten nur eine Nebenrolle. Häufig decken allein Verhandlungen, Abstimmungen und das (Arbeits-) Recht den Regelungs- und Koordinationsbedarf der Marktparteien. Sie sind in schlagkräftigen Verbänden organisiert und legen kartellähnlich die Materie der meisten Arbeitsverträge verbindlich fest. Kartellabsprachen in der Bauwirtschaft erlangen höchst selten den Rang von Gesetzen, für deren Einhaltung die Staatsgewalt garantiert. Die Stabilität von Kartellabsprachen wird überdies durch Trittbrettfahrer und Außenseiterkonkurrenz leicht erschüttert. Das „Arbeitsmarktkartell" ist indes kein Kartell wie jedes andere. Nicht nur, weil es die Struktur eines bilateralen Monopols hat oder die Bestimmungen des Gesetzes gegen Wettbewerbsbeschränkungen (GWB) von 1957 nach herrschender Lehre auf den Arbeitsmarkt keine Anwendung finden, sondern vor allem, weil das Arbeitsmarktkartell – in Deutschland – im Rang eines Gesetzgebers steht, der seinen Interessen die Legitimität und Verbindlichkeit zwingender Gesetze geben und unnachgiebig gegen Außenseiter vorgehen kann.

Symbolisch garantiert wird diese Vormachtstellung durch die im Artikel 9 des Grundgesetz verankerte Vereinigungsfreiheit, die in allen Ländern Gültigkeit erlangt hat, die Mitglied der Internationalen Arbeitsorganisation (ILO) sind und deren Übereinkommen Nr. 87 zur Vereinigungsfreiheit und zum Schutz des Vereinigungsrechts von 1948 ratifiziert haben. Materiell garantiert ist die Macht der Arbeitsmarktparteien vor allem durch die Rechtsquelle des Tarifvertrags und der Betriebsvereinbarung, durch die die Verbände und ihre betrieblichen Vertreter autonom Recht schöpfen. Der Zugang zu diesen Rechtsquellen wird vom Gesetzgeber im Tarifvertragsgesetz (TVG) zugesichert und ist begrenzt auf die Tarifvertragsparteien, zu denen es in § 2 TVG heißt: „Tarifvertragsparteien sind Gewerkschaften, einzelne Arbeitgeber sowie Vereinigungen von Arbeitgebern." Zur Rechtsprechung und Rechtsfindung stellt die Allgemeinheit den Tarifvertragsparteien außerdem den Apparat der arbeitsrechtlichen Judikative zur Verfügung, den diese zur Konfliktregulierung intensiv nutzen. Da nur Verbandsmitglieder tarifgebunden sind (§ 3 TVG), könnte man vermuten, dass es für Außenseiter ein Leichtes ist, dem Kartellzwang zu entkommen. Indes ist ein nicht organisierter Arbeitnehmer, der den Tarif unterbietet, nicht ohne weiteres glaubhaft, da der vermeintliche Außenseiter jederzeit Mitglied einer Gewerkschaft werden und in Nachverhandlungen die Anwendung des Tarifs verlangen kann. Ein nicht organisierter Arbeitgeber andererseits, der als Tarifaußenseiter vom Tarifvertrag abweicht, kann von den Gewerkschaften mit Streik überzogen werden, denn das Streikrecht wendet sich nicht nur gegen Firmen, die Mitglied der Arbeitgeberverbände sind.

Große Teile des Arbeitsrechts, so z.B. das Arbeitskampfrecht, sind nicht vom Gesetzgeber erlassen, sondern entweder direkt von den Tarifvertragsparteien oder von der Arbeitsgerichtsbarkeit geschaffen. Arbeitsrecht ist Richterrecht. Das typische arbeitsrechtliche Verfahren steht bis hinauf zu den Beschlüssen des Bundesarbeitsgerichts (BAG) unter dem Einfluss von Gewerkschaften und Arbeitgeberverbänden. Ob ein von der gewählten Legislative geschaffenes Arbeitsgesetzbuch eine effizientere, an den Interessen der Allgemeinheit orientierte Rechtsprechung begründen könnte, ist indes zweifelhaft. Denn, in den Parlamenten des deutschen „Parteien- und Verbändestaates" besitzt nur eine Minderheit von Abgeordneten die nötige Unabhängigkeit vom Einfluss der Tarifvertragsparteien. Die meisten Parlamentarier sind den Tarifvertragsparteien verbunden oder, z.B. als Gewerkschaftsmitglieder, verpflichtet.

Im ersten Abschnitt des Kapitels behandeln wir Aspekte des Tarifvertragsgesetzes und des deutschen Verbandswesens. Im folgenden Abschnitt kommen die Grundzüge der ökonomischen Theorie der Gewerkschaft zur Sprache, vor allem das Monopolmodell, der Right-to-manage-Ansatz und das Modell der effizienten Verhandlung. Bei dem von den Verbänden organisierten Kampf um Renten entstehen als Nebenfolgen zahlreiche externe Effekte, so etwa Inflation und Arbeitslosigkeit. Im Anschluss an die Analyse des Gewerkschaftsverhaltens wird daher im dritten Abschnitt untersucht, ob sich diese Externalitäten des Arbeitsmarktkartells durch eine stärkere Dezentralisierung oder Zentralisierung der Lohnverhandlungen internalisieren lassen. Eine der Externalitäten hat im Verlauf der letzten Jahrzehnte ein immer größeres Gewicht erlangt: das ist der Beitrag des Flächentarifs zu der persistenten Massenarbeitslosigkeit, die auch in konjunkturellen Aufschwungsphasen in keinem nennenswerten Umfang mehr zurückweicht. Mit dem Verhandlungsmodell der Insider-Outsider-Theorie lässt sich, wie der vierte Abschnitt darstellt, der Persistenz erzeugende Mechanismus hinter den kollektiven Lohnverhandlungen sichtbar machen und begründen.

9.1 Institutionen des Arbeitsmarktes

Tarifautonomie, Tarifvertrag und Verhandlungsprozess

Neben den unmittelbar am Verhandlungsprozess beteiligten Tarifparteien beeinflussen institutionelle Rahmenbedingungen den Lohnbildungsprozess. Die Arbeitsmarktinstitutionen wie z.B. die Tarifautonomie, der Tarifvertrag, das Streikrecht und die Aussperrung finden im Grundgesetz (GG), im Tarifvertragsgesetz (TVG) und im Betriebsverfassungsgesetz (BetrVG) ihre gesetzliche Grundlage. Die positive Koalitionsfreiheit ist durch Art. 9 GG garantiert, wonach jedermann Gewerkschaften oder Arbeitgeberverbände gründen, ihnen beitreten und aus ihnen auch wieder austreten kann. Das Recht keiner Koalition beizutreten, die negative Koalitionsfreiheit, ist ebenfalls verfassungsrechtlich geschützt. Zur Koalitionsfreiheit gehört es, sich innerhalb einer Koalition (Gewerkschaft oder Arbeitgeberverband) zu betätigen, was bedeutet, dass sich ein Mitglied an einem Arbeitskampf beteiligen kann und innerhalb des Betriebes für den Verband werben darf. Jedoch schützt das Grundgesetz nicht nur den einzelnen (Bestandsgarantie), sondern auch die Koalitionen gegenüber Dritten, insbesondere dem Staat, der das Betätigungsrecht von Koalitionen nur dann einschränken darf, wenn Grundrechte Dritter verletzt werden.

Zur Betätigungsgarantie der Koalitionen gehört die Tarifautonomie. Das Recht, Tarifverträge zu schließen, das zum Kern der Koalitionsfreiheit zählt, ist seit 1949 durch das TVG geschützt. Nach § 1 TVG regelt der Tarifvertrag die Rechte und Pflichten der Tarifvertragsparteien. Firmentarifverträge werden zwischen einer Gewerkschaft auf der Arbeitnehmerseite und einem Arbeitgeber abgeschlossen, Verbandstarifverträge hingegen zwischen Gewerkschaften und Arbeitgeberverbänden (§ 2 TVG). Ferner lassen sich Tarifverträge unterteilen in Entgelttarifverträge, meist mit einer Laufzeit von 12 Monaten, in Rahmentarifverträge, die Lohnarten und Lohngruppen festlegen, in Manteltarifverträge, die alle verbleibenden Arbeitsbedingungen regeln wie z.B. Urlaubs- und Arbeitszeiten und meist eine längere Laufzeit haben, sowie in Änderungs- und Paralleltarifverträge die Änderungen von Manteltarifverträgen zum Gegenstand haben oder parallele Abschlüsse durch verschiedene Gewerkschaften mit demselben Arbeitgeber (-verband) betreffen. Über Zahl und Art der im Jahr 2003 abgeschlossenen Tarifverträge informiert Tab. 9.1.

Tab. 9.1: Tarifvertragliche Arbeitsbedingungen im Jahr 2003

	Mantel-TV	TV mit Mantel-bestimmungen	Vergütungs-TV	Änderungs- und Parallel-TV	Gesamt
Verbands-Tarifverträge					
West	1 218	7 019	2 288	17 532	28 057
Ost	290	967	497	3 348	5 102
Deutschland	1 508	7 986	2 785	20 880	33 159
Firmen-Tarifverträge					
West	4 516	9 022	3 978	4 016	21 532
Ost	1 363	1 627	1 090	865	4 945
Deutschland	5 879	10 649	5 068	4 881	26 477
Insgesamt					
Insgesamt	7 387	18 635	7 853	25 761	59 636
Quelle: Bundesministerium für Wirtschaft und Arbeit (2004)					

Nach ihrem räumlichen Geltungsbereich unterscheidet man Tarifverträge, die für die gesamte Branche verbindlich sind, von solchen, die regionale Gültigkeit haben. Der „Flächentarifvertrag“ wird vom Verband für alle tarifgebundenen Unternehmen abgeschlossen und gilt für sektoral und regional unterschiedliche Tarifbereiche. Bei regional gültigen Tarifverträgen verhandeln die Parteien, die für den jeweiligen Tarifbereich zuständig sind. Die Gespräche finden nicht zwischen Gesamtmetall und IG Metall statt, sondern zwischen den regionalen Verbänden und Bezirksleitungen.

Der Tarifvertrag umfasst einen schuldrechtlichen und einen normativen Teil. Der schuldrechtliche Teil regelt die Rechte und Pflichten der Vertragsparteien, insbesondere den Abschluss, die Durchführung und die Beendigung des Tarifvertrages, die Friedenspflicht, das Schlichtungsabkommen und die Durchführungspflicht. Während der Laufzeit des Tarifvertrages sind Arbeitskämpfe und Nachverhandlungen, die den laufenden Tarifvertrag betreffen, nicht erlaubt, es herrscht (relative) Friedenspflicht. Am Ende der vereinbarten Laufzeit verhandeln die Parteien über den neuen Tarifvertrag.

Abgeschlossen sind Tarifverhandlungen, wenn sich die Parteien auf einen neuen Tarifvertrag einigen oder wenn die Verhandlungen als gescheitert erklärt werden. In diesem

Flächentarifvertrag I

Der Tübinger Wirtschaftsjurist Möschel, der zu den schärfsten Kritikern des deutschen Arbeitsmarktmodells, insbesondere der Tarifautonomie, gehört, fasst seine Einwände folgendermaßen zusammen:

„Unverhüllte Wettbewerbsbeschränkungen wie Preis- und Gebietskartelle ... gelten in entwickelten Rechtsordnungen als besonders sozialschädlich. ... Eine völlig andere Bewertung greift dagegen für die Vereinbarungen der Tarifvertragsparteien auf den Arbeitsmärkten ein. In Deutschland steht das dort herrschende Ordnungsmodell der Tarifautonomie gar unter dem Schutz der Verfassung. ... Vor diesem Hintergrund sind die beiden ... Thesen zu verstehen:

- Die traditionellen Tarifvereinbarungen auf den Arbeitsmärkten gehören in die Kategorie besonders schädlicher Kartellabsprachen.
- Änderungen des Ordnungssystems sind erst dann durchsetzbar, wenn das noch herrschende positive Vorverständnis in der Gesellschaft erschüttert ist. ...

Tarifverträge stellen sich ... als marktumspannende Mindestpreis- und Konditionenkartelle dar ... (und) ... haben eine der drei folgenden Wirkungen: Die Kartellvereinbarung

- ist identisch mit dem markträumenden Preis. Dann ist sie überflüssig oder unschädlich. ...
- bleibt unterhalb des markträumenden Preises. Dann entsteht Übernachfrage nach der angebotenen Arbeitsleistung. ... Auf den Arbeitsmärkten wird dies an der so genannten Lohndrift erkennbar, also an der Differenz zwischen den Wachstumsraten der Effektivverdienste von denjenigen der Tarifverdienste.
- liegt oberhalb des markträumenden Preises. Die Nachfrage nach der angebotenen Arbeit geht ... zurück. ... Die Preisrelation von Arbeitskosten und Kapitalnutzungskosten verschlechtert sich zu Lasten des Produktionsfaktors Arbeit. Arbeit wird ... in einem höheren Maße durch Kapital substituiert. Beide Effekte, die verringerte Nachfrage nach Arbeit wie die Substitution von Arbeit, tragen zur Entstehung von Arbeitslosigkeit bei. ...

In das deutsche Ordnungsrecht ist eine starke Tendenz für die dritte Variante ... eingebaut. Eine Fülle von Faktoren wirkt in diese Richtung. Das beginnt mit dem Organisationsinteresse der Gewerkschaftsmitglieder, die für die von ihnen gezahlten Beiträge eine Gegenleistung erwarten, die sie ansonsten, das heißt kostenlos im Markt, nicht erhalten würden. Organisiert sind dabei in der Regel nicht die Arbeitslosen, sondern die Beschäftigten. Dies fällt zusammen mit dem Existenzsicherungsinteresse von Gewerkschaftsführungen, die aus den Beiträgen der Mitglieder ihren Lebensunterhalt beziehen. ... Innerhalb der Arbeitgeberverbände wirkt in diese Richtung eine verbreitete Dominanz von Großunternehmen. ... Ein Anreiz zu ... überhöhten Tarifabschlüssen ergibt sich auch daraus, dass die Verantwortung für Vollbeschäftigung von den Tarifvertragsparteien weg- und zum Staat hingeschoben wird. ...

Tarifvertragskartelle unterscheiden sich von sonstigen Kartellen dadurch, dass in den Abschlussmechanismus ein vertikales Gegenmachtelement eingebaut ist: Der Gewerkschaft steht ein Arbeitgeberverband gegenüber. Dies berührt freilich nicht die typische Kartellfolge, nämlich soweit das Kartell als Vertrag zu Lasten Dritter wirkt. Eine verbreitete Diskussion im arbeitsrechtlichen Schrifttum über eine materielle Parität der Tarifvertragsparteien vollzieht sich deshalb von vornherein in einer sachwidrig verkürzten Perspektive. Auch ein Arbeitgeberverband ist keineswegs ein Sachwalter des öffentlichen Interesses an Vollbeschäftigung oder am Vermeiden einer inflationären Entwicklung."

Quelle: FAZ, 1. Juli 1995, Nr. 150, S. 15

Fall werden vorher vereinbarte Schlichtungsregeln angewendet. Fehlen solche Regelungen, können die Beteiligten staatliche Schlichtungsausschüsse anrufen. Während des Schlichtungsverfahrens, das eine Einigung der beteiligten Parteien herbeiführen und somit Arbeitskampfmaßnahmen verhindern oder beenden soll, herrscht Friedenspflicht. Beteiligte Akteure an einem Schlichtungsverfahren sind zu gleichen Teilen Vertreter von Arbeitnehmern und Arbeitgebern sowie ein Schlichter, der von beiden Seiten gemeinsam bestimmt wird und somit als unparteiisch gilt. Die Schlichtungssprüche sind meist unverbindlich. Wird der Schlichtungsspruch nicht angenommen, endet die Friedenspflicht. Die Durchführungspflicht legt fest, dass sich die beteiligten Tarifvertragsparteien an die Rechtsnormen des Tarifvertrages halten.

Der normative Teil des Tarifvertrages legt Individualnormen über Inhalt, Abschluss und Beendigung von Arbeitsverhältnissen fest sowie Rechtsnormen bezüglich betrieblicher und betriebsverfassungsrechtlicher Fragen (§ 4 TVG). Die Individualnormen gelten unmittelbar und zwingend zwischen den Tarifgebundenen, d.h. zwischen den Gewerkschaftsmitgliedern und den Mitgliedern der Arbeitgeberverbände, bis der Tarifvertrag endet. Für die Geltung von Betriebs- und betriebsverfassungsrechtlichen Normen genügt die Tarifgebundenheit des Arbeitgebers.

Häufig übertragen auch nicht tarifgebundene Arbeitgeber die Tarifverträge auf ihre eigenen Arbeitsverhältnisse oder orientieren sich an den tariflichen Arbeitsbedingungen. Nimmt ein individueller Arbeitsvertrag auf bestehende Tarifverträge Bezug, hat auch ein nicht organisierter Arbeitnehmer Anspruch auf die Tarifleistungen. Damit erlangen Tarifverträge in Deutschland für ungefähr 84 % aller Arbeitsverhältnisse faktische Gültigkeit, s. Tabelle 9.3.

Tarifverträge legen jeweils nur Mindestanforderungen für die Arbeitsbedingungen fest. Nach dem Günstigkeitsprinzip des § 4 TVG ist jede Unternehmung frei, zugunsten der Arbeitnehmer von den tarifvertraglich festgelegten Regelungen abzuweichen. Häufig liegen Effektivlöhne und -gehälter über den Tarifvereinbarungen. Die Differenz zwischen Effektiv- und Tariflohn wird als Lohnspanne bezeichnet, deren Entwicklung in der Zeit als Lohndrift. Mit dem Betriebsrat geschlossene Betriebsvereinbarungen oder einzelvertragliche Abmachungen können tarifvertragliche Regelungen nur außer Kraft setzen, wenn der Tarifvertrag dies ausdrücklich in Öffnungsklauseln vorsieht (Ausnahme vom Tarifvorbehalt, § 77 BetrVG). Dabei sehen die Tarifverträge unterschiedliche Regelungen darüber vor, ob die Anwendung einer Öffnungsklausel einer Zustimmung der Tarifvertragsparteien bedarf oder nicht. Öffnungsklauseln beziehen sich vor allem auf die Länge der Arbeitszeit aber auch auf das Arbeitsentgelt, zum Beispiel bei Anwendung von Einstiegstarifen für Neueingestellte, Kleinbetriebsklauseln oder Härteklauseln.

Der Bundesminister für Arbeits- und Sozialordnung kann auf Antrag einer der beiden Tarifparteien einen Tarifvertrag für allgemeinverbindlich erklären, wenn mindestens 50 % der Arbeitnehmer eines Tarifgebietes unter den Tarifvertrag fallen. Hierzu ist das Einverständnis eines aus je drei Vertretern der Spitzenorganisationen der Arbeitgeber und der Arbeitnehmer zusammengesetzten Ausschusses erforderlich. Die Rechtsnormen gelten dann trotz der negativen Koalitionsfreiheit auch für unorganisierte Arbeitgeber und Arbeitnehmer im Geltungsbereich des Vertrages (§ 5 TVG). Allgemeinverbindlicherklärungen erhalten insbesondere in Rezessionsphasen, die durch steigende Arbeitslosigkeit gekennzeichnet sind, eine wichtige Funktion. Ihr Ziel ist es, die Wirkungen des

Marktmechanismus außer Kraft zu setzen, indem sie verhindern, dass nicht tarifgebundene Arbeitgeber und Arbeitnehmer die geltenden Tarifvereinbarungen unterbieten und einen Konkurrenzvorteil erlangen. In schwachen konjunkturellen Phasen erlitten sonst die Tarifparteien starke Mitgliedereinbußen und ihr Verhandlungsspielraum würde eingeschränkt. Weiterhin zielen Allgemeinverbindlicherklärungen auf angemessene Arbeitsbedingungen auch für nichttarifgebundene Arbeitnehmer, wie behauptet wird. Im Baugewerbe betreffen die meisten Allgemeinverbindlicherklärungen nicht Lohn- und Gehaltstarifverträge, sondern Manteltarifverträge. Das Beispiel des Baugewerbes verdeutlicht zugleich, dass die Allgemeinverbindlicherklärung von den Organisationen des Arbeitsmarktkartells als Mittel zur Bekämpfung von Außenseiterkonkurrenz eingesetzt wird.

Gewerkschaften

In einer Gewerkschaft sind Arbeitnehmer zu einem Interessenverband zusammengeschlossen. Ziel der Vereinigung ist es, die wirtschaftlichen und sozialen Interessen der Mitglieder zu vertreten und Tarifverträge abzuschließen. Abhängig von den nationalen Regelungen kann der Beitritt zu einer Gewerkschaft freiwillig sein oder durch Zwang erfolgen. In einigen Ländern ist der Zutritt für alle Arbeitnehmer in die für sie zuständige Gewerkschaft gesetzlich geregelt. Von freien Vereinigungen, die in Deutschland durch die positive und negative Koalitionsfreiheit gewährleistet sind, spricht man, wenn der Ein- oder Austritt aus einer Gewerkschaft jederzeit möglich ist.

Ferner lassen sich Gewerkschaften in Berufs- und Fachverbände, Industrieverbände und Betriebsverbände unterteilen. In Berufsgewerkschaften sind Arbeitnehmer nach Berufsgruppen zusammengeschlossen (Techniker, Schreiner), unabhängig davon, in welchem Wirtschaftszweig sie beschäftigt sind. In einer Firma sind dann u.U. mehrere Gewerkschaften Verhandlungspartner. Die Organisation der Arbeitnehmer nach Berufsgruppen ist für die einzelne Firma nicht von Vorteil, da für den einzelnen Betrieb vergleichsweise hohe Verhandlungskosten anfallen, das Streikrisiko steigt und abhängig von der Verhandlungsmacht der jeweiligen Berufsgewerkschaft Lohndifferenziale innerhalb eines Betriebes den sozialen Frieden gefährden und, wie Kapitel 7.3 zeigt, die Produktivität der benachteiligten Belegschaft senken. Ähnliche Argumente lassen sich auch gegen Betriebsverbände vortragen, die alle Angehörigen einer Firma umfassen, so dass der Unternehmer nur mit einer Partei verhandeln muss. Kollektive Lohnverhandlungen auf Firmenebene finden sich vor allem in England und den USA. Die in Deutschland, Österreich und den skandinavischen Ländern weit verbreiteten Industriegewerkschaften (IG) umfassen hingegen alle organisierten Arbeitnehmer einer Branche und schließen mit der jeweiligen Firma oder den Arbeitgeberverbänden für einzelne Tarifgebiete auf Branchenebene Tarifverträge ab. Die größten Gewerkschaften in Deutschland sind im Deutschen Gewerkschaftsbund (DGB) zusammengeschlossen, der im Jahr 2001 nahezu 84 % aller Gewerkschaftsmitglieder unter sich vereinte. Als Dachverband besteht er aus einem bundesweiten Zusammenschluss von unabhängigen Industriegewerkschaften, wie z.B. der IG Metall, der IG Bergbau, Chemie, Energie sowie der Vereinten Dienstleistungsgewerkschaft (ver.di). In ver.di haben sich im März 2001 fünf große Gewerkschaften des Dienstleistungssektors zusammengeschlossen, hierzu gehören die Gewerkschaften Handel, Banken und Versicherungen (HBV), Öffentliche Dienste, Transport und Verkehr (ÖTV), IG Medien, Deutsche Postgewerkschaft und die ehemalige Deutsche

Angestelltengewerkschaft (DAG). Hervorzuheben sind noch der Christliche Gewerkschaftsbund Deutschlands (CGB), der nach der Integration der DAG in den Deutschen Gewerkschaftsbund die letzte DGB-unabhängige deutsche Arbeitnehmerorganisation ist, und der Deutsche Beamtenbund (DBB), der als Standesorganisation der Beamten als einzige Gewerkschaft seine Mitgliederzahlen in den vergangenen 50 Jahren kontinuierlich erhöhen konnte, wie die Tab. 9.2 zeigt, die über Mitgliederzahlen und den Brutto-Organisationsgrad der deutschen Arbeitnehmerorganisationen informiert.

Der Brutto-Organisationsgrad (BOG) ergibt sich, indem man den Quotienten aus Gewerkschaftsmitgliedern und abhängigen Erwerbstätigen bildet. Da in Gewerkschaften auch Arbeitslose, Studenten, Rentner und Wehrpflichtige Mitglieder sind, repräsentiert der BOG nicht die Zahl der organisationsfähigen Arbeitnehmer in Tarifauseinandersetzungen. Der Netto-Organisationsgrad (NOG), der im Jahr 2002 ca. 23,4 % betrug, bezieht die beschäftigten Gewerkschaftsmitglieder auf die abhängigen Erwerbstätigen, die sonstigen Mitglieder sind darin nicht enthalten, weshalb er kleiner ist als der BOG (2002: 33,5 %). Die Differenz zwischen dem BOG und dem NOG betrug im Jahr 1960 ca. 12% und ist seither stetig gestiegen, um im Jahr 2002 einen Wert von ca. 30 % zu erreichen. Die Abweichung zwischen BOG und dem NOG ist u.a. eine Folge der steigenden Arbeitslosigkeit, hinzu kommt, dass jüngere Arbeitnehmer immer seltener Mitglied in einer Gewerkschaft werden.

Tab. 9.2: Mitglieder und gewerkschaftlicher Organisationsgrad

	Mitglieder in Tsd.					*Brutto-Organisationsgrad*			
	Gesamt	DGB	DBB	DAG	CGB	*Gesamt*	Beamte	Angestellte	Arbeiter
1950	*5 994*	5 451	190	307	3	*42,9*	65,9	27,8	45,8
1960	*7 763*	6 379	650	450	200	*38,3*	82,6	21,0	41,6
1970	*8 207*	6 713	721	461	195	*36,9*	75,9[1)]	20,7[1)]	40,5[1)]
1980	*9 484*	7 883	819	495	288	*39,8*	74,0	22,8	48,0
1990	*9 552*	7 938	799	505	309	*37,8*	64,6	21,3	49,7
1991[2)]	*13 768*	11 800	1 053	585	330	*40,6*	64,3	22,3	49,3
2000	*9 728*	7 772	1 200	451	305	*29,8*	66,0	17,7	37,6
2003[3)]	*8 919*	7 363	1 258	–	298	*33,5*[4)]	63,9[4)]	18,2[4)]	39,2[4)]

Quelle: Ebbinghaus (2002); [1)]1969, [2)]ab 1991 Deutschland, [3)]Institut der deutschen Wirtschaft, [4)]2002

Sieht man von dem vereinigungsbedingten Zuwachs von 4 Mio. Mitgliedern ab, zeigt die Tab. 9.2, dass die Mitgliederbasis bei den Gewerkschaften sowie der Brutto-Organisationsgrad in den letzten zwei Dekaden zurückgegangen ist. Die Zahl der Mitglieder sowie der Organisationsgrad gelten als wichtige Indikatoren für das Mobilisierungspotenzial bei einem Arbeitskampf und die finanzielle Ausstattung von Gewerkschaften, die sich über Beiträge finanzieren.

Der Organisationsgrad der sozioökonomischen Gruppen ist sehr verschieden. Beamte sind mit Abstand am stärksten organisiert. Mitte der 50er Jahre waren sogar nahezu 90 % der Beamten Gewerkschaftsmitglied (*Ebbinghaus* 2002). Seitdem nahm – ähnlich wie in der Gesamtwirtschaft – der Organisationsgrad stetig ab. Der hohe Organisationsgrad der Beamten mag zunächst erstaunen, da Beamte nicht streiken dürfen, ihre Verbände zwar von öffentlichen Arbeitgebern konsultiert werden, sie aber keine Tarifverhandlungen führen. Allimentationen, Arbeitsbedingungen und Ruhegehaltsregelungen

Flächentarifvertrag II

Der Kasseler Arbeits- und Sozialrechtler Kittner schreibt in seiner Erwiderung auf Möschel unter dem Titel: „Der Tarifvertrag ist keine marktwidrige Vereinbarung, sondern ein effizientes Gestaltungsmittel des Arbeitsrechts":
„Liberale stehen offenkundig auf Kriegsfuß mit dem deutschen Arbeitsrecht. ... Zur ... abschließenden Replik könnte man darauf hinweisen, dass der autonome Abschluss von ... Tarifverträgen in der Bundesrepublik ... verfassungsrechtlich ... geschützt ist. Es stimmen aber auch schon die ... rechtlichen ... Prämissen (der liberalen Argumente, T.W./ E.J.) nicht:

Kein Arbeitgeber ist gezwungen, Mitglied des Arbeitgeberverbandes zu werden. Kein Arbeitnehmer muss in die Gewerkschaft gehen. Allgemeinverbindlicherklärungen ... sind selten. Jeder Arbeitgeber kann einen Arbeitslosen, der nicht Gewerkschaftsmitglied ist, unter Tarif bezahlen... . Lediglich für Tarifgebundene gibt es eine ‚Kartellierung nach unten'. ... Da sich Flächentarifverträge ... an (den) schwächeren Unternehmen orientieren, steht diese Möglichkeit (betrieblicher Arbeitsmarktpolitik, T.W./E.J.) dem überwiegenden Teil der beteiligten Unternehmen offen. Alles in allem ein brüchiges, um nicht zu sagen: rechtlich nicht existierendes ‚Kartell'. Gleichwohl sei nochmals die kartellrechtsimmanente Betrachtungsweise bemüht: ... Das Gesetz gegen Wettbewerbsbeschränkungen (GWB) lässt ausdrücklich so genannte Konditionen-, Rationalisierungs- und Spezialisierungskartelle wegen des mit ihnen verbundenen Rationalisierungserfolges zu. Insofern ist es als Pointe eigentlich unüberbietbar, dass gerade die faktische Kartellierungswirkung des Flächentarifvertrags hinsichtlich der Lohnkosten als das eigentliche Interesse der Unternehmen an Tarifverträgen gilt. Der als Gewährsmann sicher unverdächtige H.C. Nipperdey (Doyen des deutschen Arbeitsrechts, T.W./E.J.) hat es auf den Punkt gebracht: ‚Dadurch wird der Arbeitgeber vor unterbietender Konkurrenz anderer Arbeitgeber geschützt. Es wird also weitgehend eine gleiche Wirkung wie beim Konditionen- und Preiskartell zwischen Unternehmen erzielt' ... Natürlich steht dieses Nützlichkeitsargument ... nicht im Vordergrund. Selbstverständlich ist es der Sozialschutz, um dessentwillen es überhaupt Tarifverträge gibt:

Zu Recht gilt die Vertragsfreiheit als Grundlage ... einer sowohl freiheitlichen als auch wirtschaftlich effizienten Gesellschaft. ... Beides jedoch, ökonomische Effizienz und verfassungsrechtliche Legitimation, hat die Privatautonomie nur insoweit, als sie auf ... der Selbstbestimmung aller Beteiligten beruht. Wenn die Bedingungen freier Selbstbestimmung nicht für alle bestehen ..., dann muss der Staat korrigierend eingreifen. Das ist nicht nur Stand des Verfassungsrechts, sondern auch der ökonomischen Theorie: Die ... Theorie der ‚property rights', in Deutschland als ‚ökonomische Theorie des Rechts' eingebürgert, fragt nach dem optimalen ... Nutzen von Rechtsnormen. Sie bewertet dies mit dem so genannten Coase-Theorem, dem zufolge ökonomische Ressourcen ihre sozial nützlichste Verwendung durch einen marktvermittelten Tausch erreichen. Fundamentale Bedingungen sind jedoch vollständige Konkurrenz und fehlende Transaktionskosten. ... Genau dies fehlt den Arbeitsmarktbeziehungen in ihrem ‚Naturzustand'. Als typischerweise ungleiche Tauschbeziehungen mit höheren Transaktionskosten des Arbeitnehmers (keine Möglichkeit jederzeitiger alternativer Beschäftigung) ... verfehlen sie ... notwendigerweise ein volkswirtschaftliches Optimum.

In gleicher Weise (wie das GWB Machtkonzentrationen verhindert, T.W./E.J.) sollen das Arbeitsrecht und insbesondere das Tarifvertragssystem im Verhältnis zwischen Unternehmen und Arbeitnehmern überhaupt erst die Bedingungen realer Vertragsfreiheit schaffen. Das Bundesverfassungsgericht spricht von einem Mechanismus zum ‚Ausgleich gestörten Vertragsgleichgewichts'. Arbeitsrecht ... und der Tarifvertrag ... stehen nicht konträr zur Marktwirtschaft, sondern sind Instrumente eines freiheitsbezogenen Arbeitsmarktes... Der Tarifvertrag soll verhindern, dass der Arbeitgeber auf Regelungsebenen ausweicht, in denen er seine dominante Stellung zu für die Arbeitnehmer ‚ungünstigeren' Bedingungen ausnutzen kann. Man könnte sagen: Das Tarifrecht ist das ‚Wettbewerbsrecht des kleinen Mannes'."

Quelle: FAZ, 18. November 1995, Nr. 269, S. 17

werden auch nicht in Tarifverträgen, sondern in Gesetzen und Verordnungen festgelegt. Eine Erklärung des Phänomens liefert die Struktur des Arbeitsmarkts, auf dem Beamte und Angestellte der öffentlichen Hand ihre Dienste anbieten. Einer großen Zahl von Anbietern, deren berufliche Mobilität durch Art und Organisation ihrer Tätigkeit eng begrenzt ist, steht ein mächtiges Monopson gegenüber, das die Charakteristika des Dienstverhältnisses wie Bezüge, Arbeitszeiten, Arbeitsplatzausstattung und Standort einseitig festlegt. Den geringsten Organisationsgrad weisen Angestellte auf. Im Jahr 2002 war nur noch jeder sechste Angestellte gewerkschaftlich engagiert.

Tarifverhandlungen können auf regionaler oder Bundesebene geführt werden. Die regional geführten Verhandlungen werden von Seiten beider Parteien eng durch die Dachverbände kontrolliert und konzentrieren sich meist auf einige Zielunternehmen oder eine abgegrenzte Zielregion. Das in den Verhandlungen erzielte „Pilotabkommen" wird dann von anderen Unternehmen der gleichen Industrie als Vorgabe in den Tarifverhandlungen übernommen.

Im Arbeitskampf steht den Gewerkschaften im Wesentlichen der Streik als Kampfmittel zur Verfügung. Während eines Streiks verweigern die Gewerkschaftsmitglieder die im Arbeitsvertrag vereinbarte Arbeitsleistung. Ein Streik ist nur rechtmäßig, wenn er von den Gewerkschaften genehmigt wurde und wenn er arbeitsrechtliche Ziele hat, d.h. er muss sich gegen den Arbeitgeber richten. Wilde Streiks sind Streiks, die nicht von der Gewerkschaft genehmigt wurden und damit rechtswidrig. Ebenfalls rechtswidrig sind nach der Auffassung des Bundesarbeitsgerichts politische Streiks, die sich nicht für höhere Löhne oder bessere Arbeitsbedingungen einsetzen, sondern sich gegen staatliche Maßnahmen richten. Nach der Rechtsprechung muss ein Streik folgenden Bedingungen genügen: (1) Er muss zwischen den Tarifparteien geführt werden. (2) Der Streik muss fair geführt werden, darf nicht auf die Vernichtung des Gegners abzielen und der Gegner muss das Kampfziel erfüllen können. (3) Alle friedlichen Mittel müssen ausgeschöpft sein (Ultima-ratio-Prinzip). (4) Der Streik muss geeignet sein, rechtmäßige Kampfziele zu erreichen und sachlich erforderlich sein (Gebot der Verhältnismäßigkeit).

Während der Dauer eines Streiks verweigern die organisierten Arbeitnehmer ihre Leistung, für die Arbeitgeberseite entfällt die Lohnzahlungspflicht. Hingegen wird das Arbeitsverhältnis von unorganisierten Arbeitnehmern durch einen Streik nicht berührt. Während der Dauer des Streiks erhalten Gewerkschaftsmitglieder von ihrer Gewerkschaft eine finanzielle Unterstützung in Höhe von etwa 2/3 des Bruttoverdienstes. Die Kampfbereitschaft, die Dauer des Streiks und folglich die Verhandlungsposition der Gewerkschaft hängt somit u.a. von den verfügbaren finanziellen Mitteln der Gewerkschaft ab.

Um die Streikkasse zu schonen, werden oft Schwerpunktstreiks durchgeführt. Hierbei bestreiken die Gewerkschaften besonders empfindliche Teile des Betriebes, so dass die Produktion oder wichtige Zulieferbetriebe lahm gelegt werden (meist in der Autoindustrie). Die Kosten eines Schwerpunktstreiks, die vergleichsweise wirkungsvoll sind, sind für die Gewerkschaft relativ gering. Bevor ein Gewerkschaftsvorstand einen Streik beschließen kann, muss eine Urabstimmung unter den Gewerkschaftsmitgliedern durchgeführt werden, wobei 75 % einem Streik zustimmen müssen. Anschließend entscheidet der Gewerkschaftsvorstand, ob gestreikt wird.

Auf betrieblicher Ebene werden den Betriebsräten als Vertreter der Arbeitnehmer durch das Betriebsverfassungsgesetz (BetrVG) Mitspracherechte eingeräumt. In Betrieben mit mindestens 5 ständigen Arbeitnehmern über 18 Jahren kann ein Betriebsrat gewählt werden. Seine Amtsdauer beträgt 4 Jahre. Der Betriebsrat erbringt seine Beratungsleistungen während der Arbeitszeit, so dass der Arbeitgeber die Kosten trägt. Für Mitglieder des Betriebsrates besteht ein besonderer Kündigungsschutz. Zur Durchsetzung der betriebsverfassungsrechtlichen Interessen stehen dem Betriebsrat keine Arbeitskampfmittel zur Verfügung. Scheitern Verhandlungen, sind betriebliche Einigungsstellen oder Gerichte anzurufen. Wenn auch starke personelle Verflechtungen zwischen Betriebsrat und Gewerkschaftsmitgliedern bestehen, so sind Betriebsräte rechtlich von den Gewerkschaften unabhängig. Zu den Beteiligungsrechten des Betriebsrates zählen: (1) Mitwirkungsrechte, die Informations-, Vorschlags-, Anhörungs- und Beratungsrechte umfassen und (2) Mitbestimmungsrechte, bei denen es sich z.B. um Zustimmungserfordernisse oder Zustimmungsverweigerungsrechte des Betriebsrates handelt. So kann der Betriebsrat seine Zustimmung zu Einstellungen, Versetzungen, Kündigungen, Ein- und Umgruppierungen verweigern. Die Zustimmungsverweigerung hat zur Folge, dass der Arbeitgeber die Maßnahme nicht durchführen kann. Auswertungen des IAB-Betriebspanels zeigen, dass im Jahr 2002 nur 11 % aller privatwirtschaftlichen Betriebe mit mehr als 5 Beschäftigten über einen Betriebsrat verfügten, allerdings waren dort 48 % aller (betriebsratsfähigen) Arbeitnehmer beschäftigt. Im öffentlichen Dienst sind Personalräte sehr viel stärker verbreitet: Im selben Jahr hatten 74 % aller Dienststellen einen Personalrat, der 93 % aller Beschäftigten vertrat (*Ellguth* 2003).

Arbeitgeberverbände

Arbeitgeberverbände vertreten die sozialen und wirtschaftlichen Interessen ihrer Mitglieder und schließen Tarifverträge ab. In der Regel sind privatwirtschaftliche Unternehmen Mitglieder der Arbeitgeberverbände, die alle im Wesentlichen nach dem gleichen Prinzip organisiert sind. Die Arbeitgeberverbände sind in einem Dachverband, der Bundesvereinigung der Deutschen Arbeitgeberverbände (BDA), zusammengeschlossen. Der BDA besteht aus zwei Gruppen: (1) Aus regionalen Verbänden auf Landesebene, in denen alle Arbeitgeberorganisationen des Landes zusammengefasst sind. (2) Aus den Bundesverbänden, den so genannten Fachverbänden, die nach Wirtschaftszweigen organisiert sind. Damit gehört ein Landesfachverband in der Regel sowohl der Landesvereinigung aller Arbeitgeberverbände wie auch dem Bundesverband eines Wirtschaftszweiges an. Die Aufgabe des BDA ist die Koordination der verschiedenen Tarifpolitiken der Mitgliedsverbände. Ebenso wie der DGB schließt er selbst keine Tarifverträge ab. Seine Aufgabe besteht vielmehr in der Gewährleistung einer einheitlichen Tarifpolitik und in der Senkung von Transaktionskosten für die einzelne Firma.

Der Beitritt zu einem Arbeitgeberverband ist freiwillig, der Organisationsgrad traditionell hoch. Es wird geschätzt, dass im Jahr 2003 ca. 67 % aller Arbeitgeber organisiert waren, s. Tab. 9.3. Der Organisationsgrad der Arbeitgeber lässt sich analog zum Organisationsgrad der Gewerkschaften aus der Zahl der organisierten Unternehmen im Verhältnis zu der Gesamtzahl der Unternehmen ermitteln. Diese Kennziffer ist jedoch wegen der unterschiedlichen Betriebsgrößen wenig aussagekräftig, weil kleinere Unternehmen in geringerem Maße organisiert sind als größere. Deshalb wird abhängig von der behandelten Fragestellung auf alternative Messkonzepte zurückgegriffen, etwa indem man die Zahl der Beschäftigten in organisierten Unternehmen zu der Gesamtzahl der

Beschäftigten im Organisationsbereich in Beziehung setzt. In diesem Fall kommt man im Jahr 2003 auf einen Organisationsgrad von 84 %. Als Indikator lässt sich ferner der Quotient aus der Lohn- und Gehaltssumme der in den organisierten Betrieben beschäftigten Arbeitnehmer und der gesamten Lohn- und Gehaltssumme verwenden.

Tab. 9.3: Tarifbindung im Jahr 2003

	Deutschland	**West**	**Ost**
	Anteil der Betriebe mit ... in Prozent		
Branchentarifvertrag	39	43	21
Firmentarifvertrag	3	3	5
Orientierung an einen Tarifvertrag	25	24	33
Reichweite der Tarifbindung	67	70	58
	Beschäftigte in Betrieben mit ... in Prozent		
Branchentarifvertrag	59	62	43
Firmentarifvertrag	8	8	11
Orientierung an einen Tarifvertrag	17	16	24
Reichweite der Tarifbindung	84	86	78
Quelle: IAB-Betriebspanel, Kohaut / Schnabel (2003)			

Das wesentliche Instrument der Interessendurchsetzung der Arbeitgeber ist die Aussperrung, deren generelle Zulässigkeit als ein dem Streik äquivalentes Kampfmittel umstritten ist. Das Bundesverfassungsgericht hat 1991 die Verfassungslage dahingehend geklärt, dass zumindest Aussperrungen mit suspendierender Wirkung, die zur Abwehr von Teil- oder Schwerpunktstreiks dienen, zulässig sind. Bei der Aussperrung ruhen die Hauptpflichten aus dem Arbeitsvertrag. Hierbei wird dem Arbeitnehmer die Erbringung der Arbeitsleistung unter Verweigerung der Lohnzahlung untersagt. Nach Beendigung der Aussperrung kann der Arbeitnehmer die Weiterbeschäftigung verlangen. Ausgesperrt werden können alle Arbeitnehmer, bestimmte Arbeitnehmergruppen oder nur Arbeitnehmer, die bereits streiken. Allerdings verstößt ein Betrieb gegen die positive Koalitionsfreiheit, wenn er gezielt organisierte Arbeitnehmer ausschließt. Die Aussperrung ist dann rechtswidrig.

Die wichtigsten Formen der Aussperrung sind die Angriffs- und die Abwehraussperrung. Bei der seltenen Angriffsaussperrung beginnen die Unternehmen einen Arbeitskampf. Auf Streiks kann ein Unternehmen mit einer Abwehraussperrung reagieren, die aus Sicht der Arbeitgeber dann sinnvoll ist, wenn die Gewerkschaft wegen knapper finanzieller Mittel Schwerpunktstreiks durchführt. Veranlasst der Arbeitgeberverband die durch den Schwerpunktstreik nur indirekt betroffenen Unternehmen zur Aussperrung, wird die Gewerkschaft empfindlich getroffen, da sie nun ihrerseits die ausgesperrten Arbeitnehmer unterstützen muss. Ein sprunghafter Anstieg der Streikkosten ist die Folge. Zweck der Aussperrung ist, die Kampffähigkeit und Kampfwilligkeit der Gewerkschaft zu schwächen, um somit Zugeständnisse von Seiten der Gewerkschaft bei den Tarifverhandlungen zu erzwingen. Zwischen 1985 und 2002 sperrten nur 7 Betriebe insgesamt 703 Arbeitnehmer aus, so dass Aussperrungen in Deutschland im Vergleich zu Streiks keine Bedeutung haben.

Auch für die Rechtmäßigkeit der Aussperrung gelten die oben genannten Bedingungen, wie das Gebot der Verhältnismäßigkeit und das Ultima-ratio-Prinzip, ebenso wie die Regeln eines fairen Kampfes zu beachten sind. Als Bedingungen für die Rechtmäßigkeit kommen hinzu, dass das Kampfgebiet auf das Tarifgebiet beschränkt sein muss und eine quantitative Begrenzung der ausgesperrten Arbeitnehmer, die der Situation angemessen sein muss. Der Arbeitgeber kann während der Abwehraussperrung den bestreikten Betriebsteil oder den gesamten Betrieb für die Dauer des Streiks mit der Rechtsfolge stilllegen, dass seine Lohnzahlungspflicht auch gegenüber den arbeitswilligen Arbeitnehmern entfällt. Die Gewerkschaftsmitglieder erhalten während des Arbeitskampfes eine Streikunterstützung, nicht organisierte Arbeitnehmer sind – sofern die Voraussetzungen erfüllt sind – sozialhilfeberechtigt.

Flächentarifvertrag III – Wirkungen

„Die Einsicht, dass durch Tarifverträge begründete Auflagen die unternehmerische Handlungsfreiheit einschränken und damit Handlungsoptionen reduzieren oder zumindest verteuern, ist so trivial, dass sie nicht gesondert belegt zu werden braucht. Wie neuere rechts- und organisationsökonomische Ansätze zeigen, können Tarifverträge unter bestimmten Bedingungen jedoch mit erheblichen Effizienzgewinnen einhergehen, die ihrerseits die Kosten justitiabler (wie auch impliziter) Regelungen zumindest kompensieren .... Ausweislich einer größeren Zahl an neueren empirischen Untersuchungen ... hat die Bindung an einen (Flächen-) Tarifvertrag

- weder in ost- noch in westdeutschen Unternehmen einen signifikant von Null verschiedenen Einfluss auf die Beschäftigungsentwicklung ... .
- unter sonst gleichen Bedingungen keinerlei Einfluss auf die Zahl an Vakanzen insbesondere für (hoch-)qualifizierte Arbeitnehmer... .
- keinen signifikant von Null verschiedenen Einfluss auf die Wahrscheinlichkeit bzw. den Umfang organisatorischer Veränderungen. ... .
- keinen Einfluss auf die betriebliche Nachfrage nach befristet Beschäftigten und Leiharbeitern, wohl aber einen signifikant negativen auf die Nachfrage nach freien Mitarbeitern ... .
- einen signifikant positiven Einfluss sowohl auf die Wahrscheinlichkeit betrieblicher Weiterbildungsanstrengungen als auch auf deren Intensität ... .
- einen signifikant positiven Einfluss auf die Wahrscheinlichkeit der Einrichtung von Lebensarbeitszeitkonten sowie einen ebenfalls signifikanten, aber negativen Einfluss auf die Wahrscheinlichkeit von Überstunden und Neueinstellungen ... .
- nur dann einen statistisch signifikant positiven Einfluss auf die Wahrscheinlichkeit der Adoption kohärenter und komplementärer HRM-Maßnahmen, wenn das Unternehmen zugleich auch über einen Betriebsrat verfügt ... .
- einen signifikant positiven Einfluss auf die Arbeitsproduktivität sowohl in ost- als auch in westdeutschen Dienstleistungsbetrieben ebenfalls nur bei gleichzeitiger Existenz eines Betriebsrates ... .
- keinen signifikant von Null verschiedenen Einfluss auf die Wahrscheinlichkeit, dass Industrieunternehmen in den Aufbau von Niederlassungen im Ausland investieren und mehr oder weniger große Teile ihrer Produktion dorthin verlagern ... .

Zusammenfassend bleibt ... festzuhalten, dass eine tarifvertragliche Bindung offenkundig keinen negativen, sondern in Einzelfällen sogar signifikant positiven Einfluss auf die meisten der im Unternehmen im Hinblick auf den Einsatz des Produktionsfaktors Arbeit zu treffenden Entscheidungen hat."

Literaturnachweise in der Quelle: Frick und Pietzner (2003, S. 13f.)

9.2 Ökonomische Theorie der Gewerkschaften

Warum entsteht ein komplexes System von Organisationen, Regeln und Gesetzen, wie wir es auf dem Arbeitsmarkt vorfinden? Wie bei allen Institutionenanalysen reicht das Spektrum möglicher Antworten von macht- bis zu effizienztheoretischen Argumenten. Wir stellen zuerst einige Effizienzargumente vor, die in der Idee, dass Institutionen Transaktionskosten senken, ihren Ursprung haben. Danach kommen wir zu den Gewerkschaftsmodellen im engeren Sinne, die in Tab. 9.4 zusammengefasst sind. Das Monopolmodell und der Right-to-manage-Ansatz sind Varianten der Machttheorie.

Tab. 9.4: Gewerkschaftsmodelle

	Nutzenfunktion	Nebenbedingungen
Monopol-Modell	$\max_{w} U(w, L)$	$L = L(w)$, $w \geq w_A$
Right-to-manage-Ansatz	$\max_{w} NP(w, L) = \left(\left[u(w) - u_A\right]L\right)^{\beta} \pi(w, L)^{1-\beta}$	$L = L(w)$, $w \geq w_A$
Effiziente Verhandlungen	$\max_{w,L} NP(w, L)$	$\pi(w, L) \geq \overline{\pi}$, $w \geq w_A$

Effizienzeigenschaften von Gewerkschaften

1. Bei individuellen Verhandlungen über Löhne und Arbeitsverträge fragen sowohl Arbeitnehmer als auch Arbeitgeber Informationen über Produktivität, Preisniveau, gesamtwirtschaftliche Nachfrage und die Entwicklung von Branchenkennziffern nach. Um diese Informationen zu sammeln und auszuwerten, müssten Arbeitnehmer und Firma unverhältnismäßig viele Ressourcen investieren. Die Kosten der Informationsbeschaffung und die Aufwendungen, die bei Vertragsanbahnung, Vertragskontrolle und Vertragsdurchsetzung anfallen, werden als Transaktionskosten bezeichnet. Zwar verfügen Arbeitgeber aufgrund ihrer Marktkenntnisse über Vorteile bei der Beschaffung der vertragsrelevanten Informationen, darüber hinaus könnten sie ihr Wissen bei jeder Lohnverhandlung erneut verwenden und so die Kosten der Informationsverarbeitung senken. Jedoch ist es bei der Interessenlage der Parteien fraglich, ob ein Arbeitnehmer bei der Verhandlung über Löhne und Vertragsbedingungen den Angaben des Arbeitgebers Glauben schenken kann. In der Regel wird er vielmehr damit rechnen, dass der Informationsmonopolist seinen Wissensvorsprung zum eigenen Vorteil nutzt. Zwar stellen staatliche Institutionen Datenreihen z.B. zur volkswirtschaftlichen Gesamtrechnung sowie Länder- und Branchenberichte nahezu kostenlos zur Verfügung, doch die Sammlung und Interpretation dieser Daten ist mit einem hohen privaten Aufwand verbunden und Informationen über betriebs- und branchenspezifische Verhältnisse und Vergleiche erhält man auf diesem Weg nicht. Sind die vertragsrelevanten Informationen aber einmal gesammelt und ausgewertet, so stellen sie ein öffentliches Gut dar, und es ist effizient, sie jedem Interessierten kostenlos zu überlassen. Ein Markt mit privaten Informationsintermediären wird bei diesem Allokationsproblem in der Regel versagen, da die Anbieter die Information nicht kostenlos weiterreichen und andererseits auch keinen Weg finden, unberechtigte Dritte von der Nutzung der umlaufenden Informationen aus-

zuschließen. Aus diesem Blickwinkel betrachtet, ist eine Gewerkschaft ein Club, der ein öffentliches Gut bereitstellt, das von Nichtmitgliedern genutzt werden kann und der seine beitragenden Mitglieder durch selektive Anreize gewinnt, die im Gegensatz zu den Informationen echte Clubgüter sind wie Rechtsberatung, Streikunterstützung, Rabatte und Vorzugsbehandlungen beim Einkauf im Großhandel oder bei der Buchung von Logenplätzen in der Oper.

2. Gewerkschaften reduzieren nicht nur Informationsasymmetrien, indem sie vertragsrelevante Informationen sammeln und interpretieren, sondern auch indem sie die eigentlichen Verhandlungen über den Arbeitsvertrag als Tarifverhandlung kollektivieren und dabei ihr firmen- und branchenübergreifendes Wissen ins Spiel bringen. Die Einsparungen an Verhandlungs-, Vertrags-, Kontroll- und Überwachungskosten, die die kollektive Tarifverhandlung gegenüber der individualrechtlichen Abmachung sowohl für die organisierten Arbeitnehmer als auch für die organisierten Firmen bedeutet, dürfte überhaupt einer der Hauptgründe für die Existenz von Gewerkschaften und Arbeitgeberverbänden sein. Hinzu kommt, dass die Verbände stellvertretend Rechtsfragen klären. Sie lassen Rechtsstreitigkeiten zwischen hochspezialisierten Verbandsjuristen verhandeln. Auch bringen sie Rechtsstreitigkeiten vor Gericht und beeinflussen dabei die Rechtsprechung durch Entsandte und Sachverständige zu ihren Gunsten und zum Vorteil ihrer Mandanten. Ferner können die Verbände mehr Einfluss auf Politik, Gesetzgebung, Bürokratie, Judikative und Öffentlichkeit ausüben und hierbei Spezialisierungsvorteile nutzen, als es einem einzelnen Arbeitnehmer je möglich wäre. Selbst die größten Firmen verfügen nicht über das Einflusspotenzial und über die gewaltige Lobby aus Verbandsvertretern, Ministerialbeamten und Parlamentariern, die ihre Verbände in den politischen Arenen unterhalten und unterstützen.

3. Ein weiteres Argument für die Effizienzgewinne von Gewerkschaften, Betriebsräten und betrieblicher Mitbestimmung geben *Freeman* und *Medoff* (1979), die den Exit-voice-Ansatz, der auf den Ökonomen *Hirschman* (1970) zurückgeht, auf den Arbeitsmarkt übertragen. Arbeitnehmern stehen prinzipiell zwei Verhaltensweisen zur Verfügung. Sind sie mit den Arbeitsverhältnissen oder der Entlohnung unzufrieden und gibt es Arbeitsplatzofferten, die vorteilhafter sind als die gegenwärtige, haben sie die Möglichkeit zu kündigen (exit). Häufig haben jedoch sowohl das Unternehmen als auch der Arbeitnehmer in das Arbeitsverhältnis investiert. Auf der Seite der Firma entstehen bei Neueinstellungen Einarbeitungskosten sowie Aufwendungen für Aus- und Weiterbildung; Arbeitnehmer haben in betriebsspezifisches Humankapital investiert und sind mit dem Standort und dessen sozialer Umgebung eng verbunden. Steht dem Arbeitnehmer nur die Exit-Option zur Verfügung, gehen diese Investitionen verloren und werden daher erst gar nicht im sozial effizienten Umfang vorgenommen. Die zweite Handlungsalternative besteht im Widerspruch (voice). An die Stelle der Kündigung treten z.B. Verbesserungsvorschläge hinsichtlich der Löhne, der Arbeitsbedingungen, der Ablauforganisation oder der Produktionsprozesse, die dem Arbeitgeber unterbreitet werden. Allerdings muss der Arbeitnehmer bei seinem Widerspruch ein erhöhtes Risiko tragen, entlassen zu werden. Die durch Widerspruch erzielten Vorteile haben darüber hinaus den Charakter eines öffentlichen Gutes. Steigen die Löhne infolge des Widerspruchs, profitieren alle Mitarbeiter der Firma, das Ausschlussprinzip ist zumindest bei homogenen Arbeitnehmern nicht anwendbar, da andernfalls das Betriebsklima leidet und die effektiven Lohnkosten steigen. Für den einzelnen Arbeitnehmer ist es somit individuell

rational, nicht von der Möglichkeit des Widerspruchs Gebrauch zu machen und sich als Trittbrettfahrer zu verhalten, um vom Wagemut anderer zu profitieren. Finden die Arbeitnehmer jedoch einen Weg sich zu organisieren, können sie die positiven Externalitäten des Widerspruchs internalisieren, die Kosten für die Bereitstellung dieses Clubgutes auf viele Schultern verteilen und ihre Sprecher wie die Betriebsräte durch besonderen Kündigungsschutz vor der Revanche und den Anfeindungen der Arbeitgeber bewahren. Das Risiko, Sanktionen in Form von Kündigung zu tragen, wird reduziert und den Arbeitnehmern ein kollektives Widerspruchsrecht an die Hand gegeben. Kollektive Mitspracherechte sind jedoch nicht nur für Arbeitnehmer, sondern auch für Unternehmen vorteilhaft, da hiermit Fluktuationskosten gesenkt werden.

Die angeführten Argumente dürften gezeigt haben, dass es durchaus ökonomische Gründe für die Existenz von Arbeitnehmer- und Arbeitgeberverbänden gibt. Allerdings stehen den effizienzsteigernden Aspekten der Verbände auch negative Wirkungen gegenüber. Diesem zweiten der two faces of unionism wenden wir uns im nächsten Abschnitt zu.

Monopolgewerkschaft

Auf einem Arbeitsmarkt ohne Suchfriktionen ist das Risiko eines Arbeitnehmers, arbeitslos zu werden, gering. Arbeiter mit einer nicht zu hohen Risikoaversion und der Bereitschaft, für einen höheren Lohn ein geringfügig höheres Beschäftigungsrisiko in Kauf zu nehmen, könnten daher ihre Lage verbessern. Doch die Konkurrenz unter den Arbeitnehmern bewirkt, dass der, der einen höheren Lohn verlangt, sofort unterboten und von seinem Arbeitsplatz verdrängt wird. Eine Chance hat die Rent-seeking-Aktivität daher nur, wenn staatliches Arbeitsrecht oder eine voluntaristische Gewerkschaftsorganisation die Unterbietungs- und Verdrängungskonkurrenz reguliert und begrenzt.

Die Monopolgewerkschaft des folgenden Modells steht einer großen Zahl von homogenen Firmen gegenüber. Ähnlich wie ein Angebotsmonopolist auf dem Gütermarkt fordert die Monopolgewerkschaft einen für alle Firmen und alle Gewerkschaftsmitglieder verbindlichen Lohn, der ihre Zielfunktion maximiert. Das Preisniveau P ist exogen, infolgedessen legt die Gewerkschaft mit dem Nominallohn W auch den Reallohn $w = W / P$ fest und wir stellen das gewerkschaftliche Entscheidungsproblem mit Bezug auf den Reallohn w dar.

Die repräsentative Unternehmung, die ein homogenes Gut auf einem kompetitiven Gütermarkt zum Preis P anbietet, wählt mit Rücksicht auf den von der Gewerkschaft vorgegebenen Reallohn die Beschäftigung L, die den Gewinn $\pi(w, L) = F(L) - wL$ maximiert. Die Produktionsfunktion erfüllt die Inada-Bedingungen, so dass die Firma bei jedem Lohn einen streng positiven Deckungsbeitrag erwirtschaftet (s. Kapitel 2). Der Faktoreinsatz wird in Personen gemessen. Jeder Arbeiter bietet eine Einheit Marktarbeit (= 8 Stunden) an, solange das Lohnniveau nicht niedriger ist als sein Reservationslohn w_A. Die in Abb. 9.1 dargestellten, aus Abb. 3.5 übernommenen Iso-Gewinnlinien der Firma zeigen z.B. für den Gewinn π_0 alle (w, L)-Kombinationen, für die $\pi(w, L) = \pi_0$. Die Gewinnänderung, mit der die Firma bei einer Anpassung von Lohn und Faktoreinsatz rechnen kann, lässt sich mit dem Grenzgewinn des Lohns, $\pi_w = -L$, und der Beschäftigung, $\pi_L = F'(L) - w$, darstellen. Mit der Lohnänderung dw und der Änderung des Faktoreinsatzes dL ergibt sich die Gewinnänderung aus $d\pi = \pi_w dw + \pi_L dL$. Da auf einer Iso-Gewinnlinie $d\pi = 0$, erhält man die Steigung der Iso-Gewinnlinie mit

$$\frac{dw}{dL} = \frac{F'(L) - w}{L}. \tag{9.1}$$

Die Steigung ist positiv, solange das Grenzprodukt der Arbeit größer ist als w. Bei $F'(L) = w$ erreichen die Iso-Gewinnlinien ihr Maximum und fallen anschließend monoton. Ein niedrigerer Lohn führt bei konstanter Beschäftigung zu höheren Gewinnen, so dass tiefer liegenden Iso-Gewinnlinien in Abb. 9.1 ein höherer Gewinn zugeordnet ist. Das Unternehmen passt sich an den Faktorpreis an und fragt den Produktionsfaktor Arbeit entsprechend dessen Grenzprodukt nach. Die Arbeitsnachfragekurve der Firma verbindet die Maxima der Iso-Gewinnlinien. Setzt die Gewerkschaft den Lohn in Höhe von w_1, wählt das gewinnmaximierende Unternehmen die niedrigst mögliche Iso-Gewinnlinie mit dem höchsten Gewinn und damit jene Beschäftigung, bei der die Iso-Gewinnlinie die Lohngerade w_1 tangiert.

Wir nehmen zunächst an, dass alle Arbeiter Gewerkschaftsmitglieder sind. Das exogene Arbeitsangebot ist daher gleich der Zahl der Gewerkschaftsmitglieder N. Aus der Differenz der Mitglieder und der beschäftigten Arbeitnehmer $N - L$ ergibt sich die Zahl der Arbeitslosen, die den realen Reservationslohn w_A erhalten. Der Reservationslohn hängt vom Nutzen der Freizeit sowie von der Höhe der exogenen Arbeitslosenunterstützung ab. Alternativ lässt sich w_A als Lohn interpretieren, der im nicht organisierten Wettbewerbssektor der Wirtschaft gezahlt wird. Auf den Reservationslohn hat die Gewerkschaft keinen Einfluss. Alle Gewerkschaftsmitglieder sind homogen und werden mit der gleichen Wahrscheinlichkeit $1 - p = (N - L)/N$ arbeitslos bzw. erhalten mit der gleichen Wahrscheinlichkeit $p = L/N$ einen Arbeitsplatz und ein Einkommen in Höhe des von der Gewerkschaft ausgehandelten Lohns.

Die Gewerkschaft maximiert den erwarteten Nutzen $pu(w) + (1 - p)u(w_A)$ ihres repräsentativen Mitglieds, für dessen Nutzenfunktion $u(w)$ die üblichen Annahmen $u' > 0$ und $u'' < 0$ gelten. Die Mitglieder sind folglich risikoavers. Da die Zahl der Gewerkschaftsmitglieder exogen ist, lässt sich die Zielfunktion der Gewerkschaft auch in Gestalt der Nutzenfunktion

$$U(w, L) = Lu(w) + (N - L)u(w_A) \tag{9.2}$$

schreiben. Der Nutzen der Gewerkschaft nimmt mit dem Reallohn und der Beschäftigung zu, denn $U_w = Lu' > 0$ und $U_L = u(w) - u(w_A) \geq 0$, wenn $L > 0$ und $w \geq w_A$.

In Abb. 9.1 ist die Nutzenfunktion der Gewerkschaft durch ihre Indifferenzkurven dargestellt. Die Indifferenzkurven sind konvex zum Ursprung gekrümmt, haben eine negative Steigung und Kurven, die weiter oben liegen, haben einen höheren Nutzenindex. Ferner nähern sie sich mit wachsendem L asymptotisch der Reservationslohngeraden w_A. Mit dem totalen Differenzial der Nutzenfunktion $dU = U_w dw + U_L dL$ ergibt sich mit Rücksicht auf $dU = 0$ die Steigung der Indifferenzkurven zu

$$\frac{dw}{dL} = -\frac{u(w) - u(w_A)}{Lu'(w)}. \tag{9.3}$$

Für $w > w_A$ ist die Steigung negativ. Beim Reservationslohn ist der Nutzen der Gewerkschaft mit $U(w_A, L) = Nu(w_A)$ für alle L konstant, so dass die Reservationslohngerade w_A identisch ist mit der Indifferenzkurve zum Garantienutzen $U_A = Nu(w_A)$.

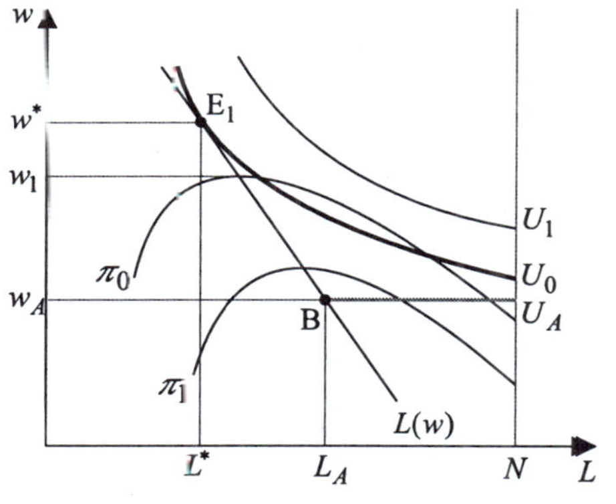

Abb. 9.1: Monopolmodell

Die Gewerkschaft bestimmt den nutzenmaximalen Reallohn w^*, indem sie ihre Nutzenfunktion im Hinblick auf das gegebene Anpassungsverhalten der repräsentativen Unternehmung maximiert. Die Arbeitsnachfrage $L = L(w)$ des Unternehmens, die zu jedem Reallohn die gewinnmaximale Beschäftigungsmenge angibt, liefert den Trade-off zwischen dem Reallohn und dem Risiko arbeitslos zu werden und ist die Nebenbedingung des Gewerkschaftskalküls, die zur Ableitung der gewerkschaftlichen Lohnforderung in die Nutzenfunktion (9.2) eingesetzt wird

(9.4) $$\max_{w} \; U(w, L(w)) = L(w)u(w) + [N - L(w)]u(w_A).$$

Die Bedingung erster Ordnung für ein Maximum des Gewerkschaftsnutzens lautet

(9.5) $$U_w = u'(w)L(w) + L'(w)[u(w) - u(w_A)] = 0.$$

Der erste Term in Gleichung (9.5) gibt den Nutzengewinn an, den die Beschäftigten bei einer Lohnerhöhung erzielen. Der zweite Term gibt den Nutzenverlust der Lohnerhöhung an. Denn mit Rücksicht auf die Anpassungsreaktion des Unternehmens verlieren $L'(w)$ Arbeiter den Arbeitsplatz, wenn der Lohn steigt, und jeder freigesetzte Arbeiter muss eine Nutzeneinbuße in Höhe von $u(w) - u(w_A)$ hinnehmen. Im Maximum der gewerkschaftlichen Zielfunktion kompensiert der Nutzengewinn der Beschäftigten die Nutzeneinbuße der Entlassenen, so dass

(9.6) $$-\frac{u(w^*) - u(w_A)}{Lu'(w^*)} = \frac{1}{L'(w^*)}.$$

Auf der linken Seite der Gleichung steht die Steigung der gewerkschaftlichen Indifferenzkurve, auf der rechten die Steigung der indirekten Nachfragekurve nach Arbeit, an

Hicks-Marshall-Regeln oder wie setzen Gewerkschaften hohe Löhne durch?

Die Beschäftigungswirkung gewerkschaftlicher Lohnforderungen hängt von der Lohnelastizität der Arbeitsnachfrage im jeweiligen Sektor ab. Die Lohnelastizität ε gibt an, um wie viel Prozent die Arbeitsnachfrage sinkt, wenn der Lohn um ein Prozent steigt: $\varepsilon = -L'w / L$. Je höher die Lohnelastizität der Arbeitsnachfrage ist, desto mehr Arbeitskräfte setzen die Firmen bei einem gegebenen Lohnzuwachs frei. Da Lohn und Beschäftigung Argumente in der Nutzenfunktion der Gewerkschaft sind, kann sie in Märkten mit geringer Elastizität höhere Lohnforderungen stellen als in Märkten mit hohem ε. Nach zwei englischen Ökonomen sind die vier Hicks-Marshall-Regeln benannt, die hervorheben, wovon die Lohnelastizität der Arbeitsnachfrage abhängt und worauf eine Gewerkschaft ihr Augenmerk richten muss, um ihre Lohnpolitik den Marktverhältnissen anzupassen. Die Lohnelastizität ist cet. par. umso höher, je höher

1. die Preiselastizität der Nachfrage nach dem von dem Sektor produzierten Gut ist. Nimmt der Lohn zu, so steigen die Grenzkosten der Unternehmen, das verschiebt die Angebotskurve des Sektors nach oben, der Gleichgewichtspreis steigt und die nachgefragte Gütermenge sinkt. Die Unternehmen reagieren auf den Nachfragerückgang, indem sie Arbeitskräfte entlassen. Mit der Preiselastizität der Güternachfrage auf dem Absatzmarkt steigt, wie man sieht, die Lohnelastizität der Arbeitsnachfrage auf dem Faktormarkt.

2. die Substitutionselastizität unter den eingesetzten Inputfaktoren ist, d.h. je leichter Arbeit durch andere Produktionsfaktoren wie z.B. Kapital substituierbar ist. Mit steigendem Lohn weichen die Unternehmen auf den relativ billigeren Produktionsfaktor Kapital aus und „rationalisieren". Deshalb versuchen Gewerkschaften die Substitutionselastizität zwischen Kapital und Arbeit zu beschränken, indem sie Rationalisierungsschutzabkommen aushandeln oder Mindestbelegschaftsgrößen fordern.

3. die Angebotselastizität der anderen Produktionsfaktoren ist. Steigen die Löhne und versuchen die Firmen Arbeit durch Kapital zu substituieren, nimmt ihre Nachfrage nach Realkapital zu und dessen Nutzungspreis steigt. Die Zunahme der Kapitalkosten ist jedoch relativ gering und das Ausmaß der Substitution von Arbeit durch Kapital entsprechend groß, wenn die Angebotskurve für Realkapital elastisch ist.

4. der Anteil der Lohnkosten an den gesamten variablen Kosten des Sektors ist. Ist der Lohnanteil hoch, führt ein gegebener Lohnzuwachs zu einem entsprechend hohen Zuwachs der Grenzkosten und damit zu einem starken Rückgang der Güternachfrage, auf den die Firmen wiederum mit einem kräftigen Stellenabbau reagieren.

die sich die Gewerkschaft mit ihrer Lohnforderung anpasst. Im Punkt E_1, s. Abb. 9.1, dem Gleichgewicht des Monopolmodells, tangiert die höchste Indifferenzkurve, die die Gewerkschaft erreichen kann, die Arbeitsnachfragekurve der Firma und (9.6) ist erfüllt.

Anstelle von (9.6) lässt sich die notwendige Bedingung auch folgendermaßen schreiben: $u'(w^*)w^* /(u(w^*) - u(w_A)) = -L'(w^*)w^* / L(w^*)$. Auf der rechten Seite der Gleichung steht die Lohnelastizität der Arbeitsnachfrage, auf der linken die Elastizität des Nutzengewinns mit Bezug auf den Lohn. Im Maximum der gewerkschaftlichen Zielfunktion stimmen beide Elastizitäten überein. Ist die Elastizität der Arbeitsnachfrage wie z.B. im Fall der Produktionsfunktion $F(L) = L^{\alpha}$, $\alpha < 1$, konstant – für die Arbeitsnachfrage gilt $L = (\alpha / w)^{1/(1-\alpha)}$ und deren Elastizität ist $-L'w / L = 1/(1-\alpha)$ –, dann ist der Monopollohn durch die konstante Elastizität der Arbeitsnachfrage und den Anspruchslohn festgelegt. Technologie- und Nachfrageschocks, die die Elastizität der Arbeitsnachfrage unberührt lassen, haben keinen Einfluss auf den von der Gewerkschaft geforderten Lohn und wirken nur auf die Beschäftigungsmenge bzw. auf die Anzahl der arbeitslosen Gewerkschaftsmitglieder, der Reallohn ist rigide. Wäre der Arbeitsmarkt ein Konkurrenzmarkt, so würde sich im Konkurrenzgleichgewicht B der Wettbewerbslohn w_A mit der Beschäftigung L_A ergeben. Bei dem von der Gewerkschaft gewählten Lohnsatz w^* herrscht gemessen am Wettbewerbsgleichgewicht zusätzliche Arbeitslosigkeit in Höhe von $L_A - L^*$. Die Arbeitslosigkeit ist ex post unfreiwillig, da das Monopolgleichgewicht links von der neoklassischen Arbeitsangebotskurve liegt. Obwohl die Arbeitslosigkeit ex post unfreiwillig ist, hat der organisierte Arbeiter ex ante in E_1 ein höheres Nutzenniveau als der nicht organisierte in B.

Zunächst liefert das Modell folgende Prognosen: Je geringer die Lohnelastizität der Arbeitsnachfrage ist, umso höher ist der Lohn, den die Monopolgewerkschaft fordert. Steigt die Arbeitslosenunterstützung und damit der Reservationslohn, nimmt der von der Gewerkschaft geforderte Reallohn zu, denn mit Rücksicht auf die negative Steigung der Arbeitsnachfragekurve folgt aus (9.5): $U_{ww_A} = -L'(w)u'(w_A) > 0$, so dass der Grenznutzen des Lohns größer wird, wenn der Reservationslohn zunimmt und die Gewerkschaft mehr Spielraum bei ihrer Lohnforderung erhält. Die weitere Folge ist, dass auch die Arbeitslosigkeit wächst. Eine Änderung der Mitgliederzahl hat auf die Lohnforderung, wie (9.5) verdeutlicht, keinen Einfluss, denn $U_{wN} = 0$. Dieses Ergebnis mag zunächst nicht befriedigen, da man erwartet, dass die Mitgliederstärke einen großen Einfluss auf die Gewerkschaftsmacht hat. Das Resultat ergibt sich jedoch, wie man mit (9.2) einsieht, weil in dem einfachen Monopolmodell weder der Grenznutzen des Lohns noch der Grenznutzen der Beschäftigung von der Mitgliederzahl abhängen. Dem Einwand, dass das Monopolmodell den aus dem Alltag bekannten Verhandlungsprozess zwischen den Arbeitsmarktparteien über die Lohnhöhe nicht adäquat berücksichtigt, lässt sich mit dem Right-to-manage-Ansatz begegnen.

Right-to-manage-Ansatz

Im Right-to-manage-Ansatz verhandeln die Tarifvertragsparteien zunächst über den Reallohn, die Firmen legen anschließend die Beschäftigung fest. Der Ansatz berücksichtigt infolgedessen wie das Monopolmodell das right to manage in Gestalt der für die Gewerkschaft exogenen Arbeitsnachfrage $L = L(w)$. Das Resultat des Verhandlungsprozesses, der selbst nicht in Einzelheiten modelliert wird, ergibt sich durch Maximierung des Nash-Produkts mit Bezug auf den Lohn (s. Anhang zu Kapitel 5)

$$NP(w,L) = \left([u(w) - u_A]L\right)^{\beta} \pi(w,L)^{1-\beta}, \tag{9.7}$$

wobei $u_A = u(w_A)$. Das Nash-Produkt umfasst mit Rücksicht auf den Garantienutzen, den sich jede Partei unabhängig von der anderen sichern kann, die Transaktionsgewinne der Verhandlungspartner. Dem Gewinn der Gewerkschaft $U(w,L) - U(w_A,N)$, für den man mit (9.2) $U(w,L) - U(w_A,N) = [u(w) - u_A]L$ erhält, steht der Gewinn der Firma zur Seite, potenziert jeweils mit der Verhandlungsstärke β, $0 \le \beta \le 1$, der Gewerkschaft sowie der Verhandlungsstärke $1-\beta$ der repräsentativen Firma bzw. des Arbeitgeberverbandes. Der Garantiegewinn der Firma ist, so nimmt man in (9.7) an, gleich null. Für $\beta = 1$ hat die Gewerkschaft Monopolmacht und man erhält das Monopolmodell mit dem Gleichgewicht E_1 in Abb. 9.1 als Spezialfall des Right-to-manage-Ansatzes. Liegt die Verhandlungsmacht vollständig auf der Seite der Unternehmen, ist $\beta = 0$. Die Unternehmen maximieren mit Rücksicht auf den Garantienutzen der Arbeiter ihren Gewinn, indem sie den Lohn entsprechend dem Grenzprodukt der Arbeit wählen. Das Gleichgewicht stimmt mit dem Konkurrenzgleichgewicht B überein, s. Abb. 9.1. Für $0 < \beta < 1$ liegt das Verhandlungsgleichgewicht auf der Arbeitsnachfragekurve zwischen den Punkten E_1 und B.

An dem Right-to-manage-Ansatz ist vor allem attraktiv, dass er mit den alltäglichen Beobachtungen übereinstimmt, nach denen die Löhne in kollektiven Verhandlungen und nicht einseitig durch die Gewerkschaft festgelegt werden. Die Macht des Arbeitgeberverbandes ist jedoch begrenzt, da er seine Mitgliedsunternehmen nicht zwingen kann, von ihrem right to manage abzurücken. Alle Verhandlungslösungen sind daher wie auch die Monopollösung ineffizient. In den Gleichgewichten bleiben nicht ausgeschöpfte Transaktionsgewinne übrig, die sich keine der beiden Marktseiten aneignen kann, solange die Firmen nicht auf ihr right to manage verzichten.

Effiziente Verhandlungen

Das Gleichgewicht E_1 des Monopolmodells ist, wie jede Lösung, bei der nur über die Lohnhöhe verhandelt wird, ineffizient. Es gibt Kombinationen aus niedrigeren Löhnen und höherer Beschäftigung, die mindestens eine Partei besser stellen, ohne dass sich die andere verschlechtert. Die Transaktionsgewinne lassen sich zum Beispiel gegenüber der Monopollösung steigern, wenn die Parteien über Beschäftigung und Lohnsatz verhandeln und sich hierbei auf eine Lösung einigen, die in Abb. 9.2 in der schraffierten Linse liegt, die von der Iso-Gewinnkurve π_0 und der Indifferenzkurve U_0 begrenzt wird. Beispielsweise erreicht die Gewerkschaft in C ein höheres Nutzenniveau als in E_1, ohne dass die Firma Gewinneinbußen erleidet, da C wie E_1 auf der Iso-Gewinnlinie π_0 liegt. Im Tangentialpunkt D erreicht die Firma ein Gewinnniveau π_1, das höher ist als das in E_1, ohne dass der Gewerkschaftsnutzen gesunken ist. Die Verbindungslinie aller Tangentialpunkte zwischen Indifferenz- und Iso-Gewinnkurven bezeichnet man als Kontraktkurve (s. Kapitel 3).

Die Kontraktkurve umfasst alle Verhandlungsresultate, bei denen eine Partei sich nur noch auf Kosten der anderen verbessern kann. Da in den Tangentialpunkten zwischen Iso-Gewinnlinien und Indifferenzkurven die Steigungen beider Kurven übereinstimmen, lässt sich die Kontraktkurve ermitteln, in dem man (9.1) und (9.3) gleichsetzt

$$w - F'(L) = \frac{u(w) - u_A}{u'(w)}. \tag{9.8}$$

Die Kontraktkurve ist nach unten durch den Garantielohn w_A beschränkt. Für $w = w_A$ ist die rechte Seite von (9.8) und mithin auch der Grenzgewinn der repräsentativen Firma (= die linke Seite von (9.8)) gleich null, die Kontraktkurve schneidet also die neoklassische Arbeitsnachfragekurve im Punkt der Wettbewerbslösung B. Die Steigung der Kontraktkurve erhält man, wie im Anhang A1 gezeigt wird, durch implizites Differenzieren von (9.8) mit

$$\frac{dw}{dL} = \frac{F''(L)u'(w)}{u''(w)[w - F'(L)]} > 0. \tag{9.9}$$

Für Löhne $w > w_A$ ist $w > F'(L)$, wie (9.8) verdeutlicht, und folglich ist die Steigung der Kontraktkurve streng positiv, wie mit (9.9) folgt, und die Kurve verläuft wie in Abb. 9.2 rechts von der Arbeitsnachfragekurve des neoklassischen Arbeitsmarktes. Nach oben wird die Kurve entweder wie in Abb. 9.2 durch die Mitgliederzahl der Gewerkschaft N beschränkt oder aber durch den Deckungsbeitrag der Firmen. Denn mit der Bewegung von B über D und C entlang der Kontraktkurve nimmt der streng positive Deckungsbeitrag der Firmen kontinuierlich ab und erreicht u.U. noch vor der „Vollbeschäftigungsgrenze" ein Niveau, bei dem die Unternehmen es mit Blick auf den Teil ihrer Fixkosten, der nicht versunken ist, vorziehen, den Betrieb stillzulegen.

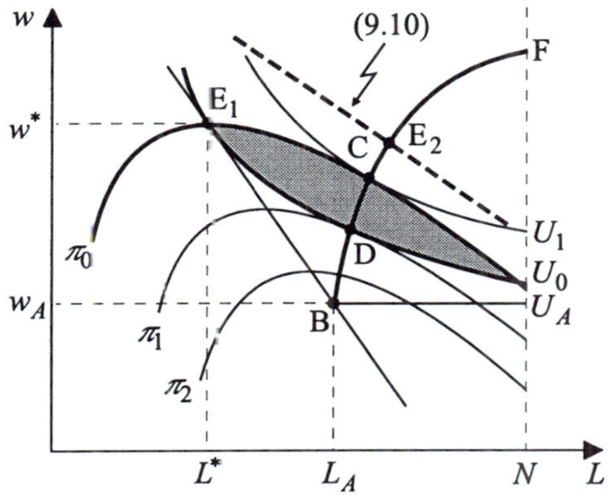

Abb. 9.2: Effiziente Verhandlungen

Ergibt sich bei den Verhandlungen ein Lohnsatz, der über der Konkurrenzlösung B liegt, dann ist, wie die Kontraktkurve in Abb. 9.2 verdeutlicht, nicht nur der Lohn, sondern auch die Beschäftigung höher als bei vollkommener Konkurrenz auf dem Arbeitsmarkt. Ökonomen ziehen deshalb die empirische Relevanz dieses Ansatzes in Zweifel. Zu bedenken ist allerdings, dass alle Allokationen auf der Kontraktkurve in Abb. 9.2 mit Ausnahme von F links von der neoklassischen Angebotskurve liegen und folglich zwar effizient, aber mit unfreiwilliger Arbeitslosigkeit verbunden sind. Mit Ausnahme von B gilt bei jeder Allokation auf der Kontraktkurve, dass Arbeiter beim herrschenden Lohn keinen Arbeitsplatz bekommen, obwohl sie arbeiten wollen, und dass Firmen einen Lohn bezahlen müssen, der über dem Grenzprodukt der Arbeit liegt, so dass sie mit Entlassungen ihren Gewinn erhöhen könnten. Beide Verbände müssen daher ihre Mitglieder mit Anreizen oder mit gesetzlichen sowie tariflichen Sanktionen daran hindern, Tarif- oder Verbandsflucht zu begehen. Denn ohne Sanktionen ist die Verhandlungslösung – von der Allokation B abgesehen – zwar sozial, aber nicht privat rational.

Welches Verhandlungsresultat sich einstellt, lässt sich mit Hilfe des Nash-Produkts (9.7) vorhersagen. Maximiert man (9.7) mit Bezug auf die Verhandlungsgegenstände Lohn und Beschäftigung, erhält man zwei Bedingungen erster Ordnung. Die partielle Ableitung von (9.7) nach dem Lohn liefert die Gleichung der Kontraktkurve (9.8), die partielle Ableitung nach der Beschäftigungsmenge ergibt die folgende in Abb. 9.2 dargestellte Lohngleichung

(9.10) $$w = F'(L) + \beta\left[\frac{F(L)}{L} - F'(L)\right].$$

Die Kombination aus Lohn und Beschäftigung, die wie E_2 in Abb. 9.2 die Gleichungen (9.8) und (9.10) erfüllt, ist die Verhandlungslösung bzw. der „effiziente Tarifvertrag“ (Sachverständigenrat, 1996). Die Lage der Lohnkurve (9.10) hängt von der Verhandlungsstärke der Gewerkschaft ab. Ist $\beta = 0$, dann ist (9.10) mit dem Grenzprodukt der Arbeit und die Lohnkurve mit der neoklassischen Arbeitsnachfrage identisch. Die gesamte Transaktionsrente fällt an die Unternehmen und die Verhandlungslösung stimmt mit dem Konkurrenzgleichgewicht überein. Ist $\beta = 1$, dann ist der Lohn der Verhandlungslösung gleich dem Durchschnittsprodukt der Arbeit und der gesamte Transaktionsgewinn fällt an die Gewerkschaft und deren Mitglieder. Bei $0 < \beta < 1$ teilen die Verbände die Transaktionsrente unter sich auf.

Effizienter Tarifvertrag

In seinem Jahresgutachten 1995/96 unterbreitet der Sachverständigenrat eine Reihe von Vorschlägen zur Reform des Flächentarifs, der, wie der Rat betont, auch die Option enthalten kann, „auf der Unternehmensebene eine Festlegung sowohl über die Lohnhöhe und zugleich auch über die Beschäftigung vorzunehmen“. Weiter heißt es in der Textziffer 387:

Unter bestimmten Voraussetzungen sind solche Tarifvertragstypen, welche sowohl die Lohnhöhe als auch die Beschäftigung regeln, den konventionellen Tariflohnverträgen überlegen, weil sich entweder eine der beiden Tarifvertragsparteien besser stellt, ohne dass sich die andere verschlechtert, oder beide Tarifvertragsparteien eine verbesserte Position in Form gestiegener Gewinne und höherer Beschäftigung erreichen. Eine der wesentlichen Voraussetzungen für die Überlegenheit dieser Arbeitsverträge ist freilich, dass die Beschäftigten in der Tat bereit sind, für zusätzliche Arbeitsplätze Lohnzugeständnisse zu machen. Der Beschäftigungsumfang muss vertraglich fixiert werden, wobei die damit einhergehende Arbeitsplatzgarantie nur für betriebsbedingte Kündigungen gilt. Außerdem sollte im Vertrag spezifiziert werden, bei welchen schwerwiegenden Entwicklungen dem Unternehmen das Recht zugesprochen wird, von der vereinbarten Beschäftigungshöhe nach unten abzuweichen. Solche Verträge können offenkundig nur auf der Unternehmensebene abgeschlossen, im Flächentarifvertrag aber als Option verankert werden.

Im Jahresgutachten 1996/97, Textziffer 140, werden die Glaubwürdigkeitsprobleme derartiger Verträge präzisiert:

Der Sachverständigenrat hat im vergangenen Jahr das Konzept „effizienter Tarifverträge“ zur Diskussion gestellt, bei denen gegen Zusicherung von Beschäftigungszielen stärkere Lohnzurückhaltung geübt wird. Diese Verträge begünstigen unter bestimmten Voraussetzungen beide Tarifvertragsparteien gegenüber dem „konventionellen Tarifvertrag“, der nur die Lohnhöhe regelt und die Beschäftigungsentscheidung den Unternehmen überlässt. Wichtig für die Position der Gewerkschaften ist, dass der Beschäftigungsumfang tatsächlich verbindlich festgeschrieben wird. Denn ohne eine solche Regelung haben die Unternehmen immer den Anreiz, lediglich die zum niedrigeren Lohn gewinnmaximale Beschäftigungsmenge nachzufragen. Die praktische Umsetzung „effizienter Tarifverträge“ steht jedoch vor der grundsätzlichen Schwierigkeit, dass Arbeitgeberverbände keine rechtsverbindlichen Beschäftigungszusagen für Mitgliedsunternehmen geben können.

Quelle: Sachverständigenrat (1995, 1996)

9.3 Zentralisierungsgrad der Lohnverhandlungen

In den meisten Gewerkschaftsmodellen trägt die Gewerkschaft einen Zielkonflikt zwischen Reallohnhöhe und Beschäftigung aus. Ihr Dilemma besteht darin, dass bei gegebener Arbeitsnachfrage der Unternehmen mit dem Reallohn auch die Arbeitslosigkeit steigt. Im Gegensatz zum Monopolmodell scheinen Verhandlungsmodelle, in denen die Akteure über die Verteilung der Rente verhandeln, das Verhalten der Tarifparteien besser abzubilden. Ein bisher vernachlässigter Aspekt ist, ob der Zentralisierungsgrad des Tarifverhandlungssystems Einfluss auf die Höhe der Reallöhne, die Beschäftigung und andere Indikatoren der wirtschaftlichen Leistungsfähigkeit hat. Die Diskussion dieser Frage wurde ausgelöst, als zu Beginn der 70er und während der 80er Jahre die wirtschaftliche Entwicklung vieler Industrieländer, nach herrschender Meinung hervorgerufen durch die beiden Ölpreisschocks, in eine Phase starker Rezessionen und hoher Arbeitslosigkeit eintrat. Trotz der konjunkturellen Erholungen, die sich im Anschluss an die beiden Rezessionen einstellten, blieb die Arbeitslosigkeit auf anhaltend hohem Niveau. Allerdings sind gravierende Abweichungen zwischen den Anpassungspfaden z.B. der OECD-Mitgliedsländer zu beobachten. Hierfür werden verschiedene institutionelle Rahmenbedingungen auf den Arbeitsmärkten verantwortlich gemacht, die die Lohnbildung beeinflussen. Besondere Aufmerksamkeit kommt hierbei dem Einfluss des Zentralisierungsgrades der Lohnverhandlungen zwischen den Tarifparteien zu. Der Lohnverhandlungsprozess kann auf verschiedenen Ebenen stattfinden. Von dezentralen Verhandlungen spricht man, wenn Arbeitgeber und Arbeitnehmer auf Unternehmensebene aufeinander treffen. Lohnverhandlungen sind außerdem zwischen Gewerkschaften und Unternehmensverbänden auf Industrieebene denkbar. Fasst man die Einzelgewerkschaften bzw. Arbeitgeberverbände auf nationalem Niveau zusammen, sind die Tarifverhandlungen zentralisiert. Beispiele für die drei verschiedenen Typen von Lohnfindungssystemen sind die skandinavischen Länder und Österreich für das zentralisierte Modell, Deutschland für das mittlere Zentralisierungsniveau und die USA und Großbritannien für den Fall dezentraler Lohnverhandlungen. Die Diskussion um den Einfluss von Interessengruppen auf die makroökonomische Leistungsfähigkeit einer Volkswirtschaft und, eng damit verknüpft, die Frage nach dem optimalen Zentralisierungsgrad ist insbesondere auch in Deutschland vor dem Hintergrund der Wiedervereinigung und der zunehmend schärferen Auseinandersetzungen um den Flächentarifvertrag von Bedeutung. Die verschiedenen Theorien zum optimalen Zentralisierungsgrad lassen sich im Wesentlichen zu drei Hypothesen zusammenfassen.

Zentralismushypothesen

1. Nach der pluralistischen Hypothese steigt die makroökonomische Leistungsfähigkeit einer Volkswirtschaft mit zunehmender Dezentralisierung der Lohnverhandlungen. Regulierende Eingriffe der Regierung und eine im Zeitablauf komplexer werdende Struktur organisierter Interessen führen nach dieser Auffassung lediglich zu nicht markträumenden Löhnen und Preisen, zu einer Verkrustung der Wirtschaftsstrukturen und schließlich zu einem „Niedergang der Nationen" (*Olson*, 1985). Hingegen bewirken dezentrale Tarifverhandlungen flexiblere Löhne und damit eine erhöhte Anpassungsfähigkeit des Arbeitsmarktes an exogene Schocks. Die Flexibilität resultiert daraus, dass Ge-

werkschaften, die auf betrieblicher Ebene über die Lohnhöhe verhandeln, sich bei ihren Lohnforderungen zurückhalten, wenn die Firmen auf der Absatzseite einem kompetitiven Markt gegenüberstehen und keinen Überwälzungsspielraum haben. Lohnsteigerungen senken lediglich die Beschäftigung.

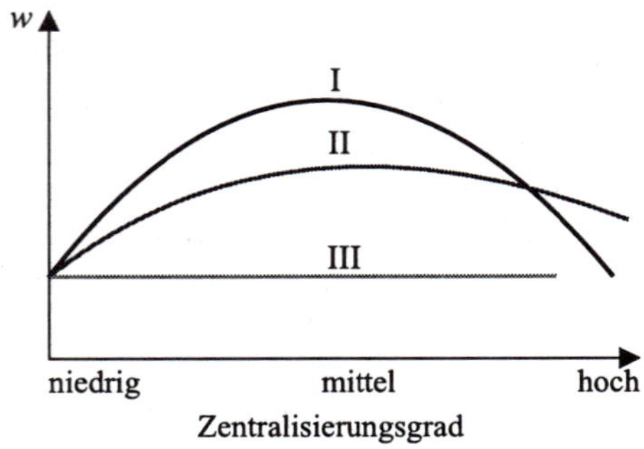

Abb. 9.3: Die U-Kurven-Hypothese

2. Nach der Korporatismus-Hypothese steigt in Ökonomien mit hohem Zentralisierungsgrad der Lohnverhandlungen die Anpassungsfähigkeit an Schocks im Vergleich zu Ländern mit dezentralen Verhandlungen. Der Grund für den positiven Zusammenhang zwischen wirtschaftlichem Erfolg und Korporatismusgrad sei in einer besseren Koordination der beteiligten Interessengruppen und der Regierung zu finden. Da zentralisierte Verhandlungen zwischen den Tarifparteien nationale Geltung haben, berücksichtigen die Sozialpartner die volkswirtschaftlichen Auswirkungen ihres Verhaltens. Mit dem Zentralisierungsgrad steigt die Wahrscheinlichkeit, dass sich überhöhte Lohnabschlüsse lediglich in einem steigenden Preisniveau niederschlagen. Diesen externen Effekt antizipieren nationale Gewerkschaften und neigen zu Lohnzurückhaltung, um Beschäftigungsverluste zu vermeiden. Korporatistische Volkswirtschaften sind demnach durch größere Sicherheit, bessere Planbarkeit, durch verstärkte Koordination der Sozialpartner und damit durch ein höheres Konfliktlösungspotenzial gekennzeichnet.

3. Fasst man die pluralistische und die korporatistische Hypothese zusammen, ergibt sich ein Zusammenhang zwischen Reallohn und Zentralisierungsgrad, der einem umgekehrten U ähnelt. Das entsprechende auf *Calmfors/Driffill* (1988) zurückgehende Modell zeigt, dass völlig dezentral oder völlig zentral geführte Lohnverhandlungen die größten wirtschaftlichen Erfolge versprechen. In beiden Fällen erreichen die Reallöhne das niedrigste und die Beschäftigung das höchste Niveau. Der u-förmige Verlauf ist eng mit der Theorie von *Olson* (1985) verbunden, wonach Interessengruppen den größten Schaden anrichten, wenn sie mächtig genug sind, gesamtwirtschaftliche Variablen zu beeinflussen, aber nicht groß genug, um die externen Effekte berücksichtigen zu müssen, die sie auf aggregiertem Niveau erzeugen.

Die durch Lohnverhandlungen auf sektoraler Ebene auftretenden externen Effekte lassen sich nach ihrer Wirkung unterscheiden. (1) Bei einem mittleren Zentralisierungsgrad, wie er bei Lohnverhandlungen auf Branchenebene zu konstatieren ist, führen höhere (Nominal-) Lohnabschlüsse zu steigenden Güterpreisen auf sektoralem Niveau und zu Konsumpreisexternalitäten: Die Branche überwälzt die gestiegenen Kosten auf die Produktpreise, so dass kein Konkurrenzdruck auf dem eigenen Absatzmarkt entsteht.

Allerdings bewirken sektoral steigende Güterpreise einen unterproportionalen gesamtwirtschaftlichen Preisniveauanstieg. Daher sinken die Reallöhne der Arbeitnehmer anderer Branchen, die von den sektoralen Lohnverhandlungen nicht profitieren, während der reale Konsumentenlohn der Insider zunimmt. (2) Wenn im Anschluss an Lohnerhöhungen die sektorale oder regionale Arbeitslosigkeit steigt, wachsen die Ausgaben der Arbeitslosenunterstützung. Werden die höheren Kosten der Arbeitslosenversicherung nicht von dem verursachenden Sektor allein getragen, sondern durch steigende Verbrauchs- und Einkommenssteuern, höhere Beiträge zur Arbeitslosenversicherung oder sinkende Staatsausgaben in anderen Bereichen der Volkswirtschaft finanziert, entstehen Fiskalexternalitäten. Hinzu kommt, dass sektorale Lohnerhöhungen, die auf die Produktpreise der Branche überwälzt werden, zu einem Rückgang des Branchenoutputs beitragen und damit u.U. die gesamtwirtschaftliche Steuerbasis und somit die Staatseinnahmen senken. (3) Beschäftigungsexternalitäten entstehen, wenn steigende Reallöhne in einem Sektor die Arbeitslosenquote erhöhen und somit für die Arbeitslosen die Wahrscheinlichkeit, eine neue Stelle zu finden, sinkt. (4) Von Neidexternalitäten spricht man, wenn der Nutzen eines Arbeitnehmers negativ vom Lohn der anderen abhängt. Wird der Lohn der Arbeitnehmer in einer Branche erhöht, sinkt cet. par. der relative Lohn und damit die Wohlfahrt der Arbeitnehmer in den übrigen Sektoren. Die externen Effekte lassen sich, so die U-Kurven-Hypothese, sowohl bei zentralen als auch bei dezentralen Verhandlungen internalisieren. Die beiden polaren Fälle liefern demnach für eine geschlossene Volkswirtschaft die besten makroökonomischen Ergebnisse. In korporatistischen Ökonomien können die externen Effekte infolge des koordinierten Verhaltens der Tarifparteien internalisiert werden; es ist mit Reallohnzurückhaltung von Seiten der Gewerkschaften und niedrigen Arbeitslosenquoten zu rechnen. Im dezentralen Fall führen die Marktkräfte zu Reallohnzurückhaltung. Bei mittlerem Zentralisierungsgrad hingegen muss, wie die Kurve I in Abb. 9.3 zeigt, mit höheren Reallöhnen und folglich mit niedrigerer Beschäftigung gerechnet werden.

Zentralisierungsgrad und Beschäftigung

Die Wirkungen des Zentralisierungsgrades auf Reallohnniveau und Beschäftigung lassen sich in Anlehnung an *Moene* et al. (1993) anhand eines einfachen Modells untersuchen. Zunächst stellen wir die Modellelemente vor, untersuchen anschließend Lohnverhandlungen auf lokaler, sektoraler und nationaler Ebene und fassen die Ergebnisse in Tab. 9.5 zusammen.

Analog zum Monopolmodell der Gewerkschaftstheorie nehmen wir an, dass die Gewerkschaften über das Nominallohnniveau entscheiden und die Firmen sich mit der Beschäftigung anpassen. Um den Einfluss des Zentralisierungsgrades auf den Reallohn zu untersuchen, müssen wir jedoch die Annahme eines exogenen Preisniveaus aufgeben. Die Absatzpreise der Firmen sind endogen und durch die folgenden Preisfunktionen in reduzierter Form bestimmt. Die Preisfunktionen heißen reduziert, weil der (Markt-) Mechanismus, der den funktionalen Zusammenhang erzeugt, nicht explizit modelliert und nur sein Gleichgewichtsresultat dargestellt wird. Der Produktpreis P der betrachteten Branche ist eine Funktion des sektoralen Nominallohns W und des Nominallohnniveaus W^a in der übrigen Volkswirtschaft

(9.11) $$P = P(W, W^a).$$

Ferner sei P^a das Produktpreisniveau der restlichen Wirtschaft, für das die Beziehung gilt

(9.12) $$P^a = P^a(W, W^a).$$

Es wurde bereits erwähnt, dass die betrachtete Branche versuchen wird, eine Nominallohnerhöhung auf ihre Produktpreise zu überwälzen. In welchem Ausmaß Lohnkosten auf die Produktpreise überwälzt werden, lässt sich mit den folgenden Elastizitäten ausdrücken

(9.13) $$\frac{\partial P}{\partial W}\frac{W}{P} \equiv \eta \in [0,1] \quad \text{und} \quad \frac{\partial P^a}{\partial W}\frac{W}{P^a} \equiv \eta^a \leq \eta.$$

Die Elastizität η gibt an, wie sich das Produktpreisniveau der Branche als Reaktion auf eine Erhöhung des sektoralen Nominallohns ändert, während η^a die Änderung des Preisniveaus der restlichen Wirtschaft misst. Da die Wirkung von Nominallohnänderungen in den anderen Sektoren der Volkswirtschaft nicht größer sein kann als in dem eigenen, ist $\eta^a \leq \eta$. Bei dezentraler Lohnbildung und kompetitivem Absatzmarkt kann eine einzelne Firma, die sich an die herrschenden Absatzpreise anpassen muss, die Lohnerhöhung nicht auf den Produktpreis überwälzen, so dass $\eta = \eta^a = 0$. Dagegen hat die Branche bei Lohnerhöhungen auf sektoraler Ebene einen positiven Überwälzungsspielraum, $\eta > 0$, und außerdem ist $\eta^a < \eta$.

Die repräsentative Unternehmung passt ihre Arbeitsnachfrage $L = L(w)$ an den realen Produzentenlohn $w = W / P$ an. Die Konsummöglichkeiten der Arbeitnehmer werden durch das Verhältnis von Nominallohn und Konsumgüterpreisindex P^c bestimmt, der sich als Funktion des Produktpreises der Branche und des in der restlichen Ökonomie herrschenden Preisindexes P^a ergibt

(9.14) $$P^c = P^c(P, P^a), \quad \text{mit} \quad \frac{\partial P^c}{\partial P}\frac{P}{P^c} \equiv \theta \in [0,1] \quad \text{und} \quad \frac{\partial P^c}{\partial P^a}\frac{P^a}{P^c} = 1 - \theta.$$

Die Elastizität θ misst den Einfluss des sektoralen Preisniveaus auf den Konsumgüterpreisindex. Führt ein Anstieg von P, wie bei Verhandlungen auf nationaler Ebene, zu einer proportionalen Erhöhung von P^c, gilt $\theta = 1$. Beeinflusst eine Änderung von P, wie bei dezentralen Verhandlungen, den Konsumgüterpreisindex nicht, dann gilt $\theta = 0$. Mit (9.14) wird angenommen, dass ein gleichmäßiger Preisanstieg in allen Sektoren zu einem proportionalen Anstieg des Konsumgüterpreisindex führt, denn die Summe der beiden Elastizitäten ist stets gleich eins.

Die Gewerkschaften kontrollieren den Nominallohn ihrer Branche. Sie wählen dabei die Lohnstrategie, die ihren Nutzen mit Blick auf das gegebene Lohnsetzungsverhalten aller anderen Gewerkschaften maximiert

(9.15) $$\max_W \; U\left(\frac{W}{P^c}, L\left(\frac{W}{P}\right)\right),$$

unter Berücksichtigung der Nebenbedingungen (9.11), (9.12) und (9.14). Der Gewerkschaftsnutzen hängt positiv vom realen Konsumentenlohn W / P^c und der Beschäftigung L ab. In einem symmetrischen Nash-Gleichgewicht, in dem jede Gewerkschaft ihre beste Antwort auf die Lohnforderung der anderen Gewerkschaften wählt, gilt: $W = W^a$ und $P = P^a = P^c$, und es ist, wie Anhang A2 zeigt, die Bedingung erster Ordnung für ein Maximum der gewerkschaftlichen Zielfunktion erfüllt

$$U_1 + hL'U_2 = 0, \tag{9.16}$$

wobei $U_1 = \partial U / \partial(W / P^c)$ der positive Grenznutzen des realen Konsumentenlohns, $U_2 = \partial U / \partial L$ der positive Grenznutzen der Beschäftigung und der Koeffizient h folgendermaßen definiert ist

$$h = \frac{1-\eta}{1-[\theta\eta + (1-\theta)\eta^a]}. \tag{9.17}$$

Nach Gleichung (9.17) ergibt sich der Koeffizient h als Quotient aus zwei Elastizitäten, die im Anhang A2 berechnet werden. Der Zähler gibt die im Gleichgewicht herrschende Elastizität des Produzentenlohns W / P der Branche bei einer Änderung des für sie relevanten Nominallohns W an. Der Nenner beschreibt die hierzu korrespondierende Elastizität des Konsumentenlohns W / P^c. Aus $\eta^a \leq \eta$ folgt, dass der Nenner stets mindestens so groß ist wie der Zähler, so dass $h \leq 1$. Mit Hilfe von h lässt sich nun die Wirkung des Zentralisierungsgrades der Lohnverhandlungen auf den Produzentenlohn untersuchen. h hängt vom Zentralisierungsgrad ab, und der Lohn W, den die betrachtete Gewerkschaft im Nash-Gleichgewicht fordert, ist eine Funktion von h, wie die Bedingung erster Ordnung (9.16) verdeutlicht. Die komparativ-statische Analyse von (9.16) zeigt, dass der Lohn, den die Gewerkschaft fordert, mit sinkendem h cet. par. steigt, da der negative Beschäftigungseffekt, den der Lohnanstieg hervorruft, umso weniger ins Gewicht fällt, je kleiner h ist.

Ziel einer Gewerkschaft ist es, den Konsumentenlohn ihrer Mitglieder möglichst ohne Auswirkungen auf den Produzentenlohn zu erhöhen. Denn mit steigendem Konsumentenlohn wächst die Wohlfahrt der Mitglieder, eine Produzentenlohnerhöhung schlägt sich dagegen in Entlassungen im eigenen Sektor nieder. Ist $h < 1$, dann ist die Elastizität des Produzentenlohns kleiner als die Elastizität des Konsumentenlohns und der Anreiz für die Gewerkschaft, eine Nominallohnerhöhung durchzusetzen, ist stärker als bei exogenem Preisniveau bzw. als bei $h = 1$.

Unterstellt man *dezentrale Lohnverhandlungen* und ist die Firma auf dem Absatzmarkt der Konkurrenz ausgesetzt, so ist der Produktpreis für die einzelne Firma ein Datum. Da die Firma keinen Überwälzungsspielraum hat, gilt: $\eta = \eta^a = \theta = 0$ und mit (9.17) folgt $h = 1$. Man erhält somit bei dezentraler Verhandlung formal das gleiche Resultat wie im Monopolmodell der Gewerkschaftstheorie. Die Firmengewerkschaft ist sich bewusst, dass die Produktpreise von ihren Lohnforderungen unabhängig sind, so dass Nominallohnerhöhungen zu hohen Beschäftigungsverlusten führen, was ihre Lohnforderungen dämpft.

Im Fall *vollkommener Zentralisierung der Lohnverhandlungen* verhandelt die Gewerkschaft auf nationalem Niveau, und θ nimmt den Wert eins an. Folglich ist h, wie aus

(9.17) folgt, analog zum dezentralen Fall gleich eins. Somit führen zentrale und dezentrale Verhandlungen zum gleichen Ergebnis. Bei lokalen Verhandlungen ist der Absatzpreis ein Datum, bei Verhandlungen auf nationaler Ebene berücksichtigt die Gewerkschaft die Preiswirkungen ihrer Lohnforderungen und die Tatsache, dass Produzentenlohn- und Konsumentenlohn übereinstimmen.

Tab. 9.5: Zentralisierungsgrad und Lohnforderungen

Zentralisierungsgrad		
dezentral (Firmenebene)	mittel (Industrieebene)	zentral (national)
$\theta = 0$ und $\eta = \eta^a = 0$ $\Rightarrow h = 1$	$\theta \in (0,1)$ und $\eta > \eta^a$ $\Rightarrow h < 1$	$\theta = 1$ $\Rightarrow h = 1$
Lohnzurückhaltung	keine Lohnzurückhaltung	Lohnzurückhaltung

Bei *Lohnverhandlungen auf mittlerem Zentralisierungsniveau*, beispielsweise auf Branchenebene, werden Nominallohnerhöhungen überwälzt, weshalb $\eta > 0$. Da $\eta^a < \eta$ und außerdem in diesem Fall $\theta < 1$, folgt mit (9.17), dass $h < 1$. Da die Lohnforderung der Gewerkschaft mit sinkendem h steigt, führen sektorale Lohnverhandlungen cet. par. zu höheren Löhnen und niedrigerer Beschäftigung als Lohnverhandlungen auf Firmenebene oder nationalem Niveau. Jede Gewerkschaft, die auf Industrieniveau verhandelt, nimmt an, dass ein zunehmender sektoraler Nominallohn den Branchenpreis stärker beeinflusst als den Konsumgüterpreisindex. Die sektoralen Beschäftigungsverluste werden durch höhere Konsumentenlöhne kompensiert. Jede Gewerkschaft glaubt, einen Teil der Lohnsteigerungen über den oben geschilderten Preiseffekt auf die anderen Sektoren überwälzen zu können. Verhalten sich alle Branchengewerkschaften auf diese Weise, steigen gesamtwirtschaftlich sowohl die Produzenten- als auch die Konsumentenlöhne in einem weitaus stärkeren Maße und die Beschäftigung ist folglich geringer sowie die Arbeitslosigkeit höher, als es bei dezentralen oder zentralen Verhandlungen der Fall wäre. Es ergibt sich mithin als Konsequenz der behauptete u-förmige Zusammenhang zwischen Reallohn und Zentralisierungsgrad.

Die Aussage des Modells ist nicht, dass bei zentralen oder dezentralen Verhandlungen Vollbeschäftigung im traditionellen Sinn herrscht, sondern lediglich, dass die Arbeitslosigkeit in den polaren Fällen niedriger ist als bei mittlerem Zentralisierungsgrad.

Empirische Ergebnisse

Die drei Zentralismushypothesen wurden von zahlreichen Autoren empirisch getestet, wobei sich die meisten Untersuchungen auf den Einfluss des Zentralisierungsgrades der Lohnverhandlungen auf Indikatoren der makroökonomischen Entwicklung konzentrieren. Als makroökonomische Indikatoren können der Reallohn, die Beschäftigung, die Arbeitslosenquote, die Inflationsrate, der Okun-Index, der sich als Summe aus Inflationsrate und Arbeitslosenquote ergibt, und das Wachstum des Sozialproduktes herangezogen werden.

Will man den Einfluss des Zentralisierungsgrades der Lohnverhandlungen auf die oben genannten Größen empirisch überprüfen, muss man zunächst einen geeigneten Indikator suchen, der den Zentralisierungsgrad wiedergibt. Seit der Arbeit von *Calmfors/Driffill* (1988) wurden zahllose Indikatoren entwickelt, die unterschiedliche Aspekte der Lohnverhandlungen in den Mittelpunkt stellen. Reine Zentralisierungsmaße bilden die formale Struktur der Lohnverhandlung ab. Üblicherweise werden drei Ebenen unterschieden: Zentralisierte Lohnverhandlungen zwischen Spitzenorganisationen, die Einfluss auf die gesamte Volkswirtschaft haben, Verhandlungen auf Industrie- bzw. Branchenebene und Verhandlungen auf Unternehmensebene. Indikatoren, die stärker die (in-)formelle Koordination zwischen unabhängigen Gewerkschaften und Arbeitgeberverbänden betonen, konzentrieren sich auf den Konsens der Verhandlungspartner und werden als Koordinationsmaße bezeichnet. So können Verhandlungen stark koordiniert sein, auch wenn sie dezentralisiert durchgeführt werden, wie etwa in Japan und der Schweiz.

Zur Messung des Zentralisierungs- bzw. Koordinationsgrades kann man die untersuchten Volkswirtschaften nach dem Einfluss von Regierung, Arbeitgeberverbänden und Gewerkschaften auf das Arbeitsmarktergebnis in eine Rangordnung bringen oder in Klassen einordnen. Zahlreiche Mess- und Schätzprobleme sind dabei zu überwinden, und die Ergebnisse sind stark abhängig von subjektiven Wertungen, weshalb die Rangordnungen bzw. die Klassifikationen der Länder häufig Einwände auf sich ziehen. So stellt zwar in den meisten Klassifikationen Österreich das Land mit dem höchsten Zentralisierungs- und Koordinationsgrad dar. Während Deutschland regelmäßig ebenfalls mit den höchsten Koordinationsgraden ausgezeichnet wird, jedoch zum Beispiel nach Einschätzung von Calmfors/Driffill in Hinblick auf den Zentralisierungsgrad der Lohnverhandlungen nur an sechster Stelle von 12 untersuchten Ländern rangiert. Hier kommen unterschiedliche Einschätzungen der Autoren zum Ausdruck. Tarifverhandlungen werden in Deutschland vorwiegend für Branchen auf regionaler Ebene geführt, weshalb die Zuordnung Deutschlands zur mittleren Gruppe gerechtfertigt erscheint. Berücksichtigt man jedoch, dass in Deutschland die IG Metall eine Führungsrolle bei den Tarifabschlüssen einnimmt, so lässt sich der deutsche Tarifmechanismus als stark zentralisiert interpretieren. Die skandinavischen Länder weisen traditionell einen hohen Grad an Zentralisierung/Koordination auf. Am unteren Ende der Skala rangieren in den meisten Studien die USA und Kanada als Beispiele für Länder, in denen die Lohnverhandlungen auf Firmenebene stattfinden und die daher eher dezentralisiert sind.

Mit Hilfe von Rangkorrelationstests und Regressionsanalysen wird nun der Zusammenhang zwischen dem Zentralisierungsgrad und den einzelnen makroökonomischen Indikatoren ermittelt. Die Beziehung zwischen Arbeitslosenquote und Zentralisierungsgrad, die von *Calmfors/Driffill* (1988) für die Periode zwischen 1974 und 1985 gemessen wurde, entspricht dem postulierten U-Kurvenverlauf und ist in Abb. 9.4 dargestellt.

Die Studien aus den 90er Jahren und aus der jüngsten Zeit lassen sich danach klassifizieren, ob sie nach Kontrolle für andere Einflussfaktoren wie etwa der Konjunktur einen monotonen oder einen U-förmigen Zusammenhang zwischen dem Koordinationsgrad der Lohnverhandlungen und der Arbeitslosenquote finden (*Boeri* et al. 2001). Bildet man jeweils die Durchschnitte der in den Studien geschätzten Arbeitslosenquoten und wählt den hohen Grad der Koordination als Referenzfall, so erhält man die in Abb. 9.5 dargestellten Ergebnisse. In den Studien mit monotonem Zusammenhang, ist die Arbeitslosenquote in den Volkswirtschaften mit geringem Koordinationsgrad im Durchschnitt um 6,8 Prozentpunkte höher als im Durchschnitt der Referenzvolkswirtschaften (mit hoher Koordination). In den Ländern mit mittlerem Koordinationsgrad ist die Arbeitslosenquote dagegen im Durchschnitt um 3,6 Prozentpunkte höher als in den Referenzvolkswirtschaften.

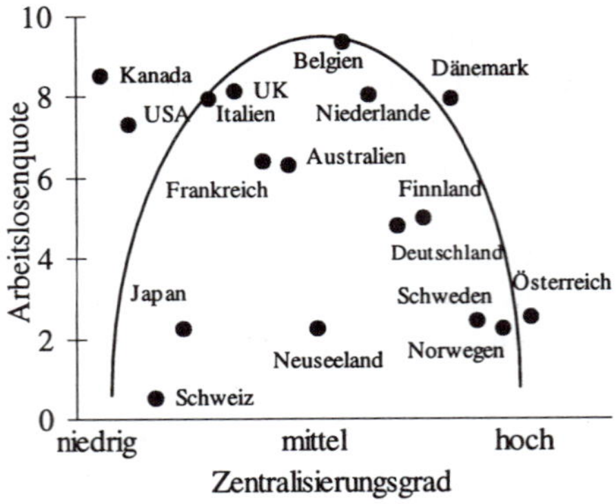

Abb. 9.4: U-Kurve von *Calmfors/Driffill* (1988)

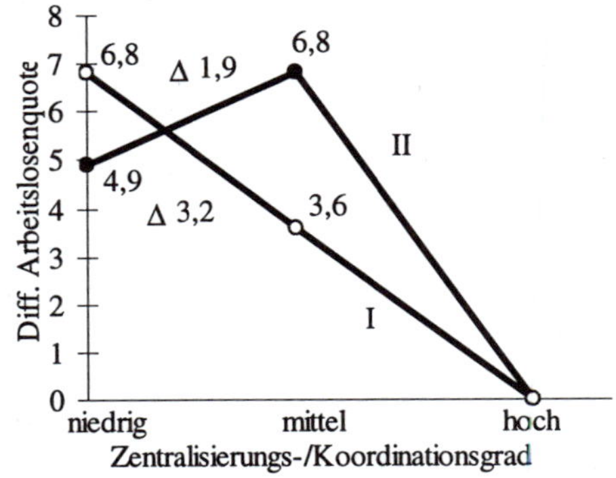

Abb. 9.5: Empirische Ergebnisse der 90er

Betrachtet man nun zum Vergleich die Resultate der Studien, die den berühmten U-förmigen Verlauf bestätigen, Kurve II in Abb. 9.5, so ergibt sich, dass die Länder mit geringer Koordination eine im Durchschnitt um 4,9 Prozentpunkte höhere Arbeitslosenquote aufweisen als die Referenzvolkswirtschaften (mit hoher Koordination). Länder mit mittlerem Koordinationsgrad haben schließlich im Durchschnitt der ausgewerteten Studien eine um 6,8 Prozentpunkte höhere Arbeitslosenquote als die Referenzvolkswirtschaften (mit hoher Koordination). Obwohl sich die U-Kurvenhypothese empirisch nicht eindeutig bestätigen lässt, so belegen die in Abb. 9.5 dargestellten Studien doch noch einmal einen Zusammenhang, der immer und immer wieder gemessen wurde, eine starke Zentralisierung bzw. ein hoher Grad der Koordination der Lohnverhandlungen zwischen den Tarifparteien senkt die Arbeitslosenquote und zwar weit unter das Niveau der dezentral organisierten Lohnfindungssysteme. Darüber hinaus hat sich auch gezeigt, dass die Einkommensverteilung in Ländern mit stärker zentralisierten bzw. koordinierten Lohnverhandlungen egalitärer und die Lohndispersion geringer ist als in Ländern mit dezentralen Verhandlungen.

Gegen die U-Kurven-Hypothese wird eingewendet, dass das Modell nur für geschlossene Volkswirtschaften gilt. In offenen Volkswirtschaften mit internationaler Verflechtung ist für Unternehmen, die handelbare Güter produzieren, der Weltmarktpreis verbindlich. Infolgedessen sinkt der Anreiz für Reallohnzurückhaltung bei zentralisierten Verhandlungen, die Konsumgüterpreisexternalitäten werden nicht internalisiert, so dass die U-Kurve im Vergleich zum Fall der geschlossenen Volkswirtschaft flacher verläuft, wie durch Kurve II in Abb. 9.3 angedeutet. Sind nationale und internationale Güter vollständig substituierbar, ergibt sich wie auf der Geraden III in Abb. 9.3 kein Zusammenhang zwischen Zentralisierungsgrad und Beschäftigung. Häufig wird die Annahme kritisiert, dass alle Arbeitnehmer in gleich starken Gewerkschaften organisiert sind. Es lässt sich jedoch zeigen, dass sich auch bei Berücksichtigung heterogener Gewerkschaften der U-förmige Verlauf einstellt.

Gilt der U-förmige Zusammenhang zwischen Zentralisierungsgrad und Arbeitslosigkeit, ist ferner fraglich, ob Regierungen in Ländern mit mittleren Zentralisierungsgraden versuchen sollen, die Lohnverhandlungsstrukturen in ihren Ländern stärker zu zentralisieren. Ein Einwand gegen derartige Strukturreformen ist, dass der institutionelle Rahmen einer Volkswirtschaft historisch gewachsen ist und die Interdependenz der Ordnungen so vor allem der Arbeitsmarktinstitutionen mit anderen Institutionen der Gesellschaft berücksichtigt werden müssten. Einer der schwerwiegendsten Einwände zielt auf die einfache Informationsstruktur des Modells, in dem Gewerkschaften vollständig über die „besonderen Umstände von Ort und Zeit" (*Hayek* 1952) informiert sind. Schon in den dreißiger und vierziger Jahren haben Teilnehmer an der Debatte über die Wirtschaftsrechnung im Sozialismus betont, dass die zentrale Planung eines Wirtschaftssystems an der unvollständigen Information des zentralen Planers scheitern muss. Ganz ähnliche Einwände lassen sich gegen die Planungskompetenz von Verbänden erheben, die bei vollständiger Zentralisierung Lohnverhandlungen führen. Dezentrale Lohnverhandlungen verarbeiten, so der Einwand, mehr und spezifischere Informationen über die „besonderen Umstände von Ort und Zeit" als vollständig zentrale Verhandlungsmechanismen. Ein Argument, das bisher nicht berücksichtigt wurde, ist, dass zentralisierte Lohnverhandlungen zu einer stärkeren lohnpolitischen Disziplinierung der Arbeitsplatzbesitzer und damit zu einer stärkeren Berücksichtigung der Interessen von Arbeitslosen führen können. Dieser Aspekt soll in Abschnitt 9.4 untersucht werden.

Zentralisierungsgrad und Rechtsordnung

Das Lohnfindungssystem und sein Zentralisierungsgrad sind endogen. Größe, Macht und Reichweite der Koalitionen und ihrer Kollektivverträge hängen von der herrschenden Rechtsordnung ab. Zu den Elementen der Rechtsordnung, die das Lohnfindungssystem formen, gehört das politische System, das auf dem Organisationsrecht des Staates, dem Wahl- und dem Parteienrecht basiert. Das politische System organisiert den Tausch von Karrierechancen, Positionen und Informationen gegen (Grund-) Rechte und politischen Einfluss zwischen den Organen des Staates auf der einen und den Verbänden der Arbeitsmarktparteien auf der anderen Seite. Das historische System der Ständegesellschaft, in dem der (absolute) Staat den Ständen spezifische an die Erfüllung hoheitlicher Funktionen und Dienste geknüpfte Privilegien gewährt, wirkt in Gestalt der grundgesetzlich geschützten Tarifautonomie fort, mit der der deutsche Staat die Arbeitsmarktparteien dafür belohnt, dass sie, so Artikel 9 GG, bei der „Wahrung und Förderung der Arbeits- und Wirtschaftsbedingungen" mitwirken.

Der Zentralisierungsgrad des Lohnfindungssystems hängt insbesondere von den Organisations- und Verhandlungschancen ab, die das kollektive Arbeitsrecht den Verbänden der Arbeitsmarktparteien einräumt. Zu den Normen des kollektiven Arbeitsrechts, die die Verhandlungsmacht der Verbände begründen, gehören die so genannten Regelungssperren des § 77 BetrVG sowie die Markteintrittsbarrieren des Koalitionsrechts, auf die wir unten zurückkommen. Der Zweck der Regelungssperren ist die Beschränkung der Aktionsfreiheit der Betriebe zum Schutz der Tarifautonomie: „Den überbetrieblichen Sozialpartnern soll ein Monopol zur einheitlichen Gestaltung der Arbeitsbedingungen verschafft werden" (*Schaub* 1992, 1683). Die für den Zentralisierungsgrad folgenreiche Bedeutung der Regelungssperre erkennt man, wenn man berücksichtigt, dass mit der Sperre Betriebsvereinbarungen über Inhalt, Abschluss oder Beendigung von Arbeitsverhältnissen in allen Betrieben ausgeschlossen sind, die in den räumlichen oder fachlichen

Geltungsbereich eines Tarifvertrags fallen. Dabei ist es lediglich notwendig, dass der Bereich üblicherweise durch Tarifvertrag geregelt wird, es kommt also nur auf die Üblichkeit an und nicht auf die tatsächliche Geltung irgendeines Tarifvertrags. Darüber hinaus gilt die Sperre für *alle* in den Bereich fallenden Betriebe, gleichgültig ob sie tarifgebunden sind oder nicht. Ein Betrieb kann also nicht durch „Verbandsflucht" der Sperre entgehen, um betriebsindividuelle Entlohnungsvereinbarungen mit den Repräsentanten seiner Arbeitnehmer abzuschließen. Die Sperre hat zur Folge, dass in Deutschland, wo die Koalitionen für nahezu alle Wirtschaftszweige und alle Tarifbezirke üblicherweise Entgelttarifverträge aushandeln, keine rechtsgültigen Betriebsvereinbarungen über Löhne oder andere Arbeitsbedingungen abgeschlossen werden können. Ein dezentrales Lohnfindungssystem ist mit der deutschen Rechtsordnung unvereinbar. Der Abschluss von Kollektivverträgen bleibt den Koalitionen vorbehalten, die mit Öffnungsklauseln eine kalkulierte Erlaubnis für Betriebsvereinbarungen gewähren können.

Eine Gewerkschaft, die bei freiem Marktzutritt als erste den Markt für gewerkschaftliche Dienste erobert, verfügt über Skalen- und Verbundvorteile, die es allen nachfolgenden Vereinigungen schwer machen, sich neben der etablierten Organisation einen Platz zu erobern und um organisationswillige Mitglieder und verhandlungsbereite Arbeitgeber zu werben. Oligopolistische oder monopolistische Konkurrenz unter den Anbietern gewerkschaftlicher Dienste ist ein natürlicher Gleichgewichtszustand, wenn wie in vielen amerikanischen Bundesstaaten der Marktzutritt für Vereinigungen aller Arten und Größenordnungen frei ist. Ein dezentrales Lohnverhandlungssystem wie das nordamerikanische ist indes mit der geltenden deutschen Rechtsordnung unvereinbar, neben den gesetzlichen Regelungssperren, von denen oben die Rede war, hat die Arbeitsgerichtsbarkeit mit dem Recht der Koalitionen kaum überwindbare Eintrittsbarrieren zum Markt für gewerkschaftliche Dienste errichtet, die jede Tarifkonkurrenz erfolgreich verhindern. Wie ein Blick auf die Tab. 9.2 zeigt, gelingt es zwar einigen kleinen DGB-Konkurrenten – die im CGB zusammengeschlossenen sind –, sich einen Anteil am Markt für gewerkschaftliche Dienste zu sichern. Doch die meisten Versuche potentieller Konkurrenten, sich als Gewerkschaft im Sinne des Tarifvertragsgesetz zu etablieren, können die DGB-Gewerkschaften mit Hilfe der Arbeitsgerichtsbarkeit erfolgreich abwehren. Arbeitnehmervereinigungen wie ver.di, mit ca. 2,7 Mio. Mitgliedern die größte Einzelgewerkschaft, oder die IG Metall, mit ca. 2,5 Mio. Mitgliedern die größte Industriegewerkschaft der Welt, sind nicht das Resultat des Wettbewerbs um organisationswillige Mitglieder und verhandlungsbereite Firmen oder deutscher Arbeitnehmerpräferenzen oder eines deutschen Sonderwegs in die (post-) industrielle Gesellschaft, sondern das Ergebnis der deutschen Rechtsordnung, speziell der vom Gesetzgeber und vor allem der Rechtsprechung erteilten Tarifvertragsprivilegien. Wie erhält eine Vereinigung den Titel und die Privilegien der tariffähigen Gewerkschaft?

In den USA und in Kanada entscheiden die Arbeitnehmer durch Abstimmung, welche Vereinigung, die sich bei ihnen um den Repräsentationsauftrag bewirbt, sie bei Vertragsverhandlungen vertreten soll und ob eine Vertretung überhaupt erwünscht ist. Je kleiner und homogener die bargaining unit, deren Mitglieder über den Verhandlungsauftrag abstimmen, umso niedriger sind die Wahl- und Organisationskosten der Gewerkschaft und umso höher ist ihre Chance, den Auftrag zu erhalten. Die durchschnittliche US-amerikanische bargaining unit besteht daher aus nicht mehr als ca. 80 Arbeitnehmern (*Gould* 1993, 153; NLRB 2003, 15). Eine lokale Arbeitnehmervereinigung mit einer Handvoll von Mitgliedern, die 80 Arbeitnehmer organisiert, würde in Deutschland schon wegen ihrer Größe weder als grundgesetzlich geschützte Koalition, noch gar als tariffähige Gewerkschaft von der Rechtsordnung anerkannt. Angesichts ihrer Größe und Funktion sind die nordamerikanischen Betriebsgewerkschaften mit dem deutschen Betriebsrat vergleichbar, der sein Dasein und seine Rechte allerdings staatlichem Zwang und nicht der Wahlentscheidung der repräsentierten Arbeitnehmer verdankt.

Rechtslehre und Rechtsprechung unterscheiden zwischen individueller und kollektiver Koalitionsfreiheit. Beide Freiheiten sind durch Art. 9 GG geschützt. Die individuelle, so die herrschende Meinung, hätte nicht einmal symbolische Bedeutung, wenn nicht auch die Koalitionen selbst, die Gewerkschaften und die Arbeitgeberverbände, in ihrer „spezifisch koalitionsgemäßen Betätigung“ Bestandsschutz genießen würden. Ob aber eine Vereinigung, die sich nach Art. 9 GG, den Zielen der „Wahrung und Förderung der Arbeits- und Wirtschaftsbedingungen“ verschrieben hat, auch als „Koalition“ oder gar als „tariffähige Koalition“ von der Rechtsordnung anerkannt wird, entscheidet die Arbeitsgerichtsbarkeit. Die Arbeitsgerichte entscheiden im Einzelfall auf Antrag einer „obersten Bundes- oder Landesarbeitsbehörde“ oder, so regelmäßig in der Praxis, auf Antrag einer „tariffähigen und tarifzuständigen“ Konkurrenzkoalition (also einer DGB-Gewerkschaft) oder der zu prüfenden Koalition selbst, ob eine Vereinigung als (tariffähige) Koalition gelten und über das Privileg der „Tarifnormsetzungsbefugnis“ verfügen können soll oder nicht.

Grundgesetzlich geschützte Koalitionen im Sinne der herrschenden Rechtsprechung, der herrschenden Meinung in der Rechtslehre sowie des Staatsvertrags über die Währungs-, Wirtschafts- und Sozialunion von 1990 – kodifizierte Koalitionsgesetze gibt es außer dem Staatsvertrag nicht – müssen die folgenden fünf Merkmale aufweisen: (1) Sie sollen privatrechtliche Vereinigungen im Sinne des Vereinsgesetzes, d.h. ein freiwilliger für längere Zeiträume geplanter Zusammenschluss mit organisierter Willensbildung sein, dessen Hauptzweck die „Wahrung und Förderung der Arbeits- und Wirtschaftsbedingungen“ ist; (2) sie sollen gegnerfrei und gegnerunabhängig sowie (3) unabhängig von Staat, Kirche und Parteien sein; (4) es soll sich um überbetriebliche Organisationen (strittig, jedoch vom BAG 2000 anerkannt) mit (5) demokratischer Willensbildung handeln. Nur überbetriebliche Koalitionen mit diesen Merkmalen genießen den grundgesetzlichen Koalitionsschutz. Ist eine Vereinigung grundgesetzlich geschützte Koalition, so ist sie allerdings noch lange nicht tariffähig; sie kann zwar „schuldrechtliche Koalitionsverträge“, aber nicht ohne weiteres auch Tarifverträge abschließen. Um als Tarifvertragspartei im Sinne des TVG zu gelten und Tarifnormsetzungsbefugnis auszuüben, muss die Koalition vier weitere Hürden nehmen.

Tarifvertragsparteien müssen tariffähig und tarifzuständig sein. Die Tariffähigkeit ist ein Rechtsinstitut, das mit der BGB-Geschäftsfähigkeit zu vergleichen ist. Jeder Arbeitgeber ist zunächst tariffähig, das steht im TVG und ist unstrittig. Ob eine grundgesetzlich geschützte Koalition die Tariffähigkeit im Sinne des TVG besitzt, ist dagegen im Fall der Arbeitnehmerorganisationen rechtstechnisch weder eindeutig noch einfach zu entscheiden, wie der seit Jahrzehnten schwelende Streit zwischen den DGB- und den CGB-Gewerkschaften belegt. Worin besteht die Tariffähigkeit einer Arbeitnehmerkoalition? (6) Einerseits muss sie tarifwillig sein und den Abschluss von Tarifverträgen als Aufgabe in ihrer Satzung hervorheben. Doch der Wille der Mitglieder ist, wie gesagt, nicht hinreichend. (7) Die Koalition muss im Weiteren ihre Bereitschaft zum Arbeitskampf signalisieren, es sei denn sie ist für Branchen zuständig, wie die berühmten katholischen Hausgehilfinnen, die ihre Konflikte typischerweise friedlich lösen. (8) Die Koalition muss schließlich vor allem „eine gewisse soziale Mächtigkeit“ aufweisen also über Markt- und Verhandlungsmacht verfügen. Dieses Korollar folgert die Arbeitsrechtslehre direkt aus ihrem Axiom: der Arbeitsmarkt einer kapitalistischen Verkehrswirtschaft ist durch strukturellen Imparität zwischen machtlosen Arbeitnehmern und mächtigen Firmen gekennzeichnet. Nur sozial mächtige Gewerkschaften sind neben den Gerichten in der Lage, für die Parität zwischen Arbeitsangebot und Arbeitsnachfrage zu garantieren, die das „Richtigkeitsvertrauen“ in die Tarifverträge begründet, das eine sonst erforderliche staatliche oder gerichtliche Angemessenheitskontrolle aller Arbeitsverträge überflüssig macht.

Geprüft wird die soziale Mächtigkeit mit Blick auf die Zahl der Mitglieder, die abgeschlossenen Koalitionsverträge, die überbetriebliche Repräsentanz und die personellen und sachlichen Ressourcen der Koalition. Am Kriterium der sozialen Mächtigkeit scheitern die oben erwähnten DGB-Konkurrenten häufig, da sie nur einige zehntausend Mitglieder haben oder ihr Verwaltungsapparat nur einige dutzend Mitarbeiter umfasst, die nicht mehr als zwei oder drei Büroetagen in ein oder zwei Städten belegen, oder das Gericht vermag die von den DGB-Konkurrenten bereits abgeschlossenen Koalitionsverträge nicht als echte Tarif- und Entgeltverträge zu werten.

Es ist evident, dass die Regelungs- und Eintrittssperren ein System dezentraler Lohnfindung ausschließen, ein System das im Übrigen nach herrschender Meinung in Rechtsprechung, Rechtslehre und Politik im Widerspruch stünde zu den freiheitlichen und sozialstaatlichen Prinzipien und Grundsätzen der deutschen Rechts- und Gesellschaftsordnung.

9.4 Insider-Outsider-Theorie

Es gibt zwei Richtungen der Insider-Outsider-Theorie, die mit der Macht der Insider rigide Reallöhne sowie persistente Arbeitslosigkeit erklären, namentlich die Fluktuationskosten- und die Kollektivverhandlungsansätze. Anschließend wird ein Verhandlungsmodell mit Arbeitgeber- und Arbeitnehmerverbänden vorgestellt.

Die obigen Gewerkschaftsmodelle nehmen an, dass alle Erwerbspersonen organisiert sind. Das Arbeitsangebot des Insider-Outsider-Modells verteilt sich dagegen auf zwei Gruppen, wodurch Interessengegensätze zwischen den Insidern, die einen Arbeitsplatz besitzen, und den Outsidern, die einen Arbeitsplatz suchen, entstehen. Die Outsider ziehen eine höhere Beschäftigung einer Lohnerhöhung vor, während die Insider, sofern sie nicht um ihren Arbeitsplatz fürchten, Lohnwachstum den Vorrang vor Beschäftigungswachstum geben. Im Folgenden stehen wieder kollektive Lohnverhandlungen zwischen den Tarifparteien im Mittelpunkt, wobei davon ausgegangen wird, dass die Monopolgewerkschaft bei ihren Lohnforderungen allein die Interessen der Insider vertritt. Unter Berücksichtigung der gewerkschaftlichen Lohnforderung wählt dann das gewinnmaximierende Unternehmen die dem Grenzprodukt der Arbeit entsprechende Beschäftigung.

Je länger ein entlassener Outsider arbeitslos ist, desto weniger fühlt er sich von der Gewerkschaft, der er als Beschäftigter angehörte, vertreten. Drei Fälle lassen sich unterscheiden. (1) Trotz des Arbeitsplatzverlustes bleibt er Mitglied in der Gewerkschaft. (2) Nachdem er seinen Arbeitsplatz verloren hat, bleibt ein Outsider Gewerkschaftsmitglied, da er hofft, bald eine neue Stelle zu finden und auf seinem neuen Arbeitsplatz von der Lohnpolitik der Gewerkschaft zu profitieren. Gehen seine Erwartungen nach einer gewissen Zeit nicht in Erfüllung, tritt er aus der Gewerkschaft aus. (3) Ein entlassener Outsider kündigt gleich nach dem Verlust seines Arbeitsplatzes seine Mitgliedschaft, so dass die Gewerkschaft ausschließlich Insider vertritt. Zunächst wird der Fall untersucht, in dem die Entlassenen sofort aus der Monopolgewerkschaft austreten, um z.B. die Mitgliedsbeiträge zu sparen.

Die Arbeitsnachfrage der Firma hängt vom Reallohn ab und sei durch die Gerade L_0 in Abb. 9.6 gegeben. Die Zahl der Erwerbspersonen, die arbeiten wollen, sofern der Lohn dem Reservationslohn entspricht, beträgt N. Die Stammbelegschaft der repräsentativen Unternehmung besteht aus M Insidern. Die arbeitslosen Outsider, deren Zahl sich aus der Differenz zwischen den N Erwerbspersonen und den M Insidern ergibt, erhalten den Anspruchslohn w_A, dessen Höhe vom Freizeitnutzen sowie von der Arbeitslosenunterstützung abhängt. Der Wettbewerbslohn ist gleich dem Reservationslohn und im Wettbewerbsgleichgewicht sind L_A Arbeitskräfte beschäftigt, von denen jeder eine Einheit Arbeit anbietet. Der Nutzen der Gewerkschaft, die nur Insiderinteressen vertritt, lässt sich mit der Nutzenfunktion

(9.18) $$U = U\big(w, \max(M - L, 0)\big)$$

beschreiben. Der Nutzen nimmt mit dem Reallohn zu, die Indifferenzkurven verlaufen wie in Abb. 9.6 zunächst fallend. Sobald die Firma Outsider beschäftigt ($L \geq M$), ist das zweite Argument der Nutzenfunktion gleich null und die Indifferenzkurven weisen an diesen Stellen „Knicke" auf und verlaufen anschließend als Parallelen zur Beschäftigungsachse.

Die Gewerkschaft ist mithin nicht bereit, für einen Anstieg der Beschäftigung Lohnzugeständnisse zu machen, sobald alle ihre Mitglieder beschäftigt sind. In einer prosperierenden Wirtschaft, in der die Arbeitsnachfrage die Zahl der Gewerkschaftsmitglieder übersteigt, gibt es für die Gewerkschaft keinen Anreiz, sich bei ihrer Lohnpolitik zurückzuhalten. In einer Rezession muss die Gewerkschaft hingegen auch mit Entlassungen ihrer Mitglieder rechnen. Übersteigt die Mitgliederzahl M die Arbeitsnachfrage L, ist das zweite Argument in der Nutzenfunktion positiv, und die Gewerkschaft berücksichtigt bei ihren Lohnverhandlungen auch Beschäftigungseffekte. Analog zum Monopolmodell wählt die Gewerkschaft im Nutzenmaximum den Lohnsatz w_0, bei dem die Indifferenzkurve U_0 die Arbeitsnachfragekurve der Firma L_0 gerade berührt. Gemessen am Wettbewerbsgleichgewicht entsteht in E_1 Arbeitslosigkeit in Höhe von $L_A - M$. Die Arbeitslosigkeit ist unfreiwillig, da die Monopollösung links von der Arbeitsangebotskurve liegt.

Wie ändert sich das Gleichgewicht, wenn die Arbeitsnachfrage der Firma infolge einer Rezession oder eines Technologieschocks auf L_1 fällt? Hielte die Gewerkschaft am zunächst ausgehandelten Lohnsatz w_0 fest, würde ein Teil der Gewerkschaftsmitglieder ihren Arbeitsplatz verlieren. Da die arbeitslosen Mitglieder sofort aus der Gewerkschaft austreten, würde die Mitgliederzahl auf M' sinken. Die Gewerkschaft ist jedoch über die Arbeitsnachfrage der Firma informiert und bereit, Lohnzugeständnisse zu machen, um dafür eine höhere Beschäftigung ihrer Mitglieder zu erreichen. Sie wählt den Reallohn w_1, da in B die höchstmögliche Indifferenzkurve, die die Gewerkschaft erreichen kann, die Arbeitsnachfragekurve L_1 gerade berührt. Im neuen Gleichgewicht B behalten alle M Mitglieder ihren Arbeitsplatz, während der Lohn von w_0 auf w_1 sinkt. Wie reagiert die Gewerkschaft, wenn die Arbeitsnachfrage infolge eines negativen Schocks wie in Abb. 9.7 bis auf L_2 fällt?

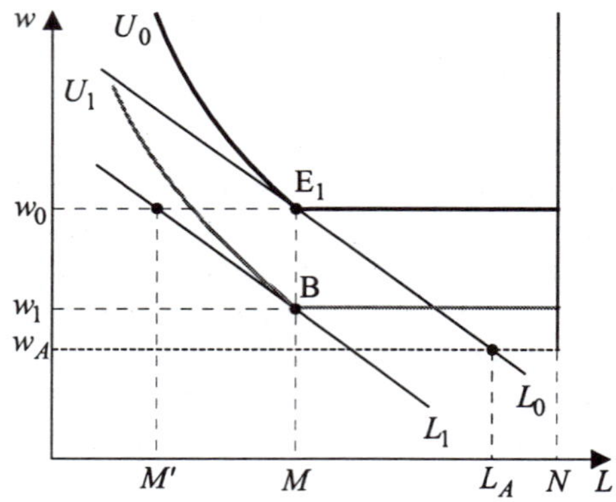

Abb. 9.6: Lohnzurückhaltung der *Insider*

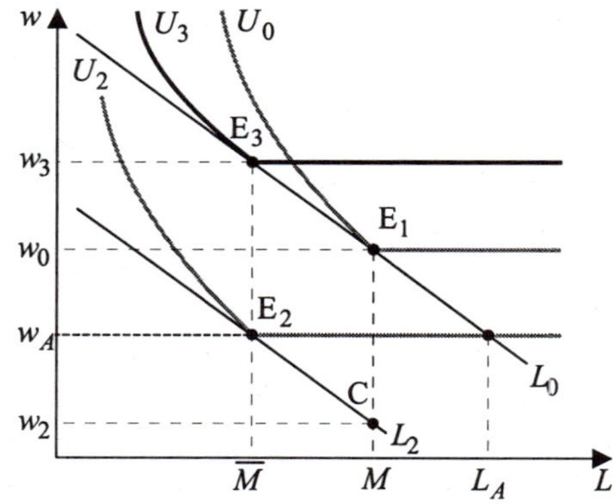

Abb. 9.7: Hysterese im *Insider-Outsider*-Modell

Damit alle M Mitglieder beschäftigt bleiben, müsste die Gewerkschaft den Lohn w_2 wählen. Der durch den Punkt C bestimmte Lohn liegt aber unter dem Anspruchslohn, so dass kein Arbeitnehmer bereit ist, zu diesem Lohn Arbeit anzubieten. Der Reservationslohn stellt eine bindende Schranke dar. Bei der Arbeitsnachfrage L_2 maximiert die Gewerkschaft mit der Lohnforderung w_A ihren Nutzen, so dass die Arbeitslosigkeit steigt und die Zahl der gewerkschaftlich organisierten Insider bis auf das Niveau $\overline{M}$ schrumpft. Nach der Rezession nimmt die Nachfrage nach Arbeitskräften wieder zu und die Arbeitsnachfragekurve bewegt sich in die Lage L_0, die sie vor der Rezession hatte.

Da sich die Lohnpolitik der Gewerkschaft nach der Zahl ihrer Mitglieder richtet und sie im Aufschwung nur noch die Interessen der $\overline{M}$ Insider vertritt, fordert sie einen Lohn in Höhe von w_3. Obwohl sich die konjunkturelle Lage entspannt, bleibt die Arbeitslosigkeit auf der Höhe, die sie während der Rezession erreicht hat. Die vorübergehende Störung hat somit eine dauerhafte Wirkung auf das Beschäftigungsniveau, einen Effekt, den wir in Kapitel 4 als Hysterese bezeichnet haben.

Wie ändert sich das Verhalten der Gewerkschaft, wenn die Outsider, wie eingangs unter (1) angenommen, trotz ihres Arbeitsplatzverlustes in der Gewerkschaft bleiben bzw. wenn der Austritt der arbeitslosen Mitglieder aus der Gewerkschaft mehr Zeit beansprucht als der Konjunkturaufschwung? Die Lohnpolitik der Gewerkschaft berücksichtigt nach dem Abklingen des Schocks nicht nur die Interessen der beschäftigten, sondern auch die der arbeitslosen Mitglieder. Die Schärfe des Mitgliedereffektes wird durch die Anwesenheit der arbeitslosen Mitglieder moderiert, und die Gewerkschaft fordert nicht mehr als den Lohn w_0, bei dem wie vor der Rezession alle M Mitglieder beschäftigt sind. Bleiben die Outsider nach Verlust ihres Arbeitsplatzes noch eine Zeitlang Mitglieder, ergibt sich eine Lösung, die von der Dauer der Störung und von der Geschwindigkeit des Austritts abhängt und in der Abb. 9.7 zwischen E_3 und E_1 auf der Arbeitsnachfragekurve L_0 liegt.

Warum unterbieten die nicht organisierten Arbeitslosen nicht den Lohn der Insider? Hierzu gibt es verschiedene im Modell nicht explizit erwähnte Erklärungen: (1) Die Tarifabschlüsse sind allgemeinverbindlich, so dass der vereinbarte Lohn den Charakter eines Mindestlohnes erhält und eine Lohnunterbietung institutionell ausgeschlossen ist. (2) Häufig werden Outsider als Arbeitnehmer behandelt, die als temporär Beschäftigte zu den Randbelegschaften zählen. Die Arbeitslosigkeit entwertet nicht nur das Humankapital, sondern die Unternehmen glauben auch, dass die Leistungsmotivation und Produktivität der Outsider mit der Dauer der Arbeitslosigkeit sinkt. Für die Firma ist die Produktivität ihrer Bewerber nicht ohne Aufwand beobachtbar, weshalb sie einen Outsider trotz des niedrigen Lohns nicht einstellen wird, wenn sie erwartet, dass seine effektiven Lohnkosten über jenen der Insider liegen (vgl. Kapitel 7). (3) Nachdem ein Outsider eingestellt wurde, erhält er den Status eines Entrants. Nach einer Einarbeitungsphase wird er Insider oder Mitglied der Gewerkschaft und hat Anspruch auf den Insiderlohn. Jedenfalls kann er vor Vertragsabschluß nicht ohne weiteres glaubhaft machen, dass er auf diese Strategie des Ex-post-Opportunismus verzichtet.

Zusammenfassung

Gewerkschaften und Arbeitgeberverbände wirken als Informationsagenturen, reduzieren Informationsasymmetrien und Transaktionskosten, indem sie zentralisierte Verhandlungen über standardisierte Verträge führen, die Durchführung der Verträge kontrollieren und durchsetzen. Die Verbände nutzen überdies ihre Verhandlungsmacht, um sich möglichst große Teile der Rente anzueignen, die bei ihren Transaktionen entsteht. Welches der vorgestellten Gewerkschaftsmodelle beschreibt das Verhalten der Tarifparteien besser? Das Monopolmodell und der Right-to-manage-Ansatz ignorieren die empirische Beobachtung, dass Gewerkschaften und Arbeitgeber über Tarifverträge verhandeln, in denen neben dem Einkommen auch die Beschäftigungsmenge weitgehend festgelegt wird. Das Verhandlungsmodell berücksichtigt zwar Tarifauseinandersetzungen über Lohnhöhe und Beschäftigung, geht aber im Hinblick auf die Festlegung der Beschäftigung, wie viele Betrachter des Arbeitsmarktkartells glauben, viel zu weit. Während das Monopolmodell und der Right-to-manage-Ansatz unfreiwillige Arbeitslosigkeit und rigide Reallöhne begründen, kommt es im Verhandlungsmodell zu einem Beschäftigungsniveau, das über dem bei vollkommener Konkurrenz liegt. In allen Modellen liegen die Löhne über dem Wettbewerbslohn, so dass es der Gewerkschaft gelingt, für ihre beschäftigten Mitglieder Anteile der Transaktionsrente zu erstreiten. Die arbeitslosen Mitglieder müssen jedoch mit dem Reservationslohn vorlieb nehmen.

Hat der Zentralisierungsgrad der Lohnverhandlungen Einfluss auf die Beschäftigung und die Höhe der Reallöhne? Nach der pluralistischen Hypothese steigt mit zunehmendem Zentralisierungsgrad der Reallohn und die Arbeitslosigkeit wächst. Die Anhänger der Korporatismus-Hypothese hingegen argumentieren, dass bei nationalen Verhandlungen die Tarifparteien die makroökonomischen Auswirkungen ihrer Auseinandersetzung antizipieren und sich bei ihren Reallohnforderungen zurückhalten. Die U-Kurven-Hypothese greift Elemente beider Ansätze auf. Danach gewährleisten sowohl dezentralisierte wie zentralisierte Lohnverhandlungssysteme Lohnzurückhaltung und relativ niedrige Arbeitslosigkeit. Verhandeln die Arbeitsmarktparteien, wie im Fall von Industriegewerkschaften, auf mittlerem Zentralisierungsniveau, ist dagegen mit hoher Arbeitslosigkeit zu rechnen, da die Verbände bei der Wahl ihrer Strategien annehmen, die Kosten von Lohnerhöhungen auf andere Branchengewerkschaften abwälzen zu können. Aus dem Modell darf jedoch nicht geschlossen werden, dass bei zentralen oder dezentralen Verhandlungen Vollbeschäftigung im traditionellen Sinne herrscht, sondern lediglich, dass die Arbeitslosigkeit in den polaren Fällen niedriger ist als bei mittlerem Zentralisierungsgrad. Zwar erscheint die U-Kurven-Hypothese auf den ersten Blick plausibel, empirisch kann sie jedoch nicht ohne weiteres bestätigt werden; sie hat daher viel Kritik nicht zuletzt auch von den eigenen Urhebern auf sich gezogen. Können zentralisierte Lohnverhandlungen zu einer stärkeren lohnpolitischen Disziplinierung der Arbeitsplatzbesitzer und damit zu einer stärkeren Berücksichtigung der Interessen von Arbeitslosen führen? Berücksichtigen die Gewerkschaften nur die Interessen der Insider, zeigt das Kollektivverhandlungsmodell der Insider-Outsider-Theorie, wie die Macht der Insider rigide Reallöhne, Arbeitslosigkeit und deren Persistenz erklärt. Berücksichtigen die Gewerkschaften, wie bei zentralisierten Verhandlungen, auch die Interessen der Outsider, lassen sich Reallohnrigiditäten nicht ohne weiteres mit Hilfe gewerkschaftlicher Verhandlungsmacht begründen.

Anhang

A1 Steigung der Kontraktkurve

Mit (9.8) ergibt sich die implizite Funktion

$$H(w,L) \equiv \frac{u(w)-u_A}{u'(w)} - w + F'(L) = 0\,.$$

Bildet man die partiellen Ableitungen von *H*, so erhält man

$$H_w = \frac{u''(u-u_A)}{(u')^2} \geq 0 \qquad \text{und} \qquad H_L = F'' < 0\,.$$

Setzt man die partiellen Ableitungen in das totale Differenzial der Allokationsregel, $dH \equiv H_w dw + H_L dL = 0$, ein, so erhält man mit Rücksicht auf $dw/dL = -H_L/H_w$ die Beziehung ($H_w > 0$)

$$\frac{dw}{dL} = \frac{F''u'}{u''}\frac{u'}{(u-u_A)}\,,$$

aus der mit (9.8) die Steigung (9.9) folgt.

A2 Nutzenmaximierung der Gewerkschaft

Setzt man die Nebenbedingungen (9.11), (9.12) und (9.14) in (9.15) ein, erhält man

$$U = U\left(\frac{W}{P^c\left(P(W,W^a),P^a(W,W^a)\right)}, L\left(\frac{W}{P(W,W^a)}\right)\right).$$

Ableiten nach dem Lohn W ergibt die notwendige Bedingung für ein Maximum von (9.15) mit Bezug auf W

(A1) $$U_1 \frac{\partial(W/P^c)}{\partial W} + U_2 L'(w) \frac{\partial(W/P)}{\partial W} = 0 .$$

Da

(A2) $$\frac{\partial(W/P^c)}{\partial W} = \frac{1-\left[\theta\eta + (1-\theta)\eta^a\right]}{P^c},$$

folgt für die Elastizität des Konsumentenlohns mit Bezug auf den Nominallohn

$$\frac{\partial(W/P^c)}{\partial W} \frac{W}{(W/P^c)} = 1 - \left[\theta\eta + (1-\theta)\eta^a\right].$$

Außerdem gilt

(A3) $$\frac{\partial(W/P)}{\partial W} = \frac{1}{P}(1-\eta),$$

womit sich die Elastizität des Produzentenlohns mit Bezug auf den Nominallohn

$$\frac{\partial(W/P)}{\partial W} \frac{W}{(W/P)} = 1 - \eta$$

ergibt. In einem symmetrischen Nash-Gleichgewicht ist $W = W^a$ und $P = P^a = P^c$, so dass mit Rücksicht auf (A2) und (A3) aus (A1) folgt

$$U_1\left[1 - \left(\theta\eta + (1-\theta)\eta^c\right)\right] + (1-\eta)L'U_2 = 0$$

bzw.

$$U_1 + \frac{1-\eta}{1-[\theta\eta + (1-\theta)\eta^a]} L'U_2 = 0 .$$

10 Arbeitslosenversicherung

Für die einen ist er die zivilisatorische Errungenschaft der Moderne, für die anderen ein bürokratischer Leviathan, der unter wuchernden Regulierungen jede Initiative und Individualität seiner Untertanen erstickt, traditionelle Gemeinschaften zerstört, die Fundamente der bürgerlichen Familie untergräbt und die Bevölkerung zur unproduktiven Jagd auf Renten animiert. Die Rede ist selbstverständlich vom Wohlfahrtsstaat. Arbeits- und Kündigungsschutz, Arbeitsmarktpolitik, Kranken-, Unfall-, Pflege- und Arbeitslosenversicherung, Alterssicherung, Sozialhilfe zum Lebensunterhalt und in besonderen Lebenslagen, Wohnungspolitik sowie Vermögenspolitik sind einige, beileibe aber nicht alle Instrumente, mit denen die Bürokratien des Wohlfahrtsstaates mit aberhunderten von Gesetzen regulierend in den Alltag der Menschen eingreifen. Die Risiken, vor denen dieser Staatstyp schützt, sind nicht naturgegeben. Leistungen und Gefahren sind vielmehr eng über Feedbackmechanismen miteinander verknüpft. Das vermittelnde Glied ist das Verhalten der Versicherten, bei denen häufig anstelle von Vorsorge und Selbstschutz Sorglosigkeit, Gleichgültigkeit oder gar die Suche nach Anspruchsberechtigungen tritt, die auch unabhängig vom Schadensfall den Zugang zu den Sozialkassen öffnen. Diese Rückkopplungen sind die Triebfedern des, wie es lange schien, unbegrenzten Wachstums des Wohlfahrtsstaates. Mit seinen Aktivitäten und Gesetzen wirkt der Wohlfahrtsstaat nicht zuletzt auf die Strom- und Bestandsgrößen des Arbeitsmarktes. So ist die Zahl der Erwerbspersonen und ihre Struktur von den Leistungen der Arbeitslosenversicherung abhängig; die Arbeitslosenversicherung wirkt auf die Zahl der Entlassungen und die Stilllegung von Betrieben; sie fördert die Langzeitarbeitslosigkeit und verlängert die Dauer der Arbeitsplatzsuche; sie unterstützt die Mobilität und die Risikobereitschaft; sie erschwert private Vermittlungsbemühungen und lenkt die Suchwege der Firmen.

Eine Bilanz der Eigenschaften dieses Staats- und Verfassungstyps ist selbst mit den Theoremen der Informations- und Institutionenökonomie nicht möglich. Alle Theorien des Wohlfahrtsstaates sind partialanalytisch. Die folgenden drei Kapitel beschäftigen sich mit der Arbeitslosenversicherung, der öffentlichen Fürsorge sowie dem Kündigungsschutz. In diesem Kapitel werden drei Themen behandelt. Im Abschnitt 10.1 stehen die Fragen „Wer ist arbeitslos?", „Wie werden die Probleme der Messung der Arbeitslosigkeit im System der deutschen Arbeitslosenversicherung gelöst?" und die Informationsasymmetrien, mit denen die Arbeitslosenversicherung konfrontiert ist, im Mittelpunkt. Die staatliche Arbeitslosenversicherung hat verschiedene Funktionen: als Beratungs- und Vermittlungsagentur, als Schaltstelle aktiver Arbeitsmarktpolitik und als Versicherungsgeber. In Abschnitt 10.2 erörtern wir den Versicherungsaspekt und die Frauge: „Warum wird das Risiko der Erwerbslosigkeit von einer Körperschaft des öffentlichen Rechts gedeckt und nicht von privaten Versicherungsunternehmen?". In Abschnitt 10.3 wird die Wirkung der Arbeitslosenversicherung auf die Dauer der Erwerbslosigkeit, den Anteil der unechten Arbeitslosen und die Qualität der Anschlussbeschäftigungen der versicherten Jobsucher diskutiert.

10.1 Institutionelle Aspekte der Arbeitslosenversicherung

Wer ist arbeitslos?

Nachfrageschocks, technischer Fortschritt und Strukturwandel sind die Ursachen für das Risiko, das einen Arbeitnehmer trifft, der zeitweilig oder für immer seine Beschäftigung in der angestammten Branche oder Firma verliert, in der er mit anderen ko-spezialisierten Faktorbesitzern betriebs- und branchenspezifisches Wissen erworben und soziale Verbindungen geknüpft hat. Aus dem Blickwinkel der neoklassischen Ökonomie, so zum Beispiel des Mortensen-Pissarides-Modells, Kapitel 5, ist der „Verlust des Arbeitsplatzes" allerdings kein unabwendbares Schicksal, sondern das Ergebnis exogener Ursachen einerseits und der Planung der am Match beteiligten Akteure andererseits.

Zunächst lässt sich das Risiko der Arbeitslosigkeit in eine Mengen- und eine Lohnkomponente zerlegen, die auch den Nutzen nichtmonetärer Jobcharakteristika umfasst. Unter einem Mengenrisiko leiden z.B. die Mitglieder einer Gesellschaft, der die „Arbeit ausgeht", weil alle Wünsche befriedigt sind. Im Gegensatz zu den „Sättigungstheorien" betont die Ökonomie die Unbegrenztheit der (im-) materiellen Bedürfnisse und somit der Jobs und Berufe zur Herstellung der (im-) materiellen Befriedigungsmittel. Ein Mengenrisiko existiert, gegeben das bekannte Axiom über die Monotonie der Präferenzen („Mehr ist besser!"), nicht, eine Beschäftigung, deren Dienste nachgefragt werden, gibt es immer und überall. Für einen risikoaversen Akteur besteht das Risiko der Arbeitslosigkeit also im Lohnrisiko. Der Marktwert der Arbeitskraft und damit der Konsum sind unvorhersehbaren Schwankungen ausgesetzt und, um diese zu glätten, fragen die Akteure eine Versicherung ihres Einkommensrisikos nach.

Ein Akteur, der infolge negativer Schocks seinen Job verliert oder aufgibt, hat drei Alternativen. (1) Er zieht sich aus dem Erwerbsleben zurück und wird Nichterwerbsperson, wobei er eventuell in der „Stillen Reserve" auf eine Belebung des Arbeitsmarktes wartet; (2) er wechselt sofort in eine neue Beschäftigung, die allerdings mit Einkommensverlusten, anspruchslosen, gefährlichen oder auf andere Art als nachteilig empfundenen Tätigkeiten verbunden sein kann; (3) er verwendet seine Ressourcen, um nach einer neuen, seinen Präferenzen und Fähigkeiten gemäßen Stelle zu suchen. Wer ist arbeitslos? Jener Akteur, der sich für die dritte Alternative entscheidet und erstens ohne Beschäftigung ist und zweitens nach einem geeigneten Anschlussjob sucht und für die Jobsuche Zeit oder andere Ressourcen opfert.

Um die Schwankungen des Marktwerts ihrer Arbeitskraft bzw. ihren Konsumstrom zu glätten, fragen risikoaverse Arbeitnehmer Versicherungsschutz nach. Im Mittelpunkt der Theorie der Arbeitslosenversicherung stehen mit den Informationsasymmetrien vor und nach Abschluss des Versicherungsvertrags zwei aus der Informationsökonomie bekannte Themen, die Identifikation und Klassifizierung des Risikotyps der Versicherungsnehmer (adverse Selektion) und die Kontrolle ihres Kündigungs- und Suchverhaltens (moralischer Hasard).

Es gibt zwei idealtypische Techniken, Klassifizierungsfehler bei der Zuordnung von Arbeitnehmern zu Risikoklassen sowie den moralischen Hasard der Versicherungsnehmer zu beschränken, erstens Verträge und Anreize und zweitens (hierarchische) Kontrolle. Anreizkompatible Verträge motivieren Versicherungsnehmer, ihren Risikotyp sowie ihre subjektive Schätzung der Wahrscheinlichkeit, arbeitslos zu werden, zu offenbaren; Anreize belasten Jobsucher, die entweder zu wenig oder mit einem zu hohen Anspruchslohn nach Stellen suchen, mit (Opportunitäts-) Kosten. Klassifizierungs- und Kontrolltechniken ordnen demgegenüber die Versicherungsnehmer ex ante aufgrund von Personen-, Status- oder Jobmerkmalen einem Risikotyp zu. Sie beobachten den Eintritt und die Ursachen des Schadensfalls, vergleichen das Suchverhalten mit Schwellenwerten, die bei typischem Ablauf der Suche zu erwarten sind, greifen diskretionär mit Anweisungen und Sanktionen in den Such- und Kündigungsvorgang ein oder steuern die Gründung von Vakanzen und die Lebensdauer der produktiven Jobs.

Wie Abschnitt 10.2 darstellt, können adverse Selektion und moralischer Hasard die Anbieter privater Versicherungen gegen das Risiko der Arbeitslosigkeit vom Markt vertreiben. Ein Handel kommt infolge der asymmetrisch verteilten Informationen über den Risikotyp oder das Kündigungs- und Suchverhalten trotz großer Nachfrage nach Schutz vor konjunkturellen oder idiosynkratischen Beschäftigungsrisiken nicht zustande. Tatsächlich hat die Familie oder die Verwandtschaftsgruppe in allen Gesellschaften, in denen informelle, nicht-staatliche Institutionen das Beschäftigungsrisiko mildern, diese Versicherungsfunktion, oder es sind wie in Skandinavien Gewerkschaften, die Versicherungsschutz bieten. Erwerbswirtschaftlich organisierte Versicherungsmärkte mit gewinnmaximierenden Versicherungsgebern, die das Risiko der Arbeitslosigkeit decken, scheinen dagegen nirgendwo stabile Angebote zu unterbreiten.

In Kontinentaleuropa, wo die Verstaatlichung und Verrechtlichung des Arbeitsmarktes die Familie, die Verwandtschaftsgruppe, die Kommunen, Korporationen und Gewerkschaften als Versicherungsgeber längst verdrängt und durch staatliche Arbeitslosenversicherungen ersetzt hat, erzeugen moralischer Hasard und adverse Selektion nicht nur mikroökonomische, sondern vor allem makroökonomische Externalitäten. Denn während Familie, Verwandtschaftsgruppe und Gewerkschaft die von den Versicherungsnehmern verursachten Kosten der adversen Selektion und des moralischen Hasards internalisieren und anreizkompatibel begrenzen, sozialisiert die staatliche Versicherung diese Effizienzverluste und erzeugt dabei strukturelle Arbeitslosigkeit. Die Institution, die dem Schutz vor dem Einkommensrisiko der Arbeitslosigkeit dient, wird zu einer ihrer wichtigsten Ursachen. Warum? Der zentrale Mechanismus ist der folgende. Das Arbeits- und Sozialrecht knüpft ein immer dichteres Netz von Ansprüchen auf Vermittlung, Schulung, Fortbildung, Beschäftigung und Lohnersatz und ruft damit ein ebenso komplexes Muster von Anpassungsreaktionen hervor: Jobsucher, die ihre Suchintensität senken, Arbeitnehmer und Gewerkschaften, die ihre Lohnforderungen erhöhen, Firmen, die angesichts steigender Lohnkosten weniger Vakanzen offerieren, Jobs schneller zerstören und Mitarbeiter früher entlassen, oder Beschäftigte, die großzügig über den Augenblick der privat effizienten Trennung entscheiden und Investitionen in Bildung und Humankapital dem Staat oder dem Arbeitgeber überlassen. Doch worin besteht das Problem? Der Entwicklung des sich türmenden Arbeits- und Sozialrechts, das sich im Laufe von Jahrzehnten herausgebildet hat und diese Vermittlungs- und Lohnersatzansprüche rechtsstaatlich produziert, sortiert und garantiert, steht auf der anderen Seite keine zentralstaatliche oder gerichtliche Kontrolle der Angemessenheit des privat rationalen Anpassungsverhaltens von Beschäftigten, Firmen, Jobsuchern und Vermittlern gegenüber. Die öffentlich-rechtliche Arbeitsmarktverfassung ist die Quelle eines Strom von subjektiven Ansprüchen, und hat kein Instrument, um für die anreizkompatible Steuerung der Anpassungsreaktionen und die Internalisierung der Anpassungskosten zu sorgen, die sie verursacht.

Elemente der deutschen Arbeitslosenversicherung (ALV)

Bundesagentur für Arbeit. Der deutsche Arbeitsmarkt ist das Ergebnis einer teils öffentlich-rechtlich, teils koalitionsrechtlich, teils standesrechtlich fundierten Arbeitsmarktverwaltung, deren Ursprünge ins neunzehnte Jahrhundert zurückreichen. Einige hunderttausend Personen sind nur mit dem Betrieb der ungezählten Organisationen der Arbeitsmarktverwaltung beschäftigt – die von der Arbeitsvermittlung, den Gewerbeämtern, den Sondergerichten für Arbeits-, Sozial- und Verwaltungsrecht, den verschiedenen Kammern, Kammervereinigungen und Koalitionen, den Personalabteilungen der Firmen bis zu den Seemannsämtern und den Behörden für Unfallschutz reichen. Das Spektrum der Aufgaben, die sich im Lauf der Jahrzehnte herausgebildet haben, ist so breit, die Zahl der privaten und (halb-) staatlichen Organisationen, die die legislativen, exekutiven und judikativen Funktionen wahrnehmen, ist so groß, dass sich für die Arbeitsmarktverwaltung kein Aufbauschema und keine sinnvolle Synthese ihrer Funktionen angeben lässt. Allerdings gibt es in diesem selbst für Experten undurchdringlichen Komplex privater und (halb-) staatlicher Bürokratien einige, die infolge ihrer Größe und der politischen Bedeutung ihrer Aufgaben die Aufmerksamkeit der Öffentlichkeit auf sich ziehen. Zu diesen zählen neben den Tarifvertragsparteien vor allem die Träger der sozialen Sicherungssysteme. Zu den größten zivilen Verwaltungen überhaupt gehört dabei die Bundesagentur für Arbeit (BA) als dem Träger der deutschen ALV. Sie verfügte 2002 über einen Jahresetat von mehr als 70 Mrd. Euro, ca. 87 000 Mitarbeiter, eine Zentrale, 10 Regionaldirektionen, 180 regionale Agenturen für Arbeit und ca. 660 Geschäftsstellen.

Tab. 10.1: Haushalt der Bundesagentur für Arbeit (Mio. Euro)

	West				Ost			
	1992	1995	2000	2002	1992	1995	2000	2002
Einnahmen (Beiträge)	39 197	41 107	40 038	41 260	1 686	2 023	6 321	6 145
Ausgaben insg., dar.:[1]	28 420	39 788	39 951	46 561	28 548	26 041	24 453	24 961
– Arbeitslosengeld	10 099	18 167	15 342	19 250	6 038	6 477	8 269	7 757
– Kurzarbeitergeld	486	310	272	501	1 356	217	63	103
– FbW[2]	3 643	3 834	4 060	4 044	5 768	3 740	2 748	2 658
– ABM und SAM[3]	1 284	1 326	1 163	824	3 980	3 472	3 881	2 319
– Arbeitslosenhilfe	3 872	7 558	8 067	8 671	784	2 928	5 094	6 086
– Verwaltung	3 003	3 011	2 738	2 837	672	864	801	841

Quelle: Bundesagentur für Arbeit, Arbeitsstatistik, verschiedene Jahrgänge, eigene Berechnungen, [1]einschließlich Bundeshaushalt, soweit die BA die Aufgaben durchführt, [2]Förderung der beruflichen Weiterbildung einschl. Unterhaltsgeld, [3]Arbeitsbeschaffungs- und Strukturanpassungsmaßnahmen

Zu den Aufgaben der BA gehören die Arbeitsvermittlung, die Arbeitslosenversicherung und die aktive Arbeitsmarktpolitik. Der Rechtskern, um den diese Funktionen sowie das Organisationsrecht der Behörde konstruiert sind, ist das Arbeitsförderungsrecht, das seit 1998 als Drittes Buch (SGB III) in das deutsche Sozialgesetzbuch eingegliedert ist. Das SGB III steht in der Tradition des Gesetzes über Arbeitsvermittlung und Arbeitslosenversicherung (AVAVG) von 1927, dem 1969 das Arbeitsförderungsgesetz (AFG) folgte, dem Vorläufer des SGB III.

Unechte Arbeitslose

Die allermeisten der registrierten Arbeitslosen sind in der ökonomischen Bedeutung des Begriffs womöglich „unechte Arbeitslose", Akteure, von denen die einen einer (Schwarzmarkt-)Beschäftigung nachgehen und die anderen angesichts der Unterstützungszahlungen, auf die sie einen Rechtsanspruch haben, gar keine Arbeit suchen und systematisch betrachtet daher entweder erwerbstätig oder Nichterwerbsperson, aber nicht erwerbslos sind. Zahlen zur unechten Arbeitslosigkeit, die das Ausmaß des Problems schätzen und einen Eindruck von den gesamtwirtschaftlichen Folgeschäden geben, die von der unechten registrierten Arbeitslosigkeit verursacht werden, gibt es nicht. Indizien liefern die auf Stichproben basierenden Befunde von v. Rosenbladt (1991), die 1989 im Auftrag des Bundesministeriums für Arbeit und Sozialordnung unter Betrieben, Arbeitslosen und Arbeitsamtsvermittlern erhoben wurden. Einige der Resultate sind in der Tabelle zusammengefasst.

Betriebe: „Ein Großteil der Arbeitslosen will doch gar nicht arbeiten" (Zustimmung in %)		**registrierte Arbeitslose:**		**Vermittler:** „Wie viel der von ihnen betreuten Arbeitslosen sind, soweit erkennbar, nicht ernsthaft an einer Arbeitsaufnahme interessiert?"	
Kleinbetriebe:	51%	Muss schnell Arbeit finden:	54%	Spannweite:	0 – 60%
Kleinere Mittelbetriebe:	43%	Kann mir etwas Zeit lassen:	34%	Durchschnitt:	21%
Größere Mittelbetriebe:	30%	Suche derzeit keine Arbeit:	12%		
Großbetriebe:	16%				

Nimmt man die Zahlen der Tabelle zum Nennwert, so sind am Ende der achtziger Jahre mindestens 12 % der registrierten Arbeitslosen unecht, da sie keine Arbeit suchen, sondern sich aus anderen Gründen registrieren lassen. Zu dieser unechten Arbeitslosigkeit zählt die „Übergangsarbeitslosigkeit" von Menschen im Vorruhestand oder in Ausbildung sowie die „sozialrechtlich motivierte Arbeitslosigkeit", die um der Anwartschaften auf die Leistungen anderer Sicherungssysteme wegen entsteht bzw. vom Gesetzgeber erzwungen wird (Rentenversicherung, Krankenversicherung, Kindergeld, Sozialhilfe usw.).

In einer von der BA in Auftrag gegebenen Befragung aus dem Jahr 2000 ordnen Cramer et al. (2002) an Hand einer Stichprobe aus dem Bestand der registrierten Arbeitslosen, 21 % der Befragten der Kategorie der Übergangsarbeitslosigkeit zu, bei 18 % ist die Registrierung sozialrechtlich motiviert, während bei weiteren 11 % die Gründe und „Motive" der Arbeitslosigkeit sich aus den Interviews nicht erschließen lassen. Die Statistik von Cramer et al. (2002) lässt daher den Schluss zu, dass etwa 50 % der registrierten Arbeitslosen gar keinen Job suchen und in der ökonomischen Bedeutung des Wortes gar nicht arbeitslos sind.

Quelle: v. Rosenbladt (1991, S. 152ff), Cramer et al. (2002)

Arbeitsförderungsrecht. Die deutschen Länder, Städte und Regionen blicken auf eine Jahrhunderte alte teils korporatistische und standesrechtliche, teils verwaltungsrechtliche Steuerung ihrer Arbeitsmärkte zurück. Eine Epoche mit liberaler Arbeitsmarktverfassung ohne Staatseingriffe, korporatistische oder standesrechtlichre Marktregulierungen hat es entgegen einer verbreiteten Meinung in Deutschland nie gegeben. Spätestens 1927 unternahm das deutsche Reich nach kriegswirtschaftlichen Anfängen im ersten Weltkrieg mit dem im AVAVG kodifizierten verwaltungsrechtlichen Instrumentarium den Versuch, die Anpassungsprozesse des Arbeitsmarktes nicht nur kommunal oder regional, sondern zentralstaatlich zu lenken und mit spezialisierten Behörden und Fachbeamten für den „Marktausgleich" zu sorgen.

Das deutsche Arbeitsförderungsrecht ist seitdem Sozial- und nicht Arbeitsrecht. Der typische Arbeitslose ist ein Sozialfall und kein zivilrechtlicher Versicherungsfall. Arbeitslosigkeit (SGB III) ist wie Krankheit (SGB V) oder Altersarmut (SGB XI) ein Schicksal, das vor allem die unteren und untersten Schichten der deutschen Standesgesellschaft ereilt. Mit dem Schicksal der Arbeitslosigkeit droht der physische und psychische Verfall, der Verlust von Beruf, Stand, sozialem Ansehen und der Zugehörigkeit zu den geschlossenen Gemeinschaften des Arbeitslebens, so die herrschende in den Sozialgesetzbüchern kodifizierte und in der Rechtsprechung der Arbeits-, Sozial- und Verwaltungsgerichte praktizierte Weltanschauung. Die Kosten der Arbeitslosigkeit trägt daher die sozialrechtlich definierte Solidargemeinschaft der Beitragszahler. Kurz, die Arbeitslosigkeit des Sozialrechts ist das Gegenteil der aktiven Jobsuche, von der die (angloamerikanische) Ökonomik handelt. In deren Mittelpunkt steht der Akteur, dem die Suche eine vom technischen, kulturellen und strukturellen Wandel hervorgerufene produktive Chance eröffnet, den Wert des eigenen Humankapitals, die eigenen Fertigkeiten und Kenntnisse durch räumliche, soziale und fachliche Mobilität zu steigern.

Versicherungsprinzip. Die Umwälzungen, die das Matching der Produktionsfaktoren in modernen Volkswirtschaften fortlaufend erfährt, sollen im sozialen Rechtsstaat mit den Instrumenten des zwingenden Verwaltungs- und Sozialrechts durch Fachbehörden hierarchisch kontrolliert und gesteuert und dem Einflussbereich des auf Privatautonomie und Vertrag basierenden Preissystems entzogen werden. In Deutschland gibt es daher keinen Markt für Versicherungen gegen das Risiko der Arbeitslosigkeit. Die Gewerkschaften und Kommunen, die noch am Ende des neunzehnten Jahrhunderts als Versicherungsgeber aktiv waren, haben diesen Markt anders als in Skandinavien oder Belgien schon zu Beginn des letzten Jahrhunderts verlassen. Die deutsche ALV ist eine staatliche Zwangsversicherung, deren Mitgliedschaft aus den versicherungspflichtig Beschäftigten besteht. Im Sprachgebrauch des Rechts unterscheidet man zwei Grundprinzipien des Schutzes gegen die Risiken des Alters und der Arbeitslosigkeit sowie gegen Unfall und Krankheit: das Versicherungs- und das Fürsorgeprinzip. Die deutsche ALV basiert auf dem (juristischen) Versicherungsprinzip. Das heißt erstens, dass die anspruchsberechtigten Leistungsempfänger durch Beiträge die Unterstützungszahlungen der ALV selber aufbringen sollen. Zweitens gehört die Anwartschaftszeit von derzeit 12 Monaten, in der ein Anwärter seine Zugehörigkeit zum Kreis der Berechtigten mit Beiträgen bestätigt, ebenso zum Prinzip wie drittens die beitragsäquivalente Ersatzleistung im Schadensfall.

Da die deutsche ALV auf Mitglieds- und Beitragszwang basiert und Defizite aus Steuermitteln ausgleicht, kann sie die Heterogenität des Versichertenpools ausblenden. Um Klassifikationen der Risikotypen und anreizkompatible Versicherungspolicen muss sich die ALV ebenso wenig kümmern, wie um das vom Leistungs- und Beitragsrecht erzeugte Kündigungs- und Suchverhalten ihrer Mitglieder.

Wie eine nicht auf staatlichen Rechts-, sondern auf Managementprinzipien basierende staatliche Verwaltung eine endogene Klassifikation von Risikotypen implementiert, zeigt zum Beispiel das nordamerikanische System der Erfahrungsklassifikation (experience rating). In Kanada und den USA finanzieren die Unternehmen mit ihren Beiträgen die Budgets der lokalen Arbeitslosenversicherungen, die jede Firma mit einem von

> **Wichtigste Änderungen beim Arbeitslosengeld**
>
> Beschäftigte, deren versicherungspflichtiges Arbeitsverhältnis endet und die noch keine Anschlussbeschäftigung in Aussicht haben, müssen sich sofort (frühestens drei Monate vor Ende des Arbeitsverhältnisses) bei der Agentur für Arbeit arbeitsuchend melden. Ein Arbeitsloser, der sich nicht unverzüglich meldet, muss mit einer Minderung des Arbeitslosengeldes rechnen (§ 37 b und 140 SGB III ab 1.7.2003).
>
> Die maximale Anspruchsdauer beträgt 12 Monate. Bei einer versicherungspflichtigen Beschäftigungsdauer von mindestens 30 Monaten haben Arbeitnehmer, die das 55 Lebensjahr vollendet haben, einen Anspruch auf Arbeitslosengeld von 15 Monaten, bei einer versicherungspflichtigen Beschäftigungsdauer von über 36 Monaten von maximal 18 Monaten (§ 127 SGB III ab 1.2.2006).
>
> Die Anwartschaftszeit hat erfüllt, wer in der Rahmenfrist von zwei Jahren mindestens zwölf Monate in einem versicherungspflichtigen Arbeitsverhältnis gestanden hat (§ 123 und 124 SGB III ab 1.2.2006).
>
> Unzureichender Nachweis der Eigenbemühungen zur Beendigung der Arbeitslosigkeit können zu einer Sperrzeit von 2 Wochen führen (§ 144 SGB III ab 1.1.2005).

der betrieblichen Trennungsrate abhängigen Beitragssatz belastet. Je mehr Arbeitnehmer die Firma entlässt und je länger die entlassenen Jobsucher die Ersatzleistungen beanspruchen, umso höher ist der Beitragssatz, den die Firma an die ALV zu entrichten hat.

Auch deutsche Antragsteller, die Lohnersatzleistungen nachfragen, werden „klassifiziert", schließlich muss die ALV die Anspruchsberechtigung prüfen, bevor sie die einen fortschickt und die anderen registriert. Der „registrierte Arbeitslose" ist eine Person des öffentlichen Rechts, die allerdings im SGB III und seinen Kommentaren gar nicht vorkommt. Der „registrierte Arbeitslose" ist vielmehr ein mit Blick auf das Förderungsrecht im Rahmen des Ermessensspielraums von der BA definierter Träger von subjektiven Ansprüchen und (Mitwirkungs-) Pflichten. Arbeitslos ist demnach jemand, der (1) vorübergehend nicht in einem Beschäftigungsverhältnis steht, (2) eine versicherungspflichtige Beschäftigung von mindestens 15 Stunden wöchentlich sucht, (3) den Vermittlungsbemühungen der Agentur für Arbeit zur Verfügung steht, (4) sich bei einer Agentur arbeitslos gemeldet hat, (5) das 65. Lebensjahr noch nicht vollendet hat und (6) nicht arbeitsunfähig erkrankt ist. Ein Antragsteller, der diese Bedingungen erfüllt, wird von den Geschäftsstellen der BA als arbeitslos registriert.

Die in 660 Geschäftsstellen der BA mit ca. 12 500 in der Vermittlung Tätigen praktizierten Registrierungsverfahren sind weder kodifiziert, noch folgen sie, wie es scheint, einem bundeseinheitlichen Schema. Es liegt im Ermessen der einzelnen Vermittler, wie sie die vagen und allgemeinen Rechtsbegriffe und Legaldefinitionen des SGB III zum Arbeitslosen in § 16, zur Arbeitslosigkeit und Beschäftigungssuche in § 119 etc. auslegen und anwenden.

Ein Akteur, der die oben genannten Kriterien erfüllt, wird als Arbeitsloser registriert. Ob er Anspruch auf Lohnersatz also auf Arbeitslosengeld (ALG), Arbeitslosenhilfe (ALH) oder Sozialhilfe (HLU) hat, hängt von seiner Erwerbsbiografie ab. Bis 2004 waren drei Typen von Leistungsempfängern zu unterscheiden. (1) Registrierte Arbeitslose haben Anspruch auf ALG, wenn sie die Anwartschaftszeit (§ 117) erreichen. Die Anwartschaftszeit erreicht, wer in einer Rahmenfrist von drei Jahren, die der Arbeitslosigkeit vorausgeht, mindestens zwölf Monate in einem „Versicherungspflichtverhältnis gestanden hat" (§ 123 SGB III). (2) Registrierte Arbeitslose, die mit ihrer Erwerbsbiografie die Anwartschaftszeit nicht erreichen, aber bedürftig sind und an mindestens einem Tag der einjährigen Vorfrist ALG-Vorbezug nachweisen können, sind ALH-berechtigt. (3) Registrierte Arbeitslose schließlich, die sowohl bei der Prüfung der Anwartschaftszeit als auch bei der Prüfung der Vorfrist und des ALG-Vorbezugs scheitern, aber bedürftig sind, erhalten Leistungen (Sozialhilfe) nach dem Bundessozialhilfegesetz (BSHG). Ab 1.1.2005 werden die beiden letzten Klassen von Leistungsbeziehern zusammengelegt. Sie erhalten das Arbeitslosengeld II (SGB II), eine Fürsorgeleistung für Erwerbslose, die ähnlich wie die Sozialhilfe zum Lebensunterhalt konstruiert ist.

Die Lohnersatzrate für Empfänger von ALG beträgt für Arbeitslose mit Kindern 67 % des um die gesetzlichen Abgaben verminderten Arbeitseinkommens, das der Arbeitslose im Durchschnitt erzielt hat. Für die anderen gilt eine Rate von 60 % (§ 129 SGB III). Die Zahlungen sind gedeckelt. In Westdeutschland wurden im Jahr 2004 maximal 67 % bzw. 60 % der Beitragsbemessungsgrenze von 5 150 EUR (1980: 4 200 DM) monatlich ausgeschüttet. Alle sozialversicherungspflichtig Beschäftigten trugen 2004 bis zur Beitragsbemessungsgrenze mit dem proportionalen Beitragssatz von 6,5 % (1980: 3 %) des Bruttoeinkommens zu den Einnahmen der BA bei. Die von Experten geschätzten tatsächlichen Lohnersatzraten liegen je nach Geschlecht und Alter mit ca. 39 % bis 46 % weit unter den Raten, die das SGB III nennt (*Franz* 2003). Andererseits stammte z.B. im Jahr 1989 nur ein Drittel des verfügbaren Haushaltseinkommens eines Arbeitslosen aus Leistungen des Arbeitsförderungsrechts: Bei nahezu 50 % der Arbeitslosen war ein anderes Haushaltsmitglied erwerbstätig; bei 16 % gab es einen Bezieher von Rente oder Pension; 7 % erhielten Unterhaltszahlungen und andere Unterstützungen. Hinzu kamen Transferzahlungen der Sozialleistungssysteme und schließlich Einkünfte aus Haus- und Grundbesitz oder Vermögen bei 3 % (*v. Rosenbladt* 1991).

Suchwege

Die Tabelle zeigt die von Eurostat (2003) erhobene Verteilung der Suchwege deutscher Arbeitsloser im EU-Vergleich. Hervorstechend ist dabei der hohe Anteil, den die staatliche Arbeitsvermittlung in Deutschland mit 96,3 % einnimmt, der sogar noch den französischen Wert von 93,0 % übertrifft und mit dem Deutschland regelmäßig den europäischen Spitzenplatz einnimmt.

	D	F	I	S	UK	EU-15
Suche über das Arbeitsamt	96,3	93,0	26,5	70,9	69,9	67,1
Suche über private Vermittlung	17,3	33,3	13,0	3,0	28,4	19,6
Bewerbung auf nicht ausgeschriebene	11,8	57,8	24,8	45,8	54,4	38,6
Nachfrage bei Freunden und Verwandten	26,8	67,6	36,3	20,5	59,6	47,6
Aufgabe / Beantworten von Inseraten	49,3	41,0	14,7	43,0	61,3	35,4
Durchsehen von Inseraten	36,0	71,3	26,5	33,1	84,2	46,5
Test, Vorstellungsgespräch, Prüfungen	7,6	25,6	32,5	-	-	13,7
D = Deutschland; F = Frankreich, I = Italien, S = Schweden, UK = Großbritannien						

Quelle: Eurostat (2003)

Die Arbeitslosenhilfe war bislang mit einer Ersatzrate von 57 % bzw. 53 % ausgestattet (§ 195 SGB III). Die ALH baut ebenso wie das ab 2005 ausgezahlte ALG II nicht auf dem Versicherungs-, sondern wie die Sozialhilfe auf dem Fürsorgeprinzip auf und ist daher mit einer Bedürftigkeitsprüfung verbunden, bei der Geld- und Grundvermögen sowie Leistungen unterhaltspflichtiger Angehöriger verrechnet werden. Die Leistungen des ALH ebenso wie neuerdings des ALG II sind im Allgemeinen unbefristet und werden durch den Bund aus allgemeinen Steuer- und Kapitalmarktmitteln finanziert und wie das ALG von der BA verwaltet. Das ALG wird direkt von der BA überwiesen und durch die Pflichtbeiträge zur Arbeitslosenversicherung der Arbeitnehmer und Arbeitgeber je zu 50 % aufgebracht.

Tab. 10.2: Leistungen an Arbeitslose 1980–2002

	1980	1990	1995	2000	2002
Bestand an reg. Arbeitslosen in Tsd., dar.	889	1 883	3 612	3 889	4 060
Leistungsempfang in %	64,8	68,5	87,3	81,6	88,9
ALG in %	51,1	42,4	49,3	43,6	46,8
ALH in %	13,7	23,0	26,1	37,0	41,7
Anträge auf ALG in Tsd.	2 345	2 241	4 015	3 980	4 580
bewilligt in %	90,4	95,5	93,2	91,1	87,8
Anträge auf ALH	510	716	1623	1 723	1 740
bewilligt in %	67,4	72,2	80,0	84,2	88,0
Durchschnittliche Dauer einer					
ALG-Periode in Wochen	11,1	19,4	23,0	21,8	21,6
ALH-Periode in Wochen	18,4	43,6	38,7	47,9	51,3
Bestand an Sozialhilfeempfängern in Tsd., dar.	–	–	1 512	1 620	1 681
arbeitslos gemeldet in %	–	–	30,9	39,8	43,5
arbeitslos gemeldet mit AFR Leistungen in %	–	–	11,1	14,1	14,8
Quelle: BA, Statistisches Bundesamt, eigene Berechnungen, ab 1995 Deutschland					

Die Tab. 10.2 gibt einen Überblick über den Anteil anspruchsberechtigter Leistungsempfänger an den registrierten Arbeitslosen sowie über die bewilligten Anträge auf ALG und ALH. Der Zuwachs der Leistungsempfänger- und der Bewilligungsquote bei der ALH wird mit der wachsenden Zahl von Langzeitarbeitslosen erklärt, deren Ansprüche auf ALG auslaufen. In den letzten Jahren der Weimarer Republik war die deutsche ALV mit ganz ähnlichen Problemen konfrontiert, der Aufbringung der Mittel zur Finanzierung ihrer angesichts der Massenarbeitslosigkeit schnell wachsenden Ausgaben und, wie man es damals nannte, der „Aussteuerung“ der Langzeitarbeitslosen. Dem Finanzierungsproblem versuchte die ALV bereits damals mit einem Beitragssatz von 6,5 % auf das Bruttoeinkommen ihrer Pflichtmitglieder beizukommen. Das drückende Gewicht der Langzeitarbeitslosigkeit verdeutlichen die folgenden Zahlen. Bis 1933 war der Anteil der registrierten Arbeitslosen die Hauptunterstützung aus der ALV bezogen auf 15,8 % gesunken, der Anteil, der Krisenunterstützung (= ALH) erhielt, war dagegen auf 40,9 % gestiegen und der Anteil der Wohlfahrtserwerbslosen (= Sozialhilfe) machte 19,8 % aus (*Schmuhl* 2003). Wie hoch war der Anteil der strukturellen durch die sozial- und koalitionsrechtliche Verwaltung des deutschen Arbeitsmarktes verursachte Arbeitslosigkeit während der Weimarer Republik? Der Anteil der Langzeitarbeitslosen von 60,7% ist ein Indiz für die hohe strukturelle von der Weimarer Rechtsordnung erzeugte Arbeitslosigkeit, die die Frage nach den Parallelen und übereinstimmenden Ursachen von Weimarer, Bonner sowie Berliner Massenarbeitslosigkeit provoziert.

Wie hoch ist die Quote der Leistungsempfänger unter den registrierten Arbeitslosen heute? Im Jahr 2000 erhielten 81,6 % der registrierten Arbeitslosen oder 3 173 Tsd. Personen Lohnersatzleistungen nach dem SGB III (= AFR-Leistungen). Von den 716 Tsd. registrierten Arbeitslosen, die keinen Anspruch auf AFR-Leistungen hatten, wurde vermutlich aber der größte Teil mit Hilfe zum Lebensunterhalt (HLU, Sozialhilfe) aus BSHG-Mitteln versorgt. Über den Anteil der Sozialhilfeempfänger unter den registrierten Arbeitslosen, die nur BSHG-Leistungen beziehen, ist die BA allerdings ebenso wenig informiert wie über den Anteil der registrierten Personen, die nur über private Lohnersatzleistungen verfügen. Einen Anhaltspunkt über die Anzahl dieser Personen liefert die Statistik der registrierten Arbeitslosen unter den HLU-Empfängern, s. Tab. 10.2. Im Jahr 2000 waren unter den 1 620 Tsd. Empfängern dieser BSHG-Leistung 39,8 % registrierte Arbeitslose, 14,1 % waren registriert und erhielten AFR-Leistungen und 25,7 % waren demzufolge registriert (= 416,3 Tsd. Pers.), doch ohne einen AFR-Anspruch. Somit belief sich im Jahr 2000 der Anteil der registrierten Arbeitslosen, die nur Sozialhilfe bezogen, auf ca. 10,7 %. Die tatsächliche Leistungsempfängerquote betrug demnach 92,3 % und der Anteil der registrierten Arbeitslosen, die gar keine öffentlich-rechtlichen Lohnersatzleistungen abrufen konnten, ergeben sich als Restgröße mit ca. 7,7 % oder 299,5 Tsd. Personen. Für das Jahr 1995 errechnet sich auf dem gleichen Weg eine Leistungsempfängerquote von 95,6 % und für das Jahr 2002 von 100 %.

10.2 Private oder staatliche Arbeitslosenversicherung?

Warum ist die ALV in vielen Ländern als staatliche Zwangsversicherung organisiert? Zwei Antworten bietet die Ökonomie an, die politökonomische und die informationsökonomische, die anschließend ausführlicher behandelt werden soll. Nach der politökonomischen ist der Staat, voran die Legislative, ein Instrument mächtiger Interessengruppen wie der Gewerkschaften und der Arbeitgeberverbände. Während bei den meisten Projekten des Staates die Legislative das Einfalltor ist, durch das die Lobbyisten die Interessen ihrer Klientel bekunden und durchsetzen, haben Gewerkschaften und Arbeitgeberverbände in der staatlichen Arbeitsverwaltung die leitenden Satzungs- und Exekutivfunktionen in der drittelparitätisch besetzten Selbstverwaltung der BA direkt unter Kontrolle. Um das Monopol der staatlichen Arbeitsverwaltung vor Konkurrenz zu schützen, werden private Vermittlungs- und Versicherungsleistungen entweder durch den Gesetzgeber verboten oder die Erwerbstätigen werden, wie in Deutschland, zur entgeltpflichtigen Mitgliedschaft in der staatlichen Arbeitslosenversicherung gezwungen. In dem Maße, wie die Interessen der beiden mächtigsten gesellschaftlichen Gruppen die Arbeitsverwaltung beherrschen, in dem Maße wird diese über die reine Versicherungsleistung hinaus bestrebt sein, Vor- und Nachsorgemaßnahmen sozialrechtlich zu verankern, um die Wohlfahrt der anspruchsberechtigten Arbeitslosen zu erhöhen und ihren Widerspruch gegen das Tarifkartell auf dem Arbeitsmarkt zum Verstummen zu bringen. Infolge der Interessenlage ihrer Mitglieder entwickelt jede Bürokratie eine Tendenz zu wachsen. Jeder Bürokrat verfolgt das Ziel, sein Budget, das zugeordnete Personal und seine Kompetenzen zu maximieren, weshalb die Expansion der Arbeitsverwaltung über die Grenzen der reinen Versicherungsanstalt hinaus von der Bürokratie unterstützt, ja mit Dringlichkeit zum vermeintlichen Wohl der Arbeitslosen gefordert wird.

Das Effizienzargument leitet die Existenz der staatlichen ALV nicht aus dem Versagen des Arbeitsmarktes, sondern dem des Marktes für die Versicherung von Einkommensrisiken ab. Die Ursachen dieses Marktversagens finden sich entweder auf der Nachfrage- oder der Angebotsseite. Ob überhaupt eine Nachfrage nach Versicherung besteht, hängt erstens von den Risikopräferenzen der Akteure, zweitens von der Risikomenge und drittens von den Möglichkeiten ab, Selbstversicherung zu betreiben. Alle drei Einflussfaktoren könnten maßgeblich dafür sein, dass sich kein privates Angebot von Versicherungen gegen das Einkommensrisiko bildet. Die Annahme, dass die Akteure risikoavers und daher bereit sind, für die Verringerung ihres Einkommensrisikos eine Versicherungsprämie zu bezahlen, ist durch viele Beobachtungen belegt. Dass das Einkommensrisiko Ausmaße hat, die für ein großes Marktvolumen sprechen, ist ebenso wenig umstritten. Dass Selbstversicherung – wie Vorsorgesparen, Risikodiversifikation in der Verwandtschaftsgruppe, Arbeitsverträge mit Versicherungskomponenten – auch in modernen Großgesellschaften eine Rolle spielt, deutet z.B. die oben zitierte Untersuchung von *v. Rosenbladt* (1991) an, nach der 1989 nur ein Drittel des verfügbaren Haushaltseinkommens eines Arbeitslosen aus Unterstützungszahlungen der BA oder des Bundes bestand. Wenn nur ein Drittel des verfügbaren Einkommens eines Arbeitslosen aus Versicherungsleistungen besteht, so lässt sich diese Statistik auch als Hinweis interpretieren, dass eine bedeutende (Rest-) Nachfrage nach Schutz gegen Einkommensrisiken existiert, die von der staatlichen ALV nicht gedeckt wird.

Lassen sich Nachfragefaktoren als Ursachen für das Fehlen privater Versicherungsmärkte ausschließen, müssen die Gründe für das Marktversagen auf der Angebotsseite des Versicherungsmarktes zu finden sein. Als solche kommen prohibitive Transaktionskosten und die von der Konjunktur erzeugte Kovarianz zwischen den Einkommensrisiken in Frage. Solange die konjunkturbedingte Korrelation zwischen den Einkommensrisiken nicht perfekt ist, bieten sich den Versicherungsanbietern aber stets Möglichkeiten zur Risikodiversifikation. Etwa indem sie Policen von Arbeitnehmern mischen, die in verschiedenen Konjunkturzonen, Branchen, Regionen oder Ländern beschäftigt sind. Gegen das systematische (= nicht diversifizierbare) Marktrisiko könnten die Versicherungsgesellschaften gestaffelte und indexierte Prämien anbieten, die an die Entwicklung der Arbeitslosenquote oder an Branchenindikatoren geknüpft sind. Prohibitive Transaktionskosten, die bei der Messung privater Informationen entstehen, scheinen letztlich der Hauptgrund dafür zu sein, dass sich kein privates Angebot von Versicherungsschutz gegen die idiosynkratischen (= an sich diversifizierbaren) Einkommensrisiken bildet. Zu den kaum messbaren privaten Informationen zählen dabei die Beschäftigungschancen eines Akteurs, seine Bereitschaft, aktiv nach einer Stelle zu suchen oder seine Freizeitpräferenzen. Moralischer Hasard und negative Auslese unter den Versicherungsnehmern könnten bei einer privaten Versicherung so schwere Ausmaße annehmen, dass sich ein rentables privates Versicherungsangebot nicht organisieren lässt. Warum kann aber der Staat diese Lücke schließen, die der Markt hinterlässt? Weil er bei gefestigtem Legitimitätsglauben mit Androhung von Sanktionen die Bezieher von Lohn- und Gehaltseinkommen zur Mitgliedschaft zwingen und den Prozess der negativen Auslese anders als die privaten Anbieter ausschalten kann.

Anschließend wird das Gleichgewicht eines Marktes für die Versicherung von Einkommensrisiken bei symmetrischer und bei asymmetrischer Information behandelt und erläutert, weshalb bei asymmetrischer Information der private Versicherungsmarkt versagt und eine staatliche Zwangsversicherung an seine Stelle tritt. *Chiu* und *Karni* (1998) stellen ein Modell vor, in dem neben negativer Auslese auch moralischer Hasard auf das Angebot von Policen gegen das Risiko der Arbeitslosigkeit wirkt. *Karni* (1999) kombiniert adverse Selektion infolge nicht beobachtbarer Freizeitpräferenzen der Arbeitnehmer mit endogenem moralischen Hasard bei der Festlegung des Anspruchslohns. Im Unterschied zu den Modellen von Chiu und Karni zeigt das folgende Modell die Konsequenzen adverser Selektion, wenn die Information über das Risiko der Arbeitslosigkeit asymmetrisch verteilt ist.

Das Arbeitseinkommen eines Akteurs A ist der Ertrag seines Humankapitals und in einer dezentral über Preise koordinierten Marktwirtschaft, die exogenen Schocks ausgesetzt ist, eine unsichere Größe. Tritt der normale Konjunkturzustand ein, kann A mit einem Einkommen von $Y_H = 50\,000$ EUR rechnen, worin seine risikolosen Einkünfte aus Grundbesitz und Vermögen in Höhe von 2 000 EUR enthalten sind. Bei schlechter Konjunktur erzielt A dagegen nur sein Vermögenseinkommen $Y_L = 2\,000$ EUR, während sein Lohneinkommen, da er arbeitslos wird, ausfällt. Der normale Fall trifft, wie A glaubt, mit der Wahrscheinlichkeit $q = 95\%$ ein, der Fall der Arbeitslosigkeit mit der Wahrscheinlichkeit $1-q = 5\%$. A konsumiert sein gesamtes Einkommen. Ohne Versicherung gegen das Konsumrisiko, das aus der Volatilität seines Einkommens resultiert, erreichen die Konsumausgaben von A im Normalfall die Höhe $C_H = Y_H$ und im Fall der Arbeitslosigkeit $C_L = Y_L$. Seine erwarteten Konsumausgaben berechnet A mit der Formel für den Erwartungswert zu $E[C] = qC_H + (1-q)C_L$. Im Beispiel ergibt sich hiermit ein erwarteter Konsum von $E[C] = 47\,600$ EUR. Misst man die Risikomenge, die in der Streuung der Konsumausgaben um den Erwartungswert der Konsumverteilung steckt, mit der Standardabweichung der Verteilung, so ergibt sich mit Rücksicht auf die Formel für die Varianz $V[C] = q(C_H - E[C])^2 + (1-q)(C_L - E[C])^2$ eine Risikomenge in Höhe von $S[C] \equiv \sqrt{V[C]} = 10\,461{,}36$ EUR, die A versichern möchte.

Vollständige Information

Wir nehmen an, dass A auf einem Versicherungsmarkt mit zahllosen kleinen Anbietern und Nachfragern Versicherungsschutz gegen sein Konsumrisiko erwerben kann. Die Versicherungsgesellschaften sind vollständig über die vom Risiko der Arbeitslosigkeit erzeugten Konsumverteilungen der Nachfrager informiert, moralischen Hasard oder eine negative Auslese unter ihren Kunden müssen sie nicht befürchten. Die Gesellschaften bieten Policen $[p,b]$ mit dem Prämiensatz p und der Versicherungssumme b an, so dass pb die Prämienzahlung ist, die ein Versicherungsnehmer mit dem Vertrag $[p,b]$ an den Versicherungsgeber zu entrichten hat. Beträgt der Prämiensatz z.B. $p = 8\%$ und die Versicherungssumme $b = 12\,000$ EUR, so belaufen sich die Prämienzahlungen auf $pb = 960$ EUR. Tritt der Schadensfall ein, so erhält der Versicherungsnehmer eine Lohnersatzzahlung in Höhe von $b = 12\,000$ EUR. Beide Marktseiten, so wird weiter angenommen, passen sich an die herrschende Prämie p an, die das Resultat von Angebot und Nachfrage auf dem Markt für die Versicherung von Einkommensrisiken ist. Der Versicherungsnehmer wählt mit Rücksicht auf die Verteilung seines Risikos sowie im

Hinblick auf die gegebene Prämie p die nutzenmaximale Versicherungssumme b; der Versicherungsgeber entscheidet, ob er bei dem Risiko, das A verkörpert, und der herrschenden Prämie den Versicherungsantrag von A akzeptiert oder ablehnt. Kommt es zum Vertragsabschluß, so tauscht A die ursprüngliche Verteilung seines Konsumrisikos gegen eine neue, durch die Vertragskonditionen modifizierte Risikoverteilung, die ihm zumindest den gleichen Nutzen spendet wie die Status-quo-Verteilung, denn andernfalls würde er den Vertrag gar nicht abschließen.

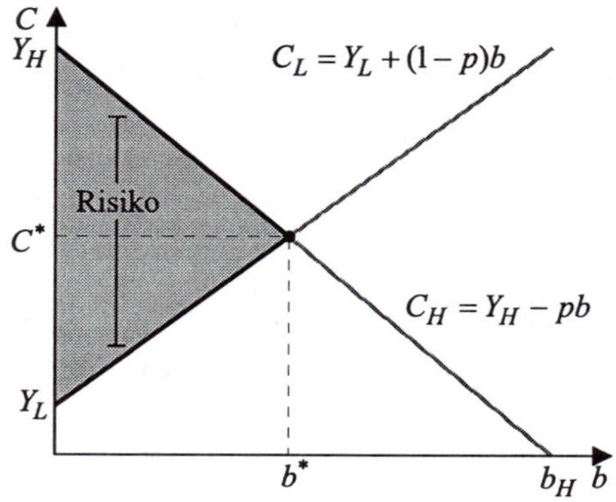

Abb. 10.1: Konsumverteilung

Die Menge der möglichen Verteilungen der Konsumausgaben, unter denen A wählen kann, ist in Abb. 10.1 dargestellt und ergibt sich mit Hilfe der Budgetgleichung $C_H = Y_H - pb$ für den normalen und der Budgetgleichung $C_L = Y_L + (1-p)b$ für den schlechten Fall. Die Abszisse der Abb. 10.1 stellt die Versicherungssumme b, die Ordinate die Konsumausgaben C dar. Die Budgetgleichung für den normalen Konjunkturverlauf hat bei $b = 0$ einen Ordinatenabschnitt in Höhe des normalen Einkommens bzw. des normalen Konsums Y_H, den A sich leistet, wenn er keine Versicherung abschließt. Die negative Steigung der Geraden ist durch den Trade-off zwischen Konsum und Versicherungsprämie bedingt. Je niedriger die Prämie, desto flacher verläuft die Budgetgerade, desto geringer ist die Konsumeinbuße, die A bei einer gegebenen Erhöhung der Versicherungssumme hinnehmen muss. Bei der Versicherungssumme b_H gibt A sein gesamtes Einkommen für die Versicherungsprämie aus. Die Budgetgerade für den Fall der Arbeitslosigkeit hat bei $b = 0$ einen Ordinatenabschnitt in Höhe des Einkommens Y_L und eine ebenfalls von der Prämie bestimmte, aber positive Steigung. Die Budgetgerade verläuft umso steiler, je niedriger die Prämie ist, die A an den Versicherungsgeber zu zahlen hat. Mit steigender Versicherungssumme b nimmt der Konsum zu, den A sich im Fall des Schadenseintritts leisten kann.

Der Versicherungsmarkt bietet ähnliche Transformationsleistungen an wie der Kapitalmarkt. Während ein Akteur auf dem Kapitalmarkt durch Kreditaufnahme und Kapitalanlage seinen Konsumstrom intertemporal glättet, bietet ihm der Versicherungsmarkt die Chance, die zu einem Zeitpunkt geltende Streuung seiner Konsumrisiken zu reduzieren. Mit steigendem b sinkt, wie Abb. 10.1 verdeutlicht, die Volatilität des Konsums: A belastet das Budget, das ihm im guten Fall zur Verfügung steht, mit Prämienzahlungen und tauscht dafür das Budget mit der zusätzlich zum Einkommen ausgeschütteten

Versicherungssumme ein, wenn der Schadensfall eintritt. Bei steigender Versicherungssumme b wird die Spannweite (= das Risiko) $C_H - C_L = Y_H - Y_L - b$ der auf dem Versicherungsmarkt erworbenen Risikoverteilung kleiner und verschwindet bei b^*, wo sich die beiden Budgetgeraden schneiden, ganz. Mit der Versicherungssumme b^* ist das Budget, das A zur Verfügung steht, in allen Situationen konstant. Ob A arbeitslos ist oder sein normales Einkommen verdient, sein Konsum beträgt stets $C^* = C_H = C_L$, wobei $C_H = Y_H - pb^*$ und $C_L = Y_L + (1-p)b^*$. Den Vertrag $[p, b^*]$ bezeichnet man daher als Vollversicherung.

Welche Versicherungssumme muss A abschließen, wenn er plant, sich voll zu versichern? Mit Hilfe von $Y_H - pb^* = Y_L + (1-p)b^*$ folgt, dass die Vollversicherung eine Abschlusssumme in Höhe von $b^* = Y_H - Y_L$ voraussetzt. Im Beispiel ist die Versicherungssumme bei Vollversicherung gleich dem Arbeitseinkommen: $b^* = 48\,000$ EUR. Bei einem Prämiensatz von 8 % beträgt die Prämie, die A für diese Transformation seiner Risikoverteilung an die Versicherung entrichten muss, $pb^* = 3\,840$ EUR. Hiermit genießt A einen risikofreien Konsum von $C^* = 46\,160$ EUR. Verzichtet A auf eine Versicherung, so erzielt er dagegen einen erwarteten, aber risikanten Konsum von $E[C] = 47\,600$ EUR. Im Vergleich zum Erwartungswert seiner ursprünglichen Verteilung erleidet A also eine Konsumeinbuße in Höhe von 1 440 EUR, wenn er eine Vollversicherung abschließt, denn $E[C] - C^* = 1\,440$ EUR.

Gibt es einen Vertrag, mit dem A, gemessen am Erwartungswert seiner ursprünglichen Risikoverteilung, keine Einbuße hinnehmen muss? Ein solcher Vertrag müsste die Bedingung $qY_H + (1-q)Y_L \leq qC_H + (1-q)C_L$, mit $C_H = Y_H - pb$ und $C_L = Y_L + (1-p)b$, erfüllen, was genau dann der Fall ist, wenn $0 \leq [(1-q)(1-p) - qp]b$ bzw. wenn der Prämiensatz nicht höher ist als die Wahrscheinlichkeit der Arbeitslosigkeit $p \leq 1-q$. Wie man sieht, liegt der Abschluss eines solchen Vertrages, bei dem der Versicherungsnehmer keine Konsumeinbußen erleidet, nicht in der Hand des Akteurs, da die Konjunktur den Parameter q und der Versicherungsmarkt die Prämie p festlegt und A auf beide keinen Einfluss hat. Da im Zahlenbeispiel $p = 8\,\% > 5\,\% = 1-q$, ist es nicht verwunderlich, wenn A beim Abschluss einer Vollversicherung gegenüber dem Erwartungswert seiner ursprünglichen Verteilung auf Konsum in Höhe von 1 440 EUR verzichten muss. Als nächstes behandeln wir das Versicherungsangebot und bestimmen danach die nutzenmaximale Versicherungssumme, die A im Gleichgewicht des Versicherungsmarktes abschließt.

Die Anbieter sind gewinnmaximierende Firmen, die Risikotransformationen durchführen und sich unter den Bedingungen vollkommener Konkurrenz bei der Zusammenstellung ihres Portfolios an die herrschenden Prämiensätze für die verschiedenen Risikotypen anpassen. Eine vollständig informierte Firma, die das Konsumrisiko von A versichert, erzielt bei normalem Konjunkturverlauf einen Gewinn in Höhe der Prämienzahlung $\pi_H = pb$, ein Ereignis, das mit der Wahrscheinlichkeit q eintritt. Wird der Versicherte arbeitslos, was mit der Wahrscheinlichkeit $1-q$ geschieht, muss die Gesellschaft die Versicherungssumme auszahlen und erleidet daher einen Verlust in Höhe von $\pi_L = -(1-p)b$. Der erwartete Gewinn der Versicherung aus einem Vertrag mit A, $\Pi_A = q\pi_H + (1-q)\pi_L$, beträgt mithin $\Pi_A = [qp - (1-q)(1-p)]b$, so dass

$$\Pi_A = [p - (1-q)]b. \tag{10.1}$$

Die gewinnmaximierende Firma akzeptiert einen Versicherungsantrag von A genau dann, wenn ihr erwarteter Gewinn aus dem Vertrag mit A nicht negativ ist, so dass $\Pi_A \geq 0$. Die Partizipationsbedingung ist erfüllt, sobald der Prämiensatz mindestens das Risiko der Arbeitslosigkeit deckt, so dass $p \geq 1-q$. In die Definition des erwarteten Gewinns der Versicherung geht die Annahme ein, dass die Firma keine (vertrags-) fixen Kosten hat. Diese Annahme dient zwar primär der Vereinfachung, ist aber mit Rücksicht auf die übrigen Modellprämissen nicht unplausibel. Denn das Risiko, das A verkörpert, gehört zu den öffentlichen Informationen, so dass die Versicherung kostenlos über diese verfügen und auf Klassifikationen verzichten kann. Im Zahlenbeispiel ist der Prämiensatz höher als das Risiko der Arbeitslosigkeit, so dass die Versicherungsfirma aus dem Vertrag mit A einen Gewinn erhält, der genau der erwarteten Konsumeinbuße entspricht, die A bei dieser Prämie hinnehmen muss.

Wenn die Versicherungswirtschaft mit Verträgen vom Typ A Gewinne erwirtschaftet und der Marktzutritt nicht durch aufsichtsrechtliche oder andere Regulierungen versperrt ist, dann locken die Gewinnaussichten neue Anbieter von Versicherungsverträgen an, die mit günstigeren Konditionen in den Markt eindringen und Kunden akquirieren und abwerben. Der Prämiensatz gerät unter Druck, bis im Gleichgewicht der erwartete Gewinn des typischen Anbieters auf null und der Prämiensatz auf den Wert der Wahrscheinlichkeit gesunken ist, mit der Akteure vom Typ A arbeitslos werden. Die Gleichgewichtsbedingung des Versicherungsmarktes für Risiken vom Typ A lautet mithin $p = 1-q$. Einen Versicherungsvertrag mit einem Prämiensatz, bei dem der erwartete Gewinn des Anbieters gleich null ist, heißt fair. Im Gleichgewicht des betrachteten Versicherungsmarktes mit vollkommener Konkurrenz und vollständiger Information werden also nur faire Verträge abgeschlossen. Der Grund für dieses Ergebnis ist nicht die Moral der handelnden Akteure, sondern das Zusammenspiel von Profitmotiv und Konkurrenz bei freiem Marktzutritt.

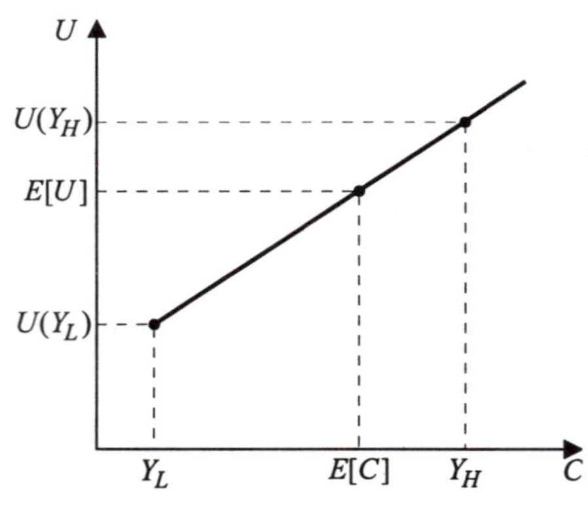

Abb. 10.2: Erwarteter Nutzen

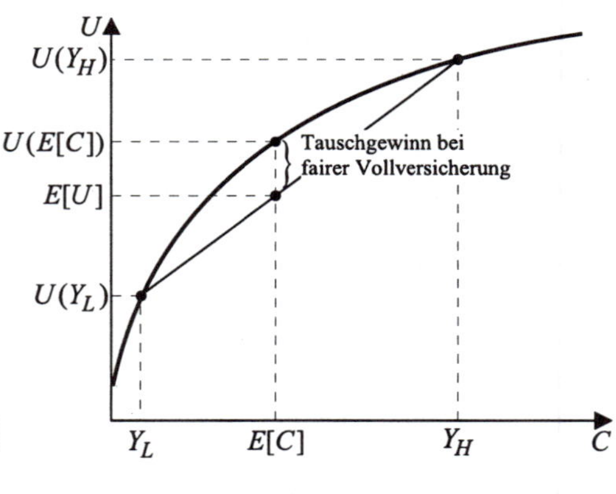

Abb. 10.3: Nutzen bei Vollversicherung

Wenn A bei gegebener Prämie eine Versicherung nachfragt, wie hoch ist die Versicherungssumme, die seinen Nutzen maximiert? Um die nutzenmaximale Versicherungssumme zu bestimmen, nehmen wir an, dass A die Konsumbudgets in den verschiedenen Handlungssituationen mit seiner Nutzenfunktion bewertet. $U_H = U(C_H)$ ist sein Nutzen bei normalem Konjunkturverlauf und $U_L = U(C_L)$ ist sein Nutzen im Fall der Arbeitslosigkeit. Mit den Eigenschaften der kardinalen v. Neumann-Morgenstern-Nutzenfunktion U unterscheidet man drei Typen von Risikopräferenzen: die Risikoaversion, die Risikoneutralität und die Risikofreudigkeit.

Zunächst erfüllt U die übliche Annahme, dass Mehrkonsum mit höherem Nutzen verbunden ist, so dass für die erste Ableitung der v. Neumann-Morgenstern-Nutzenfunktion $U'(C) > 0$ gilt. Die Zuordnung zu den drei Präferenztypen erfolgt anhand des Vorzeichens der zweiten Ableitung. Wenn der Grenznutzen bei steigendem Einkommen (Konsum) wie in Abb. 10.3 abnimmt, dann ist die zweite Ableitung der Nutzenfunktion negativ, $U''(C) < 0$, die Funktion ist streng konkav, und der Akteur gehört zur Klasse der risikoaversen Typen. Ist A risikoavers, dann ist Risiko für ihn ein „Übel", und er ist bereit, eine Prämie dafür zu zahlen, dass ein anderer ihm einen Teil des Risikos abnimmt. Da $U'(C) > 0$ rufen 100 EUR zusätzliches Einkommen bei allen Risikotypen, also auch bei A, einen Nutzenzuwachs hervor. Doch der Nutzenzuwachs nimmt bei konkaver Nutzenfunktion mit steigendem Einkommen ab und ist unter sonst gleichen Umständen bei einem Einkommen von 50 000 EUR kleiner als bei einem Einkommen von 2 000 EUR: $U'(2\,000) > U'(50\,000)$. Die Wohlfahrt von A nimmt daher zu, wenn er von seinem normalen Jahreseinkommen 100 EUR abzweigen und damit sein Einkommen im Schadensfall um 100 EUR aufbessern kann. Im Gegensatz zum risikoaversen Akteur fragen der risikoneutrale und der risikofreudige keine Versicherungsleistungen nach, was sich unmittelbar mit dem Vorzeichen der zweiten Ableitungen ihrer Nutzenfunktionen erklären lässt. Der risikoneutrale Akteur hat eine lineare v. Neumann- Morgenstern-Nutzenfunktion; somit ist der Grenznutzen seines Einkommens zwar positiv, aber konstant, so dass $U'(2\,000) = U'(50\,000)$. Für ihn ist Risiko weder ein Übel noch ein Gut. Eine Umschichtung von 100 EUR vom normalen Konjunkturfall mit einem Einkommen von 50 000 EUR zum Zustand der Arbeitslosigkeit mit einem Einkommen von 2 000 EUR erhöht seinen Nutzen nicht, da sich Verlust und Gewinn gerade ausgleichen. Ein risikofreudiger Akteur hat schließlich eine konvexe v. Neumann-Morgenstern-Nutzenfunktion, deren zweite Ableitung streng positiv ist, so dass der Grenznutzen seines Einkommens zunimmt, wenn das Einkommen steigt, $U'(2\,000) < U'(50\,000)$; für ihn ist Risiko ein Gut, das er nachfragt und für das er bereit ist, einen Preis zu zahlen. Auf der Nachfrageseite der Versicherungsmärkte finden wir daher weder risikoneutrale noch risikofreudige Akteure. Wären die meisten Arbeitnehmer risikoneutral (-freudig), so würden sich allein dieser Häufung von Präferenztypen wegen keine privaten Märkte für die Versicherung von Einkommensrisiken bilden, denn niemand wäre da, der dieses Risiko als nachteilig empfindet. Wir nehmen nun an, dass A risikoavers und seine Nutzenfunktion daher wie in Abb. 10.3 streng konkav ist.

Wenn A keine Versicherung abschließt, hat er bei normalem Konjunkturverlauf einen Einkommensnutzen von $U(Y_H)$ und im Fall der Arbeitslosigkeit von $U(Y_L)$, woraus sich mit Rücksicht auf die Eintrittswahrscheinlichkeiten der beiden Ereignisse ein erwarteter Nutzen von $E[U] = qU(Y_H) + (1-q)U(Y_L)$ ergibt, der zusammen mit dem erwarteten Konsum $E[C] = qY_H + (1-q)Y_L$ in Abb. 10.2 abgebildet ist. Wenn A demgegenüber eine Versicherung $[p,b]$ abschließt, beträgt sein erwarteter Nutzen U_A mit Rücksicht auf die Prämie, die er zu zahlen hat,

(10.2) $$U_A(p,b) = qU(Y_H - pb) + (1-q)U(Y_L + b - pb).$$

Wir nehmen an, dass A die Versicherungssumme b wählt, die zu gegebenem Prämiensatz p seinen erwarteten Nutzen U_A maximiert. Im Nutzenmaximum ist die Ableitung von (10.2) nach b gleich null, und es gilt die Bedingung erster Ordnung

$$\partial U_A / \partial b \equiv -pqU'_H + (1-p)(1-q)U'_L = 0, \tag{10.3}$$

wobei U'_H der Grenznutzen des Einkommens bei normaler Konjunktur und U'_L der Grenznutzen des Einkommens im Schadensfall ist, so dass $U'_H = U'(Y_H - pb)$ und $U'_L = U'(Y_L + (1-p)b)$. Aus (10.3) folgt, dass A im Nutzenmaximum eine Versicherungssumme wählt, bei der das Verhältnis der mit ihren Eintrittswahrscheinlichkeiten gewogenen Grenznutzen gleich dem Prämienquotienten $(1-p)/p$ ist

$$\frac{qU'_H}{(1-q)U'_L} = \frac{(1-p)}{p}. \tag{10.4}$$

Mit (10.4) erhält man die Versicherungssumme, die den Nutzen von A maximiert und seine Nachfrage nach Versicherungsleistungen in Abhängigkeit von der Prämie beschreibt. Die Anbieter von Versicherungen gegen das Konsumrisiko haben freien Marktzutritt und folglich ist die Gleichgewichtsprämie fair. Aus (10.4) ergibt sich daher mit Rücksicht auf die Fairnessbedingung $p = 1-q$, dass für die nutzenmaximale Versicherungssumme b_A gilt

$$U'(Y_H - pb_A) = U'(Y_L + (1-p)b_A). \tag{10.5}$$

Mithin schließt der risikoaverse Akteur A bei fairem Prämiensatz einen Vertrag, bei dem der Grenznutzen seines Einkommens in allen Zuständen gleich hoch ist. Ein Ausgleich der Grenznutzen des Einkommens in beiden Umgebungszuständen impliziert aber, dass $Y_H - pb_A = Y_L + (1-p)b_A$. Daher ist der individuell optimale Vertrag eine Vollversicherung, und es gilt $b_A = b^*$.

Dass der risikoaverse Typ A mit dem Versicherungsvertrag, den er im Gleichgewicht abschließt, gegenüber dem versicherungslosen Zustand einen Tauschgewinn erzielt, zeigt die Abb. 10.3. Ohne Versicherung hat A einen erwarteten Nutzen in Höhe von $E[U] = qU(Y_H) + (1-q)U(Y_L)$, mit der Vollversicherung erzielt er demgegenüber $U(E[C])$, wobei, wie eingangs gezeigt wurde, $E[C] = C^* = (1-p)Y_H + pY_L$ der risikofreie Konsumgüterkorb ist, den A mit einer fairen Vollversicherung realisiert. In unserem Zahlenbeispiel beträgt die optimale Versicherungssumme $b^* = 48\,000$ EUR, der Prämiensatz im Gleichgewicht des Versicherungsmarktes für Risiken vom Typ A ist $p = 5\%$ und die Prämie, die A entrichten muss, beläuft sich auf $pb^* = 2\,400$ EUR. Mit diesem Vertrag erhält A eine faire Lohnersatzrate in Höhe von 100 %.

Adverse Selektion

Wir nehmen nun an, dass es zwei Arbeitnehmertypen A und B gibt, die sich nur in dem Risiko der Arbeitslosigkeit voneinander unterscheiden, wobei A ein geringes und B ein hohes Lohnrisiko hat, so dass zum Beispiel $1-q_B = 15\% > 5\% = 1-q_A$. Bei vollständiger Information können die Versicherungen die Risikotypen kostenlos klassifizieren, und der Versicherungsmarkt teilt sich in zwei Segmente. Im Segment A werden im Gleichgewicht bei fairer Prämie $p_A = 1 - q_A$ Vollversicherungen mit A abgeschlossen, im Segment B wird das schlechtere Risiko mit der fairen Prämie $p_B = 1 - q_B$ voll versichert. Da beide Typen bei fairer Prämie Vollversicherungen nachfragen und abgesehen vom Risiko der Arbeitslosigkeit in allen anderen Hinsichten identisch sind, erhalten beide im Fall der Arbeitslosigkeit denselben Lohnersatz b^*, wobei $b^* = Y_H - Y_L$. A zahlt für die Lohnersatzrate von 100 % die Geldprämie $p_A b^*$ und B die Geldprämie $p_B b^*$. Im Beispiel gilt für die Geldprämien $p_A b^* = 2\,400$ EUR und $p_B b^* = 7\,200$ EUR.

Was geschieht mit dem Gleichgewicht des Versicherungsmarktes, wenn die Informationen über den Risikotyp privat und die Typen nicht kostenlos klassifizierbar sind? Dann entfaltet der Prozess der negativen Auslese seine gleichgewichtszersetzende Wirkung, und es existiert, wie wir nun zeigen, im allgemeinen weder ein Pooling-Gleichgewicht – in dem beide Risikotypen den gleichen Vertrag erhalten – noch ein separierendes Gleichgewicht – in dem wie oben bei vollständiger Information typspezifische Versicherungsverträge angeboten werden, und die Typen „sich selbst klassifizieren".

Wir analysieren den Versicherungsmarkt als Spiel und beantworten zunächst die Frage, wie die asymmetrisch verteilten Informationen über den Risikotyp im Spielablauf zu berücksichtigen sind? Die Informationsökonomie unterscheidet Screening- und Signaling-Spiele. In einem Screening-Spiel ziehen die nicht informierten Spieler zuerst, die informierten beobachten die Angebote, die auf den Markt kommen und legen danach ihre Strategie fest. In einem Signaling-Spiel ist die Reihenfolge umgekehrt, zuerst ziehen die informierten, dann entscheiden die nicht informierten Spieler, welche Strategie ihre beste Antwort ist. In einem Screening-Spiel haben die nicht informierten in einem Signaling-Spiel die informierten Spieler die Macht, die Vertragskonditionen zu setzen, an die sich die andere Marktseite anpassen muss. Während man den Arbeitsmarkt bei asymmetrischer Information über die Charakteristika der Jobsucher als Signaling-Spiel analysiert, entspricht der Versicherungsmarkt bei asymmetrischer Information über den Typ der Versicherungsnehmer einem Screening-Spiel. Die Versicherungen können den Typ ihrer Kunden nicht beobachten, sie sind die nicht informierten Spieler und bieten Policen $[p, b]$ mit dem Prämiensatz p, dem Lohnersatz b und der Geldprämie pb an. Die Arbeitnehmer, die ihr Risiko kennen, entscheiden sich anschließend entweder für eine der Policen oder sie verzichten auf die Versicherung ihres Lohnrisikos.

Die Abb. 10.4 zeigt die First-best-Allokation mit den typspezifischen Versicherungsverträgen $X_A^* = [p_A, b^*]$ und $X_B^* = [p_B, b^*]$, die im Gleichgewicht des Versicherungsmarktes bei vollständiger Information abgeschlossen werden. Wir erklären zuerst den Verlauf der Nullgewinnlinien für Versicherungsverträge mit den Risikotypen A und B, $\Pi_A = 0$ und $\Pi_B = 0$, anschließend erläutern wir den Verlauf der b^*-Linie und der Indifferenzkurven. Die $\Pi_A = 0$-Linie umfasst die Gesamtheit aller Verträge $[p, b]$, mit denen eine Versicherung gerade ihre Kosten deckt, wenn sie $[p, b]$ mit Typ A abschließt. Wie Gleichung (10.1) am Beispiel von Typ A verdeutlicht, ist der erwartete Gewinn aus einem Vertrag mit A – unabhängig von der Höhe des Lohnersatz b – genau dann gleich null, wenn der Prämiensatz fair und gleich dem typspezifischen Risiko der Arbeitslosigkeit ist, so dass $p_A = 1 - q_A$. Die $\Pi_A = 0$-Linie besteht also aus der Gesamtheit der fairen Verträge $X_A = [p_A, b]$ mit dem Risikotyp A und ist eine Parallele zur b-Achse mit einem Abstand zum Ursprung des Koordinatensystems, der gleich der typspezifischen Wahrscheinlichkeit ist, arbeitslos zu werden. Schließt eine Versicherung mit einem Arbeitnehmer vom Typ A den Vertrag $X = [p,b]$, so entsteht ein Verlust, wenn *X* links und ein Gewinn, wenn *X* rechts von der $\Pi_A = 0$ -Linie liegt. Die gleiche Interpretation gilt für die Nullgewinnlinie $\Pi_B = 0$, der Menge der fairen Verträge mit Arbeitern vom Typ B. Da A das bessere Risiko verkörpert, liegt die $\Pi_A = 0$-Linie links von der $\Pi_B = 0$ -Linie. Bringt eine Versicherung einen Vertrag $X = [p,b]$ auf den Markt, der zwischen den beiden Nullgewinnlinien liegt, so erzielt sie mit Arbeitern vom Typ A einen Gewinn und erleidet mit denen vom Typ B einen Verlust, da $p_B > p > p_A$.

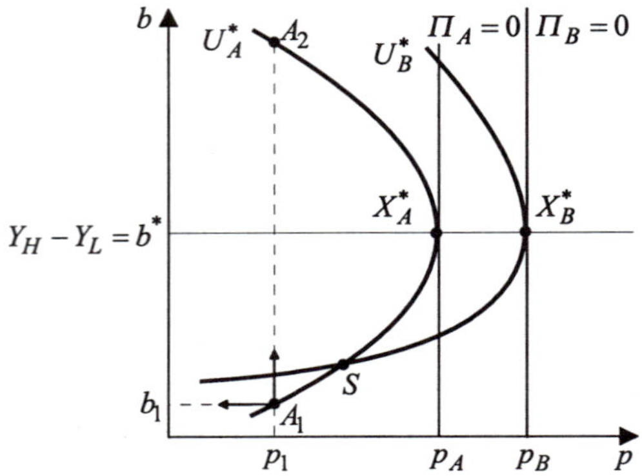

Abb. 10.4: First-best-Verträge X_A^* und X_B^*

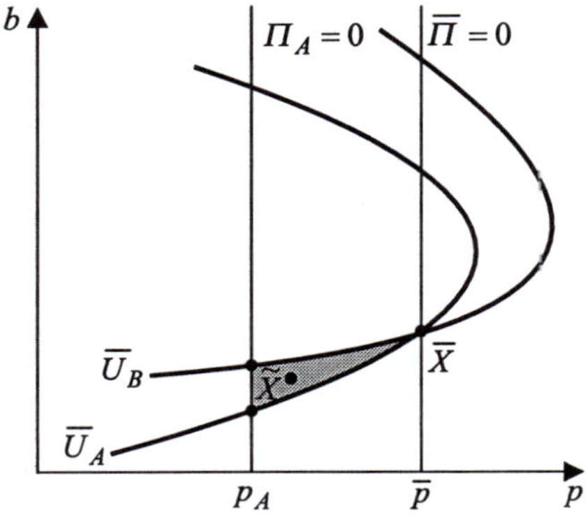

Abb. 10.5: Pooling-Vertrag $\overline{X}$.

Die b^* -Linie in Abb. 10.4 umfasst die Menge aller Versicherungsverträge mit einer Lohnersatzrate von 100 %. Oberhalb der b^* -Linie ist die Lohnersatzrate höher, unterhalb ist sie geringer als 100 %. Außer den Nullgewinnlinien und der b^* -Linie stellt die Abb. 10.4 die Indifferenzkurven der beiden Typen dar, die in ihren Scheitelpunkten bei den typspezifischen First-best-Verträgen die jeweiligen Nullgewinnlinien tangieren. Ein First-best-Vertrag besteht aus dem fairen Prämiensatz und jenem Lohnersatz, der den Erwartungsnutzen des jeweiligen Risikotyps zu dem gegebenen Prämiensatz maximiert. Folglich liegen beide First-best-Verträge auf der b^* -Linie. Denn bei den fairen Prämiensätzen fragen beide Typen eine Lohnersatzrate von 100 % nach.

Der Vertrag $A_1 = [p_1, b_1]$, Abb. 10.4, liegt auf der Indifferenzkurve U_A^* des Typs A und stiftet daher den gleichen Erwartungsnutzen (10.2) wie der First-best-Vertrag X_A^* oder der Vertrag A_2. Reduziert man ausgehend von A_1 zu gegebenem Lohnersatz b_1 den Prämiensatz *p*, so wächst der erwartete Nutzen von A, denn der Vertrag wird mit sinkendem *p* immer billiger. Indifferenzkurven von A, die links von U_A^* verlaufen, verbinden Verträge mit einem höheren, Indifferenzkurven die rechts von U_A^* verlaufen, verbinden Verträge mit einem geringeren Erwartungsnutzen als U_A^*. Erhöht man ausgehend vom Vertrag A_1 zu gegebenem Prämiensatz p_1 den Lohnersatz *b*, so steigt der Erwartungsnutzen von A zunächst, erreicht bei einem Vertrag oberhalb der b^* -Linie, wo die Bedingung erster Ordnung (10.3) erfüllt ist, ein Maximum und sinkt anschließend bei weiter wachsendem *b*, bis beim Vertrag A_2 abermals das Nutzenniveau U_A^* erreicht wird.

Die Steigung der Indifferenzkurve U_A^* beim Vertrag A_1, kurz die GRS_A, entspricht der typspezifischen Grenzrate der Substitution (GRS) zwischen Prämiensatz *p* und

Lohnersatz *b*. Die GRS_A zeigt den Zuwachs des Lohnersatzes, der gerade hinreicht, um A für den Nutzenverlust einer Prämienerhöhung zu kompensieren. Beim Vertrag A_2 ist die GRS_A negativ, denn die Geldprämie *pb* hat bei A_2 eine Höhe erreicht, bei der die Nutzeneinbuße eines höheren Prämiensatzes *p* nur mit einer Senkung von Lohnersatz (der in A_2 höher ist als 100 %) und Geldprämie kompensiert werden kann.

Die Wirkungen des Arbeitslosengeldes in den USA und Westdeutschland auf die Jobqualität 1984-1995

Auf der Basis des Sozio-ökonomischen Panels des DIW Berlin sowie des U.S.-SIPP (Survey of Income and Program Participation) hat Gangl (2003a) für die Jahre 1984 bis 1995 den Zusammenhang zwischen der Dauer der Arbeitslosigkeit sowie der Qualität der Anschlussjobs auf der einen Seite und der Struktur des sozialen Sicherungssystems eines Landes auf der anderen Seite untersucht. Die Übersicht zeigt die Wirkung der landesspezifischen Institutionen und der Unterstützungsleistungen.

In Westdeutschland ist die Dauer der Arbeitslosigkeit mehr als doppelt so lange wie in den USA. Unter den westdeutschen Akteuren, die einen Anschlussjob finden, sind jedoch die Anteile mit Lohneinbußen von mehr als 20 % oder einer beruflichen Verschlechterung oder einem instabilen Anschlussjob mit einer Jobdauer von weniger als 6 oder 12 Monaten sehr viel niedriger als in den USA.

	USA			Deutschland		
	insg.	mit ALG	ohne ALG	insg.	mit ALG	ohne ALG
Standardisierte Arbeitslosenquote	6,32%			5,94%		
Median der Arbeitslosigkeitsdauer (Monate)	2,31	3,37	1,78	4,80	5,10	2,80
Übergänge in Beschäftigung in %,	0,695	0,739	0,672	0,708	0,712	0,679
darunter:						
Mit Einkommensverlusten	0,496	0,535	0,472	0,459	0,473	0,307
Einkommensverlusten > 20%	0,356	0,373	0,346	0,160	0,161	0,153
Berufliche Mobilität	0,639	0,576	0,676	0,333	0,332	0,334
Abwärtsmobilität	0,331	0,307	0,344	0,164	0,161	0,215
Jobdauer < 6 Monate	0,584	0,511	0,628	0,257	0,241	0,386
Jobdauer < 12 Monate	0,815	0,774	0,838	0,535	0,529	0,590
Leistungsempfängerquote	0,389			0,892		

In Westdeutschland sind 89,2 % in den USA nur 38,9 % der Arbeitslosen Leistungsempfänger. Der Leistungsempfang verlängert die Suchdauer in Westdeutschland im Durchschnitt von 2,8 auf 5,1 Monate, erhöht außerdem die Übergangsrate in die Beschäftigung, senkt die Wahrscheinlichkeit einer beruflichen Verschlechterung und eines instabilen Anschlussjobs. Wie es scheint, erhöht der Leistungsempfang jedoch die Wahrscheinlichkeit von Lohneinbußen. Warum? Weil, so Gangl (2003a), anspruchsberechtigte Arbeitslose vor der Arbeitslosigkeit in der Regel ein höheres Einkommen, eine längere Berufserfahrung und ein längeres Arbeitsverhältnis gehabt haben. Eliminiert man Effekte wie diese aus den Rohdaten der Tabelle, so offenbaren die bereinigten Daten (hier nicht gezeigt) nicht nur für die USA, sondern auch für Westdeutschland eine signifikant negative Wirkung der Arbeitslosenunterstützung auf die Höhe der Einkommensverluste. Kurzum, „auf Kosten einer geringen Verlängerung der Dauer von Arbeitslosigkeit reduzieren wohlfahrtsstaatliche Transferleistungen die negativen Konsequenzen von Arbeitslosigkeit für den weiteren Erwerbsverlauf", so Gangls (2003a) Quintessenz.

Quelle: Gangl (2003a)

Typ A hat das geringere Risiko, arbeitslos zu werden. Folglich verlangt er als Kompensation für eine gegebene Erhöhung des Prämiensatzes p einen höheren Zuschlag bei der Lohnersatzleistung als B. Die GRS_A ist mit anderen Worten bei jedem Vertrag X größer als die GRS_B (s. Anhang A1): $GRS_A(X) > GRS_B(X)$, und die Indifferenzkurven der beiden Risikotypen haben, wie man sagt, die single-crossing property: zwei beliebige Indifferenzkurven von A und B können sich höchstens ein Mal schneiden, wie etwa U_A^* und U_B^* beim Vertrag S in Abb. 10.4.

Welche Bedeutung hat die single-crossing property? Mit der single-crossing property ist eine notwendige Bedingung für die Existenz eines separierenden Gleichgewichts erfüllt. Separierende Gleichgewichte setzen voraus, dass die Versicherungsgeber typspezifische Policen anbieten können, bei denen jeder Typ den speziell auf ihn zugeschnittenen Vertrag gegenüber allen anderen bevorzugt. Separierende Verträge wirken daher so, als ob die Versicherungen vollständig informiert wären, sie erkennen den Typ des Arbeitnehmers, der als Kunde zu ihnen kommt, an dem Vertrag, den er wählt. Wenn der Markt für Versicherungen gegen das Risiko der Arbeitslosigkeit überhaupt ein Gleichgewicht hat, dann ist es ein separierendes Gleichgewicht. Pooling-Zustände, bei denen alle Arbeitnehmer denselben Vertrag abschließen, sind demgegenüber kein Gleichgewicht des Versicherungsmarktes, wie wir nun zeigen.

Bevor wir uns mit den Pooling- und den separierenden Gleichgewichten des Versicherungsmarktes beschäftigen, wollen wir aber zuerst erläutern, warum die beiden First-best-Policen $X_A^* = [p_A, b^*]$ und $X_B^* = [p_B, b^*]$ kein Gleichgewicht des Versicherungsmarktes sind. Erstens wirken die First-best-Policen nicht separierend, da alle Arbeitnehmer den Vertrag X_A^* bevorzugen. Denn bei gleichem Lohnersatz ist die Geldprämie niedriger als beim Vertrag X_B^*. Im Beispiel wählt Arbeitnehmer B den Vertrag X_A^*, da er $p_B b^* - p_A b^* = (p_B - p_A) b^* = 4\,800$ EUR spart. Zweitens ist der Pooling-Zustand, bei dem alle Arbeitnehmer den Vertrag X_A^* wählen, kein Gleichgewicht, da die Verträge mit den Arbeitnehmern vom Typ A nur die Kosten der Versicherung decken, während die Verträge mit den Arbeitnehmern vom Typ B Verluste machen.

Die Abb. 10.5 verdeutlicht, dass kein Pooling-Vertrag ein Gleichgewicht des Screening-Spiels sein kann. Um die Behauptung zu beweisen, nehmen wir an, dass die Erwerbspersonen aus A- und B-Typen bestehen, wobei $\gamma \in (0,1)$ der Populationsanteil des Risikotyps A ist. Die Versicherungen sind über γ informiert. Die Wahrscheinlichkeit $\overline{q}$, das ein zufällig bei einer Versicherung eintreffender Arbeitnehmer nicht arbeitslos wird, ist $\overline{q} = \gamma q_A + (1-\gamma) q_B$, und der faire Prämiensatz für den Durchschnittsarbeitnehmer ist $\overline{p} = 1 - \overline{q}$. Die $\overline{\Pi} = 0$ -Linie für Verträge $[\overline{p}, b]$ mit zufällig gezogenen Arbeitnehmern liegt zwischen den beiden Nullgewinnlinien für die Typen A und B. Nach dieser Vorbereitung können wir erklären, warum kein Pooling-Vertrag ein Gleichgewicht des Screening-Spiels ist.

Pooling-Verträge, die links von der $\overline{\Pi} = 0$ -Linie liegen, sind keine Gleichgewichte, da die Versicherung mit diesen Verträgen keine Kostendeckung erzielt. Pooling-Verträge, die rechts von der $\overline{\Pi} = 0$ -Linie liegen, erzielen im Durchschnitt zwar Gewinne, sind aber gerade deswegen kein Gleichgewicht. Denn es herrscht freier Marktzutritt und eine konkurrierende Versicherung könnte den jeweiligen Prämiensatz geringfügig senken und den modifizierten Vertrag mit der niedrigeren Prämie anbieten. Das Unternehmen würde mit seinem billigeren Angebot die gesamte Nachfrage auf sich ziehen und trotzdem noch einen Gewinn erwirtschaften. Wenn es einen gleichgewichtigen Pooling-

Vertrag gibt, so kann dieser also nur auf der $\overline{\Pi}=0$ -Linie liegen. Sei $\overline{X}=[\overline{p},b]$ ein beliebiger Pooling-Vertrag auf der $\overline{\Pi}=0$ -Linie. Fragen die Arbeitnehmer den Vertrag $\overline{X}$ nach, so machen die Anbieter mit den Arbeitnehmern vom Typ B Verluste, denn $\overline{X}$ liegt links von der $\Pi_B=0$ -Linie, mit den Arbeitnehmern vom Typ A erwirtschaften sie jedoch Gewinne, denn $\overline{X}$ liegt rechts von der $\Pi_A=0$ -Linie. Die Gewinne kompensieren die Verluste, da $\overline{X}$ auf der $\overline{\Pi}=0$ -Linie liegt. Doch $\overline{X}$ ist kein Gleichgewicht. Denn zu $\overline{X}$ existiert ein Konkurrenzvertrag $\widetilde{X}$, der $\overline{X}$ verdrängt, s. Abb. 10.5. Sobald $\widetilde{X}$ auf den Markt kommt, wählen die Arbeitnehmer vom Typ A den neuen Vertrag und die Anbieter machen einen Gewinn, da $\widetilde{X}$ rechts von der $\Pi_A=0$ -Linie liegt und es die Arbeitnehmer vom Typ B vorziehen, bei den Anbietern von $\overline{X}$ zu bleiben. Die Anbieter von $\overline{X}$ können nun angesichts der negativen Auslese, die sie mit der Abwanderung des guten Risikos trifft, ihre Kosten nicht mehr decken ($\overline{X}$ liegt links von der $\Pi_B=0$ -Linie) und sie müssen den Versicherungsmarkt verlassen. Alle Verträge, die wie $\widetilde{X}$ im Inneren der schattierten Fläche liegen, s. Abb. 10.5, verdrängen den Pooling-Vertrag $\overline{X}$, da die Arbeitnehmer vom Typ A die Konkurrenzverträge bevorzugen, während es für die Arbeitnehmer vom Typ B vorteilhafter ist, bei den Anbietern von $\overline{X}$ zu bleiben.

Die Abbildungen 10.6 und 10.7 zeigen einen separierenden Zustand mit den Verträgen $\hat{X}_A=[p_A,\hat{b}_A]$ und $\hat{X}_B=[p_B,b_B^*]$. In Abb. 10.7 ist der separierende Zustand ein Gleichgewicht des Screening-Spiels, in Abb. 10.6 dagegen nicht. Abb. 10.6 zeigt mithin den Fall, in dem der private Versicherungsmarkt versagt, weil die negative Auslese die Anbieter von Versicherungen gegen das Risiko der Arbeitslosigkeit trotz hoher Nachfrage vom Markt vertreibt.

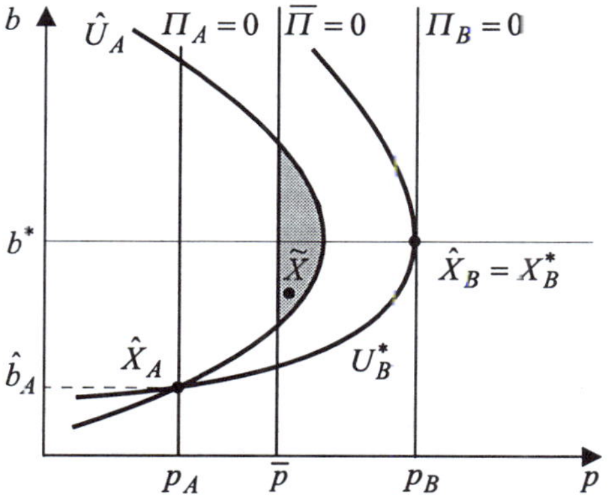

Abb. 10.6: Separierender Zustand

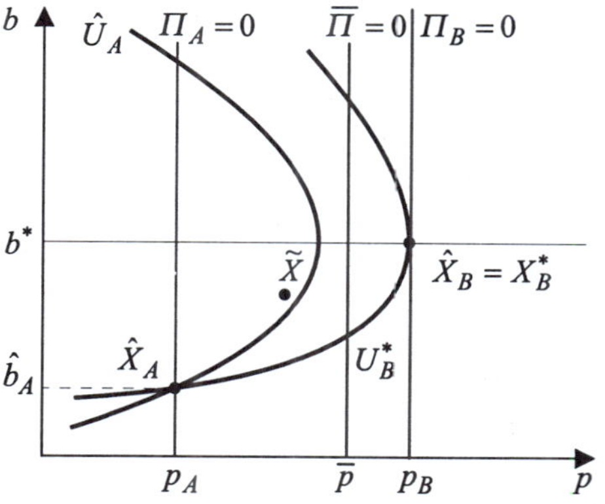

Abb. 10.7: Separierendes Gleichgewicht

Der separierende Zustand ist dadurch gekennzeichnet, dass der Typ B einen Vertrag $\hat{X}_B$ erhält, der mit dem First-best-Vertrag identisch ist, $\hat{X}_B=X_B^*$. Für den Typ A wird der Vertrag $\hat{X}_A$ angeboten, der sich im Schnittpunkt der $\Pi_A=0$ -Linie mit der Indifferenzkurve U_B^* des Typs B befindet. Mit dem Vertrag $\hat{X}_A$ bezahlen die Arbeitnehmer vom Typ A den „fairen" Prämiensatz p_A, erhalten aber, um die Arbeitnehmer vom Typ B abzuschrecken, keine Vollversicherung, da $\hat{b}_A<b^*$. In Abb. 10.6 ist der separierende Zustand kein Gleichgewicht, da der Anteil der Arbeitnehmer vom Typ A unter den Erwerbspersonen so hoch ist, dass die $\overline{\Pi}=0$ -Linie die Indifferenzkurve $\hat{U}_A$, die durch

den Vertrag $\hat{X}_A$ verläuft, schneidet. In der schattierten Fläche rechts von der $\overline{\Pi}=0$-Linie befinden sich Pooling-Verträge wie $\tilde{X}$, die von beiden Typen im Vergleich mit den separierenden Verträgen streng bevorzugt werden und die sogar Gewinne abwerfen. Zwar verdrängt $\tilde{X}$ die separierenden Verträge, aber $\tilde{X}$ ist kein Gleichgewicht, denn das Screening-Spiel hat kein Pooling-Gleichgewicht, wie oben gezeigt wurde.

Staatliche Arbeitslosenversicherung

Wenn wie in Abb. 10.6 weder separierende noch Pooling-Gleichgewichte existieren, kommt der Markt für Versicherungen gegen das Risiko der Arbeitslosigkeit nicht zustande. Die Nachfrager müssen private Vorsorgemaßnahmen ergreifen, innerhalb der Familie für Konsumglättung sorgen, Vorsorgesparen betreiben oder in risikofreie Nischen wie den Staatsdienst abwandern. Eine staatliche Zwangsversicherung oder ein Versicherungszwang, kann den Prozess negativer Auslese unterbinden und die fehlenden privaten Versicherungsmärkte ersetzen. In einem Zwangspool mit den Risikotypen A und B reichen Informationen über die Wahrscheinlichkeitsverteilungen (q_A, q_B) und über den Anteil γ der A-Risiken an den Erwerbspersonen aus, um einen kostendeckenden Beitragssatz $p \geq \overline{p}$ zu kalkulieren. Indem sie alle Risiken zwingt, bei ihr Mitglied zu werden, hat die staatliche ALV mit den A-Risiken eine Gewinnquelle, um die Verluste mit den B-Risiken zu kompensieren.

Wird ein kostendeckender Vertrag wie $\tilde{X}$, Abb. 10.6, von der staatlichen ALV angeboten, so muss das Angebot nicht notwendig mit einem Abschlusszwang verbunden sein. Da A und B sich im Vergleich zum versicherungslosen Zustand mit $\tilde{X}$ besser stellen, fragen beide $\tilde{X}$ freiwillig nach, solange es keine Alternative gibt. Der Vertrag $\tilde{X}$ stellt außerdem eine Pareto-Verbesserung gegenüber dem separierenden Zustand dar, weil beide Risikotypen $\tilde{X}$ im Vergleich zu $\hat{X}_A$ und $\hat{X}_B$ streng bevorzugen.

In Abb. 10.7 ist der Anteil der A-Risiken so gering, dass die $\overline{\Pi}=0$-Linie die Indifferenzkurve $\hat{U}_A$ des guten Risikos nirgendwo schneidet. Der separierende Zustand mit den Verträgen $\hat{X}_A$ und $\hat{X}_B$ ist daher ein Gleichgewicht des Marktes für Versicherungen gegen das Risiko der Arbeitslosigkeit. Bietet die Versicherungswirtschaft die separierenden Verträge an, so erfolgt eine Selbstselektion der Typen. A wählt $\hat{X}_A$ und B wählt $\hat{X}_B$.

Im Vergleich zum separierenden Gleichgewicht kann der Staat zwar mit einem Pooling-Vertrag wie $\tilde{X}$, s. Abb. 10.7, die Lage beider Typen verbessern. Doch trotz Quersubventionierung der B-Verträge mit den Gewinnen der A-Verträge ist nun der Anteil des guten Risikos im Versichertenpool so gering, das $\tilde{X}$ links von der $\overline{\Pi}=0$-Linie liegt und Verluste verursacht, die die ALV mit Steuern oder Kapitalmarktmitteln finanzieren muss und nicht aus Beiträgen decken kann. Offenbar gibt es in Abb. 10.7 keinen sich selbst finanzierenden Pooling-Vertrag (der auf oder rechts von der $\overline{\Pi}=0$-Linie liegen müsste), mit dem der Staat einen der Risikotypen besser stellt als im separierenden Zustand, ohne den anderen schlechter zu stellen. Insbesondere stellt sich der Typ A mit allen Pooling-Verträgen, die sich selbst finanzieren, schlechter als im separierenden Marktgleichgewicht.

10.3 Suchdauer, Partizipationsentscheidung und Arbeitslosenunterstützung

Ob ein beschäftigungsloser Akteur nach einer Stelle sucht und daher als Erwerbsloser zu betrachten ist, hängt wie auch seine Suchintensität einerseits von den Suchkosten, andererseits vom erwarteten Suchertrag ab. Zum Suchertrag gehören die privaten und staatlichen Lohnersatzleistungen sowie das Arbeitseinkommen, das den Jobsucher im Fall eines Sucherfolgs erwartet. Hohe Lohnersatzleistungen begünstigen lange Suchdauern und provozieren die Frage, worin der Vorteil einer langen Jobsuche bestehen könnte? In der Chance, ko-spezialisierte Akteure zu treffen und ein Match mit hoher Produktivität und langer Lebensdauer zu bilden. Unter dem Druck eines knappen Suchbudgets, müsste der Arbeitslose womöglich die nächst beste Offerte akzeptieren und die wertvollsten Einsatzorte würden ihm entgehen. Aus einer überstürzten Zusage erwachsen private, aber auch soziale Kosten, denn andere Faktorbesitzer müssen sich nun ebenfalls mit einer weniger produktiven Faktorkombination zufrieden geben. In dem folgenden partialanalytischen Suchmodell wird der Suchprozess durch eine exogene Lohnverteilung gesteuert. Das Modell liefert Prognosen über die Wirkungen der Lohnersatzleistungen, der Suchkosten und der Neueinstellungsraten auf die Dauer der Jobsuche (s. Kap. 6.2).

Der Akteur A ist arbeitslos, risikoneutral, hat einen unendlichen Planungshorizont und erhält pro Periode mit der Wahrscheinlichkeitsrate p_0 ein Jobangebot. Die Angebote gleichen Ziehungen aus einer Jobverteilung mit verschieden hohen Löhnen. Jede Stelle hat Eigenschaften, die A als Gut oder als Übel bewertet. Der Nutzen der Jobeigenschaften ist transferierbar und der Lohn spiegelt daher den Wert der Jobcharakteristika wider. Die Lohnverteilung, mit der A konfrontiert ist, hat zum Beispiel die in Abb. 10.8 gezeigte Form. An der w-Achse ist der Lohn abgetragen und an der Ordinate der Anteil der Firmen $f(w)$, die den Lohn w bezahlen. Die Suche von A endet, sobald A ein Angebot mit einem Lohn erhält, der mindestens so hoch ist wie sein Anspruchslohn w_A. Die Stoppregel, die A befolgt, lautet: „Akzeptiere alle Jobs w, für die $w \geq w_A$, und lehne alle anderen ab!“ Das Problem für A besteht darin, den optimalen Anspruchslohn zu bestimmen.

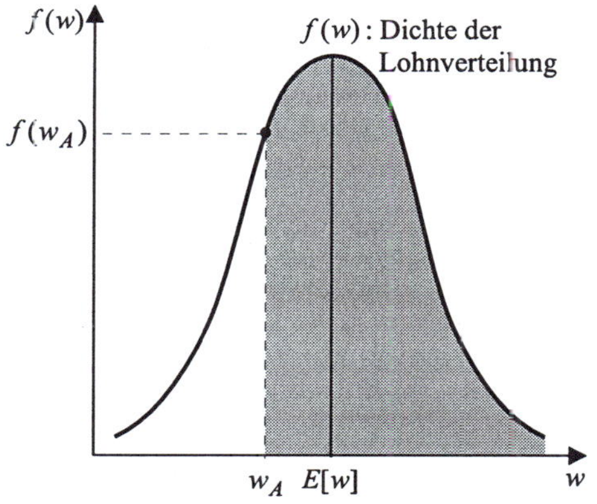

Abb. 10.8: Dichte der Lohnverteilung

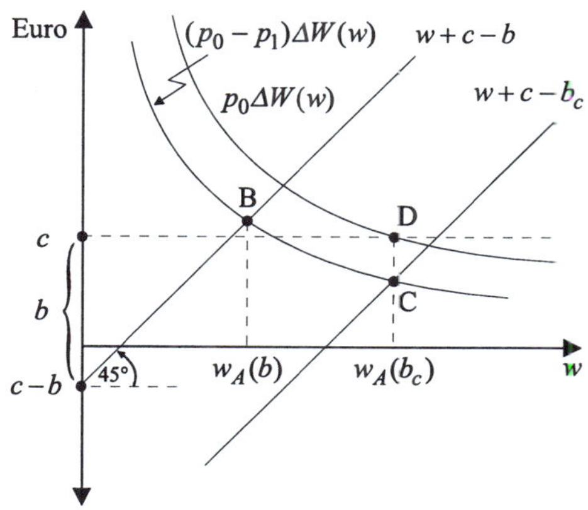

Abb. 10.9: Suchgleichgewicht

Nimmt A einen Job w an, so kann er von seiner neuen Stelle aus weiter nach Anschlussjobs suchen. Lohnofferten treffen bei der kostenlosen Suche vom Arbeitsplatz mit der Rate p_1 ein.

Hat A ein Stellenangebot mit dem Einkommen w vorliegen und entscheidet sich gegen den Job und für einen zusätzlichen Suchschritt, so entstehen Kosten in Form erstens der Suchkosten c, zweitens des entgangenen Einkommens w und drittens des entgangenen Optionswertes der Suche vom neuen Arbeitsplatz. Denn, wenn A den Job w akzeptierte, könnte er von w nach einem besser entlohnten Anschlussjob suchen. Insgesamt betragen die Suchkosten eines zusätzlichen Suchschritts also: $GK(w) = c + w + p_1 \Delta W(w)$, wobei $p_1 \Delta W(w)$ der Optionswert und $\Delta W(w)$ der erwartete Vermögensgewinn der Suche vom Arbeitsplatz w ist (s. Anhang A2). Ein zusätzlicher Suchschritt ist nicht nur mit Kosten, sondern auch mit einem Ertrag verbunden, der aus der ALV-Unterstützung und dem Freizeitnutzen b sowie dem Optionswert $p_0 \Delta W(w)$ besteht, den die Suche für einen Arbeitslosen hat, der den Job w ablehnt und als Arbeitsloser weiter nach einer Stelle mit höherem Lohn sucht. Zusammen ergibt sich der Grenzertrag der Jobsuche mit: $GE(w) = b + p_0 \Delta W(w)$. Obwohl der erwartete Vermögensgewinn mit steigendem Lohn abnimmt, $\Delta W'(w) < 0$, wachsen die Grenzkosten der Suche mit der Höhe des Lohns, auf den A verzichtet, wenn er einen zusätzlichen Suchschritt unternimmt, da $GK'(w) = 1 + p_1 \Delta W'(w) > 0$ (s. Anhang A2). Der Grenzertrag der Suche ist dagegen umso niedriger, je höher der Reservationslohn ist, mit dem A die Lohnofferten sortiert, denn: $GE'(w) = p_0 \Delta W'(w) < 0$. Der Anspruchslohn ist jener Lohn, bei dem die Grenzkosten und der Grenzertrag der Suche gerade ausgeglichen sind, so dass

$$\underbrace{w_A + c + p_1 \Delta W(w_A)}_{GK(w_A)} = \underbrace{b + p_0 \Delta W(w_A)}_{GE(w_A)} . \tag{10.6}$$

In Abb. 10.9 ist die Lösung der Gleichung (10.6) für den Fall $p_0 > p_1$ dargestellt. Hierzu formt man (10.6) um, so dass man die Suchbedingung in der Form $w_A + c - b = (p_0 - p_1)\Delta W(w_A)$ erhält, zeichnet zunächst die linke Seite der modifizierten Bedingung, dann die rechte und im Schnittpunkt B der beiden Grafen ist der Anspruchslohn des Jobsuchers bestimmt, der die Basis der Stoppregel bildet. Die linke Seite der modifizierten Suchbedingung ist eine 45°-Gerade mit dem Ordinatenabschnitt $c - b$, der, wie in Abb. 10.9, negativ ist, wenn Unterstützungszahlung und Freizeitnutzen b höher sind als die Suchkosten c. In der Abbildung ist zusätzlich der Betrag der Suchkosten an der Ordinate abgetragen sowie der Abstand b zwischen den Punkten c und $c - b$. Die rechte Seite der modifizierten Suchbedingung zeigt die Differenz zwischen den Optionswerten der Suche für den Arbeitslosen, der mit dem Reservationslohn die Offerten sortiert, und für den Beschäftigten, der zum Reservationslohn arbeitet und nach einem besser bezahlten Anschlussjob sucht. Diese Differenzialrente sinkt wie in Abb. 10.9, wenn w steigt, da $p_0 > p_1$. Anhand der Abb. 10.9 lassen sich die Vorzeichen der in Tab. 10.3 zusammengefassten komparativen Statik der Suchbedingung nachvollziehen.

Nimmt die Häufigkeit der Stellenangebote, die A als arbeitsloser Jobsucher erhält, zu, wird der Graf der Differenzialrente nach oben verschoben und folglich steigt der Anspruchslohn, wie das Vorzeichen in Zeile (1), Spalte (1) verdeutlicht. Nimmt dagegen die Häufigkeit der Stellenangebote zu, die A als Beschäftigter erhält, wird die Kurve der Differenzialrente nach unten verschoben und der Reservationslohn nimmt ab, wie das Vorzeichen in Zeile (2), Spalte (1) zeigt. Eine höhere Trennungsrate λ oder ein höherer Zins r verschiebt die Kurve der Differenzialrente nach unten und der Anspruchslohn fällt (s. Anhang A2).

Exogene Änderungen der Suchkosten und der Unterstützungszahlungen wirken auf die Kostengerade: Steigende Suchkosten verschieben die Gerade nach oben, steigender Lohnersatz nach unten; im ersten Fall nimmt der Anspruchslohn ab und im zweiten zu. $F(w)$ ist die kumulierte Dichte oder Wahrscheinlichkeit, dass A eine Offerte erhält mit einem Lohn, der gleich oder geringer ist als w. Folglich ist $1-F(w_A)$, die Wahrscheinlichkeit, dass A auf ein akzeptables Jobangebot trifft und die Stelle annimmt. Die in Spalte (2) dargestellte Reaktion dieser Wahrscheinlichkeit, hat in allen Fällen ein umgekehrtes Vorzeichen zur Reaktion des Reservationslohns, Spalte (1), da die kumulierte Dichte monoton mit w zunimmt.

Tab. 10.3: Komparative Statik des Anspruchslohns und der Suchdauer

	Wirkung:			
	(1)	(2)	(3)	(4)
Ursache:	w_A	$1-F(w_A)$	D	b_c
(1) p_0	+	–	?	+
(2) p_1	–	+	–	+
(3) λ	–	+	–	–
(4) r	–	+	–	–
(5) c	–	+	–	–
(6) b	+	–	+	unabhängig

Die Reaktionen der privat optimalen Suchdauer auf Schocks in den exogenen Variablen sind in Spalte (3) erfasst. Die Wahrscheinlichkeit, mit der A vom Zustand des arbeitslosen Jobsuchers in die Beschäftigung wechselt, ist gleich $p_0[1-F(w_A)]$, denn erstens muss A überhaupt eine Offerte erhalten und zweitens muss das Angebot seinen Vorstellungen entsprechen. Die privat optimale Suchdauer D ist gleich dem Kehrwert dieser Übergangswahrscheinlichkeit: $D=1/\,p_0[1-F(w_A)]$. Änderungen der Offertenhäufigkeit p_0 rufen zwei Effekte hervor: Eine direkte Wirkung und eine über den Anspruchslohn vermittelte indirekte Wirkung. Der direkte Effekt ist positiv, denn wenn die Wahrscheinlichkeit, ein Lohnangebot zu erhalten, wächst, so nimmt naturgemäß auch die Wahrscheinlichkeit des Übergangs aus der Arbeitslosigkeit in die Beschäftigung zu, sofern sich der Anspruchslohn nicht ändert. Die indirekte Wirkung ist dagegen negativ. Denn bei wachsendem p_0 nimmt die Differenzialrente der zusätzlichen Suchzeit zu. Mithin verschiebt sich die Kurve der Differenzialrente in Abb. 10.9 nach oben und der Anspruchslohn steigt. Bei steigendem Anspruchslohn nimmt jedoch die Wahrscheinlichkeit ab, dass die nächste Offerte ein akzeptables Angebot enthält. Der Saldo aus positivem und negativem Einfluss der Offertenhäufigkeit kann größer oder kleiner als null sein, je nachdem welcher der beiden Effekte überwiegt. Infolgedessen ist auch die Suchdauerwirkung von p_0 nicht eindeutig, wie das Fragezeichen in Zeile (1), Spalte (3) andeutet. Mit der Gleichung für die Suchdauer und den Vorzeichen der Spalte (2) erhält man die Wirkungsrichtungen der übrigen exogenen Variablen in Spalte (3) mit dem zen-

Die Wirkungen der Anspruchsdauer: Mitnahmeeffekte

Auf der Basis des Sozio-ökonomischen Panels des DIW Berlin hat Steiner (2000) für die Jahre 1983 bis 1994 den Zusammenhang zwischen der Übergangswahrscheinlichkeit in die Beschäftigung und dem Anspruch auf Arbeitslosengeld sowie Arbeitslosenhilfe untersucht. Der zeitliche Verlauf der Übergangswahrscheinlichkeiten zeigt, wie der Autor feststellt, deutliche Mitnahmeeffekte: Arbeitslose sind bestrebt, ihren Rechtsanspruch auf ALG und ALH voll auszuschöpfen, je länger die Anspruchsdauer, umso länger hält sie die Rechtsordnung im Status der Arbeitslosigkeit fest. Sobald die Anspruchsberechtigung abläuft, nimmt die Suchintensität sprunghaft zu und die Übergangswahrscheinlichkeit in die Beschäftigung steigt.

(a) (b)

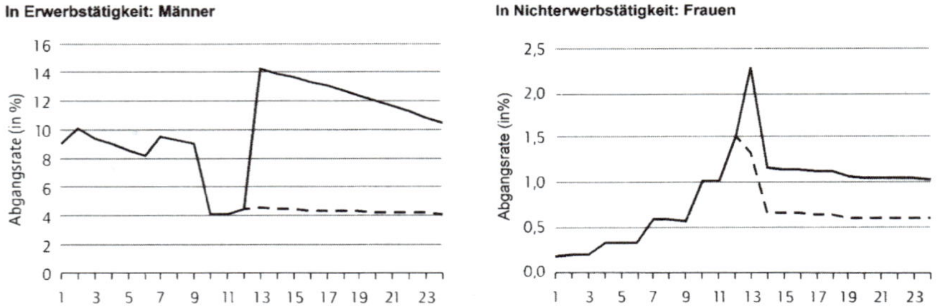

Arbeitslosigkeit in Monaten, — ohne ALH ----mit ALH

Die Abbildung (a) zeigt Abgangsraten in die Erwerbstätigkeit für Männer mit einer Anspruchsdauer auf ALG von zwölf Monaten. Die Arbeitslosen lassen sich in zwei Gruppen einteilen. Die erste Gruppe hat keinen Anspruch auf Anschluss-ALH und ist nach zwölf Monaten auf private Rücklagen angewiesen. Bei der zweiten Gruppe schließt sich dem Bezug von ALG der Bezug von ALH an. Während die Abgangsrate in die Erwerbstätigkeit für die Gruppe ohne Anspruch auf Anschluss-ALH unmittelbar nach Auslaufen des ALG deutlich steigt, bleibt die Abgangsrate der Kohorte mit verlängertem Anspruch unverändert auf ca. 4 %. Hingegen hat ein längerer Anspruch auf Lohnersatzleistungen bei Frauen kaum Einfluss auf die Abgangsrate in die Erwerbstätigkeit. Allerdings steigt die Abgangsrate in die Nichterwerbstätigkeit um 1,5 Prozentpunkte, s. Abb. (b). Auch hier handelt es sich nach Ansicht des Autors um einen Mitnahmeeffekt. Steiner (2003, 407) bemerkt: „Relativ lange Anspruchsdauern beim Arbeitslosengeld und die im Prinzip zeitlich unbefristet gewährte Arbeitslosenhilfe sind wesentliche Faktoren für die hohe Langzeitarbeitslosigkeit in Deutschland … Darüber hinaus weisen die empirischen Ergebnisse für Deutschland auf ausgeprägte Mitnahmeeffekte beim Arbeitslosengeld hin: Die Wahrscheinlichkeit, die Arbeitslosigkeit zu beenden, steigt unmittelbar nach dem Auslaufen des Leistungsanspruchs deutlich an.“

Quelle: Steiner (2000, 2003)

tralen Ergebnis in Zeile (6), dass bei einer Erhöhung der Arbeitslosenunterstützung die privat optimale Dauer der Arbeitslosigkeit wächst.

Alle Variablen des Modells gehören zu den öffentlichen Informationen, so die Kosten der Suche, die Häufigkeiten von Stellenangeboten, die Lohnverteilung und der Beschäftigungsstatus von A. Nur der Freizeitnutzen von A und folglich der Wert von *b* ist, wie wir annehmen, für Dritte nicht messbar. Außerdem ist A registrierter Arbeitsloser und anspruchsberechtigt. Ist A mit dem Freizeitnutzen und dem Lohnersatz b ein echter oder ein unechter Arbeitsloser? Als echter Arbeitsloser, der nach einem Job sucht, erreicht A den Nutzen $b-c+p_0\Delta W[b]$, als unechter, der nicht sucht, erreicht er dagegen den Nutzen b, der sich aus Lohnersatz und nicht beobachtbaren Freizeitnutzen zusammensetzt. Die Jobsuche lohnt sich daher für A nur, wenn $b-c+p_0\Delta W[b]\geq b$, dabei berücksichtigen wir, dass der Anspruchslohn von b abhängt und schreiben für den Vermögensgewinn kurz $\Delta W[b]\equiv \Delta W(w_A(b))$. Die Ableitung des Vermögensgewinns nach b ist kleiner als null, $\Delta W'[b]<0$. Warum? Weil, der Anspruchslohn monoton mit b zunimmt, s. Tab. 10.3 Spalte (1), Zeile (6), und der Vermögensgewinn, mit dem der Akteur bei einem Wechsel in die Beschäftigung rechnen kann, umso geringer ist, je höher der Anspruchslohn ist, mit dem er eintreffende Offerten sortiert. Aktive Jobsuche lohnt sich demnach für A nur, wenn die folgende Teilnahmebedingung gilt

$$(10.7) \qquad p_0\Delta W[b]\geq c\,.$$

Auf der linken Seite der Teilnahmebedingung (10.7) steht der Optionswert eines zusätzlichen Suchschritts auf Basis des durch Lohnersatz und Freizeitnutzen b bestimmten Anspruchlohns $w_A(b)$; die rechte Seite der Ungleichung zeigt die Suchkosten. Sobald der Optionswert die Höhe der Suchkosten erreicht, hat A einen Anreiz, aus dem Zustand des unechten in den des echten Jobsuchers zu wechseln. Der erwartete Vermögensgewinn auf der linken Seite von (10.7) ist eine monoton fallende, konvexe Funktion des Lohns, deren Graf die Suchkostengerade im Punkt D schneidet, s. Abb. 10.9. Sobald b bei gegebenem Freizeitnutzen infolge der hohen Lohnersatzleistungen den Schwellenwert b_c übersteigt, s. Abb. 10.9, ist das Abstandsgebot verletzt und A stellt ohne äußere Anzeichen die Jobsuche ein, meldet sich bei seinem Vermittler, legt die nötigen Dokumente vor, die belegen, dass er alle verwaltungsrechtlich geforderten „Eigenbemühungen" unternimmt und geht. Der Schwellenwert ergibt sich mit der beim Ordinatenabschnitt $c-b_c$ schneidenden 45^0-Geraden durch den Punkt C.

Wie der Schwellenwert b_c auf Änderungen der exogenen Parameter reagiert, zeigen Abb. 10.9 (s. Anhang A2) und die Spalte (4) von Tab. 10.3. Nehmen die Offertenhäufigkeiten p_0 oder p_1 im Konjunkturaufschwung zu, so steigt der Schwellenwert der Unterstützungszahlung und der Anteil der unechten Arbeitslosen im Bestand der registrierten Arbeitslosen nimmt cet. par. ab. Bei steigender Trennungsrate oder zunehmendem Zins sowie höheren Suchkosten nimmt der Schwellenwert dagegen ab und der Anteil der unechten Arbeitslosen wächst. Nimmt der – nicht beobachtbare – Wert der Freizeit b etwa im Wechsel der Jahreszeiten zu oder ab, so steigt bzw. sinkt der Anteil der unechten Arbeitslosen im Bestand der registrierten Arbeitslosen.

Zusammenfassung

Das Risiko der Arbeitslosigkeit hat eine Mengen- und eine Preiskomponente. Die Mengenkomponente – „der Gesellschaft geht die Arbeit aus" – hat keine Bedeutung, wenn wie in der neoklassischen Ökonomie die Bedürfnisse unbegrenzt sind und folglich auch die abgeleitete Nachfrage nach Arbeitskräften zur Produktion der Mittel der Bedürfnisbefriedigung keine obere Grenze hat. Das Risiko der Arbeitslosigkeit ist ein Lohnrisiko,

Arbeit gibt es immer und überall. Risikoscheue Akteure mit begrenzten Möglichkeiten, sich im eigenen Haushalt zu versichern, fragen Versicherungsschutz gegen das Lohnrisiko nach. Bei vollständiger Information über das Trennungs- und Suchverhalten, über die Verteilung der idiosynkratischen sowie der makroökonomischen Beschäftigungsrisiken würden sich private Versicherungsmärkte bilden, wo erwerbswirtschaftlich betriebene Firmen Policen gegen das Lohnrisiko anbieten. Wegen der kostenlosen Klassifikation und Kontrolle der Versicherungsnehmer wäre der Markt im Gleichgewicht vollständig segmentiert, jeder Versicherungsnehmer könnte eine faire auf seine persönliche Charakteristik exakt zugeschnittene Vollversicherung mit einer Lohnersatzrate von 100 % abschließen. Die weite Verbreitung staatlicher Zwangsversicherungen lässt sich mit asymmetrisch verteilten Informationen über die idiosynkratischen Beschäftigungsrisiken, das Trennungs- und Suchverhalten der Versicherungsnehmer, deren Freizeitnutzen und Beschäftigungschancen erklären. Asymmetrisch verteilte Information wirft ein Klassifizierungs- (adverse Selektion) und ein Kontrollproblem (moralischer Hasard) auf. Die Versicherungsnehmer müssen klassifiziert, ihre Angaben zur Person, zum Arbeitgeber, zur Konjunktur-, Branchen- und Firmenentwicklung sowie vor allem ihr Anpassungsverhalten als versicherte Jobsucher und Arbeitnehmer müssen kontrolliert werden. Ein einfaches informationsökonomisches Modell, in dessen Mittelpunkt das Klassifizierungsproblem steht, erläutert diesen Sachverhalt.

Der Versicherungsmarkt des Modells ist ein Konkurrenzmarkt mit freiem Zutritt. Es gibt zwei Typen unter den ansonsten in allen Hinsichten identischen Erwerbspersonen, die sich in der Verteilung des Lohnrisikos unterscheiden. Die Information über die Verteilung ist privat, die Versicherungen können Kunden, die Policen nachfragen, nicht klassifizieren. Das Geschehen auf dem Versicherungsmarkt wird als Screening-Spiel modelliert. In einem Screening-Spiel ziehen die nicht informierten Spieler zuerst, die informierten folgen. Im Modell sind die Versicherungsgeber die nicht informierten Spieler, die mit Policen gegen das Lohnrisiko auf den Markt kommen. Die Arbeitnehmer, die ihr Risiko kennen, entscheiden anschließend, ob sie Versicherungsschutz nachfragen bzw. welche der Policen für sie in Frage kommt. Das Gleichgewicht des Versicherungsmarktes ist entweder ein Pooling- oder ein separierendes Gleichgewicht. Bei einem Pooling-Vertrag verzichtet die Versicherung auf eine ex-post-Klassifikation der Arbeitnehmer und bietet eine Police gegen alle Beschäftigungsrisiken an. Verträge separieren oder klassifizieren dagegen ex post, wenn die Versicherung typspezifische Policen auf den Markt bringt mit Anreizen für die Arbeitnehmer, ihren Typ durch Auswahl des bevorzugten Vertrags zu offenbaren.

Das Sreening-Spiel hat entweder ein separierendes oder kein Gleichgewicht. Pooling-Verträge, die ein Wohlfahrtsstaat infolge des Gleichheitsgebots oder des Diskriminierungsverbots bevorzugen könnte, lassen sich nicht als Marktgleichgewicht implementieren. Der Grund ist, dass zu jedem kostendeckenden Pooling-Vertrag ein Konkurrenzvertrag existiert, der den Prozess der negativen Auslese hervorruft und den Pooling-Vertrag verdrängt. Die guten Risiken fragen den Konkurrenzvertrag nach, die schlechten bevorzugen den Pooling-Vertrag, der aber nach Abwanderung der guten Risiken die Kosten nicht deckt und den Markt verlassen muss.

Die typspezifischen First-best-Verträge mit einer Lohnersatzrate von 100 % sind kein separierendes Gleichgewicht des Screening-Spiels. Mithin lässt sich auch die effiziente

Lösung des Versicherungsproblems nicht als Marktgleichgewicht implementieren. Was lässt sich mit dem Marktmechanismus überhaupt erreichen?

Damit anreizkompatible separierende Policen gegen die verschiedenen Lohnrisiken existieren, die der Markt zu implementieren vermag, darf der Anteil des guten Lohnrisikos in der Erwerbsbevölkerung nicht zu hoch sein. Denn andernfalls hat das Screening-Spiel kein Gleichgewicht und der Versicherungsmarkt versagt. Warum ist ein hoher Anteil schlechter Risiken gut für den Markt? Der Grund ist, dass es bei einem hohen Anteil guter Risiken zu jedem Paar separierender Verträge einen konkurrierenden Pooling-Vertrag gibt, der erstens von allen Arbeitnehmertypen bevorzugt wird und den zweitens die Konkurrenzversicherung wegen des hohen Anteils guter Risiken in der Erwerbsbevölkerung mit Gewinn anbietet. Lässt man nun den Anteil guter Lohnrisiken sinken, so geht der Gewinn der konkurrierenden Pooling-Verträge, die die Instabilität hervorrufen, gegen null. Jenseits des Schwellenwertes, den man erreicht, wo schlechte Lohnrisiken unter den Kunden häufig und gute selten anzutreffen sind, lassen sich die konkurrierenden Pooling-Verträgen nicht mehr kostendeckend anbieten, und der Markt für Versicherungen gegen das Beschäftigungsrisiko hat nun ein separierendes Gleichgewicht, das von keinem Pooling-Angebot verdrängt werden kann.

Der Staat hat die Macht, alle Erwerbspersonen zur Teilnahme am Versicherungspool zu zwingen und damit den Prozess adverser Selektion zu unterbinden. Der Wohlfahrtsstaat kann aber trotz seiner Macht das Problem der Versicherung des Lohnrisikos nicht ohne weiteres mit einem kostendeckenden Pooling-Vertrag lösen. Wenn der Versicherungsmarkt versagt und kein separierendes Gleichgewicht existiert, dann gibt es kostendeckende Pooling-Verträge gegen das Beschäftigungsrisiko. Um diese Pooling-Verträge anzubieten, ist kein Abschlusszwang nötig. Wenn der Versicherungsmarkt ein separierendes Gleichgewicht hat, dann gibt es keine kostendeckende Pooling-Lösung, die beide Risikotypen besser oder mindestens so gut stellt wie das Marktgleichgewicht. Will der Wohlfahrtsstaat trotzdem eine Pooling-Lösung anbieten, die die Akteure nicht schlechter stellt als das Marktgleichgewicht, muss er zusätzlich zu den Beiträgen der Versicherten Steuern oder Kapitalmarktmittel einziehen, um die Deckungslücke im Budget der staatlichen ALV zu schließen.

Wie löst die deutsche Arbeitslosenversicherung (ALV) die Klassifizierungs- und Kontrollprobleme, die sich mit der asymmetrisch verteilten Information über die Risikotypen und das Trennungs-, Such-, Gründungs- und Stilllegungsverhalten stellen? Gar nicht. Die staatliche Arbeitsmarktverwaltung bindet den Großteil ihrer Ressourcen, um in der Masse der Antragsteller die zu identifizieren, die einen Anspruch auf Registrierung und Lohnersatz haben, deren Datensätze zu verwalten, und an das Millionenheer der Anspruchsberechtigten gerichtsfest den Lohnersatz zu überweisen. Sich um die Anreizkompatibilität des Sozial- und Arbeitsförderungsrechts zu kümmern, dafür stehen dem Wohlfahrtsstaat weder die Rechtsmittel, noch die materiellen Ressourcen zu Verfügung.

In allen modernen Industrie- und Dienstleistungsgesellschaften erzeugen Konjunktur und Strukturwandel unablässig Faktorwanderungen zwischen den Regionen, Branchen, Berufen und Betrieben. Je länger und intensiver die Suche der (arbeitslosen) Faktorbesitzer ist, umso höher ist die erwartete Produktivität in Kombination mit den ko-spezialisierten Faktorbesitzern der Anschlussbeschäftigung. Da die mit positiven Externalitäten verbundene Jobsuche Ressourcen verbraucht, ist es sozial effizient, wenn der Staat den Jobsuchern aus Beiträgen oder Steuern finanzierte Lohnersatzleistungen zur Verfügung stellt. Allerdings senken die Lohnersatzleistungen den Suchanreiz. Jenseits eines Schwellenwertes ist es für einen Beschäftigungslosen vorteilhaft, die Jobsuche einzustellen und sich mit dem Lohnersatz als unechter Arbeitsloser einzurichten. Der Anteil der unechten Arbeitslosen ist endogen, von idiosynkratischen sowie makroökonomischen Schocks abhängig und mit den Instrumenten des Verwaltungs- und Sozialrechts weder identifizierbar noch steuerbar.

Anhang

A1 Single-crossing property

1. Zuerst zeigen wir, dass $GRS_A(X) > GRS_B(X)$. Hierzu führen wir zunächst die GRS zwischen dem Prämiensatz und der Lohnersatzzahlung ein und zeigen dann, dass die GRS eine monoton zunehmende Funktion von q ist. Der Erwartungsnutzen des Risikotyps j, $j = A, B$, beim Versicherungsvertrag $X = [p, b]$ ist

(A1) $$U_j(X) = q_j U(Y_H - pb) + (1 - q_j) U(Y_L + (1 - p)b).$$

Für die partiellen Ableitungen von (A1) nach dem Prämiensatz p und dem Lohnersatz b erhält man mit den Abkürzungen $U'_H = U'(Y_H - pb)$ und $U'_L = U'(Y_L + (1 - p)b)$ die folgenden Beziehungen, wobei wir den Typenindex j unterdrücken

(A2) $$\frac{\partial U(X)}{\partial p} = -b[qU'_H + (1 - q)U'_L] < 0$$

(A3) $$\frac{\partial U(X)}{\partial b} = -pqU'_H + (1 - p)(1 - q)U'_L.$$

Für die zweite partielle Ableitung von (A1) nach dem Lohnersatz folgt aus (A3), dass

$$\frac{\partial^2 U(X)}{\partial b^2} = p^2 qU''_H + (1 - p)^2 (1 - q)U''_L < 0.$$

Aus dem totalen Differenzial von (A1) ergibt sich nun mit Rücksicht auf $U(X) = \text{konst.}$, (A2), (A3) sowie $\partial U(X)/\partial b \neq 0$ die GRS mit

(A4) $$GRS \equiv \frac{db}{dp} = -\frac{\partial U(X)/\partial p}{\partial U(X)/\partial b} = b\frac{qU'_H + (1 - q)U'_L}{-pqU'_H + (1 - p)(1 - q)U'_L}.$$

Die Ableitung von (A4) nach q liefert

(A5) $$\frac{\partial GRS}{\partial q} = b\frac{U'_H U'_L}{[-pqU'_H + (1 - p)(1 - q)U'_L]^2} > 0,$$

Mit (A5) folgt dann aus $q_A > q_B$, dass $GRS_A(X) > GRS_B(X)$. Das Vorzeichen der GRS ist, wie (A4) verdeutlicht, mit dem Vorzeichen von $\partial U(X)/\partial b$ identisch.

2. Wir zeigen nun, dass mit $\partial U_A(X)/\partial b > 0$ auch $\partial U_B(X)/\partial b > 0$. Wäre das für den Vertrag *X* nicht der Fall, dann wäre

$$-pq_A U'_H + (1-p)(1-q_A)U'_L > 0 \geq -pq_B U'_H + (1-p)(1-q_B)U'_L ,$$

so dass

$$(q_B - q_A)[pU'_H + (1-p)U'_L] > 0$$

im Widerspruch zu $q_B < q_A$ folgt. Mit Rücksicht auf diesen Satz folgt dann aus $GRS_A(X) > 0$, dass $GRS_B(X) > 0$.

A2 Anspruchslohn und Suchdauer

1. Mit Anhang A3, Kapitel 6, ergibt sich die folgende implizite Definition des Reservationslohns

(A6) $$K(w_A, b, p_0, p_1, r, \lambda, c) \equiv w_A + c - b - (p_0 - p_1)\Delta W(w_A) = 0 ,$$

wobei für den Vermögensgewinn $\Delta W(w)$ gilt

$$\Delta W(w) = \int_w^\infty \left[\frac{1-F(\omega)}{r+\lambda+p_1[1-F(\omega)]} \right] d\omega .$$

Dass der Vermögensgewinn monoton in *w* fällt, ergibt sich mit der Ableitung des Integrals nach der unteren Grenze (s. Rechenregeln 4). Mit dem totalen Differenzial von (A6) erhält man die Vorzeichen der Tab. 6.5 bzw. der Spalte (1) von Tab. 10.3.

2. Mit den partiellen Ableitungen von

$$H(b_c, p_0, p_1, \lambda, r, c) \equiv \int_{w_A(b_c, p_0, p_1, \lambda, r, c)}^{\infty} \left[\frac{1-F(\omega)}{r+\lambda+p_1[1-F(\omega)]} \right] d\omega - c = 0$$

erhält man die Vorzeichen in der Spalte (4) von Tab. 10.3. Dabei ist

$$H_{b_c} = p_0 \Delta W'(w_A) \frac{dw_A}{db} < 0$$

$$H_{p_0} = \frac{r+\lambda}{r+\lambda+p_0[1-F(w_A)]} \Delta W(w_A) > 0 \qquad H_{p_1} = p_0 \Delta W'(w_A) \frac{dw_A}{dp_1} > 0$$

$$H_x = p_0 [\frac{\partial \Delta W(w_A)}{\partial x} + \Delta W'(w_A) \frac{dw_A}{dx}] < 0 \qquad H_c = -\frac{r+\lambda}{r+\lambda+p_0[1-F(w_A)]} < 0,$$

wobei $x \in \{\lambda, r\}$.

11 Öffentliche Fürsorge und das Abstandsproblem

Etwa fünf bis zehn Prozent der Bevölkerung im erwerbsfähigen Alter ist außerstande, sich allein mit Hilfe der kulturellen, rechtlichen und ökonomischen Infrastruktur ein Einkommen in Höhe des Existenzminimums zu sichern oder ein Leben zu führen, „das der Würde des Menschen entspricht", wie es § 1 Sozialgesetzbuch XII allen Bürgern in Aussicht stellt. Die Ursachen hierfür sind teils institutioneller, teils privater Natur. Zu den privaten Ursachen zählen Krankheit, Behinderung, geringe motorische oder kognitive Gaben oder Präferenzen, die eine Integration in die Arbeitswelt erschweren. Zu den institutionellen Ursachen zählen das Versagen des staatlichen Bildungssystems, der staatlichen Arbeitslosenversicherung, die Arbeitslosen Anwartschaften abverlangt, die viele nicht erfüllen oder des staatlichen Arbeitsrechts, das Niedriglohnmärkte unterdrückt. Die in Tab. 11.1 dargestellten Empfängerquoten messen den Anteil der Empfänger von Hilfe zum Lebensunterhalt (HLU) und in besonderen Lebenslagen (HbL) an der Bevölkerung. Die positiven Trends der Quoten sind ein weiterer Hinweis darauf, dass ähnlich wie das Arbeitsförderungsrecht auch das Fürsorgerecht kaum in der Lage ist, die Anpassungsreaktionen von Leistungsempfängern, Erwerbslosen, Beschäftigten und Firmen, die es mit den im Grundgesetz und den Sozialgesetzbüchern kodifizierten Ansprüchen hervorruft, anreizkompatibel zu steuern und ihre Angemessenheit zu kontrollieren.

Tab. 11.1: Empfänger und Ausgaben zur Sozialhilfe in Deutschland

	Westdeutschland				**Deutschland**		
Empfänger in 1000	**1963**	**1970**	**1980**	**1990**	**1991**	**2000**	**2002**
Hilfe zum Lebensunterhalt[1)]	584	528	851	1772	2 036	2 677	2 757
Empfängerquote (HLU)	1,0	0,9	1,4	2,8	2,5	3,3	3,3
Hilfe in besonderen Lebenslagen	814	965	1 125	1 510	1 711	1 459	1 559
Empfängerquote (HbL)	1,4	1,6	1,8	2,4	2,1	1,8	1,9
Ausgaben in Mio. EUR[2)]							
Hilfe zum Lebensunterhalt	438	604	2 218	6 635	7 284	9 777	9 828
Hilfe in besonderen Lebenslagen	513	1 102	4 564	9 615	11 807	13 542	14 824
Sozialhilfe / Einwohner in Euro	17	28	110	257	239	284	299
Sozialhilfe / Arbeitnehmer in Euro	—	77	281	599	547	671	713
HLU / Arbeitnehmer in Euro	—	27	92	245	209	281	284

Quelle: Statistisches Bundesamt [1)]außerhalb von Einrichtungen [2)]Brutto

In den kontinentaleuropäischen Gesellschaften hat der Zentralstaat schon zu Beginn des vorigen Jahrhunderts die in der Erwerbslosen- und Armenhilfe lange vorherrschende private, korporative oder kommunale Hilfe verstaatlicht und durch die Instrumente des öffentlichen Fürsorgerechts verdrängt. Mit der Verstaatlichung der Fürsorge erhielt die Nachfrage nach Hilfe in besonderen Lebenslagen (Krankheit, Behinderung) oder zum Lebensunterhalt nicht nur eine philosophische Begründung, sondern einen klagbaren Anspruch, der im Grundgesetz (Menschenwürde Art. 1 GG, Sozialstaatsprinzip Art. 20) und im öffentlichen Fürsorgerecht verankert ist. Das einschlägige Fürsorgerecht ist u.a.

im Bundessozialhilfegesetz (BSHG) und nach der Zusammenlegung von Sozialhilfe für erwerbsfähige Hilfebedürftige und Arbeitslosenhilfe zum Arbeitslosengeld II (ALG II) zum 1.1.2005 im SGB II bzw. SGB XII kodifiziert.

Während die Regeln des Beitrags- und Leistungsrechts der staatlichen Arbeitslosenversicherung (Kap. 10) dem (juristischen) Versicherungsprinzip folgen, gründet die nach-

Grundsicherung für Arbeitsuchende und ALG II

Mit dem vierten „Gesetz für Moderne Dienstleistungen am Arbeitsmarkt" (Hartz IV) soll im Jahr 2005 die Arbeitslosenhilfe mit der Sozialhilfe für „erwerbsfähige Hilfebedürftige" zusammengelegt werden. Erwerbsfähige Hilfebedürftige haben demnach einen unbefristeten Anspruch auf eine Grundsicherung für Arbeitssuchende mit drei Bestandteilen: (1) Sie haben Anspruch auf „Dienstleistungen" wie einen persönlichen Berater, mit dem sie eine „verbindliche Eingliederungsvereinbarung" abschließen, die festlegt, welche Leistungen der Arbeitslose erhält und „welche Bemühungen der erwerbsfähige Hilfebedürftige in welcher Häufigkeit zur Eingliederung in Arbeit mindestens unternehmen muss und in welcher Form er die Bemühungen nachzuweisen hat." (2) Die Arbeitslosen haben Anspruch auf Leistungen zur Sicherung des Lebensunterhalts, das ALG II. (3) Es können Sachleistungen verlangt werden, wie z.B. die Betreuung von Kindern.

Arbeitslosengeld II

Anspruch auf ALG II haben nur erwerbsfähige Hilfebedürftige. Als erwerbsfähig nach § 8 SGB II gilt, wer unter den üblichen Bedingungen des Arbeitsmarktes mindestens drei Stunden täglich erwerbstätig sein kann. Dabei ist „dem erwerbsfähigen Hilfebedürftigen ... jede Arbeit zumutbar". Sofern sie keine Arbeit finden können, sollen für sie zusätzliche Arbeitsgelegenheiten geschaffen werden. Falls Arbeitslose einer Beschäftigung nachgehen, gesteht ihnen das Gesetz neben Freibeträgen, die nicht auf das ALG II angerechnet werden, ein Einstiegsgeld für längstens 24 Monate in Form eines Zuschusses zu. Das ALG II sieht einen Regelsatz in Höhe von 345 Euro (West) bzw. 331 Euro (Ost) pro Monat vor, der an die Entwicklung des aktuellen Rentenwerts gekoppelt ist. Hinzu kommen Erstattungen für Wohnungs- und Heizungskosten. Die Empfänger sind kranken-, pflege- und rentenversichert.

Übergang vom ALG zum ALG II

Um die Einkommensverluste beim Übergang vom ALG zum ALG II abzufedern, erhalten Bezieher von ALG nach Ablauf des Anspruchs zunächst für zwei Jahre einen monatlichen Zuschlag zum ALG II, der im 1. Jahr höchstens 160 Euro beträgt und im 2. Jahr halbiert wird.

Sanktionen

Lehnt der ALG II Empfänger eine Erwerbstätigkeit oder eine Eingliederungsmaßnahme ab oder kann er nicht ausreichende Eigeninitiative nachweisen, wird die Leistung gekürzt.

Leistungen an nicht erwerbsfähige Personen

Nicht erwerbsfähige Angehörige von ALG II-Empfängern – meist handelt es sich um Kinder – erhalten Sozialgeld. Die bisherige Sozialhilfe bleibt erhalten: Alle Akteure im erwerbsfähigen Alter, die kurzfristig dem Arbeitsmarkt nicht zur Verfügung stehen, bekommen laufende Hilfe zum Lebensunterhalt, dauerhaft erwerbsunfähige und Personen über 65 Jahre erhalten die Grundsicherung im Alter und bei Erwerbsminderung. Der neue Regelsatz entspricht dem des ALG II und enthält die bisherigen einmaligen Leistungen.

Quelle: Viertes Gesetz für moderne Dienstleistungen am Arbeitsmarkt

rangig gewährte Fürsorge auf dem (juristischen) Bedarfsdeckungs- oder Fürsorgeprinzip. Jeder deutsche Bürger, der sich aus eigener Kraft nicht zu erhalten vermag, hat demnach Anspruch auf Deckung seines Bedarfs nach Maßgabe der tatsächlichen Mangellage (Faktizitätsprinzip). Zahlen zum Mengengerüst der öffentlichen Fürsorge kann die öffentlich-rechtliche Statistik nicht liefern, die folgenden Angaben sind grobe Schätzungen. Die Träger der Fürsorge sind die kreisfreien Städte und die Landkreise mit ca. 2 132 Sozialämtern (*Berner* und *Leisering* 2003) und ca. 100 000 Mitarbeitern. Die kommunale Zuständigkeit folgt aus dem Aufenthaltsort des Hilfebedürftigen, mit dem sich auch die Frage der Kostentragungspflicht erledigt. Positive Agglomerationseffekte und die Freiheit der Standortwahl bewirken eine Konzentration der Hilfeempfänger in den Großstädten. So sind in der typischen deutschen Großstadt (mehr als 100 Tsd. Einwohner) 5,5 % der Einwohner Empfänger von Hilfe zum Lebensunterhalt. Die Liste der deutschen Großstädte wird von Kassel mit einer Fürsorgequote von 10 % angeführt, jeder zehnte Bürger der hessischen Großstadt ist Fürsorgeempfänger (Statistisches Bundesamt 2003).

Die „Nichtinanspruchnahmequote", das ist der Anteil der Individuen oder Haushalte, die keine Fürsorge beantragen oder beziehen, obwohl sie die Kriterien der öffentlichen Fürsorge zu erfüllen scheinen, ist außerordentlich hoch. *Neumann* und *Hertz* (1998) berechnen für das Jahr 1995 eine Nichtinanspruchnahmequote von 52,3 %, *Riphahn* (2001) kommt für 1993 auf eine Quote von 62,7 %, *Kayser* und *Frick* (2000) schätzen für 1996 eine Quote von 63,1 %. Aus verschiedenen Gründen weist die öffentliche Fürsorge hohe Fehlerquoten bei der Klassifizierung von Hilfeanträgen auf. Anträge von Hilfebedürftigen werden abgewiesen oder die bewilligte Fürsorge ist zu gering (Fehler vom Typ I), Anträge von Nicht-Hilfebedürftigen werden bewilligt oder die bewilligte Unterstützung ist zu hoch (Fehler vom Typ II). Outputkontrollen oder Evaluationen der deutschen Fürsorge existieren nicht. *Boadway* et al. (1999) berichten von Prüfungen der Bewilligungspraxis in Quebec. In 20 % aller geprüften Fälle fanden sich Klassifizierungsfehler, wobei vierfünftel der Fehler vom Typ II waren. *Duclos* (1995) schätzt, dass in Großbritannien im Jahr 1985 ca. 18,1 % aller hilfebedürftigen Antragsteller abgewiesen wurden, während 18,8 % der bewilligten Anträge von Nicht-Hilfebedürftigen stammten. *Benítez-Silva* et al. (2004) ermittelten in einer Analyse des US-amerikanischen Fürsorgesystems, dass zwischen 1992 und 1996 ca. 61 % der abgewiesenen Antragsteller hilfebedürftig und 28 % der erfolgreichen Antragsteller nicht hilfebedürftig waren.

Das restliche Kapitel ist folgendermaßen gegliedert. Im folgenden Abschnitt 11.1 stellen wir zuerst die beiden typischen Systeme der öffentlichen Fürsorge vor, die negative Einkommenssteuer und die Steuergutschrift. In Abschnitt 11.2 wird die ökonomische Theorie der öffentlichen Fürsorge, in Abschnitt 11.3 das umstrittene Thema des Lohnabstands behandelt.

11.1 Negative Einkommenssteuer oder Steuergutschrift?

Fürsorgeleistungen gehören zum Nicht-Arbeitseinkommen und wirken über Einkommens- und Substitutionseffekte auf den Anspruchslohn und das Arbeitsangebot der Leistungsempfänger (s. Kap. 1). Die beiden typischen Systeme der öffentlichen Fürsorge, die in der wirtschafts- und ordnungspolitischen Diskussion dieser Effekte im Mittelpunkt stehen, sind die negative Einkommenssteuer einerseits sowie die Steuergutschrift mit negativen (Grenz-) Steuersätzen für Geringverdiener wie beim US-amerikanischen Earned Income Tax Credit (EITC) andererseits. Beispiele für Fürsorgesysteme vom ersten Typ finden sich vor allem in Europa, so etwa die deutsche Hilfe zum Lebensunterhalt (HLU) oder das ALG II. In beiden Systemen modifiziert die öffentliche Fürsorge die Gestalt des Einkommenssteuertarifs. Ein wesentlicher Unterschied zwischen der negativen Einkommenssteuer und dem System der Steuergutschrift zeigt sich in der Antwort auf die Frage, ob eine Gesellschaft erwerbsfähigen Mitgliedern mit geringer Produktivität ein verfügbares Einkommen in Höhe des (soziokulturellen) Existenzminimums garantieren soll oder nicht? Gesellschaften, die ihren Mitgliedern einen (Rechts-) Anspruch auf das Existenzminimum gewähren, werden ein europäisches System negativer Einkommenssteuer wie etwa das deutsche ALG II installieren, s. Abb. 11.1, Gesellschaften, in denen die öffentliche Fürsorge von den Eigenleistungen der Hilfebedürftigen abhängen soll, werden Varianten des amerikanischen EITC bevorzugen, s. Abb. 11.2. Wir skizzieren anschließend die Parameter der beiden Fürsorgesysteme.

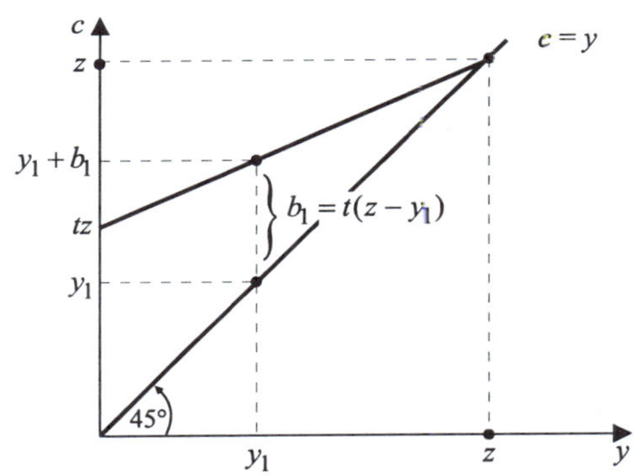

Abb. 11.1: Negative Einkommenssteuer

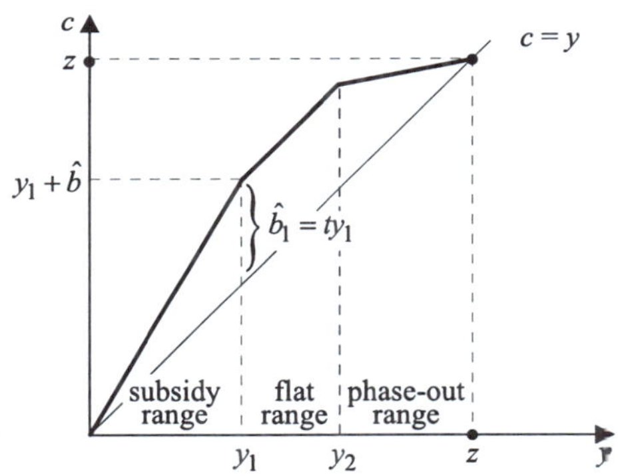

Abb. 11.2: EITC

Gegeben sei ein Akteur A mit dem Reallohn w, der Arbeitszeit H und dem realen Arbeitseinkommen $y = wH$. A bildet keine Rücklagen und konsumiert sein gesamtes Einkommen. Im Laisser-faire-Regime, in dem es keine öffentliche Fürsorge gibt, gilt für die realen Konsumausgaben c, dass $c = y$. Die Abb. 11.1 und 11.2 zeigen die Laisser-faire-Budgetgleichung in der (c, y)-Ebene in Form der 45°-Linie.

Erhält A neben dem Arbeitseinkommen y ein Transfereinkommen b, so beträgt sein verfügbares Einkommen $y + b$ und sein Budget ergibt sich mit $c = y + b$. Eine negative Einkommenssteuer besteht aus zwei Komponenten, s. Abb. 11.1. Erstens einer Einkommensschwelle z und zweitens dem Steuertarif t für Einkommen unterhalb des Schwellenwertes. Ist das Markteinkommen von A niedriger als der Schwellenwert z, so hat A einen Anspruch auf Bürgergeld in Höhe von $b = t(z - y)$. Das Budget von A lautet mit dieser Transferzahlung $c = y + b = tz + (1 - t)y$. Das Mindesteinkommen tz legt der Gesetzgeber durch Wahl von t und z so fest, dass jeder Akteur ein Einkommen in Höhe des (soziokulturellen) Existenzminimums erhält, gleichgültig ob er arbeitet oder nicht.

In Hinblick auf den Tarif t lassen sich drei Fälle unterscheiden. (1) Die wohlfahrtsstaatlichen Zuwendungen verschwinden, wenn $t = 0$, A ist allein auf sein Arbeitseinkommen angewiesen, eine Einkommensgarantie des Staates gibt es in diesem Fall nicht.

(2) Wenn $t = 1$, dann sind das garantierte Mindesteinkommen und der Schwellenwert des Steuertarifs identisch, es gilt $b = z - y$ und daher $c = z$. Diese Art der Zuteilung sei, so wird kritisiert, charakteristisch für die deutsche HLU. Die Konstruktion der HLU entziehe A den Anreiz zur Marktarbeit. Denn bei jedem zusätzlichen Euro, den A verdient, sinkt die gewährte HLU um einen Euro, weshalb sich das verfügbare Einkommen von A trotz wachsender Arbeitsanstrengung nicht erhöht. Die Transferentzugsrate beträgt 100 %. (3) Wenn $0 < t < 1$, wie beim ALG II, dann ist die Transferentzugsrate kleiner als 100 % und A behält von einem Euro, den er durch zusätzliche Marktarbeit verdient, $1 - t$ Euro und hat einen größeren Anreiz, Marktarbeit anzubieten. Dieser Fall zeigt das „Negative" der negativen Einkommenssteuer, s. Abb. 11.1: Bei dem Markteinkommen y_1 erhält A Fürsorge in Höhe von $b_1 = t(z - y_1)$ – dies ist die negative Einkommenssteuer –, und hat folglich ein verfügbares Einkommen in Höhe von $y_1 + b_1$.

Tab. 11.2: Schätzung des Arbeitskräftepotenzials der Sozialhilfeempfänger in Tsd., 2002

Empfänger von Sozialhilfe i. e. S.	**2 757**
– Minderjährige	886
– Personen über 65 Jahre	189
= Personen im Alter von 18 bis 64 Jahren	**1 681**
– Nichterwerbstätige wegen häuslicher Bindung	277
– Nichterwerbstätige wegen Krankheit, Behinderung Arbeitsunfähigkeit	153
= (Brutto) Arbeitskräftepotenzial	**1 252**
– Erwerbstätige (Voll- und Teilzeit)	143
– Nichterwerbstätige wegen Aus- und Fortbildung	118
= (Netto) Arbeitskräftepotenzial	**990**
darunter: Arbeitslose	732
Nichterwerbstätige aus sonstigen Gründen	258

Quelle: Statistisches Bundesamt (2003, 21)

Folgt man der Diskussion über die Anreizwirkungen der Fürsorge, so entsteht der Eindruck, dass arbeitende Fürsorgeempfänger im deutschen Wohlfahrtsstaat eine Kuriosität sind. Dieser Eindruck ist falsch. Die Erwerbsquote von Fürsorgeempfängern ist kaum geringer als die von Normalverdienern mit ca. 72 % (West). Wir „schätzen" die Erwerbsquote der Fürsorgeempfänger wie folgt.

Das Arbeitskräftepotenzial der Fürsorgeempfänger am Ende des Jahres 2002 gab das Statistische Bundesamt (2003) mit 1 133 Tsd. Personen (= 990 Tsd. + 143 Tsd.) an, s. Tab. 11.2. Gemäß öffentlich-rechtlicher Zählung waren von diesen 1 133 Tsd. Personen nicht mehr als 143 Tsd. oder 12,6 % erwerbstätig. Die öffentlich-rechtliche Abgrenzung der erwerbstätigen Fürsorgeempfänger zeigt jedoch wie die Zählung der registrierten Arbeitslosen allenfalls die Spitze des ökonomischen Sachverhalts. Der Deutsche Städtetag (*Fuchs* und *Troost*, 2003) schätzt auf Basis von Umfragen unter den 235 Mitgliedern (Rücklaufquote ca. 70 %), das die Sozialämter im Jahresverlauf 2002 etwa 390 Tsd. arbeitslose Personen im Rahmen der „Hilfe zur Arbeit" (HzA) beschäftigt haben. Fasst man die HzA-Zahl mit den 143 Tsd. Erwerbstätigen des Statistischen Bundesamtes zusammen, so erhält man 533 Tsd. erwerbstätige Fürsorgeempfänger, womit sich eine Erwerbsquote von 47 % ergibt. Über den Umfang der Überschneidungen zwischen der

Earned Income Tax Credit (EITC)

Zur Milderung der Armut gibt es in den USA vier Fürsorgeprogramme: Temporary Assistance for Needy Families (TANF), Supplemental Security Income (SSI), Food Stamps and Medicaid. Hinzu kommt seit 1975 der EITC. Der EITC kennt kein Mindesteinkommen, nur wer arbeitet, wird gefördert, indem das Programm Familien mit niedrigem oder mittlerem Einkommen nach Einkommenshöhe gestaffelte Steuerermäßigungen oder sogar Einkommenszuschüsse gewährt.

Wirkungen des EITC (2004)

vorher arbeitslos, vereiratet und	Einkommensklasse		Marginale Zuschussrate oder Steuer infolge EITC	ArbeitsanreizSubstitutions-effekt	ArbeitsanreizEinkommens-effekt
zwei Kinder	weniger als $10.750	subsidy-range, Zuschuss	40%	positiv	positiv
ein Kind	weniger als $7.660		34%	neutral	negativ
ohne Kind	weniger als $5.100		7,65%	negativ	negativ
zwei Kinder	$10.750-15.040	flat-range, Pauschale	$4.300	positiv	negativ
ein Kind	$7.660-15.040		$2.604	neutral	negativ
ohne Kind	$5.100-7.390		$390	negativ	negativ
zwei Kinder	$15.040 - $35.458	phase-out-range, Steuer	21,06%	positiv	negativ
ein Kind	$15.040 - $31.338		15,98%	neutral	negativ
ohne Kind	$7.390 - $12.490		7,65%	negativ	negativ

Der EITC macht die Arbeitsaufnahme vor allem für Haushaltsvorstände von Familien mit Kindern, die sich unterhalb der Armutsgrenze befinden, finanziell attraktiv. Im Jahr 2002 lebten 20,4 Millionen US-Amerikaner in *working poor* Familien – davon 11,7 Millionen Kinder. Mit dem EITC wurden 2002 4,9 Millionen Personen – davon 2,7 Mio. Kinder – über die offizielle Armutsgrenze von 14480 Dollar für eine dreiköpfige Familie gehoben.

Empirische Untersuchungen des Programms – das im Haushaltsjahr 2004 mit 36,5 Milliarden Doller veranschlagt wurde – zeigen, dass die Arbeitsangebotseffekte für die Transferempfänger positiv sind, dies gilt insbesondere für allein erziehende Mütter. Ein messbarer Rückgang des Arbeitsangebots bei den Nichtgeförderten ist dagegen nicht beobachtbar. Wegen der durch den EITC geschaffenen Anreize zur Arbeitsaufnahme ist die Zahl der Wohlfahrtsempfänger in den USA während der letzten Jahre stark gesunken.

Quellen: Center on Budget and Policy Priorities, www.cbpp.org ; Bureau of Labor Statistics, http://ferret.bls.census.gov/macro/032003/pov/toc.htm

Angabe des Statistischen Bundesamtes und den Daten des Deutschen Städtetages liegen keine Informationen vor. Doch der Städtetag vermutet mit Blick auf den Erfassungsweg, dass die Zahl der HzA-Beschäftigten, die die Kommunen sowohl an den Städtetag als auch – systematisch falsch – an die Statistischen Landesämter als Teil- oder Vollzeiterwerbstätige melden, gering ist. Von den 1 133 Tsd. Personen, die zum Arbeitskräftepotenzial zählen, sind also 533 Tsd. auf offiziellen Arbeitsmärkten tätig. Bleiben 600 Tsd. Personen, von denen ein großer Teil Arbeit in der Schattenwirtschaft anbietet. Dass HzA-Arbeitnehmer, die bei Kommunen, Kirchen, Krankenhäusern und anderen Fürsorgeträgern einen Job ausüben, zusätzlich in der Schattenwirtschaft arbeiten, ist nicht wahrscheinlich. Legt man nun nicht mehr als nur die bekannten Schätzungen des Anteils der deutschen Arbeitnehmer, die in der Schattenwirtschaft Ämter ausüben, von ca. 20 % zugrunde (*Schneider* 2002), so erhält man weitere 227 Tsd. Voll- und Teilzeitkräfte unter den Fürsorgeempfängern. Aggregiert über alle Teilarbeitsmärkte ergeben sich schließlich 760 Tsd. teil- und vollzeitbeschäftigte Empfänger von laufender Fürsorge zum Lebensunterhalt bzw. eine Erwerbsquote von 67 %.

Im Gegensatz zum System der negativen Einkommensteuer gilt im US-amerikanischen EITC-Programm die Maxime: Wer nicht arbeitet, erhält keine Transfers! Der EITC ist ein erstattungsfähiger Steuerkredit. Der anspruchsberechtigte Haushalt erhält eine Steuergutschrift, s. Abb. 11.2, die zunächst mit der Höhe des Haushaltseinkommens bis y_1 steigt. Ist die Steuergutschrift größer als die Einkommenssteuerschuld, so erhält der Haushalt in den meisten amerikanischen Bundesstaaten den Saldo als Transfereinkommen ausbezahlt. Der EITC hat drei Schwellenwerte. Im subsidy range zahlt der Staat zum Beispiel einer Familie mit zwei oder mehr Kindern zusätzlich zu jedem verdienten Dollar Arbeitseinkommen eine Unterstützung von 40 Cents, das entspricht einem negativen Steuersatz auf das Arbeitseinkommen von 40 %. Im sich anschließenden flat range wird bis zum Einkommen y_2 eine pauschale Subvention von 4 300 $ gezahlt. Der abschließende phase-out range ist wie der Tarif einer negativen Einkommenssteuer gestaltet, die einen Schwellenwert z von 35 458 $ und einen Steuersatz von 21,06 % hat.

Welche der beiden Tarifformen ist vorzuziehen? Um die Antworten der ökonomischen Theorie darzustellen, endogenisieren wir im Folgenden den Steuertarif und stellen die Frage in Hinblick auf eine gegebene soziale Wohlfahrtsfunktion.

11.2 Ökonomische Theorie der öffentlichen Fürsorge

Die ökonomische Theorie der öffentlichen Fürsorge untersucht Wirkung und Effizienz alternativer Fürsorgesysteme. Sind die Informationen über die Voraussetzungen der Gewährung von öffentlicher Hilfe wie etwa die Bedürftigkeit, das Vermögen oder das Arbeitseinkommen privat, dann ist bei der Klassifizierung der Fürsorgeanträge durch die zuständige Behörde mit Fehlern zu rechnen. Die Behörde lehnt Anträge von Hilfebedürftigen ab (Fehler vom Typ I) oder erteilt Bewilligungsbescheide an Empfänger, die gar nicht bedürftig sind (Fehler vom Typ II). Je höher die Wahrscheinlichkeit für Fehler vom Typ II ist, desto mehr weckt die öffentliche Fürsorge das Interesse von Geringverdienern, die, obgleich an sich nicht hilfebedürftig, sich Chancen auf Leistungsempfang ausrechnen und Fürsorge beantragen. Die Abstandsklausel des § 28 SGB XII, die für HLU- und ALG II-Empfänger Anwendung finden soll, versucht diesem Kalkül Rechnung zu tragen und fordert, dass die Fürsorge unter dem Lohnniveau „der unteren Lohn- und Gehaltsgruppen“ bleiben soll, um den Anreiz, in der Rolle des Hilfebedürftigen die Sozialverwaltung auf die Probe zu stellen, zu dämpfen.

Das Abstandsproblem, das offenbar nur bei asymmetrisch verteilter Information entsteht – die Nachfrager nach Fürsorge kennen ihre Charakteristika, das Fürsorgeamt kennt demgegenüber die Bedürftigkeit Typ des Antragstellers nicht –, hat zwei idealtypische Lösungen, die steuerrechtliche und die wohlfahrtsstaatliche. Mit dem anreizkompatiblen Tarif der steuerrechtlichen Lösung offenbaren die Akteure ihren Typ: Kein Steuerzahler hat Interesse, sich als Geringverdiener oder als erwerbsunfähig auszugeben. Die steuerrechtliche Lösung des liberalen Schutzstaates basiert somit auf der Selbstselektion der von ihren Interessen gelenkten Steuerpflichtigen. Der Wohlfahrtsstaat richtet dagegen eine Sozialbürokratie ein: 17 Landes- und Bundesministerien, mindestens 2 132 Sozialämter mit ca. 100 000 Beschäftigten sowie ungezählte Sozial- und Verwaltungsgerichte sind in Deutschland mit der Identifikation, Beratung, Anspruchssicherung und Versorgung hilfebedürftiger Gesellschaftsmitglieder befasst, wobei Umfang, Qualität und rechtliche Institutionalisierung der sozialen Absicherung noch schneller zu wachsen scheinen als der private Reichtum aus dem die Sozialbudgets ihre Ressourcen beziehen, s. Tab. 11.1.

Die ökonomische Theorie der Fürsorge umfasst drei Richtungen, die die Fragen der effizienten Hilfe, der Gestaltung von Steuer- und Transfersystemen sowie des Abstandsproblems aus verschiedenen aber komplementären Blickwinkeln behandeln, die wohlfahrtsökonomische, die vertragstheoretische und die wohlfahrtsstaatliche. Der wohlfahrtsstaatliche Ansatz wird in Abschnitt 11.3 ausführlich behandelt. Zunächst fassen wir Ergebnisse der beiden anderen Forschungsrichtungen zusammen, s. hierzu *Homburg* (2002a, b; 2003) und *Boadway* et al. (1999).

Wohlfahrtsökonomie

Die wohlfahrtsökonomischen Modelle der Optimalsteuertheorie behandeln Steuer-Transfer-Systeme, die eine utilitaristische Wohlfahrtsfunktion mit Rücksicht auf eine Reihe technologischer und informationsökonomischer Nebenbedingungen maximieren. Eine Wohlfahrtsbehörde, eine exogene Armutsgrenze oder ein exogenes (soziokulturelles) Existenzminimum gibt es in dieser Modellwelt nicht, das Finanzamt und nicht das Sozialamt bestimmt die Gestalt des Steuer-Transfer-Systems. Zweitbeste (= anreizkompatible) Steuer-Transfer-Systeme berücksichtigen die fundamentale Informationsasymmetrie der öffentlichen Fürsorge, die darin besteht, das der Fürsorgegeber im Gegensatz zu den Empfängern der Hilfe nicht über deren Bedürftigkeit und Fähigkeit, sich selbst zu erhalten, informiert ist.

Um das wohlfahrtsökonomische Modell zu beschreiben, nehmen wir an, dass sich die Bevölkerung einer endlichen Anzahl von Fähigkeitstypen zuordnen lässt. Jeder Typ ist durch eine bestimmte Arbeitsproduktivität gekennzeichnet. Herrscht auf dem Arbeitsmarkt vollständige Konkurrenz, verdient jeder Typ im Gleichgewicht einen Reallohn in Höhe seiner Produktivität. Die Verteilung der Fähigkeitstypen gehört zum öffentlichen Wissen. Die Information über den individuellen Typ ist dagegen privat. Allerdings kann das Finanzamt das Arbeitseinkommen der Zensiten beobachten. Da Einkommen und Fähigkeit bei den gegebenen Präferenzen positiv korreliert sind, erhält jeder Bürger in Abhängigkeit von seinem Arbeitseinkommen einen Feststellungsbescheid, der ihn entweder über seine Steuerschuld oder über die Unterstützung informiert, die ihm das Amt gewährt. Die (Armuts-) Grenze zwischen Unterstützungsempfängern und Steuerzahlern ist mithin endogen. Die Steuerschuld bzw. die Unterstützung wird so konstruiert, dass die Akteure es vorziehen, ihren Typ zu offenbaren. Mit der Selbstselektion der Zensiten ist das Abstandsproblem gelöst. Kein Steuerzahler hat im Optimum Anreize, seine Fähigkeit zu verbergen und sich als Geringverdiener oder gar als Erwerbsunfähiger auszugeben.

Zu den Ergebnissen des wohlfahrtsökonomischen Ansatzes gehört erstens die Einsicht, dass die Grenzsteuersätze aller Fähigkeitstypen im Optimum nicht negativ sind. Ein Earned Income Tax Credit nach amerikanischen Muster, der mit negativen Grenzsteuersätzen starke Arbeitsanreize gibt, ist daher verfehlt. Alle (Grenz-) Steuersätze sollten, von zwei Ausnahmen abgesehen, streng positiv sein. Die optimalen Grenzsteuersätze der reichsten Bevölkerungsschicht mit der höchsten Produktivität sowie der ärmsten Schichten, die infolge ihrer geringen Erwerbsfähigkeit im Optimum arbeitslos sind, sollten gleich null sein. Zweitens werden ähnlich wie im Alltag der deutschen Fürsorge die arbeitenden Hilfeempfänger mit der geringsten Produktivität mit dem höchsten Grenzsteuersatz belastet, ein Ergebnis, das allerdings von der Verteilung der Fähigkeitstypen und der Nutzenfunktion der Akteure abhängt. Drittens ist das Phänomen des bunching zu beobachten. Von bunching spricht man, weil die Schichten der Fürsorgeempfänger mit den niedrigen Produktivitäten trotz ihrer Heterogenität alle die gleiche Fürsorgeleistung erhalten und womöglich trotz ihrer Erwerbsfähigkeit im Optimum arbeitslos sind, so dass ihr Einkommen nur aus Transferzahlungen besteht. Viertens zeigt sich, dass Pflichtarbeit ineffizient ist. Um die reine Anreizwirkung der Pflichtarbeit zu isolieren, macht man bei diesem Argument die optimistische Annahme, dass die (kommunalen) Beschäftigungsgesellschaften, die die Pflichtarbeit organisieren, nicht unproduktiv sind, ihre Umsätze also hinreichen, um ihre Kosten zu decken.

Vertragstheorie

Die vertragstheoretische Richtung der Theorie der öffentlichen Fürsorge geht auf *Akerlof* (1978) zurück. Die Informationsannahmen der Optimalsteuertheorie finden sich auch in den vertragstheoretischen Modellen von einer wichtigen Ausnahme abgesehen. Der Staat ist bei seiner Entscheidung über die Anspruchsberechtigung nicht nur auf die Selbstselektion der Akteure angewiesen. Der Exekutive steht eine „*Tagging*-Technologie“ zur Verfügung, mit der sie die Fürsorgeanträge danach klassifiziert, ob der Antragsteller anspruchsberechtigt ist oder nicht. In dem Modell von *Boadway* et al. (1999) gibt es drei Typen von Akteuren, solche mit hoher Arbeitsproduktivität, die keinen Fürsorgeantrag stellen, aus deren Einkommenssteueraufkommen vielmehr die Kosten der Sozialbürokratie sowie die Fürsorgeleistungen finanziert werden. Darüber hinaus gibt es Erwerbsunfähige und Geringqualifizierte mit niedriger Produktivität. Beide Typen, für Dritte nicht unterscheidbar, stellen Anträge auf Fürsorgeleistungen. Das für sie zuständige Amt verkörpert die Klassifizierungstechnologie. Das Amt hat einen Ermessensspielraum, den es nutzt, seine Instrumente – Befragung der Antragsteller, psychologische Diagnostik, Hausbesuch, Gutachten des Amtsarztes – bei der Bedürftigkeitsprüfung mehr oder weniger sorgfältig einzusetzen. Mit der Sorgfalt des Amtes nimmt die Zahl der Klassifizierungsfehler ab, es gibt weniger Antragsteller, die abgewiesen werden, obwohl sie bedürftig sind, und weniger Anträge, die bewilligt werden, obwohl die Bedürftigkeit fehlt.

Die Gesellschaft (der Prinzipal) ist angesichts des Ermessensspielraums des Amtes (der Agent) mit einem Prinzipal-Agent-Problem konfrontiert. Ohne Kontrolle und Anreize ist es für das Amt unter Umständen optimal, alle Anträge mit einem Bewilligungsbescheid zu beantworten und sich die Mühe der Bedürftigkeitsprüfung zu sparen. Angesichts dieses Prinzipal-Agent-Problems kann es für die Gesellschaft vorteilhaft sein, ein Steuer-Transfer-System zu installieren, das den Geringqualifizierten, trotz der Kosten die hierdurch entstehen, Anreize gibt, sich einen Job zu suchen. Warum? Infolge von Typ-I-Fehlern bei der Klassifizierung der Anträge finden sich in der Teilpopulation der Antragsteller, die vom Amt abgewiesen werden, Erwerbsunfähige, die an sich hilfebedürftig sind. Das Amt hat die Anträge dieser Akteure nicht sorgfältig geprüft. Da das

Steuer-Transfer-System dem erwerbsfähigen Teil der Empfänger von Ablehnungsbescheiden einen Anreiz gibt, sich einen Job zu suchen, verbleiben unter den Empfängern der Grundfürsorge, nur die Erwerbsunfähigen und eigentlich Hilfebedürftigen, die bei pflichtgemäßem Vollzug Hilfe erhalten hätten. An Hand dieser Fälle kann das Kreissozialamt die Sozialarbeiter des untergeordneten Delegationsamtes, die die fehlerhafte Bedürftigkeitsprüfung zu verantworten haben, ausfindig machen und sanktionieren. Darüber hinaus zeigt das Modell, das ein negativer Grenzsteuersatz wie beim amerikanischen EITC effizient sein kann, wenn das Arbeitsangebot Unteilbarkeiten aufweist. Die Unteilbarkeit verkörpert sich in einem Mindesteinkommen, das ein Arbeitnehmer verdienen muss, um etwa seine Pendelkosten zu finanzieren. Ein effizientes Steuer-Transfer-System bietet dann womöglich negative Grenzsteuersätze an, um die Geringqualifizierten zur Jobsuche zu motivieren.

11.3 Wohlfahrtsstaat und Abstandsproblem

Die dritte Richtung der ökonomischen Theorie der öffentlichen Fürsorge beansprucht, ein positiv erklärendes Fürsorgemodell zu liefern. Wie der soziale Rechtsstaat so handelt auch der Modellstaat im Interesse des „Steuerzahlers" (Medianwählers). Dieser bevorzugt eine sanierte Umgebung, die frei ist von auffälliger Armut, Kriminalität, Krankheit, Verwahrlosung etc. Der Staat soll das sozial- und ordnungspolitische Ziel mit minimalem Steueraufwand durchsetzen.

Das folgende Fürsorgemodell orientiert sich an *Besley* und *Coate* (1995, 1992). Neben dem Steuerzahler gibt es zwei Typen von Akteuren, die zwar die gleichen Präferenzen, aber unterschiedliche Fähigkeiten haben. Arbeitnehmer vom Typ A sind nicht hilfebedürftige Geringverdiener, Arbeitnehmer vom Typ B sind dagegen infolge ihrer niedrigen Produktivität hilfebedürftig Die Präferenzen des Steuerzahlers manifestieren sich, vermittelt durch Gesetzgebung oder Rechtsprechung, in der Zielfunktion und den Nebenbedingungen des Fürsorgeprogramms (FP), das das Fürsorgeamt löst. Das Amt konstruiert aus Fürsorgeleistungen (FSL) und Pflichtarbeit ein Fürsorgeprogramm, das mit minimalem Fürsorgeaufwand den Akteuren vom Typ B das soziokulturelle Existenzminimum garantiert.

Im folgenden Abschnitt stellen wir die Bestandteile des FP dar. Im Abschnitt Abstandsproblem I nehmen wir an, dass das Amt, das für das FP zuständig ist, über die Erwerbsfähigkeit und das Arbeitseinkommen der Bürger vollständig informiert ist. Im folgenden Abschnitt zählt nur das Arbeitseinkommen zu den öffentlichen Informationen, die Erwerbsfähigkeit der Bürger ist private Information und für das Amt nicht beobachtbar. Als letztes betrachten wir den Fall, in dem sowohl die Erwerbsfähigkeit als auch das (Schwarz-) Markteinkommen der Bürger private Information sind. Im letzten Abschnitt des Kapitels behandeln wir Konsistenzprobleme der öffentlichen Fürsorge.

Fürsorge- und Abstandsproblem

Das Fürsorgeamt des Modells hat keine Kontroll- und Klassifizierungstechnologie, es muss die Akteure mit Anreizen und Pflichtarbeit zur Bekanntgabe ihres Typs bewegen und dabei beachten, dass die Teilnahme am FP freiwillig ist. Ein FP besteht aus zwei Teilproblemen, dem Fürsorge- und dem Abstandsproblem. Das Amt löst das Fürsorgeproblem, wenn ihm keine Fehler vom Typ I unterlaufen und alle Hilfebedürftigen über ein Einkommen in Höhe des Existenzminimums verfügen. Das Amt löst das Abstandsproblem, wenn ihm keine Fehler vom Typ II unterlaufen und nur die Hilfebedürftigen FSL erhalten. Um das Fürsorgeproblem zu lösen, entstehen Kosten, denn das Amt muss die Hilfebedürftigen mit Ressourcen ausstatten, die es dem Steuerzahler entzieht. Um das Abstandsproblem zu lösen, entstehen ebenfalls Kosten, wenn die Informationen über die Erwerbsfähigkeit oder das Arbeitseinkommen der Hilfebedürftigen nicht öffentlich sind.

Nur bei vollständiger Information liefert das kostenminimale FP eine simultane Lösung des Fürsorge- und des Abstandsproblems. Bei asymmetrisch verteilter Information besteht das kostenminimale FP entweder aus einer separierenden oder einer Pooling-Lösung (= bunching). Im separierenden Gleichgewicht sind beide Teilprobleme gelöst. Allerdings verursacht die Lösung des Abstandsproblem anders als bei vollständiger Information Kosten, da das Amt Steuergelder einsetzen muss, um entweder mit positiven Anreizen oder mit Pflichtarbeit A, der gar nicht hilfebedürftig ist, davon abzuhalten, einen Fürsorgeantrag zu stellen. Beim Pooling verzichtet der Staat aus Kostengründen auf die Lösung des Abstandsproblems und überweist allen, die einen Antrag stellen, den Regelsatz.

Die Präferenzen des Steuerzahler werden in der zu minimierenden Kostenfunktion $FK = \gamma b_B + (1-\gamma)b_A$ des FP berücksichtigt. FK sind die Fürsorgekosten. Der Typ B mit dem Bevölkerungsanteil $\gamma \in (0,1)$ hat die Arbeitsproduktivität w_B und bezieht die Fürsorge b_B, der Typ A mit dem Gewicht $1-\gamma$ hat die Produktivität w_A und bezieht die „Fürsorge" b_A. A ist produktiver als B, da $w_A > w_B > 0$. Auf den friktionslosen Niedriglohnmärkten der Volkswirtschaft herrscht vollständige Konkurrenz, w_A und w_B sind daher die Reallöhne, die A und B in der Laisser-faire-Ökonomie verdienen.

A und B haben verschiedene Fähigkeiten aber die gleichen (Freizeit-) Präferenzen. Die Präferenzen lassen sich durch die im Konsum c quasi-lineare Nutzenfunktion $U = c - k(y/w)$ darstellen, wobei U der Nutzen, $y = wH$ das reale Arbeitseinkommen, w der Reallohn und H die Arbeitszeit ist, so dass $y/w = H$. Die subjektiven Kosten des Freizeitverzichts, die mit der Arbeitszeit H verbunden sind (s. Kap. 1), spiegeln sich in der stetig differenzierbaren Kostenfunktion $k(\cdot)$ wider, die monoton mit der Arbeitszeit zunimmt und steigende Zuwächse hat

$$\text{(A1)} \qquad k'(H) \geq 0 \text{ und } k''(H) > 0 .$$

Speziell für die Arbeitszeiten $H = 0$ und $H = T$ gilt

$$\text{(A2)} \qquad k'(0) = 0 \text{ und } k'(T) > w_A .$$

Aus der ersten Eigenschaft von (A2) folgt, dass sich Marktarbeit immer lohnt, sofern der Reallohn positiv ist, denn die erste Stunde Freizeitverzicht verursacht subjektive Grenzkosten von null. Diese Eigenschaft der Präferenzen ist vermutlich nicht sehr realistisch. Für viele Empfänger von FSL könnte demgegenüber $k'(0) > w_B$ gelten, so dass schon die erste Arbeitsstunde für einen Akteur vom Typ B einen Nutzenverlust verursacht, der sich angesichts seiner geringen Produktivität mit einem Lohn in Höhe des persönlichen Grenzprodukts nicht kompensieren lässt. Aus der zweiten Eigenschaft von

(A2) folgt, dass weder A noch B auf Freizeit vollständig verzichten wollen. Denn das Opfer der letzten Stunde Freizeit verursacht Kosten, die höher sind als der Lohn w_A, wobei die verfügbare Zeit durch *T* beschränkt ist.

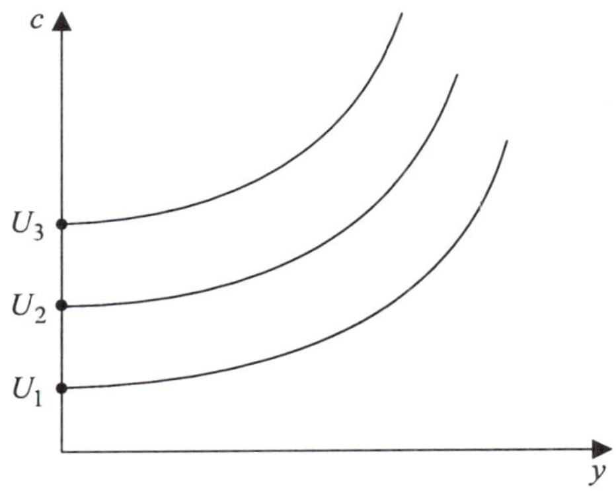

Abb. 11.3: Indifferenzkurven $U_3 > U_2 > U_1$

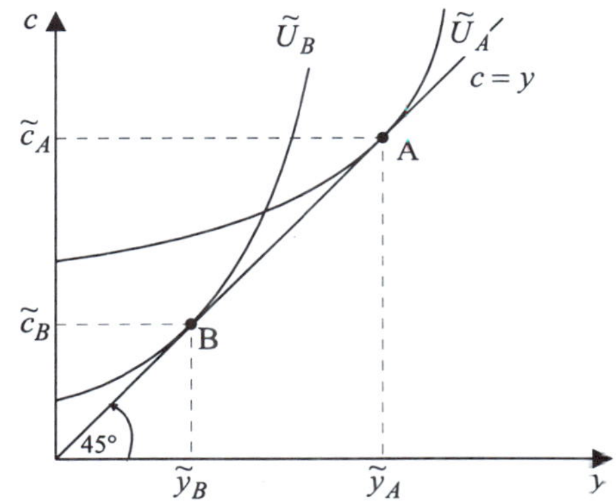

Abb. 11.4: Indifferenzkurven von A und B

Stellt man die Nutzenfunktion wie in Abb. 11.3 mit Hilfe von Indifferenzkurven in der (c, y)-Ebene dar, so ist die Menge aller (c, y)-Kombinationen, die bei gegebenem Lohn *w* den Nutzen *U* stiften, durch $c = U + k(y/w)$ bestimmt. Die Steigung der Indifferenzkurve in der (c, y)-Ebene bzw. die Grenzrate der Substitution $GRS = dc/dy$ misst die Konsumgütermenge *dc*, die für die Freizeit kompensiert, auf die ein Akteur verzichten muss, um das Einkommen *dy* zu verdienen. Leitet man die Funktion der Indifferenzkurve nach *y* ab, so folgt für die GRS: $GRS = k'(y/w)/w \geq 0$, wobei $k'(y/w)$ die Grenzkosten der Arbeitszeit $H = y/w$ sind. Wegen (A2) ist die GRS gleich null, wenn $H = 0$, und ansonsten überall streng größer als null. Die Indifferenzkurven haben somit eine positive Steigung und sind darüber hinaus streng konvex, denn: $dGRS/dy = k''(y/w)/w^2 > 0$. Weiter aufwärts liegende Indifferenzkurven verkörpern einen höheren Nutzen, denn zu gegebenem Arbeitseinkommen $y \geq 0$ ist der Nutzen *U* umso höher, je höher der Konsum *c* ist. Die Annahmen stellen darüber hinaus sicher (s. Anhang 1) dass zwei gegebene Indifferenzkurven von A und B sich höchstens ein Mal schneiden (single-crossing property) und dass die Indifferenzkurven des produktiveren Typs A flacher sind als die des Typs B, s. Abb. 11.4. Warum? Wegen seiner höheren Produktivität muss A auf weniger Freizeit verzichten, um das Einkommen *dy* zu verdienen, und benötigt daher eine geringere Kompensation *dc* für den Freizeitverzicht als B. Die single-crossing property stellt sicher, dass es dem Staat trotz asymmetrischer Information über die Erwerbsfähigkeit gelingt, ein separierendes FP aufzulegen.

Die Akteure bilden keine Rücklagen, und da es im Laissez-faire-Regime keine Fürsorge gibt, ist $c = y$ ihr Budget. Einsetzen des Budgets in die Nutzenfunktion ergibt $U(y) = y - k(y/w)$. Ein Akteur mit dem Reallohn *w* wählt das Einkommen *y* – und wegen $H = y/w$ die Arbeitszeit *H* –, das seinen Nutzen $U(y)$ maximiert. Die Bedingung erster Ordnung für ein Maximum von $U(y)$ lautet

$$(11.1) \qquad \frac{dU(y)}{dy} \equiv 1 - k'(\frac{y}{w})\frac{1}{w} = 0 .$$

Abb. 11.4 stellt das Budget $c = y$ in Gestalt der 45°-Linie dar. An der Abszisse sind die nutzenmaximalen Einkommen $\tilde{y}_A$ und $\tilde{y}_B$ der beiden Typen A und B abgetragen. Um ihr Arbeitsentgelt zu erzielen, bieten die Akteure die Arbeitszeiten $\tilde{H}_A = \tilde{y}_A / w_A$ und $\tilde{H}_B = \tilde{y}_B / w_B$ an. Im Nutzenmaximum ist die GRS, wie die Bedingung erster Ordnung (11.1) verdeutlicht, gleich eins, also die Steigung der jeweiligen Indifferenzkurven $\tilde{U}_A$ und $\tilde{U}_B$ in den Tangentialpunkten A und B gleich der Steigung der 45°-Linie. Mit (11.1) und (A1) folgt, dass der produktivere Typ A mehr arbeitet als B, s. Abb. 11.5. Denn aus $k'(\tilde{H}_A) = w_A > w_B = k'(\tilde{H}_B)$ ergibt sich wegen der Konvexität der Kostenfunktion, dass $\tilde{H}_A > \tilde{H}_B$. Folglich verdient A, der leistungsfähigere der beiden Typen, erstens wegen seines höheren Lohns und zweitens wegen seiner längeren Arbeitszeit ein höheres Arbeitseinkommen als B: $w_A\tilde{H}_A = \tilde{y}_A > \tilde{y}_B = w_B\tilde{H}_B$. Das Fürsorgeamt kann daher von der Höhe ihres Arbeitseinkommens auf den Grad der Hilfebedürftigkeit der Akteure schließen: Je höher das Einkommen, umso höher ist die Leistungsfähigkeit und umso geringer ist die Hilfebedürftigkeit. Im Allgemeinen ist dieser Schluss vom Einkommen auf die Leistungsfähigkeit, der auch dem so genannten „Prinzip der Leistungsfähigkeit" zugrunde liegt, ein Fehlschluss. Doch bei quasi-linearer Nutzenfunktion haben Lohnvariationen nur einen Substitutions- und keinen Einkommenseffekt: Der leistungsfähigere A erhält einen höheren Lohn, arbeitet daher wegen des Substitutionseffekts mehr und erzielt ein höheres Arbeitseinkommen als der weniger leistungsfähige B (s. Kapitel 1).

Abstandsproblem I

Der Sozialstaat garantiert allen Bürgern das Mindesteinkommen z, um ein Leben zu führen, „das der Würde des Menschen entspricht"; definiert im SGB II bzw. SGB XII außerdem die Höhe und Zusammensetzung von z und in § 28 SGB XII, der Lohnabstandsklausel, eine obere Schranke für z. Im Folgenden ist z exogen. Darüber hinaus gilt im Laisser-faire-Zustand: $\tilde{y}_B < z < \tilde{y}_A$, B ist hilfebedürftig und A nicht. Ist $z \leq \tilde{y}_B$, dann gibt es kein Fürsorgeproblem; ist $z \geq \tilde{y}_A$, dann gibt es kein Abstandsproblem, denn alle Geringverdiener sind hilfebedürftig.

Das FP eines vollständig informierten Sozialstaats (b_i, y_i, a_i), $i = A, B$, besteht aus den Fürsorgeleistungen b_i, den Arbeitsentgelten y_i und der Pflichtarbeit a_i für die beiden Typen A und B und löst das folgende Minimierungsproblem

$$\min_{(b_i, y_i, a_i)} \quad FK = \gamma b_B + (1-\gamma) b_A$$

$$(11.2) \qquad y_B + b_B \geq z \qquad y_A + b_A \geq z \qquad \text{(ST)}$$

$$y_B + b_B - k(\frac{y_B}{w_B} + a_B) \geq \tilde{U}_B \qquad y_A + b_A - k(\frac{y_A}{w_A} + a_A) \geq \tilde{U}_A \qquad \text{(FT).}$$

Der Sozialstaat implementiert das Programm, indem er A und B die kostenminimale Lösung von (11.2) anbietet. A und B entscheiden anschließend, ob sie an dem FP teilnehmen oder nicht. Ein Akteur, der nicht am FP teilnimmt, erhält sein Laisser-faire-Einkommen $\tilde{y}_i$ und seinen Laisser-faire-Nutzen $\tilde{U}_i$, $i = A, B$.

Die Sozialstaatsbedingungen (ST) stellen sicher, dass A und B das Mindesteinkommen z erhalten, wenn sie am FP teilnehmen: Verdient B das Arbeitsentgelt y_B und erhält die FSL b_B, so muss das Fürsorgeamt beachten, dass das verfügbare Einkommen von B, $y_B + b_B$, mindestens so hoch ist wie z. Die Bedingungen der freiwilligen Teilnahme (FT) garantieren, dass A und B sich mit dem FP mindestens so gut stellen wie in der Welt des Laisser-faire. Mit der Arbeitszeit $H_B = y_B / w_B$, die B auf dem Niedriglohnmarkt anbietet, und der Pflichtarbeit a_B entstehen subjektive Kosten in Höhe von $k(H_B + a_B)$, saldiert mit dem Konsum aus dem verfügbaren Einkommen erreicht B damit den Nutzen $U_B = y_B + b_B - k(H_B + a_B)$. Damit B am FP teilnimmt, muss das Fürsorgeamt dafür sorgen, dass der Nutzen U_B, den B als Teilnehmer des FP erzielt, mindestens so hoch ist wie sein Laisser-faire-Nutzen: $U_B \geq \tilde{U}_B$. Ob Pflichtarbeit „Zwangsarbeit" ist, ist umstritten. Die Pflichtarbeit des Modells ist in dem Sinne freiwillig, dass eine Lösung des FP die Bedingungen der freiwilligen Teilnahme (FT) beachtet. Das Programm (11.2) macht der Einfachheit halber die Annahme, dass (kommunale) Pflichtarbeit produktiv ist. Denn Pflichtarbeit $a_i \geq 0$ verursacht nur subjektive Kosten bei jenen, die sie ausführen. Für diese Kosten muss der Staat die Akteure wegen (FT) allerdings kompensieren. Weil der Staat Pflichtarbeit kompensieren muss, ist der Umfang der Pflichtarbeit in der First-best-Lösung des FP, die ja im Interesse des Steuerzahlers den Fürsorgeaufwand minimieren soll, gleich null.

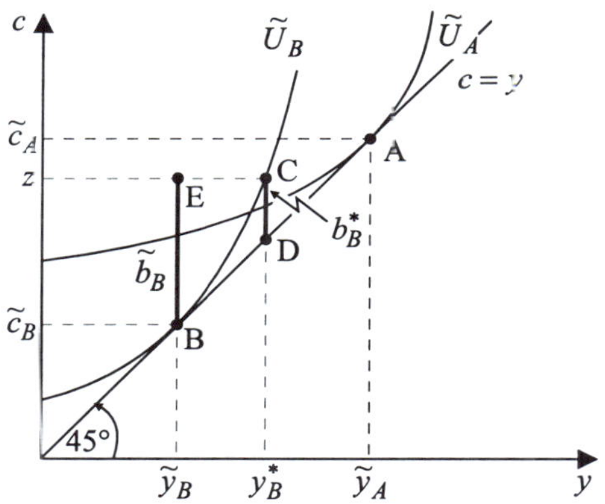

Abb. 11.5: First-best-Lösung des FP

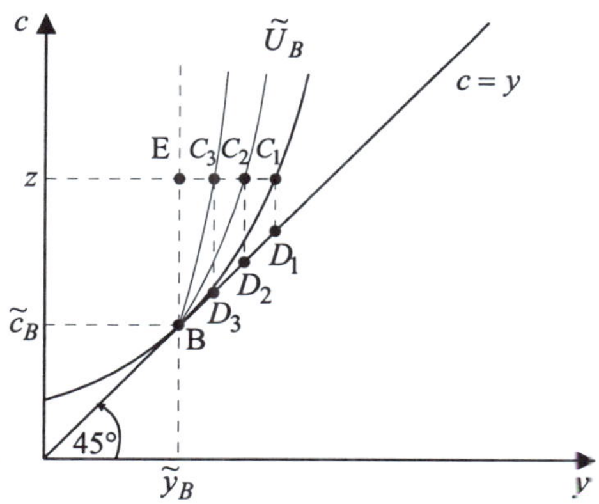

Abb. 11.6: Einfluss der Produktivität w_B auf die Indifferenzkurven von B

Abb. 11.5 zeigt die separierende First-best-Lösung des FP (11.2). A ist nicht hilfebedürftig, und der Sozialstaat gewährt ihm keine FSL. B ist hilfebedürftig und erhält FSL. Angenommen der Sozialstaat bietet B Fürsorge $\tilde{b}_B$ in Höhe der Differenz von Mindest- und Laisser-faire-Einkommen an, so dass $\tilde{b}_B = z - \tilde{y}_B > 0$. In Abb. 11.5 entspricht $\tilde{b}_B$ der Strecke EB. Die Sozialstaatsbedingung (ST) wäre mit diesem FP streng erfüllt und die Bedingung der freiwilligen Teilnahme (FT) sogar mit einem Spielraum, denn B erreicht mit dem FP im Punkt E ein höheres Nutzenniveau als im Laisser-faire-Zustand B. B würde sich folglich für die Teilnahme am FP, das *Besley* und *Coate* (1992) als Lösung von (11.2) vorschlagen, entscheiden.

Tatsächlich ist das vorgeschlagene Programm keine Lösung von (11.2), wie man an dem Spielraum erkennt, den die Bedingung der freiwilligen Teilnahme (FT) aufweist. Der Staat kann die Fürsorgekosten senken, ohne das Sozialstaatsprinzip zu verletzten und ohne die Antragsteller zu vertreiben. Hierzu plant das Fürsorgeamt zuerst ein verfügbares Einkommen für B in Höhe von z, dann senkt es die FSL solange, bis bei der Fürsorge b_B^* gilt: $z - k((z - b_B^*)/w_B) = \tilde{U}_B$, womit B gerade seinen Laisser-faire-Nutzen erreicht. Die Regelleistung b_B^* entspricht der Strecke CD in Abb. 11.5 (s. Anhang A2).

B erhält die FSL allerdings nur, wenn er arbeitet und das Arbeitsentgelt $y_B^* = z - b_B^*$ verdient, andernfalls erhält B keine Unterstützung. Der anreizkompatible konditionale Bewilligungsbescheid, den das Fürsorgeamt an B versendet, lautet mithin

$$(11.3) \qquad b_B^* = \begin{cases} z - y_B, \text{ wenn } y_B = y_B^* \\ 0, \text{ sonst.} \end{cases}$$

Mit dem Arbeitseinkommen y_B^* und der kostenminimalen Fürsorge b_B^* sind die Nebenbedingungen von (11.2) streng erfüllt, und da B mit dem FP das gleiche Nutzenniveau erreicht wie in der Laisser-faire-Ökonomie, nimmt B am FP teil. Die Fürsorgekosten, die die First-best-Lösung des FP verursacht, belaufen sich damit auf $FK^* = \gamma b_B^*$, s. Tab. 11.4.

Der konditionale Bewilligungsbescheid (11.3) macht den Fürsorgebezug vom Verdienst des Arbeitsentgelts y_B^* abhängig, weil B andernfalls die Transferzahlung einstreicht, fortläuft und sein Laisser-faire-Optimum $\tilde{y}_B$ realisiert. Zwar erreicht B mit dem verfügbaren Einkommen $\tilde{y}_B + b_B^*$ ein höheres Nutzenniveau als im Laisser-faire-Optimum. Doch der Sozialstaat hätte sein Ziel verfehlt, B auf ein soziokulturelles Niveau zu heben, „das der Würde des Menschen entspricht", ist doch $\tilde{y}_B + b_B^* < z$! B ist nicht wegen seines geringen Nutzens, sondern wegen seiner geringen Leistungsfähigkeit hilfebedürftig, der Sozialstaat interessiert sich im Gegensatz zu den im vorigen Abschnitt geschilderten wohlfahrtsökonomischen Steuer-Transfer-Systemen nicht für die Wohlfahrt oder den subjektiven Nutzen von B, sondern für das öffentliche Erscheinungsbild und für die Würde von B und daher für die Höhe seines verfügbaren Einkommens.

Da $y_B^* > \tilde{y}_B$, arbeitet B, wenn er am FP teilnimmt, mehr als im Laisser-faire-Zustand! Zur Bewertung dieser Konsequenz des Modells, die den Fakten zu widersprechen scheint, sind die folgenden Hinweise zu berücksichtigen. (1) Das FP (11.2) verarbeitet nur die zwei Restriktionen (ST) und (FT). Zusätzliche Restriktionen wie z.B. Zeitbeschränkungen von Alleinerziehenden können die Arbeitszeit und das Arbeitseinkommen der First-best-Lösung senken und die effiziente Fürsorge entsprechend erhöhen. (2) Wenn der Lohn, den der Markt für die Leistungen von B bezahlt, jenseits der Laisser-faire-Beschäftigung $\tilde{H}_B = \tilde{y}_B / w_B$ sinkt, weil Kraft und Motivation von B nachlassen, ist die Nutzenfunktion so anzupassen, dass die Indifferenzkurven von B an der Stelle, wo sie die virtuelle, in $\tilde{y}_B$ errichtete vertikale Achse schneiden, Knickstellen haben und anschließend wie in Abb. 11.6 für alle $y > \tilde{y}_B$ eine höhere GRS aufweisen. Die Folgen für das FP sind, dass die First-best-Arbeitszeit und das First-best-Arbeitsentgelt von B sinken und die effiziente FSL steigt. Erreicht B mit $\tilde{H}_B$ gar die Grenze seines Leistungsvermögens, dann ist $\tilde{b}_B = z - \tilde{y}_B$ die kostenminimale Lösung des FP.

Lohnabstandsgebot

In der öffentlichen Diskussion ist die Meinung verbreitet, dass das gegenwärtige Transfersystem für arbeitsfähige Empfänger von FSL keine Anreize setzt, eine Erwerbstätigkeit aufzunehmen. Der Abstand zwischen dem Arbeitseinkommen bei Erwerbstätigkeit und dem Fürsorgeanspruch sei zu gering. Auch der Sachverständigenrat hebt in seinem Jahresgutachten 2002/03 (Tz. 624) die bekannte These hervor: „ Hierdurch werden insbesondere Geringqualifizierte vom Arbeitsmarkt ausgeschlossen, da das Fürsorgeniveau in Form laufender Hilfe zum Lebensunterhalt in diesem Segment den Charakter eines effektiven Mindestlohns hat, welcher in vielen Fällen über dem durch die individuelle Produktivität gerechtfertigten Marktlohn liegt."

Um die Faktoren, die auf den Fürsorgebezug wirken, unter die Lupe zu nehmen, hat der Rat eine ökonometrische Analyse von Einflussgrößen durchführen lassen, die auf den Fürsorgebezug wirken. Die Daten der Untersuchung mit 1 291 Haushalten und 18 074 Beobachtungspunkten entstammen den Stichproben 1985-1999 des Sozio-ökonomischen Panels des DIW Berlin. Die abhängige Variable ist die Wahrscheinlichkeit des Fürsorgebezugs, „der haushaltsspezifische Lohnabstand ist ... relativ definiert und zwar als die Differenz aus dem (geschätzten) Nettoarbeitseinkommen des Haushaltsvorstands und dem (potentiellen) Fürsorgeanspruch des zugehörigen Haushalts, dividiert durch das (geschätzte) Nettoarbeitseinkommen des Haushaltsvorstands." (Tz. 629) „Die empirische Analyse der Determinanten des Fürsorgebezugs mit Hilfe des dynamischen Probitmodells mit äquikorrelierten Störgrößen liefert ... folgende wichtige Erkenntnisse ...:

Der Koeffizientenschätzwert der Variablen Lohnabstand ist signifikant negativ, das heißt, ein sinkender relativer Lohnabstand des betrachteten Haushalts erhöht signifikant die Wahrscheinlichkeit dieses Haushalts, laufende Hilfe zum Lebensunterhalt zu beziehen.

- Der Koeffizientenschätzwert der Variablen Fürsorgebezug (t-1) „zeigt eine hoch signifikante Zustandsabhängigkeit, das heißt, der Fürsorgebezug eines Haushalts in der Vorperiode erhöht sehr gesichert nachweisbar dessen Wahrscheinlichkeit, auch in der laufenden Periode Hilfe zum Lebensunterhalt zu beziehen ...
- Aus den Vorzeichen der signifikanten Schätzwerte für die Koeffizienten der Altersvariablen kann geschlossen werden, dass die Wahrscheinlichkeit, laufende Hilfe zum Lebensunterhalt zu beziehen, mit zunehmendem Alter des Haushaltsvorstands zunächst sinkt, ab einer Altersgrenze von 46 Jahren aber wieder zunimmt ...
- Ausländer zeigen eine signifikant ... höhere Wahrscheinlichkeit, Fürsorge zu beziehen, als Deutsche ...
- Eine abgeschlossene Berufsausbildung des Haushaltsvorstands senkt die Wahrscheinlichkeit des Fürsorgebezugs signifikant ...
- Alleinerziehenden-Haushalte zeigen im Vergleich zu anderen Haushaltsformen eine signifikant höhere Wahrscheinlichkeit, laufende Hilfe zum Lebensunterhalt zu beziehen ...
- Die Koeffizienten der Dummy-Variablen für die Schulbildung des Haushaltsvorstands zeigen die erwarteten negativen Vorzeichen, deren Einfluss ist allerdings nicht signifikant nachweisbar ...
- Der Koeffizientenschätzwert der Variablen Arbeitslosenquote ist signifikant positiv, das heißt, mit zunehmender Arbeitslosigkeit steigt die Wahrscheinlichkeit des Fürsorgebezugs der betrachteten Haushalte signifikant an." (Tz. 631).

Im zitierten Gutachten entwickelt der Rat „Zwanzig Punkte für Beschäftigung und Wachstum" und schlägt in Programmpunkt 9 eine Reform des Fürsorgerechts vor (Tz. 446): „Um den Anreiz zu erhöhen, aus der Fürsorge in den ersten Arbeitsmarkt zu wechseln, sollte der Regelsatz für arbeitsfähige Bezieher von Fürsorge abgesenkt werden – im Gegenzug werden diesen Leistungsbeziehern größere Anteile des am Markt verdienten Arbeitseinkommens als bisher belassen. Diejenigen, die auf dem ersten Arbeitsmarkt keine Stelle finden können, müssen ihre Arbeitskraft kommunalen Beschäftigungsgesellschaften zur Verfügung stellen, um das bisherige Leistungsniveau zu erhalten."

Quelle: Sachverständigenrat (2002)

Abstandsproblem II

Die Diskussion um Armen- und Erwerbslosenfürsorge dreht sich seit Jahrhunderten, seitdem es Armenfürsorge gibt, um einige immer wiederkehrende Themen, zu denen auch das Abstandsproblem gehört. Einen Grund für die aktuelle Fassung der Diskussion liefert der § 28 SGB XII: „Die Regelsatzbemessung gewährleistet, dass ... die Regelsätze ... unter den ... Nettoarbeitsentgelten unterer Lohn- und Gehaltsgruppen ... bleiben", so die Forderung des SGB. Die Höhe von z ist umstritten und der § 28 SGB XII definiert, möglicherweise im Widerspruch zum Sozialstaatsprinzip des GG, kurzerhand eine obere Grenze, nämlich das Nettoarbeitsentgelt unterer Lohn- und Gehaltsgruppen, die z nicht überschreiten soll. Die Festlegung der angemessenen, den Präferenzen des Medianwählers entsprechenden Höhe von z ist ein Bestandteil der Lösung des Fürsorgeproblems und nicht des Abstandsproblems. Im Folgenden ist z daher exogen. Der Steuerzahler, seine Repräsentanten im Gesetzgebungsverfahren oder die Rechtsprechung setzen z. Wenn dabei $z < \tilde{y}_B$, wobei $\tilde{y}_B$ das Nettoarbeitsentgelt der unteren Lohn- und Gehaltsgruppe B ist, dann ist niemand hilfebedürftig, ein Fürsorgeproblem existiert in dieser Gesellschaft nicht. Wenn jedoch $\tilde{y}_B < z$ – das Mindesteinkommen z ist höher als das Nettoarbeitsentgelt der unteren Lohn- und Gehaltsgruppe B –, dann existiert ein Fürsorgeproblem, und wenn außerdem $z > z_A$, so existiert auch ein Abstandsproblem, wobei wir den Schwellenwert z_A unten erklären, s. Abb. 11.7.

Tab. 11.3: Abstand zur Hilfe um Lebensunterhalt in Euro, 2001

	Alleinlebende				**Ehepaar mit zwei Kindern**			
	Einzelhandel		Hotel u. Gast.		Einzelhandel		Hotel u. Gast.	
	West	Ost	West	Ost	West	Ost	West	Ost
Bruttoarbeitsentgelt	1 485	1 090	1 252	989	1 485	1 090	1 250	989
+ einmalige Zahlungen	139	86	79	54	139	86	115	54
– Steuern	197	63	104	32	2	0	0	0
– Sozialversicherung	332	243	272	215	332	243	272	215
+ Kindergeld	—	—	—	—	276	276	276	276
+ Wohngeld	—	—	—	25	202	213	225	240
Verf. Haushaltseinkommen	1 096	871	633	820	1 769	1 423	1 560	1 343
Hilfe zum Lebensunterhalt	633	560	633	560	1 555	1 462	1 555	1 462
Abstand in Euro/Monat	463	311	322	260	214	– 39	5	– 119
Quelle: Schneider/Kempe (2002, 87 f)								

Das Abstandsgebot wurde seit 1993 mehrfach neu formuliert und auf größere Hausgemeinschaften (Familien mit bis zu fünf Personen) ausgedehnt. Die Tabelle 11.3 vergleicht die Erwerbseinkommen der untersten Tariflohngruppe in ausgewählten Branchen nach Haushaltstypen mit der laufenden Hilfe zum Lebensunterhalt für das Jahr 2001. Für Ehepaare mit zwei Kindern und einem erwerbstätigen Elternteil ist der Lohnabstand offenbar gering. Im Hotel- und Gaststättengewerbe aber auch im Einzelhandel der neuen Bundesländer ist der Abstand sogar negativ. Was folgt aus Vergleichen wie dem in Tabelle 11.3 dargestellten? Ist der vom Gesetzgeber verlangte z-Wert gemessen am wahren soziokulturellen Existenzminimum zu großzügig? Oder hat die Musterfamilie der Tab. 11.3 einen Anspruch auf ergänzende Fürsorgeleistungen?

Die Antwort ist eindeutig. Gegeben den z-Wert des SGB XII, in dem sich der Wille des Gesetzgebers oder der Rechtsprechung kristallisiert, zeigt die Tab. 11.3, dass öffentliche Fürsorge begründet ist und dass Ehepaare mit Kindern und einem Lohnempfänger, der in der untersten Lohngruppe des ostdeutschen Einzelhandels tätig ist, ein Nettoarbeitsentgelt verdienen, das niedriger ist als das SGB XII-Minimum: $\tilde{y}_B < z$. Die Musterfamilie sollte daher beim zuständigen Sozialamt einen Antrag auf ergänzende FSL stellen.

Welches FP bietet das Fürsorgeamt an, wenn es die wahre Hilfebedürftigkeit der Antragsteller nicht prüfen kann? Zwei Fälle sind zu unterscheiden je nachdem, ob das Arbeitseinkommen der Antragsteller öffentlich ist oder nicht. Wir betrachten zuerst den Fall, in dem die Information über das Arbeitseinkommen der Antragsteller öffentlich ist. Dann schließt das Amt vom beobachtbaren Arbeitsentgelt auf die nicht beobachtbare Leistungsfähigkeit und bewilligt ein separierendes FP, das wir nun erläutern. Dabei gehen wir folgendermaßen vor. Zuerst führen wir die Bedingung der Anreizkompatibilität ein, die das Amt beachten muss, um ein zulässiges FP aufzulegen, das das Abstandsproblem löst, indem es die beiden Typen trennt. Dann zeigen wir, das das First-best-Programm diese Bedingung im Allgemeinen nicht erfüllt. Im dritten Schritt diskutieren wir schließlich die kostenminimale Lösung des Abstandsproblems.

Für die separierende Second-best-Lösung muss das Amt einen Weg finden, um das Abstandsproblem zu lösen und die Typen zu trennen. Die separierende Second-best-Lösung entspricht dabei dem Gleichgewicht eines Screening-Spiels (s. Kap. 10), in dem das nicht informierte Amt zuerst die beiden FP (b_i, y_i, a_i) , $i = A, B$, anbietet, die das Kostenminimierungsproblem (11.2) mit Rücksicht auf die folgenden Bedingungen der Anreizkompatibilität lösen

(11.4) $$y_A + b_A - k(\frac{y_A}{w_A} + a_A) \geq y_B + b_B - k(\frac{y_B}{w_A} + a_B) \qquad (AK_A)$$

$$y_B + b_B - k(\frac{y_B}{w_B} + a_B) \geq y_A + b_A - k(\frac{y_A}{w_B} + a_A) \qquad (AK_B),$$

und in dem die Akteure A und B anschließend entscheiden, ob sie am FP teilnehmen und welches Teilprogramm für sie infrage kommt.

A könnte sich bei der Antragstellung als B ausgeben und umgekehrt, ohne dass es das Amt bemerkt. Um diese Maskerade auszuschließen, muss die Lösung des FP die Frage der Anreizkompatibilität der angebotenen Fürsorgeleistungen berücksichtigen. Die Restriktionen (AK) fordern daher, dass jeder Typ „sein" FP mindestens so schätzt wie das FP des anderen. Auf der linken Seite der Ungleichungen findet sich das Nutzenniveau, das A und B jeweils erzielen, wenn sie das „richtige" FP wählen. Auf der rechten Seite steht der Nutzen, den sie bekämen, wenn sie stattdessen das „falsche" FP wählen und ihren Typ verbergen.

Betrachten wir die Nebenbedingung (AK_A) für den Typ A. Wenn A seine Identität preisgibt, dann arbeitet er $H_A = y_A / w_A$ Stunden für das Einkommen y_A , absolviert gegebenenfalls a_H Stunden angeordnete Pflichtarbeit und hat daher Kosten in Höhe von $k(H_A + a_A)$, saldiert mit seinem verfügbaren Einkommen, ergibt sich der Nutzen $U_A = y_A + b_A - k(H_A + a_A)$, dabei ist b_A die Transferzahlung, die das Amt bewilligt. Wenn A sich stattdessen als B ausgibt (= rechte Seite von (AK_A)), muss er sich mit dem

Einkommen y_B begnügen, sonst kann das Amt ihn identifizieren. Dabei ist zu beachten, dass A für das Arbeitseinkommen y_B nur die Arbeitszeit $H_{AB} = y_B / w_A$ benötigt und im Vergleich zu B mehr Freizeit hat, da er wegen $w_A > w_B$ produktiver ist als B, so dass: $H_{AB} = y_B / w_A < y_B / w_B = H_B$. Außerdem muss A die Pflichtarbeit hinnehmen, die das Amt für B anordnet, seine Kosten belaufen sich damit auf $k(H_{AB} + a_B)$, saldiert mit dem Konsumnutzen des verfügbaren Einkommens, ergibt sich der Gesamtnutzen $U_{AB} = y_B + b_B - k(H_{AB} + a_B)$. A zieht es genau dann vor, seinen Typ preiszugeben, wenn die Bedingung (AK_A) erfüllt ist: $U_A \geq U_{AB}$.

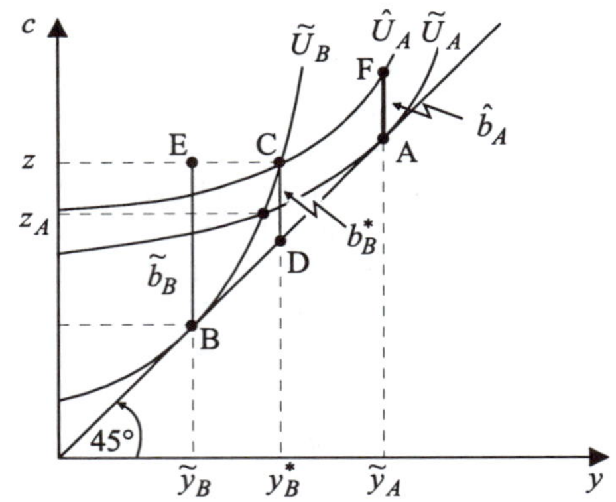

Abb. 11.7: Second-best-Lösung des FP

Wir diskutieren nun zuerst die Anreizkompatibilität der First-best-Lösung, danach behandeln wir die separierende Second-best-Lösung des FP. Beim Einsatz der First-best-Lösung würde das Fürsorgeamt jedem, der das Arbeitseinkommen y_B^* verdient, die Transferzahlung b_B^* überweisen. Ob dieses Angebot anreizkompatibel ist, d.h. die Nebenbedingungen (AK) erfüllt oder nicht, hängt von der Höhe von z ab, wie ein Blick auf die Abb. 11.7 zeigt. Genau dann, wenn z kleiner ist als der Schwellenwert z_A, ist die First-best-Lösung anreizkompatibel. Der Schwellenwert, der die Zone des Abstandsproblems nach unten begrenzt, ergibt sich im Schnittpunkt der beiden Laisser-faire-Indifferenzkurven $\tilde{U}_B$ und $\tilde{U}_A$. Ist $z > z_A$ wie in Abb. 11.7, dann ist die First-best-Lösung nicht anreizkompatibel, da sie die Bedingung (AK_A) verletzt. Denn auf der Anspruchsgrundlage (11.3) tritt nicht nur B, sondern auch A, vom Amt unbemerkt, als B auf und erzielt im Punkt C mit dem Konsum z einen Nutzen $\hat{U}_A$, der höher ist als der Laisser-faire-Nutzen $\tilde{U}_A$. Ist dagegen $z < z_A$, dann gibt es trotz asymmetrischer Information über die Hilfebedürftigkeit kein Abstandsproblem, und die First-best-Lösung ist anreizkompatibel. Denn, da der Punkt C in diesem Fall unterhalb der Laisser-faire-Indifferenzkurve von A liegt, hat A kein Interesse, sich als Hilfebedürftiger unter die Antragsteller zu mischen.

Angenommen nun, dass $z > z_A$ wie in Abb. 11.7. Wie löst das Amt das Abstandsproblem? Die separierende Second-best-Lösung hat zwei Varianten, die ohne und die mit Pflichtarbeit. Wir stellen zuerst die Lösung ohne Pflichtarbeit vor. In Hinblick auf B bietet das Amt den kostenminimalen Bescheid der First-best-Lösung (11.3) an, so dass jeder, der das Arbeitseinkommen y_B^* verdient, die Transferzahlung b_B^* erhält. Mit Blick auf Typ A und die single-crossing property bewilligt das Amt das Programm ($\hat{b}_A$,

$\tilde{y}_A$) mit der Transferzahlung $\hat{b}_A$, die gleich der Strecke FA ist, sowie dem Arbeitseinkommen des Laisser-faire-Zustands $\tilde{y}_A$, wobei für den konditionalen A-Bescheid gilt

$$\text{(11.5)} \qquad \hat{b}_A = \begin{cases} \hat{U}_A - \tilde{U}_A, \text{ wenn } y_A = \tilde{y}_A \\ 0, \text{ sonst.} \end{cases}$$

Mit dem Transfer (11.5) erreicht A genau das Nutzenniveau der Indifferenzkurve $\hat{U}_A$, die im Punkt C die Laisser-faire-Indifferenzkurve von B schneidet, da $\hat{U}_A = \tilde{U}_A + \hat{b}_A$, so dass die Restriktion (AK_A) als Gleichung erfüllt ist. Beide Typen wählen angesichts der Angebote (11.3) und (11.5) das für sie geplante FP. Der Punkt F ist aus dem Blickwinkel von B schlechter als C, denn F liegt unterhalb von $\tilde{U}_B$. Typ A ist indifferent zwischen C und F und entscheidet sich für F.

Ist das separierende FP kostenminimal? Das Amt könnte eine Pooling-Lösung implementieren und jedem Antragsteller mit einem Arbeitseinkommen in Höhe von y_B^* die FSL b_B^* überweisen. Das Programm würde von A und B angenommen und erfüllt alle Nebenbedingungen mit Ausnahme von (AK). Doch die Kosten der Pooling-Lösung sind höher als die des separierenden FP. Berücksichtigt man nämlich, dass die Nutzenfunktion der Akteure quasi-linear und der senkrechte Abstand zwischen den Indifferenzkurven $\hat{U}_A$ und $\tilde{U}_A$ daher überall gleich $\hat{b}_A$ ist, sieht man mit Blick auf Abb. 11.7, dass die Transferzahlung an A bei der separierenden Lösung echt kleiner ist als bei der Pooling-Lösung: $\hat{b}_A < b_B^*$. Folglich verursacht die Pooling-Lösung, bei der alle Antragsteller b_B^* erhalten, höhere Fürsorgekosten als die separierende Second-best-Lösung. Für den Sozialstaat lohnt es sich, das Abstandsproblem zu lösen. Die Kosten, die dabei entstehen, betragen $FK \equiv FK^* + (1-\gamma)\hat{b}_A < b_B^*$, dabei sind FK^* die First-best-Kosten für die Lösung des Fürsorgeproblems und $(1-\gamma)\hat{b}_A$ die Kosten für die Lösung des Abstandsproblems, s. Tab. 11.4.

Unter gewissen Voraussetzungen senkt Pflichtarbeit für den Typ B die Fürsorgekosten, wie *Besley* und *Coate* (1992) zeigen. Der Sozialstaat spart nämlich unter diesen Voraussetzungen die Transferzahlungen (11.5) für Typ A, muss aber auf der anderen Seite B für die angeordnete Pflichtarbeit kompensieren. Die Pflichtarbeit schreckt A davon ab, sich als B auszugeben. Die Kompensation, die B erhält, lässt sich bei den gegebenen Voraussetzungen aus den eingesparten Transferzahlungen an A finanzieren.

Abstandsproblem III

Erwerbsfähigkeit und Arbeitsentgelt sind private Informationen, wie wir nun annehmen, das Fürsorgeamt vermag weder den einen, noch den anderen Parameter zu verifizieren. Die Antragsteller wissen, dass das Amt ihre Erklärungen und Beteuerungen nicht zu prüfen vermag und wählen unter den angebotenen FP-Varianten, die für sie günstigste aus. Obschon das Amt weder Erwerbsfähigkeit noch Arbeitsentgelt beobachten kann, muss es ein FP anbieten, das die Nebenbedingungen (ST), (FT) und (AK) erfüllt, denn andernfalls verletzt es die Sozialstaatsbedingung oder die Bedingung der freiwilligen Teilnahme und die Hilfebedürftigen weichen auf ihr Laisser-faire-Optimum aus. Die Nebenbedingungen enthalten jedoch mit den Arbeitseinkommen zwei nicht beobachtbare Größen, und es stellt sich die Frage, wie das Amt angesichts dieses Verifikationsproblems das kostenminimale FP konstruieren soll?

Das Amt löst die Schwierigkeit mit Hilfe der Bedingung erster Ordnung (11.1), die über die privat optimale Arbeitszeit informiert. Ordnet das Amt nämlich für einen Akteur mit dem Reallohn w Pflichtarbeit im Umfang $a \geq 0$ an, dann lautet dessen modifizierte Bedingung erster Ordnung für das privat optimale Arbeitsangebot H

(11.6) $$\frac{dU}{dy} \equiv 1 - k'(H+a)\frac{1}{w} = 0\,,$$

wobei wir unterstellen, dass die Einhaltung der Arbeitspflicht kostenlos kontrollierbar ist. Aus (11.6) folgt, dass die Arbeitszeit des Akteurs nie länger sein wird als in seinem Laisser-faire-Optimum, in dem er $\tilde{H}$ Stunden beschäftigt ist. Nach Ableistung der Pflichtarbeit a sucht sich der Akteur daher noch für $H = \tilde{H} - a$ Stunden eine Arbeit und verdient das Arbeitsentgelt $y = wH = w(\tilde{H} - a) = \tilde{y} - wa$. Da das Amt a, w und $\tilde{y}$ kontrolliert oder beobachtet, kann es mit der Bedingung erster Ordnung auf das nicht beobachtbare Arbeitseinkommen y schließen: $y = \tilde{y} - wa$. Mit Hilfe dieser Gleichung ersetzt das Amt die Arbeitseinkommen in den Nebenbedingungen (ST), (FT) und (AK) des ursprünglichen Optimierungsproblems (11.2) und erhält die Restriktionen des folgenden FP (s. Anhang A3).

Das Amt (der Prinzipal) sucht nun mit Blick auf die Fähigkeitsverteilung γ und die Produktivität der beiden Arbeitnehmertypen (die Agenten A und B) w_A und w_B das FP, das die Fürsorgekosten unter den folgenden Nebenbedingungen minimiert

$$\min_{(b_i, a_i)} \quad FK = \gamma b_B + (1-\gamma) b_A$$

(11.7)
$$\begin{array}{lll}
\tilde{y}_B - w_B a_B + b_B \geq z & \tilde{y}_A - w_A a_A + b_A \geq z & \text{(ST)} \\
b_B - w_B a_B \geq 0 & b_A - w_A a_A \geq 0 & \text{(FT)} \\
b_B - w_B a_B \geq b_A - w_B a_A & b_A - w_A a_A \geq b_B - w_A a_B & \text{(AK).}
\end{array}$$

Die Nebenbedingungen von (11.7) enthalten nur Größen, die das Amt kontrolliert bzw. beobachtet. Jedes FP, das die Nebenbedingungen von (11.7) erfüllt, ist darüber hinaus ein zulässiges Programm im Sinne der ursprünglichen Restriktionen, so dass die Einhaltung der Sozialstaatsbedingungen, die freiwillige Teilnahme und die Anreizverträglichkeit des Programms gesichert sind. Wir interpretieren zuerst die Nebenbedingungen (ST) und (FT) am Beispiel des hilfebedürftigen Typs B.

Die Sozialstaatsbedingung verlangt, dass das verfügbare Einkommen von B, also das Arbeitseinkommen $y_B = \tilde{y}_B - w_B a_B$ und die FSL b_B, mindestens so hoch sein muss wie das Mindesteinkommen z. Ordnet das Amt Pflichtarbeit a_B an, so setzt die freiwillige Teilnahme von B am FP voraus, das die bewilligte FSL b_B mindestens so hoch ist wie die Opportunitätskosten der Pflichtarbeit bzw. wie das Arbeitseinkommen $w_B a_B$, das B in der Zeit, in der er Pflichtarbeit leistet, auf dem Markt verdient hätte. Da das Amt a_B anordnet, über w_B informiert ist und b_B bewilligt, kann es ohne weiteres kontrollieren, ob das geplante FP die Restriktion der freiwilligen Teilnahme erfüllt oder nicht.

Die Bedingung der Anreizverträglichkeit (AK) interpretieren wir aus dem Blickwinkel von A. Damit A seinen Typ wahrheitsgemäß offenbart bzw. damit A keinen Anreiz hat, sich als hilfebedürftig auszugeben, muss der Überschuss der Transferzahlung an A über die Opportunitätskosten der Pflichtarbeit, $b_A - w_A a_A$, mindestens so hoch sein, wie der Saldo $b_B - w_A a_B$, den A erzielen würde, wenn er sich als B ausgäbe, wobei er in der B-Rolle die Fürsorge b_B bekäme und angesichts der für B angeordneten Pflichtarbeit a_B mit den Opportunitätskosten $w_A a_B$ zu rechnen hätte.

Bei der Lösung des FP (11.7) können wir wieder zwei Fälle unterscheiden, je nachdem ob das Sozialrecht dem Amt das Instrument der Pflichtarbeit zur Verfügung stellt oder nicht. Angenommen, dass Sozialrecht schließt Pflichtarbeit aus, dann ist $a_B = a_A = 0$ und aus den Bedingungen der Anreizverträglichkeit (AK) folgt, dass $b_B = b_A$. Das Fürsorgeamt wählt also die Pooling-Lösung und offeriert allen Antragstellern die gleiche Regelleistung. Doch wie hoch ist die kostenminimale Regelleistung? Die Höhe der FSL folgt aus der Sozialstaatsbedingung (ST) für den hilfebedürftigen Typ. Um die Fürsorgekosten zu minimieren, wird der Staat allen Antragstellern die Regelleistung $\tilde{b}_E$ gewähren, die der Strecke EB in Abb. 11.7 entspricht, wobei $\tilde{b}_B = z - \tilde{y}_B$. Die ökonomische Begründung für die Pooling-Lösung lautet folgendermaßen. Offeriert das Amt zwei verschiedene Regelsätze, so wählen die Antragsteller immer den höheren und verdienen zusätzlich ihr privat optimales Laisser-faire-Einkommen. Das Amt weiß, dass die Akteure so handeln, kann dieses Anpassungsverhalten aber nicht verhindern, weil es die Antragsteller nicht trennen und deren Arbeitseinkommen nicht zuordnen kann. Infolgedessen ist es effizient, wenn das Amt das Abstandsproblem auf sich beruhen lässt und die Pooling-Lösung wählt, bei der es allen Antragstellern den gleichen Fürsorgesatz gewährt. Um die Kosten zu minimieren und doch dem Sozialstaatsprinzip zu genügen, legt das Amt die Regelleistung so aus, dass der hilfebedürftige Typ mit FSL und Arbeitseinkommen zusammen gerade das Existenzminimum z erreicht. Die Fürsorgekosten, die das Pooling-Programm verursacht, belaufen sich auf $FK = \tilde{b}_B$.

Liegt es im Ermessen des Amtes, Pflichtarbeit anzuordnen, so muss es dennoch die Bedingung der feiwilligen Teilnahme beachten und die Pflichtarbeit kompensieren Pflichtarbeit für A hätte nur die Funktion, B davon abzuhalten, sich als A auszugeben. Dieses Ziel kann das Amt kostengünstiger durch Reduktion der Pflichtarbeit oder Erhöhung der Regelleistung für B erreichen. Mithin ist im Kostenminimum $a_A = 0$. Das Amt hat darüber hinaus immer die Möglichkeit $a_B = a_A = 0$ und die oben diskutierte Pooling-Lösung anzuordnen. Die Fürsorgekosten FK für das kostenminimale FP mit Pflichtarbeit für B können daher nicht höher sein als die Kosten der Pooling-Lösung und ergeben sich folgendermaßen.

Um die Kosten zu minimieren, wird das Amt mit Blick auf (AK) die für den Typ B vorgesehene Pflichtarbeit, die A davon abhalten soll, als B aufzutreten, mit $a_B = (b_B - b_A)/w_A$ festlegen, wobei man erstens berücksichtigt, dass $a_A = 0$ und zweitens sicher sein kann, dass das kostenminimale FP einen Transfer für A enthält, der jedenfalls nicht höher ist als die FSL für den hilfebedürftigen Typ B, so dass $b_A \leq b_B$. Diese anreizverträgliche Pflichtarbeit für B kann das Amt nun in die Sozialstaatsbedingung (ST) für B einsetzen, die im Kostenminimum als strenge Gleichung gilt. Ersetzt man noch die Differenz $z - \tilde{y}_B$ mit Rücksicht auf $\tilde{b}_B = z - \tilde{y}_B$ durch den Fürsorgesatz der Pooling-Lösung $\tilde{b}_B$, so ergibt sich die anreizverträgliche, dem Sozialstaatsprinzip genügende Regelleistung für den hilfebedürftigen Typ B schließlich mit

(11.8)
$$b_B = b_A + \frac{w_A}{w_A - w_B}(\tilde{b}_B - b_A),$$

Setzt das Amt die Regelleistung (11.8) in die Funktion der Fürsorgekosten *FK* ein, so erhält es die zu Kosten *FK* als Funktion der Transferzahlung für den Typ A mit

(11.9)
$$FK = \frac{\gamma w_A}{w_A - w_B}\tilde{b}_B + \frac{(1-\gamma)w_A - w_B}{w_A - w_B} b_A .$$

Ob die separierende ($b_A = 0$) oder ob die Pooling-Lösung ($b_A > 0$) des FP die Fürsorgekosten minimiert, hängt, wie (11.9) verdeutlicht, vom Produktivitätsdifferenzial, $w_A - w_B$, und vom Bevölkerungsanteil des nicht hilfebedürftigen Typs $1-\gamma$ ab. Mit (11.8) sowie (11.9) ergibt sich die folgende Lösung für die kostenminimale Regelleistung des hilfebedürftigen Typs B

(11.10)
$$b_B = \begin{cases} \frac{w_A}{w_A - w_B}\tilde{b}_B, \text{ wenn } (1-\gamma)w_A - w_B \geq 0 \\ \tilde{b}_B, \text{ sonst.} \end{cases}$$

Wenn $(1-\gamma)w_A - w_B \geq 0$, dann ist es effizient, wie ein Blick auf (11.9) zeigt, wenn das Amt das Abstandsproblem löst. Es ordnet $b_A = 0$ und die Pflichtarbeit $a_B = b_B / w_A$ an und bewilligt für den hilfebedürftigen Typ eine Regelleistung gemäß (11.10). Wenn jedoch $(1-\gamma)w_A - w_B < 0$, dann ist die Pooling-Lösung effizient, das Amt ordnet $b_A = b_B = \tilde{b}_B$ und $a_B = 0$ an. Im Fall des separierenden FP löst das Amt das Abstandsproblem durch Pflichtarbeit für B, die A davon abhält, als B aufzutreten. Dafür muss das Amt eine Regelleistung für B in Kauf nehmen, die um ein Mehrfaches höher ist als der Fürsorgesatz $\tilde{b}_B$, den das Amt im Fall der Pooling-Lösung bewilligt und mit dem der hilfebedürftige Typ nicht mehr als das Existenzminimum z erreicht.

Tab. 11.4: Zusammenfassung des Fürsorgemodells

Fälle	Transferzahlungen an A	Transferzahlungen an B	Lösung des Abstandsproblems	Fürsorgekosten *FK*
1. Vollständige Information				
	0	$b_B^* = z - y_B^*$	es gibt keins	γb_B^*
2. Typ private, Arbeitseinkommen öffentliche Information (keine Pflichtarbeit)				
$z \leq z_A$	0	$b_B^* = z - y_B^*$	es gibt keins	γb_B^*
$z > z_A$	$\hat{b}_A = \hat{U}_A - \tilde{U}_A$	$b_B^* = z - y_B^*$	Separation	$\gamma b_B^* + (1-\gamma)\hat{b}_A$
3. Typ und Arbeitseinkommen private Information				
3.1 keine Pflichtarbeit				
	$\tilde{b}_B$	$\tilde{b}_B = z - \tilde{y}_B$	Pooling	$\tilde{b}_B$
3.2 Pflichtarbeit				
$(1-\gamma)w_A - w_B < 0$	$\tilde{b}_B$	$\tilde{b}_B = z - \tilde{y}_B$	Pooling	$\tilde{b}_B$
$(1-\gamma)w_A - w_B \geq 0$	0	$\tilde{b}_B w_A / (w_A - w_B)$	Separation	$\gamma \tilde{b}_B w_A / (w_A - w_B)$

Öffentliche Fürsorge I: Fürsorge ist kein Lebensstil

Der hessische Ministerpräsident Koch (CDU), obschon Jurist, scheint überzeugt, dass die deutsche Rechtsordnung insbesondere das Sozialhilferecht eine der Ursachen der Massenarbeitslosigkeit ist. Im Jahr 2001 trat er mit Vorschlägen zur Reform des Sozialhilferechts hervor. Sein Reformimport aus dem amerikanischen Bundesstaat Wisconsin würde die Prinzipien des Sozialhilferechts opfern oder immerhin eine Neuinterpretation der Grundrechte durch Politik und Rechtsprechung erforderlich machen. In seinem Beitrag „Sozialhilfe ist kein Lebensstil" kündet der Ministerpräsident daher auch einen einschneidenden Wandel an:

„Das neue hessische Sozialhilfe-Modell wird folgende Eckpunkte umfassen: Zum einen soll es in Hessen künftig nicht mehr vorkommen, dass der ungelernte Arbeiter, der jede Woche 40 Stunden am Fließband steht, für sich und seine Familie genauso viel oder sogar weniger Geld zur Verfügung hat wie sein Nachbar, der sich auf das Beziehen von Sozialhilfe konzentriert. Unter solchen Bedingungen geht der Anreiz, sich wieder um eine reguläre Beschäftigung zu bemühen, gegen null, eher wird der ungelernte Arbeiter sich aus nachvollziehbaren Gründen überlegen, ob er nicht vielleicht auch von der Fabrik zum Sozialamt wechseln sollte. Wenn aber jeder Sozialhilfeempfänger den Großteil seines Tages mit Arbeit, Aus- oder Weiterbildung ... zubringt und dafür auch entsprechend ‚entlohnt' wird, wird diese ungerechte Situation der Vergangenheit angehören. Damit kann man auch die häufigsten Missbrauchsformen der Sozialhilfe, die Schwarzarbeit und das Verschweigen weiterer Arbeitseinkommen, empfindlich eindämmen: Es bleibt für solche Aktivitäten schlicht keine Zeit mehr.

Allerdings muss das Lohnabstandsgebot auch innerhalb der Sozialhilfe gelten: Wer nur einfachste Tätigkeiten mit eher therapeutischen Charakter verrichten kann, bekommt weniger, als der, der gemeinnützige Arbeit – etwa als Spielplatzaufseher – leistet, dieser wiederum weniger als der, der im ersten Arbeitsmarkt eine staatlich subventionierte Tätigkeit wahrnimmt. So ist auch innerhalb der Sozialhilfe der Anreiz gegeben, die Leiter nach oben und schließlich in den ersten Arbeitsmarkt hinein zu klettern. Ein weiterer wichtiger Grundsatz wird sein, dass Erwachsene, die die Arbeit oder Ausbildung verweigern, davon ausgehen müssen, dass ihre Gründe sehr genau überprüft werden. ... In den Fällen ..., in denen die Gründe nicht akzeptiert werden können, wird es zu empfindlichen Kürzungen der finanziellen Unterstützung kommen. Das heißt selbstverständlich nicht, dass wir jemanden verhungern oder unter freien Himmel nächtigen lassen. Es besteht aber ein erheblicher Unterschied zwischen Existenzsicherung und den bei uns üblichen sozialstaatlichen Leistungen ...

All diese Punkte werden sich jedoch nur verwirklichen lassen, wenn der Grundsatz gilt ‚Ein Mensch – ein Betreuer – ein Geldtopf'. Zur Zeit ist der Träger der Arbeitslosenversicherung die Bundesanstalt für Arbeit in Nürnberg, Sozialhilfe wird von den Landkreisen und kreisfreien Städten gewährt. Diese Aufspaltung der unterschiedlichen Hilfeleistungen führt zu Ineffizienz ... Ich möchte, dass in Hessen zukünftig jeder Bedürftige auf einen festen Betreuer bauen kann ... Hierfür muss Arbeitslosengeld, Arbeitslosenhilfe und Sozialhilfe gebündelt und als Gesamtfond in die Kompetenz der Kommunen übertragen werden. ....

Dies alles ist nicht billig. Ich rechne damit, dass wir in Hessen ebenso wie in Wisconsin zunächst erheblich mehr Geld als bisher in die Hand nehmen müssen ..., um diese Reform zu verwirklichen. Ich bin aber fest davon überzeugt, dass wir mit einem solchen Modell ein Ziel erreichen können, das uns in Deutschland bisher als utopisch erschien: Die Halbierung der Zahl der erwachsenen Sozialhilfeempfänger im arbeitsfähigen Alter."

Quelle: www.roland-koch.de/Akzente/akz-offensiv.html.

Die Tabelle 11.4 fasst die Lösungen des Fürsorge- und des Abstandsproblems zusammen. Sogar unter den einfachen Prämissen des Fürsorgemodells ist es im Allgemeinen nicht effizient, wenn der Staat Ressourcen verwendet, die er dem Steuerzahler entzieht, um neben dem Fürsorge- auch das Abstandsproblem zu lösen. Jede Lösung des Abstandsproblems verursacht Kosten, wenn die Informationen über die Erwerbsfähigkeit und das (Schwarz-) Markteinkommen der Antragsteller privat sind. Die Antragsteller müssen ihren Typ freiwillig offenbaren. Die Separation erfolgt entweder mit Hilfe von Pflichtarbeit oder mit Transferzahlungen an die nicht hilfebedürftigen Geringverdiener. Pflichtarbeit schreckt ab, verursacht aber Kosten, weil der Staat die Verpflichteten kompensieren muss, andernfalls nehmen sie nicht am FP teil und der Sozialstaat verfehlt sein sozial- und ordnungspolitisches Ziel. Mit Rücksicht auf den Kompensationsaufwand, kann es für den Staat vorteilhafter sein, das Abstandsproblem zu lösen, indem er die nicht hilfebedürftigen Geringverdiener mit Transferzahlungen davon abhält, sich unter die hilfebedürftigen Antragsteller zu mischen.

Konsistenzprobleme der öffentlichen Fürsorge

Wir diskutieren zwei Konsistenzprobleme der öffentlichen Fürsorge, das erste betrifft das separierende Gleichgewicht des Screening-Spiels, das nicht teilspielperfekt ist; das zweite resultiert aus der Bedingtheit der Bewilligungsbescheide (11.3) und (11.5). Bedingte Rechtsansprüche auf ein Leben „das der Würde des Menschen entspricht" verletzen womöglich nicht nur das Sozialstaatsprinzip, sondern auch andere im GG kodifizierte Freiheitsrechte allen voran den Artikel 1. Dann stellt sich jedoch die Frage, welche Gestalt das kostenminimale FP hat, wenn der Fürsorgeanspruch im Gegensatz zu den konditionalen Programmen unbedingte Gültigkeit hat?

Ein Gleichgewicht heißt teilspielperfekt, wenn die Strategien der Spieler in allen Teilspielen, auf die sie im Rahmen der Spielregeln stoßen, ein Gleichgewicht sind. In dem Screening-Spiel, in dem das Sozialamt das Arbeitseinkommen, aber nicht den Typ der Antragsteller beobachtet und die bedingten Transferzahlungen (11.3) und (11.5) bewilligt, sind auf der nächsten Stufe die Spieler A und B am Zug. A stehen drei Züge zur Verfügung, neben dem Laisser-faire-Optimum, kann A einen B- oder einen A-Antrag stellen. Somit gibt es drei Teilspiele. In dem Teilspiel, indem A seinen Typ offenbart, besteht die kostenminimale Antwort des Sozialamts darin, keine Transferzahlung zu leisten. A hat rationale Erwartungen, antizipiert den ex-post-Opportunismus des Sponsors und wird seinen Typ daher nicht preisgeben und stattdessen in der Rolle des Hilfebedürftigen einen B-Antrag stellen. Transferzahlungen an nicht hilfebedürftige Geringverdiener, die der Sozialstaat mit der Lösung des Abstandsproblems (11.5) bewilligt, verursachen mithin ein offensichtliches bei *Besley* und *Coate* (1995, 1992) nicht weiter diskutiertes Konsistenzproblem.

In dem (amerikanischen) Modell von Besley und Coate haben die Akteure nur einen bedingten Rechtsanspruch auf ergänzende FSL. Halten sie die Bedingungen der Bescheide (11.3) oder (11.5) nicht ein, erhalten sie keine Zuwendungen und sind auf ihr Laisser-faire-Einkommen angewiesen. Wir betrachten nun die Gleichgewichte, die sich ergeben, wenn die Rechtsordnung einen unbedingten Fürsorgeanspruch einräumt.

Zunächst können wir feststellen, dass der Sozialstaat Pflichtarbeit bei einem unbedingten Rechtsanspruch auf Fürsorge nicht durchsetzen kann. Außer den positiven nicht

Öffentliche Fürsorge II: Die Sicherung des Existenzminimums

Der „Deutsche Verein für öffentliche und private Fürsorge", 1880 gegründet, Vetomacht und Interessenvertretung aller privaten und öffentlichen Fürsorgeträger, nimmt monatlich Stellung zur sozialrechtlichen Gesetzgebung und Rechtsprechung sowie zur aktuellen Sozialpolitik. In seiner Stellungnahme Oktober 2001/2 zum Beitrag des hessischen Ministerpräsidenten Koch schreibt der Verein, der Ministerpräsident habe „einen Diskussionsprozess mit erheblicher Tiefenwirkung auf den Weg gebracht ... Die Koch-Initiative ist in Fachkreisen kritisch aufgenommen worden, weil die als Neuerung deklarierten Forderungen ... in Deutschland bereits seit langem rechtlich normiert sind. Dennoch kann ein Blick auf die US-amerikanischen Verhältnisse im Bereich sozialpolitischer Mindestsicherung auch für eine Diskussion zur Sozialstaatsreform in Deutschland gewinnbringend sein ... In den USA besteht kein der deutschen Sozialhilfe auch nur annähernd vergleichbares Mindestsicherungssystem. Während die Sozialhilfe als ein einheitliches und ... universalistisches System grundsätzlich ... allen ... Bürgern ein sozio-kulturelles Existenzminimum garantiert, besteht ein geschlossenes Mindestsicherungssystem in den USA nicht ... Dort ist statt dessen ein nahezu unübersichtliches Tableau von ca. 70 Einzelprogrammen vorzufinden, die sich durch ihre hohe Selektivität auszeichnen. ... Im Ergebnis sind aus kontinentaleuropäischer Perspektive erhebliche Sicherungslücken in den USA festzustellen ... Aus US-amerikanischer Sicht werden diese fehlenden Absicherungen und die hieraus im Einzelfall möglicherweise erwachsene extreme Verarmung nicht als Systemfehler wahrgenommen. Denn eine umfassende materielle Absicherung oder ein Leistungsniveau, mit dessen Hilfe Betroffene ein Leben führen können, das ‚der Würde des Menschen entspricht', seien gar nicht beabsichtigt. Der 'Wohlfahrtsstaat (ist) ein ganz und gar unamerikanischer Gedanke' (Dahrendorf); folglich existieren in den USA auch keine subjektiv öffentlich-rechtlichen Ansprüche auf eine Mindestsicherung, wie sie mit Einführung des BSHG in Deutschland vor nunmehr 40 Jahren auch gesetzlich geregelt wurden. Da die US-amerikanischen Programme nicht wie die deutsche Sozialhilfe auf eine Sicherung der Menschenwürde zentriert sind, ist die sozialpolitische Effizienz dieser Programme nicht über das Ziel zu definieren, Armut zu vermeiden bzw. zu beseitigen. So liegen beispielsweise die Leistungen des Supplement Security Income ... bei Alleinstehenden gut 20 % unter der offiziellen US-amerikanischen Armutsgrenze. ... In Deutschland bestünde Anspruch auf ergänzende Leistungen der Hilfe zum Lebensunterhalt. ...

Die beschäftigungspolitischen Erfolge in zeitlicher Nachfolge zu der Sozialhilfereform der Clinton-Administration von 1996 ... sind nur angemessen zu erfassen, wenn sie vor dem sozialen, wirtschaftlichen, rechtlichen und politischen Hintergrund ... analysiert werden:

- eine im Vergleich zu anderen Industriestaaten extreme Armut ... ;
- eine weitgehende Ausschöpfung des Arbeitskräftepotenzials durch Vollbeschäftigung;
- ein im internationalen Vergleich sehr geringes Niveau der Fürsorgeleistungen; ...
- eine im Vergleich zu Deutschland sehr hohe Spreizung der Löhne; Existenz eines Niedriglohnbereichs; ...
- die weitgehende Abstinenz des Staates im Bereich Beschäftigungsförderung;
- keine Rechtsansprüche auf (bedarfsorientierte) Mindestsicherung; ...
- eine auf Freiheit zentrierte Verfassungsordnung (Fokus in Deutschland hingegen ist die Menschenwürde).

Bereits diese Aufzählung zeigt, dass Maßnahmen zur Überwindung der Hilfebedürftigkeit, die in den USA mit Erfolg angewandt wurden, nicht einen entsprechend positiven Effekt in Deutschland haben müssen, da die Rahmenbedingungen signifikant unterschiedlich sind... Die Installation einer negativen Einkommensteuer zur Unterstützung des Niedriglohnbereichs ist bei Fortbestand des bisherigen Leistungsniveaus der Sozialhilfe in Deutschland nicht zu finanzieren und hätte darüber hinaus unerwünschte Auswirkungen auf den Arbeitsmarkt. Insgesamt wird deutlich, dass ein Transfer einzelner Elemente des US-amerikanischen Systems nach Deutschland nicht immer bruchlos möglich ist bzw. kontraproduktiv wäre, wenn die Idee des deutschen (kontinentaleuropäischen) Wohlfahrtssystems als unverzichtbares Strukturelement bewahrt werden soll."

Quelle: www.deutscher-verein.de.

teilspielperfekten Anreizen zur Selbstselektion entfällt daher auch das Instrument der Pflichtarbeit, denn zur angeordneten Pflichtarbeit erscheinen nur die Akteure, die über ihre Grundrechte schlecht informiert sind.

Als nächstes betrachten wir den Fall mit vollständiger Information über die Erwerbsfähigkeit und das Arbeitsentgelt. Hat der hilfebedürftige B ein unbedingtes Recht auf das Existenzminimum z und ein Arbeitseinkommen in Höhe von $y_B \leq z$, so ist das Fürsorgeamt angesichts der Sozialstaatsbedingung einerseits verpflichtet, B Lohnersatzleistungen in Höhe von mindestens $z - y_B$ zu bewilligen. Andererseits soll das Amt die Fürsorgekosten minimieren. Es wird infolgedessen nicht mehr als das Ersatzeinkommen $z - y_B$ anweisen. Folglich ist $b_B = z - y_B$ mit Rücksicht auf die Sozialstaatsbedingung auf der einen und die Pflicht zur Minimierung der Fürsorgekosten auf der anderen Seite die Reaktionsfunktion des Amtes, wobei b_B die ergänzende FSL ist, die das Amt bewilligen muss. Wie man sieht, hat die Reaktionsfunktion des Sozialamtes genau die Gestalt, die in der deutschen Debatte über angemessene Lohnersatzleistungen an hilfebedürftige Erwerbsfähige im Mittelpunkt der kritischen Kommentare steht: Das kostenminimale Schema der ergänzenden Fürsorge, dem das Amt im Gleichgewicht folgt, weist eine Transferentzugsrate von 100 % auf! Wie reagiert B? Welches Arbeitseinkommen B unter diesen Umständen wählt, ergibt sich, wenn wir die Reaktionsfunktion des Amtes in die Nutzenfunktion von B einsetzen, wobei wir $U(y_B) = z - k(y_B / w_B)$ erhalten. Infolge der Transferentzugsrate von 100 % kann B, wie seine Nutzenfunktion zeigt, nichts Besseres tun, als die Arbeit einzustellen und sich mit der öffentlichen Fürsorge einzurichten. Im Gleichgewicht wählt B daher das Arbeitseinkommen $y_B = 0$ und das Amt bewilligt den Lohnersatz $b_B = z$.

Wenn das Amt das Arbeitseinkommen, aber nicht den Typ des Antragstellers zu verifizieren vermag, s. Abb. 11.7, werden im Gleichgewicht beide Typen keine Arbeit verrichten und einen Fürsorgeantrag stellen, den das Amt bewilligen muss. Im Gleichgewicht arbeiten daher weder B noch A, und das Amt überweist allen Antragstellern die Ersatzleistung z.

Im letzten Fall kann das Amt weder die Bedürftigkeit eines Antragstellers noch sein (Schwarz-) Markteinkommen verifizieren. Dann ist die oben geschilderte Pooling-Lösung das Gleichgewicht des Screening-Spiels, denn Pflichtarbeit als Bedingung der Gewährung öffentlicher Fürsorge ist wirkungslos, wenn ein unbedingter Rechtsanspruch auf Fürsorge besteht. Im Gleichgewicht stellen A und B Fürsorgeanträge, das Amt überweist jedem die kostenminimale Lohnersatzleistung $\tilde{b}_B$, und beide Typen verdienen (in der Schattenwirtschaft) ihr Laisser-faire-Einkommen. Das FP, das das Fürsorgeamt offeriert, verursacht Kosten in Höhe von $FK = \tilde{b}_B$, die fiskalische Belastung ist daher geringer als beim FP mit asymmetrischer Information über die Erwerbsfähigkeit.

Zusammenfassung

Die zwei typischen Systeme der öffentlichen Fürsorge sind um eine negative Einkommenssteuer oder um Steuergutschriften mit negativen Grenzsteuersätzen konstruiert. Ein Beispiel für das erste System ist das ab 2005 gewährte ALG II, ein Beispiel für das zweite der amerikanischen EITC. Die negative Einkommensteuer hat im einfachsten Fall zwei Komponenten, einen Schwellenwert, bei dem verfügbares und Brutto-Einkommen einander entsprechen und einen negativen Steuersatz, der das verfügbare Einkommen zwischen Arbeitseinkommen und Schwellenwert justiert. Die negative Einkommensteuer ist in der Regel mit hohen Transferentzugsraten und vor allem einem arbeitslosen Mindesteinkommen versehen. Im Mittelpunkt der Kritik an den Varianten des Systems wie der Sozialhilfe zum Lebensunterhalt stehen daher auch die entmutigenden Wirkungen auf das Arbeitsangebot der Leistungsempfänger. Im Gegensatz zu diesem typisch europäischen Fürsorgeansatz vermittelt der amerikanische EITC starke Arbeitsanreize, denn nur wer arbeitet, hat Anspruch auf Fürsorgeleistungen.

Um die effiziente Gestalt und die Wirkung von Steuer-Transfer-Systemen auf das Arbeitsangebot zu analysieren, lohnt es sich, neben den Alltagstheorien zum Thema die ökonomische Theorie der öffentlichen Fürsorge in Betracht zu ziehen. Diese umfasst drei komplementäre Richtungen, die Theorie optimaler Steuer-Transfer-Systeme, die Vertragstheorie und die Theorie des Wohlfahrtsstaates. In den wohlfahrtsökonomischen Modellen stehen Steuer-Transfer-Systeme im Mittelpunkt, die eine soziale Wohlfahrtsfunktion maximieren. Das Finanzamt kann das Arbeitseinkommen der Zensiten, aber nicht ihre Produktivität verifizieren und gestaltet den optimalen Steuer-Transfer-Tarif unter asymmetrischer Information mit Bezug auf die Erwerbsfähigkeit der Bürger. Die Armutsgrenze zwischen Fürsorgeempfängern und Steuerzahlern ist endogen und wird so konstruiert, dass kein Steuerzahler Anreize hat, sich als hilfebedürftiger Geringverdiener unter die Anspruchsberechtigten oder Erwerbsunfähigen zu mischen. Die optimalen Grenzsteuersätze der verschiedenen Einkommensklassen sind im Gegensatz zum amerikanischen EITC nicht negativ. Die Grenzsteuersätze der reichsten Bevölkerungsschicht mit der höchsten Produktivität sowie der ärmsten Schichten, die infolge ihrer geringen Erwerbsfähigkeit im Optimum arbeitslos sind, sind gleich null. Darüber hinaus werden ähnlich wie nach deutschem Fürsorgerecht die arbeitenden Hilfeempfänger mit der geringsten Produktivität mit dem höchsten Grenzsteuersatz belastet.

Aus verschiedenen Gründen weist die öffentliche Fürsorge hohe Fehlerquoten bei der Klassifizierung von Hilfeanträgen auf. Anträge von Hilfebedürftigen werden abgewiesen oder die bewilligte Fürsorge ist zu gering (Fehler vom Typ I), Anträge von Nicht-Hilfebedürftigen werden bewilligt oder die bewilligte Unterstützung ist zu hoch (Fehler vom Typ II). Hinzu kommt, dass ein Großteil der Anspruchsberechtigten keinen Fürsorgeantrag stellt, so wird die deutsche „Nichtinanspruchnahmequote" auf ca. 60 % der Hilfebedürftigen geschätzt.

Im Modell des Wohlfahrtsstaates hat das Sozialamt keine Kontroll- und Klassifizierungstechnologie, es muss die Akteure mit Anreizen und Pflichtarbeit zur Bekanntgabe ihres Typs bewegen und darauf achten, dass die Fürsorgeleistungen (FSL) der Sozialstaatsbedingung genügen und die Teilnahme am Fürsorgeprogramm (FP) freiwillig ist. Ein FP besteht aus zwei Teilproblemen, dem Fürsorge- und dem Abstandsproblem. Das Amt löst das Fürsorgeproblem, wenn ihm kein Fehler vom Typ I unterläuft und alle Hilfebedürftigen ein Einkommen in Höhe des Existenzminimums erhalten. Das Amt löst das Abstandsproblem, wenn ihm kein Fehler vom Typ II unterläuft und nur die Anspruchsberechtigten Fürsorge erhalten. Bei der Lösung des Fürsorgeproblems entstehen Kosten, denn das Amt muss die Hilfebedürftigen mit Ressourcen ausstatten, die dem Steuerzahler entgehen. Die Lösung des Abstandsproblems verursacht Kosten, wenn die Informationen über Erwerbsfähigkeit oder Arbeitseinkommen asymmetrisch verteilt und dem Fürsorgeamt verborgen sind.

Das Abstandsproblem ist ein informationsökonomisches Problem. Wenn der Gesetzgeber Regelleistungen für ein Dasein definiert, das „der Würde des Menschen entsprechen“ soll, so gibt es stets Geringverdiener, deren Arbeitsentgelt unter und solche deren Arbeitsentgelt geringfügig über der Regelleistung des sozialrechtlichen Minimums liegt, denn andernfalls wären die Mühen des Gesetzgebers, der ihn beratenden Sozialverbände und Kirchen sowie der Ministerialbürokratie überflüssig gewesen.

Ein kostenminimales FP besteht entweder aus einem Pooling- oder einem separierenden Programm. Im Pooling-Gleichgewicht verzichtet der Staat, um die Fürsorgekosten zu minimieren, auf eine Lösung des Abstandsproblems, alle Antragsteller erhalten den minimalen Fürsorgesatz, der hinreicht, den Hilfebedürftigen zum sozialrechtlich geforderten Mindesteinkommen zu verhelfen. Im separierenden Gleichgewicht löst das Fürsorgeamt das Abstandsproblem, bei vollständiger Information kostenlos, bei nicht beobachtbarer Erwerbsfähigkeit oder nicht beobachtbarem Arbeitseinkommen mit Hilfe von Transfers oder mit Pflichtarbeit. Transfers oder Pflichtarbeit als Bedingung für die Bewilligung von FSL sollen nicht anspruchsberechtigte Geringverdiener davon abhalten, einen Fürsorgeantrag zu stellen.

Das Fürsorgemodell konstruiert wie der amerikanische EITC konditionale Bewilligungsbescheide. Nur wer arbeitet, hat Anspruch auf FSL. Der deutsche Sozialstaat ist jedoch an einen unbedingten Fürsorgeanspruch bis zur Höhe des Existenzminimums gebunden. Ist der grund- und sozialrechtlich garantierte Fürsorgeanspruch unbedingt, dann ist die gleichgewichtige Reaktionsfunktion des Sozialamtes identisch mit dem in der Debatte über Lohnersatzleistungen so häufig kritisierten Muster: Das kostenminimale Schema der ergänzenden FSL weist eine Transferentzugsrate von 100 % auf, die Unterstützungsempfänger stellen die Arbeit ein, wenn das Sozialamt ihr Arbeitsentgelt beobachtet, andernfalls verdingen sie sich auf dem Schwarzmarkt und gehen dort wie die „Normalverdiener“ ihren Ämtern nach.

Anhang

A1 Single-crossing property

1. Die Indifferenzkurven haben eine positive GRS. An der Stelle $(c, y) > 0$ ist die Indifferenzkurve von A flacher als die von B, wie wir nun zeigen. Mit Rücksicht auf $w_A > w_B$ gilt an der betrachteten Stelle $y / w_A < y / w_B$ und hieraus folgt mit (A1), dass $k'(y / w_A) < k'(y / w_B)$, weshalb $GRS_A = k'(y / w_A) / w_A < k'(y / w_B) / w_B = GRS_B$.

2. Würden sich zwei gegebene Indifferenzkurven von A und B häufiger als ein Mal schneiden, wäre an jedem zweiten Schnittpunkt $GRS_A > GRS_B$ im Gegensatz zur obigen Feststellung, dass überall $GRS_A < GRS_B$.

A2 Regelleistung b_B^*

1. Ist die Regelleistung b_B^* positiv? Da B hilfebedürftig und daher $\tilde{b}_B = z - \tilde{y}_B > 0$ ist und da $\tilde{y}_B$ das Einkommen ist, das die Nutzenfunktion von B mit Rücksicht auf den gegebenen Lohn w_B maximiert, muss $z - k(z / w_B) < \tilde{U}_B$ gelten. Folglich ist ange-

sichts von (A1) die kostenminimale Fürsorge b_B^*, für die $z-k((z-b_B^*)/w_B)=\tilde{U}_B$, streng positiv.

2. Ist $b_B^* < \tilde{b}_B$? Da $z-k((z-b_B^*)/w_B)=\tilde{U}_B=\tilde{y}_B-k(\tilde{y}_B/w_B)$ und $\tilde{y}_B+\tilde{b}_B=z$, folgt $\tilde{b}_B=k((z-b_B^*)/w_B)-k(\tilde{y}_B/w_B)>0$, so dass mit Rücksicht auf (A1) gilt, dass $z-b_B^*>\tilde{y}_B$ und daher $\tilde{b}_B=z-\tilde{y}_B>b_B^*$.

A3 First order approach

Die Nebenbedingungen des ursprünglichen FP (11.2) lauten

$$y_B+b_B\ge z \qquad y_A+b_A\ge z \qquad \text{(ST)}$$

$$y_B+b_B-k(\frac{y_B}{w_B}+a_B)\ge\tilde{U}_B \qquad y_A+b_A-k(\frac{y_A}{w_A}+a_A)\ge\tilde{U}_A \qquad \text{(FT)}$$

$$y_A+b_A-k(\frac{y_A}{w_A}+a_A)\ge y_{AB}+b_B-k(\frac{y_{AB}}{w_A}+a_B) \qquad (\text{AK}_\text{A})$$

$$y_B+b_B-k(\frac{y_B}{w_B}+a_B)\ge y_{BA}+b_A-k(\frac{y_{BA}}{w_B}+a_A) \qquad (\text{AK}_\text{B}).$$

wobei y_{AB} (y_{BA}) auf der rechten Seite der Nebenbedingung (AK_A) [(AK_B)] das nicht verifizierbare Arbeitseinkommen von A (B) ist, wenn sich A (B) beim Fürsorgeamt als B (A) ausgibt.

Berücksichtigt man in den Nebenbedingungen (ST) und (FT) die aus der notwendigen Bedingung (11.1) folgende Reaktionsfunktion $y=\tilde{y}-wa$, so ergibt sich zum Beispiel für den Typ B: $y_B+b_B=\tilde{y}_B-w_Ba_B+b_B$. Einsetzen in (ST) liefert die Sozialstaatsbedingung des FP (11.7). Ähnlich verfährt man mit der Nebenbedingung (FT). Einsetzen der Reaktionsfunktion ergibt zum Beispiel für den Typ B: $\tilde{y}_B-w_Ba_B+b_B-k((\tilde{y}_B-w_Ba_B)/w_B+a_B)=\tilde{y}_B-k(\tilde{y}_B/w_B)-w_Ba_B+b_B$ und hieraus folgt mit Rücksicht auf $\tilde{U}_B=\tilde{y}_B-k(\tilde{y}_B/w_B)$ die Nebenbedingung der freiwilligen Teilnahme des FP (11.7), denn aus $\tilde{U}_B-w_Ba_B+b_B\ge\tilde{U}_B$ wird $b_B-w_Ba_B\ge 0$.

Für die linke Seite von (AK_A) erhalten wir mit Rücksicht auf die Reaktionsfunktion: $\tilde{y}_A-w_Aa_A+b_A-k((\tilde{y}_A-w_Aa_A)/w_A+a_A)$, so dass $y_A+b_A-k(y_A/w_A+a_A)=\tilde{U}_A-w_Aa_A+b_A$. Auf der rechten Seite der Ungleichung ist zu berücksichtigen, dass mit Blick auf die Reaktionsfunktion $y_{AB}=w_A(\tilde{H}_A-a_B)=\tilde{y}_A-w_Aa_B$. Einsetzen ergibt für die rechte Seite von (AK_A): $\tilde{y}_A-w_Aa_B+b_B-k((\tilde{y}_A-w_Aa_B)/w_A+a_B)$, so dass man schließlich den folgenden Ausdruck erhält: $y_{AB}+b_B-k(y_{AB}/w_A+a_B)=\tilde{U}_A-w_Aa_B+b_B$. Aus $\tilde{U}_A-w_Aa_A+b_A\ge\tilde{U}_A-w_Aa_B+b_B$ folgt dann $b_A-w_Aa_A\ge b_B-w_Aa_B$.

12 Kündigungsschutz

Die Normen des kollektiven und individuellen Arbeitsrechts insbesondere des Kündigungsschutzrechts greifen tief in Aufbau und Ablauf der Unternehmensorganisationen ein und formen unabhängig vom Willen der Vertragsparteien noch die Details der einzelnen Arbeitsverhältnisse. Die Wirkungen des Arbeitsrechts sind dabei nicht auf die einzelwirtschaftlichen Entscheidungsprozesse begrenzt, sondern auch für jene spürbar, die am unmittelbaren Rechtsverhältnis gar nicht teilnehmen. Manche Beobachter des deutschen Arbeitsmarktes führen sogar die anhaltende Massenarbeitslosigkeit auf das Arbeitsrecht und die Intensität zurück, mit der Gesetzgeber, Verbände und Arbeitsgerichte mit den Instrumenten des Kündigungsschutzrechts in die betrieblichen Abläufe eingreifen.

Im nächsten Abschnitt werden institutionelle Aspekte des deutschen Kündigungsschutzrechts behandelt, in dessen Mittelpunkt der allgemeine Kündigungsschutz mit dem Kündigungsschutzgesetz von 1951 (KSchG) steht. In Abschnitt 12.2 erörtern wir die Frage, weshalb der Staat zwingende Kündigungsschutzregeln anordnet und den Kündigungsschutz nicht einfach wie in einer Marktwirtschaft den Privaten überlässt. Wir unterscheiden zwischen juristischen und ökonomischen Erklärungen dieses Phänomens.

Aus dem Blickwinkel von Rechtswissenschaft und Rechtsprechung ist Vertrags- bzw. Marktversagen der Grund für das gesamte individuelle und kollektive Arbeitsrecht und speziell des staatlichen Kündigungsschutzrechts. Kennzeichnend für das Arbeitsverhältnis ist die „strukturelle Unterlegenheit“ (BVerfG 1990) der Arbeitnehmer. Arbeitnehmer sind infolge der Untrennbarkeit von Arbeitsleistung und Person, der weisungsgebundenen Eingliederung in den Herrschaftsbereich einer fremden Organisation und der wirtschaftlichen Abhängigkeit von ihrem Arbeitsplatz in ganz besonderem Maße schutzbedürftig. Die strukturelle Imparität zwischen Arbeitsangebot und Arbeitsnachfrage bedingt, dass der individuelle Arbeitsvertrag versagt. Das Vertragsversagen ruft wie auf anderen Märkten – dem Güter-, dem Kapital-, dem Versicherungs-, dem Wohnungs-, dem Reise-, dem Gesundheitsmarkt, um nur die bekannteren der juristischen Problemfälle zu nennen –, die Legislative und Judikative auf den Plan. Sie greifen verhaltenssteuernd in die individuellen Arbeitsverhältnisse ein, um mit den Instrumenten des zwingenden Privat- und Verwaltungsrechts für Arbeitsschutz, Persönlichkeitsschutz, Kündigungsschutz und Entgeltschutz zu sorgen.

Aus dem Blickwinkel der ökonomischen Theorie lassen sich wie im Fall der staatlichen Arbeitslosenversicherung (ALV) politökonomische und informationsökonomische Begründungen sowie Marktversagen infolge von Entlassungsexternalitäten dafür anführen, warum der Staat den Kündigungsschutz normiert und nicht den Privaten überlässt. Politökonomische Begründungen klammern wir in unserer Darstellung weitgehend aus, asymmetrische Informationen über das Verhalten und die Charakteristika von Bewerbern und Stellenanbietern sind, informationsökonomisch betrachtet, der Hauptgrund für die Existenz eines vom Staat angeordneten allgemeinen Kündigungsschutzes.

In Abschnitt 12.3 behandeln wir die mikroökonomische Theorie des Kündigungsschutzes, die allerdings noch in den Anfängen steckt. Wir zeigen, wie sich bei vollständiger Information im Arbeitsmarktgleichgewicht Kündigungsfristen, Verdienstsicherung, Bestandsschutz und Abfindungen als Elemente des Arbeitsvertrags herausbilden. Eines der Hauptresultate der diskutierten Modelle ist der trade-off zwischen dem privaten Kündigungsschutz auf der einen und dem Umfang der Lohnersatzleistungen sowie dem Ausmaß von Arbeitsmarktfriktionen auf der anderen Seite. Je geringer der (staatliche) Lohnersatz oder je ausgeprägter Arbeitsmarktfriktionen, umso höher ist die Nachfrage nach Arbeiterverträgen mit Kündigungsschutzklauseln.

Ist das KSchG für die deutsche Massenarbeitslosigkeit verantwortlich? Bei asymmetrisch verteilten Informationen ist es leicht zu zeigen, wie ein Schutz gegen verhaltens- oder personenbedingte Kündigungen die natürliche Rate der Arbeitslosigkeit erhöht. Bei symmetrisch verteilten Informationen wie in den Marktmodellen des vierten Abschnitts ist typischerweise der Einfluss des staatlichen Kündigungsschutz auf die Beschäftigung nicht eindeutig. Kündigungsschutz reduziert zwar die Volatilität der Arbeitsnachfrage, aber über den Konjunkturzyklus hinweg kann die durchschnittliche aggregierte Beschäftigung größer oder geringer sein als in einer Volkswirtschaft ohne staatlichen Kündigungsschutz.

12.1 Institutionelle Aspekte des Kündigungsschutz

Regelungen zum Kündigungsschutz finden sich in Einzelverträgen, Tarifverträgen sowie in Betriebsvereinbarungen. Die einschlägigen Gesetzesquellen zum Kündigungsschutz sind vor allem das BGB und das Kündigungsschutzgesetz (KSchG) von 1951, daneben das Betriebsverfassungsgesetz (BetrVG) von 1972 und eine Reihe von Gesetzen zum besonderen Kündigungsschutz, die für Schwerbehinderte (SchwbG), für werdende Mütter und Eltern während des Mutterschutz- und Erziehungsurlaubs (MuSchG, BErzGG), für die betriebliche Arbeitnehmervertretung (BetrVG) sowie für Wehr- und Zivildienstleistende (ArbplSchG) gelten. Die Tarifparteien haben darüber hinaus in Manteltarifverträgen und Rationalisierungsschutzabkommen den Ausschluss der ordentlichen Kündigung für einen Kreis von Arbeitnehmern vereinbart, der sich nach dem Lebensalter (40 bis 55 Jahre) und der Dauer der Betriebszugehörigkeit (3 bis 20 Jahre) richtet. Zum Beispiel sind Angestellte im öffentlichen Dienst nach einer Dienstzeit von 15 Jahren unkündbar (§ 53 III BAT). Die regelmäßige Auswertung des beim Bundesministerium für Wirtschaft und Arbeit geführten Tarifregisters ergab, dass im Jahr 2003 für ca. 54,7% der tarifvertraglich erfassten Arbeitnehmer mit obigen Merkmalen die ordentliche arbeitgeberseitige Kündigung ausgeschlossen und für 59,7% eine Verdienstsicherung gültig war. Die Verdienstsicherungsklausel eines Tarifvertrags verschafft den begünstigten Arbeitnehmern einen Anspruch auf das vereinbarte Entgelt einschließlich der übertariflichen Zulagen.

Die Kündigung ist eine einseitige Willenserklärung einer der beiden Parteien des Arbeitsvertrags. Zwar steht das Kündigungsrecht beiden Parteien zu, ist aber für den Arbeitgeber an strengere Voraussetzungen geknüpft. Dies beginnt bei der ordentlichen Kündigung mit den gesetzlichen Kündigungsfristen, die für beide Parteien eine Grundkündigungsfrist von 4 Wochen zum Fünfzehnten oder zum Monatsende vorsieht und sich für die Arbeitgeberkündigung in Abhängigkeit von der Betriebszugehörigkeit des Arbeitnehmers bis auf 7 Monate zum Monatsende nach 20 Jahren Betriebszugehörigkeit verlängert (§ 622 BGB). Die gesetzlichen Kündigungsfristen werden häufig durch einzel- oder tarifvertragliche Abmachungen überboten, die, wie erwähnt, bis zum Ausschluss der ordentlichen Kündigung reichen.

Das KSchG ist mit 26 Paragraphen kurz. Da die Normen des Gesetzes jedoch nur aus unbestimmten Rechtsbegriffen und Generalklauseln bestehen, liefert weniger das Gesetz als vielmehr die Rechtsprechung die maßgebenden Direktiven für die Beendigung von Arbeitsverhältnissen. Gegenstand der Rechtsprechung ist dabei nicht die Schlichtung von Regelungsstreitigkeiten über die Erfüllung individueller Arbeitsverträge als vielmehr die rechtsdogmatische Lösung von Rechtsstreitigkeiten, nicht Vertragsauslegung und Streitschlichtung, sondern Angemessenheits- und Verhaltenskontrolle bestimmt die Praxis der Arbeitsgerichte.

Die Vorgänger des KSchG von 1951 waren das Gesetz zur Ordnung der nationalen Arbeit von 1934 (AOG) und das Betriebsrätegesetz von 1920 (BRG). Jemand könnte denken, dass die vom Staat, der Legislative oder Judikative, erlassenen zwingenden Normen des Kündigungsrechts mit steigendem Reichtum, besserer Ausbildung, zunehmender Mobilität sowie der Globalisierung der Konkurrenz auf den Produkt- und Arbeitsmärkten im Laufe der Zeit liberaler werden und der Staat die Regelung der Kündigung schließlich wie in einer Marktwirtschaft ganz den einzelvertraglichen Abmachungen der am Arbeitsverhältnis beteiligten Akteure überlässt. Das Gegenteil ist der Fall. Die historische Entwicklung des deutschen Kündigungsrechts hat sich auf eine immer engere teils zentralstaatliche, teils richterrechtliche, teils korporative Regulierung der Beendigung von Arbeitsverhältnissen zu bewegt. Mit dem KSchG von 1951 wurde der für eine Marktwirtschaft konstitutive Grundsatz der Kündigungsfreiheit aufgehoben. Firmen können seitdem nur noch beim Vorliegen eines besonderen vom Arbeitgeber zu beweisenden Grundes kündigen. Der Begründungszwang soll dem Interesse des Arbeitnehmers am Bestand des Arbeitsverhältnisses dienen und ihn vor einer willkürlichen Beendigung des Arbeitsverhältnisses durch den Arbeitgeber schützen (Bestandschutzprinzip). Mit dem 1. Arbeitsrechtsbereinigungsgesetz von 1969 (ArbBereinigG) wurde das Gesetz von 1951 überarbeitet und ein zusätzlicher, von der ökonomischen Literatur bislang wenig beachteter Schutzaspekt zwingend normiert, der das Direktionsrecht des Arbeitgebers und den Schutz des Kernbereichs des Arbeitsverhältnis betrifft und in dem § 2 KSchG (Änderungskündigung) den Bestands- durch den Vertragsinhalts- oder Änderungsschutz ergänzt. Der Bestandschutz des § 1 KSchG gibt dem Arbeitnehmer nur ein Recht auf den Fortbestand des Arbeitsverhältnis an sich, nicht jedoch auf die spezifischen Charakteristika seines Jobs (*Berkowsky* 2000, 343). Eine einseitige (betriebsbedingte) Änderungskündigung mit dem Ziel einer 5 %-igen Lohnsenkung wäre daher vermutlich mit § 1 KSchG kompatibel. Der § 2 KSchG gibt dem Arbeitnehmer jedoch über den Bestandschutz hinaus ein klagbares Recht auf den Kernbestand des Arbeitsvertrags zu dem vor allem der Vertragslohn gehört. Eine 5 %-ige Lohnsenkung und die entsprechende Änderungskündigung ist mit Rücksicht auf den Vertragsinhaltsschutz nur noch mit einem dringenden betrieblichen Erfordernis zu rechtfertigen. Und „eine Änderungskündigung zur Lohnsenkung ist nicht erforderlich und damit ausgeschlossen, wenn der Betrieb wirtschaftlich nicht gefährdet ist und sie nur zur Erhöhung der Rentabilität erfolgt“ (*Hoyningen-Huene* und *Linck*, 2002, 468).

Der allgemeine Kündigungsschutz, der das Kündigungsrecht des Arbeitnehmers unberührt lässt, sieht vor, dass eine Kündigung „sozial ungerechtfertigt“ ist, wenn sie nicht durch „Gründe“ belegt ist. Drei Arten von Gründen kommen für eine „sozial gerechtfertigte“ Kündigung in Frage. Zunächst jene, die in der „Person“ des Arbeitnehmers liegen (der häufigste Grund: Krankheit), zweitens solche, die sein „Verhalten“ betreffen (Pflichtverletzungen im Leistungs-, Vertrauens- oder Betriebsbereich) und schließlich diejenigen, die von „dringenden betrieblichen Erfordernissen“ hervorgerufen sind (§ 1 KSchG). Bei der „betriebsbedingten Kündigung“ werden innerbetriebliche Anlässe – wie Rationalisierung, Umstellung der Produktion, mangelnde Rentabilität – von außerbetrieblichen unterschieden, zu denen der Auftragsmangel oder der Umsatzrückgang gehören.

Die Rechtsprechung des BAG hat im Laufe der Jahrzehnte zur Kontrolle des betrieblichen Kündigungsverhaltens drei Prinzipien entwickelt, die unabhängig vom Kündigungsgrund bei der arbeitsgerichtlichen Prüfung der Rechtmäßigkeit einer Kündigung anzuwenden sind, nämlich das Prognoseprinzip, das Ultima-ratio-Prinzip und den Grundsatz der Interessenabwägung. Eine Kündigung ist nur wirksam, wenn sie von einer Prognose untermauert wird, der zufolge die personen- oder verhaltensbedingte Störung des Arbeitsverhältnisses oder das dringende Erfordernis einer betriebsbedingten Kapazitätsreduzierung auch in Zukunft anhalten oder fortdauern wird. Die Wirksamkeit einer Kündigung setzt darüber hinaus voraus, dass alle anderen Mittel zur Stabilisierung des Arbeitsverhältnisses ausgeschöpft worden sind, so dass die Kündigung zum Beispiel im Fall der betriebsbedingten Beendigung des Arbeitsverhältnisses einem unausweichlichen und mithin dringenden betrieblichen Erfordernis geschuldet ist. Eine wirksame Kündigung setzt schließlich eine Abwägung des Bestandsinteresses des Arbeitnehmers und des Beendigungsinteresses des Arbeitgebers voraus. Dabei legen nicht die Akteure, sondern die staatlichen Richter legen fest, welche Interessen gerichtsfähig und bei der Abwägung zulässig und in Betracht zu ziehen sind.

Die Geschäftsleitung einer Firma kann nicht ohne weiteres die Betriebskapazität an ihre Konjunkturerwartungen anpassen und wie im Lehrbuchmodell der Marktwirtschaft auf den erwarteten Zyklus mit Einstellungen und Entlassungen reagieren. Der Arbeitgeber muss „darlegen und ggf. beweisen, dass ein Überhang an Arbeitskräften entstanden ist, durch den unmittelbar oder mittelbar das Bedürfnis zur Weiterbeschäftigung eines oder mehrerer Arbeitnehmer entfallen ist. Die reduzierten Umsatzzahlen müssen nachgewiesen werden. Die Verringerung des Personalbestandes muss sich proportional zum Umsatzrückgang verhalten“ (*Stahlhacke/Preis* 1995, 294). Ist eine Entlassung aus betrieblichen Gründen möglich, kann der Arbeitgeber keinesfalls denjenigen Arbeitnehmer kündigen, dessen Arbeitsplatz entfällt. Bei der Auswahl der zu entlassenen Arbeitskräfte muss er vielmehr soziale Gesichtspunkte prüfen, die das reformierte KSchG mit Gültigkeit seit dem 1.1.2004 näher spezifiziert (Sozialauswahl). Hierzu gehören die Dauer der Betriebszugehörigkeit, das Lebensalter, die Unterhaltspflichten und der Grad der Schwerbehinderung. Zudem ist der Arbeitgeber verpflichtet, vor jeder Entlassung dem Betriebsrat die Gründe hierfür mitzuteilen und ihn anzuhören (§ 102 BetrVG), sonst ist die Kündigung unabhängig von ihrer Art oder ihrem Grund unwirksam. Innerhalb einer Frist von einer Woche hat der Betriebsrat die Möglichkeit, Bedenken geltend zu machen oder Widerspruch einzulegen. In welchem Umfang die Betriebsräte dieses Recht nutzen, ist unbekannt.

Firmen mit vorausschauender Personalpolitik werden angesichts der Begründungspflichten und Beweislasten des KSchG Anpassungen an die Konjunktur zunächst bei der Einstellungspolitik vornehmen, im Konjunkturabschwung Arbeitskräfte horten und vor allem mit intensitätsmäßiger und zeitlicher Anpassung reagieren, bevor betriebsbedingte Kündigungen ausgesprochen werden.

Reform des Kündigungsschutzrechts zum 1.1.2004

- Das Kündigungsschutzgesetz gilt erst in Betrieben mit mehr als 10 Arbeitnehmern. Allerdings behalten Arbeitnehmer, die am 31.12.2003 nach der alten Regelung (Schwellenwert: mehr als 5 Arbeitnehmer) Kündungsschutz hatten, ihre bisherige geschützte Stellung.
- Die Sozialauswahl wird auf die Kriterien Betriebszugehörigkeit, das Lebensalter, die Unterhaltspflichten und die Schwerbehinderung des Arbeitnehmers beschränkt. Ausgenommen hiervon sind Arbeitnehmer, deren Weiterbeschäftigung wegen ihrer Kenntnisse, Fähigkeiten und Leistungen oder der Erhaltung einer ausgewogenen Personalstruktur im berechtigten betrieblichen Interesse liegt.
- Klagen gegen eine Kündigung sind binnen drei Wochen zu erheben.
- Kündigt der Arbeitgeber betriebsbedingt und bietet dem Arbeitnehmer im Kündigungsschreiben gleichzeitig eine Abfindung an, hat der Arbeitnehmer ein Wahlrecht, ob er eine Kündigungsschutzklage erhebt oder die Abfindung wählt. Die Höhe der Abfindung beträgt ½ Monatsgehalt pro Jahr Betriebszugehörigkeit.
- Existenzgründer können in den ersten vier Jahren nach ihrer Unternehmensgründung befristete Arbeitsverträge ohne sachlichen Befristungsgrund bis zu einer Dauer von vier Jahren abschließen, anstatt bis zu zwei Jahren, wie es das Teilzeit- und Befristungsgesetz für alle anderen Betriebe vorsieht.

Eine auf das Auf und Ab der Konjunktur reagierende Einstellungs- und Entlassungspolitik gerät darüber hinaus mit dem „Massenentlassungsschutz“ in Konflikt. Die Firma ist durch § 17 KSchG zur Anzeige beim Arbeitsamt verpflichtet, wenn sie mit den Massenentlassungen beginnt. Massenentlassungen liegen vor, wenn innerhalb von 30 Kalendertagen in Betrieben mit: (1) mehr als 20 und weniger als 60 Arbeitnehmern mehr als 5, (2) 60 bis 499 Arbeitnehmern 10 % oder mehr als 25 Arbeitnehmer, (3) mindestens 500 Arbeitnehmern mindestens 30 entlassen werden. Bei Massenentlassungen hat der Arbeitgeber den Betriebsrat rechtzeitig über Gründe, Zahl und Zeitraum der Entlassungen zu informieren (§ 17 KSchG). Der Betriebsrat kann die Aufstellung eines „Sozialplans“ verlangen (§ 112 BetrVG). Der Sozialplan, den der Betriebsrat auch gegen den Willen des Arbeitgebers erzwingen kann, „enthält Regelungen über den Ausgleich oder die Milderung wirtschaftlicher Nachteile, die den Arbeitnehmern infolge der geplanten Betriebsänderungen entstehen“ (*Halbach* et al. 2000, 466). Zu den vorgesehenen Regelungen zählen vor allem Abfindungen und vorzeitige betriebliche Pensionsleistungen. Firmen mit höchstens 10 Arbeitnehmern sind von den Bestimmungen des KSchG ausgenommen (Kleinbetriebsschwelle).

Ordentliche Kündigungen stoßen häufig auf den Widerspruch der Beschäftigten und werden vor die Arbeitsgerichte getragen. Die Arbeitsgerichte bilden seit 1953 einen selbständigen von den Zivilgerichten getrennten Zweig der deutschen Rechtspflege, der in Hinblick auf seine Spezialisierung und seine Macht in der Welt seinesgleichen sucht. Der Instanzenzug der Arbeitsgerichtsbarkeit folgt dem dreigliedrigen Aufbau mit den Arbeitsgerichten, den Landesarbeitsgerichten und dem Bundesarbeitsgericht als oberster Instanz. Die Arbeitsgerichte bestehen aus Kammern, jede Kammer hat einen Berufsrichter als Vorsitzenden und zwei ehrenamtliche Richter, die die Interessen der Gewerkschaften und der Arbeitgeberverbände vertreten. Formal- und verfahrensrechtlich sind auch die ehrenamtlichen Richter unabhängig und allein dem Gesetz unterworfen.

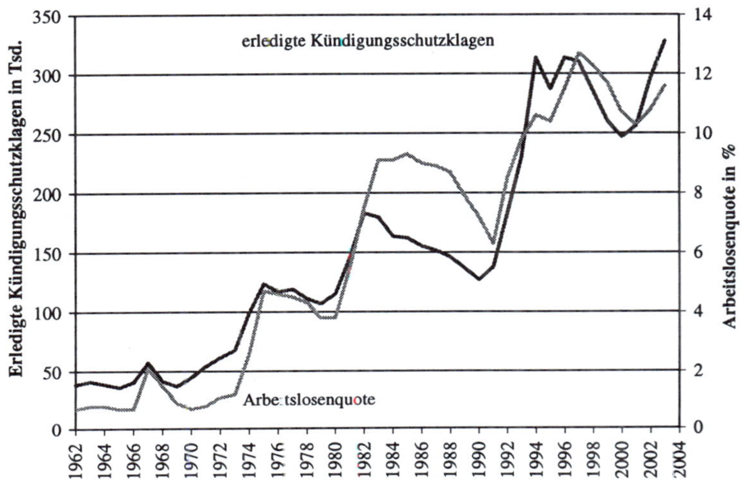

Quelle: Statistisches Bundesamt, Fachserie 10, Reihe 1, ab 1992 Deutschland

Abb. 12.1: Arbeitslosenquote und Kündigungsschutzklagen

Kündigungsschutzprozesse enden nur in einem winzigen Bruchteil aller Fälle mit einer Weiterbeschäftigung des Gekündigten. Kündigungsschutzprozesse gleichen vielmehr einem Basar in dem nicht die Weiterbeschäftigung, sondern der Handel um die Höhe der Abfindung im Mittelpunkt steht, die entweder durch Prozessvergleich oder durch richterliches Urteil (§§ 9, 10 KSchG) festgestellt wird. Vor allem jene Verfahren, die durch Urteil zustande kommen, stehen im Widerspruch zur Rechtsidee des Bestandsschutzes. Abfindungen durch Urteil setzen voraus, dass die ordentliche Kündigung des Arbeitgebers „sozial ungerechtfertigt" und daher unwirksam ist. Damit ist das Arbeitsverhältnis, das angebliche Ziel der Rechtsprechung, gerettet. Aus vielerlei Gründen werden nun aber die Parteien von sich aus eine Auflösung des Arbeitsverhältnisses anstreben, einen Auflösungsantrag stellen und erwarten, dass der Arbeitsrichter durch Urteil das Arbeitsverhältnis gegen eine Abfindungszahlung für beendet erklärt.

Einen Blick auf die Aktivitäten der Arbeitsgerichtsbarkeit gewährt die Abb. 12.1, die die Zahl der erledigten Kündigungsschutzklagen und die Arbeitslosenquote seit 1963 zeigt. Die Abbildung dokumentiert, dass sich die Zahl der Kündigungsschutzklagen stark prozyklisch verhält. Im Jahr 2003 waren die Arbeitsgerichte (ohne Landesarbeitsgerichte und Bundesarbeitsgericht) neben den „Urteilsverfahren" (Rechtsstreitigkeiten aus Tarifverträgen und aus dem Arbeitsverhältnis wie Kündigungen) mit 845 160 Klagen unter anderem mit 68 887 „Mahnverfahren" (Geltendmachung von Geldforderungen) und 16 153 „Beschlussverfahren" (Streitigkeiten aus dem BetrVG, Sprecherausschussgesetz) befasst. Von den Urteilsverfahren blieben am Jahresende 209 388 unerledigt, von den 635 772 erledigten Klagen drehten sich allein 327 957 oder 51,6 % um Kündigungssachen. Die Verfahrensdauer betrug 2003 bei 15,4 % der erledigten Klagen länger als 6 Monate, bei 2,4 % der Klagen sogar länger als ein Jahr. Unter den sieben oder acht Geschäftsbereichen der deutschen Gerichtsbarkeit sind die Arbeitssachen mittlerweile nach den zivil- und strafrechtlichen Verfahren der Bereich mit den meisten Geschäftsfällen und der höchsten Wachstumsrate.

Tab. 12.1: Beendete Arbeitsverhältnisse und Wahrscheinlichkeit für rechtliche Folgen einer Kündigung in Deutschland

	1995	1998	2000	2001
Beendete Arbeitsverhältnisse, dar. in %	4 671 749	4 207 078	4 583 729	4 899 094
– Kündigung Arbeitgeber	21,6	21,8	22,3	19,3
– Auflösungsvertrag / Gegens. Einvernehmen	k.a.	k.a.	14,4	11,1
– Betriebsstilllegung	10,7	8,2	k.a.	7,0
– Eigene Kündigung	30,3	21,8	35,7	37,4
Klagewahrscheinlichkeit in %	28,0	31,0	24,0	27,0
erl. KSch-Klagen / sozvers. Besch. in %	1,02	1,05	0,89	0,92

Quelle: SOEP, eigene Berechnungen, Jahn (2004a)

Informationen über den Grund der Beendigung eines Beschäftigungsverhältnisses liefert seit 1984 das Sozioökonomische Panel (SOEP) des DIW, Berlin. Auswertungen zu den im SOEP erfragten Beendigungsgründen (1) Kündigung durch den Arbeitgeber, (2) Auflösungsvertrag/Gegenseitiges Einvernehmen, (3) Betriebsstilllegung und (4) eigene Kündigung für die Jahre 1995, 1998, 2000 und 2001 zeigt die Tab. 12.1. Wurde in den Jahren 1995 und 1998 ein Auflösungsvertrag auf Initiative des Arbeitgebers abgeschlossen, findet er sich unter den arbeitgeberseitigen Kündigungen, Auflösungsverträge, die vom Arbeitnehmer angeregt wurden, bei den Eigenen Kündigungen. Im Jahr 2000 stand den Befragten die „Betriebsstilllegung“ als Antwortalternative nicht zur Verfügung, weshalb zu vermuten ist, dass sich diese Fälle in den Antworten zu den anderen drei Kündigungsgründen wieder finden. Die häufigste Form der Beendigung ist die Eigenkündigung, die von 30,3 % im Jahr 1995 bis auf 37,4 % im Jahr 2001 steigt. Mit ca. 20 % ist der Anteil der arbeitgeberseitigen Kündigungen seit 1995 weitgehend stabil, während der Aufhebungsvertrag stärkeren Schwankungen unterliegt.

Über die Zahl der eingereichten Kündigungsschutzklagen enthält die Justizstatistik keine Information. Einen Eindruck vom Anteil der arbeitgeberseitigen Kündigungen, die durch die Arbeitsgerichte entschieden werden, erhält man, wenn man die Zahl der erledigten Kündigungsschutzklagen als Indikator für die Zahl der (streitigen) Entlassungen nimmt und sie in das Verhältnis zu den arbeitgeberseitigen Kündigungen setzt, s. Tab. 12.1. Zwischen 1995 und 2001 lag die Klagewahrscheinlichkeit im Fall einer arbeitgeberseitigen Kündigung zwischen 24 % und 31 %. Setzt man die Zahl der Klagen in das Verhältnis zu den sozialversicherungspflichtig Beschäftigten, zeigt sich, dass pro Jahr ca. 1 % der Beschäftigten oder einer von 100 Arbeitnehmern einen Kündigungsschutzprozess führt. Die hohe Klagewahrscheinlichkeit ist ein Beleg für die Thesen, dass die einschlägige Rechtsprechung zum Kündigungsrecht eine hohe Rechtsunsicherheit verursacht und dass das KSchG erhebliche Anreize setzt, Entlassungen vor die Arbeitsgerichte zu tragen, um Abfindungen zu erstreiten.

In den Fällen, in denen die Befragten Auskunft über die Höhe der erhaltenen Abfindung gaben, lagen diese im Jahr 2001 nach dem SOEP zwischen 256 EUR und 132 936 EUR. Im Durchschnitt zahlten die Unternehmen 10 472 EUR, der Median betrug 5 113

EUR. Die Abfindungen haben erwartungsgemäß eine breite Streuung und nehmen mit der Dauer der Betriebszugehörigkeit und dem Alter der Arbeitnehmer zu. Die höchsten Abfindungen werden bei einer Beendigung durch Aufhebungsvertrag gezahlt. Das lässt sich einerseits mit der Bereitschaft der Unternehmen erklären, hohe Abfindungen anzubieten, um Kündigungsschutzprozesse zu vermeiden (s. Kap. 8). Andererseits werden die häufigen Prozessvergleiche mit Aufhebungsvertrag und relativ hohen Abfindungen abgeschlossen, mit denen die Unternehmen das Risiko zukünftiger Lohnfortzahlungen im Fall einer möglicherweise ungerechtfertigten Kündigung vermeiden wollen.

12.2 Warum ein staatlicher Kündigungsschutz?

In zahlreichen Einzel- und Tarifverträgen finden sich Klauseln, die Arbeitnehmern Kündigungsfristen, Verdienstsicherung, Bestandsschutz oder Abfindungen einräumen. Warum gibt es neben den einzel- und tarifvertraglichen Vereinbarungen noch ein engmaschiges staatliches Regelwerk mit allgemeinen und zwingenden Kündigungsschutznormen? Wir behandeln vier Antworten auf diese Frage, stellen zunächst juristische und anschließend zwei ökonomische Argumente für staatlichen Kündigungsschutz vor, die ihre Begründung aus den Effizienzverlusten asymmetrisch verteilter Informationen und externer Effekte herleiten. Ein weiteres Argument für staatlichen Kündigungsschutz behandeln wir in Abschnitt 12.4, der Staat dämpft mit einer Entlassungssteuer die nicht erwünschte konjunkturelle Volatilität der Beschäftigung .

Juristische Kündigungsschutztheorien

Mehr als die Tatsache, dass es keine allgemeine ökonomische Theorie des Kündigungsschutz gibt, mag es vielleicht überraschen, dass das staatliche Kündigungsschutzrecht auch aus dem Blickwinkel der Rechtswissenschaft keine eindeutige Funktion hat, die legitimiert, warum der Staat die Mechanismen des Marktes und der privatautonomen Vertragsverhandlungen durch seine Kündigungsschutzgesetzgebung ergänzt, verdrängt oder substituiert. Wir stellen im Folgenden eine Auswahl von sechs juristischen „Grundkonzeptionen des Kündigungsschutzes" (*Dorndorf* et al. 2001) dar. Der staatliche Kündigungsschutz dient demnach (1) dem Schutz der Betriebsgemeinschaft, (2) dem Willkürschutz, (3) dem Schutz vor den Folgen des Gewinnziels, (4) der Entscheidung über die Zumutbarkeit einer Fortsetzung des Arbeitsverhältnisses, (5) der Abwehr von Arbeitslosigkeit oder (6) der Ausschaltung des Unterbietungs-, Verdrängungs- und Austauschwettbewerbs auf dem Arbeitsmarkt. Anschließend berichten wir über die in der Rechtswissenschaft vorherrschenden Meinungen über die allokativen und makroökonomischen Wirkungen des staatlichen Kündigungsschutzes. Beim Studium rechtswissenschaftlicher Theorien ist stets zu berücksichtigen, dass die „Rechtstatsachen- und Rechtsfolgenforschung" in der Rechtswissenschaft nur eine untergeordnete Rolle spielt. Für Fragen nach den allokativen Wirkungen oder den einzel- und gesamtwirtschaftlichen Kosten eines Gesetzes ist die Rechtswissenschaft nicht zuständig. Ihre Aufgabe sieht sie in der Analyse der begrifflichen Kohärenz exogener, durch den Gesetzgeber, die Verwaltung, die staatstragenden Verbände und die Rechtsprechung produzierter Normen und Gesetze.

Welche rechtspolitischen Ziele verfolgte der Gesetzgeber mit der Verabschiedung des KSchG im Jahr 1951? Den Schutz der ideellen, materiellen und persönlichen Austauschbeziehungen, die den Arbeitnehmer mit der Betriebsgemeinschaft verbinden, so der Regierungsentwurf zum KSchG, der ersten der oben erwähnten Grundkonzeptionen des Kündigungsschutzrechts. Demnach hat das KSchG die Aufgabe, erworbene Ressourcenansprüche und die immateriellen Werte der Betriebszugehörigkeit zu schützen und „die willkürliche Durchschneidung des Bandes der Betriebszugehörigkeit" (Deutscher Bundestag, 1951, 11) durch den Unternehmer abzuwehren. Diese vertrags- und schuldrechtsferne Theorie der vom „Band der Betriebszugehörigkeit" zusammengehaltenen innerbetrieblichen Vergemeinschaftung mit ihren Kollektivgütern und konsekutiven Treue- und Fürsorgepflichten, wird von den höchsten deutschen Gerichten, wie dem Bundesverfassungsgericht in seinem Urteil zur Kleinbetriebsklausel vom 27.1.1998, stilistisch modernisiert und fortentwickelt. Zu den Aufgaben des staatlichen Arbeitsgerichts gehört mithin der Schutz der Betriebsgemeinschaft und ihrer Kollektivgüter vor den willkürlichen Folgen des Erwerbsmotivs und der Konkurrenz.

Nach der zweiten Grundkonzeption dient das KSchG der Konkretisierung des Willkürverbots, indem es die Arbeitnehmer vor dem willkürlichen Entzug des Arbeitsplatzes durch den Arbeitgeber bewahrt: Das Kündigungsschutzrecht „kann und will lediglich den willkürlichen, nicht rational nachvollziehbaren Austausch von Arbeitnehmern auf vorhandenen Arbeitsplätzen verhindern", stellt *Berkowsky* (2000, 345), fest, und Willkürschutz ist eine hoheitliche Aufgabe. Doch „als eigene Konzeption des Kündigungsschutzes ist diese Auffassung ... zu unspezifisch, weil nicht nur das Kündigungsschutzrecht, sondern alles Recht schlechthin vor Willkür schützt" (*Dorndorf* et al. 2001, 73) und somit die Frage nach den spezifischen Funktionen eines staatlichen Kündigungsschutzrechts unbeantwortet bleibt. Darüber hinaus hat die auch unter Ökonomen weit verbreitete These vom staatlichen KSch als speziellem Willkürschutz wenig Kontakt zur Rechtsprechungswirklichkeit. Denn zumindest das BAG hat in seiner jahrzehntelangen Spruchpraxis, wie die empirische Analyse der BAG-Urteile zum Kündigungsschutzrecht zeigt, noch „keine einzige unternehmerische Entscheidung als offensichtlich unsachlich, unvernünftig oder willkürlich eingestuft" (*Thum* 2002, 158) und Willkürschutz zur Begründung seiner kündigungsschutzrechtlichen Urteile angeführt.

Nach der dritten Grundkonzeption besteht der Zweck des Kündigungsschutzes vor allem bei betriebsbedingten Entlassungen im Schutz der Arbeitnehmer vor missbräuchlichen Kündigungen, die nur dem Ziel der Gewinnmaximierung dienen (*Däubler* 1998, Rnr. 1033). Zu dieser Grundkonzeption, von der man, da es keine empirischen Untersuchungen zur Urteilspraxis deutscher Arbeitsgerichte gibt, nur vermuten kann, dass sie vielen Arbeitsgerichtsentscheiden implizit zugrunde liegt, gibt es bislang nur ein einziges explizites Urteil. So hielt das Arbeitsgericht Gelsenkirchen 1997 betriebsbedingte Kündigungen für sozialwidrig und daher für unwirksam, da Kündigungen, die nur dem Gewinnziel dienen, gegen das Sozialstaatsgebot, speziell gegen Art. 20 und 28 GG, und die weiter unten diskutierten Maßregeln des § 2 SGB III (Zusammenwirken von Arbeitgebern und Arbeitnehmern mit den Arbeitsämtern) verstießen (*Kissel* 1999, 150).

Die vierte Grundkonzeption basiert auf der These, dass die im KSchG genannten personen-, verhaltens- und betriebsbedingten Kündigungsgründe an sich keine echten Gründe, sondern nur die Anlässe von Kündigungen sind. Vielmehr sei „die Unzumutbarkeit der Fortsetzung des Arbeitsverhältnisses der wahre Kündigungsgrund" (*v. Hoyningen-Huene* und *Linck* 2002, 133). Eine Kündigung ist demnach (sozial) gerechtfertigt, wenn die Fortsetzung des Arbeitsverhältnisses für den Arbeitgeber unzumutbar ist, wobei im

Fall der verhaltensbedingten Kündigung neben dem Arbeitgeberinteresse auch „die soziale Akzeptanz des Verhaltens des Arbeitnehmers zu berücksichtigen ist" (*v. Hoyningen-Huene* und *Linck* 2002, 133). Über die Streitfrage der Zumutbarkeit einer Entlassung kann aber nur ein staatliches Gericht auf Basis der einschlägigen Gesetze urteilen.

Früher, wie die jüngere juristische Fachliteratur immer wieder betont, früher war selbst unter Juristen die Auffassung weit verbreitet, „der Kündigungsschutz diene allgemein der Abwehr oder gar der Bekämpfung der Arbeitslosigkeit" (*Dorndorf* et al. 2001, 73). Warum die jüngere Rechtsliteratur diese Meinung als Irrweg der Anfangs- und Orientierungsjahre der Arbeitsrechtslehre darstellt, liegt auf der Hand, ändert aber nichts an der Tatsache, dass die geltenden staatlichen Kündigungsschutznormen in zwei Gruppen einzuteilen sind, „die einen dienen vorwiegend der Bekämpfung der Arbeitslosigkeit im Interesse der Volkswirtschaft als ganzer …, sie verfolgen also *arbeitsmarktpolitische Ziele*; die anderen wollen in erster Linie den einzelnen Arbeitnehmer in seinem eigenen Interesse vor dem Verlust seines Arbeitsplatzes schützen, gehören also zum *individuellen Arbeitnehmerschutz*" (*Hueck* 1980, 14 f). Die Normen mit beschäftigungspolitischer Zielsetzung, die den Kündigungsschutz bei Massenentlassungen gestalten, finden sich im dritten Abschnitt des KSchG speziell in den §§ 17 ff. Dass das gesamte Kündigungsschutzrecht nicht nur aus dem Blickwinkel der Bürger, der Verbände, der Politiker sowie vieler Ökonomen und Juristen primär beschäftigungspolitische Ziele hat, sondern auch der Gesetzgeber dieser Ansicht ist, belegt die Tatsache der Einführung des oben erwähnten § 2 SGB III im Jahr 1998 (s.a. *Hanau* 2000, C34 ff). Diese Norm des Arbeitsförderungsrechts ist ein Manifest zur Lenkung von Arbeitsangebot und Arbeitsnachfrage durch die öffentliche Arbeitsmarktverwaltung und spezifiziert angesichts der persistenten deutschen Massenarbeitslosigkeit und ihrer fiskalischen Folgen einen Katalog von Grundsätzen für das Verhalten von Arbeitgebern und Arbeitnehmern, die bei der Beendigung von Arbeitsverhältnissen zu berücksichtigen sind.

Die sechste Grundkonzeption, die wir in unserer nicht erschöpfenden Aufzählung erwähnen, ist die wettbewerbspolitische Interpretation des Kündigungsschutzrechts (*Rieble* 1996, 303 ff). Demnach besteht das Ziel des Kündigungsschutz in der Ausschaltung des Unterbietungs-, Verdrängungs- und Austauschwettbewerbs unter den Arbeitnehmern. Diese Auslegung ist als einzige unter den Grundkonzeptionen ohne Hilfshypothesen vereinbar mit der historischen Tatsache, dass der Regierungsentwurf des KSchG 1951 keineswegs auf Betreiben des Gesetzgebers zustande kam, sondern von den Gewerkschaften und Arbeitgeberverbänden am Ende eines mehrjährigen Abstimmungsprozesses der Regierung zur Verabschiedung vorgelegt wurde. Der sog. Hattenheimer Entwurf des DGB und BDA vom 13.1.1951 ist im späteren Regierungsentwurf nahezu identisch übernommen worden. Lediglich während der zweiten Lesung des Gesetzes kam es zu Kontroversen im Bundestag, wie berichtet wird, da offenbar der Kompromissentwurf von DGB und BDA und folglich bis zur zweiten Lesung auch der Entwurf der Regierung die Interessen der Landwirtschaft und des Handwerks vollkommen außer acht gelassen hatte. Der endgültige Kompromiss, den der Bundestag dann in der dritten Lesung fand, sah ergänzend zum Hattenheimer Entwurf eine Wartezeit von 6 Monaten und die Einschränkung des KSchG auf Betriebe mit mehr als 5 Arbeitnehmern vor. Die Ausschaltung der Arbeitnehmerkonkurrenz ist naturgemäß ein dominantes verbandspolitisches Ziel nicht nur der Gewerkschaften, sondern auch der Arbeitgeberverbände, die ja infolge des deutschen Verbands- und Kapitalmarktrechts die Präferenzen angestellter (Personal-) Manager organisieren und repräsentieren.

Tab. 12.2: Wirkungen des Kündigungsschutzrechts

Indikatoren	**Effekte**	**Quelle**
Anteil der Langzeitarbeitslosigkeit	+	Nickell /Layard (1999), Nickell (1997) OECD (2004)
Zugang zur Arbeitslosigkeit	-	OECD (1999, 2004), Boeri (1999), Blanchard/Portugal (1998)
Abgang aus der Arbeitslosigkeit	-	OECD (1999, 2004), Blanchard/Portugal (1998)
Dauer der Arbeitslosigkeit	+	OECD (1999)
Jobturnover, Brutto-Stellengewinne und Stellenverluste	-	Hopenhayn/Rogerson (1993), Millard / Mortensen (1997), Mortenson / Pissarides (1999)
Anpassungsgeschwindigkeit der Arbeitsnachfrage	-	Addison / Teixeira (2001)
Durchschnittliche Dauer der Beschäftigung	+	OECD (1999)
Anteil der selbständig Beschäftigten	+	OECD (1999)
Reallohn	+	Nickell et al. (2003)
Matching-Effizienz (Beveridge-Kurve)	+	Nickell et al. (2003)
Strukturwandel vom sekundärem zum tertiären Sektor	-	Nickell et al. (2004)
Investition in firmenspezifisches Humankapital	+	Estevez-Abe et al. (2001), Wasmer (2002)
Bruttoinlandsprodukt pro Kopf	-	Feld (2002)
Produktivität	-	Gust/Marquez (2004)
Wohlfahrt (in Konsumeinheiten)	-	Hopenhayn/Rogerson (1993)

Ein Großteil der juristischen Literatur zum Arbeits- und Kündigungsschutzrecht befasst sich gar nicht mit den allokativen Wirkungen des KSchG. Ob und wie das Kündigungsschutzrecht wirkt, ist rechtstheoretisch eine nachrangige Frage. Wo die Wirkungen des KSchG zur Sprache kommen, trifft man häufig eine der beiden folgenden Meinungen. Nach der ersten ist das Kündigungsschutzrecht allokativ neutral, es hat politische, kulturelle, ethische, philosophische und rechtliche, aber keine wirtschaftlichen Folgen. So stellt zum Beispiel *Wolter* (2003, 1068 ff) im Namen eines Autorenkreises, der sich mit Reformen des Arbeitsrechts befasst, in Hinblick auf die Kritik am KSchG fest, „dass das Kündigungsschutzrecht die Beendigung von Arbeitsverhältnissen blockiere, ist empirisch falsch" und „erst recht erweisen sich arbeitsrechtliche Schutznormen nicht als Einstellungsbarriere". Eine wachsende Zahl von Rechtswissenschaftlern und Richtern versucht die Einsicht in die allokativen Wirkungen des (Kündigungs-) Rechts auf andere Weise in das juristische Lehrgebäude zu integrieren. So findet man zum Beispiel bei *Berkowsky* (2000, 342 ff) ein gegenüber der strengen Neutralitätsthese abgeschwächtes Coase-Theorem. Demnach entfaltet das Kündigungsschutzrecht zwar eine „massive Kartellwirkung zum Schutz der Arbeitsplatzbesitzer gegenüber den Arbeitsuchenden", wobei der „Kündigungsschutz auch und vor allem ein Abwehrbollwerk ist, das die Arbeitsplatzbesitzer vor der Ursupation ihrer Arbeitsplätze durch die Arbeitsuchenden schützt".

Das Kündigungsschutzrecht sei daher eine „zum Gesetz geronnene politische Entscheidung darüber, wer bei einem knappen Angebot an Arbeitsplätzen eher einen Arbeitsplatz bekommen (oder behalten) soll: Der Arbeitsplatzbesitzer oder der Arbeitsplatzsuchende?“ Das Gesetz – nicht die Rechtsprechung – beantworte diese Frage eindeutig: „Vorrang hat der Arbeitsplatzbesitzer.“ Doch lenkt das KSchG nach Ansicht des Autors nur die Allokation der verfügbaren Jobs und zwar, wie bemerkt, zu Gunsten der Arbeitsplatzbesitzer. Der Bestandsschutz schaffe demgegenüber weder neue, noch vernichte er bestehende Arbeitsplätze und sei damit neutral mit Bezug auf die aggregierte Beschäftigung: „Kündigungsschutz kann und will … keine Arbeitsplätze schaffen, die nicht ohnehin aufgrund wirtschaftlicher Zielsetzungen entstehen; es kann und will nicht einmal Arbeitsplätze erhalten, die aufgrund rationaler wirtschaftlicher Überlegungen aufgegeben werden.“

Aus dem Blickwinkel der ökonomischen Theorie lässt sich gegen die verbreiteten Neutralitätsthesen einwenden, dass das staatliche (Kündigungs-) Recht naturgemäß überhaupt nur deswegen eine (Schutz-) Wirkung entfaltet, weil es die von den Akteuren wahrgenommenen Kosten ihrer Handlungsalternativen modifiziert. Fixe und variable Kündigungskosten, sei es in Gestalt von Kosten der Nutzung des Rechtssystems oder als von sozioökonomischen Merkmalen abhängige Entlassungsteuer reduzieren die Opportunitätskosten der Produktion, verlängern infolgedessen die Lebensdauer des typischen Jobs, erhöhen den Bestand an gehorteten Arbeitskräften und senken den Zustrom zum Pool der arbeitslosen Jobsucher. Damit wäre das beschäftigungspolitische Ziel des KSchG erreicht, wenn nicht zugleich auch die Zahl der neu gegründeten Jobs abnähme. Infolgedessen nimmt die durchschnittliche Dauer der Arbeitslosigkeit zu, der Anteil und die Zahl der Langzeitarbeitslosen steigt und die Abgänge aus dem Pool der arbeitslosen Jobsucher in die Beschäftigung sinkt. Die Suchmodelle der Kapitel 5 und 6 stellen diese Abläufe in allen Einzelheiten dar, die in Tab. 12.2 exemplarisch zusammengestellten empirischen Untersuchungen liefern ökonometrische Belege für die allokativen Wirkungen des staatlichen Kündigungsschutzes.

Da speziell in Deutschland der trendmäßige Zuwachs der Arbeitslosenquote zu einem Großteil Folge der wachsenden Langzeitarbeitslosigkeit ist, die Langzeitarbeitslosigkeit aber mit der Stringenz des staatlichen Kündigungsschutz signifikant positiv korreliert, gilt speziell für Deutschland, dass das staatliche Kündigungsschutzrecht insbesondere auch für die Höhe der strukturellen Arbeitslosenquote von ca. 8 % eine der wesentlichen Ursachen ist.

Asymmetrische Informationen

Sind alle Informationen über Geschäftsrisiken öffentlich, die Arbeitgeber risikoneutral und die Arbeitnehmer risikoscheu, dann erzeugt der Konkurrenzmechanismus ein Angebot von Arbeitsverträgen, die neben den üblichen Bestandteilen auch Versicherungskomponenten enthalten mit Klauseln zum Kündigungsschutz und zu Abfindungszahlungen, wie der nächste Abschnitt zeigt. Bei vollständiger Information und friktionslosen Märkten wird jede Art von Lohn- und Personalpolitik von den Firmen angeboten, sofern nur genügend Arbeitnehmer bereit sind, für die spezielle Variante von Arbeitsplatzsicherheit die Kosten zu tragen. Im Gleichgewicht des Arbeitsmarktes bilden sich Lohndifferenziale zwischen Firmen, deren Personalpolitik die Volatilität der Arbeitsnachfrage reduziert und die bei Entlassungen Abfindungen zahlen und solchen Unternehmen, die weder Kündigungsschutz noch Verträge mit Lohnersatzleistungen anbieten. Verfügt der Staat in dieser Umgebung ein KSchG, das über das im Arbeitsmarktgleichgewicht bereitgestellte Maß an Bestandsschutz hinausgeht, so steigt der Faktorpreis der Arbeit und die Firmen werden gesetzlich geschützte Arbeit durch andere Produktionsfaktoren, durch „ungeschützte" Arbeit und Kapital, substituieren. Darüber hinaus reduziert die Schutzgesetzgebung zwar den Abgang in die Arbeitslosigkeit, doch die Personalpolitik der Firmen nimmt im Aufschwung die Wirkung des KSchG in der Rezessionsphase der Konjunktur vorweg und reduziert entsprechend, wie im übernächsten Abschnitt erläutert wird, die Zahl der Einstellungen. Warum also ein staatlich organisierter, mit ungeheuren Transaktionskosten durchgesetzter Kündigungsschutz? Adverse Selektion ist, wie bei der staatlichen ALV, eines der stärksten Argumente, das die Ökonomie anzubieten hat, um eine vom Staat bereitgestellte Schutzgesetzgebung zu begründen. Hebt man nämlich die Annahme symmetrisch verteilter Informationen auf und berücksichtigt die Verschiedenartigkeit der Bewerber, die für den Arbeitgeber ex ante ununterscheidbar sind, stellt sich der folgende Prozess negativer Auslese ein.

Firmen, die freiwillig Kündigungsschutz und Abfindungen anbieten, müssen im Vergleich zu den Effizienzlöhnen der Konkurrenz ihr Lohnangebot senken, um die Kosten der Schutzmaßnahmen zu finanzieren. Bei symmetrisch verteilter Information führt diese Politik zu einem Gleichgewicht mit Lohndifferenzialen; bei asymmetrisch verteilten Informationen dagegen attrahiert eine Firma, die Kündigungsschutz bietet, erstens wegen ihres niedrigen Lohns Arbeitskräfte mit einer niedrigen Produktivität und zweitens wegen des Kündigungsschutzes „talentierte Shirker" mit einer hohen Präferenz für Arbeitsplatzkonsum. Die effektiven Lohnkosten der Firma, die Kündigungsschutz bietet, steigen und sie wird von der Konkurrenz verdrängt. Ein allgemeines, vom Staat erzwungenes und für alle Unternehmen verbindliches KSchG verhindert die negative Auslese und die Konzentration „talentierter Shirker" in Firmen, die Maßnahmen zum Bestandsschutz ergreifen.

Der in Kapitel 7 beschriebene Effizienzlohnmechanismus – der als Ersatz für eine perfekte Kontrollhierarchie dient und Arbeitsplatzkonsum sowie Minderleistung eindämmt –, wird allerdings durch den gesetzlichen Schutz vor verhaltens- und personenbedingter Kündigung teurer oder sogar außer Kraft gesetzt. Der Effizienzlohn steigt mit der Stringenz des KSch und die natürliche Rate der Arbeitslosigkeit nimmt zu, denn der KSch wirkt wie eine Senkung der Kontroll- und Entlassungswahrscheinlichkeit, der die Firmen einen höheren Lohnanreiz entgegensetzen müssen. Der auf distributive Gerechtigkeit bedachte Wohlfahrtsstaat differenziert den Bestandsschutz in der Regel nach Personenmerkmalen, die eine besondere Schutzwürdigkeit und ein privilegiertes Arbeitsverhältnis begründen. Unter sonst gleichen Umständen sagt daher die Effizienzlohntheorie eine im Durchschnitt längere Dauer der Arbeitslosigkeit für jüngere Frauen, junge Arbeitnehmer, die Ausbildungsverträge anstreben, und für (Schwer-) Behinderte voraus, die einen besonderen Kündigungsschutz genießen. Ein stringenterer Schutz vor betriebsbedingten Kündigungen senkt dagegen cet. par. die natürliche Rate der Arbeitslosigkeit. Mit der Kündigungswahrscheinlichkeit sinkt die Gefahr, trotz aller Anstrengungen und Mühen, die ein potentieller Shirker aufgewendet hat, dass er doch noch Opfer einer betriebsbedingten Kündigung wird; mit diesem Risiko sinkt zugleich der Effizienzlohn und die natürliche Arbeitslosigkeit nimmt ab.

Externe Effekte

Erworbenes Humankapital, Wissen, Motivation und soziale Kompetenz, reduzieren bei einem Arbeitsplatzwechsel die Kosten der Anpassung und Einarbeitung in neue Arbeitsabläufe und der Integration in eine neue Unternehmenskultur, so *Booth* und *Zoega* (2003) in einem Modell zu den Effizienzeffekten von Entlassungssteuern. Diese positiven externe Effekte des erworbenen Humankapitals dissipieren, wenn ein gekündigter Arbeitnehmer eine Phase der Arbeitslosigkeit durchläuft, in der Umfang und Wert seines Humankapitals sinken. Der Berufsstart eines arbeitslosen Jobsuchers ist mit höheren Einarbeitungs- und höheren Investitionskosten verbunden als der Start eines Job-to-Job-Wechslers. Von zwei ansonsten identischen Gesellschaften ist also jene mit dem höheren Anteil der Job-to-Job-Wechsler besser bzw. ist jene mit dem höheren Anteil arbeitsloser Jobsucher schlechter gestellt als die andere. Wie Arbeitsverhältnisse enden, ob durch arbeitgeberseitige Kündigung und anschließende Arbeitslosigkeit oder durch arbeitnehmerseitige Kündigung infolge eines Job-to-Job-Wechsels, hat daher Konsequenzen für das Wohlfahrtsniveau einer Gesellschaft. Da der spontan evoluierende Marktmechanismus der kündigenden Firma keinen Anreiz gibt, das externe Differenzial der Einarbeitungs- und Integrationskosten zwischen den zwei Arten der Beendigung von Arbeitsverhältnissen zu verrechnen, ist im Marktgleichgewicht der Anteil der arbeitgeberseitigen Kündigungen zu hoch, der Markt versagt.

Der staatliche Kündigungsschutz, den das wohlfahrtsökonomische Argument empfiehlt, besteht nun nicht in einer einzelfallzentrierten, arbeitsgerichtlichen Regulierung der Beendigung von Arbeitsverhältnissen, sondern in der Einführung einer Entlassungssteuer bzw. einer Abfindung für gekündigte Arbeitnehmer. Die Entlassungssteuer reduziert nicht nur die Entlassungen, sondern sie korrigiert die Mischung der Beendigungsarten im Arbeitsmarktgleichgewicht, wenn die Steuer dem externen Differenzial der Einarbeitungs- und Integrationskosten der beiden Arten von Beendigungen entspricht.

12.3 Mikroökonomische Theorie des Kündigungsschutz

Warum fragen Arbeitnehmer Bestandsschutz, Verdienstsicherung oder Abfindungen nach? Eine allgemeine ökonomische Theorie des Kündigungsschutzes, die Antworten auf diese Fragen liefert, gibt es nicht. Die Literatur nennt als mögliche Gründe für die Nachfrage, den Schutz von irreversiblen Investitionen in das Arbeitsverhältnis, die, einmal getätigt, unwiderruflich versunken sind. Kündigungsschutz ermöglicht oder fördert etwa Investitionen in betriebsspezifisches Humankapital und ist daher eine institutionalisierte Basis für eine hohe Spezialisierungsintensität. Ferner wird dem Kündigungsschutz eine Vertrauen schaffende Kraft zugeschrieben, welche die Arbeitsverhältnisse pazifiziert und die Transaktionskosten senkt, die durch Kontrolle und autoritär hierarchische Steuerung entstünden. Schließlich betonen Befürworter die Senkung der Vertragskosten als positive Folge der Festlegung allgemeingültiger Regeln und standardisierter Rechtsverfahren im Falle von Entlassungen.

Der wesentliche Grund, warum Kündigungsschutz, Verdienstsicherung und Abfindungen nachgefragt werden, im besonderen Maß auch von Akteuren, die weder über (betriebs-) spezifisches noch universelles Humankapital verfügen und geringqualifizierte Arbeit anbieten, wurde von der ökonomischen Theorie jedoch lange Zeit übersehen:

„Der Arbeitsplatz ist meist die Existenzgrundlage des Arbeitnehmers. Zwar sichern heute Arbeitslosengeld und Arbeitslosenhilfe … auch dem Arbeitslosen zumindest ein Existenzminimum. Trotzdem bringt nach wie vor der unfreiwillige Verlust des Arbeitsplatzes meist eine fühlbare materielle Schlechterstellung für den Arbeitnehmer mit sich … Deshalb ist der Schutz des Arbeitnehmers vor dem Verlust des Arbeitsplatzes eine wichtige Aufgabe auch des Arbeitsrechts. In erster Linie wird sie durch das Kündigungsschutzrecht mehr oder weniger befriedigend gelöst." (*Halbach* et al. 2000, Rdnr. 442f). Diese Begründung des KSchG, die durch den prozyklischen Verlauf der Kündigungsschutzklagen bestätigt wird, s. Abb. 12.1, hebt hervor, dass Kündigungsschutz vor allem eine Versicherung gegen das Einkommensrisiko der Arbeitslosigkeit ist. Das Bundesverfassungsgericht hat sich in seinem Urteil zur Kleinbetriebsklausel dieser Meinung angeschlossen (BVerfG 1998) und stellt in dem Urteil fest: Der Arbeitsplatz sei die wirtschaftliche Existenzgrundlage für den Arbeitnehmer und seine Familie. „Mit der Beendigung des Arbeitsverhältnisses wird", so das BVerfG, das „ökonomische und soziale Beziehungsgeflecht" des Arbeitnehmers „in Frage gestellt. Die Aussichten, eine ähnliche Position ohne Einbußen am Lebensstandard … zu finden, hängen vom Arbeitsmarkt ab. In Zeiten struktureller Arbeitslosigkeit sind sie vor allem für den älteren Arbeitnehmer schlecht. Gelingt es ihm nicht, alsbald einen neuen Arbeitsplatz zu finden, gerät er häufig in eine Krise, in der ihm durch die Leistungen der Arbeitslosenversicherung nur teilweise und auch nur für einen begrenzten Zeitraum geholfen wird." Die staatliche ALV bietet, wie wir in Kapitel 10 gesehen haben, trotz der außerordentlich hohen Beiträge der Zwangsversicherten keinen fairen Schutz gegen die Einkommensrisiken des Erwerbslebens. Nach *Nickell* et al. (2003) beliefen sich in Deutschland die Lohnersatzquoten bei den Empfängern von Arbeitslosengeld während des ersten Jahres der Anspruchsberechtigung in der Periode 1988-95 im Durchschnitt nur auf 37 %. Die Lohnersatzquote ist dabei von 43 % während der Jahre 1960-64 trotz fortlaufend steigender Beiträge um 6 Prozentpunkte gesunken. In der gleichen Zeit ist der Index der Kündigungsschutzintensität (Wertebereich: 0-2), den die Autoren verwenden, von 0,45 in der Periode 1960-64 auf 1,52 in den Jahren 1988-95 um mehr als das Dreifache gestiegen.

Asymmetrisch verteilte Informationen, die Monopolstellung und die Zwangsmitgliedschaft bei der staatlichen Arbeitslosenversicherung, die Kapitalmarktgesetzgebung sowie die Kovarianz der konjunkturellen Einkommensrisiken verhindern ein privates Versicherungsangebot zur Kompensation des hohen, durch die staatliche Arbeitslosenversicherung nicht gedeckten Restrisikos durch Banken oder Versicherungen. Das Marktsystem ist mithin unvollständig. Die Selbstversicherung durch Vorsorgesparen, die Kündigungsschutzgesetzgebung, Tarifverträge, Betriebsvereinbarungen oder einzelvertragliche Regelungen mit Kündigungsfristen, Bestandsschutz und Abfindungen können diese Lücke schließen.

Die folgende Modelle zeigen, dass gewinnmaximierende Firmen im Gleichgewicht eines kompetitiven Arbeitsmarktes Verträge mit individuellen Kündigungsfristen, Bestandsschutz, Verdienstsicherung, Abfindungen und freiwilligen Lohnersatzleistungen anbieten. Der Kürze halber können wir nur darauf hinweisen, dass auch unter einem diskriminierenden Monopson, dass seine Beschäftigten ausbeutet, jede Art von Arbeitsvertrag und insbesondere Bestandschutz zum Einsatz kommt. Je umfassender die Monopolherrschaft und je länger ihr Zeithorizont, umso größer ist der Anreiz für den Träger der Herrschaftsrechte, den dienstverpflichteten Arbeitnehmern Rechts- und Bestandsschutz zu gewähren. Denn andernfalls würden die Akteure ihre Ressourcen anstatt zur Maximierung des Monopolgewinns unproduktiv für private Schutzinvestitionen, moralischen Hasard, die Organisation von Widerstand, Abwanderung und sozialen Protest verwenden. Beispiel: In Kontinentaleuropa war der „aufgeklärte konstitutionelle Absolutismus" einer der Ursprünge der grundlegenden, bis heute wirksamen Investitionen in rechtsstaatlichen Bestandsschutz und die Unabhängigkeit der staatlichen Gerichte.

Kündigungsfristen und Verdienstsicherung

Das folgende Modell von *Pissarides* (2001) verdeutlicht den trade-off, der zwischen Arbeitslosenversicherung (ALV) auf der einen und Kündigungsschutz auf der anderen Seite besteht: Je höher die Lohnersatzrate der ALV, umso geringer ist die Nachfrage nach einzelvertraglichem Kündigungsschutz und umgekehrt. Im Mittelpunkt des Modells steht ein Arbeitsvertrag $[w, F]$ mit dem Vertragslohn w und der endogenen Kündigungsfrist $F \geq 0$, der auf unbestimmte Zeit geschlossen wird. Wird der Job von einem Nachfrageschock getroffen und unproduktiv, kündigt die Firma ihrem Beschäftigten – betriebsbedingt und ordentlich – mit einer Frist von F Perioden. Während der Kündigungsfrist ist der Job unproduktiv und die Firma macht Verluste. Doch die Firma ist an den Arbeitsvertrag gebunden, Nachverhandlungen sind ausgeschlossen, der Arbeiter erhält während der Kündigungsfrist den Vertragslohn w und sucht nach einem Anschlussjob. Hat der Jobsucher am Ende der Kündigungsfrist keine Stelle gefunden, wird er arbeitslos und bezieht den staatlichen Lohnersatz b. Bei einem Arbeitsvertrag mit der Fristvereinbarung $F = 0$ kündigt die Firma im Moment des Schocks. Ist demgegenüber $F = \infty$, schließt der Vertrag die arbeitgeberseitige Kündigung aus, der Arbeitnehmer hat Anspruch auf unbegrenzte Weiterbeschäftigung zu den ex ante ausgehandelten Konditionen, um zu suchen, bis er eine Anschlussstelle gefunden hat.

Gegenstand des Modells ist derjenige Vertrag $[w, F]$, der den Nutzen des produktiv beschäftigten Arbeiters unter der Nebenbedingung eines nicht negativen Kapitalwerts seiner Stelle maximiert. Der Kürze halber beschreiben wir nur die Eigenschaften des effizienten Arbeitsvertrags und klammern die Frage aus, ob es Mechanismen gibt, die den effizienten Vertrag implementieren. Mechanismen, die infrage kommen, sind der Markt (*Pissarides* 2001), das staatliche Kündigungsschutzrecht mit der am Einzelfall orientierten Rechtsprechung der Arbeitsgerichte oder ein zentraler Plan. Das Modell liefert folgende Ergebnisse.

Der effiziente Arbeitsvertrag umfasst dann und nur dann einen graduellen Bestandsschutz, $F > 0$, wenn der Arbeitnehmer risikoscheu ist. Für risikoneutrale Arbeiter ist $F = 0$ stets die effiziente Kündigungsfrist und der Grundsatz der Kündigungsfreiheit das rechtspolitische Optimum. Ob ein risikoscheuer Arbeitnehmer Kündigungsfreiheit, $F = 0$, Bestandsschutz, $0 < F < \infty$, oder den Kündigungsausschluss, $F = \infty$, nachfragt, hängt einerseits vom Grad seiner Risikoaversion und andererseits vor allem von der Lohnersatzrate b / w sowie dem Ausmaß der Suchfriktionen ab. Je höher der staatliche Lohnersatz b oder je geringer die Suchfriktionen und je kürzer die Suchzeit ist, die ein Jobsucher benötigt, um eine neue Stelle zu finden, umso kürzer ist die Pareto-effiziente Kündigungsfrist.

Wir stellen zunächst die Wohlfahrt des Arbeiters in den drei Zuständen der Arbeitslosigkeit, der Beschäftigung und während der Kündigungsfrist dar. Danach behandeln wir den Wert des (un-) gekündigten Jobs. Anschließend diskutieren wir die Zielfunktion des Optimierungsproblems mit dem Lohn und der Kündigungsfrist als den beiden Kontrollvariablen und erläutern die Ergebnisse.

Arbeiter

Die Zeit des Modells ist stetig. Mit der Kündigung durch den Arbeitgeber beginnt für beide Parteien des Arbeitsvertrags die Kündigungsfrist F. Der effiziente, auf unbestimmte Zeit vereinbarte Dienstvertrag legt F und für jeden Zeitpunkt von der Gründung des Jobs bis zum Ende der vereinbarten Kündigungsfrist einen Lohn fest.

Welchen Güterkorb kann sich ein arbeitsloser Jobsucher oder ein beschäftigter Arbeitnehmer leisten? Wir nehmen an, dass der Job die wirtschaftliche Existenzgrundlage eines Arbeiters ist. Er ist vom Lohneinkommen oder im Fall der Arbeitslosigkeit vom Lohnersatz abhängig, eine Möglichkeit sich gegen das Einkommensrisiko zu versichern, hat der typische Arbeitnehmer nicht. Der Arbeiter verfügt weder über Rücklagen, noch über Kreditlinien, um seinen Konsum c intertemporal zu glätten. Die Folge ist, dass das verfügbare Einkommen seinen Konsum begrenzt. Sein Budget ist in Zeiten der Arbeitslosigkeit durch $c = b$ und während der Laufzeit eines Arbeitsvertrags durch $c = w$ gegeben. Dabei ist b das exogene Arbeitslosengeld, das der Arbeiter von der staatlichen Arbeitslosenversicherung bezieht, solange er arbeitslos ist, und w ist das ex ante vereinbarte, nachverhandlungssichere Entgelt, das die Firma bezahlt, auch wenn der Job während der Kündigungsfrist nur Verluste macht.

Wie in der Theorie der impliziten Kontrakte (*Franz* 2003) tritt die Modellfirma in einer Doppelrolle als Arbeit- und als Versicherungsgeber auf, die den risikoscheuen Arbeitnehmer mit dem Arbeitsvertrag vor unerwünschten Lohnschwankungen schützt. Der profitmaximierende Unternehmer ist risikoneutral und kann im Gegensatz zum Arbeiter auf dem Kapitalmarkt alle idiosynkratischen Risiken, so auch das Einkommensrisiko seines Mitarbeiters vollständig diversifizieren. Da wir außerdem voraussetzen, dass beide Vertragsparteien mit dem Kapitalmarktzins r diskontieren, folgt aus den Annahmen, dass mit dem effizienten Arbeitsvertrag ein während der gesamten Beschäftigungsdauer konstanter Lohn w vereinbart wird, so dass der Arbeitnehmer während der Dauer seines Arbeitsverhältnisses das Einkommensrisiko vollständig auf den Arbeitgeber überwälzt. Mit diesen Voraussetzungen können wir nun den Nutzen U eines arbeitslosen Jobsuchers im Steady state der Volkswirtschaft folgendermaßen darstellen (s.a. Kap. 5)

$$(12.1) \qquad rU = u(b) + p(W - U) .$$

Als arbeitsloser Jobsucher mit dem Lohnersatz b konsumiert der Akteur den Güterkorb $c = b$, denn b ist sein verfügbares Einkommen und Zugang zum Kreditmarkt hat der Arbeitnehmer nicht. u ist seine Nutzenfunktion und $u(b)$ der Nutzen, den der Güterkorb stiftet. Der Grenznutzen des Güterkorbs ist, wie wir annehmen, positiv, $u' > 0$, und nimmt mit wachsender Gütermenge ab, denn der Arbeiter ist risikoscheu, $u'' < 0$. p ist die exogene Rate, mit der ein Jobsucher eine neue Stelle findet, gleichgültig ob er arbeitslos oder auf einer gekündigten Stelle beschäftigt ist. W ist schließlich der Nutzen des ungekündigten Arbeitnehmers, der im Zeitpunkt des Übergangs in die Beschäftigung daher den Nutzengewinn $W - U$ erzielt.

Angenommen der Jobsucher findet eine Stelle. Wie hoch ist der Gegenwartswert W des produktiv Beschäftigten? Mit Rücksicht auf den Vertragslohn w lautet die Budgetgleichung des Arbeiters $c = w$, denn er erhält keinen Kredit, bildet keine Rücklagen und konsumiert das verfügbare Einkommen w. In allen Perioden, in denen er im Schutz des Vertrags beschäftigt ist, ist sein Nutzen folglich konstant und gleich $u(w)$. Der Arbeiter muss allerdings damit rechnen, dass sein Job (wieder) unproduktiv und sein Vertrag (abermals) gekündigt wird, ein Ereignis, das mit der exogenen Übergangsrate λ auf ihn zukommt. Wird der Job infolge eines Nachfrageschocks unproduktiv, ist der erwartete Nutzen des Arbeiternehmers während der Zeit der Kündigungsfrist gleich W_n und der Nutzenverlust, den er infolge des Schocks erleidet, gleich $W_n - W$. Hiermit ergibt sich W, der Nutzen eines in ungekündigter Stellung beschäftigten, mit

$$rW = u(w) + \lambda(W_n - W). \tag{12.2}$$

Wird der Job von einem Schock getroffen, so erhält der Arbeiter während der Kündigungsfrist den vereinbarten Lohn w und ist verpflichtet, nach einem neuen Job zu suchen, etwas anderes hat er nach Eintritt des Schocks in seiner alten Firma nicht mehr zu tun. Zwei Ereignisse beenden die Kündigungsphase. Der Jobsucher findet entweder eine Stelle und erzielt beim Wechsel den Nutzengewinn $W - W_n$, oder die Kündigungsfrist endet, der Arbeitnehmer wird arbeitslos und erleidet den Nutzenverlust $U - W_n$. Die Wahrscheinlichkeit für das erste Ereignis ist p und für das zweite $s = 1/F$. Wir nehmen mithin der Einfachheit halber an, dass die Trennung am Ende der Kündigungsfrist von einem Poisson-Prozess mit der Rate s gesteuert wird (s. Rechenregeln). Mit dem Abschluss des Arbeitsvertrags legen die Akteure die erwartete Länge der Kündigungsfrist F und mit F die Trennungsrate s fest. Der Poisson-Prozess, der die Dauer der Kündigungsphase begrenzt, wird im Moment der arbeitgeberseitigen Kündigung ausgelöst. Hiermit ergibt sich nun der Nutzen W_n des gekündigten Arbeitnehmers folgendermaßen

$$rW_n = u(w) + p(W - W_n) + s(U - W_n). \tag{12.3}$$

Im Durchschnitt stehen dem Arbeitnehmer mit dem Vertrag $[w, F]$ also $F = 1/s$ Perioden zur Verfügung, um bei einem Einkommen in Höhe des Vertragslohns w nach einer neuen Stelle zu suchen. Schließt der Vertrag die arbeitgeberseitige Kündigung aus, ist $s = 0$ (oder $F = \infty$) und eine Beendigung des Arbeitsverhältnis erfolgt dann und nur dann, wenn der Arbeiter einen Anschlussjob findet und von sich aus das Arbeitsverhältnis (fristlos) beendet. Die Parteien des Vertrags bevorzugen dagegen das Prinzip der Kündigungsfreiheit, wenn $s = \infty$ (oder $F = 0$). In diesem Fall kündigt die Firma den Vertrag fristlos im Augenblick des Schocks.

Firma

Ein produktiver Job erzielt pro Periode den Umsatz y, so dass sich nach Abzug der Lohnkosten ein Periodengewinn in Höhe von $y - w$ ergibt. Mit Rücksicht auf den Vertragslohn w, die Rate λ, mit der der Job in den unproduktiven Zustand wechselt und J_n, dem Kapitalwert der gekündigten Stelle, die der Arbeiter nach Vertrag maximal bis zum Ende der Kündigungsfrist behält, gilt im Steady state für den Kapitalwert J der ungekündigten Stelle die Arbitragegleichung

(12.4) $$rJ = y - w + \lambda(J_n - J).$$

In jeder Periode während der Kündigungsfrist, in der die Firma den gekündigten Arbeitnehmer beschäftigt, entsteht ein Verlust in Höhe des Vertragslohns w. Sobald der Arbeiter eine neue Stelle findet oder das Ende der Kündigungsfrist erreicht, wird die alte Stelle kostenlos entsorgt. Hiermit ergibt sich die Arbitragegleichung für den Kapitalwert der gekündigten Stelle im Steady state mit

(12.5) $$rJ_n = -w - (p+s)J_n.$$

Die produktive Phase des Jobs ist durch die Rate der exogenen Nachfrageschocks begrenzt und hat eine Länge von $1/\lambda$ Perioden. In dieser Zeit muss die Stelle das Kapital akkumulieren, das nötig ist, um den Arbeiter gegen Einkommensschwankungen zu versichern. Die Lebensdauer der gekündigten Stelle ist dagegen durch die vertraglich vereinbarten Kündigungsfrist F begrenzt, denn nach Ablauf der Frist wird die Stelle zerstört. Die durchschnittliche Dauer d der unproduktiven Phase, in der die Firma den Arbeiter gegen Einkommensverluste versichert und dieser nach einer anderen Stelle sucht, beträgt jedoch nur $d = F/(1+pF)$ Perioden, wobei offenbar $d \leq F$, da der Arbeiter mit der exogenen Rate p während der Kündigungsfrist F einen anderen Job findet und das Arbeitsverhältnis endet. Um d zu berechnen, berücksichtigt man, dass mit den Übergangsraten p und s gilt: $d = 1/(p+s)$, ersetzt anschließend s durch $s = 1/F$ und erhält damit die Beziehung $d = F/(1+pF)$.

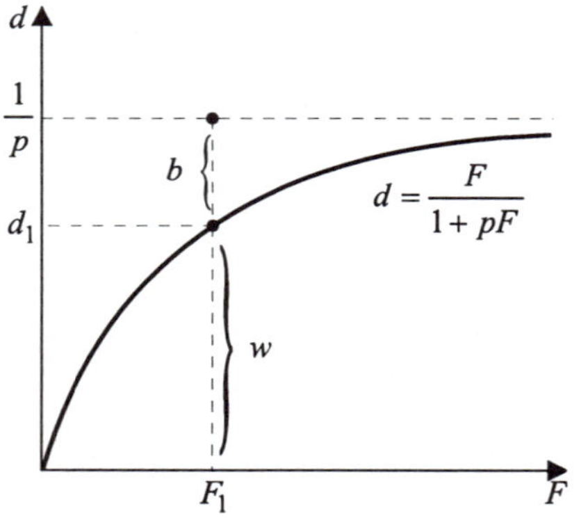

Abb. 12.2: Dauer der Verlustphase in Abhängigkeit von der Kündigungsfrist F

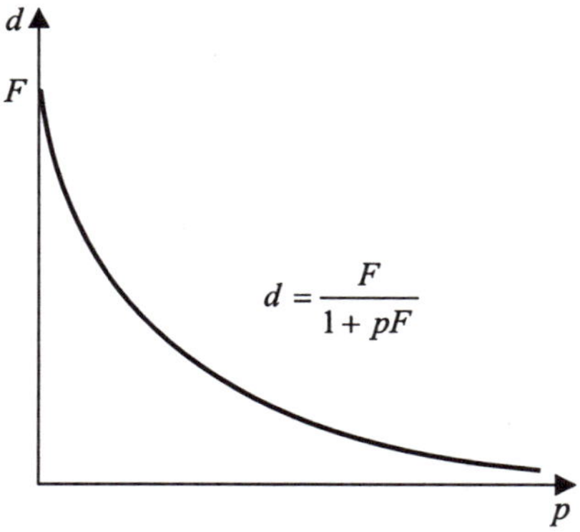

Abb. 12.3: Dauer der Verlustphase in Abhängigkeit von p

Die Abb. 12.2 zeigt in der (d, F)-Ebene die durchschnittliche Dauer der Verlustphase d in Abhängigkeit von der Kündigungsfrist F. Unter dem Grundsatz der Kündigungsfreiheit, $F = 0$, ist die Dauer der Verlustphase, in der der Arbeiter Versicherungsschutz genießt, gleich null. Nimmt F zu, so wächst auch die Länge der Verlustphase, aber unterproportional, wobei d von unten gegen die exogene Suchdauer $1/p$ konvergiert. Bei der gegebenen Kündigungsfrist F_1 ist die senkrechte Differenz zwischen $1/p$ und d_1 die Zeit, die sich der Arbeitnehmer nach dem Verlust seiner Stelle im Durchschnitt als arbeitsloser Jobsucher mit dem Lohnersatz b begnügen muss, bis er eine Stelle findet;

d_1 ist dagegen die Suchzeit, in der ihn sein Arbeitsvertrag mit dem Vertragslohn w vor dem Einkommensverlust schützt. Nach dem oben zitierten Urteil des BVerfG von 1998 soll diese Schutzzeit im Gleichgewicht des unregulierten Arbeitsmarktes zu kurz sein. Der Markt versagt, und das Arbeitsrecht korrigiert das Marktversagen mit den Instrumenten des KSchG. Wie Abb. 12.2 verdeutlicht, schützt das Arbeitsrecht allerdings vor einem Übel, das es selbst mit hervorruft. Denn der allgemeine Kündigungsschutz senkt die Frequenz p, mit der Unternehmen neue Stellen schaffen, erhöht so die Dauer der Jobsuche $1/p$ und bewirkt, dass der vertikale Abstand zwischen $1/p$ und der Länge der Verlustphase d bei jeweils gegebener Kündigungsfrist F wächst.

Die Abb. 12.3 zeigt in der (d,p)-Ebene, wie die Länge der Verlustphase d von den Friktionen des Arbeitsmarktes und der Suchintensität des Arbeitnehmers abhängt. Nehmen die von Informationsasymmetrien oder der Rechtsordnung verursachten Friktionen ab oder nimmt die Suchintensität des Arbeiters zu, so wächst p. Wächst p, so konvergiert die durchschnittliche Länge der Verlustphase d bei gegebenem F gegen null. Diese Konvergenz von d tritt auch bei einem Ausschluss der arbeitgeberseitigen Kündigung ein, bei dem $F=\infty$. Denn mit $F=\infty$ ist $d=1/p$, und mit wachsendem p geht die Länge der Verlustphase d trotz des Kündigungsausschlusses gegen null.

Effizienter Arbeitsvertrag

Der effiziente Arbeitsvertrag sieht, wie erwähnt, einen glatten Einkommensstrom während der gesamten Vertragslaufzeit vor. Bei konstantem Vertragslohn können wir aber die zwei Gleichungen (12.4) und (12.5) nach den Kapitalwerten des ungekündigten und des gekündigten Jobs, $J(w,F)$ und $J_n(w,F)$, auflösen und als Funktionen der Konditionen des Arbeitsvertrags $[w,F]$ darstellen

$$(12.6)\qquad J(w,F)=\frac{1}{r+\lambda}\left[y-\frac{1+(r+p+\lambda)F}{1-(r+p)F}w\right] \quad , \quad J_n(w,F)=-\frac{F}{1+(r+p)F}w\,.$$

Darüber hinaus lässt sich auch der Steady-state-Nutzen des (un-) produktiven Arbeiters mit Hilfe der Gleichungen (12.2) und (12.3) ermitteln, wobei die Werte des ungekündigten und des gekündigten Arbeitnehmers, $W(w,F)$ und $W_n(w,F)$, Funktionen der Vertragskonditionen sind

$$(12.7)\qquad W(w,F)=\frac{u(w)+\lambda W_n(w,F)}{r+\lambda} \quad , \quad W_n(w,F)=\frac{[u(w)+p\overline{W}]F+\overline{U}}{1+(r+p)F}\,.$$

Der effiziente Arbeitsvertrag bestimmt w und F so, dass der Nutzen des ungekündigten Arbeitnehmers $W(w,F)$ unter der Nebenbedingung eines nicht negativen Kapitalwerts der ungekündigten Stelle, $J(w,F)\geq 0$, ein Maximum annimmt. Die Kontrollvariablen des Optimierungsproblems bestehen aus den Konditionen des aktuellen Arbeitsvertrags. Zukünftige Verträge, die der Arbeiter zur Begründung neuer Arbeitsverhältnisse eines Tages abschließen wird, sind bei den laufenden Vertragsverhandlungen exogen. Mithin sind die antizipierten Werte $\overline{W}$ und $\overline{U}$ in (12.7) zur Zeit des Vertragsabschlusses ebenfalls exogen. Wir geben anschließend eine grafische Lösung des Optimierungsproblems. Dazu diskutieren wir zuerst die Nebenbedingung und danach die Zielfunktion.

Der Nutzen des ungekündigten Arbeitnehmers nimmt monoton mit dem Vertragslohn zu, wie das positive Vorzeichen der partiellen Ableitung von $W(w,F)$ nach w bestätigt. Der Kapitalwert des ungekündigten Jobs sinkt dagegen monoton, wenn der Lohn steigt, wie das Vorzeichen der partiellen Ableitung von $J(w,F)$ nach w verdeutlicht (s. Anhang 12.1). Folglich ist der Wert des ungekündigten Jobs bei dem Arbeitsvertrag, der $W(w,F)$ maximiert, gleich null. Denn solange $J(w,F)>0$, vergrößern Lohnerhöhungen den Wert des ungekündigten Arbeitnehmers $W(w,F)$, ohne die Nebenbedingung des Optimierungsproblems zu verletzten. Mit $J(w,F)=0$ erhält man nun aus (12.6) die Menge aller zulässigen Verträge, die Kandidaten für die Lösung des Optimierungsproblems sind, in Gestalt der Lohngleichung

$$w(F)=\frac{1+(r+p)F}{1+(r+p+\lambda)F}\,y\,. \tag{12.8}$$

Die Abb. 12.4. zeigt in der (w,F)-Ebene die Iso-Gewinnkurve des ungekündigten Jobs für den Gewinn $J=0$, die gemäß (12.8) alle zulässigen Arbeitsverträge $[w,F]$ umfasst, die die Nebenbedingung streng erfüllen. Unterhalb (oberhalb) der $J=0$-Kurve befinden sich alle Verträge, bei denen der Kapitalwert der ungekündigten Stelle positiv (negativ) ist. Die schattierte Menge der zulässigen Verträge wird also von oben durch die $J=0$-Kurve begrenzt.

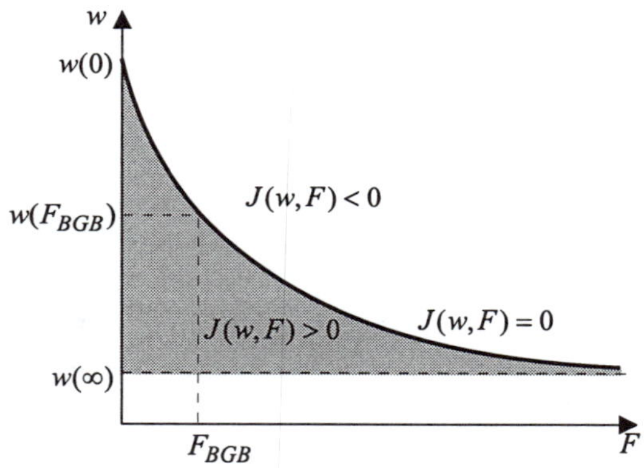

Abb. 12.4: Menge der zulässigen Arbeitsverträge

Sogar für Kündigungsfristen gibt es in Deutschland zwingendes Recht, an das die Akteure gebunden sind. So schreibt § 622 BGB Mindestfristen in Höhe von F_{BGB} für die ordentliche Kündigung vor. Eine Folge dieser Vorschriften ist, dass die Menge der zulässigen Verträge schrumpft, da ein Arbeitsvertrag der Norm $F \geq F_{BGB}$ genügen muss.

Wie Abb. 12.4 zeigt, hat Bestandschutz einen Preis. Der Lohn, bei dem der Kapitalwert des Jobs verschwindet, nimmt entlang der $J=0$-Kurve mit zunehmender Länge der Kündigungsfrist F ab. Sogar die gesetzlichen Kündigungsfristen nach § 622 BGB verursachen Kosten, denn mehr als den Lohn $w(F_{BGB})$, für den $w(F_{BGB})<w(0)$, kann eine Firma für einen Dienstvertrag, der der BGB-Norm genügt, nicht bezahlen. Ohne Bestandsschutz, wenn $F=0$, wie etwa beim amerikanischen employment-at-will-Kontrakt, erhält der Arbeiter den Lohn $w(0)$, sein Vertrag wird im Augenblick des Schocks

gekündigt; mit einem Arbeitsvertrag, der die ordentliche Kündigung ausschließt, erhält der Arbeitnehmer dagegen nicht mehr als den Lohn $w(\infty)$, jedoch hat er einen Anspruch auf Weiterbeschäftigung, bis er eine neue Stelle findet und das Arbeitsverhältnis von sich aus beendet. Für die Löhne bei Kündigungsfreiheit, $F=0$, und bei einem Ausschluss der arbeitgeberseitigen Kündigung, $F=\infty$, gilt, wie sich mit (12.8) ergibt,

$$(12.9) \qquad w(F)=\begin{cases} y, \text{ wenn } F=0 \\ \dfrac{r+p}{r+p+\lambda}\,y, \text{ wenn } F=\infty \end{cases}.$$

Verzichtet der Arbeitnehmer auf den Kündigungsschutz, so ist sein Lohn wie im Modell der vollständigen Konkurrenz mit friktionslosem Arbeitsmarkt gleich dem Grenzprodukt y; im Fall des Kündigungsausschluss verdient er dagegen nur einen von r, p und λ abhängigen Bruchteil des Grenzprodukts, wie die Lohngleichungen (12.9) verdeutlichen.

Die Steigung der $J=0$-Kurve legt den „Marktpreis des Kündigungsschutz" (MPK) fest. Der MPK ist negativ und gibt an, auf wie viel Lohn ein Arbeiternehmer bei gegebenem Kapitalwert der ungekündigten Stelle für eine Verlängerung der Kündigungsfrist verzichten muss. Den MPK erhält man folgendermaßen. Das totale Differenzial des Kapitalwerts einer ungekündigten Stelle ist $dJ=J_w\,dw+J_F\,dF$, wobei J_w und J_F die partiellen Ableitungen von J nach dem Lohn w und der Kündigungsfrist F bezeichnen. Nun ist der Kapitalwert der ungekündigten Stelle entlang der $J=0$-Kurve konstant, so dass $dJ=0$. Folglich gilt für den Marktpreis des Kündigungsschutz (s. Anhang A12.1)

$$(12.10) \qquad \frac{dw}{dF}=-\frac{J_F}{J_w}=-\frac{\lambda y}{[1+(r+p+\lambda)F]^2}.$$

Die Ableitung des MPK (12.10) nach der Kündigungsfrist F hat ein positives Vorzeichen, d.h. die $J=0$-Kurve, die die Menge der zulässigen Arbeitsverträge von oben begrenzt, ist streng konvex, wie Abb. 12.4 verdeutlicht. Die Konvexität der $J=0$-Kurve hat zur Folge, dass der Absolutbetrag des MPK mit steigendem F fällt. Infolgedessen müssen Arbeitnehmer mit Anspruch auf kurze Kündigungsfristen für eine Verlängerung der Frist mit einem relativ hohen Lohnabschlag rechnen.

Arbeitsmarktfriktionen sind die wesentliche Ursache für die Höhe des Differenzials zwischen den Löhnen $w(0)$ und $w(\infty)$, wie ein Blick auf (12.9) zeigt. Reagiert der Arbeitsmarkt wie im traditionellen Modell der vollständigen Konkurrenz unendlich schnell, $p=\infty$, folgt mit (12.9), dass $w(\infty)=w(0)=y$, die Kündigungsfrist F hat keinen Einfluss auf den Lohn, die $J=0$-Kurve ist eine Parallele zur F-Achse in Höhe des Grenzprodukts. (Zur Erinnerung: Mit $p=\infty$ ist auch die Länge der Verlustphase d unabhängig von F und gleich null: $d=0$). Mit sinkendem p wird die $J=0$-Kurve immer steiler und der Preis, den der Arbeiter für eine Verlängerung der Kündigungsfrist bezahlen muss, nimmt zu. Und umgekehrt, je flexibler und friktionsärmer der Arbeitsmarkt, umso höher ist p und umso geringer ist cet. par. der Lohnabschlag, den die Arbeitnehmer bei einer Verlängerung der Kündigungsfrist in Kauf nehmen müssen.

Wie lang ist die effiziente Kündigungsfrist? Um diese Frage zu beantworten, stellen wir als nächstes die Nutzenfunktion des ungekündigten Arbeiters $W(w,F)$ mit Hilfe von Indifferenzkurven in der (w, F) -Ebene dar, s. Abb. 12.5. Ein höherer Lohn oder eine längere Kündigungsfrist erhöhen den Nutzen des Arbeiters, je weiter außen eine Indifferenzkurve liegt, umso höher ist mithin der Nutzenindex, den sie verkörpert. Die Steigung einer Indifferenzkurve oder die Grenzrate der Substitution (GRS) zwischen Lohn und Kündigungsfrist gibt die subjektive Bereitschaft des Arbeiters an, für eine Verlängerung von F auf Teile des Lohns zu verzichten. Das totale Differenzial der Nutzenfunktion $W(w, F)$ zeigt die aus einer Anpassung von Lohn und Kündigungsfrist resultierende Nutzenänderung $dW = W_w\, dw + W_F\, dF$, wobei W_w der Grenznutzen des Lohns und W_F der Grenznutzen der Kündigungsfrist ist (s. Anhang A12.1). Bei Bewegungen entlang einer Indifferenzkurve ist der Nutzen des Arbeiters konstant. Mit $dW = 0$ ergibt sich aus dem totalen Differenzial die folgende Beziehung für die Bereitschaft des Arbeiters, Teile des Lohns gegen eine Verlängerung der Kündigungsfrist zu tauschen

$$(12.11) \qquad \frac{dw}{dF} = -\frac{W_F}{W_w} = -\frac{\lambda[u(w) - u(b)]}{u'(w)[1 + (r + p + \lambda)F][1 + (r + p)F]}.$$

Wie (12.11) verdeutlicht, ist der Absolutbetrag der GRS umso geringer, je höher die Lohnersatzrate b/w ist, denn je höher b ist, umso kleiner ist bei gegebenem w das Differenzial zwischen dem Nutzen $u(w)$ und dem Nutzen $u(b)$. Bei einer Lohnersatzrate von 100 %, $b = w$, ist der Zähler von (12.11) und daher die GRS gleich null, die Indifferenzkurven sind Parallelen zur F-Achse, der *risikoscheue* Arbeiter ist nicht bereit, für eine Verlängerung der Kündigungsfrist auf Einkommen zu verzichten. Mit fallender Lohnersatzrate werden die Indifferenzkurven der Nutzenfunktion dagegen immer steiler, und die Bereitschaft des Arbeitnehmers, für eine Verlängerung der Kündigungsfrist auf Lohn zu verzichten, wird immer größer.

Bei vollständiger Konkurrenz und friktionslosem Arbeitsmarkt ist die GRS des Arbeiters ebenfalls gleich null, da $p = \infty$. Bei friktionslosem Arbeitsmarkt hat auch ein *risikoscheuer* Arbeiter naturgemäß keinen Anreiz, für eine Verlängerung der Kündigungsfrist auf Lohneinkommen zu verzichten. Umgekehrt gilt, dass mit zunehmender Inflexibilität des Arbeitsmarktes, die Bereitschaft des Arbeiters, für eine Verlängerung von F auf Lohn zu verzichten, wächst. Aus dem Blickwinkel des Arbeitnehmers sind der Bestandsschutz und die Lohnersatzleistungen der Arbeitslosenversicherung, wie eingangs behauptet, Substitute. Das Substitutionsverhältnis ist allerdings nicht konstant. Vielmehr nimmt die Bereitschaft des Arbeiters ab, für eine gegebene Erhöhung von F mit Lohnabschlägen zu bezahlen, je länger die Kündigungsfrist bereits ist, die ihm sein Arbeitsvertrag oder die Rechtsordnung zubilligt: Die Ableitung der GRS (12.11) nach F ist positiv bzw. die Indifferenzkurven des Arbeitnehmers sind wie in Abb. 12.5 streng konvexe Kurven in der (w, F) -Ebene (s. Anhang A12.1).

In Abb. 12.6 führen wir die Menge der zulässigen Arbeitsverträge und die Indifferenzkurven des Arbeitnehmers zusammen. Die Menge der zulässigen Arbeitsverträge hat einen streng konvexen Rand, s. Abb. 12.4. Die Folge hieraus ist, dass für das Optimierungsproblem unter Umständen keine innere Lösung existiert, und die Lösung dem Vertrag entspricht, bei dem die $J = 0$ -Kurve die w-Achse schneidet oder bei dem ein Ausschluss der arbeitgeberseitigen Kündigung vereinbart wird. Von einer inneren Lösung spricht man, wenn die Lösungswerte aller Kontrollvariablen streng positiv sind, wie etwa bei dem Vertrag $[w(F_1), F_1]$ in Abb. 12.6.

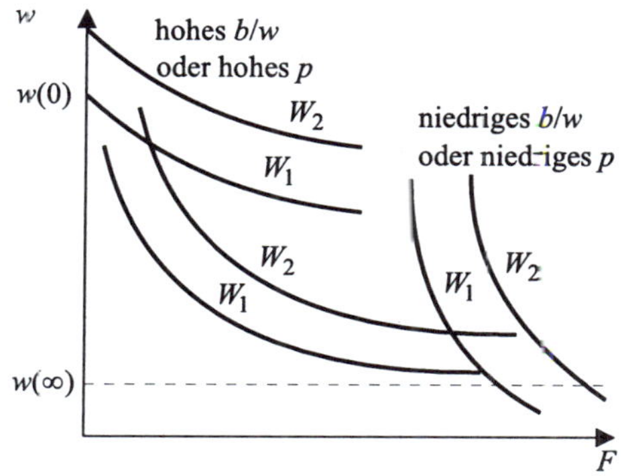

Abb. 12.5: Indifferenzkurven des Arbeitnehmers

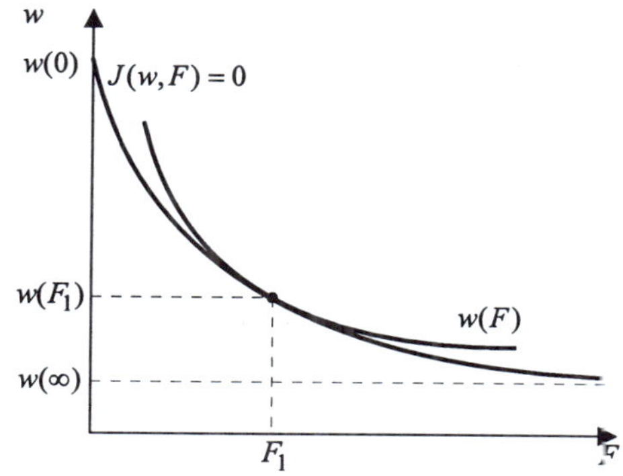

Abb. 12.6: Effizienter Arbeitsvertrag

Die drei möglichen Typen von Lösungen sind: die innere im Tangentialpunkt von $J = 0$-Kurve und Indifferenzkurve, wo die GRS des Arbeitnehmers gleich dem MPK ist und die effiziente Kündigungsfrist wie in Abb. 12.6 die Länge F_1 sowie der effiziente Vertragslohn die Höhe $w(F_1)$ hat; und die beiden Randlösungen mit den Verträgen $[w(0),0]$ sowie $[w(\infty),\infty]$. Welcher der drei Verträge, das Optimierungsproblem löst, hängt offenbar von der Bereitschaft des Arbeitnehmers ab, für eine längere Kündigungsfrist auf Einkommen zu verzichten. Sind die Indifferenzkurven des Arbeiters sehr flach, ist der Arbeitsvertrag mit zweiseitiger Kündigungsfreiheit und $F = 0$ trotz der Risikoscheu des Arbeitnehmers optimal. Sind die Indifferenzkurven demgegenüber sehr steil, so ist der Ausschluss der arbeitgeberseitigen Kündigung die Option, die den Nutzen des Arbeitnehmers maximiert. Existiert ein Tangentialpunkt von $J = 0$-Kurve und Indifferenzkurve und hat die Indifferenzkurve wie in Abb. 12.6 im Tangentialpunkt eine stärkere Krümmung als die $J = 0$-Kurve, so ist ein (gradueller) Bestandsschutz mit $0 < F_1 < \infty$ aus dem Blickwinkel des Arbeitnehmers optimal.

Die wesentlichen Gründe, die einen risikoscheuen Arbeitnehmer dazu bewegen, den Vertrag mit der Kündigungsfrist $F = 0$ zu bevorzugen, sind eine hohe Lohnersatzrate $b / w(0)$ und ein flexibler Arbeitsmarkt mit hoher Übergangsrate p. Trotz Risikoscheu sind die Indifferenzkurven des Arbeiters in beiden Fällen flach, bzw. seine Bereitschaft, für eine längere Kündigungsfrist einen Lohnabschlag zu akzeptieren, ist gering.

Neben einer ausgeprägten Risikoscheu, sind also eine niedrige Lohnersatzrate und Arbeitsmarktfriktionen mit niedriger Übergangsrate p die Gründe, die bei dem Arbeitnehmer die Bereitschaft hervorrufen, für eine längere Kündigungsfrist einen Lohnabschlag zu akzeptieren. Diese Neigung offenbart sich besonders in der Wahl des Arbeitsvertrags mit Ausschluss der arbeitgeberseitigen Kündigung. Der Ausschluss der ordentlichen Kündigung ruft allerdings in Zusammenhang mit der Verdienstsicherung ein schwer lösbares Anreizproblem hervor. Mit $F = \infty$ verschwindet nämlich das Differenzial zwischen dem Nutzen des produktiven und des unproduktiven Arbeitnehmers, beide erreichen das gleiche Wohlfahrtsniveau, da $W = W_n = u(w(\infty)) / r$ (s. Anhang A12.2). Arbeiter, deren Vertrag die arbeitgeberseitige Kündigung ausschließt, haben folglich keinen Anreiz, nach einer neuen Stelle zu suchen. Sobald der Arbeitnehmer jedoch seine Suchanstrengungen einstellt, ist $p = 0$ und für die Länge der Verlustphase, die der Firma droht, gilt $d = \infty$. Da eine Firma mit rationalen Erwartungen dieses Anreizproblem antizipiert, wird sie keine Arbeitsverträge mit Kündigungsausschluss und

Verdienstsicherung anbieten. Folglich stellt sich die Frage, ob es überhaupt einen Mechanismus gibt, der Verträge mit Kündigungsausschluss implementiert, ohne den moralischen Hasard des Arbeitnehmers zu provozieren? Eine mögliche Lösung dieses Anreizproblems stellen Rechtsordnungen wie die deutsche zur Verfügung, die der Firma Wege zur verhaltensbedingten oder außerordentlichen Kündigung eröffnen.

Abschließend analysieren wir die innere Lösung des Optimierungsproblems mit Verdienstsicherung und Bestandsschutz und geben mit Hilfe der Tangentialbedingung MPK = GRS in Tab. 12.3 die Resultate der komparativ-statischen Analyse des effizienten Arbeitsvertrags $[w(F_1), F_1]$ sowie der Länge der Verlustphase $d_1 = F_1/(1+pF_1)$ an. Wie aus der Tangentialbedingung folgt (s. Gleichung (A5), Anhang 12.3), haben die Arbeitsmarktfriktionen p, die Ankunftsrate der Schocks λ und der Kapitalmarktzins r keinen Einfluss auf den effizienten Lohn, die Parameter p, r und λ wirken nur auf die Kündigungsfrist F, wobei man die Wirkungsrichtung mit Hilfe der Lohngleichung (12.8) ermittelt. Hierzu löst man zum Beispiel (12.8) nach F auf und bestimmt die Vorzeichen der Ableitung von F nach dem jeweiligen Parameter. Wie die Lohngleichung (12.8) zeigt, sinkt der Lohn cet. par., wenn die Schockfrequenz λ steigt, folglich muss die Kündigungsfrist solange abnehmen, bis der Lohn wieder die alte Höhe erreicht. Oder: Mit steigendem λ wird die produktive Phase eines Jobs immer kürzer. Da jedoch in der produktiven Phase der Überschuss erwirtschaftet wird, der nötig ist, um den Arbeitnehmer während der Kündigungsfrist gegen das Einkommensrisiko zu versichern, muss auch die effiziente Kündigungsfrist sinken, s. Tab. 12.3.

Nimmt die Rate p, mit der Jobsucher neue Stellen finden, cet. par. zu, so steigt zunächst der Lohn (12.8). Da die Friktionen p aber nicht auf den effizienten Lohn wirken, wie die Gleichung (A5) zeigt, muss die Kündigungsfrist so angepasst werden, dass sie den positiven Lohneffekt von p gerade kompensiert, folglich muss F steigen. Die Zunahme von F, die hinreicht, um den Lohneffekt von p zu kompensieren, bewirkt zugleich, dass sich auch die Dauer der Verlustphase d trotz des Schocks nicht ändert (s. Anhang A12.3), wobei d ja wegen des Anstiegs von p zunächst abnimmt und dann bei zunehmenden F wieder steigt, s. Tab. 12.3.

Tab. 12.3: Komparative Statik des effizienten Arbeitsvertrags $[w(F_1), F_1]$

	Ursache:			
Wirkung:	y	$p\,(r)$	λ	b
F_1	+	+	–	–
$w(F_1)$	0	0	0	+
d_1	+	0	–	–

Wie die letzte Spalte von Tab. 12.3 verdeutlicht, besteht ein trade-off zwischen dem Arbeitslosengeld b und der effizienten Kündigungsfrist F, Kündigungsschutz und Arbeitslosenversicherung sind Substitute. Je höher b, umso höher ist der Vertragslohn und desto kürzer ist die effiziente Kündigungsfrist. Der Anstieg von b erhöht zwar den Lohn, wie man mit Gleichung (A5) ermittelt, doch wirkt b nicht direkt auf w, wie die Lohngleichung (12.8) zeigt, in der b ja gar nicht vorkommt. Also muss sich zuerst die Kündigungsfrist anpassen und erst daraufhin der Lohn. Da gemäß (A5) der Lohn steigt, wenn b zunimmt, muss F sinken, um diesen Lohneffekt zu erzielen. Denn nur, wenn F fällt, kann die Firma die steigenden Lohnkosten finanzieren. Wenn jedoch F und damit der Bestandsschutz graduell sinken, wird auch die Verlustphase d kürzer.

Zum Schluss erläutern wir die Wirkungen der Schocks, die das Grenzprodukt der Arbeit y beeinflussen. Im Modell der vollständigen Konkurrenz ist der Lohn im Arbeitsmarktgleichgewicht gleich dem Grenzprodukt (s. Kapitel 3). Änderungen von y werden bei freiem Zutritt zum Arbeitsmarkt durch den Konkurrenzmechanismus im Verhältnis 1:1 in Anpassungen des Lohns transformiert. Eine bemerkenswerte Konsequenz des obigen Modells besteht nun darin zu zeigen, dass dieser Lehrsatz nur eine Randlösung beschreibt. Denn y, das Grenzprodukt der Arbeit, hat bei risikoscheuen Arbeitnehmern mit effizientem Arbeitsvertrag und Bestandsschutz gar keinen Einfluss auf den Vertragslohn w, wie die Gleichung (A5) verdeutlicht, in der y überhaupt nicht vorkommt. Der effiziente Arbeitsvertrag (der Konkurrenzmechanismus) transformiert Änderungen der Arbeitsproduktivität restlos in gleichgerichtete Änderungen der Kündigungsfrist und nicht in Anpassungen des Lohns, s. Tab. 12.3. Es ist nützlich, dieses Resultat mit den Randlösungen zu vergleichen, s. Gleichung (12.9). Betrachten wir zuerst das traditionelle Modell der vollständigen Konkurrenz mit Kündigungsfreiheit. Hierzu gehen wir von einer inneren Lösung aus und nehmen an, dass das Grenzprodukt der Arbeit fällt, dann passt sich zunächst nur die effiziente Kündigungsfrist an, wobei F solange sinkt, bis schließlich bei $F = 0$ der traditionelle Arbeitsvertrag der Konkurrenzlösung erreicht und der Lohn gleich dem Grenzprodukt der Arbeit ist. Sinkt nun das Grenzprodukt der Arbeit unter diesen Schwellenwert, so gehören die jeweiligen Lösungen des Optimierungsproblems zur Menge der Randlösungen. Für diese und nur für diese gilt der Lehrsatz, wonach der Lohn dem Grenzprodukt der Arbeit entspricht. Eine Änderung des Grenzprodukts y bewirkt in der Menge der „Randverträge“ mit $F = 0$, eine numerisch identische Anpassung des Lohns, da F nicht weiter sinken kann. Nun zu der anderen Randlösung: Ist der Ausschluss der arbeitgeberseitigen Kündigung optimal, $F = \infty$, so kann F nicht weiter verlängert werden, wenn y steigt. Produktivitätszuwächse bewirken in der Menge der Randlösungen mit Kündigungsausschluss die intuitiv erwarteten Zuwächse von w. Allerdings, der Vertragslohn nimmt nicht wie bei der ersten Randlösung im Verhältnis 1:1 mit dem Grenzprodukt zu, wie Zeile zwei der Lohnformel (12.9) verdeutlicht, denn ein Teil des Produktivitätsgewinns fließt an die Firma. Der Grund für diese Abweichung vom bekannten Lehrsatz ist, dass ein Lohnanstieg im Zusammenhang mit der vertraglich garantierten Verdienstsicherung der Firma zusätzliche Risikokosten aufbürdet. Der Anteil, den die Firma vom Produktivitätszuwachs erhält, reicht gerade hin, um diese zusätzlichen Versicherungskosten zu decken.

Bestandsschutz und Abfindungen

Das kündigungsrechtliche Bestandsschutzprinzip ist in die Kritik geraten. Politiker, Ökonomen und selbst Juristen empfehlen, den staatlichen Bestandsschutz durch gesetzliche Abfindungen zu ergänzen. Abfindungen sollen für mehr Rechts- und personalpolitische Planungssicherheit sorgen, die Zahl der Feststellungsklagen senken, Entlassungen vereinfachen und die Einstellungsraten erhöhen. Das „Gesetz zu Reformen am Arbeitsmarkt“, das am 01.01.2004 in Kraft getreten ist, stellt Arbeitgebern und Arbeitnehmern sogar die gesetzliche Abfindung als Alternative zur herkömmlichen Feststellungsklage auf Weiterbeschäftigung zur Verfügung.

Das folgende Modell vergleicht Bestandsschutz- und Abfindungsverträge, die Arbeitnehmer bei vollkommener Information im Gleichgewicht eines kompetitiven Arbeitsmarktes mit ihren Arbeitgebern schließen. Neben dem Bestandsschutzvertrag (B-Vertrag) haben die Arbeitnehmer ein Kontinuum von Abfindungsverträgen (A-Vertrag) zur Auswahl, die sich in der Lohnhöhe, der bei einer Beendigung des Arbeitsverhältnis fälligen Abfindung sowie dem ergänzenden Arbeitslosengeld unterscheiden, das die Arbeitgeber zusätzlich zum staatlichen Lohnersatz ausschütten, sobald ein Arbeitnehmer infolge der Kündigung arbeitslos wird. Das Modell zeigt, dass im Gegensatz zur herrschenden Meinung in Politik, Rechtsprechung und Rechtslehre profitmaximierende Unternehmen Arbeitsverträge schließen, die Abfindungs- oder Bestandsschutzelemente enthalten. Der einzelvertragliche Bestandsschutz, den die Beschäftigten mit einem B-Vertrag im Konkurrenzgleichgewicht genießen, ist umfassender als der symbolische Schutz den das staatliche Kündigungsschutzrecht seinen Arbeitnehmern gewährt, in den meisten Streitfällen aber nur in Form einer Vergleichs- oder Urteilsabfindung als Bestandsschutzersatz durchzusetzen vermag.

Im nächsten Abschnitt erläutern wir zunächst den Unterschied zwischen Ex-post- und Ex-ante-Abfindungen. Ex-post-Abfindungen haben eine Anreizfunktion. Ihr Zweck besteht darin, den Weg zu ebnen, um einen gültigen, aber ineffizienten Arbeitsvertrag aufzuheben (s. Kap. 8). Ex-ante-Abfindungen haben eine Versicherungsfunktion und dienen als Bestandsschutzersatz. Auch die im deutschen KSchG vorgesehenen Abfindungen sind im Wesentlichen ein Ersatz für den staatlichen Bestandschutz. Im darauf folgenden Abschnitt behandeln wir das Gleichgewicht eines kompetitiven Arbeitsmarktes, auf dem Arbeitnehmer zwischen Bestandsschutz- und Abfindungsverträgen wählen, liefern die komparativ-statische Analyse der Gleichgewichtsbedingungen und zeigen schließlich, das die privaten Bestandsschutzverträge, die im Gleichgewicht vereinbart werden, im Gegensatz zum staatlichen Bestandsschutz nachverhandlungssicher sind.

Abfindungen

Abfindungen sind Einmalzahlungen. Einmalzahlungen stiften einem risikoscheuen Akteur dann und nur dann Nutzen, wenn er auf einem Versicherungs- oder Kapitalmarkt die Einmalzahlung in Annuitäten transformieren kann. Nur der Strom der über den Lebenszyklus verteilten Annuitäten – und nicht deren Barwert, die Abfindung – versichert ihn gegen das Risiko der Erwerbslosigkeit und gleicht den Einkommensverlust aus, der beim Eintritt der Arbeitslosigkeit entsteht. In einer Welt mit stetiger Zeit wie zum Beispiel in dem Pissarides-Modell mit endogenen Kündigungsfristen bieten Abfindungen daher keinerlei Schutz gegen das Einkommensrisiko der Arbeitslosigkeit, falls Arbeitnehmer, wie häufig behauptet wird, außerstande sind, sich privat zu versichern oder der Kapitalmarkt ihnen keine Annuitäten verkauft. Dynamische Abfindungsmodelle mit Akteuren, die sich mit Hilfe der Abfindung auf dem Kapitalmarkt privat versichern, sind technisch anspruchsvoll und befinden sich noch im Frühstadium (s. *Pissarides* 2001, 2002). Methodisch ist das unten vorgestellte Einperiodenmodell, das die Grundgedanken von *Parsons* (2003) aufgreift, eine einfache Alternative, um Arbeitsverträge mit Abfindungs- und mit Bestandsschutzelementen zu vergleichen.

Zunächst erklären wir den Unterschied zwischen Ex-post- und Ex-ante-Abfindungen. Ex-post-Abfindungen werden zur Zeit der Trennung, Ex-ante-Abfindungen beim Abschluss des Arbeitsvertrags vereinbart. Ex-post-Abfindungen sind ein Instrument, um gültige, aber ineffiziente Arbeitsverträge zu beenden. Betrachten wir den Fall einer Firma, die einen Arbeitnehmer beschäftigt, der Anspruch auf den Vertragslohn w_B hat. Der Einfachheit halber nehmen wir an, dass Firma und Arbeiter symmetrisch informiert und risikoneutral sind. x sei ein Nachfrageschock, mit $x \in [0,1]$; yx, mit $y > 0$, sei das Grenzprodukt der Arbeit und $yx - w_B < 0$ der in seiner Höhe unerwartet hohe Verlust, den die Firma erleidet, wenn sie den vereinbarten Arbeitsvertrag mit dem Vertragslohn w_B erfüllen muss. Der Arbeitsvertrag lässt sich nur einvernehmlich aufheben. Falls die Akteure sich entschließen, das Arbeitsverhältnis zu beenden, wird der Job kostenlos zerstört, während der Arbeitnehmer auf einem „Auktionsmarkt" nach einem Anschlussjob sucht, wobei er mit der Wahrscheinlichkeit p eine Stelle mit dem Lohn w findet. Mit der Wahrscheinlichkeit $1-p$ wird er arbeitslos und erhält den staatlichen Lohnersatz b. Das erwartete Garantieeinkommen des risikoneutralen Arbeitnehmers nach einer Beendigung seines „Normalarbeitsverhältnisses", doch vor der Suche nach einem Anschlussjob, ist mithin gleich $pw + (1-p)b$. Eine einvernehmliche Trennung kommt dann und nur dann zustande, wenn es eine Ex-post-Abfindung A gibt, die den Arbeitnehmer mindestens so gut stellt wie der Arbeitsvertrag mit dem Festlohn w_B und die Abfindung den Verlust der Firma effektiv begrenzt. Mithin muss A die folgenden Abfindungsbedingungen erfüllen

(12.12) $$w_B - pw - (1-p)b \leq A \leq w_B - yx$$

Die linke Ungleichung von (12.12) stellt sicher, dass sich der Arbeiter mit der Abfindung A und der Aussicht auf das Garantieeinkommen mindestens so gut stellt wie mit dem Vertragslohn w_B, denn $w_B \leq A + pw + (1-p)b$. Die rechte Ungleichung von (12.12) erfüllt die Erwartung der Firma, mit der Abfindung ihren Verlust zu begrenzen.

Ist die Aufhebung des Arbeitsvertrags überhaupt effizient? Nicht unbedingt. Der drohende Verlust oder das „dringende betriebliche Erfordernis" (KSchG) ist an sich weder eine notwendige, noch eine hinreichende Bedingung für eine effiziente Trennung. Vielmehr ist die Trennung effizient, wenn die Parteien eine höhere gemeinsame Rente erzielen als bei einer Fortsetzung des Match. yx ist die gemeinsame Rente, die die Akteure bekommen, wenn sie das Match fortsetzen; $pw + (1-p)b$ ist dagegen ihre Rente, wenn sie den Job zerstören. Folglich ist der Abschluss eines Aufhebungsvertrags genau dann effizient, wenn die Differenzialrente $h(x) = yx - pw - (1-p)b$ nicht positiv ist, so dass

(12.13) $$yx \leq pw + (1-p)b\,.$$

Vergleicht man (12.13) mit (12.12), sieht man sofort, dass die Aufhebungsbedingung (12.13) genau dann gilt, wenn es eine Abfindung A gibt, die die Abfindungsbedingungen (12.12) erfüllt. Folglich trennen sich die Akteure dann und nur dann, wenn eine Aufhebung des Arbeitsvertrags tatsächlich auch effizient ist. Die Ex-post-Abfindung A ist dabei der Anreiz, der den Vertragsparteien den Weg in die Trennung und die Auflösung des ineffizienten Arbeitsvertrags ebnet.

Ex-ante-Abfindungen haben eine Versicherungsfunktion. Sie dienen als Ersatz für den Bestandsschutz in Situationen, in denen der private Bestandsschutz versagt oder technisch unzulässig ist. So bieten befristete Arbeitsverträge bestenfalls befristeten Bestandsschutz, Ex-ante-Abfindungen, die bei Vertragsabschluß vereinbart werden, sind daher ein Instrument, um Arbeitnehmer gegen das nachvertragliche Einkommensrisiko zu versichern. Arbeitsverträge, die ein Dauerschuldverhältnis mit unbestimmtem Zeithorizont begründen und arbeitgeberseitige Kündigungen ausschließen, sind private Bestandschutzverträge die risikoscheue Arbeitnehmer vor Einkommensschwankungen während der Vertragslaufzeit schützen. Trotz des Bestandsschutz enthalten derartige Verträge häufig Abfindungsklauseln. Warum? Ex-ante-Abfindungen haben in diesem Fall offenbar die Funktion einer Versicherung gegen Fehler in den Annahmen über die Verteilung des Einkommensrisikos. Sind zum Beispiel die Betriebsverluste infolge eines Nachfrage- oder Technologieschocks höher als im Rahmen der ursprünglichen Verteilungsannahmen zu erwarten war, kann es für die Firma, wie oben gezeigt wurde, selbst noch ex post sinnvoll sein, dem Arbeitnehmer eine Abfindung anzubieten, die diesen einerseits nicht schlechter stellt als die Erfüllung des vereinbarten Bestandsschutzvertrags, die Verluste der Firma andererseits jedoch begrenzt. Ex-ante-Abfindungen dienen im Weiteren als privatvertraglicher Bestandsschutzersatz, wenn risikoscheue Arbeitnehmer präferenzbedingt weder auf die Einkommenssicherung noch auf den Vorteil einer höheren Kündigungswahrscheinlichkeit verzichten wollen.

Welchen Vorteil hätte ein risikoscheuer Arbeitnehmer von einer höheren Kündigungswahrscheinlichkeit? Zwei Fälle lassen sich unterscheiden, je nach der Natur des Trade-off, der im Mittelpunkt des Abfindungsvertrags steht. (1) Obwohl der Arbeitnehmer risikoscheu ist, fragt er einen Abfindungsvertrag mit positiver Trennungswahrscheinlichkeit nach und ist sogar bereit, dafür auf Teile des Lohns zu verzichten. Dieser bei *Parsons* (2003) diskutierte Fall tritt ein, wenn der Arbeitnehmer seine Freizeit hoch bewertet. Die positive Trennungswahrscheinlichkeit gibt ihm die Chance, eine durch Abfindungen und Lohnersatzleistungen abgesicherte Freizeit zu genießen. Ein Bestandsschutzvertrag schließt diese Chance dagegen mit der Kündigung von vornherein aus, der Arbeitnehmer muss unter allen Umständen arbeiten und daher auf die Extra-Freizeit verzichten. (2) Arbeitnehmer sind nicht nur risikoscheu, sondern sie haben wie in der sozial- und rechtspolitischen Diskussion, in der psychologischen, soziologischen und juristischen Fachliteratur immer wieder betont wird, eine Aversion gegen den Zustand der Arbeitslosigkeit an sich (*Di Tella*, *MacCulloch* und *Oswald* 2001, *Frey* und *Stutzer* 2002). Selbst wenn die Arbeitslosenversicherung das Einkommensrisiko der Arbeitslosigkeit vollständig eliminieren oder gar eine Lohnersatzrate von über einhundert Prozent garantieren würde, wäre der Zustand der Arbeitslosigkeit mit einem Wohlfahrtsverlust verbunden. Warum? Arbeitslosigkeit, so die These, erzeugt nicht nur Einkommens-, sondern vor allem auch Status- und Humankapitalverluste, bewirkt soziale Isolation und durchschneidet das „Band der Betriebszugehörigkeit".

Ein Bestandsschutzvertrag versichert den Arbeitnehmer gegen beide Arten von Risiken, gegen das Einkommensrisiko der Arbeitslosigkeit und gegen das Risiko des Status- und Humankapitalverlusts. Ein Abfindungsvertrag versichert dagegen nur das Einkommensrisiko und nicht das Risiko des Status- und Humankapitalverlusts. Warum nehmen – wie im folgenden Modell – risikoscheue Arbeitnehmer das Status- und Humankapitalrisiko in Kauf, obwohl sie statt des Abfindungs- auch einen Bestandsschutzvertrag abschließen könnten, der beide Risiken simultan diversifiziert? Erstens gibt es Arbeitnehmer mit schwachen Statuspräferenzen, geringen Investitionen in (betriebliche) Gemeinschaftsgüter oder mit einem geringen Humankapital. Zweitens bieten Abfindungsverträge ein im Vergleich zum Bestandschutzvertrag höheres Lohneinkommen. Der höhere

Lohn ist die Kompensation für das Risiko des Verlusts von Humankapital, Status und den betrieblichen Gemeinschaftsgütern.

Bestandschutz und Abfindungen im Konkurrenzgleichgewicht

Die Arbeitnehmer sind risikoscheu und verfügen weder über Rücklagen, noch über Kredit. Statt dessen schließen sie wie in der Theorie der impliziten Kontrakte (*Franz* 2003) einen Arbeitsvertrag, der eine Versicherung gegen das Einkommensrisiko der Erwerbslosigkeit umfasst. Arbeitgeber sind risikoneutral und diversifizieren ohne Transaktionskosten alle idiosynkratischen Risiken, so auch die Einkommensrisiken ihrer Mitarbeiter. In der Modellwirtschaft gibt es kein kodifiziertes Arbeitsrecht, weder gesetzlichen Bestandsschutz, noch allgemeinen Kündigungsschutz, noch Abfindungszwang, es herrscht Vertragsfreiheit. Die profitmaximierenden Firmen bieten ohne staatlichen Zwang Bestandsschutz, Abfindungen und Lohnersatzleistungen an, Löhne, Abfindungen und freiwillige Lohnersatzleistungen sind endogen.

Die Volkswirtschaft besteht aus einem Kontinuum heterogener Arbeitnehmer sowie einem Kontinuum homogener Jobs, die um die Arbeitsanbieter konkurrieren. Die Arbeiter unterscheiden sich im Ausmaß ihrer Abneigung gegen den Zustand der Arbeitslosigkeit. Zu Beginn der Periode wählen sie auf dem Markt für „Normalarbeitsverhältnisse" den Arbeitsvertrag, der ihren Präferenzen entspricht. Sobald dieser Prozess der Selbstselektion abgeschlossen ist und die Arbeitsverträge unterzeichnet sind, beobachten Arbeitgeber und Arbeitnehmer die Nachfrage auf dem Gütermarkt. Mit einem B-Vertrag wird unabhängig von der Konjunktur produziert und anschließend der Vertragslohn gezahlt. Mit einem A-Vertrag wird das Arbeitsverhältnis betriebsbedingt beendet, wenn die Nachfrage zu gering ist. Der entlassene Arbeitnehmer erhält die Abfindung A und, falls er keinen Anschlussjob findet, neben dem staatlichen b den vertraglich vereinbarten Lohnersatz B von seinem Arbeitgeber. Die Abbildung 12.7 stellt die Sequenz der Ereignisse dar.

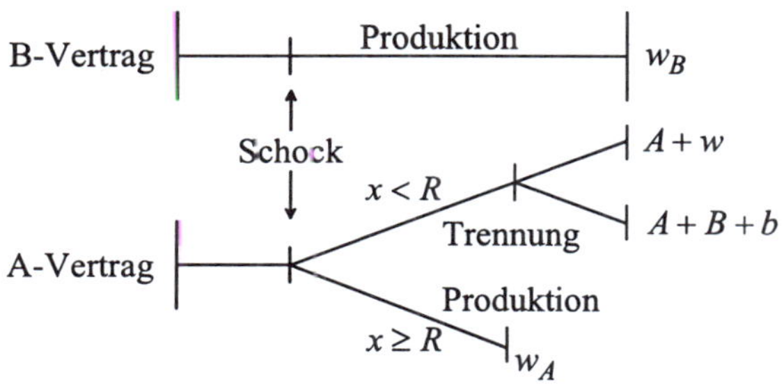

Abb. 12.7: Sequenz der Ereignisse

Jede Firma besitzt einen Job, Arbeit ist der einzige variable Produktionsfaktor, und y ist der Umsatz, den ein Job bei guter Firmenkonjunktur erzielt. $\lambda \in (0,1)$ ist die exogene Wahrscheinlichkeit einer Rezession. Während einer Rezession sinkt der Firmenumsatz auf yx, dabei ist x ein jobspezifischer Schock mit der Verteilungsfunktion G (s. Kapitel 5). Alle Jobs sind mit der gleichen Schockverteilung konfrontiert. $G(x) = P(X \leq x)$ mit dem Definitionsbereich $\alpha \leq x \leq 1$ ist die Wahrscheinlichkeit, dass der Schock X kleiner oder gleich x ist. $\alpha \geq 0$ ist die untere Grenze des Definitionsbereichs der Schockverteilung. Der Output eines Jobs, *yx*, kann in einer schweren Rezession bis auf $y\alpha$ sinken oder wie bei guter Konjunktur, wenn $x=1$, den Wert *y* annehmen. Der Erwartungswert μ der Schockverteilung ist $\mu=\int_\alpha^1 x\,dG(x)$ bzw. $\mu=\int_\alpha^1 x\,g(x)dx$, da wir annehmen, dass zur Verteilungsfunktion *G* eine Dichte *g* existiert, für die $g(x)=G'(x)>0$. Alle Ereignisse $x\in[\alpha,1]$ haben eine positive Dichte, so dass für den Erwartungswert der Schockverteilung $0\le\alpha<\mu<1$ gilt.

Ein Job mit einem Bestandsschutzvertrag produziert unter allen Umständen, eine Kündigung des Arbeitsverhältnisses ist ausgeschlossen. Der erwartete Umsatz des Jobs, *Ey*, ist (s. Anhang A12.4): $Ey=y[1-\lambda(1-\mu)]$. Denn mit der Wahrscheinlichkeit $1-\lambda$ ist die Konjunktur gut und der Umsatz gleich *y*; mit der Wahrscheinlichkeit λ ist die Konjunktur schlecht und der erwartete Umsatz des Jobs beträgt nur μy.

Ein Arbeitsverhältnis mit einem Abfindungsvertrag endet dagegen, sobald die Nachfrage zu gering ist. Die Firma legt eine Umsatzgrenze *yR* fest, wobei *R* die Reservationsproduktivität ist, für die $R\in[\alpha,1]$. Wenn der Umsatz unter die kritische Grenze fällt und $x<R$, wird das Arbeitsverhältnis beendet. Der erwartete Umsatz eines Jobs mit Abfindungsvertrag beläuft sich daher auf (s. Anhang A12.4)

$$Ey(R)=y[1-\lambda(1-\mu(R))]. \tag{12.14}$$

Für $R=\alpha$ ist $\mu(R)$ der Erwartungswert der Schockverteilung: $\mu(\alpha)=\mu$; für $R=1$ ist dagegen $\mu(R)=0$. Die Trennung ist ein zusammengesetztes Ereignis. Zunächst muss der Job von einem Schock getroffen werden, dann muss die Jobproduktivität unter die Reservationsproduktivität fallen und danach erfolgt die Trennung. Folglich ist $\lambda G(R)$ die Trennungswahrscheinlichkeit. Mit steigendem *R* nimmt $\lambda G(R)$ zu, und der erwartete Umsatz des Jobs sinkt: $Ey'(R)=y\lambda\mu'(R)<0$ (s. Anhang A12.1).

Zu Beginn der Periode schließen Firma und Arbeiter einen Arbeitsvertrag. Abfindungsverträge $[w_A, A, B, R]$ haben vier Komponenten, den Lohn w_A; die Abfindung $A\ge 0$, die bei einer Trennung fällig wird; das freiwillige Arbeitslosengeld $B\ge 0$, das die Firma zahlt, wenn der entlassene Arbeitnehmer keinen Anschlussjob findet; und die Reservationsproduktivität $R\ge\alpha$, bei der sich Firma und Arbeiter trennen, so dass für alle Schocks *x*, für die $x<R$, das Arbeitsverhältnis und die Lohnzahlungspflicht enden. Der Lohn w_A ist zustandsunabhängig, denn die Arbeitnehmer sind risikoscheu und ein Unternehmen, das seinen Mitarbeitern Verträge mit schwankenden Löhnen anbieten würde, könnte sich nicht am Markt behaupten.

Arbeitnehmer haben keine Rücklagen und keinen Kredit, sind risikoscheu und versichern sich mit dem Arbeitsvertrag gegen die Einkommensvolatilität. Mithin sehen die A-Verträge, die im Konkurrenzgleichgewicht angeboten werden, eine vollständige Einkommens- bzw. Konsumglättung vor, so dass

$$w_A=A+w=A+B+b. \tag{12.15}$$

Mit den Gleichungen (12.15) ergibt sich die Ex-ante-Abfindung *A* und der Lohnersatz *B* aus $A=w_A-w$ und $B=w-b$. Die Ex-ante-Abfindung kompensiert also das Lohndifferenzial zwischen dem Normalarbeitsverhältnis und dem Auktionsmarkt; der vereinbarte Lohnersatz, den die Firma bezahlt, kompensiert die Differenz zwischen dem Lohn, den der Arbeitslose auf dem Auktionsmarkt erhalten hätte, hätte er dort nicht vergebens nach einer neuen Stelle gesucht, und dem staatlichen Arbeitslosengeld.

Die A-Verträge $[w_A, R]$, die im Gleichgewicht abgeschlossen werden, lassen sich mit Blick auf die Einkommensgleichungen (12.15) eindeutig durch den Lohn w_A und die Reservationsproduktivität R kennzeichnen, denn die anderen Größen des Modells folgen mit (12.15), sobald w_A und R bekannt sind. Mithin benötigen wir zur Lösung des Modells zwei Gleichgewichtsbedingungen. Die erste ist die Zutrittsbedingung. Der Zutritt zum Arbeitsmarkt ist frei, folglich richten die Investoren solange zusätzliche Jobs ein, bis im Gleichgewicht der Gewinn, den ein Job verdient, gleich null ist. Die zweite Bedingung, die wir zur Lösung des Modells benötigen, ergibt sich aus der Parität des Marktpreises für das Risiko der Arbeitslosigkeit und der Kompensationsforderung der Arbeitnehmer für die Übernahme des Risikos. Als nächstes führen wir die Gewinnfunktion der Unternehmen ein, danach die Nutzenfunktion der Arbeitnehmer, anschließend behandeln wir die Zutrittsbedingung und danach die zweite Gleichgewichtsbedingung, die den Ausgleich des Marktpreises für das Risiko der Arbeitslosigkeit und der Kompensationsforderung der Arbeitnehmer darstellt.

Den erwarteten Gewinn eines Jobs mit dem A-Vertrag $[w_A, R]$ liefert die Beziehung

$$(12.16) \qquad J_A(w_A, R) = Ey(R) - \big(w_A - \lambda G(R)[pw + (1-p)b]\big).$$

Der erste Summand, $Ey(R)$, gibt den erwarteten Umsatz (12.14) und der zweite gibt die erwarteten Personalkosten an, die sich wie folgt zusammensetzen. Eine Lohnzahlungspflicht besteht für die Firma nur, wenn der Job produziert. Ist die Konjunktur gut oder gerät der Job in eine leichte Rezession x, für die $x \geq R$, ein zusammengesetztes Ereignis mit der Eintrittswahrscheinlichkeit $(1-\lambda) + \lambda(1-G(R)) = 1 - \lambda G(R)$, dann produziert die Firma und zahlt den Vertragslohn w_A. Gerät der Job in eine tiefere Absatzkrise, die Wahrscheinlichkeit hierfür ist angesichts der Schockwahrscheinlichkeit λ und der Reservationsproduktivität R gleich $\lambda G(R)$, dann enden Arbeitsverhältnis und Lohnzahlungspflicht, und die Firma zahlt die Abfindung A. Der Arbeiter sucht einen Anschlussjob, wobei er mit der Wahrscheinlichkeit p eine Stelle findet. Mit der Wahrscheinlichkeit $1-p$ ist die Jobsuche jedoch ein Misserfolg, der Arbeiter wird arbeitslos und bezieht zusätzlich zum staatlichen Arbeitslosengeld den privaten Lohnersatz B. Wird die Stelle gekündigt und entsorgt, dann muss das Unternehmen also für Entlassungskosten in Höhe von $A + (1-p)B$ aufkommen. Die erwarteten Personalkosten sind damit gleich $(1-\lambda G(R))w_A + \lambda G(R)[A + (1-p)B]$. Für die Entlassungskosten gilt, wenn man die Gleichungen (12.15) berücksichtigt, dass $A + (1-p)B = w_A - pw - (1-p)b$. Hiermit ergibt sich schließlich die folgende Beziehung für die erwarteten Personalkosten: $(1-\lambda G(R))w_A + \lambda G(R)[A + (1-p)B] = w_A - \lambda G(R)[pw + (1-p)b]$.

Jeder Arbeiter ist entweder beschäftigt oder arbeitslos. c ist sein Konsum und $u(c)$ sein Nutzen, wenn er beschäftigt ist. Der Grenznutzen ist positiv, $u' > 0$, und nimmt angesichts seiner Risikoaversion ab, $u'' < 0$. Verliert der Arbeiter jedoch seinen Job und wird arbeitslos, so leidet sein sozialer Status, sein Humankapital verfällt und auf die Kollektivgüter der Betriebsgemeinschaft muss er verzichten. Der Verlust, der entsteht, hat keinen Einfluss auf die Höhe des laufenden Konsum c, der nur vom verfügbaren Einkommen abhängt. Der Status- und Humankapitalverlust sowie der Verlust des Kollektivkonsums ist mithin kein Argument in der Budgetgleichung des Arbeitslosen, sondern in seiner Nutzenfunktion. Hierzu nehmen wir an, dass die Nutzenfunktion quasilinear in dem Verlust $z \geq 0$ ist und die Form $u(c)-z$ hat. In $u(c)-z$ ist implizit die Annahme enthalten, dass der Arbeiter bereits zu Beginn der Periode über den Wohlfahrtsverlust z informiert ist, den er erleidet, wenn er seine Stelle verliert und arbeitslos wird. Hiermit erhalten wir nun den Erwartungsnutzen des Arbeitnehmers z, $z \geq 0$, für den

$$U_A = [1-\lambda G(R)]u(w_A) + \lambda G(R)[pu(A+w) + (1-p)[u(A+B+b) - z]].$$

Bei guter Konjunktur oder leichter Rezession produziert die Firma und zahlt den Vertragslohn w_A, so dass für die Budgetgleichung des Arbeiters $c = w_A$ gilt und sein Nutzen $u(w_A)$ beträgt. Gerät der Job in eine Absatzkrise, dann endet das Arbeitsverhältnis und die Firma zahlt die Abfindung A. Der Arbeiter sucht einen Anschlussjob, wobei er mit der Wahrscheinlichkeit p eine Stelle mit dem Entgelt w findet. Sein Konsum beträgt mit Rücksicht auf die Abfindung $c = A + w$ und sein Nutzen ist $u(A+w)$. Mit der Wahrscheinlichkeit $1-p$ ist die Jobsuche ein Misserfolg, der Arbeitnehmer wird arbeitslos und bezieht zusätzlich zum staatlichen Arbeitslosengeld b den privaten Lohnersatz B. Sein Konsum als Arbeitsloser beträgt damit $c = A + B + b$ und sein Nutzen ist $u(A+B+b) - z$, denn Arbeitslosigkeit bewirkt den Status- und Humankapitalverlust $z \geq 0$. Berücksichtigt man in der obigen Funktion des Erwartungsnutzens die Einkommensgleichungen (12.15), so ergibt sich für U_A die Beziehung

(12.17) $$U_A(w_A, R) = u(w_A) - \lambda G(R)(1-p)z.$$

Ein A-Vertrag versichert den Arbeitnehmer, wie (12.17) verdeutlicht, gegen das Einkommensrisiko der Arbeitslosigkeit, dieser erzielt daher ein sicheres Einkommen in Höhe seines Vertragslohns w_A und den Nutzen $u(w_A)$. Doch mit der Wahrscheinlichkeit $\lambda G(R)(1-p)$ gerät der Job in eine Rezession, in der der Umsatz des Jobs unter die kritische Grenze fällt, so dass die Parteien vertragsgemäß das Arbeitsverhältnis beenden, der Arbeitnehmer bei seiner anschließenden Jobsuche erfolglos bleibt, arbeitslos wird und den Status- und Humankapitalverlust z erleidet, ein Verlust, gegen den ihn der A-Vertrag *nicht* versichert. Ex-ante-Abfindung und freiwilliger Lohnersatz sorgen zwar für eine Glättung des Einkommensstroms und eine Lohnersatzrate von 100 %, aber nicht auch für eine Glättung des Nutzenstroms.

Wir geben nun in der (w_A, R)-Ebene eine grafische Darstellung des Konkurrenzgleichgewichts, s. Abb. 12.8 und 12.9. In dem Segment des Arbeitsmarktes, in dem die Unternehmen Arbeitsverträge mit der Reservationsproduktivität R anbieten, hält der Zustrom neuer Jobs solange an, bis der Gewinn, den die Jobs erwirtschaften, auf null gesunken ist. Für alle Arbeitsmarktsegmente R, die im Gleichgewicht aktiv sind, gilt daher infolge des freien Zutritts, dass $J_A(w_A, R) = 0$. Aus dieser Zutrittsbedingung ergibt sich zusammen mit der Gewinngleichung (12.16) die Menge der Arbeitsverträge, die Kandidaten für das Konkurrenzgleichgewicht sind, mit der Lohngleichung

(12.18) $$w_A(R) = Ey(R) + \lambda G(R)[pw + (1-p)b].$$

Bei gegebenem R erhält ein Arbeitnehmer, wie die Lohngleichung (12.18) zeigt, einen Vertragslohn, der gleich der Summe aus dem erwarteten Grenzprodukt der Arbeit und dem erwarteten Garantieeinkommen ist, mit dem der Arbeiter nach einer Trennung rechnen kann. Die Abb. 12.8 zeigt die Lohnkurve zu der Lohngleichung (12.18) und damit die Menge aller Arbeitsverträge, die die Zutrittsbedingung erfüllen und Kandidaten für das Konkurrenzgleichgewicht sind. Darüber hinaus zeigt die Abbildung die von R abhängige Umsatzgrenze yR. Eine Firma mit dem Vertrag $[w_A, R]$ kündigt den Arbeitsvertrag, sobald $yx < yR$.

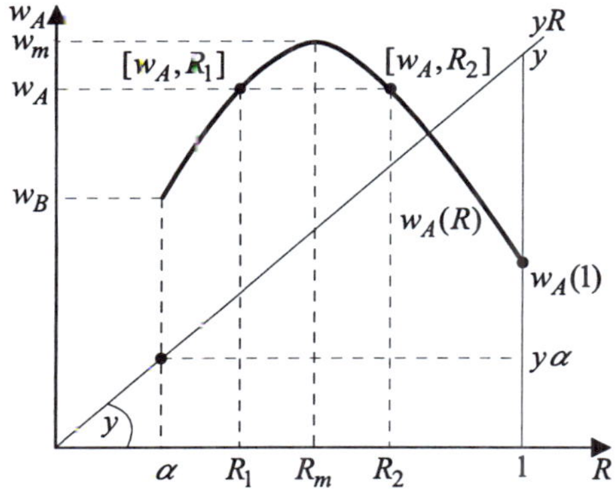

Abb. 12.8: Lohnkurve und Umsatzgerade

Je höher die Reservationsproduktivität R ist, umso höher ist die Trennungswahrscheinlichkeit $\lambda G(R)$ und damit das Risiko der Arbeitslosigkeit, mit dem ein Arbeitnehmer z konfrontiert ist, der einen Arbeitsvertrag mit der entsprechenden Kündigungswahrscheinlichkeit vereinbart. z ist risikoscheu, aber trotzdem bereit, das Risiko zu tragen, wenn der Markt ihn dafür kompensiert. Wir müssen daher klären, wie hoch der Marktpreis bzw. die Zahlungsbereitschaft der Unternehmen für das Risiko der Arbeitslosigkeit ist und welche Kompensation der Arbeitnehmer z für das Risiko verlangt. Zuerst stellen wir den Marktpreis für das Risiko der Arbeitslosigkeit dar und erklären den Verlauf der Lohnkurve.

Der Markt kompensiert die höhere Kündigungswahrscheinlichkeit, falls die höhere Kündigungswahrscheinlichkeit für die Firmen von Vorteil ist. Zunächst bemerkt man jedoch, dass eine höhere Reservationsproduktivität R nur den erwarteten Umsatz der Firma senkt, wie oben im Zusammenhang mit der Umsatzfunktion (12.14) gezeigt wurde. Worin könnte also der Vorteil eines höheren R für die Firmen bestehen? Ein Blick auf die Personalkosten in der Gewinnfunktion (12.16) verdeutlicht, dass mit steigendem R cet. par. nicht nur der Umsatz, sondern auch die erwarteten Personalkosten sinken. Die erwarteten Personalkosten sinken, weil die Trennungswahrscheinlichkeit wächst. Zwar verursacht die Trennung Entlassungskosten $A + (1-p)B$, doch diese sind geringer als die Lohnkosten w_A, die die Firma spart, weil die Lohnzahlungspflicht mit der Trennung endet. Solange, wie die Umsatzeinbuße geringer ausfällt als die Personalkostenersparnis, steigt daher der Gewinn und die Firmen sind bereit, den Arbeitnehmern eine Kompensation für das höhere Risiko der Arbeitslosigkeit anzubieten.

Wie hoch ist die Kompensation, die die Firmen anbieten werden? Naturgemäß ist die Kompensation durch den Gewinnzuwachs begrenzt, den die Unternehmen mit einer höheren Reservationsproduktivität erzielen. Zu gegebenem Lohn zeigt der Grenzgewinn $\partial J_A(w_A, R)/\partial R$ die Zahlungsbereitschaft der Firmen für das höhere Risiko der Arbeitslosigkeit. Der Grenzgewinn ist infolge des freien Zutritts und der Konkurrenz um die Arbeitskräfte der „Marktpreis für das Risiko der Arbeitslosigkeit" (MRA). Denn eine Firma, die für das höhere Risiko weniger bietet, findet kein Arbeitskraft. Im Gleichgewicht bei freiem Zutritt ist der MRA daher gleich der Ableitung der Lohngleichung (12.18) nach R, so dass (s. Anhang A12.5)

(12.19) $$MRA = \frac{dw_A}{dR} = -\lambda g(R)h(R),$$

wobei $h(x)$ die Differenzialrente $yx - pw - (1-p)b$ ist. Da $\lambda g(R) > 0$, hängt das Vorzeichen des MRA vom Vorzeichen der Differenzialrente $h(x)$ an der Stelle der Reservationsproduktivität $x = R$ ab. Für $h(x)$, der Differenz zwischen der Rente yx, die das Match bei einer Fortsetzung des Jobs erzielt, und der Rente $pw + (1-p)b$, die es bei einer Trennung und Entsorgung des Jobs erhält, führen wir die folgenden Annahmen ein

(A1) $$h(\alpha) < 0 < h(1).$$

Im denkbar schlechtesten Zustand, den der Firmenabsatz bei $x = \alpha$ erreicht, ist, so die Annahme (A1), eine Trennung vorteilhafter als die Fortsetzung des Jobs, denn $y\alpha < pw + (1-p)b$; während bei Hochkonjunktur, wenn $x = 1$, die Fortsetzung des Jobs vorteilhafter ist als die Kündigung des Arbeitsverhältnisses, da $y > pw + (1-p)b$. Mit (A1) folgt, dass eine Produktivität R_m existiert, $\alpha < R_m < 1$, bei der die Differenzialrente verschwindet, so dass $h(R_m) = 0$ und folglich auch $MRA = 0$. Mithin ist für alle $R < R_m$ der MRA (12.19) echt größer als null und die in Abb. 12.8 dargestellte Lohnkurve zur Lohngleichung (12.18) nimmt zunächst monoton zu, erreicht bei R_m ein Maximum und fällt anschließend, da wegen $h(R) > 0$ der Marktpreis des Risikos der Arbeitslosigkeit negativ ist.

Nicht alle Arbeitsverträge, die die Zutrittsbedingung $J_A(w_A, R) = 0$ erfüllen und auf der Lohnkurve liegen, kommen als Kandidaten für das Marktgleichgewicht infrage. Denn die Arbeiter schließen nur Arbeitsverträge ab, die nicht dominiert sind. Gegeben sei der Arbeitsvertrag $[w_A, R]$ mit dem Lohn w_A und der Kündigungswahrscheinlichkeit $\lambda G(R)$. Jeder Arbeitsvertrag $[\hat{w}_A, \hat{R}]$ mit höherem Lohn und geringerer Kündigungswahrscheinlichkeit, $\hat{w}_A \geq w_A$ und $\hat{R} \leq R$, für den mindestens eine der beiden Ungleichungen streng erfüllt ist, dominiert den Vertrag $[w_A, R]$. Denn jeder risikoscheue Arbeitnehmer z, mit $z > 0$, für den die Arbeitslosigkeit angesichts des Status- und Humankapitalverlusts ein unerwünschter Zustand ist, bevorzugt, vor die Wahl gestellt, den Vertrag $[\hat{w}_A, \hat{R}]$. Arbeitsverträge rechts vom Maximum der Lohnkurve wie der Vertrag $[w_A(R_2), R_2]$ in Abb. 12.8 werden daher im Gleichgewicht des Arbeitsmarktes nicht abgeschlossen, da zu $[w_A(R_2), R_2]$ Arbeitsverträge wie $[w_A(R_1), R_1]$ mit gleichem oder höherem Lohn, $w_A(R_1) \geq w_A(R_2)$, und geringerer Trennungswahrscheinlichkeit, $\lambda G(R_1) < \lambda G(R_2)$, existieren, die den Vertrag $[w_A(R_2), R_2]$ dominieren. Die Menge der Arbeitsverträge, die als Kandidaten für das Arbeitsmarktgleichgewicht infrage kommen, ist folglich identisch mit dem Teilstück der Lohnkurve links vom Maximum. Auf der einen Seite wird diese Menge der nicht dominierten Verträge, die die Zutrittsbedingung erfüllen, durch den Bestandsschutz-Vertrag $[w_B, \alpha]$ und auf der anderen durch den Anfindungs-Vertrag $[w_m, R_m]$ begrenzt, wobei $w_m = w_A(R_m)$.

Wodurch unterscheiden sich Bestandschutz- und Abfindungsvertrag? Der Bestandsschutzvertrag $[w_B, \alpha]$ ist ein spezieller A-Vertrag, der eine Kündigung ausschließt. Firma und Arbeiter vereinbaren die Reservationsproduktivität $R = \alpha$ und den Festlohn w_B. Da $R = \alpha$, ist $\lambda G(R)(1-p)z = 0$ und für den Nutzen eines Arbeitnehmers, der einen B-Vertrag schließt, können wir, wie aus Gleichung (12.17) folgt, kurz schreiben: $U_B \equiv U_A(w_B, \alpha) = u(w_B)$. Ein B-Vertrag versichert den Arbeiter z nicht nur gegen das Einkommensrisiko, sondern auch gegen das Risiko des Status- und Humankapitalverlusts.

In der Tat gibt es nur einen B-Vertrag, der nicht dominiert ist und bei dem die Firmen ihre Kosten decken und das ist der Vertrag mit dem Lohn $w_A(\alpha) = w_B$. Angenommen nämlich eine Firma bietet Bestandsschutz mit einem Festlohn w_B, für den $w_B > w_A(\alpha)$. Der erwartete Gewinn dieser Firma wäre offenbar negativ und ihr Vertrag daher kein Gleichgewichtskandidat. Ist andererseits $w_B < w_A(\alpha)$, so gibt es einen konkurrierenden B-Vertrag $[\hat{w}_B, \alpha]$, mit $w_B < \hat{w}_B \leq w_A(\alpha)$, der ebenfalls einen nicht negativen Gewinn erwirtschaftet und den anderen dominiert. Folglich ist $[w_B, \alpha]$ mit $w_B = w_A(\alpha)$ der einzige nicht dominierte B-Vertrag, der als Kandidat für das Konkurrenzgleichgewicht infrage kommt. Für den Lohn des B-Vertrags gilt $w_B = w_A(\alpha) = y[1-\lambda(1-\mu)]$.

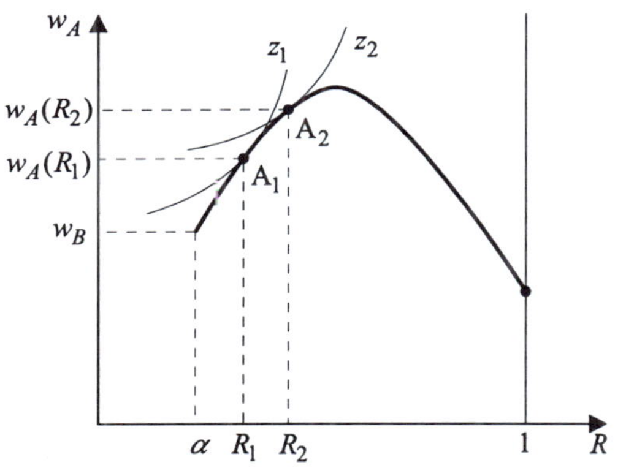

Abb. 12.9: Abfindungsverträge der Arbeitnehmer z_1 und z_2

Um die Verträge, die im Gleichgewicht des Arbeitsmarktes abgeschlossen werden, zu charakterisieren, stellen wir als nächstes die Funktion des erwarteten Nutzens (12.17) mit Hilfe von Indifferenzkurven dar, s. Abb. 12.9. Der Grenznutzen des Einkommens $\partial U_A / \partial w_A$ ist positiv, denn $\partial U_A / \partial w_A = u'(w_A) > 0$; der Grenznutzen der Reservationsproduktivität $\partial U_A / \partial R$ ist dagegen negativ, da $\partial U_A / \partial R = -\lambda g(R)(1-p)z < 0$, sofern $z > 0$. Die Kompensation, die ein Arbeitnehmer für eine höhere Trennungswahrscheinlichkeit erwartet, erhalten wir mit Hilfe seiner Grenzrate der Substitution (GRS) zwischen Lohn und Reservationsproduktivität aus

(12.20) $$GRS \equiv \frac{dw_A}{dR} = -\frac{\partial U_A / R}{\partial U_A / \partial w_A} = \frac{\lambda g(R)(1-p)z}{u'(w_A)}.$$

Die GRS ist positiv, wenn $z > 0$ und $p < 1$, die Indifferenzkurven sind folglich, wie in Abb. 12.9, monoton steigende Kurven. Indifferenzkurven die weiter links oben liegen, verkörpern einen höheren Nutzen, wie die Vorzeichen der Grenznutzen des Lohns und der Reservationsproduktivität zeigen. Die GRS nimmt mit dem Wohlfahrtsverlust der Arbeitslosigkeit z zu, und mit steigender Wahrscheinlichkeit p, einen Anschlussjob zu finden, nimmt sie ab.

Wir nehmen an, dass die Indifferenzkurven streng konvex sind und dass die Lohnkurve wie in Abb. 12.9 streng konkav ist. Hinreichend für beide Eigenschaften sind gleichverteilte Nachfrageschocks (s. Anhang 12.5, 12.6). Sind die Nachfrageschocks gleichverteilt, so ist ihre Dichte $g(x)$, für alle $x \in [\alpha, 1]$, konstant und es gilt

(A2) $$g(x) = 1/(1-\alpha).$$

Für die Arbeitnehmertypen z_1 und z_2, die im Gleichgewicht die A-Verträge $[w_A(R_1), R_1]$ und $[w_A(R_2), R_2]$ wählen, s. Abb. 12.9, ist im Nutzenmaximum die Tangentialbedingung GRS = MRA erfüllt, der Marktpreis des Risikos der Arbeitslosigkeit und die Kompensationsforderung der Arbeitnehmer stimmen im Tangentialpunkt überein. Welcher der beiden Arbeitnehmer erleidet im Fall der Arbeitslosigkeit einen höheren Verlust? Der Arbeitnehmer z_1 erleidet den höheren Verlust, wie wir nun zeigen, da $z_1 > z_2$. Da die Lohnkurve wegen (A2) streng konkav und daher die Steigung der Kurve im Tangentialpunkt A_1 größer ist als im Tangentialpunkt A_2, folgt mit (12.20), dass $z_1 / u'(w_A(R_1)) > z_2 / u'(w_A(R_2))$. Nun ist der Lohn, den z_1 erhält, jedenfalls geringer als der Vertragslohn von z_2, wie ein Blick auf Abb. 12.9 verdeutlicht, so dass mit Rücksicht auf den sinkenden Grenznutzen des Einkommens $u'(w_A(R_1)) > u'(w_A(R_2))$, und daher $z_1 > z_2$. Folglich gilt: Je höher der Status- und Humankapitalverlust ist, den ein Arbeitnehmer im Fall der Arbeitslosigkeit erleidet, umso geringer ist die Kündigungswahrscheinlichkeit und damit der Vertragslohn des Arbeitsvertrags, den der Arbeitnehmer im Gleichgewicht bevorzugt.

Die Tangentialbedingung GRS = MRA mit dem Ausgleich des Marktpreises für das Risiko der Arbeitslosigkeit und der Kompensationsforderung der Arbeitnehmer für die Übernahme des Risikos liefert die zweite Gleichgewichtsbedingung, die wir zur Lösung des Modells nach den beiden endogenen Variablen benötigen. Aus (12.19) und (12.20) folgt

(12.21) $$h(R) = -\frac{(1-p)z}{u'(w_A)}.$$

Die Zutrittsbedingung (12.18) und die Tangentialbedingung (12.21) sind die beiden Schlüsselgleichungen des Modells, mit denen wir die endogenen Variablen aller A-Verträge, die im Gleichgewicht abgeschlossen werden, bestimmen können.

Komparative Statik

Wir charakterisieren zuerst den marginalen Arbeitnehmertyp z_B, der indifferent ist zwischen dem Bestandsschutz- und dem Abfindungsprinzip. Beim B-Vertrag ist die Reservationsproduktivität $R = \alpha$ und der Marktpreis für das Risiko der Arbeitslosigkeit beträgt gemäß (A1) und (12.19): $MRA \equiv -\lambda g(\alpha)h(\alpha) > 0$. Arbeitnehmer, die eine höhere Kompensation für das Risiko der Arbeitslosigkeit verlangen, wählen den B-Vertrag, Arbeitnehmer, die mit einer geringeren Kompensation zufrieden sind, bevorzugen dagegen einen Abfindungsvertrag.

Die Kompensationsforderung des Arbeitnehmers z_B erhalten wir mit den Konditionen des B-Vertrags, wobei $GRS = \lambda g(\alpha)(1-p)z_B / u'(w_B)$. Mit der Tangentialbedingung für z_B können wir nun den z-Wert des marginalen Arbeitnehmers folgendermaßen charakterisieren

$$z_B = -\,h(\alpha)\frac{u'(w_B)}{(1-p)}. \tag{12.22}$$

Alle Arbeitnehmer, die im Fall der Arbeitslosigkeit einen Wohlfahrtsverlust z erleiden, der höher ist als z_B, bevorzugen Bestandsschutz, die anderen, für die weniger auf dem Spiel steht, präferieren demgegenüber angesichts der höheren Löhne einen Abfindungsvertrag mit einem positiven Risiko der Arbeitslosigkeit, s. Abb. 12.10.

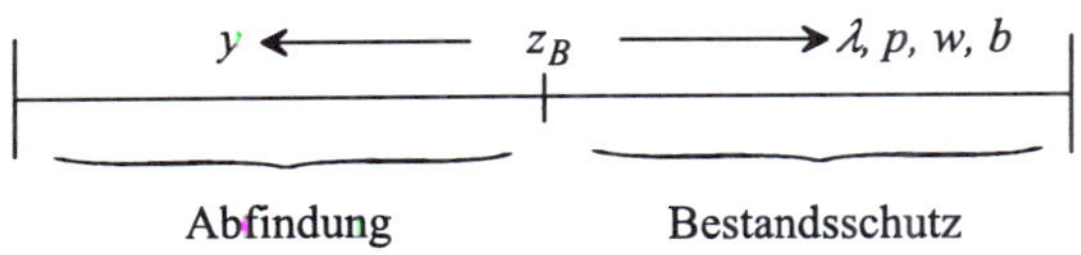

Abb. 12.10: Anteile der Arbeitnehmer, die A- und B-Verträge vereinbaren

Je höher der Lohn des B-Vertrags w_B ist, umso geringer ist der Grenznutzen des Lohns $u'(w_B)$ und umso niedriger ist der Schwellenwert z_B, wie aus (12.22) folgt, der die Arbeitnehmer, die Bestandsschutz bevorzugen, von denen trennt, die einen Vertrag mit Ex-ante-Abfindung vereinbaren. Mit steigendem w_B nimmt folglich der Anteil der Arbeitnehmer, die Bestandsschutz nachfragen, zu. Der Grund hierfür ist leicht einzusehen, denn die Arbeitnehmer, die bislang ein geringes, aber positives Risiko der Arbeitslosigkeit mit einem entsprechend höheren Lohn bevorzugt haben, können nach dem Anstieg von w_B ohne Einkommenseinbuße oder sogar mit einem Einkommensgewinn zum B-Vertrag wechseln und sich damit trotz des höheren Lohns von dem Risiko der Arbeitslosigkeit, das sie bislang mit ihrem A-Vertrag tragen mussten, befreien.

Im nächsten Schritt stellen wir die Ergebnisse der komparativ-statischen Analyse des B-Vertrags sowie der A-Verträge vor, s. Tab. 12.4 und Anhang 12.7. Für die Analyse des B-Vertrags benutzen wir die Tatsache, dass der B-Lohn durch $w_B = y[1-\lambda(1-\mu)]$ bestimmt ist. Für die Analyse des Anteils der Arbeitnehmer, die im Arbeitsmarktgleichgewicht Bestandsschutz nachfragen, verwenden wir die Bedingung des marginalen Arbeitnehmertyps (12.22). Die A-Verträge schließlich analysieren wir mit Hilfe der Lohngleichung (12.18) und der Tangentialbedingung (12.21).

Als erstes betrachten wir den B-Vertrag. Mit wachsender Produktivität y nimmt der Lohn des B-Vertrags zu. w_B sinkt demgegenüber, wenn die Rezessionswahrscheinlichkeit λ steigt. Die anderen Parameter haben keinen Einfluss auf den Lohn des Bestandsschutzvertrags, so reagiert w_B zum Beispiel nicht, wenn sich der staatliche Lohnersatz b ändert, denn der Arbeitnehmer genießt Bestandschutz und der Lohnersatz b, der Lohn des Auktionsmarktes w und die Übergangswahrscheinlichkeit p sind naturgemäß für Arbeitnehmer, die kein Risiko der Arbeitslosigkeit tragen, völlig bedeutungslos.

Als nächstes betrachten wir die endogene Grenze z_B zwischen den Arbeitnehmern, die im Gleichgewicht Bestandsschutz nachfragen und den anderen, die wegen des höheren Lohns Abfindungsverträge mit einem positiven Risiko der Arbeitslosigkeit bevorzugen, s. Abb. 12.10. Wie die Bedingung des marginalen Arbeitnehmertyps (12.22) zeigt, wirken die Parameter p, w und b direkt auf z_B, der Parameter λ wirkt dagegen nur indirekt über den B-Lohn, während der Parameter y sowohl über den B-Lohn als auch direkt über die Differenzialrente $h(\alpha) = y\alpha - pw - (1-p)b$ auf z_B Einfluss hat. Steigt y, so nehmen sowohl die Differenzialrente als auch der B-Lohn zu, beide Effekte sind je für sich bereits hinreichend, um den Schwellenwert z_B zu senken und den Anteil der Arbeitnehmer, die die Sicherheit des Bestandsschutz bevorzugen, zu erhöhen. Eine höhere Rezessionswahrscheinlichkeit λ reduziert den B-Lohn, die Folge ist, dass der Schwellenwert steigt und der Anteil der Arbeitnehmer, die Bestandsschutz nachfragen, abnimmt. Diejenigen Arbeitnehmer, die in Anpassung an das höhere Rezessionsrisiko den Bestandschutz durch einen Abfindungsvertrag mit einem allerdings kleinen Risiko der Arbeitslosigkeit ersetzen, nehmen dieses Risiko auf sich, um den Einkommensverlust zu kompensieren, den die höhere Rezessionswahrscheinlichkeit verursacht. Steigen p, w oder b, so nimmt in allen Fällen der Schwellenwert z_B zu und der Anteil der Arbeitnehmer, die Bestandsschutz nachfragen, sinkt. Auch dieses Modell zeigt, dass Bestandsschutz auf der einen und staatliche Lohnersatz auf der anderen Seite Substitute sind: Je geringer der Lohnersatz der staatlichen ALV, umso höher ist der Anteil der Arbeitnehmer, der im Arbeitsmarktgleichgewicht Bestandsschutz nachfragt. Ebenso: Je ausgeprägter die technologisch oder institutionell bedingten Arbeitsmarktfriktionen, umso geringer ist p und umso höher ist der Anteil der Erwerbspersonen, die Bestandschutz suchen. Schließlich: In einer Gesellschaft, in der die Masse aller Arbeitnehmer in rechtlich und sozial geschlossenen Betriebsgemeinschaften produzieren und umgeben sind von einem durch die Rechtsordnung (z.B. GG, BetrVG, TVG) errichteten „z-Wall" betrieblicher Kollektivgüter, würden die meisten Mitglieder der Kernbelegschaften, wie das Modell nahe legt, Bestandsschutzverträge nachfragen. Jedoch, in einer Gesellschaft, in der alle Bestandsschutz suchen, senkt allgemeiner staatlicher Kündigungsschutz, der an die Stelle der zahllosen privaten Einzelverträge tritt, die Transaktionskosten.

Tab. 12.4: Komparative Statik des B-Vertrags und der A-Verträge

	Ursache:					
Wirkung:	y	λ	p	w	b	z
w_B	+	–	0	0	0	0
z_B	–	+	+	+	+	X
w_A	+	–	+	+	+	–
R	–	+	(+)	(+)	(+)	–
A	+	–	+	?	+	–

Nimmt das Grenzprodukt der Arbeit y zu, so wachsen die Löhne der A-Verträge, während eine höhere Rezessionswahrscheinlichkeit die A-Löhne senkt und ein Anstieg von p, w oder des staatlichen Lohnersatz b die A-Löhne erhöht. Bei einer Zunahme von y reagieren die Arbeitnehmer, indem sie das Risiko der Arbeitslosigkeit reduzieren, das sie im Gleichgewicht eingehen, denn die Reservationsproduktivitäten der A-Verträge und die Kündigungswahrscheinlichkeiten $\lambda G(R)$ nehmen ab. Wenn demgegenüber die Rezessionswahrscheinlichkeit λ steigt und die A-Löhne sinken, sind die Arbeitnehmer bereit, um den Einkommensverlust aufzuhalten, ein höheres Risiko der Arbeitslosigkeit einzugehen und die Reservationsproduktivitäten nehmen zu. Die Wirkungen von p, w und b auf die Reservationsproduktivität und die Kündigungswahrscheinlichkeit sind nicht eindeutig und hängen insbesondere vom Grad der Risikoaversion der Arbeitnehmer ab. Arbeitnehmer mit geringer Risikoaversion sind bereit, infolge einer Zunahme von w oder b eine höhere Kündigungswahrscheinlichkeit zu akzeptieren, wie Tab. 12.4 zeigt.

Die letzte Zeile der Tab. 12.4 zeigt die Reaktionen der Ex-ante-Abfindung A. Da im Gleichgewicht $A = w_A - w$ haben die Reaktionen der Abfindungen und der A-Löhne in der Regel die gleichen Vorzeichen. Nur die Reaktion von A auf Änderungen von w ist nicht eindeutig.

Ist privater Bestandsschutz nachverhandlungssicher?

Eine der auffälligsten Eigenschaften des staatlichen Kündigungsrechts ist die ungeheure Masse der Feststellungsklagen und die Tatsache, dass die Rechtsordnung in den allermeisten Streitfällen das rechtsdogmatische Ziel des Bestandsschutzes verfehlt. Der kündigungsrechtliche Bestandsschutz, obwohl ein natürlicher Bestandteil einer marktwirtschaftlichen auf dem Prinzip der Vertragsfreiheit basierenden privaten Arbeitsvertragsordnung, ist durch das staatliche Kündigungsrecht und die Dominanz der staatlichen Arbeitsgerichte nachhaltig diskreditiert und unglaubwürdig geworden. Arbeitgeber fühlen sich durch den staatlichen Bestandsschutz in ihrer Produkt-, Standort- und Personalpolitik behindert, Arbeitnehmer glauben angesichts der persistenten Massenarbeitslosigkeit nicht, dass das Kündigungsschutzrecht überhaupt wirksam und mehr ist als symbolische Rechtspolitik. Viele Politiker und Ökonomen sind sogar überzeugt, dass der staatliche Bestandsschutz eine der Hauptursachen der deutschen Massenarbeitslosigkeit ist. Wir zeigen nun, dass der private Bestandsschutz nachverhandlungssicher ist und ganz im Gegensatz zum staatlichen keinen Abfindungshandel provoziert.

Angenommen die Firma gerät in eine Rezession, ihr Absatz bricht ein und sie erleidet den Verlust $yx - w_B < 0$, falls der Arbeitnehmer nicht in eine Aufhebung des Bestandsschutzvertrags einwilligt. Für die Firma wäre es jedenfalls am vorteilhaftesten, den Job stillzulegen und das Arbeitsverhältnis zu beenden, sofern sie damit ihren Verlust begrenzt. Die Firma ist bereit, dem Arbeitnehmer eine Ex-post-Abfindung A zu bezahlen, die jedoch naturgemäß nicht höher ausfallen darf als der zu vermeidende Betriebsverlust wozu A die Bedingung $A \leq A(x) \equiv w_B - yx$ erfüllen muss. $A(x) > 0$ ist die Ex-post-Abfindung, mit der die Firma indifferent ist zwischen der Fortsetzung und der Stilllegung des Jobs. Würde sich der Arbeitnehmer mit der Ex-post-Abfindung $A(x)$ besser stellen als mit dem B-Vertrag, hätten die Parteien Verhandlungsspielraum, um das Vertragsverhältnis mit einer Seitenzahlung einvernehmlich zu beenden.

Mit der Ex-post-Abfindung $A(x)$ wäre die Firma indifferent zwischen der Erfüllung und der Aufhebung des B-Vertrags. Doch für den risikoscheuen Arbeitnehmer z gilt, wie der Anhang 12.8 zeigt, dass die Erfüllung des B-Vertrags trotz des Abfindungsangebots des Arbeitgebers immer die bessere Alternative ist, da für alle $x \geq \alpha$ gilt, dass

$$u(w_B) > pu(A(x)+w)+(1-p)[u(A(x)+b)-z], \tag{12.23}$$

weshalb die Parteien über eine Vertragsauflösung kein Einvernehmen erzielen. Der B-Vertrag ist nachverhandlungssicher. Auf der linken Seite der Ungleichung findet sich der sichere Nutzen aus der Erfüllung des B-Vertrags, auf der rechten steht der erwartete Nutzen für den Fall, dass das Arbeitsverhältnis mit der Abfindung $A(x)$ endet. Mit der Wahrscheinlichkeit p findet der Arbeitnehmer nach der Trennung einen Anschlussjob und seine Budget ist $c = A(x) + w$, mit der Wahrscheinlichkeit $1-p$ wird er dagegen arbeitslos mit dem Budget $c = A(x)+b$ und dem Wohlfahrtsverlust z. Der Wohlfahrtsverlust z ist dabei mindestens so hoch wie der Schwellenwert z_B, weil ja der Arbeitnehmer andernfalls keinen B-, sondern einen A-Vertrag abgeschlossen hätte. Die Erfüllung des B-Vertrags mit dem Arbeitnehmer $z \geq z_B$ ist, wie die Ungleichung zeigt, selbst dann effizient, wenn die Firma dabei einen hohen Verlust hinnehmen muss und z.B. infolge „dringender betrieblicher Erfordernisse" nach deutschem Kündigungsschutzrecht eine sozial gerechtfertigte betriebsbedingte Kündigung aussprechen könnte.

12.4 Einfluss des Kündigungsschutz auf die Beschäftigung

Das staatliche Kündigungsschutzrecht löst eine Vielzahl mikro- und makroökonomischer Anpassungsprozesse aus. Der Wohlfahrtsstaat tritt auf den Märkten, auf denen er anbietet, in der Regel als Monopolist auf. Typisch für sein Verhalten ist es daher, zwingende rechtliche Regulierungen wie das KSchG zur Steuerung des Verhaltens von Haushalten und Unternehmen zu erlassen, ohne sich mit der Evaluation und der Kontrolle der Resultate zu befassen. Gegenwärtig ist daher nur ein Teil der allokativen Folgen des staatlichen Bestandsschutzes modellhaft erfasst und erforscht. Andere Folgen wie die für Beschäftigung und Arbeitslosigkeit sind umstritten. Die von Ökonomen häufig geäußerte Vermutung ist, dass staatlicher Bestandschutz die Beschäftigung und die Erwerbsquote senkt und die Arbeitslosigkeit erhöht. Mit Hilfe dynamischer Suchmodelle so etwa mit dem Mortensen -Pissarides-Modell von Kapitel 5 ist es einfach zu zeigen, dass Entlassungskosten die aggregierte Kündigungsrate senken, auf der anderen Seite jedoch die aggregierte Neueinstellungsrate reduzieren, so dass die Turnover-Kosten gegenläufige Effekte hervorrufen, deren Gesamteinfluss auf Beschäftigung und Arbeitslosigkeit im Allgemeinen nicht eindeutig ist. Die Wirkungen von Einstellungs- und Entlassungskosten hängen von der Informationsverteilung, den Präferenzen und Technologien der Akteure, deren Zugang zum Kapitalmarkt und speziell von der Beschaffenheit dieser Transaktionskosten selbst ab, ob sie wie Entlassungssteuern die Transaktionsrente des Match reduzieren oder ob sie wie Abfindungen die Matchrente prima facie nur umverteilen.

Das Neutralitätsresultat von *Lazear* (1990), das wir anschließend darstellen, zeigt, dass Entlassungskosten wie Abfindungen, die die Transaktionsrente prima facie nur umverteilen, beschäftigungsneutral sind. Das Neutralitätsresultat ist ein Spezialfall des Coase-Theorems, die Akteure finden einen Weg, wie sie den staatlichen Abfindungszwang umgehen. Im nächsten Abschnitt zeigen wir, wie Entlassungskosten, die im Gegensatz zu den Abfindungen des Lazear-Modells die Transaktionsrente reduzieren, sowohl die Trennungs- wie die Einstellungsrate und damit die Volatilität der Beschäftigung senken, während die durchschnittliche aggregierte Beschäftigungsmenge während eines Konjunkturzyklus mit Entlassungskosten höher oder niedriger ausfallen kann als die entsprechende Beschäftigungsmenge in der unregulierten Marktwirtschaft.

Neutralität des Kündigungsschutz

In der traditionellen neoklassischen Theorie sind alle Informationen über Markt- und Geschäftsrisiken sowie die Leistungsfähigkeit der Arbeiter kostenlos und öffentlich verfügbar. Wenn der Arbeitsmarkt darüber hinaus friktionslos und kompetitiv ist, so dass sich Anbieter und Nachfrager als Mengenanpasser verhalten und alle Marktteilnehmer risikoneutral sind und der staatliche Kündigungsschutz eine Abfindung anordnet, die im Zeitpunkt der Beendigung eines Match fällig ist, so ist die Schutzgesetzgebung neutral mit Bezug auf die im Arbeitsmarktgleichgewicht herrschende Beschäftigung. Die Marktteilnehmer wählen Verträge, die den Kündigungsschutz umgehen, wie in der folgenden Zusammenfassung des Modells von *Lazear* (1990) dargestellt wird.

Die Abb. 12.7 zeigt die Sequenz der Ereignisse des Einperiodenmodells. Zu Beginn der Periode vereinbaren die Parteien einen Arbeitsvertrag, danach beobachten die Vertragspartner das Ergebnis eines exogenen Schocks. Mit der Wahrscheinlichkeit λ, wobei $\lambda \in (0,1)$, gerät der Job in eine Rezession und wird kostenlos zerstört.

Ist das Grenzprodukt der Arbeit größer als der Lohn, fragen die gewinnmaximierenden Firmen zusätzliche Arbeitskräfte nach, bis im Marktgleichgewicht das Grenzprodukt der marginalen Firma dem Lohn entspricht: $y^* = w^*$. Ist der Lohn höher als der Anspruchslohn, bieten die Haushalte zusätzliche Arbeitsleistungen an, bis der Lohn gleich dem Reservationslohn des marginalen Arbeiters ist, so dass $w^* = w_R^*$. Im Arbeitsmarktgleichgewicht gilt daher: $y^* = w^* = w_R^*$.

Nun führt der Staat eine allgemeine Kündigungsschutzgesetzgebung ein, die bei einer Trennung den Anspruch des Arbeiters auf eine Abstandszahlung A begründet. Dabei kommt es nicht darauf an, wer kündigt, die Trennung an sich begründet den Anspruch. *Lazear* (1990) zeigt, dass im Gleichgewicht des Arbeitsmarktes mit Abfindungszwang die Beschäftigungsmenge genauso hoch ist wie im Gleichgewicht ohne den Abfindungszwang.

Eine Arbeitskraft mit Vertrag, die ex post infolge der Trennung oder der Zerstörung des Jobs keinen Anspruch auf den vereinbarten Lohn hat, erhält ihren Anspruchslohn w_R und darüber hinaus die Abfindung A. Damit der marginale Arbeiter w_R^* auch in der regulierten Ökonomie seinen Arbeitsvertrag erfüllt, muss der Lohn w_A, den die Firmen ihren Beschäftigten bezahlen, mindestens so hoch sein wie die Summe aus dem Garantielohn w_R^* und der Abfindung A, auf die der Arbeiter auch dann Anspruch hat, wenn er das Arbeitsverhältnis von sich aus kündigt, so dass

$$w_A \geq w_R^* + A . \tag{12.24}$$

Die marginale Firma y^* erfüllt den Arbeitsvertrag und produziert, solange der Lohn w_A geringer ist als die Summe aus ihrem Grenzprodukt und der eingesparten Abfindung, die fällig würde, wenn sie das Arbeitsverhältnis kündigte

(12.25) $$w_A \leq y^* + A\,.$$

Um sicherzustellen, dass auf dem Arbeitsmarkt mit Kündigungsschutz dieselbe Zahl an Arbeitskräften beschäftigt wird wie auf dem Markt ohne Schutz, muss für den Gleichgewichtslohn in der regulierten Volkswirtschaft gelten: $w_A = w_R^* + A$ und $w_A = y^* + A$. Da im Gleichgewicht der nicht regulierten Volkswirtschaft $y^* = w^* = w_R^*$, ergibt sich der Gleichgewichtslohn in der regulierten Ökonomie mit

(12.26) $$w_A = w^* + A\,.$$

Das Lohndifferenzial zwischen dem Markt mit und ohne Kündigungsschutz entspricht, wie (12.26) zeigt, genau der Abfindung. Nachdem das Kündigungsschutzgesetz verabschiedet und in Kraft getreten ist, steigt der Lohn, bis im neuen Gleichgewicht die Bedingung (12.26) gilt.

Der Arbeitsvertrag mit Kündigungsschutz ist nun im Vergleich zur flexiblen Welt für die marginale Arbeitskraft attraktiver, während es dem marginalen Unternehmer in der Welt mit Kündigungsschutz schlechter geht. Die Kündigungsschutzgesetzgebung bewirkt prima facie eine Umverteilung zugunsten der Arbeitnehmer und würde folglich ohne Korrekturen Anpassungen beim Markteintritt hervorrufen. Um diese Wirkungen des Kündigungsschutzes zu kompensieren, muss der marginale Arbeiter bei Vertragsabschluß eine Kaution k an den Arbeitgeber entrichten, die sein erwartetes Einkommen auf das Niveau des unregulierten Marktes senkt. Das erwartete Lohneinkommen in der unregulierten Ökonomie ist angesichts der Schockwahrscheinlichkeit λ: $(1-\lambda)w^*$. In der regulierten Ökonomie ergibt sich das erwartete Einkommen folgendermaßen: Mit der Wahrscheinlichkeit $1-\lambda$ wird der Arbeitsvertrag des Arbeiters erfüllt und er erhält den Lohn w_A. Mit der Wahrscheinlichkeit λ wird der Job zerstört, und der Arbeiter muss sich mit der Abfindung A zufrieden geben. Die Kaution k ist so festzulegen, dass die erwartete Entlohnung zum Zeitpunkt der Vertragsunterzeichnung derjenigen in der nicht regulierten Volkswirtschaft entspricht, weshalb im Gleichgewicht der regulierten Volkswirtschaft gilt

(12.27) $$(1-\lambda)w_A + \lambda A - k = (1-\lambda)w^*\,.$$

Setzt man (12.26) in (12.27) ein, ergibt sich für die Kaution

(12.28) $$k = A\,.$$

Um den Kündigungsschutz zu umgehen, schließen Firma und Arbeitskraft einen Vertrag, bei dem der Arbeiter zu Vertragsbeginn eine Kaution in Höhe der Abfindung entrichtet. Dabei kann der Arbeiter sicher sein, dass er die Kaution ex post zurück erhält. Denn offeriert der Arbeitgeber angesichts der guten Konjunktur einen Arbeitsplatz, wird die Kaution in Form des höheren Lohns $w_A = w^* + k$ zurückgezahlt. Bietet das Unternehmen dagegen keine Beschäftigung an, fällt die Kaution als Abfindung wieder an den Arbeiter zurück. Auf einem kompetitiven Arbeits- und Kapitalmarkt mit vollständig informierten und risikoneutralen Akteuren wird folglich der staatliche Kündigungsschutz durch die private Vereinbarung zwischen den Arbeitsmarktparteien umgangen und hat keinen Einfluss auf deren Wohlfahrt, die Effizienz des Gleichgewichts und die Beschäftigung.

Warum nimmt der Gleichgewichtslohn in der kündigungsrechtlich regulierten Volkswirtschaft, wie (12.26) zeigt, zu? Für den Lohnanstieg ist einerseits die Abfindung andererseits aber vor allem der dem Modell von Lazear implizit zugrunde liegende amerikanische Arbeitsvertrag des employment at will verantwortlich. Jeder Partner eines Employment-at-will-Vertrags hat das Recht das Arbeitsverhältnis ohne Grund, Frist und Vorankündigung zu beenden. Folglich müssen die Firmen nach Einführung des Abfindungszwangs den Arbeitskräften einen Effizienzlohn bezahlen, der die Arbeiter dazu motiviert, trotz des Abfindungsanspruchs ihrer „Arbeitspflicht" nachzukommen. Ein Effizienzlohn, der diese Wirkung hat, muss die Bedingung (12.24) erfüllen. Denn andernfalls, wenn $w_A < w_R^* + A$, verlässt der marginale Arbeiter einfach seinen Job, erhält seinen Anspruchslohn w_R^* und außerdem die gesetzliche Abfindung A. Europäisiert man den Rechtsrahmen des Modells so, dass die Abfindung nur bei einer „sozial gerechtfertigten" Trennung wie dem Eintritt einer Rezession fällig wird, so ist der Gleichgewichtslohn der regulierten Volkswirtschaft identisch mit dem Laissez-faire-Lohn und an die Stelle der Kaution tritt eine Versicherungsprämie, so dass im Gleichgewicht der Volkswirtschaft mit Abfindungszwang für den Lohn w_A und die faire Versicherungsprämie k gilt

$$(12.29) \qquad w_A = w^* \text{ und } k = \lambda A.$$

Die Umstellung des Rechtsrahmens ändert das Neutralitätsresultat von Lazear nicht, nach wie vor ist der Abfindungszwang beschäftigungsneutral, da die Akteure mit der Versicherungsprämie k einen Weg finden, die kündigungsrechtliche Regulierung zu umgehen.

Volatilität der Arbeitsnachfrage

Die Modellfirma operiert auf allen Märkten als Mengenanpasser. Der Betrachtungszeitraum umspannt zwei Perioden. In der ersten Periode ist das Grenzprodukt der Arbeit hoch, in der zweiten infolge eines Nachfrageschocks gering, so dass $y_G(l) > y_B(l)$, wobei (y_G, y_B) die Grenzprodukte der Arbeit in der ersten und zweiten Periode sind, und l die Anzahl der beschäftigten Arbeitskräfte bezeichnet. In beiden Perioden erhalten die Beschäftigten das Lohneinkommen w. In der zweiten nimmt die Firma keine Einstellungen mehr vor. Die Zeitpräferenzrate der Akteure und der Diskontsatz sind gleich null. Für Belegschaftsmitglieder, die in der zweiten Periode entlassen werden, entstehen Entlassungskosten F. Die Entlassungskosten umfassen Bürokratiekosten, die infolge der Entlassungen entstehen, wie Kosten der Rechtsberatung und des Rechtsstreits oder es handelt sich um eine Entlassungssteuer, die der Staat mit dem Ziel erhebt, die Wirkung des Konjunkturzyklus auf die Beschäftigung zu dämpfen.

In einer Volkswirtschaft ohne Entlassungssteuer ($F = 0$) passt sich das Unternehmen mit seiner Nachfrage nach Arbeitskräften an den herrschenden Lohn an und stellt in der ersten Periode l_G Arbeiter ein, wobei das Grenzprodukt der Belegschaft, wie in E_G der Abb. 12.10, dem Lohnsatz entspricht. In der zweiten Periode beschäftigt die Firma wie in E_B insgesamt l_B Arbeiter und nimmt somit $\Delta l = l_G - l_B$ Entlassungen vor. Mit positiver Entlassungssteuer und einer Belegschaft von l_G^F Arbeitskräften in der ersten und l_B^F

Employment at will

"It is true that the late nineteenth-century doctrine of 'employment at will' that employment can be terminated without notice by either side at any time and for any reason, 'for good cause, for no cause, or even for cause morally wrong'..., is in principle still the 'law of the land' for some 60 million U.S. workers, that is, the overwhelming majority of the U.S work force", stellt C.F. Büchtemann (1993) fest. Aus dem Blickwinkel eines Landes mit einem äußerst stringenten KSchG und einigen hunderttausend Kündigungsschutzklagen pro Jahr sind die neuen Rechtstheorien, welche die Gültigkeit der EAW-Doktrin in den USA einschränken, eher von geringem Gewicht. Aus amerikanischer Perspektive kommen die neuen Doktrinen demgegenüber, wie z.B. die Ökonomen J.N. Dertouzos und L.A. Karoly (1993) feststellen, einer Revolution der herrschenden Arbeitsgesetzgebung gleich: "There is no doubt that there has been a dramatic change in the U.S. legal environment in the last decade with respect to employment law. The prevailing employment-at-will doctrine ... provided considerable labor market flexibility. It has been eroded, however, by a series of new legal doctrines recognized by the state courts." Speziell handelt es sich um drei Rechtssätze, von denen vor allem der letzte dem europäischen Kündigungsschutz vergleichbar ist: "The new wrongful-termination doctrines are typically divided into three legal theories: the implied contract exception, the public policy exception, and the covenant of good faith and fair dealing." Mit Blick auf die erste Ausnahme von der EAW-Doktrin, der "implied contract exception", haben die Gerichte festgestellt, daß ein Arbeitnehmer nicht mehr "at will" und fristlos kündbar ist, "when the employer has made explicit or implicit statements that place limits on the ability of the employer to terminate the employment relationship." Zusagen des Arbeitgebers, die ihn binden, können z.B. in Organisationshandbüchern oder in Imageprospekten zu finden sein, wo den Beschäftigten eine faire Behandlung versprochen wird. Amerikanische Gerichte vertreten u.U. den Standpunkt, dass Firmenleitsätze Bestandteil des Arbeitsvertrages sind. "In contrast, the public policy doctrine prohibits employers from terminating even at-will employees when the firing violates some public policy as represented ... in statutes or regulations." So ist z.B eine Kündigung nicht ohne weiteres gültig, wenn der Anlass in der Weigerung des Arbeitnehmers bestand, eine nach den Gesetzen des Bundesstaates illegale Handlung auszuführen. "The third doctrine represents the greatest increase in employer liability in that it can imply that employees must always be fired for cause", mithin liegt der dritten Doktrin eine ähnliche Prämisse zugrunde wie dem § 1 KSchG: der Arbeitgeber muss die Entlassung mit positiven Gründen rechtfertigen können. Die folgende Tabelle informiert über die Zahl der Bundesstaaten, in denen die eine oder andere neue Doktrin von den Gerichten anerkannt wird. Allerdings, eine "comprehensive wrongful-discharge legislation has not been enacted in any state except Montana", wie der amerikanische Jurist W.B. Gould IV (1993) feststellt, "under the Montana statute, employees may not be discharged ... without 'good cause'".

	puplic policy	implied contract	good faith and fair dealing	at least one doctrine	all three doctrines
1979	9	7	3	13	0
1989	41	41	8	44	8
1999	43	42	11	47	9

In ihrer Bilanz der amerikanischen Rechtsprechung bei Kündigungsschutzklagen schreibt C. Kaps in der FAZ: „Soziale Überlegungen spielen, anders als in Europa, keine Rolle. ‚Im Gegensatz zu Deutschland behalten unsere Unternehmen die besten Arbeitnehmer und entlassen die, die sie nicht brauchen', meint Wirtschaftsanwalt Peter Solmssen. Dies ist sicherlich einer der Gründe, warum amerikanische Unternehmen angesichts der Einschränkungen des Grundsatzes der Beschäftigungsfreiheit nicht vor der Schaffung neuer Arbeitsplätze zurückschrecken. Ein anderer wesentlicher Grund liegt darin, dass die vielen Regeln, ebenfalls im Gegensatz zu Deutschland, überaus flexibel, um nicht zu sagen lax, gehandhabt werden."

Quelle: Autor/Donohue III/Schwab (2003), Büchtemann (1993), Dertouzos/Karoly (1993), Gould IV (1993) sowie FAZ v. 24.10.96, Nr. 248, S. 17

in der zweiten Periode, wobei $l_G^F \geq l_B^F$, muss die Firma – gegeben die Belegschaftsstärke der zweiten Periode –, damit rechnen, dass die Einstellung eines zusätzlichen Arbeiters zu Beginn der ersten Periode Kosten in Höhe des Lohns sowie der Entlassungskosten verursacht: $w+F$. Die Einstellung ist demnach nur vorteilhaft, wenn $y_G \geq w+F$.

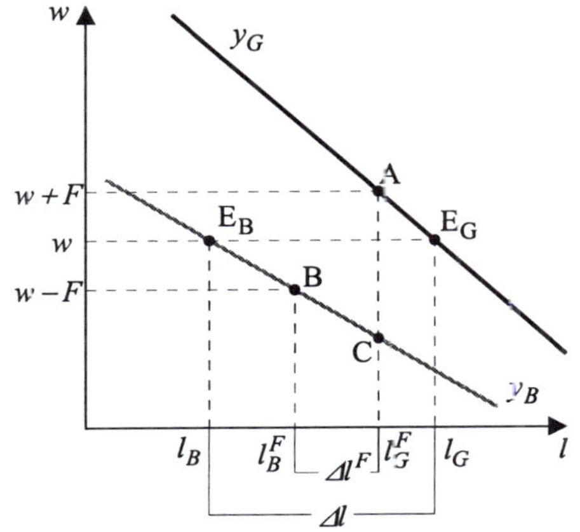

Abb. 12.11: Volatilität der Arbeitsnachfrage

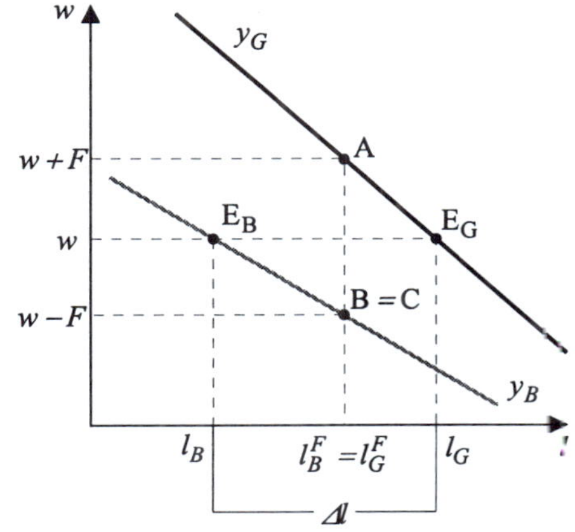

Abb. 12.12: Prohibitive Entlassungssteuer F

Die Firma wird also in der ersten Periode Einstellungen vornehmen, bis das Grenzprodukt der Belegschaft auf die Grenzkosten gefallen ist: $y_G(l_G^F) = w+F$. Offenbar ist wegen der Entlassungssteuer für den marginalen Arbeiter $y_G(l_G^F) > y_G(l_G)$, so dass, wie in Abb. 12.11, die Einstellungen im Aufschwung umso geringer ausfallen, je höher die Abfindung ist, die die Firma im nachfolgenden Abschwung zahlen muss. Wenn die Firma in der zweiten Periode – gegeben die Belegschaft aus der ersten –, ein zusätzliches Belegschaftsmitglied weiter beschäftigt, anstatt es zu entlassen, fallen einerseits für diesen Arbeiter die Lohnkosten an; andererseits erwirtschaftet er ein zusätzliches Produkt in Höhe von y_B und seine Beschäftigung erspart der Firma die Entlassungssteuer F. Eine Weiterbeschäftigung der Arbeitskraft lohnt sich infolgedessen genau dann, wenn $y_B + F \geq w$ bzw. wenn $y_B \geq w - F$. Im Firmengleichgewicht ist das Grenzprodukt der nicht entlassenen Belegschaftsmitglieder gleich der Differenz aus Lohnkosten und ersparter Abfindung, so dass $y_B(l_B^F) = w - F$. Im Abschwung gilt daher, vergleicht man die Fälle mit und ohne Abfindung, dass $y_B(l_B^F) < y_B(l_B)$, weshalb wie in Abb. 12.10: $l_B^F > l_B$. Mit einer Entlassungssteuer in Höhe von F ist $\Delta l^F = l_G^F - l_B^F$ die gewinnmaximale Anzahl von Entlassungen. Diese sinkt mit steigenden Entlassungskosten: $\Delta l^F < \Delta l$. Die Entlassungssteuer reduziert, wie von ihren Befürwortern betont, die Entlassungen während des Abschwungs. Da die Unternehmen die Wirkungen des Schutzgesetzes vorwegnehmen, stellen sie bereits im Aufschwung weniger Arbeitskräfte ein und verringern mithin über den Konjunkturzyklus die Volatilität ihrer Arbeitsnachfrage. Ob die durchschnittliche Beschäftigungsmenge während des Konjunkturzyklus größer oder u.U. auch geringer ist als in einer Volkswirtschaft ohne Entlassungssteuer, kommt auf die weiteren Umstände wie insbesondere die Elastizität der Arbeitsnachfrage und des Arbeitsangebots an.

Dass eine zunehmende Entlassungssteuer die Volatilität der Arbeitsnachfrage senkt, macht man sich an Hand der Abb. 12.11 klar. Mit steigendem F wandert Punkt A auf der Grenzproduktskurve y_G nach oben und die Einstellungen in Periode 1 nehmen ab. Zugleich bewegt sich Punkt C in Richtung von B. Der Punkt B andererseits wandert auf der Grenzproduktskurve y_B in die entgegengesetzte Richtung, und die Zahl der Entlassungen in Periode 2 wird daher umso geringer ausfallen, je höher F ist. Der Endpunkt des zulässigen Bereichs ist erreicht, sobald die Entlassungssteuer, wie in Abb. 12.12, eine Höhe hat, bei der die Punkte B und C zusammenfallen. Die Entlassungssteuer wirkt prohibitiv. Es ist optimal, alle in Periode 1 eingestellten Arbeitskräfte in der Phase der Rezession weiter zu beschäftigen, mit anderen Worten, die Firma hortet während der Rezession Arbeitskräfte.

Zusammenfassung

Das staatliche Kündigungsschutzrecht, das im BGB, im KSchG sowie in zahlreichen Sondergesetzen kodifiziert ist, ist das Pivotelement des deutschen Individualarbeitsrechts. Aus juristischem Blickwinkel hat das Kündigungsschutzrecht zwei Ziele, die Vermeidung von Arbeitslosigkeit sowie den individuellen Arbeitnehmerschutz. Die Idee, mit den Instrumenten des staatlichen Rechts, moderne Industrie- und Dienstleistungsgesellschaften zu gestalten, die Gründung von Vakanzen, den Strukturwandel, die Auflösung unrentabler Stellen und Standorte zu steuern, hat trotz des Schicksals der osteuropäischen Volkswirtschaften und der persistenten europäischen Massenarbeitslosigkeit, kaum an Zuspruch und Attraktivität eingebüsst. Ob das KSchG allerdings geeignet ist, Arbeitslosigkeit zu vermeiden, wird heute sogar von vielen Juristen bezweifelt. Die Mehrheitsmeinung unter den Experten des Arbeitsrechts distanziert sich von den traditionellen beschäftigungspolitischen Zielen überhaupt und vertritt eine der folgenden Neutralitätsthesen. Die starke These behauptet, das KSchG sei allokativ neutral, das Gesetz habe rechtliche, politische, kulturelle und andere, doch keine wirtschaftlichen Folgen. Die schwache Neutralitätsthese sieht dagegen im KSchG ein vom Staat errichtetes „Bollwerk", mit dem sich die Arbeitsplatzbesitzer gegen die „Usurpation" ihrer Arbeitsplätze durch das wachsende Heer der arbeitslosen Jobsucher schützen. Davon abgesehen sei es jedoch „eine schlichte Binsenweisheit, dass der Marktmechanismus bedingt, dass die Wirtschaft insgesamt genau so viele Arbeitsplätze vorhält, wie sie nach den Vorstellungen der ... Unternehmer ... benötigt. Deswegen schafft Kündigungsschutz keinen einzigen Arbeitsplatz ... Kündigungsschutz vernichtet aber auch keine Arbeitsplätze" (*Berkowsky* 2000, 341 f), heißt es zur Erläuterung der schwachen Neutralitätsthese an juristisch maßgebender Stelle. Die Arbeitsgerichte, um individuellen Arbeitnehmerschutz bemüht, organisieren demnach mit dem KSchG ein Konstantsummenspiel. Die Spieler sind die Arbeitsplatzbesitzer und die arbeitslosen Jobsucher. Im Mittelpunkt des Spiels steht eine „rein betriebswirtschaftlich" determinierte Anzahl von Arbeitsplätzen, auf die das Recht keinen Einfluss hat. Eine Flexibilisierung des staatlichen Kündigungsschutzrechts, bei dem etwa die Akteure und ihre Interessenverbände den Kündigungsschutz selbst gestalten, schafft weder Arbeitsplätze noch Wachstum, erhöht allerdings die Chancen der Arbeitslosen, ohne das Bollwerk schneller einen Arbeitsplatz zu finden. „Aber der Arbeitslose würde nicht viel gewinnen" so *Dorndorf* (2000, 1938 ff) in einem Kommentar der Deregulierungsdebatte des Deutschen Juristentags 2000,

„wenn er erwarten müsste, auf dem gefundenen Arbeitsplatz genauso entwürdigend behandelt zu werden wie der gekündigte Arbeitnehmer, dessen Arbeitsplatz er übernehmen könnte. Der Arbeitslose würde nur die Erniedrigung durch Arbeitslosigkeit austauschen gegen die Entwürdigung durch übermäßige Abhängigkeit."

Staatlicher Arbeitnehmerschutz gründet auf zwei Prinzipien, dem Bestandsschutz und dem Inhaltsschutz. Jener gewährt ein Recht auf das mit dem Arbeitsvertrag begründete Arbeitsverhältnis. Der Inhaltsschutz verschafft darüber hinaus ein Recht auf die Kernbestandteile des Arbeitsvertrags, insbesondere auf den Lohn. Das KSchG begrenzt mithin das Direktionsrecht des Arbeitgebers, der die Erforderlichkeit eine (Änderungs-) Kündigung durch „wichtige" oder „sozial gerechtfertigte Gründe" beweisen muss. Auf die Fragen nach dem Warum und Wozu des staatlichen Bestandsschutz findet man in der juristischen Fachliteratur annährend so viele Antworten wie Experten, die sich zum Recht der Arbeit äußern. Diese Unbestimmtheit der Rechtstheorie und Rechtsprechung ist bemerkenswert, wenn man bedenkt, dass viele (inter-) nationale Beobachter im staatlichen Kündigungsschutzrecht eine der Hauptursachen für die deutsche Massenarbeitslosigkeit, insbesondere für die schnell wachsende Zahl der Langzeitarbeitslosen erblicken. Bemerkenswert ist die Unbestimmtheit von Theorie und Urteil aber auch, weil das KSchG eine mit der Massenarbeitslosigkeit korrelierte Flut von Feststellungsklagen hervorruft, reine Rent-seeking-Aktivitäten die meisten, wie es scheint, bei denen die Arbeitsgerichte nur als Kulisse für die Jagd nach Abfindungen und den zu erstattenden Lohnausfall fungieren. Die Idee des Bestandschutzes ist, verfolgt man die Diskussionen der Öffentlichkeit, durch das staatliche Kündigungsschutzrecht und die Arbeitsgerichte diskreditiert. Aus dem Blickwinkel der Unternehmen ist das KSchG eine bürokratische Hürde, Personalpolitik besteht in der Suche nach Wegen, die Hürde zu umgehen. Experten des Arbeitsrechts, vom Staat ausgebildet, laden Personalverantwortliche mit großem Erfolg zu Seminaren über die Lücken, Widersprüche und Mehrdeutigkeiten des KSchG und der einschlägigen Gerichtsurteile. Arbeitnehmer und sechs Millionen Arbeitslose betrachten das Versprechen des Kündigungsschutz als Hohn, kaum ein anderer Teil des deutschen Arbeitsrechts erscheint vielen so leerformelhaft und unglaubwürdig wie die Materie des staatlichen Kündigungsschutzrecht.

Aus dem Blickwinkel der ökonomischen Theorie ist privatvertraglicher oder zwingender staatlicher Kündigungsschutz eine Versicherung gegen das Einkommensrisiko der Arbeitslosigkeit sowie das Risiko der „Arbeitslosigkeit an sich". Selbst mit einer Lohnersatzrate von hundert oder mehr Prozent wäre Arbeitslosigkeit, so eine weit verbreitete These, mit einem Wohlfahrtsverlust verbunden, der von dem Status- und Humankapitalverlust, der sozialen Isolation sowie dem Verlust betrieblicher Kollektivgüter hervorgerufen würde. Die Modelle der mikroökonomischen Theorie des Bestandsschutz zeigen, das auf einem kompetitiven Arbeitsmarkt bei symmetrischer Information Arbeitsverträge mit individuellen Kündigungsfristen, Abfindungen, Lohnersatzleistungen und Bestandsschutzklauseln angeboten werden. Im Gleichgewicht des Arbeitsmarktes entsteht ein privatvertraglich fundiertes Arbeitsrecht, das im Gegensatz zum staatlichen nicht universalistisch, sondern mit Blick auf die Heterogenität und die spezifischen Präferenzen des einzelnen Arbeitnehmers konfiguriert ist. Warum dann ein staatliches Kündigungsschutzrecht? Informationsasymmetrien, externe Effekte und das wirtschaftspolitische Ziel, mit den Instrumenten der Rechts- und Fiskalpolitik Beschäftigungszyklen, die Umschlagshäufigkeit der Arbeit, den strukturellen Wandel und die Innovationsgeschwindigkeit zu moderieren, sind die vorläufigen Antworten der ökonomischen Theorie.

Insbesondere die Beschäftigungswirkungen des Kündigungsschutzrechts sind umstritten. Es gibt nicht nur juristische Neutralitätsthesen. Das Neutralitätsresultat von Lazear zeigt unter der Voraussetzung risikoneutraler, vollständig informierter Arbeitsmarktteilnehmer, dass Entlassungskosten in Form von gesetzlichen Abfindungen beschäftigungsneutral sind. Die Akteure neutralisieren die Umverteilung, die die Abfindung prima facie verursacht, durch eine geeignete Gestaltung des Arbeitsvertrags und umgehen das staatliche Kündigungsschutzrecht. Entlassungskosten dagegen, die die Transaktionsrente eines Jobs schmälern, wie die Kosten der Nutzung der Arbeitsrechtsordnung oder eine Steuer auf die Zahl der Entlassungen, beeinflussen die aggregierte Beschäftigung und reduzieren vor allem ihre Volatilität.

Anhang

A12.1 Marktpreis des Kündigungsschutz und Grenzrate der Substitution (MPK, GRS)

Die partiellen Ableitungen des Kapitalwerts einer ungekündigten Stelle nach dem Lohn und der Kündigungsfrist ergeben sich mit (12.6) zu

$$J_w = -\frac{1+(r+p+\lambda)F}{(r+\lambda)[1+(r+p)F]} < 0\,, \qquad J_F = -\frac{\lambda w}{(r+\lambda)[1+(r+p)F]^2} < 0\,.$$

Hieraus folgt die Beziehung (12.10) für den MPK

(A1) $$MPK \equiv \frac{dw}{dF} = -\frac{\lambda w}{[1+(r+p)F][1+(r+p+\lambda)F]} < 0\,.$$

Die Ableitung von (A1) nach F ergibt

(A2) $$\frac{dMPK}{dF} = 2\lambda w \frac{\lambda+(r+p)[1+(r+p+\lambda)F]}{[1+(r+p)F]^2[1+(r+p+\lambda)F]^2} > 0\,.$$

Die partiellen Ableitungen des Nutzens des gekündigten Arbeiters (12.7) lauten

$$\frac{\partial W_n}{\partial w} = \frac{u'(w)F}{1+(r+p)F} > 0\,, \qquad \frac{\partial W_n}{\partial F} = \frac{u(w)-u(b)}{[1+(r+p)F]^2}\,.$$

Offenbar ist $\partial W_n / \partial F \geq 0$ genau dann, wenn für die Lohnersatzquote $b/w \leq 1$. Bildet man nun die partiellen Ableitungen des Nutzens des ungekündigten Arbeiters (12.6) und berücksichtigt die oben gefundenen Ergebnisse, so erhält man

$$W_w = \left(1+\frac{\lambda F}{1+(r+p)F}\right)\frac{u'(w)}{r+\lambda} > 0\,, \quad W_F = \frac{\lambda[u(w)-u(b)]}{(r+\lambda)[1+(r+p)F]^2} > 0\,.$$

Hieraus folgt die Beziehung (12.11) für die GRS des Arbeitnehmers

$$(A3) \qquad GRS \equiv \frac{dw}{dF} = -\frac{\lambda[u(w)-u(b)]}{u'(w)[1+(r+p+\lambda)F][1+(r+p)F]} .$$

Die Ableitung der GRS nach der Kündigungsfrist F ergibt nach einigen Umformungen

$$(A4) \quad \frac{dGRS}{dF} = -\frac{1}{Nu'(w)}\frac{dw}{dF}\Big[2(u'(w))^2[\lambda+(r+p)[1+(r+p+\lambda)F]-\lambda u''(w)[u(w)-u(b)]\Big],$$

wobei $N = u'(w)[1+(r+p+\lambda)F][1+(r+p)F] > 0$. Ist der Arbeitnehmer risikoscheu, $u''(w) < 0$, und ist die Lohnersatzrate kleiner als eins, $b/w < 1$, dann ist nicht nur die GRS negativ, $dw/dF < 0$, sondern die Indifferenzkurven sind konvex, $dGRS/dF > 0$, wie (A4) zeigt.

Im Tangentialpunkt $[w(F_1), F_1]$ ist die Bedingung erster Ordnung für ein Maximum des beschränkten Optimierungsproblems erfüllt: MPK = GRS. Die Bedingung zweiter Ordnung gilt, wenn die Indifferenzkurve im Tangentialpunkt eine stärkere Krümmung aufweist als die Iso-Gewinnkurve, so dass $dGRS/dF \geq dMPK/dF$. Setzt man (A2) und (A4) in die Ungleichung ein, so stellt man nach kurzer Rechnung fest, dass die Bedingung zweiter Ordnung genau dann erfüllt ist, wenn $-\lambda u''(w)[u(w)-u(b)] \geq 0$. Folglich ist $[w(F_1), F_1]$ tatsächlich der Arbeitsvertrag, der das Maximierungsproblem löst.

A12.2 Ausschluss der arbeitgeberseitigen Kündigung

Aus der Beziehung für den Nutzen des gekündigten Arbeitnehmers (12.7) folgt

$$\lim_{F\to\infty} W_n = [u(w)+\overline{W}]/(r+p) .$$

Einsetzen in die Gleichung für den Nutzen des ungekündigten Arbeitnehmers ergibt $W(w,\infty) = u(w)/r$, wobei man berücksichtigt, dass im Steady state $W(w,F) = \overline{W}$. Setzt man das letzte Resultat wieder in die Gleichung für W_n ein, folgt die Behauptung $W = W_n = u(w)/r$.

A12.3 Komparativ-statische Analyse des effizienten Arbeitsvertrags

Im Fall der inneren Lösung ist MPK = GRT und aus den Beziehungen (12.10) und (12.11) folgt mit Blick auf die Lohngleichung (12.8) die implizite Bestimmungsgleichung für den effizienten Lohn w mit

$$(A5) \qquad L(w,b) \equiv [u(w)-u(b)] - u'(w)w = 0 .$$

Löst man diese Gleichung nach w auf und setzt das Ergebnis in (12.8) ein, so erhält man die effiziente Kündigungsfrist F. Die partiellen Ableitungen der obigen Gleichung nach w und b lauten

$$L_w = -u''(w)w > 0, \quad L_b = -u'(b) < 0 .$$

Offenbar haben die Parameter r, p, λ und y keinen direkten Einfluss auf die Funktion L, so dass Schocks, die auf diese Parameter wirken, keine Wirkung auf den effizienten Lohn haben und allein von der effizienten Kündigungsfrist absorbiert werden. Für Schocks, die von der Übergangsrate p hervorgerufen werden, bedeutet dies zum Beispiel Folgendes. Mit der Lohngleichung (12.8) erhält man zunächst die Ableitungen von w nach F und p mit

$$w_F = -\frac{\lambda y}{[1+(r+p+\lambda)F]^2} < 0, \qquad w_p = -w_F F^2 \geq 0 .$$

Da Schocks, die auf den Parameter p wirken, den Lohn w nicht beeinflussen, gilt für die Anpassung der Kündigungsfrist F: $dF / dp = -w_p / w_F$, so dass $dF / dp = F^2 \geq 0$.
Die Wirkung des Schocks dp auf die Länge der Verlustphase d, ergibt sich aus $d = F /(1+pF)$ mit

$$\frac{dd}{dp} = \frac{F^2(1+pF) - F(F+pF^2)}{(1+pF)^2} = 0 .$$

A12.4 Umsatzfunktionen

Der erwartete Umsatz eines Jobs mit B-Vertrag ist: $Ey = (1-\lambda)y + \lambda\int_\alpha^1 yxdG(x)$, woraus sich $Ey = (1-\lambda)y + \lambda\mu y$ und schließlich $Ey = y[1-\lambda(1-\mu)]$ ergibt.

Der erwartete Umsatz eines Jobs mit Abfindungsvertrag beläuft sich auf $Ey(R) = (1-\lambda)y + \lambda\int_R^1 yxdG(x)$, woraus sich $Ey(R) = (1-\lambda)y + \lambda\mu(R)y$ und schließlich (12.14) ergibt, wobei $\mu(R) = \int_R^1 x\,dG(x)$, wofür: $\mu'(R) = -Rg(R) < 0$, so dass $Ey'(R) = y\lambda\mu'(R) < 0$.

A12.5 Konkavität der Lohnfunktion (12.18)

1. Mit Rücksicht auf die Umsatzfunktion (12.14) ergibt sich für die Ableitung der Lohngleichung: $dw_A / dR = y\lambda\mu'(R) + \lambda G'(R)[pw + (1-p)b]$. Berücksichtigt man, dass $\mu'(R) = -Rg(R)$ und $G'(R) = g(R)$, so erhält man für den Marktpreis des Risikos der Arbeitslosigkeit die Beziehung (12.19).

2. Ableiten der Lohnfunktion (12.18) nach R ergibt mit Rücksicht auf $\mu'(R) = -Rg(R)$

$$\begin{aligned}\frac{dw_A}{dR} &= y\lambda(-Rg(R)) + \lambda g(R)[pw + (1-p)b] \\ &= -\lambda g(R)h(R)\end{aligned} .$$

Wenn die Dichte g differenzierbar ist, gilt für die zweite Ableitung der Lohnfunktion

$$\frac{d^2 w_A}{dR^2} = -\lambda[g'(R)h(R) + g(R)y] .$$

Da $g(R) > 0$ und auf dem steigenden Ast der Lohnkurve $h(R) \leq 0$, ist die Annahme $g'(R) \leq 0$ hinreichend für die strenge Konkavität des steigenden Asts der Lohnkurve.

A12.6 Konvexität der Indifferenzkurven

Aus (12.20) folgt

$$\frac{d^2 w_A}{dR^2} = \lambda(1-p)z \frac{g'(R)u'(w_A) - g(R)u''(w_A)\dfrac{dw_A}{dR}}{(u'(w_A))^2}.$$

Die Annahme $g'(R) \geq 0$ ist offenbar mit Rücksicht auf $dw_A / dR > 0$ eine hinreichende aber nicht notwendige Bedingung für $d^2 w_A / dR^2 > 0$, wenn die Arbeitnehmer risikoscheu sind, so dass $u''(w_A) < 0$.

A12.7 Komparative Statik

1. Lohngleichung (12.18) und Tangentialbedingung (12.21) können wir als implizite Funktionen der beiden endogenen und der sechs exogenen Variablen schreiben

$$J^1(w_A, R; y, \lambda, p, w, b, z) \equiv y[1 - \lambda(1 - \mu(R))] + \lambda G(R)[pw + (1-p)b] - w_A = 0$$

$$J^2(w_A, R; y, \lambda, p, w, b, z) \equiv h(R) + \frac{(1-p)z}{u'(w_A)} = 0.$$

Die partiellen Ableitungen der beiden Gleichgewichtsbedingungen lauten, wobei wir für die Bestimmung der Vorzeichen die Annahmen $w > b > 0$ und $z > 0$ verwenden und berücksichtigen, dass im Gleichgewicht $h(R) < 0$,

$$J^1_{w_A} = -1 < 0 \qquad J^2_{w_A} = -\frac{(1-p)z\,u''(w_A)}{(u'(w_A))^2} > 0$$

$$J^1_R = -\lambda g(R)h(R) > 0 \qquad J^2_R = y > 0$$

$$J^1_y = 1 - \lambda(1 - \mu(R)) > 0 \qquad J^2_y = R > 0$$

$$J^1_\lambda = -\frac{y - w_A}{\lambda} < 0 \qquad J^2_\lambda = 0$$

$$J^1_p = (w-b)\lambda G(R) > 0 \qquad J^2_p = -(w-b) - \frac{z}{u'(w_A)} < 0$$

$$J^1_w = \lambda G(R)p > 0 \qquad J^2_w = -p < 0$$

$$J^1_b = \lambda G(R)(1-p) > 0 \qquad J^2_b = -(1-p) < 0$$

$$J^1_z = 0 \qquad J^2_z = \frac{(1-p)}{u'(w_A)} > 0.$$

Mit der Cramerschen Regel und dem Theorem über implizite Funktionen (s. Rechenregeln) ergeben sich die Vorzeichen der Tabelle 12.4. Dabei benutzen wir zusätzlich die

Annahme gleichverteilter Schocks (A2) sowie die folgenden Determinanten, mit denen man zum Beispiel $dw_A / d\lambda = J_{w_A\lambda} / J < 0$ und $dR / d\lambda = J_{R\lambda} / J > 0$ erhält.

$$J \equiv \begin{vmatrix} J^1_{w_A} & J^1_R \\ J^2_{w_A} & J^2_R \end{vmatrix} = -\left[y + \lambda g(R)h(R)\frac{(1-p)zu''(w_A)}{(u'(w_A))^2} \right] < 0$$

$$J_{w_A y} \equiv \begin{vmatrix} -J^1_y & J^1_R \\ -J^2_y & J^2_R \end{vmatrix} = -y[1-\lambda(1-\mu(R))] - \lambda g(R)h(R)R < 0 \qquad \text{[mit (A2)]}$$

$$J_{Ry} \equiv \begin{vmatrix} J^1_{w_A} & -J^1_y \\ J^2_{w_A} & -J^2_y \end{vmatrix} = R - [1-\lambda(1-\mu(R))]\frac{(1-p)zu''(w_A)}{(u'(w_A))^2} > 0$$

$$J_{w_A\lambda} \equiv y(y-w_A)/\lambda > 0, \qquad J_{R\lambda} \equiv \frac{(y-w_A)}{\lambda}\frac{(1-p)zu''(w_A)}{(u'(w_A))^2} < 0$$

$$J_{w_A p} \equiv -\lambda G(R)y(w-b) - \frac{yR-w}{1-p}\lambda g(R)h(R) < 0$$

$$J_{Rp} \equiv -(w-b)\left[1+\lambda G(R)\frac{(1-p)zu''(w_A)}{(u'(w_A))^2}\right] - \frac{z}{u'(w_A)} \lesseqgtr 0$$

$$J_{w_A w} \equiv -\lambda p\left[G(R)y - g(R)h(R)\right] < 0$$

$$J_{Rw} \equiv -p\left[1+\lambda G(R)\frac{(1-p)zu''(w_A)}{(u'(w_A))^2}\right] \lesseqgtr 0$$

$$J_{w_A b} = J_{w_A w}(1-p)/p < 0, \qquad J_{Rb} = J_{Rw}(1-p)/p$$

$$J_{w_A z} \equiv -\lambda g(R)(1-p)h(R)/u'(w_A) > 0, \qquad J_{Rz} \equiv (1-p)/u'(w_A) > 0.$$

2. Aus (12.22) folgt

$$\frac{dz_B}{dy} = -\frac{\alpha u'(w_B) + h(\alpha)u''(w_B)\frac{dw_B}{dy}}{(1-p)} < 0$$

$$\frac{dz_B}{d\lambda} = -\frac{h(\alpha)u''(w_B)}{(1-p)}\frac{dw_B}{d\lambda} > 0, \qquad \frac{dz_B}{dp} = -\frac{u'(w_B)(y\alpha - w)}{(1-p)^2} > 0$$

$$\frac{dz_B}{dw} = \frac{u'(w_B)p}{(1-p)} > 0, \qquad \frac{dz_B}{db} = u'(w_B) > 0.$$

A12.8 Nachverhandlung

Angenommen die Ex-post-Abfindung $A(x) = w_B - yx$ veranlasst den Arbeitnehmer z, der Trennung zuzustimmen. Dann gilt statt der Ungleichung (12.23), dass

$$u(w_B) \leq pu(A(x) + w) + (1 - p)[u(A(x) + b) - z].$$

Hieraus folgt mit Blick auf die strenge Konkavität der Nutzenfunktion u, dass

$$\begin{aligned} u(w_B) &\leq pu(A(x) + w) + (1 - p)[u(A(x) + b) - z] \\ &< u\big(p(w_B - yx + w) + (1 - p)(w_B - yx + b)\big) - (1 - p)z \\ &< u(w_B - h(x)) - (1 - p)z \end{aligned}$$

Angesichts der Bedingung für den marginalen Arbeitnehmertyp (12.22) sowie der Tatsache, dass $(1 - p)z \geq (1 - p)z_B$, folgt mit Rücksicht auf die Konkavität der Nutzenfunktion u aus der obigen Ungleichung

$$\begin{aligned} -h(\alpha)u'(w_B) &= (1 - p)z_B \\ &< u(w_B - h(x)) - u(w_B) \\ &< -h(x)u'(w_B) \end{aligned}$$

woraus schließlich $h(\alpha) \equiv y\alpha - pw - (1 - p)b > yx - pw - (1 - p)b \equiv h(x)$ und somit $x < \alpha$ im Widerspruch zur Voraussetzung $x \geq \alpha$ folgt. Mithin ist die strenge Ungleichung (12.23) gültig und eine einvernehmliche Trennung kommt nicht zustande.

Teil IV: Kapitalmangel und Technischer Fortschritt

13 Kapitalmangel und Lohnschere

Bei anhaltender Massenarbeitslosigkeit und normal ausgelastetem Produktionspotenzial attestieren viele Beobachter den europäischen Volkswirtschaften eine chronische „Kapitalmangelarbeitslosigkeit" und empfehlen als Therapie höhere Wachstumsraten. Der Zusammenhang von Wachstum und Beschäftigung wird uns in den folgenden Kapiteln beschäftigen. In diesem analysieren wir den Persistenz erzeugenden Mechanismus des Kapitalmangels in einer stationären Wirtschaft. Die in den Abb. 13.1 und 13.2 dargestellten Zeitreihen der Arbeitslosenquote, der Bruttoinvestitionsquote und der Auslastung des Produktionspotenzials deuten darauf hin, dass Einflussfaktoren existieren, die einen trendmäßigen Anstieg der Arbeitslosenquote verursachen und zugleich die Unternehmen veranlassen, ihren Kapitalstock abzubauen. Dabei entsteht ein zyklisch um die Normallinie schwankender Auslastungsgrad und zugleich Kapitalmangelarbeitslosigkeit: Der Kapitalstock, der bei einer durchschnittlichen Kapitalintensität benötigt würde, um vier, fünf oder sechs Millionen Erwerbslose zu beschäftigen, steht der Volkswirtschaft gar nicht zur Verfügung. Zu den Einflussfaktoren, die eine Kapitalmangelarbeitslosigkeit verursachen, gehören die Anpassungskosten der Investitionen sowie die Lohnschere. Wegen der Anpassungskosten benötigt der Auf- und der Abbau des Kapitalstocks Zeit. Untersuchungen (Herz/Röger 1995) belegen, dass die Anpassungskosten in Deutschland während der siebziger und achtziger Jahre um mehrere hundert Prozent zugenommen haben, eine Entwicklung, die nicht zuletzt auf die Technologie- und Standortauflagen der Umweltpolitik zurückzuführen ist. Zugleich hat sich die Konvergenzgeschwindigkeit des Kapitalstocks im Vergleich zu den Nachkriegsjahrzehnten mehr als halbiert.

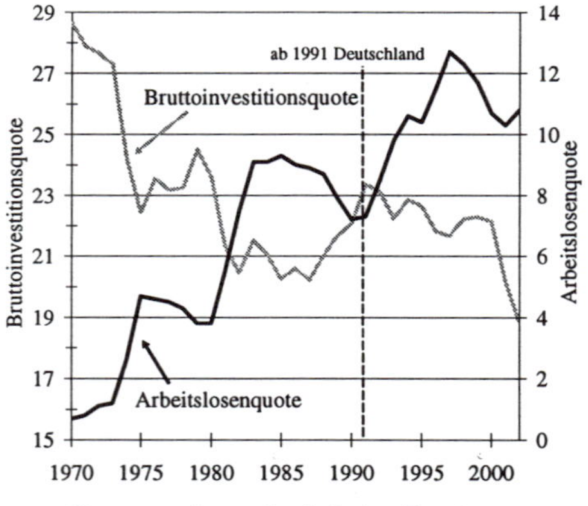

Abb. 13.1: Investitionen und Arbeitslosigkeit

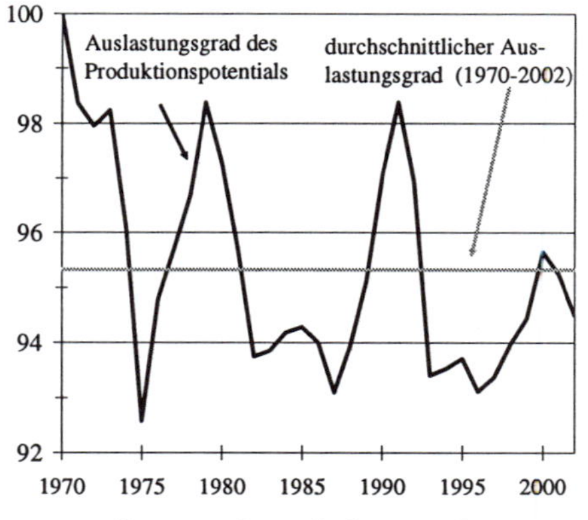

Abb. 13.2: Auslastungsgrad des Produktionspotenzials

Die Lohnschere x misst das Verhältnis des realen Produzentenlohns w^b zum realen Konsumentenlohn w^n, $w^b = xw^n$. Die in Abb. 13.3 dargestellte Messziffer für die Lohnschere (LS) ist wie folgt definiert

$$\text{LS} = \frac{(\text{BLG} + \text{Sozialbeitrag der AG}) \,/\, \text{Preisindex des BIP}}{\text{NLG} \,/\, \text{Verbraucherpreisindex}} \tag{13.1}$$

Im Zähler von (13.1) sind mit der Bruttolohn- und Gehaltssumme (BLG) und dem Sozialbeitrag der Arbeitgeber (AG) sämtliche Personalzusatz- und Personalnebenkosten sowie außerdem die in der BLG enthaltene Lohnsteuer verrechnet und mit dem Preisindex des BIP gewichtet. Der Nenner misst dagegen die reale Nettolohn- und Gehaltssumme (NLG) berechnet mit dem Verbraucherpreisindex (VPI).

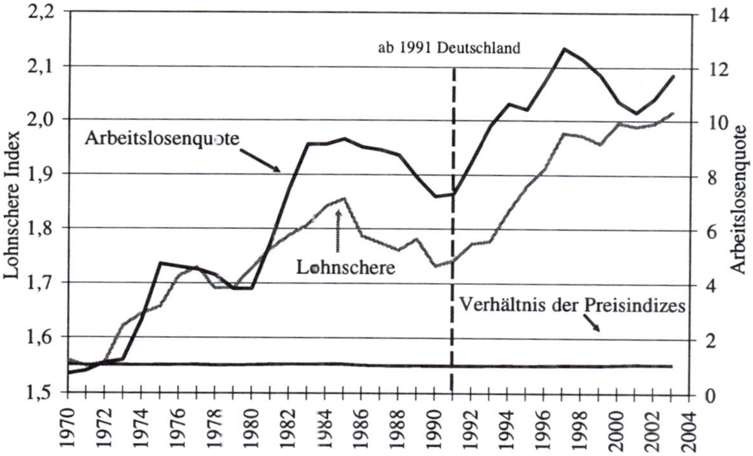

Ursprungsdaten: Statistisches Bundesamt, Basisjahr 1995, eigene Berechnungen

Abb. 13.3: Lohnschere

In der Lohnschere spiegeln sich neben Änderungen der Steuergesetze, der Beitragssätze zur staatlichen Arbeitslosen-, Kranken-, Renten- und Pflegeversicherung, die vor allem nach den Steuerentlastungen in der zweiten Hälfte der achtziger zu Beginn der neunziger Jahre zu verzeichnen waren, auch die Dynamik des Verbraucherpreisindexes und des Bruttoinlandsproduktes wider. Bei der Berechnung des realen Produzentenlohns – mit dem Preisindex des BIP – und des realen Konsumentenlohns – mit dem VPI – wird unterstellt, dass Unternehmen die Nominallohnkosten mit ihren Absatzpreisen deflationieren, um die entscheidungsrelevanten realen Lohnkosten zu ermitteln, während die Arbeitnehmer bei ihren Lohnforderungen vor allem den Verbraucherpreisindex heranziehen, um die Entwicklung ihres für den Konsum verfügbaren Realeinkommens abzuschätzen. Der Preisindex für das BIP umfasst die Ausfuhrpreise, der VPI reagiert auf Schwankungen der Importpreise, da ein Teil des konsumierten Warenkorbes aus importierten Produkten besteht. Mithin sind die Terms of trade ein weiterer Einflussfaktor, der auf die Höhe der Lohnschere wirkt und der für einen Kapitalmangel ursächlich sein kann. Die Terms of trade messen das Verhältnis der Export- zu den Importgüterpreisen.

Nehmen die Terms of trade eines Landes zu, kann das Land mit seinen Exporterlösen eine größere Gütermenge importieren. Ein negativer Terms-of-trade-Schock wie die Ölpreiserhöhungen in den siebziger Jahren spreizt die Lohnschere, eine Verbesserung der Handelsposition verringert dagegen den Keil zwischen realem Produzenten- und realem Konsumentenlohn. Die wesentlichen Gründe für das Wachstum der Lohnschere sind indes, wie Abb. 13.3 verdeutlicht, nicht in Änderungen der Terms of trade, sondern in Änderungen der Steuergesetze sowie in dem Anstieg der Lohnnebenkosten zu finden.

Wie eine Spreizung der Lohnschere auf den realen Produzentenlohn wirkt, hängt von den Institutionen der Lohnfindung ab. Auf einem neoklassischen Arbeitsmarkt mit lohnunelastischem Angebot wird ein Lohnscherenschock voll auf das Arbeitsangebot überwälzt und der Produzentenlohn ändert sich ebenso wenig wie die Nachfrage nach Arbeit. Wird das Angebot jedoch von einer Monopolgewerkschaft organisiert, die den Konsumentenlohn setzt und nur Lohnziele verfolgt, dann wird die Lohnschere auf die Unternehmen überwälzt, die ihre Arbeitsnachfrage einschränken, so dass die Arbeitslosigkeit steigt. Eine Gewerkschaft, die Lohn- und Beschäftigungsziele hat, wird bei einer Spreizung der Lohnschere Lohnzugeständnisse machen, so dass der neue Monopollohn – in der stationären Volkswirtschaft – unter dem alten liegt; indes wird die Gewerkschaft eine volle Überwälzung nicht zulassen, so dass der Produzentenlohn und infolgedessen auch die Arbeitslosigkeit zunehmen. Wir beschränken uns im Folgenden auf die Analyse der Anpassungsvorgänge, die auf der Seite der Arbeitsnachfrage zu erwarten sind, klammern also die Modellierung des Gewerkschaftsverhaltens aus (s. Kapitel 9), um den Abbau des Kapitalstocks mit seinen Folgen für die Beschäftigung in den Mittelpunkt zu rücken.

13.1 Kapitalstock und Beschäftigung

Die Modellfirma produziert ihren Output mit einer neoklassischen Technologie $G(K,L)$ und den beiden Produktionsfaktoren Kapital K und Arbeit L. Der Kapitalstock der Firma ist ein homogener Faktorbestand, bei dem kein Teil sich durch Qualität, Leistung oder Alter von dem anderen unterscheidet. Die Produktionsfunktion ist stetig differenzierbar und es gelten die Inada-Bedingungen: Beide Produktionsfaktoren sind wesentlich, denn $G(K,0) = G(0,L) = 0$; ihre Grenzprodukte sind außerdem streng positiv – wobei für das Grenzprodukt des Kapitals $\partial G / \partial K = G_K > 0$ und für das Grenzprodukt der Arbeit $\partial G / \partial L = G_L > 0$ gilt –, nehmen jedoch mit steigendem Faktoreinsatz ab, so dass $\partial^2 G / \partial K^2 = G_{KK} < 0$ und $\partial^2 G / \partial L^2 = G_{LL} < 0$. Darüber hinaus ist ein positiver Faktoreinsatz stets lohnend, weshalb $G_K(0,L) = G_L(K,0) = \infty$; jedoch ist die Möglichkeit, durch unbegrenzten Faktoreinsatz ein Vermögen zu verdienen, ausgeschlossen, da $G_K(\infty,L) = G_L(K,\infty) = 0$. Die Firma ist Mengenanpasser auf dem Güter- und den Faktormärkten. Ferner kann sie sich an Umweltänderungen quantitativ mit den Produktionsfaktoren Kapital und Arbeit anpassen, die begrenzt substituierbar sind. Die Firma hat zu Beginn der Periode einen Kapitalstock K_0, in dem die Investitionsentscheidungen aller vergangenen Perioden geronnen sind. In jeder Periode wird ein Teil des Kapitalstocks abgenutzt und kostenlos entsorgt. Der Kapitalverschleiß wird durch den Abschreibungssatz δ gemessen, für den $0 \leq \delta < 1$. Ein konstanter Kapitalstock verlangt Reinvestitionen, um den obsoleten Teil δK zu ersetzen. Wenn die Firma mit einem intakten Kapitalstock in Höhe von K produzieren will, sind hierzu Bruttoinvestitionen in Höhe von

(13.2) $$I = (1+\delta)K - K_0$$

erforderlich. Der Kapitalbestand wächst, wenn die Nettoinvestitionen $I - \delta K = K - K_0 > 0$ positiv sind; andernfalls sinkt er, entweder weil die Reinvestitionen nicht ausreichen, um den verschlissenen Teil des Kapitals zu ersetzen, so dass $0 \leq I < \delta K$, oder weil das Unternehmen sogar einen Teil seines intakten Maschinen- und Fahrzeugparks abbaut ($I < 0$) und auf dem (internationalen) Markt für Investitionsgüter zum Preis q verkauft. Sowohl Aufbau wie Abbau des Kapitalstocks erfolgen ohne Anpassungskosten. Das Unternehmen maximiert mit Rücksicht auf (13.2) seinen Periodengewinn

(13.3) $$\pi(K,L) = G(K,L) - w^b L - qI .$$

Der Kapitalstock und die Beschäftigungsmenge sind die Kontrollvariablen der Firma, der Absatzpreis ist mit eins normiert, w^b ist der reale Produzentenlohn und q ist der (internationale) Kapitalgüterpreis, an den sich die Volkswirtschaft und die Unternehmen des Landes anpassen. Die Firma fragt Inputfaktoren nach, bis deren Grenzprodukt auf den Faktorpreis gesunken ist. Im Gewinnmaximum gilt für den Grenzgewinn der Beschäftigungsmenge daher

(13.4) $$\pi_L \equiv G_L(K,L) - w^b = 0$$

und für den Kapitalstock gilt mit Rücksicht auf (13.2)

(13.5) $$\pi_K \equiv G_K(K,L) - q(1+\delta) = 0.$$

Hat der Kapitalstock den gewinnmaximalen Umfang erreicht, ist sein Grenzprodukt gleich seinen Nutzungskosten $q(1+\delta)$. Die Nutzungskosten setzen sich aus den Wiederbeschaffungskosten $q\delta$ und den Opportunitätskosten q des Kapitaleinsatzes zusammen. Opportunitätskosten entstehen, weil die Firma jedes ihrer intakten Kapitalgüter auf dem Investitionsgütermarkt zum Preis q veräußern könnte. Der marginale Kapitalbestand muss daher eine interne Rendite aufweisen, die ausreicht, sowohl die Abnutzung als auch den Preis zu erwirtschaften, der bei einem Verkauf der Kapitaleinheit zu erzielen ist.

Die Marginalbedingung (13.4) unterscheidet sich von der notwendigen Bedingung (2.1) nur in der einen Hinsicht, dass die gewinnmaximale Arbeitsnachfrage im Zweifaktorfall nicht nur vom Produzentenlohn, sondern außerdem auch von der Betriebskapazität abhängt. (13.4) liefert die in Abb. 13.4 dargestellte Arbeitsnachfrage. An der Ordinate ist das Grenzprodukt der Arbeit sowie der reale Produzenten- und der Konsumentenlohn abgetragen, die Abszisse stellt die Beschäftigungsmenge dar. Beim Produzentenlohn w^b und dem Kapitalstock K ergibt sich die gewinnmaximale Arbeitsnachfrage L^b aus $G_L(K,L^b) = w^b$. Die Lohnschere $x = w^b / w^n$ verdrängt das Nachfragevolumen $L^n - L^b$.

Die Abb. 13.5 und 13.6 zeigen, wie die Betriebskapazität die Lage der Arbeitsnachfragekurve beeinflusst. Entscheidend für den Einfluss des Kapitalstocks auf das Grenzprodukt der Arbeit ist das Vorzeichen der Kreuzableitung $\partial G_L(K,L) / \partial K = G_{LK}$. Ist $G_{LK} < 0$, dann ist das Einsatzverhältnis der Produktionsfaktoren „nicht kooperativ“, da dass Grenzprodukt der Arbeit sinkt, wenn der Kapitalstock der Firma von K_2 auf K_3

steigt, so dass sich die Nachfragekurve wie in Abb. 13.5 nach links verschiebt. Wenn $G_{LK} < 0$, dann verdrängt mithin eine Kapitalintensivierung den Faktor Arbeit und umgekehrt eine Arbeitsintensivierung verdrängt das Realkapital, denn für die Kreuzableitung der Produktionsfunktion gilt $G_{KL} = G_{LK} < 0$.

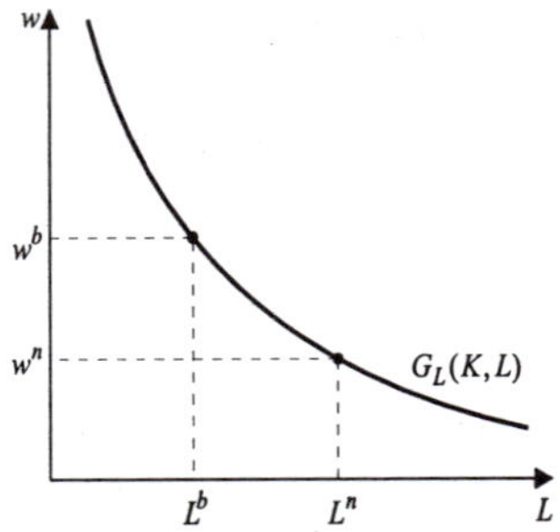

Abb. 13.4: Arbeitsnachfrage und Lohnschere

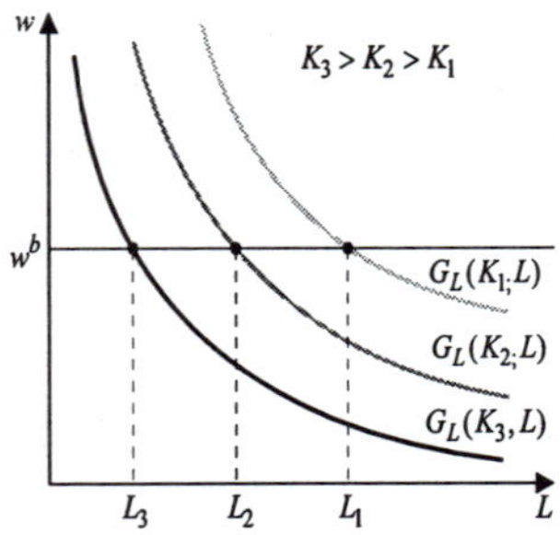

Abb. 13.5: nicht kooperierende Produktionsfaktoren

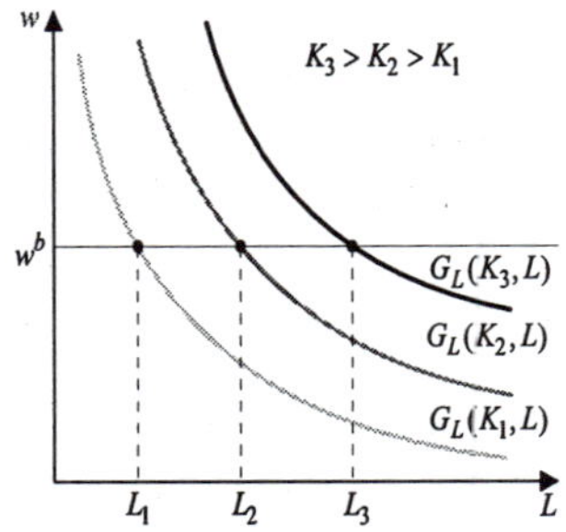

Abb. 13.6: kooperierende Produktionsfaktoren

Im Allgemeinen nimmt man jedoch an – meistens stillschweigend –, dass Kapital und Arbeit durch bilaterale Synergien verbunden sind, so dass das Grenzprodukt der Arbeit steigt, wenn die Kapitalausrüstung der Arbeitsplätze wächst, und $G_{LK} > 0$. In Abb. 13.6 ist der Zusammenhang von Kapitalstock und Nachfragekurve für den Fall „kooperierender" Produktionsfaktoren dargestellt. Im folgenden nehmen wir an, dass $G_{KL} = G_{LK} > 0$.

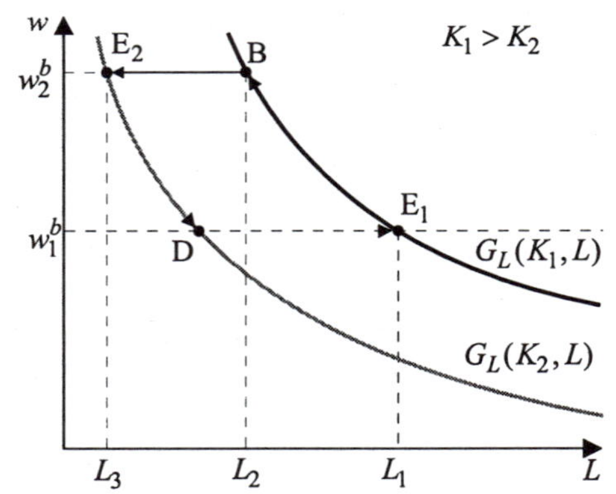

Abb. 13.7: Öffnung der Lohnschere und Beschäftigung

Steigt der Produzentenlohn wie in Abb. 13.7 von w_1^b auf w_2^b – weil sich die Lohnschere infolge eines negativen Terms-of-trade-Schocks, eines Anstiegs der Steuersätze oder, wie in den neunziger Jahren, der Beitragssätze zur Arbeitslosen- und Sozialversicherung öffnet –, so passt sich die repräsentative Firma zunächst entlang ihrer bisher geltenden Nachfragekurve an und setzt bei der Bewegung von E_1 nach B Arbeitskräfte im Umfang $L_1 - L_2$ frei. Der Abbau der Beschäftigung senkt aber wegen $G_{KL} > 0$ die Grenzproduktivität des Kapitals, und der Grenzgewinn des Kapitals, ursprünglich gleich null, wird negativ: $\pi_K \equiv G_K(K_1, L_2) - q < 0$. Die kleinere Belegschaft veranlasst die Firma daher, ihren Kapitalstock anzupassen, sofern w_2^b der von den Firmen erwartete neue Gleichgewichtslohn ist. Die niedrigere Betriebskapazität verringert indes das Grenzprodukt der Arbeit und verschiebt die Nachfragekurve nach innen, so dass die Firma mit weiteren Entlassungen reagiert. In E_2, dem neuen Gleichgewicht, ist der Anpassungsvorgang abgeschlossen, die Arbeitslosigkeit ist um $L_1 - L_3$ gestiegen und der Kapitalstock auf seinen neuen Gleichgewichtswert $K_2 < K_1$ gesunken. In der ersten Anpassungsphase sinkt die Kapazitätsauslastung, da die Firma auch noch in B mit dem ursprünglichen Kapitalstock produziert. In der zweiten Phase nimmt jedoch trotz steigender Arbeitslosigkeit die Auslastung der Kapazität sukzessive zu, bis in E_2 der normale Auslastungsgrad erreicht ist. Die in E_2 herrschende Kapitalmangelarbeitslosigkeit lässt sich mit dem Beschäftigungssaldo $L_2 - L_3$ messen.

Die Arbeitslosigkeit ist allerdings nicht hysteretisch und noch nicht einmal persistent. Sobald nämlich der ursprüngliche Schock abklingt – sich die Terms of trade verbessern, die Steuersätze oder Personalnebenkosten wieder auf das Ausgangsniveau sinken –, steigt der von der Monopolgewerkschaft festgelegte Konsumentenlohn auf die alte Höhe, der Produzentenlohn fällt zurück auf w_1^b, die repräsentative Firma nimmt entlang ihrer derzeitigen Nachfragekurve von E_2 bis D Neueinstellungen vor, woraufhin die Grenzproduktivität des Kapitals wächst und die Firma ihre Betriebskapazität vergrößert. Der wachsende Kapitalstock verschiebt die Nachfragekurve nach außen, die Beschäftigung nimmt über den Punkt D hinaus weiter zu, bis der Anpassungsvorgang in E_1 abgeschlossen ist. Zwar ist die Arbeitslosigkeit nicht hysteretisch, aber der vom Abbau des Kapitalstocks hervorgerufene Teil $L_2 - L_3$ ist persistent, wenn der Wiederaufbau der Kapazitäten durch Installations- und Anpassungskosten verzögert wird.

13.2 Anpassungskosten

Für eine Einheit des Kapitalgutes, das die repräsentative Firma zur Vergrößerung ihrer Betriebskapazität anschafft, entstehen Anschaffungskosten in Höhe des Investitionsgüterpreises q. Darüber hinaus verursachen das Genehmigungsverfahren, die Arbeitsschutzmaßnahmen, das Training der Arbeitskräfte und die Installation in der Werkhalle Anpassungs- und Installationskosten $c(I)$, die in Abb. 13.8 dargestellt sind.

Die Ordinate zeigt die Anpassungskosten, die Abszisse den Kapitalstock und die Bruttoinvestitionen. Die Anpassungskostenfunktion $c(I)$ hat folgende Eigenschaften. Erstens ist $c(0) = 0$. Zweitens haben die Grenzanpassungskosten das Vorzeichen der Bruttoinvestitionen: Bei positiven Bruttoinvestitionen $I_1 > 0$ erreicht der Kapitalstock nach Installation der Investitionsgüter die Höhe $K_1 + I_1 > K_1$, die Installationskosten betragen $c(I_1)$ und die Grenzkosten sind wie die Bruttoinvestitionen positiv: $c'(I_1) > 0$. Wird dagegen ein Teil des Kapitalstocks demontiert und verkauft, sind die Bruttoinvestitionen negativ, $I_2 < 0$, der Kapitalstock sinkt auf $K_1 + I_2 < K_1$, die Abbruchkosten betragen $c(I_2)$, und die Grenzanpassungskosten haben wie die Bruttoinvestitionen ein negatives Vorzeichen: $c'(I_2) < 0$. Drittens sind die Anpassungskosten konvex, $c''(I) > 0$. Die Konvexität der Kostenfunktion impliziert, dass die (absoluten) Grenzanpassungskosten mit jedem weiteren Kapitalgut, das installiert oder abgebaut wird, zunehmen. Deswegen ist es für das Unternehmen vorteilhaft, die gesamte Anpassungslast, die bis zum Erreichen der optimalen Betriebsgröße anfällt, auf mehrere Perioden zu verteilen.

Eine einfache Installationskostenfunktion, die allen Merkmalen genügt, ist die quadratische: $c(I) = I^2$.

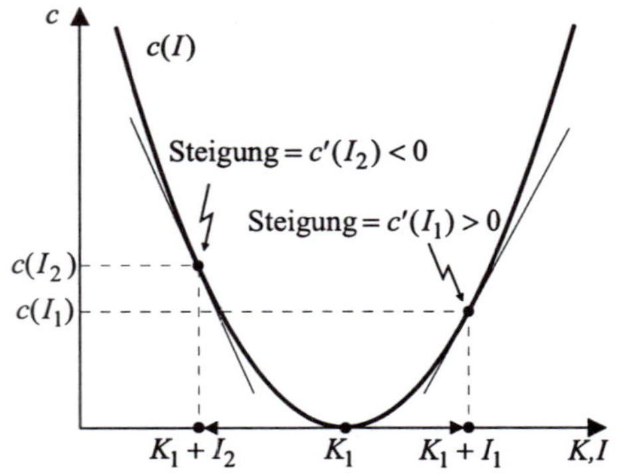

Abb. 13.8: Installationskosten

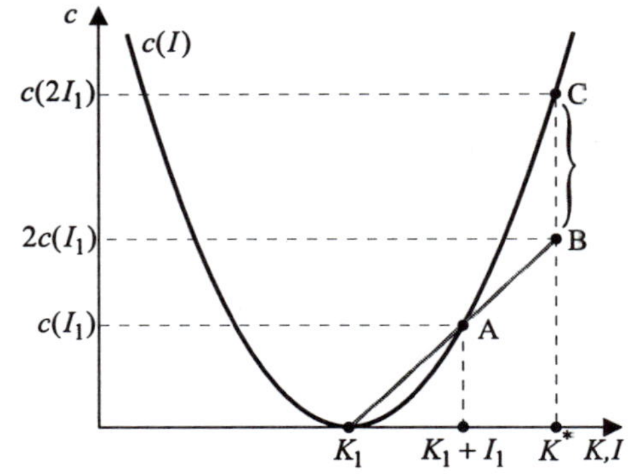

Abb. 13.9: Verteilung der Installationskosten auf zwei Perioden

Die Abb. 13.9 zeigt, weshalb ein Unternehmen mit konvexen Anpassungskosten den Weg bis zur optimalen Betriebsgröße nur in Etappen und nicht in einer Periode absolviert. Hat das Unternehmen bereits K_1 Kapitalgüter installiert, und ist K^* die optimale Betriebsgröße, dann könnte die Firma die geplante Kapazität in einem mit den Bruttoinvestitionen $K^* - K_1 = 2I_1$ erreichen, die allerdings Installationskosten in Höhe von $c(2I_1)$ verursachen. Verteilt das Unternehmen dagegen das Anpassungsvolumen wie in Abb. 13.9 auf zwei Perioden mit Bruttoinvestitionen in Höhe von jeweils I_1, sinken die Installationskosten von C auf B um den Betrag $c(2I_1) - 2c(I_1) > 0$.

13.3 Anpassungspfad und Steady state

Da sich der optimale Anpassungspfad des Unternehmens bei konvexen Installationskosten über die Zeit erstreckt, ist es erforderlich, das Optimierungsproblem (13.3) in einem dynamischen Firmenmodell neu zu formulieren. Zunächst wird das zugrunde liegende Modell der Kalenderzeit eingeführt, dann wird das Konzept der konstanten Skalenerträge in Erinnerung gerufen, danach wird das Optimierungsproblem der Firma formuliert und der Steady state mit der optimalen Betriebsgröße abgeleitet. Zum Schluss wird der optimale Anpassungspfad bei einer unerwarteten Spreizung der Lohnschere ermittelt.

Zeit und Technologie

Die typische Modellfirma hat, wie wir der Einfachheit halber annehmen, einen unendlichen Planungshorizont. Das Unternehmen maximiert anstelle des Gewinns den Gegenwartswert aller zukünftigen Gewinne. Die optimale Anpassungsstrategie erzeugt mithin als Reaktion auf einen Lohnschock einen Anpassungspfad für Kapitalstock, Beschäftigung und Produktion, der den Gegenwartswert aller während des Planungszeitraums erwirtschafteten Gewinne maximiert. Um die Kalenderzeit zu modellieren, gibt es zwei Möglichkeiten. Man wählt mit Rücksicht auf den Planungshorizont T entweder ein Modell mit diskreten Zeitpunkten $t \in \{0,1,2,...,T\}$ oder ein Modell mit stetiger Zeit, bei dem der Zeitindex alle (reellen) Werte zwischen null und T durchläuft: $t \in [0,T]$. Es ist üblich, Firmenmodelle, wie das hier betrachtete, in stetiger Zeit zu formulieren. Im Modell mit stetiger Zeit schrumpft die Länge einer Periode auf einen (infinitesimalen) Moment, in dem die typische Firma z.B. die Bruttoinvestitionen I durchführt, mit einem Verschleiß des Kapitalstocks von δK rechnen muss und Nettoinvestitionen in Höhe von $I - \delta K$ vornimmt. Der Kapitalstock der Firma wächst momentan um den Betrag der Nettoinvestitionen. Präzisiert man diese momentane Änderung des Kapitalstocks mit der Ableitung von K nach der Zeit, dK / dt, und wählt für die Ableitung die gebräuchliche Abkürzung $\dot{K} = dK / dt$, so lässt sich die Bestandsgleichung für den Kapitalstock wie folgt anschreiben

(13.6) $$\dot{K} = I - \delta K \,.$$

Auf der rechten Seite von (13.6) steht der Saldo der momentanen Investitionsgüterzugänge und -abgänge, auf der linken Seite das Symbol für die Bestandsänderung. Der Kapitalstock ist stationär, wenn die Bruttoinvestitionen den Kapitalverschleiß gerade ersetzen. In einem beliebigen Zeitpunkt t erzielt die Firma einen momentanen Gewinn in Höhe von $\pi_t(I_t, L_t) = G(K_t, L_t) - w^b L_t - qI_t - c(I_t)$. Im Folgenden werden wir die Kontrollvariablen der Firma (I, L) und die Zustandsvariable K der Übersichtlichkeit halber ohne Zeitindex schreiben. Der Barwert des im Zeitpunkt t erwirtschafteten „Periodengewinns" ist gleich $e^{-rt}\pi(I, L)$, wobei r der Kapitalmarktzins bei stetiger Verzinsung ist. Der Barwert einer Forderung in Höhe von 1 Euro, die am Ende der Periode $[0,t]$ fällig ist, beträgt im zeitdiskreten Diskontierungsmodell $(1+R)^{-t}$, wobei R der (diskrete) Zinssatz pro Zeiteinheit ist. Den äquivalenten stetigen Zinssatz, der denselben Barwert erzeugt wie der diskrete, erhält man durch Logarithmieren aus $e^{-rt} = (1+R)^{-t}$ mit $r = \ln(1+R)$.

Im folgenden Modell hat der Produktionsprozess der Firma konstante Skalenerträge bzw. die Produktionsfunktion G ist linear homogen. Lineare Homogenität bedeutet, dass eine Vervielfachung des Faktoreinsatzes mit dem Faktor $a > 0$ zu einer Vervielfachung des Outputs um $aG(K, L) = G(aK, aL)$ führt. Linear homogen ist z.B. die Cobb-Douglas-Produktionsfunktion $G(K, L) = K^d L^{1-d}$ mit einer Produktionselastizität des Kapitals von $0 < d < 1$.

Gewinn und Kapitalbildung

Die typische Firma wählt im Hinblick auf die Bestandsgleichung (13.6) und den gegebenen Kapitalstock K_0 denjenigen Anpassungspfad für ihre Kontrollvariablen (I, L), der den Gegenwartswert ihrer Gewinne

(13.7) $$\Pi = \int_0^{\infty} e^{-rt}\left[G(K, L) - w^b L - qI - c(I)\right] dt$$

maximiert. Mit (13.7) und (13.6) liegt ein kontrolltheoretisches Optimierungsproblem vor, das man mit dem Maximumprinzip von Pontryagin löst. Hierzu stellt man zunächst mit dem Lagrangemultiplikator λ die Hamiltonfunktion auf

$$H = e^{-rt}\left[G(K,L) - w^b L - qI - c(I) + \lambda(I - \delta K)\right]; \tag{13.8}$$

dann leitet man H nach den Kontrollvariablen ab, so dass sich die bekannten Bedingungen erster Ordnung für ein Maximum von H ergeben („Maximumprinzip")

$$\frac{\partial H}{\partial I} = 0 \quad \Leftrightarrow \quad \lambda - q - c'(I) = 0 \tag{13.9}$$

$$\frac{\partial H}{\partial L} = 0 \quad \Leftrightarrow \quad G_L(K,L) - w^b = 0. \tag{13.10}$$

Außerdem setzt man die partielle Ableitung von H nach dem Kapitalstock gleich der negativen Ableitung des Gegenwartswerts des Multiplikators nach der Zeit

$$\frac{\partial H}{\partial K} = -\frac{d(e^{-rt}\lambda)}{dt} \quad \Leftrightarrow \quad G_K(K,L) - \delta\lambda = -(\dot{\lambda} - r\lambda); \tag{13.11}$$

und berücksichtigt schließlich noch die Transversalitätsbedingung, die in diesem Fall fordert, dass der Gegenwartswert des mit dem Schattenpreis bewerteten Kapitalstocks $\lambda_t K_t$ langsamer wachsen soll als der Diskontfaktor, so dass $\lim_{t\to\infty} e^{-rt}\lambda_t K_t = 0$.

Bruttoinvestitionen wirken über zwei Kanäle auf die Hamiltonfunktion (13.8) bzw. auf den Gegenwartswert der Firma, zum einen über den Periodengewinn und zum anderen über die Änderung des Kapitalstocks, wobei der Wert dieser Bestandsänderung in dem zweiten Summanden $\lambda(I - \delta K)$ von (13.8) zum Ausdruck kommt. Bei gegebenem Schattenpreis des Kapitals λ misst die Hamiltonfunktion mithin nichts anderes als die Summe des direkten und des indirekten Effektes der Bruttoinvestitionen auf den Gegenwartswert der Firma.

Nach (13.9) ist der Schattenpreis des Kapitals gleich dem Marktpreis der Investitionsgüter plus den Grenzinstallationskosten. Die Summe aus Investitionsgüterpreis und Grenzinstallationskosten ist der effektive Preis, den die Firma für eine zusätzliche Einheit des Investitionsgutes aufbringen muss. Ist der Schattenpreis höher als der effektive Preis, dann schafft die Firma das Kapitalgut an und integriert es in ihren Produktionsprozess. Aus (13.9) folgt daher die Investitionsgüternachfrage der Firma als Funktion der Preisdifferenz $\lambda - q$ mit

$$I = I(\lambda - q), \qquad I(0) = 0, \qquad I' = 1/c'' > 0. \tag{13.12}$$

Ist der Schattenpreis des Kapitals gleich dem Marktpreis, dann sind die Bruttoinvestitionen der Firma gleich null. Steigt der Schattenpreis über den Marktpreis, dann sind die Bruttoinvestitionen positiv und nehmen mit der Preisdifferenz zu, während sie negativ werden, wenn der Schattenpreis unter den Marktpreis fällt. Wie sich der Kapitalstock der Firma mit dieser Investitionsstrategie im Laufe der Zeit entwickelt, ergibt sich mit Rücksicht auf (13.6) und (13.12) aus

$$\dot{K} = I(\lambda - q) - \delta K. \tag{13.13}$$

Je höher der Kapitalbestand ist, den die Firma bereits akkumuliert hat, umso höher sind die Abschreibungen und umso höher muss der Überschuss des Schattenpreises über den Marktpreis der Investitionsgüter sein, damit die Firma zu Bruttoinvestitionen veranlasst wird, die über die Ersatzinvestitionen hinausgehen. Aus (13.10) folgt die schon aus (13.4) bekannte Arbeitsnachfrage der Firma mit

(13.14) $$L = L(K, w^b).$$

Mit steigendem Produzentenlohn nimmt die Arbeitsnachfrage ab, $L_w < 0$; während sie steigt, wenn die Firma expandiert und der Kapitalstock wächst, $L_K > 0$. Speziell gilt sogar, da die Firma mit konstanten Skalenerträgen produziert und die Produktionsfunktion linear homogen ist, dass die Arbeitsnachfrage linear homogen im Kapitalstock ist, so dass anstelle von (13.14) auch $L = l(w^b)K$ geschrieben werden kann.

Die Firma installiert in jeder Periode einen Kapitalstock, dessen Grenzprodukt gleich den Nutzungskosten des Kapitals ist, so dass, wie aus (13.11) folgt, $G_K = \lambda(r + \delta - \dot{\lambda}/\lambda)$. Die Nutzungskosten des Kapitals ergeben sich aus den effektiven Anschaffungskosten, dem entgangenen Zins, dem Verschleiß und dem Wertzuwachs $\dot{\lambda}/\lambda$ des Schattenpreises pro Kapitaleinheit.

Den optimalen Anpassungspfad des Kapitalstocks zeigt die Differenzialgleichung (13.13). Aus der Nutzungskostenbedingung (13.11) ergibt sich der Pfad des Schattenpreises mit $\dot{\lambda} = (r + \delta)\lambda - G_K(K, L)$. Setzt man in diese Gleichung die Arbeitsnachfragefunktion (13.14) ein und ersetzt das Grenzprodukt des Kapitals mit Hilfe von $g(w^b) = G_K(K, l(w^b)K)$, so gilt für die Bewegungsgleichung des Schattenpreises

(13.15) $$\dot{\lambda} = (r + \delta)\lambda - g(w^b).$$

Da die Produktionsfunktion der Firma linear homogen ist, ist das Grenzprodukt des Kapitals mit Bezug auf den Kapitalbestand homogen vom Grad null, und es gilt für alle *K*, dass $G_K(K, l(w^b)K) = G_K(1, l(w^b))$. Somit hängt das Grenzprodukt $g(w^b) = G_K(1, l(w^b))$, wie man sieht, nicht vom Kapitalbestand, sondern allein vom Produzentenlohn ab, und zwar gilt $g' = G_{KL}L_w < 0$, da $G_{KL} > 0$ und $L_w < 0$.

Steady state

Wir betrachten nun die optimale Betriebsgröße und das stationäre Gleichgewicht, in dem die Firma ihren Anpassungsprozeß abgeschlossen und bei den herrschenden Faktorpreisen keinen Anreiz mehr hat, Kapitalstock oder Belegschaft zu ändern. Der Anpassungspfad ergibt sich aus den beiden Bewegungsgleichungen des Modells, die im Phasendiagramm, Abb. 13.10, dargestellt sind und hier noch einmal zusammengefasst werden. Die Bewegungsgleichung für die Zustandsvariable des Modells, den Kapitalstock, lautet

(13.16) $$\dot{K} = I(\lambda - q) - \delta K,$$

und für die Ko-Zustandsvariable, den Schattenpreis des Kapitals, gilt

(13.17) $$\dot{\lambda} = (r+\delta)\lambda - g(w^b).$$

In der Abb. 13.10 ist der Schattenpreis des Kapitals an der Ordinate und der Kapitalbestand an der Abszisse abgetragen. Auf der $\dot{K} = 0$-Linie, die man mit (13.16) erhält, liegen sämtliche Kombinationen aus Kapitalbestand und Schattenpreis, bei denen der Kapitalstock stationär ist, also weder steigt noch sinkt. Die Linie schneidet die Ordinate beim Marktpreis des Investitionsgutes, denn für $\lambda = q$ nimmt die Firma keine Investitionen mehr vor. Mit steigendem Kapitalstock wächst der Verschleiß, und folglich muss auch der Schattenpreis zunehmen, damit die Firma genügend Anreize hat, die nötigen Ersatzinvestitionen durchzuführen. Somit hat die $\dot{K} = 0$-Linie eine positive Steigung. Oberhalb der Linie hat der Kapitalstock eine Tendenz zu wachsen, wie die horizontalen Pfeile der Pfeilschemata in Abb. 13.10 andeuten, unterhalb der Linie nimmt der Kapitalstock dagegen ab.

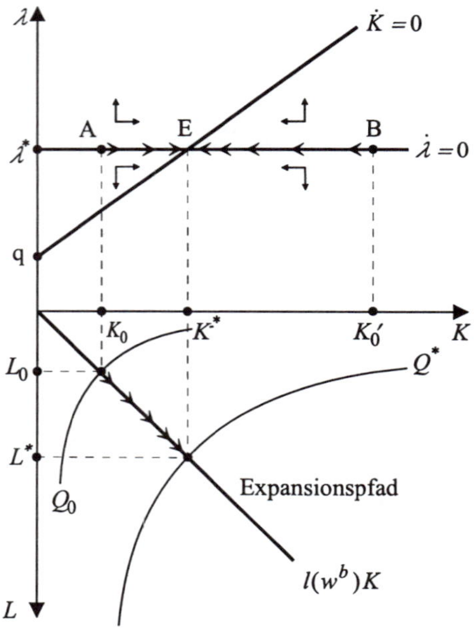

Abb. 13.10: Steady state

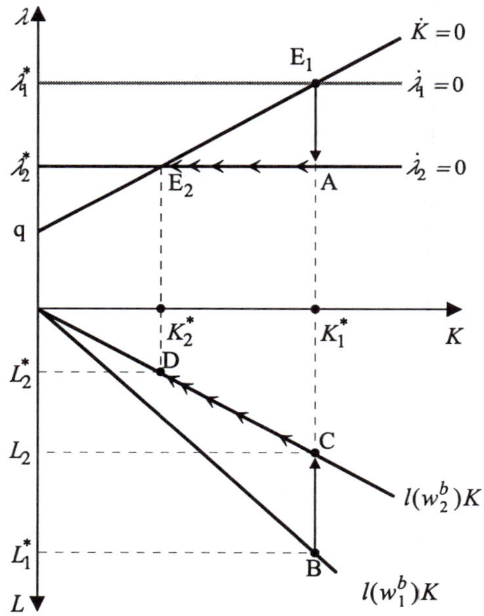

Abb. 13.11: Anpassung an Schocks

Auf der $\dot{\lambda} = 0$-Linie, die sich mit Hilfe von (13.17) ergibt, liegen sämtliche Kombinationen aus Schattenpreis und Kapitalbestand, bei denen der Schattenpreis des Kapitals stationär ist. Da der Kapitalbestand kein Argument in der Gleichung (13.17) ist, ist die $\dot{\lambda} = 0$-Linie eine Parallele zur Kapitalachse in Höhe des Ordinatenschnittpunkts $\lambda^* = g(w^b)/(r+\delta)$, der zugleich den Steady-state-Wert des Schattenpreises festlegt. Oberhalb der $\dot{\lambda} = 0$-Linie hat der Schattenpreis eine Tendenz zu steigen, unterhalb der Linie nimmt der Schattenpreis dagegen ab, so dass man die in Abb. 13.10 dargestellten vertikalen Pfeilschemata erhält.

Der Steady state (λ^*, K^*) im Schnittpunkt der beiden Phasenlinien ist ein Sattelpunkt und der stabile Sattelpunktpfad ist identisch mit der $\dot{\lambda} = 0$-Linie. Ist der Anfangswert des Kapitalstocks wie in A kleiner als der Steady-state-Wert, wächst die Firma auf dem Sattelpunktpfad in Richtung des Steady state E. Auf dem Sattelpunktpfad ist der Schattenpreis und folglich die Bruttoinvestition in Höhe von $I^* = I(\lambda^* - q)$ konstant. Die Firma verteilt mithin ihr gesamtes Investitionsvolumen gleichmäßig über die Zeit und investiert in jeder Periode den Betrag I^*, bis sie ihre optimale Betriebsgröße erreicht. Da in A Kapitalbestand, Verschleiß und Ersatzinvestitionen noch sehr niedrig sind, kommt es bei dem Investitionsvolumen I^* zu positiven, aber mit der Zeit immer geringer werdenden Nettoinvestitionen. Die Expansion der Firma währt solange, bis die Nettoinvestitionen auf null gesunken sind. Ist der Anfangswert des Kapitalstocks wie in B höher als die optimale Betriebsgröße, entwickelt sich die ständig „schlanker" werdende Firma auf dem Sattelpunktpfad von B zum Steady state E. Da die Bruttoinvestitionen wieder durch $I^* = I(\lambda^* - q)$ gegeben und konstant sind, werden alle Investitionen nur für Ersatzinvestitionen verbraucht, ohne allerdings den Abbau des Kapitalstocks aufhalten zu können, der solange anhält, bis der Ersatzbedarf auf das Volumen der Bruttoinvestitionen gesunken ist. Während die Firma expandiert und sich von A bis E bei wachsendem Kapitalstock anpasst, wächst zugleich auch ihre Belegschaft, wie im vierten Quadranten von Abb. 13.10 zu beobachten ist, der den Faktorraum mit den Isoquanten Q_0 und Q^* sowie den Expansionspfad $L = l(w^b)K$ darstellt.

Abb. 13.11 veranschaulicht die Anpassung an einen unerwarteten Lohnschock. Der Produzentenlohn steigt infolge zunehmender Lohnnebenkosten von w_1^b auf w_2^b. Die Lage der $\dot{K} = 0$-Linie ändert sich nicht. Die $\dot{\lambda} = 0$-Linie hingegen wird vom Schock parallel nach unten verschoben. Der Schattenpreis des Kapitals fällt noch im Moment der Störung von λ_1^* auf λ_2^*, die Bruttoinvestitionen sinken mithin im Moment der Störung von $I_1^* = I(\lambda_1^* - q)$ auf $I_2^* = I(\lambda_2^* - q)$, der Expansionspfad im vierten Quadranten dreht sich nach innen und die Belegschaft wird im Moment der Störung von L_1^* bis auf L_2 abgebaut. Damit ist aber der Belegschaftsabbau nicht beendet. In der Folgezeit des Schocks produziert die Firma mit einer niedrigen Kapazitätsauslastung, da sie ihren Kapitalstock nicht sofort an die neuen Preisverhältnisse anpasst. Doch die Firma beginnt bei gesunkenen Bruttoinvestitionen und hohem Kapitalverschleiß, ihren Kapitalstock zu reduzieren, so dass der Auslastungsgrad kontinuierlich wieder zunimmt. Nachdem das Unternehmen im Moment des Schocks die Belegschaft von B bis C verringert hat, reduziert sie anschließend entlang des neuen Expansionspfades ihre Beschäftigungsmenge kontinuierlich von L_2 bis auf den neuen Steady-state-Wert L_2^*. Im Steady state D ist die Beschäftigung insgesamt um $L_1^* - L_2^*$ niedriger als in B, während der von K_1^* auf K_2^* gesunkene Kapitalstock der Firma wieder voll ausgelastet ist.

Zusammenfassung

In den europäischen Volkswirtschaften lässt sich das Phänomen einer zunehmenden Massenarbeitslosigkeit bei gleichzeitig voll ausgelastetem Produktionspotenzial beobachten. Der Kapitalstock, den die Volkswirtschaften benötigen, um mehreren Millionen Erwerbslosen Arbeitsplätze anzubieten, steht gar nicht zur Verfügung, es herrscht Kapitalmangelarbeitslosigkeit. Eine zunehmende Spreizung der Lohnschere zählt zu den Ursachen des Kapitalmangels. Die Lohnschere misst das Verhältnis des realen Produzenten- zum realen Konsumentenlohn. Während jener den Bruttolohn mitsamt allen Lohnnebenkosten sowie den Lohnsteuern angibt und mit dem Preisindex des BIP deflationiert wird, ist der Konsumentenlohn das mit dem Verbraucherpreisindex gewogene Nettoeinkommen der Arbeitnehmer. Von 1 EUR Lohnkosten, die ein deutsches Unternehmen aufwendet, erreichen weniger als 0,50 EUR den ursprünglichen Bestimmungsort, von dem anderen Teil existieren die Gebietskörperschaften sowie die Sozialversicherungsträger. Wie sich Änderungen der Steuergesetze oder der Beitragssätze zur Renten-, Kranken-, Pflege- oder Arbeitslosenversicherung auf den Produzentenlohn niederschlagen, hängt von den Institutionen der Lohnfindung ab. Eine Monopolgewerkschaft, die nicht nur Lohn-, sondern auch Beschäftigungsziele verfolgt, wird bei einer Spreizung der Lohnschere zwar mit Lohnzugeständnissen reagieren und – in einer stationären Wirtschaft – den Konsumentenlohn, den sie kraft ihrer Marktstellung festlegt, reduzieren. Doch einen Teil des Kostenzuwachses wird sie auf den Produzentenlohn überwälzen. Dieser Anteil ist umso größer, je weniger risikoavers die Gewerkschaft mit Bezug auf die Beschäftigungswirkungen des steigenden Produzentenlohns ist. Mit dem steigenden Lohn entlassen die Firmen zunächst Teile ihrer Belegschaften, der Absatz und die Auslastung ihrer Kapazitäten sinkt. Ist der Lohnanstieg permanent, kommt es vor Erreichen des neuen Expansionspfads, der eine höhere Kapitalintensität aufweist, zu sinkenden Bruttoinvestitionen, einer fallenden Bruttoinvestitionsquote, einem Abbau der Belegschaft und anschließend zu einem kontinuierlich abnehmenden Kapitalbestand. Zusammen mit der Kapazitätsreduktion entlassen die Firmen weitere Mitarbeiter, die Arbeitslosigkeit nimmt zu, während zugleich die Auslastung der schrumpfenden Betriebsgrößen wieder wächst.

14 Ausgeglichenes Wachstum

Zunächst wird der Begriff der Beschäftigungsschwelle eingeführt, anschließend werden Arten und Eigenschaften des Technischen Fortschritts vorgestellt und Kompensationsmechanismen behandelt, die den Arbeitsplatzverlusten von Prozessinnovationen entgegenwirken. Danach wird ungebundener, arbeitsvermehrender Technischer Fortschritt in das Matching-Modell von Kapitel 5 integriert. Mit dieser Aufrüstung prognostiziert die Suchtheorie natürliche Arbeitslosigkeit im Wachstumsgleichgewicht. Allerdings nimmt die Arbeitslosigkeit infolge des sog. Diskontierungseffektes ab, wenn die Rate des Technischen Fortschritts steigt.

14.1 Beschäftigungsschwelle und Technischer Fortschritt

Das Bruttoinlandsprodukt (BIP) misst die inländische Produktion von Gütern und Diensten nach Abzug aller Vorleistungen und ist der international gebräuchliche Maßstab für die Leistungsfähigkeit einer Volkswirtschaft. Die Tab. 14.1 zeigt für den Zeitraum von 1950 bis 2003 die Entwicklung des realen BIP, des realen BIP pro Erwerbstätigen und der Erwerbstätigen in Deutschland.

Tab. 14.1: Wachstum des Bruttoinlandsprodukts (BIP)

	BIP		BIP je Erwerbstätigen		Erwerbstätige	
Jahr	(1)	(2)	(3)	(4)	(5)	(6)
	Mrd. EUR	Ver. in % Ø – p.a.	EUR	Ver. in % Ø – p.a.	Mio.	Ver. in % Ø – p.a.
1950	218,2	—	11 148	—	19,570	—
1960	511,3	13,4	19 480	7,5	26,247	3,4
1970	789,0	5,4	29 587	5,2	26,668	0,2
1980	1 031,8	3,1	38 131	2,9	27,059	0,2
1985	1 092,1	1,2	41 068	1,5	26,593	- 0,3
1990	1 288,7	3,6	45 238	2,0	28,486	1,4
1991[1)]	1 710,8	—	44 490	—	38,454	—
1995	1 801,3	1,3	48 186	2,1	37,382	- 0,7
2000	1 969,5	1,9	50 828	1,1	38,748	0,7
2003	1 987,7	0,3	51 971	0,7	38,246	- 0,4

Quelle: Statistisches Bundesamt, VGR [1)]bis 1990 in Preisen von 1991, früheres Bundesgebiet; ab 1991 in Preisen von 1995 Deutschland, eigene Berechnungen

Die Wachstumsraten sind als jährliche Durchschnittswerte für den jeweils vergangenen Zeitraum berechnet. Das Wirtschaftswachstum in der alten Bundesrepublik betrug demnach während der fünfziger Jahre 13,4% p.a., während das BIP je Erwerbstätigen in dieser Periode um 7,5% p.a. zunahm und sich die Zahl der Erwerbstätigen um 3,4% p.a. erhöhte. Neben der ungeheuren Sozialproduktsmasse, die in fünfeinhalb Jahrzehnten zu dem BIP von 218,2 Mrd. EUR in 1950 hinzukam – wobei das BIP je Erwerbstätigen fast um den Faktor fünf wuchs –, springt in Spalte (2) vor allem die Abnahme der BIP-Wachstumsraten ins Auge. Während der ersten Hälfte der achtziger Jahre, die durch ein ungebrochenes Wachstum der Zahl der Erwerbspersonen gekennzeichnet waren (s. Kapitel 4), sinkt die Wachstumsrate des BIP sogar bis auf den Wert der „Beschäftigungsschwelle", wie ein Blick auf die Spalten (2) und (4) verdeutlicht. Seit der Wiedervereinigung liegt das BIP-Wachstum in den meisten Jahren sogar unter der Beschäftigungsschwelle. Bezeichnet man mit w_{BIP} die stetige Wachstumsrate des BIP, mit w_y die Wachstumsrate des BIP pro Erwerbstätigen $y = BIP / L$ und mit w_L die Wachstumsrate der Erwerbstätigen L, so gilt bei stetiger Zeit die folgende Beziehung zwischen den drei Wachstumsraten: $w_{BIP} = w_y + w_L$. Das BIP pro Erwerbstätigen ist ein Maß der gesamtwirtschaftlichen Arbeitsproduktivität. Im Verlauf des Wachstumsprozesses entstehen neue Arbeitsplätze, wenn die Wachstumsrate des BIP mindestens so hoch ist wie die Wachstumsrate der Arbeitsproduktivität, so dass

(14.1) $$w_L = w_{BIP} - w_y \geq 0 \,.$$

Daher bezeichnet man die von der Geschwindigkeit des Technischen Fortschritts bedingte Wachstumsrate der Arbeitsproduktivität w_y auch als die Beschäftigungsschwelle. w_{BIP} muss die Beschäftigungsschwelle erreichen, damit der Wachstumsprozess einen positiven Saldo aus neuen und vernichteten Arbeitsplätzen erzeugt.

Auch in der neuen Wachstumstheorie, die seit Mitte der achtziger Jahre die neoklassischen Ansätze ausgeglichenen Wachstums ergänzt, spielen die Institutionen, die den Wachstumsprozess einer Volkswirtschaft formen – Rechtsordnung, Eigentumsregeln, politische Systeme und Weltanschauungen –, nur eine Nebenrolle. Die Hauptfaktoren des Wachstums der volkswirtschaftlichen Aggregate sind in der neuen wie in der alten Theorie die Produktionsfaktoren Arbeit und Kapital sowie der Technische Fortschritt. Kapital umfasst dabei maschinelle Anlagen, Bauten, Vorräte, Infrastruktur und Humankapital, dessen außerordentliche Bedeutung für den Wachstumsprozess von der neuen Wachstumstheorie besonders betont wird. Technischer Fortschritt, so die gängige Vorstellung, erhöht die Produktivität der Inputfaktoren. Vor allem die ältere neoklassische Wachstumstheorie hat detaillierte Studien zur Klassifikation der verschiedenen Fortschrittsarten angestellt.

Zunächst ist es nützlich, zwischen „ungebundenem" und „gebundenem" Fortschritt zu unterscheiden. Praktisch ist der Fortschritt zwar stets in den neuesten Produkten und Produktionsverfahren und in den jüngeren Jahrgängen des Humankapitals gebunden. Doch die Theorie verwendet der Einfachheit halber den Typ des ungebundenen Technischen Fortschritts, um die Determinanten des Wachstumsprozesses zu analysieren. Ein ungebundener Technischer Fortschritt verteilt sich vollkommen gleichmäßig über den gesamten (Human-) Kapitalstock einer Volkswirtschaft. Während der tatsächliche Kapitalstock aus Schichten besteht, wobei jüngere Jahrgänge von Ausrüstungen und Strukturen in der Regel produktiver sind als ältere, bildet der ungebundene Fortschritt keine Jahresringe im Kapitalbestand, sondern erhöht gleichmäßig die Produktivität des Gesamtbestandes, unabhängig davon, wann die Bestandteile installiert worden sind. Ungebundener Technischer Fortschritt fällt wie „Manna vom Himmel" oder – in der Sprache der Ökonomie – er gleicht einem rein öffentlichen Gut, von dessen Nutzung niemand ausgeschlossen ist, bei dem keine Rivalität besteht und, so das übliche Wachstumsmodell, bei dem der Zugang zu den Innovationen für die Interessenten keine privaten Zugangskosten verursacht: Wer die Theorie der Halbleiter für eine neue Produktlinie kennen lernen will, hat, nach diesem Konzept des Technischen Fortschritts, freien Zugang

Okuns Gesetz

Mitunter wird die BIP-Wachstumsrate als Beschäftigungsschwelle bezeichnet, bei der die Änderung der Arbeitslosenquote gleich null ist, die Arbeitslosigkeit also weder zu- noch abnimmt. Diese und die oben definierte Beschäftigungsschwelle sind zu unterscheiden. Die Abbildung zeigt die Punktwolken, die man erhält, wenn man die jährlichen Wachstumsraten des BIP der USA und Deutschlands für den Zeitraum 1961-2003 gegen die Änderungen der Arbeitslosenquoten der beiden Länder abträgt. Berechnet man die Regressionsgleichungen für die Punktwolken, so haben beide eine negative Steigung, wobei die deutsche (US-amerikanische) ihre Nullstelle bei einer BIP-Wachstumsrate von 3,44 % p.a. (3,38 % p.a.) annimmt. Der Trade-off zwischen Wachstum und der Änderung der Arbeitslosenquote wird nach seinem Entdecker dem amerikanischen Ökonomen T. Okun als Okuns Gesetz bezeichnet.

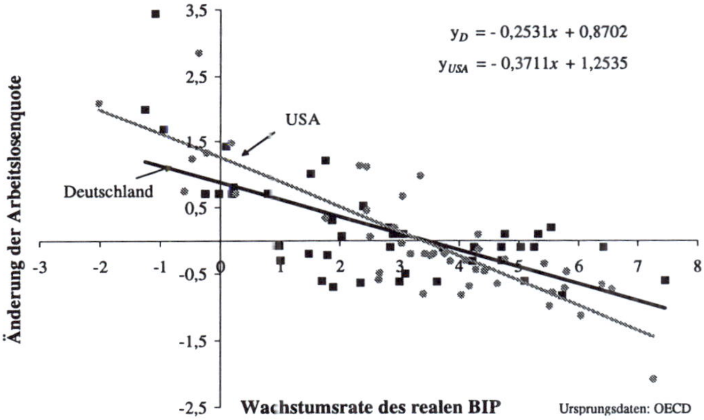

zu den Bibliotheken, hat dort trotzdem keine Überfüllung von Seiten der Ratsuchenden zu befürchten und kann sich diese Kapitel der Physik und der Ingenieurwissenschaft wie überhaupt jede Theorie mühelos über Nacht aneignen.

Wer bestimmt die Menge des Fortschritts, der sich in jeder Periode über den Kapitalstock einer Volkswirtschaft ergießt? Es sind Unternehmen, Schulen, geniale Erfinder und Kaufleute sowie die Kommunikations- und Distributionstechnologie, über die neues Wissen von den Urhebern zu den Empfängern gelangt. Diese Akteure und Technologien spielen allerdings in der neoklassischen Wachstumstheorie keine Rolle. Trotzdem ist die Menge des Technischen Fortschritts, wie in der Realität so auch in der Modellwelt, begrenzt. Man hört und sieht den Innovator nicht, der hinter allem wirkt, und niemand weiß, warum er nur eine kümmerliche Fortschrittsrate von zwei anstatt einer großzügigen von zwanzig Prozent zuteilt. Kombiniert man die neoklassische Wachstumstheorie des ungebundenen Technischen Fortschritts wie im übernächsten Abschnitt mit der Suchtheorie aus Kapitel 5, so bestätigen die Prognosen des Modells die Fortschrittsoptimisten, die überzeugt sind, dass Wachstum und Technischer Fortschritt höchstens temporär Arbeitskräfte freisetzen, auf längere Sicht hingegen neue Arbeitsplätze schaffen und für eine hohe Beschäftigung sorgen. Diese Theorien liefern Argumente für jene, die im beschleunigten Wachstum den Ausweg aus der anhaltenden Massenarbeitslosigkeit sehen. Allerdings haben die neoklassischen Wachstumsmodelle einen gravierenden

Nachteil, da sie nur für den Diagnostiker von Nutzen sind. Dem engagierten Wirtschaftspolitiker, der auf Wachstum setzt, helfen sie dagegen keinen Schritt weiter. Denn die Wachstumsraten sind in diesen Modellen, da sie Fortschritt nicht erklären, sondern voraussetzen, exogen. Womit kann der Rat suchende Politiker den unsichtbaren Innovator dazu animieren, mehr Manna vom Himmel fallen zu lassen?

Technischer Fortschritt manifestiert sich in neuen Produkten und in Verfahrensinnovationen. Neue Produkte spielen in der neoklassischen Wachstumstheorie alter Schule keine Rolle. Erst die neue Wachstumstheorie hat Wege gefunden, Produktinnovationen und -varianten zu modellieren. Der Technische Fortschritt der neoklassischen Wachstumstheorie – so auch der Technische Fortschritt der Ansätze in diesem und dem nächsten Kapitel – manifestiert sich in Verfahrensinnovationen. Prozessinnovationen zeigen am deutlichsten die zwei Gesichter des Fortschritts, der die Leistungsfähigkeit des Kapitalstocks, damit die Gütermenge pro Kopf und die Arbeitsproduktivität erhöht, auf der anderen Seite jedoch Arbeitsplätze vernichtet. Modernisierungspessimisten glauben daher, dass Technischer Fortschritt eine der Hauptursachen für die immer wiederkehrenden Massenarbeitslosigkeiten und das damit einhergehende relative Massenelend ist. Das vom Fortschritt und vom Profitmotiv getriebene Wachstum der Arbeitsproduktivität übersteigt das Wachstum des Bruttoinlandsprodukts, so die pessimistische Überzeugung, und erzeugt nicht nur einen anschwellenden Strom von Gütern und Diensten, sondern, wie die Ungleichung (14.1) belegt, einen Fluss freigesetzter Arbeitskräfte, die in die Erwerbslosigkeit abgedrängt – trotz aller Suchanstrengungen – nirgendwo eine neue Stellung finden.

14.2 Kompensationsmechanismen

Vier Kompensationsmechanismen sorgen, so die Fortschrittsoptimisten, für ein zusätzliches Wachstum des gesamtwirtschaftlichen Bruttoinlandsproduktes und schaffen Standorte, Branchen und Stellen, wo auch jene Wiederbeschäftigung finden, deren Arbeitsplätze vom Fortschritt zerstört oder überflüssig wurden.

1. Als erstes sind Produktinnovationen zu nennen. Neue Produkte schaffen neue Märkte, neue Standorte, neue Ideen und zusätzliches Einkommen für die Faktorbesitzer, deren Leistungen bei der Herstellung dieser Güter Verwendung finden. Die positiven Rückkopplungen der Einkommens-, Nachfrage- und Beschäftigungseffekte von Produktinnovationen kann man sich in Analogie zum keynesianischen Multiplikator als kumulativen Prozess vorstellen. Allerdings sind die zerstörenden Kräfte der Prozess- und die aufbauenden der Produktinnovationen weder durch die Präferenzen der Nachfrager, noch technologisch und ebenso wenig institutionell miteinander vernetzt. Es gibt keinen Mechanismus, der wie ein eingebauter Stabilisator Produktinnovationen erzeugt, um die Freisetzungseffekte der Prozessinnovationen zu kompensieren.

2. Prozessinnovationen senken die Produktionskosten. Mithin steigt das Gewinneinkommen der an Produktion oder Finanzierung beteiligten Faktorbesitzer, deren effektive Nachfrage nach Konsum- oder Investitionsgütern nimmt zu und löst einen kumulativen Prozess aus, der neue Arbeitsplätze schafft. Verstärkt wird dieser Vorgang durch sinkende Preise und steigende Realeinkommen, die für weitere Nachfrage und zusätzliche Beschäftigung sorgen.

Fortschrittsoptimismus und Beschäftigungsschwelle

Naturgemäß gehören hochrangige Organisationen der Politikberatung eher zum Kreis der Fortschrittsoptimisten, die sich überzeugt geben, dass mehr Wachstum mehr Beschäftigung bedeutet. Man muss daher nicht lange suchen, um etwa beim Sachverständigenrat zur Begutachtung der gesamtwirtschaftlichen Entwicklung folgende Einschätzung zu finden:

„Die in der Öffentlichkeit mitunter vorgetragene Skepsis gegenüber dem Wirtschaftswachstum als Strategie zur Schaffung von Arbeitsplätzen hat mehrere Ursachen. Vor allem wird angesichts des Produktivitätsfortschritts bezweifelt, dass durch Wachstum überhaupt zusätzliche Arbeitsplätze in ausreichendem Umfang geschaffen werden können." Richtig sei an dieser Position, so der Rat, „dass im Zuge des Wachstumsprozesses das Produktionsergebnis je geleistete Arbeitsstunde – die Arbeitsproduktivität – steigt. Daraus unmittelbar auf Beschäftigungsverluste schließen zu wollen, verkennt die ökonomischen Zusammenhänge und widerspricht der Erfahrung. ..." Der Rat favorisiert demgegenüber den folgenden Kompensationsmechanismus: „Man darf nicht von einer gegebenen Produktion, sondern muss von einer steigenden Produktion ausgehen. Mit der Mehrproduktion gibt es auch eine Mehrnachfrage nach Arbeitskräften; dass gleichzeitig auch Arbeit eingespart wird, weil das einzelne Unternehmen bestrebt sein muss, den Produktionsablauf möglichst effizient zu gestalten, ist richtig; aber dies mindert den positiven Beschäftigungseffekt allenfalls, hebt ihn jedoch nicht auf, der Saldo ist positiv."

Zur Beschäftigungsschwelle äußert sich der Rat an derselben Stelle folgendermaßen:

„Indem der Produktivitätsfortschritt das Wachstum stimuliert, kann er zusätzliche Beschäftigung schaffen. Freilich, das Wirtschaftswachstum muss eine bestimmte Schwelle übersteigen, um zusätzliche Beschäftigung entstehen zu lassen. Insoweit ist die Sorge berechtigt, dass ein im Vergleich zum Produktivitätsfortschritt zu geringes Wachstum die Anzahl der Arbeitsplätze in gesamtwirtschaftlicher Betrachtungsweise verringert. Empirische Studien zeigen, dass diese Beschäftigungsschwelle in den letzten Jahren zurückgegangen ist und derzeit gesamtwirtschaftlich betrachtet in einer Größenordnung von unter 1v.H. liegen dürfte. Es bedarf also deutlich höherer Wachstumsraten, um beachtliche Beschäftigungsgewinne zu erzielen."

Quelle: Sachverständigenrat (1995, Tz. 423).

3. Massenhafte Installationen arbeitssparender Maschinen und Strukturen setzen als erstes die massenhafte Produktion eben dieser Maschinen und Bauten voraus. Die Beschäfschäftigung in den Investitionsgütersektoren steigt daher bereits, bevor sich überhaupt die rationalisierende und zerstörende Wirkung der neuen Technologien in wachsenden Arbeitslosenzahlen niederschlagen kann.

4. Typisch für neoklassische Wachstumsmodelle ist eine repräsentative Firma, die ein Handbuch aller Produktionsmethoden besitzt, in dem das Kontinuum der bekannten Produktionsprozesse mitsamt den Inputkoeffizienten für die Faktorkombinationen verzeichnet ist. Der Erwerb dieses Handbuchs ist kostenlos. Schon die kleinste Änderung der relativen Faktorpreise veranlasst den Oberingenieur des Unternehmens im Handbuch nachzuschlagen, um die gewinnmaximale Produktionsmethode zu suchen, mit der die Firma auf die Preisänderung reagiert. Ökonomen haben ein Abbild dieses Handbuchs in Gestalt der neoklassischen Produktionsfunktion, die zeigt, wie die Firma lückenlos Kapital durch Arbeit und den einen Produktionsprozess mit seinen Inputkoeffizienten durch den nächstliegenden stetig substituiert. In der Regel vergeht bei dem Substitutionsvorgang noch nicht einmal Zeit, und der Einsatz anderer Ressourcen ist ebenso we-

nig erforderlich. Kurzum, perfekte Substitutionsmöglichkeiten, Konkurrenz und flexible Faktorpreise sorgen dafür, dass Arbeitskräfte, die von Rationalisierungsinvestitionen getroffen ihren Arbeitsplatz verlieren, kurze Zeit später mit ein wenig Mobilität eine neue Stelle in einer der vielen Firmen finden, die zu den jungen oder aufstrebenden Branchen gehören. Kritiker werfen der neoklassischen Wachstumstheorie die Realitätsferne ihrer Substitutions- und Flexibilitätsannahmen vor und verweisen auf Faktorpreise und Löhne, die in Wirklichkeit rigide, und auf Technologien, die in den meisten Branchen (streng) limitational sind. Doch Limitationalität und rigide Faktorpreise sind nicht hinreichend, um aus Prozessinnovationen „Jobkiller" zu machen, wie das folgende Wachstumsmodell belegt. Modelliert man nämlich den Technischen Fortschritt als unverkörperten Prozess oder als öffentliches Gut, dann haben alle Maschinen und Strukturen unabhängig von ihrem „Kalenderalter" das gleiche „technologische Alter", das stets das allerjüngste ist. Selbst die nach dem Kalender ältesten Maschinen und Bauten haben, sofern Technischer Fortschritt ein öffentliches Gut ist, das sich kostenlos und unverzüglich nachrüsten lässt, stets das jüngste technologische Design. Somit kommt es gar nicht zu jener schöpferischen Zerstörung, die kennzeichnend für Prozessinnovationen ist. Technologische Arbeitslosigkeit ist demgegenüber vor allem dann zu erwarten, wenn die Faktorpreise rigide, die Faktoreinsatzverhältnisse limitational, der Fortschrittstyp auf Verfahren beschränkt, der Zugang zu den Innovationen durch Marktpreise, Weltanschauung, Recht oder bürokratische Barrieren rationiert ist und auch die Implementierung und Erprobung der neuen Ideen Ressourcen verbraucht.

14.3 Natürliche Arbeitslosigkeit im Wachstumsgleichgewicht

Die Volkswirtschaft des Kapitels 5 liefert die Basis für das folgende Wachstumsmodell. Jobsucher und Vakanzen treffen zu Paaren, vermittelt durch die Matching-Technologie, mit einer gewissen Wahrscheinlichkeit aufeinander. Die Rate $p = \theta q(\theta)$, mit der ein arbeitsloser Jobsucher eine Stelle findet, und die Rate $q(\theta)$, mit der ein Anbieter einer Vakanz bei seiner Suche auf einen geeigneten Bewerber trifft, sind Funktionen der Anspannung θ des Arbeitsmarktes, die das Verhältnis von Vakanzen und Jobsuchern misst.

Nimmt die Zahl der Vakanzen und damit die Anspannung zu, so sinkt die Chance der Firmen, noch in der laufenden Periode einen Bewerber zu finden, während die Vermittlungschance der Arbeitslosen steigt. Die Teilnehmer eines erfolgreichen Match verhandeln unbehelligt von den Outsidern über die Aufteilung ihrer Transaktionsrente. Die Höhe der Rente ist von dem Produkt y abhängig, das von einer Faktorkombination, die aus einer Arbeitskraft und einem Kapitalgut besteht, erzeugt und vermarktet wird. Neben dem Grenzprodukt der Arbeit sind die Such- und Rekrutierungskosten ky, die bei Ausschreibung einer Vakanz entstehen, für die Rente bestimmend, außerdem die Unterstützungszahlungen b, die ein erwerbsloser Jobsucher in der Suchphase erhält und schließlich die im Koeffizienten β erfasste Stärke der Verhandlungsposition des Jobsuchers. Der Lohn, der das Verhandlungsergebnis bildet, hat keine Informations- und Markträumungsfunktion, sondern dient der Allokation des Transaktionsgewinns auf die beiden Insider eines erfolgreichen Match, dem Anbieter der Vakanz und dem Bewerber. Wir hatten in Kapitel 5 gesehen, wie im Gleichgewicht des Matching-Prozesses der Lohn, die Anspannung, die Arbeitslosenquote und die Dauer der Arbeitslosigkeit durch eine Reihe von exogenen Parametern bestimmt werden, deren Wirkungen Tab. 5.3 zusammenfasst. Wir führen nun in dieses Modell eine exponentiell mit der Rate n wachsende Arbeitsbevölkerung sowie arbeitsvermehrende Verfahrensinnovationen ein und untersuchen in Abb. 14.1, wie sich diese beiden Wachstumsprozesse auf das Gleichgewicht des Arbeitsmarktes auswirken. Die Abb. 14.1 zeigt wie die Abb. 5.7 im ersten Quadranten die JC-Bedingung und die Lohnkurve, deren Schnittpunkt den Verhandlungslohn und die Anspannung bestimmt, sowie im vierten Quadranten die Beveridge-Kurve. Der Übersichtlichkeit halber wiederholen wir hier die JC-Bedingung

(14.2) $$w = y - \frac{(\lambda + r)ky}{q}.$$

Die Job-creation-Bedingung (14.2) gibt die Menge aller Kombinationen aus Lohn und Anspannung an, bei denen der Zustrom neuer Vakanzen zum Erliegen kommt. Die Funktion der Beveridge-Kurve (5.3) sowie die Lohnfunktion (5.12) modifizieren wir mit Rücksicht auf die beiden Wachstumsprozesse folgendermaßen.

Wenn die Erwerbsbevölkerung mit der exponentiellen Rate n wächst und das Arbeitsangebot im Zeitpunkt $t = 0$ L_0 Köpfe zählt, so wollen im Zeitpunkt t bereits $L = L_0 e^{nt}$ Leute am Erwerbsleben teilnehmen. Von diesen sind nur $(1-u)L$ beschäftigt, während uL erwerbslos nach einem (neuen) Job suchen. Der Zustrom zum Arbeitslosenpool besteht aus zwei Gruppen, aus den $\lambda(1-u)L$ Arbeitern, die in der laufenden Periode ihren Arbeitsplatz verlieren, und den nL neu in das Erwerbsleben eintretenden, die auf der Suche nach ihrem ersten Arbeitsplatz sind. Von den Arbeitslosen finden puL eine Stelle und scheiden aus dem Arbeitslosenpool aus, so dass sich ein Überschuss der Zugänge über die Abgänge von $\lambda(1-u)L + nL - puL$ ergibt. Im Steady state ist dieser Überschuss gleich der Zahl der Arbeitslosen unter den neu in das Erwerbsleben eintretenden unL. Hiermit erhält man die folgende Beziehung für die Beveridge-Kurve

(14.3) $$u = \frac{\lambda + n}{\lambda + n + p}.$$

Die Beziehung (5.3) ist mit einer Wachstumsrate der Arbeitsbevölkerung von null ein Spezialfall von Gleichung (14.3). Ein positives oder steigendes n verschiebt die Beveridge-Kurve nach außen, die Arbeitslosenquote nimmt zu, aber die Anspannung und die durchschnittliche Dauer der Arbeitslosigkeit sowie der Reallohn des Matching-Gleichgewichts reagieren auf das Wachstum der Erwerbsbevölkerung nicht, wie bereits in Kapitel 5 erläutert wurde: In den Lohnverhandlungen der Insider und in der Job-creation-Bedingung (14.2) spielt die Zahl der Erwerbspersonen überhaupt keine Rolle.

Bevor wir den Technischen Fortschritt in das Modell einführen, wollen wir annehmen, dass die Unterstützungsleistungen an erwerbslose Jobsucher lohnindexiert sind. Mit der Lohnersatzrate λ_b gelte für die Unterstützungsleistung $b = \lambda_b w$. Durch Einsetzen von $b = \lambda_b w$ in die Lohnfunktion (5.12) erhält man

(14.4) $$w = \frac{\beta(1 + k\theta)}{1 - (1-\beta)\lambda_b} y.$$

Wie die beiden Beziehungen (14.2) und (14.4) zeigen, ist der Lohn proportional zum Grenzprodukt der Arbeit y, so dass sich alle Technologie- und Nachfrageschocks, die auf das Grenzprodukt wirken, zugleich im Lohn niederschlagen. Darüber hinaus folgt aus der JC-Bedingung (14.2) und der Lohnfunktion (14.4), dass die Arbeitsmarktanspannung vom Grenzprodukt der Arbeit unabhängig ist, so dass die erwähnten Schocks allein den Lohn, aber nicht die Arbeitslosenquote und nicht die Dauer der Arbeitslosigkeit berühren. Ansonsten reagiert das Matching-Modell (14.2)-(14.4) ähnlich auf Änderungen der exogenen Parameter wie das Modell (5.3), (5.7) und (5.12), dessen Verhalten in Tab. 5.3 dokumentiert ist.

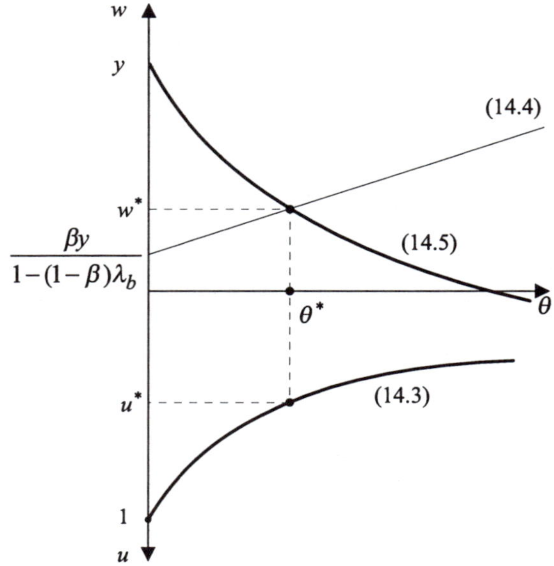

Abb. 14.1: Natürliche Rate der Arbeitslosigkeit und Technischer Fortschritt

Wir führen nun ungebundenen und arbeitsvermehrenden Fortschritt ein, bei dem das Grenzprodukt der Arbeit exponentiell mit der konstanten Rate g wächst. Beläuft sich das Grenzprodukt im Zeitpunkt $t = 0$ auf y_0, so erreicht es infolge des stetig wirkenden Fortschritts im Zeitpunkt t bereits den Wert $y = y_0 e^{gt}$. Arbeitsvermehrend heißt der Fortschrittstyp, weil er so wirkt, als ob die produktiv verwendete Menge an Arbeit mit der Rate g zunimmt. Finanzkapital, auf dem Kapitalmarkt angelegt, vermehrt sich mit der Rate r, Humankapital dagegen mit der Rate g, so dass die Nettoverzinsung, mit der ein Investor rechnen kann, der sein Vermögen in Finanzkapital hält, nur noch $r - g > 0$ beträgt. In den Arbitragegleichungen des Kapitels 5 ist daher überall r durch $r - g$ zu ersetzen. Die Gleichgewichtsbedingungen für den Steady state des Matching-Modells mit exponentiell wachsender Erwerbsbevölkerung sowie arbeitsvermehrendem Technischen Fortschritt sind mit (14.3) für die Beveridge-Kurve, (14.4) für den Lohn sowie mit folgender JC-Bedingung gegeben, die nach Ersetzen von r durch $r - g$ an die Stelle von (14.2) tritt

$$w = y - \frac{(\lambda + r - g)ky}{q}. \tag{14.5}$$

In Abb. 14.1 sind die Gleichgewichtsbedingungen (14.3)-(14.5) dargestellt. An der Ordinate des ersten Quadranten ist der Reallohn in laufenden Werten und an der Abszisse die Anspannung abgetragen. Die Ordinate des vierten Quadranten misst die Arbeitslosenquote. Die Beveridge-Kurve im vierten Quadranten hat den bekannten Verlauf, die JC-Kurve hat eine negative Steigung, schneidet die Ordinate im Punkt y und die Abszisse bei der Anspannung, bei der die JC-Kurve ihre Nullstelle hat. Nimmt die Rate g des Technischen Fortschritts zu, so dreht sich die JC-Kurve um den Ordinatenschnittpunkt nach oben. Die Lohnkurve, die vom Zins und der Rate des Technischen Fortschritts unabhängig ist, ist eine Gerade mit positiver Steigung und schneidet die Ordinate im Punkt $\beta y/[1-(1-\beta)\lambda_b]$. Im Schnittpunkt von Lohn- und JC-Kurve ist der Reallohnpfad, die Anspannung und folglich die Arbeitslosenrate des Steady state bestimmt.

Da bei steigender Wachstumsrate der Nettozins $r-g$ einer Kapitalmarktanlage sinkt und infolgedessen der Marktwert der Vakanzen steigt, kommt es infolge dieses Diskontierungseffektes zum Angebot zusätzlicher Vakanzen, der Gleichgewichtslohn steigt, die Anspannung nimmt zu und die Arbeitslosenquote sinkt, ganz so, wie von den Fortschrittsoptimisten prognostiziert. Der Technische Fortschritt zeigt in diesem Such- wie in allen älteren neoklassischen Wachstumsmodellen nur sein heiteres Gesicht.

Zusammenfassung

An der Beschäftigungsschwelle kompensiert das arbeitsplatzschaffende Wachstum des Bruttoinlandsproduktes gerade die arbeitsplatzvernichtende Wirkung einer höheren Arbeitsproduktivität. Technischer Fortschritt steigert die Faktorproduktivitäten und tritt in gebundener oder, in der Modellwelt, in ungebundener Form auf. Ungebundener Technischer Fortschritt hat Eigenschaften eines rein öffentlichen Guts, es gibt keine Ausschlusstechnologie und keine Rivalität. Des Weiteren findet jedermann ohne Mühe und private Kosten Zugang zu den neuen Ideen und Verfahren. Unverkörperter Fortschritt, der „wie Manna vom Himmel fällt", erleichtert die Modellierung des Wachstumsprozesses, da dieser Ansatz u.a. das Kalenderalter vom technologischen Alter einer Maschine trennt und jede Maschine stets mit dem neuesten technologischen Design versieht. Mit dieser Fortschrittsart lässt sich vor allem die Überzeugung der Fortschrittsoptimisten untermauern, dass der Modernisierungsprozess höchstens temporär und lokal Arbeitskräfte freisetzt, langfristig jedoch mehr neue Arbeitsplätze schafft als zerstört. Um die zerstörerische Seite des Fortschritts sichtbar zu machen, sind Jahrgangs-Modelle besser geeignet, in denen sich Prozessinnovationen nur in den neuesten Jahrgängen des Kapitals verkörpern, während die ältesten, die schon in der nächsten Periode ausgemustert werden, gerade noch kostendeckend produzieren. Den Freisetzungen wirken jedoch, wie Fortschrittsoptimisten glauben, eine Reihe von Kompensationsmechnismen entgegen, vor allem Produktinnovationen, Kostensenkungen, wachsende Investitionsgüternachfrage sowie die Substitution von Kapital durch Arbeit. Berücksichtigt man in der Suchtheorie des Kapitels 5 ungebundenen und arbeitsvermehrenden Technischen Fortschritt, zeigt sich, dass Wachstum und natürliche Arbeitslosigkeit Phänomene sind, die auch im Steady state einer wachsenden Volkswirtschaft koexistieren. Gleichzeitig unterstreicht das Modell aber die Überzeugung der Fortschrittsoptimisten, da eine Beschleunigung des Technischen Fortschritts infolge des Diskontierungseffektes die Quote der natürlichen Arbeitslosigkeit senkt.

15 Schöpferische Zerstörung

In dem Suchmodell des Kapitels 14 ist die Trennungsrate exogen. Der Technische Fortschritt hat keinen Einfluss auf den Anteil der Unternehmen, die wegen ihres überalterten Kapitalstocks den Betrieb stilllegen und sich von ihren Mitarbeitern trennen. In Wirklichkeit treibt die Rate der Prozessinnovationen jedoch die Geschwindigkeit, mit der Jobs zerstört oder überflüssig werden: Je schneller die Verfahrensinnovationen aufeinander folgen, umso höher ist der Anteil unrentabel ausscheidender Betriebe und umso höher ist infolgedessen die natürliche Rate der Arbeitslosigkeit (*Pissarides* 2000). Eine zunehmende Innovationsgeschwindigkeit erhöht die technologisch bedingte, durch Mechanisierung, Automation, veraltete Kenntnisse und überholtes Wissen hervorgerufene Arbeitslosigkeit und den Druck auf den Arbeitsmarkt. Der Kompensationsmechanismus, der im Modell der schöpferischen Zerstörung die technologische Arbeitslosigkeit überlagert, ergibt sich aus dem Diskontierungseffekt, der bereits in Kapitel 14 zur Sprache kam: Der Nettozins einer Kapitalmarktanlage, mit dem Investoren den Marktwert vakanter Stellen kalkulieren, sinkt, wenn die Fortschrittsrate steigt, und es kommt zur Gründung neuer Betriebe. Mit beschleunigtem Wachstum werden daher nicht nur immer mehr unrentable Betriebe stillgelegt, sondern auch eine größere Zahl von neuen Firmen gegründet. Die Beschäftigungswirkung des Technischen Fortschritts ergibt sich aus dem Saldo der schöpferischen Zerstörung und des Diskontierungseffektes. Unter bestimmten Voraussetzungen senkt eine höhere Wachstumsgeschwindigkeit, wie sich zeigt, die Arbeitslosenquote nicht, sondern treibt sie in die Höhe, der Zusammenhang zwischen Fortschrittsrate und natürlicher Rate der Arbeitslosigkeit gleicht einem umgekehrten U. Die Nachricht „Die führenden Forschungsinstitute prognostizieren in ihrem Herbstgutachten einen Anstieg der Wachstumsrate des Sozialprodukts von 1,5% auf 1,9%!“ ist unter der U-Kurven-Hypothese keine Erfolgsmeldung für den Arbeitsmarkt, im Gegenteil; besser wäre es gewesen, wenn die Institute einen Anstieg auf 6,3% oder einen Rückgang auf 1% hätten prognostizieren können. Eine Wachstumspolitik, die sich mit ungewissen und schwachen Dosis-Wirkungsketten abfinden muss und risikoscheu einen Wandel der Institutionen einleitet, vergrößert die Massenarbeitslosigkeit, die sie zu bekämpfen vorgibt, so jedenfalls die Prognose des Modells der schöpferischen Zerstörung von *Aghion* und *Howitt* (1994, 1998).

15.1 Eintritt, Innovation, Match und Stilllegung

Die Abb. 15.1 zeigt zwei parallele Zeitachsen. An der oberen, dem „Innovationshimmel“, ist die Dynamik des Technischen Fortschritts abzulesen, an der unteren die Geschichte eines Investors, der im Kalenderzeitpunkt m in den Markt für das Modellgut eintritt und im Zeitpunkt $t_0 + S$ seinen Betrieb stilllegt, da dessen ökonomische Lebensdauer erreicht ist. Während die „Pforten des Innovationshimmels“ in der neoklassischen Wachstumstheorie ununterbrochen und für jedermann geöffnet sind, hat im folgenden Modell nur der Zugang zum Strom der Innovationen, der die Zugangskosten in Gestalt von Forschungs- und Entwicklungsaufwendungen (F&E) entrichtet hat. Für den Investor, der diesen Einsatz in m tätigt, beginnt damit die Innovationszeit, die sich über ein Intervall mit der Länge

n erstreckt, bis sich in $t = m + n$ für ihn der Innovationshimmel ein Mal öffnet und er den Bauplan der im Zeitpunkt t fortgeschrittensten Prozesstechnologie A_t empfängt. Gleich danach ist der Innovationshimmel wieder verschlossen. Zwar öffnet er sich irgendwann später ein weiteres Mal, doch der Zeitpunkt lässt sich nicht mit Sicherheit vorhersagen. Auch die Länge n der ersten Innovationsphase ist für den Investor im Zeitpunkt seines Eintritts nicht mit Sicherheit prognostizierbar. Der Prozess, der die zeitlichen Abstände zwischen je zwei Innovationen steuert, wird in Abschnitt 15.4 behandelt.

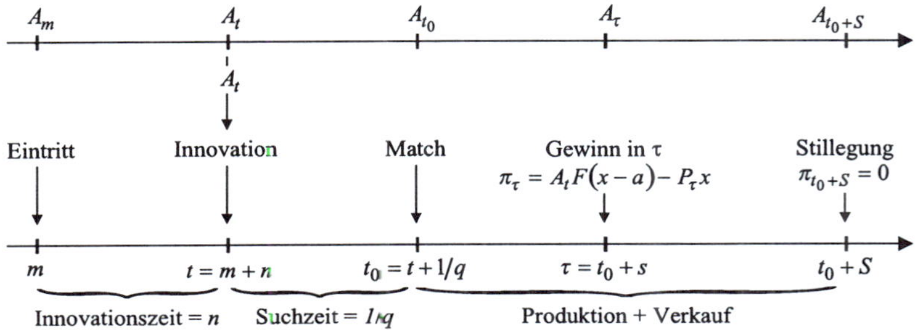

Abb. 15.1: Innovationshimmel

Kommt im Zeitpunkt t eine Innovation zustande, dann beginnt der Investor die Suche nach einer Arbeitskraft, deren Fähigkeiten und Kenntnisse mit dem technologischen Design der Innovation kompatibel sind. Die Suchdauer beträgt genau $1/q(v)$ Perioden, wobei v ein Maß für die Anzahl der Vakanzen ist und die Stellenbesetzungsrate q jenen – im Unterschied zu Kapitel 5 deterministischen – Teil der Vakanzen bezeichnet, die bei der herrschenden Matching-Technologie einen geeigneten Bewerber finden. Investor und Jobsucher verhandeln anschließend über die Aufteilung der Transaktionsrente, wobei der Anteil des einen und des anderen von ihrer jeweiligen Verhandlungsstärke bestimmt ist. In jeder Periode werden qv Vakanzen besetzt bzw. in jeder Periode finden $p = qv$ Erwerbslose eine Beschäftigung. Die Stellenbesetzungsrate hat ähnliche Eigenschaften wie in Kapitel 5: Nehmen die Vakanzen zu, so sinkt die Rate und strebt mit wachsendem v gegen null; nehmen die Vakanzen ab, so steigt die Rate und wächst mit fallendem v über alle Grenzen.

Wenn die Suche des Investors im Zeitpunkt $t_0 = t + 1/q$ mit dem Match endet, gründet er seinen Betrieb: Er lässt eine Maschine nach seinem Bauplan konstruieren, den er in t empfangen hat. Im Zeitpunkt der Gründung sind Maschinen des Jahrgangs t, wie man sieht, bereits $1/q$ Perioden alt. Die sich in Gründung befindende Betriebseinheit besteht aus drei Komponenten:

(1) der Maschine, die das technologische Design des Bauplans A_t der Periode t trägt und unabänderlich verkörpert;
(2) der Arbeitskraft;
(3) einer Menge von Humankapital, dem variablen Faktor der Produktion, der mit x bezeichnet wird.

Der Output y_s, den die in t_0 gegründete Betriebseinheit im Zeitpunkt $\tau = t_0 + s$ produziert und absetzt, ist durch die folgende Jahrgangs-Produktionsfunktion bestimmt:

$$y_s = A_t F(x - a). \tag{15.1}$$

Der betrachtete Zeitpunkt der Produktion $\tau = t_0 + s$ liegt zwischen dem Gründungszeitpunkt t_0 und dem Zeitpunkt $t_0 + S$, an dem die ökonomische Lebensdauer der Betriebseinheit abgelaufen ist, so dass $0 \leq s \leq S$. Die Produktionsfunktion F bildet den konstanten Kern der Technologie und erfüllt für Inputmengen x, die die Minimummenge des Faktoreinsatzes a erreichen, die Inada-Bedingungen. Der Output nimmt folglich mit steigendem Humankapitaleinsatz zu, während die Zuwächse kontinuierlich sinken. Für $x \leq a$ ist dagegen $F(x-a) = 0$. Die Firma muss Fixkosten in Höhe von a Faktoreinheiten aufwenden, um die Produktion in Gang zu setzen. Diese Fixkosten sind dafür verantwortlich, dass die Betriebseinheit eine endliche Lebensdauer hat.

Dass der Bauplan der Maschine, die der Investor während der gesamten Nutzungsdauer einsetzt, aus der Periode t stammt, zeigt der Fortschrittsparameter A_t in der Produktionsfunktion (15.1) an. Die Fortschrittsparameter, auf der oberen Zeitachse abgetragen, wachsen exponentiell mit der exogenen Rate g. Hat die führende Technologie im Zeitpunkt m, in dem der Investor in den Markt eintritt, die Produktivität A_m, so beträgt die Produktivität der fortgeschrittensten Technik im Zeitpunkt t – also in dem Zeitpunkt, in dem er Kenntnis von den Details seines Bauplans erhält – $A_t = A_m e^{gn}$, mithin ist die Produktivität der fortgeschrittensten Technologie während der Innovationszeit n um den Faktor $A_t / A_m = e^{gn}$ gewachsen. Im Zeitpunkt t_0, in dem der Investor nach Abschluss der Suchphase endlich seine Innovation installieren und die Firma in Betrieb setzen kann, ist der Strom der Innovationen schon weiter fortgeschritten. Der neueste Bauplan verspricht eine Spitzenproduktivität, die um den Faktor $A_{t_0} / A_t = e^{g/q(v)}$ größer ist als die Produktivität der Maschine des Investors. Vergleicht man die Produktivität der Spitzentechnologie mit jener aus dem Jahrgang m, so ergibt sich sogar ein Vervielfachungsfaktor von $A_{t_0} / A_m = e^{g(n+1/q)}$. Wie lang ist die Lebensdauer der in t_0 gegründeten Betriebseinheit?

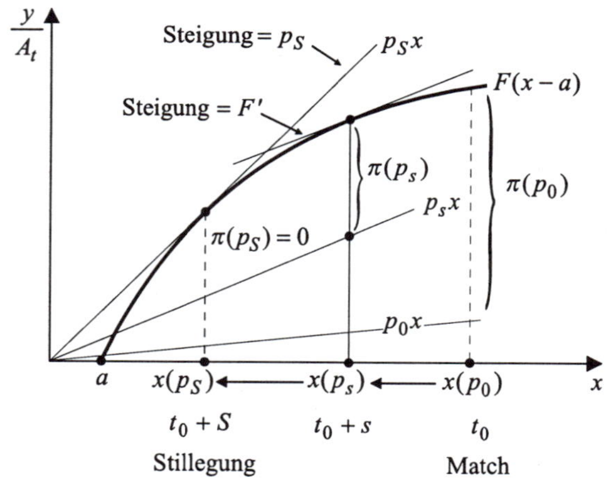

Abb. 15.2: Ökonomische Lebensdauer

Normiert man den Absatzpreis für das Endprodukt, das der Investor zusammen mit einer großen Zahl von Konkurrenten anbietet, mit eins und bezeichnet den realen Faktorpreis für das im Zeitpunkt $\tau = t_0 + s$ in der Produktion eingesetzte Humankapital mit $P_\tau = P_0 e^{g\tau}$, so beträgt der Gewinn der Firma $\pi_\tau = A_t F(x-a) - P_\tau x$. Im Steady state wächst der Faktorpreis mit der Rate des Technischen Fortschritts g. Folglich lässt sich der Preis für den Produktionsfaktor mit Hilfe des Fortschrittsparameters folgendermaßen normieren: $p_s = P_\tau / A_t = P_{t_0+s} / A_t$, so dass sich der Gewinn mit der Beziehung

(15.2) $$\pi_{t_0+s} = A_t \pi(p_s, x)$$

schreiben lässt, wobei $\pi(p_s, x) = F(x-a) - p_s x$. Die Firma wählt die Faktormenge, die ihren Gewinn (15.2) maximiert. Für den gewinnmaximalen Input gilt die Grenzproduktivitätsbedingung $F'(x_s - a) - p_s = 0$, aus der man die Faktornachfrage $x_s = x(p_s)$ und den maximalen Gewinn $\pi(p_s)$ erhält. Der (normierte) Faktorpreis p_s wächst mit der Zeit, die Faktornachfrage nimmt infolgedessen mit der Zeit ab und auch der Gewinn wird mit der Zeit geringer, wie Abb. 15.2 darstellt.

Die Abb. 15.2 zeigt die Produktionsfunktion der Firma, die im Punkt a bei der minimalen Faktormenge ihren Ursprung hat, sowie einige Kostengeraden für die variablen Faktorkosten. Die Steigung der Kostenfunktion $p_s x$ ist durch den Faktorpreis bestimmt. Mithin dreht sich die Kostengerade mit dem Fortschreiten der Zeit im Ursprung des Diagramms gegen den Uhrzeigersinn. Zu jeder Kostengeraden findet man die gewinnmaximale Faktornachfrage im Tangentialpunkt der Parallelen mit der Produktionsfunktion. Der vertikale Abstand zwischen Tangente und Kostenfunktion ist gleich dem Gewinn und der Schnittpunkt des vom Tangentialpunkt gefällten Lots mit der Mengenachse zeigt die gewinnmaximale Faktornachfrage. Die Lebensdauer S ist erreicht, wenn der maximale Gewinn, der sich beim Faktorpreis p_S mit der Faktormenge $x(p_S)$ erzielen lässt, auf null gesunken ist: $\pi(p_S) = 0$. In diesem Zeitpunkt ist der Preis des Produktionsfaktors gleich seinem Break-even-Wert $p_S \equiv P_{t_0+S} / A_t = (P_{t_0} / A_t)\, e^{g S}$. Durch Logarithmieren folgt hieraus der Zusammenhang zwischen ökonomischer Lebensdauer S und technologischem Alter Z, das die Maschine vom Jahrgang t zum Zeitpunkt ihrer Ausmusterung erreicht

(15.3) $$S = \frac{Z}{g}, \qquad \text{mit} \quad Z = \ln p_S - \ln(P_{t_0} / A_t).$$

Zwischen dem technologischen und dem ökonomischen Lebensalter bestehen folgende Zusammenhänge. Mit der Wachstumsrate g lässt sich das technologische Alter z der Betriebseinheit zu jedem Zeitpunkt s während ihrer Lebensdauer mit $z = gs$ berechnen. Bei gegebenem Kalenderalter s ist das technologische Alter z der Maschine umso höher, je höher die Geschwindigkeit g des Technischen Fortschritts ist. Bei gegebener technologischer Lebensdauer Z ist die ökonomische Lebensdauer der Maschine umso kürzer, je höher die Rate des Technischen Fortschritts ist. Mit Hilfe des Break-even-Preises lässt sich darüber hinaus der normierte Faktorpreis p_s für jeden beliebigen Zeitpunkt $s \le S = Z / g$ während der Lebensdauer ausdrücken, denn

(15.4) $$p_s = p_S e^{g(s - Z/g)} = p_S e^{gs - Z}.$$

Zum Zeitpunkt t_0, in dem der Betrieb die Produktion aufnimmt und noch zu den technologisch jüngeren am Markt gehört, sind die Faktornachfrage $x(p_0)$ und der Gewinn $A_t \pi(p_0)$ am höchsten während der gesamten Lebensdauer und sinken anschließend bis zum Zeitpunkt $t_0 + s$ auf $x(p_s)$, wo der Gewinn, wie Abb. 15.2 zeigt, nur noch $A_t \pi(p_s)$

beträgt. Da die Zeit in diesem Modell stetig ist, ergibt sich die betriebliche Faktornachfrage $X(Z)$ über den Lebenszyklus mit Hilfe des Integrals: $X(Z)=\int_0^{Z/g} x(p_s)ds$, und die durchschnittliche Faktornachfrage pro Zeiteinheit beträgt hiermit $X(Z)/S = gX(Z)/Z$.

15.2 Beveridge-Kurve und Faktormarktgleichgewicht

In jeder Periode finden $p(v)$ Erwerbslose eine Beschäftigung. Die Rate der Neueinstellungen ist von der Zahl der Vakanzen abhängig, wobei $p(0)=0$. Nehmen die Vakanzen zu, so steigt p und wächst über alle Grenzen. Bei einer Lebensdauer von S Perioden scheiden in jedem Zeitpunkt $1/S$ von den $1-u$ produzierenden Betrieben aus. Hierbei wird angenommen, dass es eine mit $L=1$ normierte Zahl von Erwerbspersonen gibt, von denen u erwerbslos und $1-u$ erwerbstätig sind. Die Arbeitslosenquote u lässt sich mithin auch als Maß für die Anzahl der Arbeitslosen interpretieren. Im Steady state sind der Zu- und der Abgang aus der Erwerbslosigkeit ausgeglichen, so dass $(1-u)/S = p$. Löst man diese Gleichung für die Beveridge-Kurve nach der Arbeitslosenquote u auf und berücksichtigt (15.3), so gilt

$$u = 1 - \frac{Z}{g} p(v). \tag{15.5}$$

(15.5) zeigt den bekannten Trade-off zwischen der Zahl der Vakanzen und der Zahl der erwerbslosen Jobsucher. Darüber hinaus verdeutlicht die Beziehung die destruktive Seite des Technischen Fortschritts. Denn bei gegebenem v sowie gegebener technologischer Lebensdauer bewirkt eine Beschleunigung des Technischen Fortschritts, dass der Anteil der unrentablen Maschinen unter den älteren Jahrgängen wächst und folglich die Arbeitslosenquote steigt. Mit Blick auf $u = 1 - Sp(v) > 0$ ergibt sich, dass Erwerbslosigkeit entsteht, wenn die Dauer der Jobsuche größer ist als die Matchdauer: $1/p(v) > S$, der Arbeiter wird bei der Stilllegung entlassen, ohne eine neue Stelle gefunden zu haben. Dabei ist zu berücksichtigen, dass alle Erwerbspersonen, sowohl die Erwerbstätigen als auch die Erwerbslosen, ständig nach einem neuen Job suchen. Die Differenz $1/p(v) - Z/g$ von Such- und Matchdauer ist gleich der Dauer der Arbeitslosigkeit, die bei gegebenen v und Z mit steigender Fortschrittsgeschwindigkeit länger wird.

Da jede Maschine mit einer Arbeitskraft kombiniert wird, gibt es $1-u$ produzierende Einheiten. Da jeder Betrieb eine Faktornachfrage von $gX(Z)/Z$ hat, beläuft sich die gesamtwirtschaftliche Faktornachfrage auf $(1-u)gX(Z)/Z$. Mit Rücksicht auf das exogene Faktorangebot X herrscht daher auf dem Faktormarkt Gleichgewicht, wenn

$$X = (1-u)\frac{gX(Z)}{Z}, \tag{15.6}$$

wobei $X(Z)=\int_0^{Z/g} x(p_s)ds$. Mit (15.5) und (15.6) hat man zwei Gleichgewichtsbedingungen für drei endogene Größen (u,v,Z). Das System wird nun mit einer dritten Gleichung geschlossen, die den folgenden Sachverhalt wiedergibt. Wenn sich der Investor im Zeitpunkt m den Zugang zum Innovationsprozess verschafft, bezahlt er einerseits hierfür einen Preis in Form von F&E-Aufwendungen in Höhe von $D_m = dA_m$. Der Preis wächst wie alle Preisgrößen des Modells mit der Rate des Technischen Fortschritts. Auf der anderen Seite hat das Zugangsrecht zum Innovationspool für den Investor mit Blick auf die Gewinne (15.2) den Kapitalwert $W_m = WA_m$, der ebenfalls mit der Rate g wächst. Solange nun $W_m - D_m > 0$ lohnt sich der Erwerb des Zugangsrechts, da es mit einem Vermögensgewinn verbunden ist. Dieser Vermögensgewinn lockt Investoren an, die das Zugangsrecht nachfragen und Vakanzen offerieren, sobald ihre erste Innovation ausgereift ist. Der Zustrom von Investoren endet, wenn $W - d = 0$. Um das Modell zu schließen, ist daher als nächstes der Kapitalwert W des Zugangsrechts zu den Prozessinnovationen zu berechnen.

15.3 Marktwert einer produzierenden Firma

Während der Nutzungsdauer der Innovation, z.B. in Periode s, erwirtschaftet der Investor einen Gewinn in Höhe von $A_t\pi(p_s)$. Dieser Teil der Transaktionsrente gehört mit zur Verhandlungsmasse, wenn Investor und Bewerber im Zeitpunkt t_0 Lohnverhandlungen führen. Wie in Kapitel 5 wird angenommen, dass sich die Verhandlungslösung mit dem Nash-Produkt bestimmen lässt, wobei der Koeffizient $1-\beta$ die Verhandlungsstärke des Investors anzeigt. Im Zeitpunkt der Gründung t_0 hat der Gewinn $A_t\pi(p_s)$ den Barwert $e^{-rs}A_t\pi(p_s)$, wobei r der stetige Zinssatz ist. Summiert man die Barwerte der Gewinne über die Lebensdauer, so erhält der Investor hiervon den Teil $(1-\beta)A_t\int_0^S e^{-rs}\pi(p_s)ds$. Zum Zeitpunkt der Gründung t_0 muss der Investor in die Konstruktion der Maschine investieren, die den Bauplan, den er in t empfangen hat, verkörpern soll. Der mit der Rate des Technischen Fortschritts wachsende Aufwand für diese Gründungskosten beläuft sich auf cA_t. Hiermit erhält man nun den normalisierten (= Teilen durch den Faktor A_t) Marktwert der produzierenden Firma im Gründungszeitpunkt mit $(1-\beta)\int_0^S e^{-rs}\pi(p_s)ds - c$. Im Gründungszeitpunkt $t_0 = t + 1/q$ hat der Investor bereits die Suchphase mit einer Dauer von $1/q$ Perioden hinter sich. Um den Marktwert Π der produzierenden Firma zum Zeitpunkt t zu berechnen, ist der obige Barwert noch einmal mit dem Diskontfaktor $e^{-r/q}$ über die Dauer der Suchphase zu diskontieren

$$\Pi = e^{-r/q(v)}\left\{(1-\beta)\int_0^{Z/g} e^{-rs}\pi(p_s)ds - c\right\}, \tag{15.7}$$

wobei die ökonomische Lebensdauer der Einheit die obere Grenze des Integrals bildet und mit Rücksicht auf (15.3) durch Fortschrittsrate und technologische Lebensdauer ausgedrückt ist.

15.4 Eintrittsentscheidung

Ein Investor, der im Zeitpunkt m in den Markt eintritt, muss zunächst die F&E-Kosten D_m aufwenden, um Zugang zu den Prozessinnovationen zu erhalten. Erfolgt der Eintritt in m und öffnet sich der Innovationshimmel in $t = m + n$, so beträgt der Marktwert des Zugangsrechtes mit Rücksicht auf (15.7) in diesem Zeitpunkt: $A_t\Pi + A_tW$. Dabei ist A_tW der auf den Zeitpunkt t bezogene Vermögenswert der nächsten Innovation. Abdiskontiert über die Innovationszeit n bis auf den Eintrittszeitpunkt m, erhält man: $A_t(\Pi + W)e^{-rn}$.

Technischer Fortschritt, Jobturnover und Arbeitslosigkeit

Sechs namhafte europäische Ökonomen geben, nachdem sie sich ausführlich mit der These der „schöpferischen Zerstörung“ beschäftigt haben, folgende empirische „Widerlegung“ der Theorie: “If we pursue the idea that growth results from a process of ‘creative destruction’, job turnover may be considered as the proximate cause of unemployment (if a job is destroyed then, ceteris paribus, an additional person must be unemployed). This leads to the view that more job reallocation should be associated with higher unemployment ...”. Die linke Abbildung zeigt den Jobturnover und die Arbeitslosenquoten von Belgien, Großbritannien, Frankreich, Italien, Deutschland, Finnland, Schweden, Kanada und den USA: “...there is a significant inverse relationship between the two. Hence the ‘creative destruction’ view is not supported by this simple bivariate analysis.” Mit Bezug auf die These, dass vor allem die Verlangsamung des Wachstumsprozesses für die europäische Massenarbeitslosigkeit verantwortlich ist, zeigt die nächste Abbildung, die an der Abszisse die Änderungen des Produktivitätswachstums, an der Ordinate die Änderungen der Arbeitslosenquoten für 20 Länder der OECD darstellt, dass: “apart from the two outliers of Austria and Japan, there is a clear inverse relationship, suggesting those countries that experienced the greatest slowdown in productivity growth also experienced the largest increase in unemployment, both because of higher separations and because of lower hirings.”

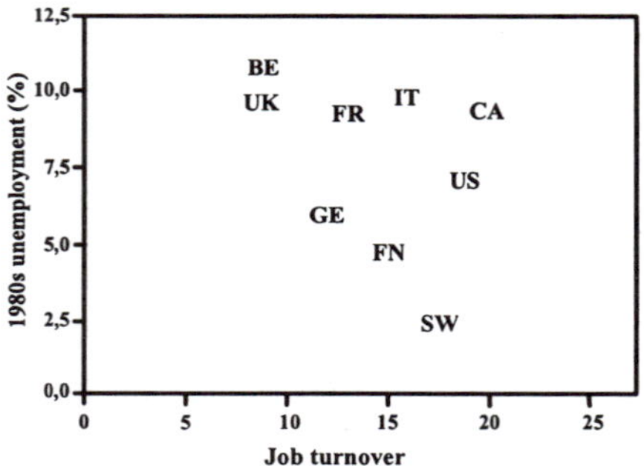

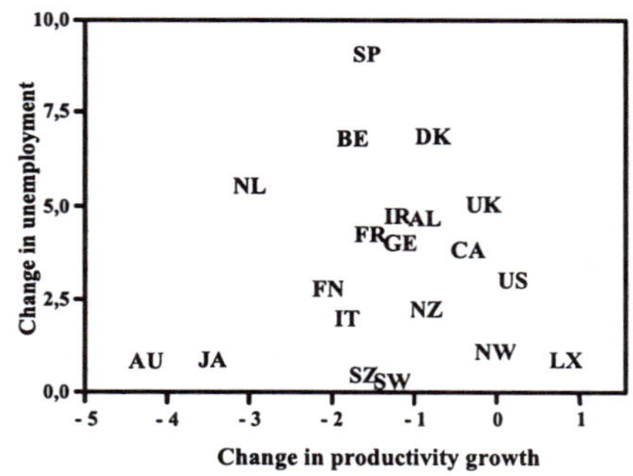

Quelle: Alogoskoufis et al. (1995), S. 47 ff.

Die Innovationszeit n, die verstreicht, bis der Investor seinen ersten Innovationserfolg hat, ist keine sichere Größe. Vielmehr werden die Innovationen durch einen Poisson-Prozess mit dem Parameter μ gesteuert. Die Wartezeit zwischen je zwei aufeinander folgenden Poisson-Ereignissen ist exponential verteilt mit der Dichte $h(n) = \mu e^{-\mu n}$ und der Verteilungsfunktion $H(n) = 1 - e^{-\mu n}$. $H(n)$ ist die Wahrscheinlichkeit, dass der Investor, der im Zeitpunkt m in den Markt eintritt, bis zum Zeitpunkt $t = m + n$ einen Innovationserfolg erzielt, und $h(n)$ gibt den Zuwachs dieser Innovationswahrscheinlichkeit pro Zeiteinheit an, wenn der Investor schon die Wartezeit n hinter sich hat. Je höher der Wert des Verteilungsparameters μ, umso höher ist die Wahrscheinlichkeit, bis n eine erfolgreiche Innovation verbuchen zu können und umso geringer ist die durchschnittliche Wartezeit $1/\mu$ bis zur nächsten Innovation.

Berücksichtigt man, dass $A_t = A_m e^{gn}$, so gilt für den Marktwert des Innovationsrechts im Eintrittszeitpunkt: $A_t(\Pi + W)e^{-rn} = A_m(\Pi + W)e^{-(r-g)n}$, sofern die Innovation in $t = m + n$ erfolgt. Im Folgenden wird vorausgesetzt, dass $r > g$. Den erwarteten Marktwert des Innovationsrechtes $A_m W$ erhält man nun mit der Dichte des Innovationsprozesses in Gestalt der Beziehung:

$$A_m W = A_m(\Pi + W)\int_0^\infty e^{-(r-g)n}h(n)dn\,. \tag{15.8}$$

Setzt man die Dichtefunktion $h(n) = \mu e^{-\mu n}$ in (15.8) ein und rechnet das Integral aus, so er gibt sich $\int_0^\infty e^{-(r-g)n}h(n)dn = \mu/(\mu + r - g)$. Löst man hiermit die Gleichung (15.8) nach W auf, so folgt $W = \mu\Pi/(r-g)$. Da der Zustrom neuer Firmen solange anhält, wie der Vermögenszuwachs aus dem Zugangsrecht positiv ist, gilt im Gleichgewicht die Null-Gewinnbedingung $W - d = 0$, woraus nach Einsetzen für W folgt:

$$d = \frac{\mu\Pi}{r-g}, \tag{15.9}$$

dabei ist Π der Marktwert (15.7) der produzierenden Firma im Zeitpunkt der Innovation. Mit den Gleichgewichtsbedingungen (15.5), (15.6) und (15.9) ist das Modell geschlossen.

15.5 Wachstum und Arbeitslosigkeit

Wie hoch ist die natürliche Rate der Arbeitslosigkeit und wie hängt diese von der Wachstumsrate ab? Mit Hilfe der Gleichgewichtsbedingung (15.6) für den Faktormarkt ergibt sich eine hinreichende Bedingung dafür, dass die natürliche Rate der Arbeitslosigkeit positiv ist. Wenn nämlich die Faktornachfrage der Firma in der Stilllegungsperiode größer ist als das exogene Faktorangebot, so dass $x(p_S) > X$, dann ist Arbeitslosigkeit eine unvermeidbare Folge: Da die kontinuierlich sinkende Faktornachfrage während der Lebensdauer mindestens so hoch ist wie am Ende, ist mit $x(p_S) > X$ vor allem auch die durchschnittliche Faktornachfrage größer als das exogene Angebot, denn $gX(Z)/Z \geq x(p_S) > X$. Mit (15.6) folgt hieraus, dass die natürliche Rate der Arbeitslosigkeit echt positiv ist.

Ist der Preis d für das Innovationsrecht gleich null, so folgt aus (15.9) für den Marktwert der Firma $\Pi = 0$. Einen Diskontierungseffekt mit einer steigenden Zahl von Vakanzen gibt es in diesem Fall nicht, so dass infolge der schöpferischen Zerstörung die natürliche Rate der Arbeitslosigkeit und die Rate des Technischen Fortschritts, wie im Anhang erläutert wird, positiv korreliert sind. Wie *Aghion/Howitt* (1994) zeigen, gibt es zu jeder Wachstumsrate $g < r$ einen Preis d für das Innovationsrecht, der hinreichend niedrig ist, so dass eine Erhöhung der Wachstumsrate einen Anstieg der Arbeitslosenquote auslöst. Auf diesem Effekt basiert der steigende Ast des in Abb. 15.3 dargestellten Zusammenhangs von Wachstumsrate und Arbeitslosenquote.

Angenommen, die Volkswirtschaft befindet sich im Zustand (u_1, g_1) mit einer relativ hohen natürlichen Rate der Arbeitslosigkeit und einer relativ geringen Wachstumsrate. Die Regierung ergreift wachstumspolitische Maßnahmen – g sei von der Regierung z.B.

mit dem Steuerrecht kontrollierbar –, um die Arbeitslosigkeit zu bekämpfen. Eine zögernde Politik mit schwachen Dosis-Wirkungseffekten bewirkt zwar womöglich einen Anstieg der Wachstumsrate bis auf den Wert g_2, doch die Folge für den Arbeitsmarkt ist, dass die „technologische Arbeitslosigkeit" zunimmt und die Arbeitslosenrate den neuen Rekordwert u_2 erreicht. Um den Wachstumsprozess mit den Instrumenten der Prozess- oder Ordnungspolitik in den Dienst des Vollbeschäftigungsziels zu stellen, müsste die Regierung mit ihren Maßnahmen mindestens die Wachstumsrate g_3 erreichen. Erst nach diesem Schwellenwert könnten weitere Eingriffe prozesspolitischer Natur die Beschäftigung gegenüber dem Ausgangszustand A erhöhen und die natürliche Rate der Arbeitslosigkeit unter den Wert u_1 senken.

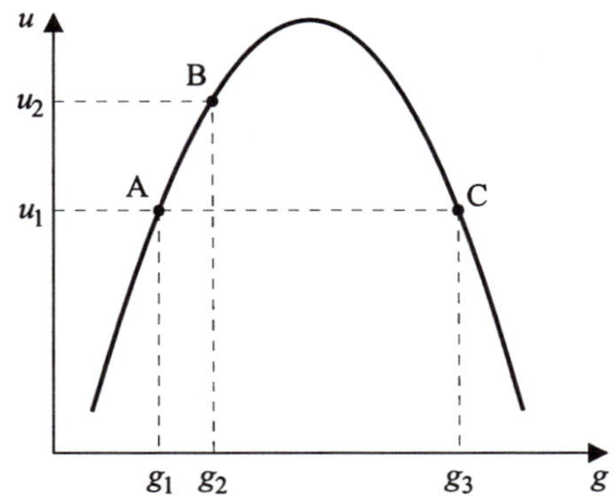

Abb. 15.3: Wachstum und Beschäftigung

Zusammenfassung

Wachstum ist mit einer Reallokation von Arbeitskräften verbunden, die bei jenen Firmen entlassen werden, die wegen ihres veralteten Kapitalstocks nicht mehr rentabel zu bewirtschaften sind. Zwei Effekte des Fortschritts, der sich jahrgangsweise im Kapitalstock der Volkswirtschaft verkörpert, wirken auf die natürliche Rate der Arbeitslosigkeit. Der Diskontierungseffekt, dessen Wirkungsweise bereits im Modell des unverkörperten Technischen Fortschritts zu beobachten war, erhöht den Kapitalwert der Innovationsrechte und erzeugt daher Anreize für Investoren, Firmen zu gründen und im Fall des Innovationserfolgs Vakanzen zu offerieren. Mit der Zahl der Vakanzen nehmen die Stellenvermittlungen zu und die Arbeitslosigkeit sinkt. Der zweite ist der Effekt der schöpferischen Zerstörung. Eine höhere Wachstumsrate verringert das technologische bzw. das ökonomische Alter, bis zu dem Maschinen einen positiven Deckungsbeitrag erwirtschaften. Mit kürzerer Lebensdauer steigt der Anteil der Firmen, die mit veraltetem Kapitalstock ihre Produktion stilllegen und Arbeitskräfte entlassen. Bei bestimmten Parameterwerten bekommt der Zusammenhang zwischen Arbeitslosenrate und Fortschrittsrate die Gestalt eines umgekehrten U: Mit zunehmender Wachstumsrate steigt die natürliche Rate der Arbeitslosigkeit zunächst, erreicht ein Maximum und nimmt anschließend mit weiterer Beschleunigung des Fortschritts wieder ab. Eine Volkswirtschaft mit hoher Arbeitslosigkeit und niedrigen Wachstumsraten kann unter diesen Voraussetzungen die Wachstumspolitik in den Dienst des Vollbeschäftigungsziels stellen, wenn ihr eine Reform der Institutionen gelingt, die den Fortschrittsprozess sprunghaft beschleunigt. Eine Wachstumspolitik dagegen, die zögernd über schwache Dosis-Wirkungseffekte in den Allokationsprozess eingreift, läuft Gefahr, trotz steigender Wachstumsraten im Bereich der negativen Korrelation von Wachstum und Beschäftigung stecken zu bleiben und anstatt einer Belebung des Arbeitsmarktes einen weiteren Anstieg der Arbeitslosenquote zu provozieren, der eine Folge von Rationalisierungen und eines zu geringen Zugangs neuer Stellen ist.

Anhang

Zunächst notieren wir die Gleichgewichtsbedingungen (15.6) und (15.7) in impliziter Form:

$$H \equiv (1-u)\frac{g}{Z}\int_0^{Z/g} x(p_s)ds - X = 0 \quad \text{und} \quad K \equiv (1-\beta)\int_0^{Z/g} e^{-rs}\pi / p_s)ds - c = 0\,.$$

Als nächstes geben wir die partiellen Ableitungen nach den endogenen Variablen $(u\,Z)$ und nach g an. Für H gilt:

$$H_u = -X/(1-u) < 0\,,$$

$$H_Z = \frac{(1-u)g}{Z^2}\left\{Z\left[\frac{x_S}{g} - \int_0^{Z/g} x_s' p_s ds\right] - \int_0^{Z/g} x_s ds\right\}$$

$$= \frac{(1-u)g}{Z^2}\left\{Z\left[\frac{x_S}{g} - \int_0^{Z/g}\frac{\partial x_s}{\partial s}\frac{1}{g}ds\right] - \int_0^{Z/g} x_s ds\right\} = \frac{(1-u)g}{Z^2}\int_0^{Z/g}(x_0 - x_s)ds > 0\,,$$

$$H_g = \frac{1-u}{Z}\left[\int_0^{Z/g} x_s ds - \frac{Z}{g}x_S + \int_0^{Z/g} x_s' p_s gsds\right] = \frac{1-u}{Z}\left[\int_0^{Z/g} x_s ds - \frac{Z}{g}x_S + \int_0^{Z/g}\frac{\partial x_s}{\partial s}sds\right] = 0\,.$$

Für K ergibt sich:

$$K_u = 0\,, \qquad K_Z = -(1-\beta)\int_0^{Z/g} e^{-rs}\pi_s' p_s ds > 0\,, \qquad K_g = (1-\beta)\int_0^{Z/g} e^{-rs}\pi_s' sp_s ds < 0\,.$$

Für die Jacobi-Determinante erhält man hiermit:

$$D = \begin{vmatrix} H_u & H_Z \\ K_u & K_Z \end{vmatrix} = H_u K_Z < 0 \quad \text{mit} \qquad D_{ug} = \begin{vmatrix} 0 & H_Z \\ -K_g & K_Z \end{vmatrix} = H_Z K_g < 0$$

und der Cramerschen Regel folgt schließlich:

$$\frac{du}{dg} = \frac{D_{ug}}{D} > 0\,.$$

Schluss: Zur Neuen Politischen Ökonomie des Arbeitsmarktes

Anstelle eines wirtschaftspolitischen Manifests zur Fundamentalreform des Arbeitsmarktes wollen wir zum Schluss die Frage erörtern, warum Manifeste dieser Art – von denen es ja unzählige gibt, die alles nur Erdenkliche zur Reform der Arbeitsmarktverfassung vorschlagen – von der Politik achtlos übergangen werden. Eine Antwort liefert eine der neuen Theorien des Arbeitsmarktes, in deren Mittelpunkt eben diese scheinbare Harthörigkeit der Politiker steht. Während die Neue Politische Ökonomie bis vor kurzem zum Thema Arbeitsmarkt und zur europäischen Massenarbeitslosigkeit wenig zu sagen hatte, haben die Arbeiten des französischen Ökonomen Saint-Paul dieses Vakuum schnell gefüllt. Wir stellen die Grundzüge seines Modells in Anlehnung an *Saint-Paul* (2002a, 2000, 1996c, 1995a, b) dar. Anschließend erläutern wir an Hand von *Drazen* (2000) sowie *Drazen* und *Easterly* (2001) die „Krisenhypothese". Eine massive Krise sei notwendig, so die Hypothese, um eine Gesellschaft zu dem Wagnis einer Strukturreform zu veranlassen. Doch, steckt eine Gesellschaft, die auf den Jahrhunderte alten Prinzipien des Korporatismus und des Sozialstaats gründet, nur weil sie die fiskalischen, sozialen und ökonomischen Folgen der von ihren Institutionen hervorgerufenen Massenarbeitslosigkeit fortlaufend mit neuen Maßnahmegesetzen glätten muss, in einer Krise? In einer Krise, die die politischen Vetospieler zu liberalen Reformen der Arbeitsmarktstrukturen bewegt? Weder noch, so die Bilanz aus drei Jahrzehnten Massenarbeitslosigkeit und angesichts der Anpassungsfähigkeit des Arbeits- und Sozialrechts. Für Experimente mit dem staatlichen Arbeits- und Sozialrecht und sogar mit dem eingelebten, in der Rechtsordnung tief verankerten Korporatismus erhält die Politik Unterstützung. Doch liberale Strukturreformen, die die Macht des deutschen Wohlfahrts- und Verwaltungsstaates, seiner Verbände und Parteien erschüttern könnten, stoßen auf breite Ablehnung, „wir wollen keine amerikanischen Verhältnisse". Liberalismus hat in einer sozialstaatlich verfassten und gelenkten Gesellschaft wie der deutschen seit jeher keine Chance. Freiheit ist, wie nicht zuletzt die Geschichte der deutschen Diktaturen mit ihren sozialstaatlichen, gemeinschaftsorientierten Reformprogrammen und die verklärende Erinnerung an sie belegt, in dieser Rechts- und Gesellschaftsordnung ein mit hohen Opportunitätskosten belastetes Gut und hat daher weder in Politik noch Wirtschaft eine tragende Rolle. Die für viele Ökonomen selbstverständliche These, persistente Massenarbeitslosigkeit sei das Symptom einer tiefen Krise der Arbeitsmarktinstitutionen, lässt sich nicht bestätigen. Weder die Alltagserfahrung, noch empirische Analysen oder Indizes zur sozioökonomischen Lage des typischen Arbeitnehmers bestätigen die Verfallsthese und die Behauptung, dass die kontinentaleuropäischen Gesellschaften eine tiefe Krise durchlaufen oder auf ihnen ein drückender Reformstau laste. So zeigt zum Beispiel der Index of Labour Market Well-being (ILMW) von *Osberg* und *Sharpe* (2003), dass die Qualität des typischen deutschen Arbeitsverhältnisses trotz Massen- und Langzeitarbeitslosigkeit noch im Jahr 2001 weit höher war als zu Beginn des Messzeitraums im Jahr 1980. Im Querschnittsvergleich mit 16 OECD -Ländern belegte das deutsche Arbeitsverhältnis im Jahr 2001 nach Norwegen, Belgien und der Schweiz sogar den vierten Rang, während das typische US-amerikanische Arbeitsverhältnis, Muster ungezählter Reformvorschläge, weit abgeschlagen nur den fünfzehnten Rangplatz erreichte.

Medianwählertheorem

Wahlen sind kollektive Entscheidungsmechanismen. Parteien bieten Wählern Programme an, die jener Partei ihre Stimme geben, von der sie glauben, sie fördere ihre persönliche Wohlfahrt am besten. Wir betrachten ein politisches System, bei dem jeder Wähler eine Stimme hat und diejenige Partei die Wahl gewinnt, welche die einfache Mehrheit auf sich vereint (Mehrheitswahl). Parteien und ihre Funktionäre wollen an die Macht. Sie werben daher mit Programmen, von denen sie erwarten, dass sie die Zahl der Stimmen maximieren, die am Wahltag auf ihre Partei entfallen. Die Verfassung des Modell-Landes ist liberal und kennt keine (Fünfprozent-) Klauseln, mit denen etablierte Parteien sich vor Konkurrenz zu schützen suchen. Der Zugang zu den Arenen der Politik ist frei und, wie wir annehmen, sogar kostenlos. Parteiprogramme umfassen eine Vielzahl von Themen, Problemlösungen und rhetorische Kapitel, deren Gewicht umso größer ist, je stärker die Partei und ihre Wähler von ideologischen Präferenzen geprägt bzw. je unvollständiger die Wähler informiert sind. Zunächst nehmen wir an, dass alle Akteure vollständig über jene Belange informiert sind, die ihre Wohlfahrt betreffen und keine ideologische Bindung haben. Außerdem gibt es nur ein Thema, über das die fünf Modell-Wähler abstimmen: das ist das Ausmaß des staatlichen Kündigungsschutzes, mit dem die Arbeitsbeziehungen reguliert werden sollen. Eine gegebene Verteilung der Wählerstimmen auf die konkurrierenden Parteien ist ein politisches Gleichgewicht, wenn weder die Wähler durch Parteiwechsel, noch die Parteien durch Anpassung ihres Programms ihre Lage verbessern können.

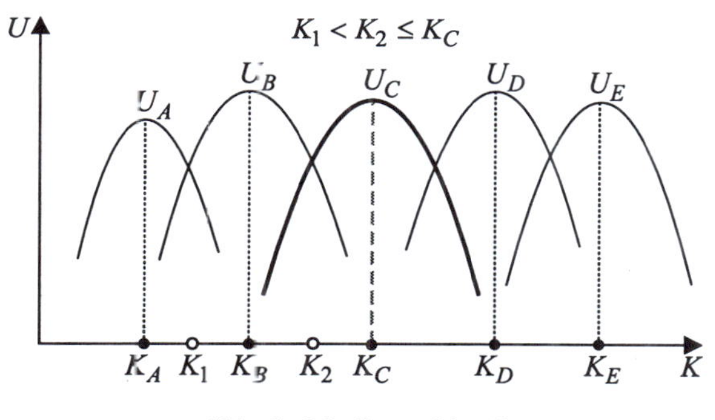

Abb. 1: Medianwähler C

Die Abb. 1 zeigt an der Ordinate den Nutzen der fünf Wähler und an der Abszisse die Stringenz des staatlichen Kündigungsschutzes K. Der reine Laissez-faire-Kapitalismus mit der amerikanischen Rechtsdoktrin des employment at will ist bei $K = 0$ im Ursprung des Koordinatensystems abgetragen. Keiner der fünf (europäischen) Wähler würde, wäre die Entscheidung privat, für den Laissez-faire-Kapitalismus stimmen. Selbst A befürwortet „besonderen Kündigungsschutz" im Umfang K_A, bei dem Personen wie Schwerbehinderte und Frauen während der Schwangerschaft der Sorge um Arbeitsplatz und Lohn enthoben sind. B fragt im Gegensatz zu A „allgemeinen Schutz gegen ungerechtfertigte personen- oder verhaltensbedingte Kündigungen" nach. Die Schutzregeln, die seinen Nutzen maximieren, haben den Umfang K_B. Der Wähler C befürwortet zusätzlich zu den Forderungen, die B stellt, einen Schutz vor „ungerechtfertigten Kündigungen betriebsbedingter Art". Da der Schutz K_C, der für Wähler C optimal ist, Freisetzungen infolge von Rationalisierungen nicht ausschließt, die aber Bürger D für ungerechtfertigt hält, würde sich D, wäre die Entscheidung privat, für den Schutzumfang K_D verwenden, der zusätzlich zu dem, was C für angemessen hält, „Rationalisierungen und Standortverlagerungen" als Entlassungsgrund ausschließt. E würde sich, wäre die Entscheidung nicht kollektiv, für ein „Recht auf Arbeit" aussprechen und den maximalen Schutzumfang K_E fordern.

Wir beweisen nun die folgenden zwei Behauptungen: Erstens Bürger C ist der Medianwähler, zweitens, der Zustand, in dem beide Parteien den vom Medianwähler bevorzugten Kündigungsschutz K_C anbieten, ist ein politisches Gleichgewicht. Wird K_C gewählt, so bestimmen die Präferenzen des Medianwählers das Ausmaß des staatlichen Kündigungsschutzes, mit dem anschließend alle – der Wähler A, eher dem Laissez-faire-Kapitalismus zuneigend, wie der Wähler E, der eine aufgeklärte Planung der sozialökonomischen Gemeinschaftsbelange für ideal hält –, existieren müssen.

Es gibt insgesamt n Wähler – im Beispiel ist $n = 5$. Die Zahl der Wähler N_R, die mindestens einen so stringenten Kündigungsschutz fordern wie C – zu denen auch C selbst gehört –, ist $N_R = 3$; die Zahl der Wähler N_L, die einen höchstens so stringenten Kündigungsschutz bevorzugen wie C, ist $N_L = 3$. C ist genau dann der Medianwähler, wenn sich rechts und links von seiner Position jeweils mindestens die halbe Wählerschaft befindet, so dass $N_R \geq n/2$ und $N_L \geq n/2$. Setzt man die Zahlen des Beispiels ein, zeigt sich, dass C, wie behauptet, der Medianwähler ist. Wir zeigen nun, dass unter den Bedingungen des Mehrheitswahlrechts die Position des Medianwählers die Wahl gewinnt. Angenommen die Partei Eins platziert sich mit ihrem Programm $K_1 < K_C$ links von C. Dann wird die Partei von jeder anderen geschlagen, die ihr Programm K_2 so positioniert, dass $K_1 < K_2 \leq K_C$, s. Abb. 1. Denn sowohl Wähler C als auch die Wähler D und E ziehen das Programm der Partei Zwei dem der Partei Eins vor und diese drei bilden zusammen die Mehrheit. Das gleiche Argument gilt für jedes Programm, das rechts von der Position K_C angeboten wird. Nur zur Position K_C selbst gibt es kein konkurrierendes Programm, das gegen K_C gewinnt. Wie man zeigen kann, gibt es – sofern nur über ein Thema abzustimmen ist und die Präferenzen der Wähler wie in Abb. 1 eingipflig sind – bei jeder Abstimmung einen entscheidenden Medianwähler, dessen Position unter den Bedingungen des Mehrheitswahlrechts nicht verlieren kann.

Funktionen und Einfluss der Arbeitsmarktinstitutionen

Institutionen senken Transaktionskosten und unter mehreren äquivalenten, die vergleichbare Funktionen haben, setzt sich jene Institution durch, welche die Transaktionskosten minimiert. Die Institutionen des Arbeitsmarktes sind, im Lichte dieses Axioms der Transaktionskostenökonomik, zweitbeste Lösungen von Austauschproblemen, bei denen der reine Marktmechanismus versagt. Diesen mittlerweile von vielen Ökonomen geteilten Grundsätzen der Institutionenökonomik setzt *Saint-Paul* (1995a) die Behauptung entgegen, dass es für Arbeitsmarktinstitutionen wie dem Kündigungsschutz, der Arbeitslosenversicherung und -vermittlung oder gesetzlichen bzw. tariflichen Mindestlöhnen institutionelle Alternativen mit niedrigeren Transaktionskosten und geringeren Effizienzverlusten gibt; die Institutionen, die sich auf den europäischen Arbeitsmärkten gebildet haben, erfüllen daher einen ganz anderen Zweck als den der Minimierung von Transaktionskosten. Welchen „Zweck" diese Rigiditäten der Arbeitsmärkte haben, das

Das Ende der Kommissionitis

Im Jahr 2003 haben beinahe alle große Parteien Kommissionen gebildet, um das herrschende Sozialversicherungssystem zu reformieren und aktiv in den Kampf gegen die Arbeitslosigkeit einzutreten: die Hartz-Rezepte, die Rürup-Empfehlungen, die Hundt-Forderungen, die Koch-Steinbrück-Subventionsabbaupläne, die Eichel-Entwürfe, der Steuersenkungsvorzieh-Beschluß des Kanzlers und schließlich das Herzog-Papier. Allerdings erweckt diese Art von Aktionismus Zweifel:

„Es trifft zwar zu, dass diese Handlungsanleitungen zum Teil Überlappungen, zum Teil nur (zeitliche) Berührungspunkte haben, aber in der Summe sind sie das, was deutscher politischer Wille über den versammelten deutschen wissenschaftlichen Sachverstand in Beiräten und Weisen-Zirkeln hinaus an Einfallsreichtum hervorzubringen vermag, um den Sozialstandard zu sichern, die Arbeitslosigkeit zu mindern und den Wirtschaftsaufschwung herbei zu zwingen. .... Wundermittel hatte niemand im Ärmel ... Nicht einmal ein Systemwechsel in der Sozialversicherung [bringt] die ‚Lösung' in dem landläufig erwarteten Sinne. Unser Sozialstandard kostet eine bestimmte Summe Geldes – wenn man an ihm festhalten will, ist lediglich die Frage zu beantworten, wer sie aufbringt. Eine gravierende Senkung dieses Standards wird hingegen auf absehbare Zeit von der Parteiendemokratie verhindert.

Natürlich werden in einer Demokratie auch weiterhin alle Lösungen in Arbeitsgruppen (welchen Namen man ihnen auch geben mag) erarbeitet werden, aber die Illusion einer ‚Eins-zu-eins-Umsetzung' hat sich erledigt. ... Die Entscheidungen haben in den parlamentarischen Gremien zu fallen. Denn erstens ist der Beweis erbracht, dass außerparlamentarische Gremien auch nicht entscheidend klüger sind, und zweitens ist unsere parlamentarische Demokratie viel zu wertvoll, als dass sie wegen einzelner sozial- oder wirtschaftspolitischer Einfälle in den Hintergrund gedrängt werden dürfte."

Quelle: Georg Paul Hefty, Frankfurter Allgemeine Zeitung, 01.10.2003, Nr. 228 / S.1

lässt sich von zwei konvergenten Standpunkten aus beschreiben. Der erste ist verwandt mit Argumenten der funktionalistischen Soziologie, der zweite mit dem ökonomischen Insider-Outsider-Modell (s. Kapitel 9).

Arbeitsmarktinstitutionen erzeugen Rigiditäten, welche die Polarisierung der europäischen Gesellschaften in Arm und Reich mit krassen Einkommensunterschieden wie etwa in den Vereinigten Staaten zu vermeiden helfen. Rigiditäten sind ein politisches Instrument, um Konsens zwischen andernfalls sehr heterogenen sozialen Schichten herzustellen. Ein Mindestlohn steigert z.B. Einkommen und Wohlfahrt der gering qualifizierten Arbeitnehmer der Unter- und unteren Mittelschichten, die das Glück haben, einen Arbeitsplatz zu finden. Die Verlierer dieser Institution sind zwar Angehörige derselben Schichten, die vom Mindestlohnregime, das die Räumung des Arbeitsmarktes verhindert, in die Arbeitslosigkeit getrieben und damit an die Peripherie der Gesellschaft gedrängt werden. Doch in einer Gesellschaft, in der eine Mehrheit von „Wenigverdienenden" versucht, die „Besserverdienenden" auszubeuten, bewirken Rigiditäten wie ein Mindestlohn eine Spaltung der Unter- und unteren Mittelschichten und gerade deswegen über alle sonstigen Verschiedenartigkeiten hinweg eine Konvergenz der Interessen, die jene Klassen mit den Besserverdienenden zu einem gesellschaftlichen „Kern" verschmilzt, der die Verhältnisse stabilisiert. Bilden die Gewinner der Arbeitsmarktinstitutionen, die von den Rigiditäten profitieren, die wahlentscheidende Gruppe, so erzeugen diese Institutionen, indem sie die unteren Schichten spalten, jene Konvergenz der Interessen und entschärfen den Verteilungskampf, der die Gesellschaft sonst zerstört. Eine notwendige Bedingung für die Stabilität dieses Mechanismus ist die politische Apathie der an die Peripherie gedrängten. Tatsächlich gibt es kaum eine soziale Gruppe, die heterogener, schlechter organisiert und infolgedessen machtloser ist als die der Arbeitslosen. So zeigt z.B. die Befragung von *Frister* et al. (1996, S. 138 ff.), dass sich nahezu 50% der Arbeitslosen von keiner Partei oder Organisation vertreten fühlt, die andere Hälfte verteilt ihr Votum mit einer Präferenz für die SPD relativ gleichmäßig auf die politischen Parteien und die Gewerkschaften – 16,6 % sahen die SPD als Interessenvertreter, 12,2 % die Gewerkschaften, 9,7 % die CDU/CSU, 8,7 % Bündnis 90/Grüne, 4,1 % die FDP.

Aus dem anderen Blickwinkel betrachtet, teilt sich die Gesellschaft in Insider und Outsider. Der wahlentscheidende Insider hat einen Arbeitsplatz und ist Angehöriger der großen Gruppe der nicht oder gering qualifizierten Arbeitnehmer mit einem verhältnismäßig niedrigen Einkommen. Da die Insider sehr viel zahlreicher und schlagkräftiger organisiert sind als die marginalisierten Outsider, spiegeln sich in den Institutionen und Rigiditäten des Arbeitsmarktes allein die Interessen der Insider wider. Diese unterstützen, unter dem Dach der Gewerkschaften organisiert, alle politischen Programme und Reformen, die sie in den Stand setzen, höhere Löhne, geringere Arbeitszeiten, vorteilhaftere Arbeitsbedingungen zu erringen.

Arbeitsmarktinstitutionen wirken, wie in den Teilen II und III des Buches beschrieben, über eine Reihe von Einflusskanälen auf die Lage der wahlentscheidenden Insider. Als erstes sind die Regeln der Lohnfindung zu nennen und die Determinanten des Gleichgewichtslohns, wie sie z.B. in der Lohnsetzungsgleichung (5.12) des Matching-Modells zum Ausdruck kommen. Je größer die Verhandlungsstärke der Insider, umso höher ist ihr Anteil an der Transaktionsrente und desto höher ist ihr Lohneinkommen; je höher die Arbeitslosenunterstützung, die die organisierten Insider mit Hilfe der kollektiven Abstimmungsmechanismen durchsetzen, desto höher ist ihr Lohn. Zweitens ist die Betroffenheit der Insider zu beachten. Wie die Arbeitslosigkeit auf ihre Wohlfahrt wirkt, zeigt z.B. die Gleichung (5.8) des Matching-Modells: Über die Trennungswahrscheinlichkeit sind sie direkt abhängig von der Wohlfahrt der arbeitslosen Outsider. Jede Politik und Institution, die den Status der Outsider berührt, trifft die Insider, wobei deren „Sympathie“ mit den Outsidern umso geringer bzw. ihre Gleichgültigkeit gegenüber deren Schicksal umso größer ist, desto niedriger die Trennungswahrscheinlichkeit ausfällt. Drittens ist die Arbeitsmarktdynamik zu erwähnen, die insbesondere von der Trennungswahrscheinlichkeit und der Neueinstellungsrate abhängt. Über diesen Einflusskanal wirken speziell die Kündigungsschutzgesetze auf die Wohlfahrt der wahlentscheidenden Insider. Der vierte Einflusskanal betrifft die Steuergesetzgebung im weiteren Sinne zu der auch die Beiträge zur staatlichen Arbeitslosenversicherung zählen. So muss ein höheres Arbeitslosengeld ebenso wie eine wachsende Arbeitslosigkeit von den Insidern finanziert werden, was ihre Wohlfahrt senkt.

Gewinner und Verlierer der Arbeitsmarktrigiditäten

Wenn Arbeitsmarktinstitutionen keine Pareto-Verbesserungen darstellen, die ein Versagen der Arbeits- und Versicherungsmärkte kurieren, sondern allein den Interessen mächtiger Insidergruppen dienen, stellt sich die Frage nach der Verteilung der von diesen Institutionen hervorgerufenen Wohlfahrtsverluste. Um Gewinner und Verlierer zu identifizieren, ist es hilfreich, die folgenden fünf sozialen Gruppen zu unterscheiden: (1) Bezieher von Kapital- und Vermögenseinkommen; (2) ausgebildete Arbeitnehmer mit Hochschuldiplom und Facharbeiter mit einem Einkommen in der oberen Hälfte der Einkommenspyramide; (3) gering qualifizierte Arbeitnehmer und Facharbeiter mit einem Einkommen in der unteren Hälfte der Einkommenspyramide; (4) Kurzzeitarbeitslose; (5) Langzeitarbeitslose. Die wahlentscheidenden Insider gehören zur Gruppe (3) der Geringqualifizierten und der Facharbeiter mit niedrigem Einkommen. Diese Akteure sind gut organisiert und profitieren am meisten sowohl von den Einrichtungen des Wohlfahrtsstaates als auch von den Institutionen des Arbeitsmarktes. Die Mechanismen der Umverteilung, mit denen die Gruppe (3) Renten abschöpft, funktionieren auf die folgende Art und Weise.

Institutionen, die wie ein Mindestlohn oder ein Mindesttarif für untere Lohngruppen die Beschäftigung der Geringqualifizierten rationieren, steigern zugleich das Lohneinkommen dieser Gruppe auf Kosten anderer Produktionsfaktoren. Zu diesen gehören Kapital und qualifizierte Arbeit, die produktionstechnisch komplementär zur gering qualifizierten Arbeit in den Produktionsprozessen eingesetzt werden und ihre Leistungen überwiegend unter Konkurrenz anbieten. Da Kapital international mobil ist, finden die Kapitalbesitzer Wege, sich dem Zugriff der Insider zu entziehen. Zurück bleibt die besser verdienende Mittelschicht der Gruppe (2), die das Opfer der Ausbeutung durch die Geringqualifizierten wird.

Institutionen, die wie die Arbeitslosenunterstützung über den Reservationslohn wirken, erzeugen Wohlfahrtssteigerungen sowohl für die Mitglieder der Gruppe (3), deren Löhne wachsen (s. Tab. 5.4), als auch für die Gruppe (4) der Kurzzeitarbeitslosen. Die Langzeitarbeitslosen zählen dagegen infolge der steigenden Dauer der Arbeitslosigkeit zu den Verlierern (s. Tab. 5.4). Je kürzer die individuelle Dauer der Arbeitslosigkeit, umso eher kompensiert die höhere Unterstützungsleistung den Verlust, den auch die Kurzzeitarbeitslosen bei einer Zunahme der durchschnittlichen Dauer der Arbeitslosigkeit erleiden.

Institutionen, die, wie etwa die Kündigungsschutzgesetze, den Anteil, den die Gruppe (3) von den Transaktionsrenten abschöpft, steigern, schädigen die Arbeitslosen, deren Neueinstellungsrate sinkt (s. zum Beispiel die Wirkungen von β in Tab. 5.3). Die zusätzliche Rente, welche die Insider sich aneignen, wird aber nicht den Arbeitslosen sondern der Gruppe (2) und den Kapitalbesitzern entzogen, die abermals zu den Verlierern gehören.

Eine Institution, die den Rekrutierungsaufwand und damit die Stellenbesetzungsrate der Firmen senkt, gleicht in ihrer Wirkung einer Umverteilung, die auf Kosten der Arbeitslosen die Beschäftigten der Gruppe (3) begünstigt. Denn die bei der Personalrekrutierung eingesparten Ressourcen stehen für zusätzliche Lohnzahlungen an die Insider zur Verfügung (s. die Wirkung des Parameters k in Tab. 5.4).

Reformchancen und ideologische Bindungen

Die Verhältnisse, die wir auf den europäischen Arbeitsmärkten antreffen, sind integraler Bestandteil politischer Gleichgewichte, modifiziert durch landesgeschichtliche und kulturelle Eigenarten. Die Programme, welche die Parteien im Gleichgewicht vertreten oder in ihrer Politik verkörpern, sind endogen: Wie das Medianwählermodell verdeutlicht, kann sich keine Partei mit einem unbekümmerten Politikstil von den Imperativen des herrschenden politischen Gleichgewichts befreien, es sei denn auf Kosten der (Wieder-) Wahlchancen ihrer führenden Politiker und des Parteiapparates; ebenso wenig wie eine gewinnmaximierende Unternehmung jemals ein Produkt anbieten wird, das keine Nachfrage attrahiert. Eine Fundamentalreform des Arbeitsmarktes ist, um nur das Wenigste zu sagen, unpopulär, da ihr Regulierungen zum Opfer fallen, auf denen die Wohlfahrtsgewinne der wahlentscheidenden sozialen Gruppen basieren. Mit deren Interessen sind aber Schicksal und Chancen derjenigen Parteien aufs Engste verknüpft, die wie die „Volksparteien" CDU/CSU und SPD, diese Schichten verkörpern und vertreten. Gleichwohl sind die politischen und ökonomischen Umstände für eine Reformpolitik mehr oder weniger günstig, und es stellt sich die Frage, wie vor allem die anhaltende Massenarbeitslosigkeit selbst und das Problem der Identifizierbarkeit von Reformgewinnern und -verlierern die Reformchancen beeinflussen.

Der naive Standpunkt glaubt, dass (Massen-) Arbeitslosigkeit doch ein überzeugender Grund für Politiker sein müsse, mit „nachhaltigen Reformen" gegen diese „Geißel" vorzugehen und übersieht, dass sich in politischen Programmen – so wie in den Produkten der gewinnmaximierenden Unternehmung die Präferenzen der kaufkräftigen Nachfrage – nur die Präferenzen der sozialen Gruppen kristallisieren, von denen sich die Parteien die größten (Wieder-) Wahlchancen versprechen. Die Währung ändert sich, dort Geld – hier Wählerstimmen, doch das Prinzip des Anpassungsmechanismus ist in Politik und Ökonomie dasselbe. Nachdem die wahlentscheidende soziale Gruppe beschäftigt ist, an dem Schicksal der Arbeitslosen keinen Anteil nimmt und die Arbeitsmarktinstitutionen befürwortet, weil die Rigiditäten die Basis ihres Kampfes um Renten sind, die der flexible Markt nicht hergeben würde, sagt die Prognose, dass das Phänomen der (Massen-) Arbeitslosigkeit an sich einen direkten Einfluss auf die Politik der herrschenden Parteien nicht haben kann. Die Parteien, um Macht und Machterhalt besorgt, interessieren sich für das Thema der Arbeitslosigkeit ebenso wenig wie die Klientel, deren Interessen sie repräsentieren. Doch Arbeitslosigkeit hat indirekte Effekte und könnte dort, wo sie sich zur Massenarbeitslosigkeit auswächst, die Stabilität des alten politischen Gleichgewichts ins Wanken bringen.

Erstens, und vielleicht der wirklich einzige Grund für eine wachsende Reformbereitschaft der Insider, nehmen mit steigender Arbeitslosigkeit die Folgekosten, welche die Beschäftigten tragen müssen, zu. Die wahlentscheidenden Insider profitieren in dem Maße, wie die Arbeitslosigkeit steigt, immer weniger von den Lohnerhöhungen, die sie mit Hilfe der Arbeitsmarktrigiditäten erzwingen, da sie einen immer größeren Teil des zusätzlichen Einkommens für Steuern und Beiträge an die sozialen Sicherungssysteme aufwenden müssen. Zweitens könnten sich bei wachsender Arbeitslosigkeit die Charakteristika des Medianwählers ändern. Dieser könnte schon bei der nächsten Wahl ein geringeres Einkommen haben oder eine höhere Betroffenheit zeigen. Schwindet der Abstand zwischen Medianwählern und Opfern der Arbeitsmarktrigiditäten, könnte diese Anpassung einen Unterstützungseffekt auslösen, der sich nach einiger Zeit auch in der Parteienprogrammatik äußert. Allerdings hat der Unterstützungseffekt in Europa kein großes Gewicht. Würden z.B. nur Mitglieder höherer Einkommensklassen arbeitslos, käme der Unterstützungseffekt mit einer maximalen Wirkung zur Geltung. Denn die Klassen oberhalb der Schicht, aus welcher bei der letzten Wahl der Medianwähler stammte, würden von der wachsenden Arbeitslosigkeit „ausgedünnt“, der vormalige Medianwähler würde relativ reicher und der neue, bei der nächsten Wahl entscheidende Medianwähler wäre ärmer als der alte. Wenn die wachsende Arbeitslosigkeit jedoch wie in Europa vor allem die unteren Einkommensschichten trifft, ändert sich die Position des Medianwählers von Wahl zu Wahl kaum. Zwar fallen die neuen Arbeitslosen aus ihrer Einkommensklasse heraus und müssen sich mit der Arbeitslosenunterstützung abfinden, hierdurch ändert sich aber die Besetzung der Einkommenspyramide oberhalb und unterhalb des Medianwählers nicht. Ähnliche Argumente lassen sich für regionale oder sektorale Konzentrationen der Arbeitslosigkeit anführen: Je stärker sie auf einzelne Regionen oder Sektoren konzentriert ist, umso weniger ändert ein Anstieg der Arbeitslosenzahlen die Charakteristika des Medianwählers, umso weniger geraten die Parteien unter Druck, Reformen des Arbeitsmarktes in Angriff zu nehmen. Drittens, je höher die Arbeitslosigkeit, umso weniger Insider gehören nach der nächsten Rezession zum gesellschaftlichen „Kern“ und umso größer ist deren Anreiz und Spielraum beim folgenden Aufschwung mit neuen institutionellen Varianten und Rigiditäten, die eigene Lage weiter zu verbessern. Dieser politische Persistenzmechanismus wirkt offenbar nach denselben Gesetzen wie der in Kapitel 9 geschilderte. Arbeitslosigkeit kann, wie man sieht, auch infolge der Beschaffenheit des demokratischen Konkurrenz- und Abstimmungsmechanismus die Tendenz zu kumulativem Wachstum entwickeln.

Wer bei Reformen der Arbeitsmarktinstitutionen gewinnt und wer verliert, lässt sich nicht mit Sicherheit vorhersagen. Aus diesem Identifizierbarkeitsproblem erwächst ein ausgeprägter Hang zum Status quo. Zwar lässt sich mit ziemlich hoher Realibilität prognostizieren, dass die Mitglieder der sozialen Gruppen (2) und (5) zu den Reformgewinnern zählen, doch eine ähnlich sichere Prognose lässt sich für die wahlentscheidenden Gruppen (3) und (4) nicht geben. Denn bei einer Flexibilisierung des Arbeitsmarktes muss die Gruppe (3) mit einer Kündigungswelle und sinkenden Löhnen rechnen. Aus einer Kündigung resultiert der Zwang zu sektoraler und regionaler Mobilität – ein für die Angehörigen der Gruppe (3) ungewohnter Lebensstil – und die Ungewissheit, ob sich die Mobilitätskosten jemals amortisieren. Ein Zahlenbeispiel verdeutlicht die Verzerrung zugunsten des Status quo, die aus dem Identifizierbarkeitsproblem erwächst. In einer Gesellschaft mit drei gleich starken Gruppen trägt Gruppe C mit Sicherheit einen Reformgewinn von 10 davon, Gruppe A verliert 5 und Gruppe B gewinnt 4. Könnten alle Wähler ihre Position nach der Reform mit Sicherheit vorhersehen, würden sich zwei Drittel von ihnen für die Reformpolitik entscheiden. Wenn die Mitglieder der Gruppen A und B jedoch unsicher sind über die privaten Folgen und annehmen, mit einer Wahrscheinlichkeit von 50 % entweder zur Gruppe A oder zur Gruppe B zu gehören, dann ist der erwartete Gewinn für jedes Mitglied negativ – denn $0{,}5 \cdot 4 + 0{,}5 \cdot (-5) = -0{,}5$ –, so dass die Mehrheit der Wähler gegen das Reformprogramm stimmt. Ungewissheit über den Ausgang des Reformexperiments weckt, wie man sieht, auch bei risikoneutralen Wählern einen Hang zum Status quo.

Wähler haben ideologische Präferenzen und Parteien bieten daher Programme mit ideologischen Eckpunkten an. Parteien vom „rechten Flügel“ favorisieren flexible Märkte, Parteien vom „linken“ treten für Marktregulierungen ein. Allerdings ist diese ideologische Differenzierung nicht zwingend. Die ideologischen Grundwerte sind meist, wie im Fall der deutschen Volksparteien, relativ unverbindlich, erfüllen plakative Zwecke oder dienen als Zündfunke für den Parteitagsenthusiasmus und werden schon bei der nächsten Gelegenheit um des kurzfristigen Vorteils willen geopfert. Doch je geringer die ideologische Bindung von Programmen und Wählerpräferenzen, umso mehr konvergiert die Parteienprogrammatik zu den Präferenzen des Medianwählers, der, wie erläutert, bei einer nicht zu starken Betroffenheit und Belastung durch die (Massen-) Arbeitslosigkeit und ihre Folgekosten mit Blick auf sein Wohlbefinden standfest für eine Regulierung des Arbeitsmarktes eintritt. Nehmen nun aber die Folgelasten und die Betroffenheit zu, dann werden die Parteien, die um die Gunst des Medianwählers konkurrieren, eine Reformpolitik anbieten, ohne allerdings gleich für eine Fundamentalreform des Arbeitsmarktes zu streiten. Statt dessen werden sie unter den argwöhnischen Augen der Interessenten, die sie vertreten, Stückwerkreformen befürworten, welche die Besitzstände konservieren und nur die neuen Arbeitsverhältnisse flexibilisieren – so etwa bei den befristeten Arbeitsverträgen, die man in Deutschland und anderswo in Europa in den achtziger Jahren mit begrenzter Anwendung zugelassen hat. Für die Insider scheint dies auf den ersten Blick die beste aller möglichen Welten, sie profitieren von den alten Rigiditäten und zugleich von der Dynamik und den Effizienzgewinnen, die mit dem Sektor der neuen Arbeitsverhältnisse entstehen. Mit deren Ausbreitung wächst indessen eine Schicht von Beschäftigten heran, in deren Interesse es liegt, eher heute als morgen die Besitzstände der alten Insidergruppen zu schleifen. Sobald sich die Mehrheitsverhältnisse zugunsten der Anbieter des neuen Arbeitsmarktsegmentes verschieben, ist es daher, wie die alten Insider sehr wohl voraussehen, um ihre Privilegien geschehen.

Aufgrund ihres opportunistischen Zuschnitts und der Langfristigkeit des Reformprozesses ist keine der Volksparteien imstande, sich verbindlich auf eine Grenze der Reformintensität festzulegen, was die Reformchancen weiter vermindert. Versprechen dieser Art durch Politiker machthabender Parteien hält niemand für glaubhaft. Eine starke ideologische Bindung (Beispiel: Thatcher-Regierung) strahlt dagegen Glaubwürdigkeit aus und signalisiert die unbedingte Bereitschaft, selbst unpopuläre Maßnahmen in die eine oder in die andere Richtung durchzufechten. Allerdings, glaubhafte ideologische Bindungen sind wie spezifische Kapitalgüter, die im Moment des Fehltritts ihren Wert verlieren und sich nur langsam im Verlauf von Jahren aufbauen lassen.

Krisenhypothese

Chancen für eine Reform des Arbeitsrechts so *Saint-Paul* (2002b) bieten sich nicht nur in Rezessionen sondern auch in konjunkturellen Aufschwüngen. Rezessionen steigern einerseits die Betroffenheit der Insider, bestätigen andererseits den Medianwähler in seiner Erwartung, über einen produktiven, relativ krisenfesten Job zu verfügen; die höhere Betroffenheit begünstigt Reformen vor allem zu Beginn einer Rezession, die präzisere Identifizierbarkeit der Gewinn- und Verlustposition erhöht dagegen die Reformchancen gerade am Rezessionsende bzw. zu Beginn eines neuen Aufschwungs.

Im Gegensatz zu den modellbasierten Prognosen der politischen Ökonomie ist die Krisenhypothese eine relativ einfache, lineare Konstruktion, die keine Rückkopplungseffekte berücksichtigt. Zyklische Signale, so die Krisenhypothese, sind viel zu schwach, um jenseits der Anreize zu antizyklischer Fiskal- und Geldpolitik den Regierungen einen Grund für Reformen der Rechtsordnung zu liefern. Der Krisenhypothese zufolge sind vielmehr gerade massive, nicht leichte oder mittlere, Krisen die Voraussetzung für die Einleitung fundamentaler Strukturreformen. Persistente Massenarbeitslosigkeit, unterdurchschnittliches Wachstum, sinkende Investitionsquoten, vertikale Auslandsinvestitionen, Deckungslücken in der Finanzierung der sozialen Sicherungssysteme, Mitgliederverluste der staatstragenden Parteien, Kirchen und Verbände sind zwar Krisensymptome, die Reformbedarf signalisieren, jedoch keine Anzeichen einer schweren Krise, in der die Arbeitslosigkeit und die Kreditnachfrage der öffentlichen Hand sprunghaft steigen, das (internationale) Rating des Staates fällt, die (internationalen) Kapitalmärkte ihr Kreditangebot an Staat und Private rationieren, die Wirtschaft schrumpft, die verfügbaren Einkommen der Haushalte spürbar sinken, die Investitionsquote gegen null strebt, der Strom der abwandernden Firmen anschwillt, die Bürger in immer größerer Zahl protestieren und ihr Vertrauen in die Institutionen verlieren etc.

Vier Mechanismen verbinden Krisen und Krisensymptome mit den Reformexperimenten, die sie hervorrufen, erstens die bereits oben diskutierte Identifizierbarkeit der Ex-post-Gewinne und -Verluste, zweitens die Vetomacht der Interessengruppen, drittens die Wahrnehmung der Notwendigkeit von Reformen und viertens die Tatsache, dass Strukturreformen Eigenschaften öffentlicher Güter haben. Die letzten beiden Mechanismen stellen wir anschließend am Beispiel einiger Institutionen der deutschen Volkswirtschaft dar.

Nur schwere Krisen zwingen die wahlentscheidenden Gruppen, ohne deren Zustimmung kein Strukturwandel zustande kommt, die Notwendigkeit von Reformen anzuerkennen, ihren Denkstil und ihre politischen Präferenzen sowie Strategien in Frage zu stellen und anzupassen. Die Schwere der Krise, die notwendig ist, um die eingelebten Wahrnehmungen und Legitimationsmuster zu erschüttern, hängt allerdings, so die Krisenhypothese, von der Art der Reform und den zu erwartenden Reformkosten ab. Reformen von Regeln, die das Alltagsverhalten der Akteure direkt steuern wie Anpassungen des Arbeitsförderungsrechts (Lohnersatzrate, Anspruchsdauer, Zumutbarkeitsregel, Rahmenfrist), des Sozialrechts (Beitragssätze zur Arbeitslosenversicherung, Fusion von Sozial- und Arbeitslosenhilfe) oder des Kündigungsschutzrechts (Kleinbetriebsklausel, Abfindungsprinzip) verursachen häufig nur geringe oder diffuse Kosten. Die Politik reagiert daher schnell – innerhalb weniger Legislaturperioden – auf den diagnostizierten Anpassungsbedarf mit Gesetzen und Verordnungen. So werden zum Beispiel dem Bundestag von der Bundesregierung in einer Legislaturperiode vier- bis fünfhundert neue auf unmittelbare Verhaltenssteuerung zielende (Reform-) Gesetze zur Abstimmung vorgelegt. Ähnlich produktiv ist der deutsche Verwaltungsstaat auch auf den mittleren und unteren Ebenen des Verwaltungshandelns, den Landesregierungen, Städten, Landkreisen und Landratsämtern, von einem „Reformstau" kann daher nicht die Rede sein, im Gegenteil.

Sehr viel höhere und besser zurechenbare Kosten verursachen Reformen, die auf eine Reallokation der Entscheidungsmacht der staatstragenden Gruppen zielen. Schwere Krisen sind daher notwendig, um die Opportunitätskosten dieser Gruppen und des Verwaltungsstaats so weit zu senken, dass diese Institutionen sich zu Experimenten mit den Grenzen ihrer etablierten, verfassungsrechtlich oder einfach gesetzlich geschützten Herrschaftszonen herbeilassen. Nicht die persistente, doch nach drei Jahrzehnten restlos institutionalisierte Massenarbeitslosigkeit an sich, sondern nur das Erschrecken über deren überraschend starke Zunahme könnte die Verbände und Parteien dazu veranlassen § 77 (Tarifvorbehalt) oder § 87 (Tarifvorrang) des BetrVG zu reformieren und die Dominanz der Tarifparteien und Tarifverträge zu Gunsten der Betriebsparteien und ihrer Vereinbarungen zu beenden.

Krisen diesen Ausmaßes wären dagegen wiederum nicht schwer genug, so die Hypothese, um die Tiefenstruktur einer Gesellschaft zu erschüttern; also zum Beispiel (1) den im Grundgesetz verankerten Korporatismus einzuschränken oder (2) die mit Gefahrenabwehr und Sozialstaatsprinzip begründete Dominanz des Verwaltungsstaats und seiner Command-and-control-Instrumente gegenüber dem Kommunikations- und Anreizsystem des Marktes zurückzudrängen oder (3) die zentralisierte Lenkungsverwaltung mit ihren Gesetzen, Verordnungen und dem staatlichen Richterrecht zu Gunsten der Rechtsquelle des Marktes, dem individuellen (Arbeits-) Vertrag, zu beschränken. Die Krisenhypothese liefert keinen operationalen Maßstab für den „Schweregrad der Krise", der Voraussetzung für fundamentale Strukturreformen ist. Doch der folgende Hinweis verdeutlicht, dass Strukturreformen, die noch über die Reallokation der Entscheidungsmacht der staatstragenden Gruppen und Parteien hinausgehen, so unwahrscheinlich sind, dass selbst die extremsten Krisen diesen hyperstabilen Fundamenten der Gesellschaft kaum etwas anhaben können. Der durch Sondergesetze und verfassungsrechtliche Privilegien – wie zum Beispiel der Tarifautonomie, dem Tarifvertragsgesetz, der Handwerksordnung, dem Kassenarztrecht, dem Steuerberatungsgesetz, der Berufsordnung der Wirtschaftsprüfer etc. –, geschützte Korporatismus, der mit eigenem Standesrecht, eigener Gesetzgebung und eigener (Arbeits-) Gerichtsbarkeit hoheitlich abgegrenzte Monopolmärkte verwaltet, ist ein altes Strukturmerkmal der deutschen Rechts- und Gesellschaftsordnung und hat die Jahrhundertkatastrophen des Nationalsozialismus und der beiden Weltkriege unbeschadet überdauert und sich in der Zeit nach dem zweiten Weltkrieg bis in die Verästelungen der Arbeitsmarktverfassung ausgebreitet und irreversibel festgesetzt.

Reformen speziell der Arbeitsmarktverfassung haben Eigenschaften eines öffentlichen Guts. Die Reformkosten, zu denen zum Beispiel der Verlust von rechtsstaatlich legitimierter Macht sowie von Ressourcen aus (Zwangs-) Beiträgen und Steuermitteln zählen, trägt die Gruppe, die Partei oder der Verband, der die Reform initiiert, ohne die Nutznießer der positiven Reformeffekte – konkurrierende Parteien und Verbände, zukünftige Generationen, arbeitslose Jobsucher – ausschließen oder wenigstens zur Beteiligung an den Kosten zwingen zu können. Arbeitsmarktreformen sind daher Güter, so die Krisenhypothese, von denen ein starker Anreiz zur Inaktivität ausgeht, jede der staatstragenden Gruppen schützt und verteidigt die eigene Rechtsstellung und beobachtet unablässig die Öffentlichkeit, ob eine der konkurrierenden Gruppen einen Vorstoß wagt, um sich, falls das Unwahrscheinliche gelingt, Teile der Reformrente anzueignen. Denn die staatstragenden Institutionen und Gruppen der Reformära sind auf das rechts- und verwaltungstechnische Wissen und die Legitimationskraft der alten Eliten angewiesen und müssen diese an den Reformrenten beteiligen.

Welches Arbeitsverhältnis bevorzugt der Medianwähler?

Für welche Arbeitsmarktverfassung würde der Medianwähler angesichts der europäischen Massenarbeitslosigkeit votieren, wenn er die Wahl hätte? In welches Land der OECD würde er emigrieren, wenn es keine migrations- und steuerrechtlichen Barrieren, Sprachgrenzen und Mobilitätskosten gäbe? Am liebsten in die Schweiz, doch gleich danach kommt schon der deutsche Arbeitsmarkt, der eine hochwertige Ausbildung, hohe Einkommenschancen, viel Urlaub, Gleichheit und eine hohe Rente in Aussicht stellt, die vor Altersarmut schützt. Leider ist das Risiko der Arbeitslosigkeit und vor allem der Langzeitarbeitslosigkeit in diesem Land beachtlich und höher als in den meisten anderen Ländern der OECD, doch auf der anderen Seite, sollte dieser schlimmste der Fälle einmal eintreten, so ist die Lohnersatzrate hoch und die Anspruchsdauer, die der Staat garantiert, erreicht einen der vordersten Plätze.

Nimmt man einmal an, dass der Medianwähler so oder so ähnlich räsoniert, dann könnte er seine Migrationsentscheidung auf den Index of Labour Market Well-being (ILMW) von *Osberg* und *Sharpe* (2003) stützen, und würde sich trotz der Massenarbeitslosigkeit für einen der europäischen Arbeitsmärkte womöglich sogar für den deutschen entscheiden, wie die Abb. 2 zeigt. Der Index aggregiert mehrere Dimensionen eines typischen Arbeitsverhältnisses und umfasst den Zeitraum 1980 – 2001 sowie 16 OECD-Länder, von denen die Abb. 2 einen europäischen Durchschnitt mit den Ländern Belgien, Dänemark, Deutschland, Finnland, Frankreich, Großbritannien, Italien, Niederlande, Norwegen, Schweden und Schweiz darstellt. Unter den europäischen Ländern gibt es drei, die seit den 90er Jahren höhere Indexwerte aufweisen als Deutschland, das sind Belgien, Norwegen (beide in Abb. 2 nicht dargestellt) und die Schweiz. Neben den europäischen Indexwerten zeigt die Abb. 2 noch die Werte von Japan, Kanada und den USA. Hätte der Arbeitnehmer die Wahl, so würde er in die Schweiz emigrieren. An zweiter Stelle seiner Präferenzordnung rangiert der deutsche Arbeitsmarkt, an dritter Stelle seit dem Ende der neunziger Jahre der japanische, danach ein Zufallsexperiment über die elf europäischen Länder des ILMW, an die vorletzte Stelle würde er den kanadischen und mit Abstand an die letzte den US-amerikanischen Arbeitsmarkt setzen.

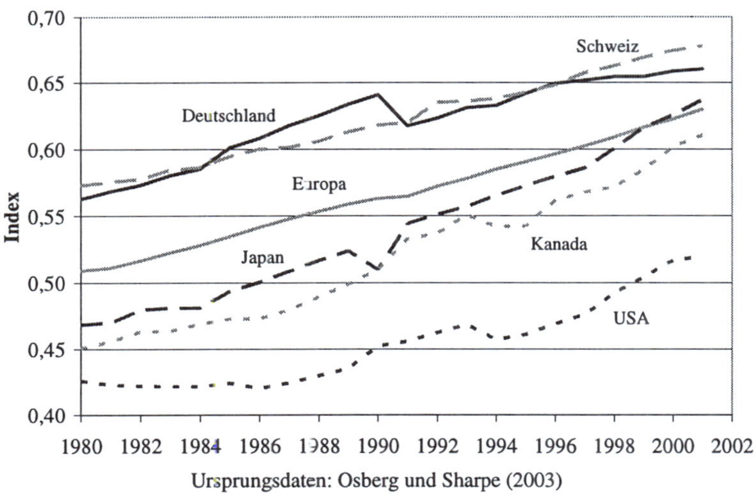

Abb. 2: Index of Labour Market Well-being

Der Wert des ILMW eines Landes ist umso höher, je höher das erwartete Einkommen des Akteurs und der Wert seines Humankapitals und je geringer sein Einkommens- und Arbeitsmarktrisiko in dem Land wären. Der Arbeitnehmer, dessen Präferenzen der Index darstellt, ist risikoavers und konstruiert seine Rangordnung hinter dem „Schleier der Ungewissheit“. Sein Schicksal könnte durch ein Einkommen im unteren Teil der Einkommenshierarchie, eine lange Arbeitszeit, aber auch durch (Langzeit-) Arbeitslosigkeit, Altersarmut oder einen Arbeitsunfall bestimmt sein.

Für jede Dimension konstruieren die Autoren des ILMW einen Subindex. Der Gesamtindex ergibt sich daraus als ungewichtetes arithmetisches Mittel. Um die unterschiedlichen Streubreiten der nationalen überwiegend aus OECD-Datenbanken stammenden Zeitreihen zu homogenisieren, verwenden die Autoren eine lineare Skalierungsmethode.

Den Index des Arbeitseinkommens ermitteln die Autoren mit dem ungewogenen Durchschnitt der Indizes des durchschnittlichen Einkommens pro abhängig Beschäftigtem und des durchschnittlichen Einkommens pro Arbeitsstunde. Im Jahr 2001 hat die USA den mit Abstand höchsten Wert des Pro-Kopf-Einkommens, während Belgien beim Einkommen pro Arbeitsstunde auf dem ersten Platz vor den USA rangiert. Der Index des Humankapitals basiert auf Schätzungen der OECD und misst die durchschnittliche Zahl der Ausbildungsjahre in der Bevölkerung über 25. Im Jahr 2001 steht die USA auf dem ersten Platz der Rangordnung gefolgt von Kanada und Deutschland. Der Index des Einkommensrisikos bzw. der Arbeitsmarktgleichheit spiegelt das länderspezifische Risiko wider, ein vom Durchschnittseinkommen abweichendes Arbeitseinkommen zu verdienen. Die Autoren messen das Risiko auf Basis von Daten der OECD über die Einkommensverteilungen der Mitgliedsländer, indem sie das Verhältnis des höchsten zum niedrigsten Dezil der Verteilung des Arbeitseinkommens pro Stunde bilden. Je größer die Verhältniszahl ist, umso höher ist das Einkommensrisiko und umso niedriger ist der Wert des linear skalierten Subindex. In dieser dritten Dimension verlieren die USA ihre Führungsposition, während die europäischen Wohlfahrtsstaaten allen voran Deutschland Positionsgewinne erzielen. Noch im Jahr 1980 lag Deutschland unter den 16 OECD-Ländern auf dem achten Rang in der Gleichheitsskala, im Jahr 2001 hat das Land nur noch Norwegen, Dänemark und Belgien vor sich und den Rang 4 erreicht. Die USA nimmt während des gesamten Zeitraums den letzten Rang ein, das Land hat den Arbeitsmarkt mit der stärksten Lohndispersion unter den 16 OECD-Ländern.

Die vierte Dimension des ILMW spiegelt die Arbeitsmarktsicherheit bzw. den Schutz vor dem Risiko eines Einkommensausfalls wider. Der Subindex wird als ungewogenes arithmetisches Mittel aus den Indizes für das Risiko der Arbeitslosigkeit, dem Risiko eines Arbeitsunfalls und dem Risiko der Altersarmut gebildet. Der Index für das Risiko der Arbeitslosigkeit hat wiederum drei Komponenten, die skaliert und anschließend multiplikativ verknüpft werden, erstens die „Arbeitslosenquote“, zweitens die Lohnersatzrate der Arbeitslosenversicherung und drittens die Stringenz des Kündigungsschutz. Die skalierte „Arbeitslosenquote“ ergibt sich als arithmetisches Mittel aus den standardisierten Quoten der Gesamt- und der Langzeitarbeitslosigkeit. Deutschland erreicht im Jahr 2001 in der Dimension der Arbeitsmarktsicherheit infolge seiner hohen Arbeitslosen- und Langzeitarbeitslosenquote nur den Rang 14 von allen 16 OECD Ländern. Auf dem letzten Platz rangiert abermals die USA, was eine Folge der niedrigen Lohnersatzrate, des geringen amerikanischen Kündigungsschutz, des hohen Risikos von Arbeitsunfällen sowie des relativ hohen Risikos der Altersarmut ist.

Rechenregeln

1 Exponentialfunktion

1. Die Folge $\{(1+1/n)^n\}$ nimmt monoton mit n zu, wie man durch Vergleich zweier Folgenglieder zeigt und in der unten abgebildeten Tabelle sieht. Die Folge konvergiert augenscheinlich gegen eine Zahl, die größer ist als 2,71 aber kleiner als 2,72. Der Grenzwert, die Eulersche Zahl *e*, lässt sich weder als Bruch noch als periodische Dezimalzahl ausdrücken und ist eine irrationale Zahl. Für *e* gilt

$$e = \lim_{n\to\infty}\left(1+\frac{1}{n}\right)^n$$

n	$(1+1/n)^n$
1	2,0
2	2,25
4	2,4414
10	2,59374
100	2,704814
1 000	2,7169239
10 000	2,7181459
100 000	2,71826824
10 000 000	2,718281693

2. Die Folge $\{(1+x/n)^n\}$ mit der reellwertigen Konstanten x hat den Grenzwert e^x.

3. Die Funktion $f(x)=e^x$ heißt Exponentialfunktion. Die Umkehrfunktion zu e^x, $x>0$, ist die Funktion des natürlichen Logarithmus, $\ln x$, für die: $y=\ln x \Leftrightarrow e^y = x$. Für die Exponentialfunktion und den Logarithmus gelten die folgenden Rechenregeln.

$$
\begin{array}{lrl}
(1) & e^r e^s = e^{r+s} & \ln(rs) = \ln r + \ln s \\
(2) & e^{-r} = 1/e^r & \ln(1/r) = -\ln r \\
(3) & e^r/e^s = e^{r-s} & \ln(r/s) = \ln r - \ln s \\
(4) & (e^r)^s = e^{rs} & \ln r^s = s \ln r \\
(5) & e^0 = 1 & \ln 1 = 0.
\end{array}
$$

4. Die Exponentialfunktion und der natürliche Logarithmus haben stetige Ableitungen beliebiger Größenordnung. Die ersten Ableitungen lauten

$$(e^x)' = e^x \qquad (\ln x)' = 1/x\,.$$

Ist $g(x)$ eine differenzierbare Funktion, so gilt

$$(e^{g(x)})' = e^{g(x)} g'(x) \qquad (\ln g(x))' = g'(x) / g(x),$$

wobei für die logarithmische Ableitung $g(x) > 0$ angenommen werden muss.

2 Totales Differenzial

1. Die Funktion f sei differenzierbar, außerdem sei dx eine endliche Änderung der unabhängigen Variablen x. Den Ausdruck $f'(\hat{x})dx$ nennt man das Differenzial von f an der Stelle $\hat{x}$ und schreibt $df(\hat{x}) = f'(\hat{x})dx$ oder $dy = f'(\hat{x})dx$, wobei $y = f(x)$. Das Differenzial verwendet man z.B., um den Funktionswert $f(\hat{x} + dx)$ näherungsweise zu berechnen. Denn mit Hilfe des Differenzials erhält man die lineare Approximation (= die lineare Näherung für den exakten Wert): $df(\hat{x}) \approx \Delta f(\hat{x}) = f(\hat{x} + dx) - f(\hat{x})$ der Differenz $\Delta f(\hat{x})$, so dass $f(\hat{x}) + df(\hat{x}) \approx f(\hat{x} + dx)$.

Beispiel: Es sei $f(x) = 2\sqrt{x}$, $\hat{x} = 16$ und $dx = 9$. Damit folgt $\Delta f(\hat{x}) = f(\hat{x} + dx) - f(\hat{x}) = 10 - 8 = 2$, während sich für die lineare Approximation $df(\hat{x}) = f'(\hat{x})dx = (1/\sqrt{\hat{x}}) \cdot 9 = 2\frac{1}{4}$ ergibt. Der Näherungswert ist, wie man sieht, nicht fehlerfrei, denn $\Delta f(\hat{x}) - df(\hat{x}) = 2 - 2\frac{1}{4} = -1/4$.

2. *Beispiel*: Oben ist f eine Funktion von einer unabhängigen Variablen. Wir betrachten nun eine algebraische Funktion mit zwei unabhängigen Variablen x_1 und x_2, wobei wir natürlich $f(\boldsymbol{x}) = 2x_1{}^{\alpha} x_2{}^{\beta}$ wählen. Die Differenz $\Delta f(\hat{\boldsymbol{x}}) = f(\hat{\boldsymbol{x}} + \boldsymbol{dx}) - f(\hat{\boldsymbol{x}})$ soll für $\alpha = \beta = 1/2$ an der Stelle $\hat{\boldsymbol{x}} = (\hat{x}_1, \hat{x}_2) = (2, 8)$ und zwar für die Änderungen $\boldsymbol{dx} = (dx_1, dx_2) = (1/2, 2)$ zuerst exakt und dann näherungsweise berechnet werden. Zur Approximation benutzen wir das totale Differenzial $df(\hat{\boldsymbol{x}}) = f_1(\hat{\boldsymbol{x}})dx_1 + f_2(\hat{\boldsymbol{x}})dx_2$, mit den partiellen Ableitungen $f_1(\hat{\boldsymbol{x}}) = \partial f(\hat{x}_1, \hat{x}_2) / \partial x_1$ und $f_2(\hat{\boldsymbol{x}}) = \partial f(\hat{x}_1, \hat{x}_2) / \partial x_2$. Hiermit gilt $f(\hat{\boldsymbol{x}} + \boldsymbol{dx}) = 2 \cdot (\hat{x}_1 + dx_1)^{\alpha} (\hat{x}_2 + dx_2)^{\beta} = 2 \cdot (2 + 1/2)^{1/2} (8 + 2)^{1/2} = 10$ sowie $f(\hat{\boldsymbol{x}}) = 2\hat{x}_1{}^{\alpha} \hat{x}_2{}^{\beta} = 2 \cdot 2^{1/2} 8^{1/2} = 8$. Für die Differenz $\Delta f(\hat{\boldsymbol{x}})$ ergibt sich infolgedessen der exakte Wert $\Delta f(\hat{\boldsymbol{x}}) = f(\hat{\boldsymbol{x}} + \boldsymbol{dx}) - f(\hat{\boldsymbol{x}}) = 10 - 8 = 2$.

Das totale Differenzial bildet man in Analogie zum Fall mit einer unabhängigen Variablen: $df(\hat{\boldsymbol{x}}) = f_1(\hat{\boldsymbol{x}})dx_1 + f_2(\hat{\boldsymbol{x}})dx_2$. Dabei bezeichnet $f_1(\hat{\boldsymbol{x}})$ die partielle Ableitung von $f(\boldsymbol{x}) = 2x_1{}^{\alpha} x_2{}^{\beta}$ nach x_1 an der Stelle $\hat{\boldsymbol{x}}$, für die man $f_1(\hat{\boldsymbol{x}}) = 2\alpha\hat{x}_1{}^{\alpha-1} \hat{x}_2{}^{\beta} = 2 \cdot 0{,}5 \cdot 2^{-1/2} 8^{1/2} = 2$ erhält. Entsprechend ist die partielle Ableitung von $f(\boldsymbol{x})$ nach x_2 an der Stelle $\hat{\boldsymbol{x}}$: $\partial f(\hat{x}_1, \hat{x}_2) / \partial x_2 = f_2(\hat{\boldsymbol{x}}) = 2\beta\hat{x}_1{}^{\alpha} \hat{x}_2{}^{\beta-1} = 2 \cdot 0{,}5 \cdot 2^{1/2} 8^{-1/2} = 1/2$. Damit erhält man für das totale Differenzial $df(\hat{\boldsymbol{x}}) = f_1(\hat{\boldsymbol{x}})dx_1 + f_2(\hat{\boldsymbol{x}})dx_2 = 2 \cdot dx_1 + (1/2) \cdot dx_2 = 2 \cdot (1/2) + (1/2) \cdot 2 = 2$. In diesem Fall ist der Approximationsfehler gleich null.

3. Für die auf dem n-dimensionalen reellen Zahlenkörper definierte Funktion f mit $y = f(x_1, \ldots, x_n) = f(\boldsymbol{x})$ bezeichne f_i die partielle Ableitung von f nach x_i, $f_i(\boldsymbol{x}) = \partial f(\ldots, x_i, \ldots) / \partial x_i$. Außerdem sei dx_i eine endliche Änderung der unabhängigen Variablen x_i. Der Ausdruck $df(\hat{\boldsymbol{x}}) = f_1(\hat{\boldsymbol{x}})dx_1 + f_2(\hat{\boldsymbol{x}})dx_2 + \ldots + f_n(\hat{\boldsymbol{x}})dx_n$ ist das totale Differenzial von f an der Stelle $\hat{\boldsymbol{x}}$, für das man auch $dy = \sum f_i dx_i$ schreibt.

4. Neben f sei auch g eine differenzierbare Funktion der $n \geq 1$ exogenen Variablen x_i, $i = 1, 2, \ldots, n$. Darüber hinaus seien a und b Konstante und F eine differenzierbare

Funktion mit einer unabhängigen Variablen. Es gelten die folgenden Rechenregeln für Differenziale

$$d(af + bg) = adf + bdg$$
$$d(fg) = gdf + fdg$$
$$d(f / g) = (gdf - fdg) / g^2$$
$$dF(g) = F'(g)dg.$$

3 Implizite Funktionen

1. Die Funktion *f* mit $y = f(x_1, \ldots, x_n)$ stellt die abhängige oder endogene Variable *y* explizit als Funktion der *n* unabhängigen oder exogenen Variablen x_i, $i = 1, 2, \ldots, n$, dar. Die Gleichung $F(x_1, \ldots, x_n, y) = c$ mit der Konstanten *c* und der Funktion *F* stellt *y* dagegen als implizite Funktion der exogenen Variablen dar, wenn es zu jedem n-dimensionalen Vektor $\boldsymbol{x}$ ein *y* gibt, so dass $y(\boldsymbol{x})$ und $F(\boldsymbol{x}, y(\boldsymbol{x})) = c$.

2. Gegeben sei die implizite Funktion $F(x, y) = c$ mit den beiden reellen Variablen (*x*, *y*). Für $(\hat{x}, \hat{y})$ gelte $F(\hat{x}, \hat{y}) = c$. Nun stellen sich die folgenden drei Fragen:

(1) Gibt es eine Umgebung *I* von $\hat{x}$ und eine auf *I* definierte Funktion *f*, so dass $F(x, f(x)) = c$ für alle *x* aus *I* sowie $\hat{y} = f(\hat{x})$?

(2) Ist die Funktion *f* differenzierbar und wie lautet die Ableitung von *f*?

(3) Lässt sich *f* explizit bestimmen bzw. lässt sich $F(x, y) = c$ nach *y* auflösen?

Auf die Fragen (1) und (2) antwortet der Satz über implizite Funktionen, zur Frage (3) gibt es keine allgemeine Antwort, da sich nur für spezielle Klassen von Funktionen explizite Lösungen nach *y* angeben lassen. Man muss also zwischen den Fragen (1) und (3) unterscheiden. Denn mit Hilfe des Satzes über implizite Funktionen kann man unter Umständen zwar zeigen, dass eine Lösung von $F(x, y) = c$ nach *y* existiert. Doch eine explizite Lösung lässt sich trotzdem nicht anschreiben. Man kann mit Hilfe des Theorems sogar die Steigung von $f(x)$ und ihr Vorzeichen berechnen, obwohl die Funktion $f(\cdot)$ in geschlossener Form gar nicht vorliegt. Für die reine Modell-Theorie ist dieses „schwache" Resultat trotzdem ausreichend, da man bei einer komparativ-statischen Analyse vor allem am Vorzeichen der Ableitung von $f(\cdot)$ interessiert ist und nicht an der expliziten Funktion $f(\cdot)$ selbst. Wir fassen im Anschluss an das folgende Beispiel die Aussagen des Satzes über implizite Funktionen zusammen.

Beispiel: Gegeben ist die Cobb-Douglas-Nutzenfunktion $U(\boldsymbol{x}) = 2x_1^{\alpha} x_2^{\beta}$, wobei $\alpha = \beta = 1/2$. Für den Nutzen des Warenkorbs $(\hat{x}_1, \hat{x}_2) = (4, 9)$ ermittelt man mit der Nutzenfunktion $\hat{U} = 2 \cdot 4^{1/2} 9^{1/2} = 12$. Um bei der üblichen Notation zu bleiben, setzen wir im Folgenden $y = x_2$ und $x = x_1$.

Zu (1) und (3): $f(x_1) = 36 / x_1$, mit $0 < x_1 < \infty$, ist die explizite Funktion zu der Indifferenzkurve mit dem Nutzen $\hat{U} = 12$. Die Indifferenzkurve umfasst alle Warenkörbe (x_1, x_2), die den Nutzen $\hat{U} = 12$ stiften. Um die Behauptung zu prüfen, setzt man die Funktion $f(x_1) = 36 / x_1$ in die Nutzenfunktion ein und zeigt für alle $x_1 > 0$, dass $U(x_1, f(x_1)) = 2x_1^{1/2} (f(x_1))^{1/2} = 2x_1^{1/2} (36 / x_1)^{1/2} = 2 \cdot 36^{1/2} = 12$. Darüber hinaus gilt $x_2^* = 9 = 36 / 4 = 36 / \hat{x}_1 = f(\hat{x}_1)$.

Wie findet man die Funktion $f(x_1) = 36/x_1$? Hierzu löst man die Gleichung $U - 2x_1{}^{\alpha}x_2{}^{\beta} = 0$ nach x_2 auf, wobei $x_2 = (U/2x_1{}^{\alpha})^{1/\beta} = (6/x_1{}^{1/2})^2 = 36/x_1 = f(x_1)$.

Zu (2): Die Funktion der Indifferenzkurve ist für alle $x_1 > 0$ differenzierbar, wobei für die Ableitung, $dx_2/dx_1 = f'(x_1)$, gilt: $dx_2/dx_1 = -36/x_1{}^2 < 0$. Hiermit gilt $f'(\hat{x}_1) = -36/\hat{x}_1{}^2 = -36/16 = -9/4$. Damit kommen wir zu den Aussagen des Theorems über implizite Funktionen.

3. Wir nehmen an, dass F in einer Umgebung um den Punkt $(\hat{x}, \hat{y})$ stetige partielle Ableitungen $F_y(x, y) = \partial F(x, y)/\partial y$ und $F_x(x, y) = \partial F(x, y)/\partial x$ hat. Wenn die partielle Ableitung von F nach y an der Stelle $(\hat{x}, \hat{y})$ von null verschieden ist, $F_y(\hat{x}, \hat{y}) \neq 0$, dann gibt es ein Intervall I und eine auf I definierte Funktion f mit $F(x, f(x)) = c$ für alle x aus I. Für f gilt $\hat{y} = f(\hat{x})$. Außerdem ist f differenzierbar in I, wobei

$$f'(\hat{x}) = -\frac{F_x(\hat{x}, \hat{y})}{F_y(\hat{x}, \hat{y})}.$$

Dieses Resultat erhält man auch mit dem totalen Differenzial $dF = F_x dx + F_y dy$. Setzt man $dF = 0$, so folgt $dy/dx = -F_x/F_y$, da wir angenommen haben, dass $F_y \neq 0$.

Beispiel: Wir setzen das vorige Beispiel fort, nehmen an, dass die Funktion f unbekannt ist und bilden das totale Differenzial der Nutzenfunktion mit den partiellen Ableitungen $U_{x_1} = 2 \cdot \alpha \cdot x_1{}^{\alpha-1}x_2{}^{\beta} = (x_1{}^{-1}x_2)^{1/2}$, für die $U_{x_1}(\hat{x}_1, \hat{x}_2) = (\hat{x}_1{}^{-1}\hat{x}_2)^{1/2} = (9/4)^{1/2} > 0$. Analog erhält man für die andere partielle Ableitung $U_{x_2}(\hat{x}_1, \hat{x}_2) = (4/9)^{1/2} > 0$. Die partiellen Ableitungen sind an der Stelle $(\hat{x}_1, \hat{x}_2)$ von Null verschieden, so dass wir das Theorem über implizite Funktionen anwenden und die Steigung der Funktion f an der Stelle $\hat{x}_1$ berechnen können. Da $f'(\hat{x}_1) = -U_{x_1}(\hat{x}_1, \hat{x}_2)/U_{x_2}(\hat{x}_1, \hat{x}_2)$, folgt $f'(\hat{x}_1) = -(3/2)/(2/3) = -9/4$. Während wir oben die explizite Funktion $f(x_1) = 36/x_1$ verwendet haben, um die Steigung zu berechnen, zeigt das Theorem über implizite Funktionen einen Weg, wie man lokale Werte und das Vorzeichen der Steigung der Funktion f auch ohne Kenntnis der expliziten Funktion f erhält.

Da entlang einer Indifferenzkurve $dU = 0$, folgt aus dem totalen Differenzial $dU = U_{x_1}dx_1 + U_{x_2}dx_2$ für die Steigung der Indifferenzkurve bzw. für die Grenzrate der Substitution (GRS), dass $dx_2/dx_1 = -U_{x_1}/U_{x_2}$. Einsetzen der partiellen Ableitungen ergibt, dass an der Stelle $(\hat{x}_1, \hat{x}_2) = (4, 9)$ gilt $dx_2/dx_1 = -\hat{x}_2/\hat{x}_1 = -9/4$. Mithin hat die Indifferenzkurve $\hat{U} = 12$ an der Stelle $(\hat{x}_1, \hat{x}_2)$ die Steigung $dx_2/dx_1 = -9/4 = f'(\hat{x}_1)$.

4. Wir betrachten nun den Fall zweier impliziter Funktionen mit zwei endogenen und n exogenen Variablen. y_1 und y_2 sind die endogenen und x_i, $i = 1, 2, \ldots, n$, die exogenen Variablen oder Parameter des folgenden Gleichungssystems.

$F_1(x_1, \ldots, x_n, y_1, y_2) = c_1$ sowie $F_1(x_1, \ldots, x_n, y_1, y_2) = c_1$ sind die impliziten Funktionen, die man nach y_1 und y_2 auflösen möchte, um z.B. zu untersuchen, wie die endogenen von den exogenen Variablen abhängen. Eine geschlossene Lösung der beiden Gleichungen existiert häufig nicht. Trotzdem kann man die Fragen (1) und (2) unter gewissen Voraussetzungen beantworten, d.h. der Satz über implizite Funktionen zeigt, dass differenzierbare Funktionen f_1 und f_2 „existieren“, für die $y_1 = f_1(x_1, \ldots, x_n)$ und $y_2 = f_2(x_1, \ldots, x_n)$.

Wir nehmen an, dass F_1 und F_2 nach allen Variablen partiell differenzierbar sind, wobei z.B. $F_{1y_2}(\boldsymbol{x},\boldsymbol{y}) = \partial F_1(\boldsymbol{x},\boldsymbol{y})/\partial y_2$ die partielle Ableitung von F_1 nach y_2 und $F_{2x_i}(\boldsymbol{x},\boldsymbol{y}) = \partial F_2(\boldsymbol{x},\boldsymbol{y})/\partial x_i$ die partielle Ableitung von F_2 nach x_i bezeichnet.

Darüber hinaus sei $(\hat{\boldsymbol{x}},\hat{\boldsymbol{y}})$ eine Lösung des Gleichungssystems, so dass $F_1(\hat{\boldsymbol{x}},\hat{\boldsymbol{y}}) = c_1$ und $F_2(\hat{\boldsymbol{x}},\hat{\boldsymbol{y}}) = c_2$. Mit den totalen Differenzialen der beiden impliziten Funktionen und $dF_1 = dF_2 = 0$ erhält man die Gleichungen

$$\begin{aligned} F_{1y_1}dy_1 + F_{1y_2}dy_2 + F_{1x_1}dx_1 + F_{1x_2}dx_2 + \ldots + F_{1x_n}dx_n &= 0 \\ F_{2y_1}dy_1 + F_{2y_2}dy_2 + F_{2x_1}dx_1 + F_{2x_2}dx_2 + \ldots + F_{2x_n}dx_n &= 0 \end{aligned},$$

die eine Linearisierung des ursprünglichen Gleichungssystems darstellen. Das lineare System können wir als Matrizengleichung schreiben, indem wir die endogenen Variablen auf der linken und die exogenen Variablen auf der rechten Gleichungsseite notieren

$$\begin{pmatrix} F_{1y_1} & F_{1y_2} \\ F_{2y_1} & F_{2y_2} \end{pmatrix}\begin{pmatrix} dy_1 \\ dy_2 \end{pmatrix} = -\begin{pmatrix} F_{1x_1} & \cdots & F_{1x_n} \\ F_{2x_1} & \cdots & F_{2x_n} \end{pmatrix}\begin{pmatrix} dx_1 \\ \vdots \\ dx_n \end{pmatrix}.$$

Mit $\boldsymbol{J}$ bezeichnen wir die (2×2)-Jacobi-Matrix der Funktionen F_1 und F_2 mit Bezug auf die endogenen Variablen y_1 und y_2

$$\boldsymbol{J}(\boldsymbol{x},\boldsymbol{y}) = \begin{pmatrix} F_{1y_1}(\boldsymbol{x},\boldsymbol{y}) & F_{1y_2}(\boldsymbol{x},\boldsymbol{y}) \\ F_{2y_1}(\boldsymbol{x},\boldsymbol{y}) & F_{2y_2}(\boldsymbol{x},\boldsymbol{y}) \end{pmatrix}.$$

Wenn die Jacobi-Matrix $\boldsymbol{J}$ an der Lösungsstelle nicht singulär und folglich die Determinante von $\boldsymbol{J}$, $J(\boldsymbol{x},\boldsymbol{y}) = \det \boldsymbol{J}(\boldsymbol{x},\boldsymbol{y})$, von null verschieden ist, $J(\hat{\boldsymbol{x}},\hat{\boldsymbol{y}}) \neq 0$, und die partiellen Ableitungen von F_1 und F_2 in einer Umgebung um die Lösungsstelle stetig sind, dann gibt es eine Umgebung von $\hat{\boldsymbol{x}}$ und Funktionen f_1 und f_2, für die $F_1(f_1(\boldsymbol{x}), f_2(\boldsymbol{x}), \boldsymbol{x}) = c_1$ und $F_2(f_1(\boldsymbol{x}), f_2(\boldsymbol{x}), \boldsymbol{x}) = c_2$ für alle $\boldsymbol{x}$ aus der Umgebung. Für die beiden Funktionen gilt $\hat{y}_1 = f_1(\hat{\boldsymbol{x}})$ sowie $\hat{y}_2 = f_2(\hat{\boldsymbol{x}})$. Darüber hinaus haben f_1 und f_2 stetige partielle Ableitungen, $f_{1x_i}(\boldsymbol{x}) = \partial f_1(\boldsymbol{x})/\partial x_i$ und $f_{2x_i}(\boldsymbol{x}) = \partial f_2(\boldsymbol{x})/\partial x_i$, $i = 1, 2, \ldots, n$. Nun möchte man die partiellen Ableitungen an der Stelle $\hat{\boldsymbol{x}}$, $f_{1x_i}(\hat{\boldsymbol{x}})$ und $f_{2x_i}(\hat{\boldsymbol{x}})$, auswerten. Hierzu berechnet man $f_{1x_i}(\hat{\boldsymbol{x}})$ und $f_{2x_i}(\hat{\boldsymbol{x}})$ entweder mit der Inversen der Jacobi-Matrix

$$\begin{pmatrix} f_{1x_i}(\hat{\boldsymbol{x}}) \\ f_{2x_i}(\hat{\boldsymbol{x}}) \end{pmatrix} = \begin{pmatrix} F_{1y_1}(\hat{\boldsymbol{x}},\boldsymbol{y}^*) & F_{1y_2}(\hat{\boldsymbol{x}},\boldsymbol{y}^*) \\ F_{2y_1}(\hat{\boldsymbol{x}},\boldsymbol{y}^*) & F_{2y_2}(\hat{\boldsymbol{x}},\boldsymbol{y}^*) \end{pmatrix}^{-1}\begin{pmatrix} F_{1x_i}(\hat{\boldsymbol{x}},\boldsymbol{y}^*) \\ F_{2x_i}(\hat{\boldsymbol{x}},\boldsymbol{y}^*) \end{pmatrix};$$

oder mit Hilfe der Cramerschen Regel. Um die Cramersche Regel anzuwenden, konstruiert man aus der Jacobi-Matrix die beiden Matrizen

$$\boldsymbol{J}_{1x_i}(\boldsymbol{x},\boldsymbol{y}) = \begin{pmatrix} F_{1x_i}(\boldsymbol{x},\boldsymbol{y}) & F_{1y_2}(\boldsymbol{x},\boldsymbol{y}) \\ F_{2x_i}(\boldsymbol{x},\boldsymbol{y}) & F_{2y_2}(\boldsymbol{x},\boldsymbol{y}) \end{pmatrix} \text{ und } \boldsymbol{J}_{2x_i}(\boldsymbol{x},\boldsymbol{y}) = \begin{pmatrix} F_{1y_1}(\boldsymbol{x},\boldsymbol{y}) & F_{1x_i}(\boldsymbol{x},\boldsymbol{y}) \\ F_{2y_1}(\boldsymbol{x},\boldsymbol{y}) & F_{2x_i}(\boldsymbol{x},\boldsymbol{y}) \end{pmatrix}$$

mit den Determinanten $J_{1x_i}(\boldsymbol{x},\boldsymbol{y}) = \det \boldsymbol{J}_{1x_i}(\boldsymbol{x},\boldsymbol{y})$ und $J_{2x_i}(\boldsymbol{x},\boldsymbol{y}) = \det \boldsymbol{J}_{2x_i}(\boldsymbol{x},\boldsymbol{y})$. Damit erhält man die beiden partiellen Ableitungen von f_1 und f_2 nach x_i an der Stelle $\hat{\boldsymbol{x}}$ mit

$$f_{1x_i}(\hat{\boldsymbol{x}}) = -\frac{J_{1x_i}(\hat{\boldsymbol{x}},\hat{\boldsymbol{y}})}{J(\hat{\boldsymbol{x}},\hat{\boldsymbol{y}})} \quad \text{und} \quad f_{2x_i}(\hat{\boldsymbol{x}}) = -\frac{J_{2x_i}(\hat{\boldsymbol{x}},\hat{\boldsymbol{y}})}{J(\hat{\boldsymbol{x}},\hat{\boldsymbol{y}})}.$$

Beispiel: Als Beispiel betrachten wir das Gleichgewicht des Matching-Modells von Kapitel 5. Das Modell hat neben der Arbeitslosenquote $u(\theta) = \lambda/(\lambda + p(\theta))$ mit der Trennungsrate λ und der Neueinstellungsrate $p(\theta)$ zwei interdependente endogene Variable, den Verhandlungslohn w und die Arbeitsmarktanspannung θ. Die beiden Gleichgewichtsbedingungen des Modells sind die Job-creation-Bedingung (5.7) und die Gleichung des Verhandlungslohns (5.12), die wir hier als implizite Funktionen $F_1(\boldsymbol{x},\boldsymbol{y})$ und $F_2(\boldsymbol{x},\boldsymbol{y})$ notieren, wobei $\boldsymbol{x} = (\lambda, r, y, \beta, k, b)$ der Vektor der exogenen Variablen und $\boldsymbol{y} = (w,\theta)$ der Vektor der endogenen Variablen ist. r ist der Zins, y ist der Joboutput, β ist die Verhandlungsstärke des Arbeitnehmers, k ist der Suchkostensatz und b ist der Lohnersatz. Im Suchgleichgewicht gilt

(5.7) $$F_1(\lambda, r, y, \beta, k, b, w, \theta) \equiv w - y + \frac{(\lambda + r)ky}{q(\theta)} = 0$$

(5.12) $$F_2(\lambda, r, y, \beta, k, b, w, \theta) \equiv w - b - \beta(y - b) - \beta\theta ky = 0.$$

Offenbar ist es nicht möglich, die Lösungen für den Lohn $w = f_1(\lambda, r, y, \beta, k, b)$ und die Anspannung $\theta = f_2(\lambda, r, y, \beta, k, b)$ explizit anzugeben, was unter anderem auch dadurch bedingt ist, dass das Modell die Stellenbesetzungsrate $q(\theta)$ nicht explizit spezifiziert. Trotzdem können wir mit Hilfe des Theorems über implizite Funktionen die Ergebnisse der Tab. 5.4 bzw. die Vorzeichen der partiellen Ableitungen von f_1 und f_2 nach den exogenen Variablen ermitteln. Hierzu müssen wir zunächst die partiellen Ableitungen der oben in impliziter Form notierten Gleichgewichtsbedingungen ermitteln. Die partiellen Ableitungen von (5.7) und (5.12) nach den exogenen Variablen ergeben

$$\begin{aligned}
&F_{1\lambda} \equiv ky/q(\theta) > 0 && F_{2\lambda} = 0\\
&F_{1r} \equiv ky/q(\theta) > 0 && F_{2r} = 0\\
&F_{1y} \equiv -1 + (\lambda + r)k/q(\theta) = -w/y < 0 && F_{2y} \equiv -\beta - \beta\theta k < 0\\
&F_{1\beta} = 0 && F_{2\beta} \equiv -(y - b) - \theta ky < 0\\
&F_{1k} \equiv (\lambda + r)y/q(\theta) > 0 && F_{2k} \equiv -\beta\theta y < 0\\
&F_{1b} = 0 && F_{2b} \equiv -1 + \beta < 0.
\end{aligned}$$

Die partiellen Ableitungen nach den endogenen Variablen ergeben

$$\begin{aligned}
&F_{1w} \equiv 1 > 0 && F_{2w} \equiv 1 > 0\\
&F_{1\theta} \equiv -((\lambda + r)ky/q(\theta)^2)q'(\theta) > 0 && F_{2\theta} \equiv -\beta ky < 0.
\end{aligned}$$

Hiermit erhält man die Determinante der Jacobi-Matrix

$$\begin{aligned}J(\lambda, r, y, \beta, k, b, w, \theta) &= F_{1w}F_{2\theta} - F_{2w}F_{1\theta} \\ &= 1*(-\beta ky) - 1*(-((\lambda + r)ky / q(\theta)^2)q'(\theta)) \\ &= -\beta ky + ((\lambda + r)ky / q(\theta)^2)q'(\theta) < 0.\end{aligned}$$

Da $J < 0$ ist die Jacobi-Matrix nicht singulär und wir können das Theorem über implizite Funktionen anwenden. Hierzu bestimmen wir im nächsten Schritt die Vorzeichen der Zählerdeterminanten der partiellen Ableitungen der beiden Lösungsfunktionen Zunächst für f_1

$$\begin{aligned}&J_{1\lambda} = F_{1\lambda}F_{2\theta} - F_{1\theta}F_{2\lambda} = -(ky)^2 \beta / q(\theta) < 0 \\ &J_{1r} = J_{1\lambda} < 0 \\ &J_{1y} = F_{1y}F_{2\theta} - F_{1\theta}F_{2y} = \beta kw - \beta(1+\theta k)((\lambda + r)ky / q(\theta)^2)q'(\theta) > 0 \\ &J_{1\beta} = -F_{1\theta}F_{2\beta} = -(y - b + \theta ky)((\lambda + r)ky / q(\theta)^2)q'(\theta) > 0 \\ &J_{1k} = F_{1k}F_{2\theta} - F_{1\theta}F_{2k} = -\beta ky^2(\lambda + r)(1 + \theta q'(\theta) / q(\theta)) / q(\theta) < 0 \\ &J_{1b} = -F_{1\theta}F_{2b} = -(1-\beta)((\lambda + r)ky / q(\theta)^2)q'(\theta) > 0,\end{aligned}$$

dann für f_2

$$\begin{aligned}&J_{2\lambda} = F_{1w}F_{2\lambda} - F_{1\lambda}F_{2w} = -ky / q(\theta) < 0 \\ &J_{2r} = J_{2\lambda} < 0 \\ &J_{2y} = F_{1w}F_{2y} - F_{1y}F_{2w} = (1-\beta)b / y > 0 \\ &J_{2\beta} = F_{2\beta} = -(y - b + \theta ky) < 0 \\ &J_{2k} = F_{1w}F_{2k} - F_{1k}F_{2w} = -\beta\theta y - (\lambda + r)y / q(\theta) < 0 \\ &J_{2b} = F_{2b} = -(1-\beta) < 0.\end{aligned}$$

Mit den Vorzeichen der obigen Determinanten folgen die Ergebnisse der Tab. 5.4. Dabei gilt zum Beispiel für den Einfluss des Joboutputs y und der Suchkosten k auf die Gleichgewichtswerte von Lohn und Anspannung

$$\frac{\partial w}{\partial y} \equiv f_{1y} = -\frac{J_{1y}}{J} > 0 \qquad \frac{\partial \theta}{\partial y} \equiv f_{2y} = -\frac{J_{2y}}{J} > 0$$

$$\frac{\partial w}{\partial k} \equiv f_{1k} = -\frac{J_{1k}}{J} < 0 \qquad \frac{\partial \theta}{\partial k} \equiv f_{2k} = -\frac{J_{2k}}{J} < 0.$$

4 Integration

1. Ist f eine stetige, in dem Intervall I: $a \le x \le b$ definierte Funktion, so ist $\int_a^b f(x)dx$ das *bestimmte* Integral von f. f heißt der Integrand, a die untere und b die obere Grenze des Integrals. Für das bestimmte Integral gelten folgende Rechenregeln, wobei c eine beliebige Konstante ist und die Funktionen f, f_1 und f_2 integrierbar sind

(1) $$\int_a^b f(x)\,dx = -\int_b^a f(x)\,dx$$

(2) $$\int_a^a f(x)\,dx = 0$$

(3) $$\int_a^b cf(x)\,dx = c\int_a^b f(x)\,dx$$

(4) $$\int_a^b \left[f_1(x) + f_2(x)\right] dx = \int_a^b f_1(x)\,dx + \int_a^b f_2(x)\,dx$$

(5) $$\int_a^b f(x)\,dx + \int_b^c f(x)\,dx = \int_a^c f(x)\,dx.$$

2. Das *unbestimmte* Integral einer stetigen, auf dem Intervall *I*: $a \le x \le b$ definierten Funktion *f*, ist eine differenzierbare Funktion *F*, für die $F'(x) = f(x)$ für alle $x \in I$. Die Funktion *F* wird Stammfunktion von *f* genannt und mit dem Symbol $\int f(x)\,dx$ bezeichnet.

3. Der Zusammenhang zwischen dem bestimmten und dem unbestimmten Integral ergibt sich daraus, dass man das bestimmte Integral von *f* als eine Funktion $F(x)$ der oberen oder als eine Funktion $G(x)$ der unteren Grenze auffassen kann

$$F(x) = \int_a^x f(t)dt \quad G(x) = \int_x^b f(t)dt\,.$$

Sind die Funktionen *f* und *g* stetig, so sind *F* und *G* differenzierbar, und es gilt

$$F'(x) = f(x) \qquad G'(x) = -f(x).$$

4. Das Integrieren einer stetigen, auf dem Intervall *I*: $a \le x \le b$ definierten Funktion *f* bedeutet erstens, zu *f* eine Stammfunktion *F* zu finden, für die $F'(x) = f(x)$ für alle $x \in I$, und zweitens, die Stammfunktion an der oberen und unteren Grenze des bestimmten Integrals auszuwerten, wobei man $F(b)$ und $F(a)$ erhält. Die Lösung des bestimmten Integrals $\int_a^b f(x)\,dx$ ergibt sich dann mit dem *Hauptsatz der Integralrechnung* zu

$$\int_a^b f(x)\,dx = F(b) - F(a)\,.$$

5. Sind *f* und *g* differenzierbare Funktionen, so erhält man mittels *partieller Integration* für das Integral $\int f(x)g'(x)dx$ die folgende Lösung (Stammfunktion)

$$\int f(x)g'(x)dx = f(x)g(x) - \int f'(x)g(x)dx.$$

6. Der auf dem Intervall *I*: $a \le t \le b$ definierte Intergrand $f(x,t)$ eines Integrals hänge neben der Integrationsvariablen *t* von einer weiteren (reellwertigen) Variablen *x* ab

$$F(x) = \int_a^b f(x,t)dt\ .$$

Wenn der Integrand in x eine stetige partielle Ableitung hat, für die wir $f_x(x,t) = \partial f(x,t)/\partial x$ schreiben, dann ist F in x differenzierbar und man erhält $F'(x)$ „durch Differentiation unter dem Integralzeichen"

$$F'(x) = \int_a^b f_x(x,t)dt\ .$$

Ist f im Intervall I stetig, so erhält man mit Blick auf die Ableitungsregeln unter Punkt 3. die folgenden partiellen Ableitungen von F nach den beiden Integrationsgrenzen

$$\frac{\partial F(x)}{\partial b} = f(x,b)$$
$$\frac{\partial F(x)}{\partial a} = -f(x,a).$$

Sind auch die Integrationsgrenzen differenzierbare Funktionen von x, so ist

$$F(x) = \int_{a(x)}^{b(x)} f(x,t)dt$$

ebenfalls in x differenzierbar. Die *Leibnizsche-Regel* gibt die Ableitung an

$$F'(x) = \int_{a(x)}^{b(x)} f_x(x,t)dt + f(x,b(x))b'(x) - f(x,a(x)a'(x).$$

5 Zufallsvariable und Verteilungsfunktionen

1. *Beispiel*: Beim zweimaligen Wurf einer Münze besteht die Grundgesamtheit der möglichen Elementarereignisse, die wir mit Ω bezeichnen, aus der Menge der Wurfkombinationen $\Omega = \{KK, KZ, ZK, ZZ\}$, wobei K für Kopf und Z für Zahl steht. Eine mit Bezug auf die Münzwürfe definierte *Zufallsvariable* X hat mit dem Zufall, wie er im Alltag begegnet und verstanden wird, zunächst nichts zu tun, sondern ist eine Funktion. Und zwar eine Funktion, die jedem Elementarereignis $\omega \in \Omega$ eine reelle Zahl zuordnet, $X : \Omega \rightarrow \Re$, dabei bezeichnet $\Re$ den Körper der reellen Zahlen. Die Zufallsvariable X soll zum Beispiel die mit einem Ereignis $\omega \in \Omega$ verbundene Anzahl der Kopfwürfe angeben. Dann besteht der Wertebereich der Funktion X aus den Zahlen: $X(KK) = 2$, $X(KZ) = X(ZK) = 1$ und $X(ZZ) = 0$. Dabei ist zum Beispiel $X(KK) = 2$, weil das Elementarereignis $\omega = KK$ zwei Kopfwürfe enthält, der erste Wurf zeigt Kopf und der zweite ebenso.

Beispiel: Die lokalen Schocks, die die Produktivität eines Match treffen, lassen sich wie im Mortensen-Pissarides-Modell (s. Kap. 5) mit der Ereignismenge $\Omega = [\alpha,1]$ darstellen, wobei für die unterer Intervallgrenze $0 \leq \alpha < 1$ gelte. Zu jedem „Ereignis" $\omega \in \Omega$ gibt die Zufallsvariable $X : \Omega \rightarrow \Re$ zum Beispiel die Produktivität des Match nach dem Eintritt des Schocks $\omega \in \Omega$ an, wobei $X(\omega) = y\omega$. Gemäß $X : \Omega \rightarrow \Re$ besteht der Wertebereich der Zufallsvariablen X aus der Menge der reellen Zahlen $\Re$ bzw. aus einer Teilmenge von $\Re$.

2. Zusammengesetzte *Ereignisse* A bestehen aus Kombinationen von Elementarereignissen. Wie stellt man Kombinationen von Elementarereignissen dar? Zum Beispiel in dem man Teilmengen von Ω bildet und diese Teilmengen als zusammengesetzte Ereignisse betrachtet. Ist A ein Ereignis, dann gilt also $A \subseteq \Omega$, wobei „$\subseteq$" die Teilmengenbeziehung bezeichnet. Die Menge der Ereignisse in Ω bezeichnen wir mit E. Ist A ein Ereignis in Ω, so ist A eine Teilmenge von Ω, aber ein Element von E, so dass $A \subseteq \Omega$ und $A \in E$. Bevor wir fortfahren, sei daran erinnert, dass das Kompliment der Teilmenge A die spezielle Teilmenge von Ω ist, deren Vereinigung mit A die Grundgesamtheit bildet, $A \cup A^c = \Omega$. A^c ist also die Teilmenge von Ω, die alle Elementarereignisse umfasst, die nicht Element von A sind. A^c ist als Teilmenge von Ω ein möglicher Kandidat für ein Ereignis. Sind A_1 und A_2 Ereignisse in Ω, dann gilt $A_1 \in E$ und $A_2 \in E$, und A_1 und A_2 sind Teilmengen von Ω, so dass auch $A_1 \subseteq \Omega$ und $A_2 \subseteq \Omega$. Die Vereinigung der beiden Teilmengen, $A_1 \cup A_2$, ist ebenfalls eine Teilmenge von Ω, $A_1 \cup A_2 \subseteq \Omega$, und infolgedessen ebenfalls ein Kandidat für ein mögliches Ereignis. Sind die Mengen $A_1, A_2, \ldots, A_n$ Teilmengen von Ω, so ist auch deren Vereinigung $\bigcup A_i$, für die $\bigcup A_i = A_1 \cup A_2 \cup \ldots \cup A_n$, eine Teilmenge von Ω und folglich ebenfalls eine Menge, die wir als Kandidaten für ein mögliches Ereignis in Ω in Erwägung ziehen können.

3. Die Menge E der Ereignisse in Ω ist ein so genannter *Ereigniskörper* (eine σ-Algebra), wenn E die folgenden drei Eigenschaften besitzt: (a) Ω ist selbst ein Ereignis, d.h. $\Omega \in E$, (b) mit A ist auch das Komplement von A ein Ereignis, d.h. $A \in E \Rightarrow A^c \in E$ und (c) mit $A_1, A_2, \ldots \in E$ ist auch $\bigcup A_i \in E$.

4. Ein *Wahrscheinlichkeitsmaß* zu Ω und dem Ereigniskörper E ist eine Funktion $P : E \rightarrow \Re$, die jedem Ereignis $A \in E$ eine reelle Zahl $P(A)$ zuordnet und folgende Eigenschaften hat: (a) $P(A) \geq 0$, (b) $P(\Omega) = 1$ und (c) P ist additiv. Wenn die Funktion P additiv ist, so hat das folgende Bedeutung. Zunächst sei daran erinnert, dass man zwei Mengen als disjunkt bezeichnet, wenn ihre Schnittmenge leer ist. Außerdem muss man berücksichtigen, dass mit $A_1, A_2, \ldots \in E$ auch $\bigcup A_i \in E$, denn E ist ein Ereigniskörper. Die Funktion P ist additiv, heißt: Sind $A_1, A_2, \ldots \in E$ paarweise disjunkte Ereignisse, so gilt $P(\bigcup A_i) = \sum P(A_i)$. Man bezeichnet das Tripel (Ω, E, P) mit der Menge der Elementarereignisse Ω, dem Ereigniskörper E in Ω und dem Wahrscheinlichkeitsmaß P auf (Ω, E) als *Wahrscheinlichkeitsraum.*

5. Welcher Zusammenhang besteht zwischen Zufallsvariablen X und Wahrscheinlichkeitsräumen (Ω, E, P)? Gegeben sei der Wahrscheinlichkeitsraum (Ω, E, P). Ist die Funktion $X : \Omega \rightarrow \Re$ eine *Zufallsvariable*, so gilt für alle $x \in \Re$, dass die Mengen $\{\omega \in \Omega : X(\omega) \leq x\}$ Ereignisse in Ω sind, so dass $\{\omega \in \Omega : X(\omega) \leq x\} \in E$. Für die Menge $\{\omega \in \Omega : X(\omega) \leq x\}$ schreiben wir im Folgenden kurz $\{X \leq x\}$. Wenn die Men-

ge $\{X \leq x\}$ ein Ereignis ist, dann ist $P(X \leq x)$ die Wahrscheinlichkeit von $\{X \leq x\}$, wobei wir wie üblich die geschweiften Klammern fortlassen.

6. Gegeben sei der Wahrscheinlichkeitsraum (Ω, E, P). X sei eine auf Ω definierte Zufallsvariable. Die durch $F(x) = P(X \leq x)$ erklärte Funktion heißt *Verteilungsfunktion* der Zufallsvariablen X. Die Verteilungsfunktion von X ist auf der Menge der reellen Zahlen definiert und liefert Werte, die Elemente des Einheitsintervalls sind, so dass wir kurz schreiben können $F: \Re \to [0,1]$. $F(x)$ ist also die Wahrscheinlichkeit, dass die Zufallsvariable X höchstens den Wert x annimmt.

Ist F eine Verteilungsfunktion, so hat F, wie man zeigen kann, die folgenden drei Eigenschaften: (a) $F(-\infty) = 0$ und $F(+\infty) = 1$, (b) F ist monoton wachsend, d.h. ist $x < y$, so ist $F(x) \leq F(y)$, und (c) F ist rechtsseitig stetig [$F(x+h) \to F(x)$, wenn $h \downarrow 0$]. Eine Funktion F ist genau dann die Verteilungsfunktion einer Zufallsvariablen, wenn F die drei Eigenschaften (a) – (c) hat.

6 Erwartungswert

1. Viele Eigenschaften einer Zufallsvariablen X lassen sich mit der Verteilungsfunktion F von X charakterisieren. So schreibt man den Erwartungswert der Verteilung von X, $E[X]$, für *alle* Arten von reellwertigen Zufallsvariablen X, d.h. unabhängig davon, ob X z.B. diskret, stetig oder etwa weder diskret noch stetig ist, als

$$E[X] = \int_{\Omega} X dF \quad \text{oder} \quad E[X] = \int x dF(x).$$

Die zwei für die Praxis wichtigsten Arten von Zufallsvariablen sind die diskreten und die stetigen Zufallsvariablen. Eine Zufallsvariable X ist auf der Menge der Elementarereignisse Ω eines Wahrscheinlichkeitsraums (Ω, E, P) definiert. Ob X diskret oder stetig ist, hängt von den Eigenschaften des Wertebereichs von X ab. Wir betrachten zuerst diskrete, danach stetige Zufallsvariable.

2. Die Zufallsvariable X heißt *diskret*, wenn ihr Wertebereich $X(\Omega)$ aus einer abzählbaren Menge von Zahlen besteht, $X(\Omega) = \{x_1, x_2, \ldots\}$.

Beispiel: Beim zweimaligen Wurf einer Münze ist die Grundgesamtheit der möglichen Elementarereignisse $\Omega = \{KK, KZ, ZK, ZZ\}$. Die Zufallsvariable X gibt die mit jedem Elementarereignis $\omega \in \Omega$ verbundene Anzahl der Kopfwürfe an. Der abzählbare Wertebereich der diskreten Zufallsvariablen X besteht aus den Zahlen 0, 1 und 2, so dass $X(\Omega) = \{0, 1, 2\}$. Ist die Münze fair, so haben die Ereignisse K und Z beide die Wahrscheinlichkeit 1/2 und für die Verteilungsfunktion von X gilt:

$$F(x) = P(X \leq x) = \begin{cases} 0, \text{ für } x < 0 \\ 1/4, \text{ für } 0 \leq x < 1 \\ 3/4, \text{ für } 1 \leq x < 2 \\ 1, \text{ für } 2 \leq x \end{cases}$$

Im nächsten Schritt bestimmen wir den Erwartungswert der Verteilung $E[X]$. Zunächst erinnern wir jedoch an einige Eigenschaften monotoner und stetiger Funktionen.

Ist die Funktion $F:\Re \to \Re$ monoton, so existieren zu jedem $x \in \Re$ der linksseitige und der rechtsseitige Grenzwert

$$F(x-) = \lim_{h \uparrow 0} F(x+h), \qquad F(x+) = \lim_{h \downarrow 0} F(x+h).$$

Ist die Funktion F in x stetig, so ist F dort insbesondere links- und rechtsseitig stetig, das heißt, es gilt $F(x-) = F(x)$ und $F(x+) = F(x)$ und daher $F(x-) = F(x+)$.

Beispiel: Die Verteilungsfunktion des obigen Würfelexperiments F ist an den Stellen $x \in X(\Omega)$ nicht stetig. Doch da F eine Verteilungsfunktion ist, ist F monoton und folglich existieren im gesamten Definitionsbereich von F sowohl der links- als auch der rechtsseitige Grenzwert $F(x-)$ und $F(x+)$, die allerdings verschieden sind. Zwar ist F nicht stetig, doch F ist eine Verteilungsfunktion und daher wenigstens rechtsseitig stetig, so dass $F(x+) = F(x)$ für alle $x \in X(\Omega)$. Mithin ist die Differenz $F(x) - F(x+)$ für alle $x \in X(\Omega)$ gleich null: $F(x) - F(x+) = 0$. Für $F(x-)$ gilt dagegen

$$F(x-) = \begin{cases} 0, & \text{für } x = 0 \\ 1/4, & \text{für } x = 1 \\ 3/4, & \text{für } x = 2 \end{cases},$$

und die Differenz $dF(x) = F(x) - F(x-)$ gibt die relative Häufigkeit von $x \in X(\Omega)$ an

$$dF(x) = F(x) - F(x-) = \begin{cases} 1/4, & \text{für } x = 0 \\ 1/2, & \text{für } x = 1 \\ 1/4, & \text{für } x = 2 \end{cases}.$$

Die Funktion $f(x) = dF(x)$ heißt daher die *Häufigkeitsfunktion* von X. Hiermit ergibt sich nun der Erwartungswert der diskreten Zufallsvariablen X mit den Beziehungen

$$E[X] = \int x dF(x) = \sum_{x \in X(\Omega)} x dF(x) \quad \text{oder} \quad E[X] = \sum_{x \in X(\Omega)} x f(x).$$

Für den Erwartungswert des Würfelexperiments gilt damit $E[X] = 1$, denn

$$E[X] = \sum_{x \in X(\Omega)} x dF(x) = 0 * 1/4 + 1 * 1/2 + 2 * 1/4 = 1.$$

3. Die Zufallsvariable X heißt *stetig*, wenn es eine nicht negative integrierbare Funktion $f:\Re \to [0,\infty)$ gibt, die die *Dichte (-funktion)* von X heißt, so dass

$$F(x) = \int_{-\infty}^{x} f(z) dz, \quad \text{für } x \in \Re.$$

Die Dichte f einer stetigen Zufallsvariablen kann unstetig sein! Doch die Verteilungsfunktion einer stetigen Zufallsvariablen ist (absolut) stetig. Ist F an der Stelle x differenzierbar – was z.B. der Fall ist, wenn die Dichte f in x stetig ist –, so gilt $F'(x) = f(x)$.

Für den Erwartungswert einer stetigen Zufallsvariablen X mit der Dichtefunktion f gilt

$$E[X] = \int x dF(x) = \int_{-\infty}^{+\infty} x f(x) dx \text{, mit } dF(x) = f(x)dx .$$

Beispiel: Wir stellen die Wertgleichungen des Mortensen-Pissarides-Modells, Kapitel 5, dar und nehmen hierzu an, dass der Produktivitätsschock X auf dem Intervall $[\alpha,1]$ gleichverteilt ist. Die Verteilungsfunktion G der Gleichverteilung hat die folgende Gestalt

$$G(x) = \begin{cases} 0, \text{ für } x \leq \alpha \\ (x-\alpha)/(1-\alpha), \text{ für } \alpha < x \leq 1 \\ 1, \text{ für } x \geq 1 \end{cases} .$$

Die Dichte $g(x)$ ergibt sich mit $g(x) = G'(x) = 1/(1-\alpha)$ für $\alpha < x \leq 1$. Hiermit erhält man für den Wert eines besetzten Jobs (5.23) die Beziehung

$$\begin{aligned} rJ(x) &= yx - w(x) + \lambda \int_R^1 J(z) dG(z) - \lambda J(x) \\ &= yx - w(x) + \frac{\lambda}{1-\alpha} \int_R^1 J(z) dz - \lambda J(x) \end{aligned} \tag{5.23}$$

während der Wert eines beschäftigten Arbeitnehmers (5.27) durch

$$\begin{aligned} rW(x) &= w(x) + \lambda \int_R^1 W(z) dG(z) + \lambda G(R) U - \lambda W(x) \\ &= w(x) + \frac{\pi}{1-\alpha} \int_R^1 W(z) dz + \lambda G(R) U - \lambda W(x) \end{aligned} \tag{5.27}$$

bestimmt ist.

Die Job-destruction-Bedingung (5.33) lautet mit gleichverteiltem Schock

$$\begin{aligned} & yR + \frac{\lambda}{\lambda + r} y \int_R^1 (z-R) dG(z) = rU \\ & yR + \frac{\lambda y}{(\lambda + r)(1-\alpha)} \int_R^1 (z-R) dz = rU \end{aligned} \tag{5.33}$$

Integrieren der obigen Beziehung und Teilen durch y ergibt eine quadratische Gleichung in der Reservationsproduktivität R, für die

$$R + \frac{\lambda(1-R)^2}{2(\lambda + r)(1-\alpha)} = \frac{rU}{y} .$$

7 Poisson-Prozess

Viele Lehrbücher der Statistik informieren über die Poisson-Verteilung. Wir wiederholen die wesentlichen Annahmen mit Blick auf die Suchaktivität eines Jobsuchers, der in einem Zeitintervall der Länge $\Delta > 0$ n Jobofferten erhält. Die übliche Annahme der Suchtheorie ist, dass n von einem stationären Poisson-Prozess mit der Ankunftsrate p erzeugt wird. Die Ankunftsrate ist exogen oder endogen und z.B. wie im Mortensen-Pissarides-Modell, Kapitel 5, von der Anspannung des Arbeitsmarktes θ abhängig, $p = p(\theta)$.

Die *Wahrscheinlichkeit* in dem Zeitintervall Δ n Offerten zu erhalten, sei $a(n, \Delta)$. Wenn die Ankunft der Offerten einem Poisson-Prozess mit der Ankunftsrate p folgt, dann gilt:

(a) $a(1, \Delta) = p\Delta + o(\Delta)$ für $p > 0$, wobei $o(\Delta)$ schneller gegen 0 geht als das Zeitintervall Δ, so dass $o(\Delta) / \Delta \to 0$ und daher $a(1, \Delta) / \Delta \to p$ für $\Delta \to 0$.

(b) $\sum_{n=2}^{\infty} a(n, \Delta) = o(\Delta)$, d.h. die Wahrscheinlichkeit, in Δ mehr als eine Offerte zu erhalten, ist gleich $o(\Delta)$ oder die Wahrscheinlichkeit, genau n Offerten zu erhalten, ist $a(n, \Delta) = o(\Delta)$ für alle $n \geq 2$.

Folglich ist die Wahrscheinlichkeit für die Ankunft einer Lohnofferte in Δ näherungsweise gleich $p\Delta$ und damit proportional zu der Länge des Zeitintervalls Δ. Die Annäherung wird umso besser, je kleiner Δ ist. Man kann daher die Ankunftsrate p als die Wahrscheinlichkeit pro Zeiteinheit bzw. als die *Strom-Wahrscheinlichkeit* dafür interpretieren, dass eine Offerte im gegenwärtigen Zeitmoment eintrifft.

Die Poisson-Annahmen führen auf ein System von Differenzialgleichungen. Deren Lösung liefert mit der Poisson-Dichte die folgende Wahrscheinlichkeit von genau n Offerten im Zeitintervall $[0, t]$

$$a(n, t) = e^{-pt} \frac{(pt)^n}{n!} \quad \text{für } n = 0, 1, 2, \ldots$$

Die Zeit τ, die bis zur Ankunft der nächsten Offerte verstreicht, ist eine Zufallsvariable mit der Verteilungsfunktion

$$\Phi(t) = P(\tau \leq t) = 1 - P(\tau > t) = 1 - a(0, t) .$$

$P(\tau > t)$ ist die Wahrscheinlichkeit, dass in dem Intervall $[0, t]$ keine Offerte eintrifft. Für $P(\tau > t)$ gilt mit der obigen Poisson-Dichte $P(\tau > t) = a(0, t) = e^{-pt}$, so dass für die Verteilungsfunktion $\Phi(t) = 1 - e^{-pt}$ und für die Dichte $\Phi'(t) = pe^{-pt}$. Die durchschnittliche Wartezeit bis zum Eintreffen der nächsten Offerte, die im Mortensen-Pissarides-Modell, Kapitel 5, mit der durchschnittlichen Dauer der Jobsuche identisch ist, ist hiermit

$$E[\tau] = \int_0^{\infty} tpe^{-pt} dt = \frac{1}{p} .$$

Literaturverzeichnis

Einführung und allgemeine Literaturhinweise

Arestis, P.; M. Marshall (1995), Introduction: Obstacles to, and Strategies for the Achievement of Full Employment, in: P. Arestis, M. Marshall (Hrsg), Political Economy of Full Employment, Conservatism, Corporatism and Institutional Change, Aldershot, 1-35.

Backes-Gellner, U.; E. Lazear; B. Wolff (2001), Personalökonomik, Stuttgart.

Ball, L.; G. Mankiw (2002), The NAIRU in Theory and Practice, in: Journal of Economic Perspectives 16, 115-136.

Bean, C. (1994), European Unemployment: A Survey, in: Journal of Economic Literature 32, 573-619.

Beckmann, M.; H.-P. Künzi (1973),Mathematik für Ökonomen I, 2. Auflage, Heidelberg.

Beckmann, M.; H.-P. Künzi (1973),Mathematik für Ökonomen II, Heidelberg.

Beckmann, M.; H.-P. Künzi (1984),Mathematik für Ökonomen III, Heidelberg.

Beißinger, T. (2003), Strukturelle Arbeitslosigkeit in Europa: Eine Bestandsaufnahme, in: Mitteilungen aus der Arbeitsmarkt- und Berufsforschung 36, 411-427.

Belot, M.; J. van Ours (2004), Does the success of recent OECD countries in lowering their unemployment rates lie in the clever design of their labour market reforms?, in: Oxford Economic Papers 56, erscheint demnächst.

Blanchard, O.; S. Fischer (1989), Lectures on Macroeconomics, Cambridge Mass.

Borjas, G. (2004), Labor Economics, 3. Auflage, London.

Brandes, W.; P. Weise (1980), Arbeitsmarkt und Arbeitslosigkeit, Würzburg.

Brown, M.; A. Falk; E. Fehr (2004), Relational Contracts and the Nature of Market Interactions, in: Econometrica, erscheint demnächst.

Brox, H.; B. Rüthers (1999), Arbeitsrecht, Stuttgart.

Burda, M.; Wyplosz, C. (2001), Makroökonomik – Eine Europäische Perspektive, 2. Auflage, München.

Cahuc, P.; A. Zylberberg (2004), Labor Economics, Cambridge.

Calmfors, L.; B. Holmlund (2000), Unemployment and economic growth: a partial survey, in: Swedish Economic Policy Review 7, 107-153.

Calmfors, L.; J. Driffill (1988), Bargaining Structure, Corporatism and Macroeconomic Performance, in: Economic Policy 6, 14-61.

Carlin, W.; D. Soskice (1990), Macroeconomics and the Wage Bargain, Oxford.

Coe, D.; D. Snower (1997), Policy Complementarities: The Case for Fundamental Labor Market Reform, IMF Staff Papers 44, 1-35.

Darity, W.; A. Goldsmith (1996), Social Psychology, Unemployment and Macroeconomics, in: Journal of Economic Perspectives 10, 121-140.

Daveri, F.; G. Tabellini (2000), Unemployment, Growth and Taxation in Industrial Countries, in: Economic Policy 30, 47-101.

Diekmann, J. (1982), Kontrakttheoretische Arbeitsmarktmodelle, Göttingen.

DiTella, R.; MacCulloch, R.; A. Oswald (2001), Preferences over Inflation and Unemployment: Evidence from Surveys of Happiness, in: American Economic Review 91, 335-341.

Ehrenberg, R.; R. Smith (2003), Modern Labor Economics – Theory and Public Policy, 8. Auflage, London.

Elmeskov, J.; J. Martin, J.; S. Scarpetta (1998), Key Lessons for Labour Market Reforms: Evidence from OECD Countries' Experiences, in: Swedish Economic Policy Review 5, 205-252.

Erlei, M. (1991), Unvollkommene Märkte in der keynesianischen Theorie – Die Integration mikro- und makroökonomischer Erklärungsansätze, Heidelberg.

Falk, A.; E. Fehr (2003), Why labour market experiments? in: Labour Economics 10, 399-406.

Felderer, B.; S. Homburg (2002), Makroökonomik und neue Makroökonomik, 8. Auflage, Heidelberg.

Filer, R.; D. Hamermesh; A. Rees (1996), Economics of Work and Pay, 6. Auflage, New York.

Flanagan, R.; R. Smith; R. Ehrenberg (1984), Labor Economics and Labor Relations, Glenview.

Franz, W. (2003), Arbeitsmarktökonomik, 5. Auflage, Heidelberg.

Freeman, R. (1987), Labour Economics, in: The New Palgrave, London, 73-76.

Freeman, R. (2000), Single Peaked vs. Diversified Capitalism: The Relation Between Economic Institutions and Outcomes, National Bureau of Economic Research Working Paper No. 7556, Cambridge, Mass.

Frey, B.; A. Stutzer (2002), Happiness & Economics – how the economy and institutions affect human well-being, Princeton.

Friedman, M. (1968), The Role of Monetary Policy, in: American Economic Review 58, 1159-1183.

Gächter, S.; A. Falk (2002), Reputation and Reciprocity: Consequences for the Labour Relation, Scandinavian Journal of Economics 104, 1-26.

Gahlen, B.; H. Hesse; H. Ramser (Hrsg.) (1996), Arbeitslosigkeit und Möglichkeiten ihrer Überwindung, Tübingen.

Goerke, L.; M. Holler (1997), Arbeitsmarktmodelle, Heidelberg.

Jahn, E.; E. Wiedemann (Hrsg.)(2003), Beschäftigungsförderung im Niedriglohnsektor, Beiträge zur Arbeitsmarkt- und Berufsforschung Nr. 272, Nürnberg 2003.

Haltiwanger, J. (1987), Natural Rate of Unemployment, in: The New Palgrave, London, 610-612.

Hamermesh, D. (2000), The Craft of Labormetrics, in: Industrial and Labor Relations Review 53, 363-380.

Hargreaves-Heap (1987), Unemployment, in: The New Palgrave, London, 745-749.

Homburg, S. (1996), Makroökonomik, in: J. von Hagen, A. Börsch-Supan, P. Welfens (Hrsg.), Springers Handbuch der Volkswirtschaftslehre 1, Grundlagen, Heidelberg, 43-76.

Illing, G. (1996), Arbeitslosigkeit aus Sicht der Neuen Keynesianischen Makroökonomie, in: B. Gahlen, H. Hesse, H. Ramser (Hrsg.), Arbeitslosigkeit und Möglichkeiten ihrer Überwindung, Tübingen, 275-302.

Jacobsen, J; G. Skillman (2004), Labor Markets and Employment Relationships – A Comprehensive Approach, Oxford.

Jahn, E.; Wagner, Th. (1995), Strategische Komplemente – ein mikroökonomisches Fundament des keynesianischen Multiplikators? in: J. Flemmig (Hrsg.), Moderne Makroökonomik – Eine kritische Bestandsaufnahme, Marburg, 229-261.

Jerger, J.; O. Landmann (1999), Beschäftigungstheorie, Heidelberg.

Junker, A. (2003), Grundkurs Arbeitsrecht, München.

Layard, R.; S. Nickell; R. Jackman (1991), Unemployment. Macroeconomic performance and the labour market. Oxford.

Lazear, E. (2000), The Future of Personnel Economics, in: Economic Journal 110, F611-39.

Lazear, E.; R. McNabb (2004), Personnel Economics, Cheltenham.

Ljungqvist, L.; T. Sargent (2002), The European Employment Experience, CEPR Discussion Paper 3543, London.

Mankiw, G. (2003), Makroökonomik, 5. Auflage, Stuttgart.

Manning, A. (1995), Developments in Labour Market Theory and their Implications for Macroeconomic Policy, in: Scottish Journal of Political Economy 42, 250-266.

Manning, A. (2003), Monopsony in Motion: Imperfect Competition in Labor Markets, Priceton.

Möller, J. (1996), Lohnhöhe und Beschäftigungsvolumen – Eine makroökonomische Betrachtung, in: R. Holzmann (Hrsg.), Löhne und Beschäftigung: Konzeptionelle und empirische Untersuchungen für die BRD, Baden-Baden, 17-42.

Mortensen, D. (1989), The Persistence and Indeterminacy of Unemployment in Search Equilibrium, in: Scandinavian Journal of Economics 91, 347-370.

Mortensen, D.; Ch. Pissarides (1994), Job Creation and Job Destruction in the Theory of Unemployment, in: Review of Economic Studies 61, 397-415.

Nickell, S. (1990), Unemployment: A Survey, in: Economic Journal 100, 391-439.

Nickell, S.; L. Nunziata; W. Ochel (2005), Unemployment in the OECD since the 1960s. What do we know?, in: Economic Journal 115, erscheint demnächst.

Nutzinger, H.G. (Hrsg.)(1998), Die Entstehung des Arbeitsrechts in Deutschland, Marburg.

OECD (1994a), The OECD Jobs Study, Evidence and Explanations, Part I, Labour Market Trends and Underlying Forces of Change, Paris.

OECD (1994b), The OECD Jobs Study, Evidence and Explanations, Part II, The Adjustment Potential of the Labour Markets, Paris.

Oi, W. (1993), Presidential Address to the Western Economic Association, July 11, 1992, in: Economic Inquiry 31, 1-28.

Pflüger, M. (1994), Neukeynesianismus und Marktmacht, Freiburg i.Br.

Pigou, A. (1933), The Theory of Unemployment, London.

Pissarides, Ch. (2000), Equilibrium Unemployment Theory, 2. Auflage, Cambridge.

Rogerson, R. (1997), Theory Ahead of Language in the Economics of Unemployment, in: Journal of Economic Perspectives 11, 73-92.

Rothschild, K. (1994), Theorien der Arbeitslosigkeit, 2. Auflage, München.

Sachverständigenrat (1996), Reformen voranbringen, Jahresgutachten 1996/1997, Wiesbaden.

Sadowski, D. (2002), Personalökonomie und Arbeitspolitik, Stuttgart.

Saint-Paul, G. (1996), Dual Labor Markets – A Macroeconomic Perspective, Cambridge.

Scarpetta, S. (1996), Assessing the Role for Labour Market Policies and Institutional Settings on Unemployment: A Cross Country Study, OECD Economic Studies 26, 43-98.

Schäfer, H.; C. Ott (2000), Lehrbuch der ökonomischen Analyse des Zivilrechts, Berlin.

Schumann, J.; U. Meyer; W. Ströbele (1999), Grundzüge der mikroökonomischen Theorie, Berlin.

Sesselmeier, W.; G. Blauermel (1998), Arbeitsmarkttheorien: Ein Überblick, Heidelberg.

Simon, C.; L. Blume (1994), Mathematics for Economists, New York.

Smith, S. (2003), Labour Economics, 2. Auflage, London.

Stiglitz, J. (1997), Reflections on the Natural Rate Hypothesis, in: Journal of Economic Perspectives 11, 3-10.

Stülb, W. (1995), Monopolistische Konkurrenz und Makroökonomik, Wiesbaden.

Sydsaeter, K.; A. Strom; P. Berck (1999), Economists' Mathematical Manual, Berlin.

Vogt, W. (1996), Überlegungen zur makroökonomischen Modellbildung, in: B. Gahlen, H. Hesse, H. Ramser (Hrsg.), Arbeitslosigkeit und Möglichkeiten ihrer Überwindung, Tübingen, 237-270.

Winkelmann, L.; R. Winkelmann (1995), Happiness and Unemployment: A Panel Data Analysis for Germany, in: Konjunkturpolitik 41, 293-307.

Zerche, J.; W. Schönig; D. Klingenberger (2000), Arbeitsmarktpolitik und -theorie, München.

Kapitel 1: Arbeitsangebot

Blundell, R.; T. MaCurdy (1999), Labour Supply: A Review of Alternative Approaches, in: O. Ashenfelter, D. Card (Hrsg.), Handbook of Labor Econmics, Vol. 3A, Amsterdam, 1559-1695.

Franz, W. (2003), Arbeitsmarktökonomik, 5. Auflage, Heidelberg.

Kaiser, H.; U. van Essen, P. Spahn (1992), Income Taxation, and the Supply of Labour in West Germany, in: Jahrbücher für Nationalökonomie und Statistik 209, 87-105.

Killingsworth, M. (1983), Labor Supply, New York.

Kapitel 2: Arbeitsnachfrage

Falk, M.; B. Koebel (2001), A Dynamic Heterogeneous Labour Demand Model for German Manufacturing, Applied Economics 33, 330-348.

Franz, W. (2003), Arbeitsmarktökonomik, 5. Auflage, Heidelberg.

Hamermesh, D. (1993), Labor Demand, Princeton.

Hotelling, H. (1932), Edgeworth's Taxation Paradox and the Nature of Demand and Supply Function, in: Journal of Political Economy 40, 577-616.

Inada, K. (1963), On a Two-Sector Model of Economic Growth: Comments and a Generalization, in: Review of Economic Studies 30, 119-127.

Oi, W. (1962), Labor as a Quasi-Fixed Factor, in: Journal of Political Economy 70, 538-555.

Kapitel 3: Arbeitsmarkt

Franz, W. (2003), Arbeitsmarktökonomik, 5. Auflage, Heidelberg.

Hahn, F.H. (1987), On Involuntary Unemployment, in: The Economic Journal 97, 1-16.

Sachverständigenrat (1996), Reformen voranbringen, Jahresgutachten 1996/1997, Wiesbaden.

Tarling, R. (1987), Labour Markets, in: The New Palgrave, London, 86-88.

Taylor, J. (1987), Involuntary Unemployment, in: The New Palgrave, London, 999-1001.

Kapitel 4: Empirische Aspekte des Arbeitsmarktes

Alogoskoufis G.; A. Manning (1988), On the Persistence of Unemployment, in: Economic Policy 3, 427-469.

Alogoskoufis, G. et al (1995), Unemployment: Choices for Europe, Monitoring European Integration 5, CEPR, London.

Blanchard, O.; P. Diamond (1990), The Cyclical Behaviour of Gross Flows of Workers in the United States, Brooking Papers on Economic Activity 2, 85-155.

Boeri, T. (1996), Is Job Turnover Cyclical?, in: Journal of Labor Economics 14, 603-625.

Bundesagentur für Arbeit (2003), Strukturanalyse 2003, Nürnberg.

Bundesagentur für Arbeit (2004), Arbeitsmarkt 2003, Nürnberg.

Burda, M.; C. Wyplosz (1994), Gross Worker and Job Flows in Europe, in: European Economic Review 38, 1287-1315.

Caballero, R.; M. Hammour (1995), The Cleansing Effects of Recessions, in: American Economic Review 84, 1350-1368.

Cabrales, A.; H. Hopenhayn (1997), Labor Market Flexibility and Aggregate Employment Volatility, Carnegie-Rochester Conference Series on Public Policy 46, 189-228.

Davis, S.; J. Haltiwanger (1990), Gross Job Creation and Destruction: Microeconomic Evidence and Macroeconomic Implications, NBER Macroeconomics Manual 5, 123-168.

Davis, S.; J. Haltiwanger (1999), Gross Job Flows, in: O. Ashenfelder, D. Card (Hrsg.), Handbook of Labor Economics, Vol. 3B, Amsterdam, 2711-2805.

Davis, S.; J. Haltiwanger; S. Schuh (1996), Job Creation and Destruction, Cambridge.

Eurostat (1998), Erhebung über Arbeitskräfte – Methoden und Definition, Luxembourg.

Franz, W. (1990), Hysteresis in Economic Relationships: An Overview, in: W. Franz (Hrsg.), Hysteresis Effects in Economic Models, Heidelberg, 1-17.

Franz, W. (1994), Gross Worker and Job Flows in Europe: Comment, in: European Economic Review 38, 1321-1325.

Garibaldi, P. (1998), Job Flow Dynamics and Firing Restrictions, in: European Economic Review 42, 245-275.

Garibaldi, P.; J. Konings; Ch. Pissarides (1997), Gross Job Reallocation and Labour Market Policy, in: D. Snower, G. de la Dehesa (Hrsg.), Unemployment Policy. Government Options for the Labour Market, Cambridge, 467-489.

Gerlach, K.; J. Wagner (1995), Employment Dynamics, Firm Growth, and New Firm Formation, in: F. Buttler; W. Franz; R. Schettkat; D. Soskice (Hrsg.), Institutional Frameworks and Labor Market Performance, Comparative Views on the U.S and German Economies, London, 270-284.

Hopenhayn, H.; R. Rogerson (1993), Job Turnover and Policy Evaluation: A General Equilibrium Analysis, in: Journal of Political Economy 101, 915-938.

Institut für Arbeitsmarkt und Berufsforschung (2003), Zahlen-Fibel, Beiträge zur Arbeitsmarkt- und Berufsforschung 101, Nürnberg.

Jahn, E. (2002), Zur ökonomischen Theorie des Kündigungsschutzes – Volatilität der Arbeitsnachfrage und duale Arbeitsmärkte, Berlin.

Millard, S.; D. Mortensen (1997), The Unemployment and Welfare Effects of Labor Market Policy, A Comparison of the USA and the UK, in: D. Snower, G. de la Dehesa (Hrsg.), Unemployment Policy – Government Options for the Labour Market, Cambridge, 545-572.

Mortensen, D.; Ch. Pissarides (1994), Job Creation and Job Destruction in the Theory of Unemployment, in: Review of Economic Studies 61, 397-415.

OECD (1994), Job Gains and Job Losses in Firms, in: OECD Employment Outlook, Paris, 103-135.

OECD (1996), Employment Adjustment, Workers and Unemployment, in: OECD Employment Outlook, Paris, 161-184.

Pfahler, T. (1994), Hysterese am Arbeitsmarkt in der Bundesrepublik Deutschland, Bayreuth.

Schettkat, R. (1995), Stromanalyse des Arbeitsmarktes – Der Jobturnover- und der Laborturnover-Ansatz, in: Wirtschaftswissenschaftliches Studium 24, 455-460.

Thon, M. (1986), Das Erwerbspersonenpotential in der Bundesrepublik Deutschland, Beiträge zur Arbeitsmarkt- und Berufsforschung 105, Nürnberg.

Kapitel 5: Matching

Albrecht, J.; B. Axell (1984), An Equilibrium Model of Search Unemployment, in: Journal of Political Economy 92, 824-840.

Bartelsman, E.; S. Scarpetta; F. Schivardi (2003), Comparative Analysis of Firm Demographics and Survival: Micro-Level Evidence for the OECD Countries, OECD Working Paper No.348, Paris.

Berg, G. van den (1990), Nonstationarity in Job Search, in: Review of Economic Studies 57, 255-277.

Berg, G. van den (1990), Search Behaviour, Transitions to Nonparticipation and the Duration of Unemployment, in: The Economic Journal 100, 842-865.

Beveridge, W. (1944), Full Employment in a Free Society, London.

Beveridge, W. (1946), Vollbeschäftigung in einer freien Gesellschaft, Hamburg.

Brunello, G. (1996), Equilibrium Unemployment with Internal Labour Markets, in: Economica 63, 19-35.

Davis, S.; J. Haltiwanger (1999), On the Driving Forces Behind Cyclical Movements in Employment and Job Reallocation, in: American Economic Review 89, 1234-1258.

Foster, L.; J. Haltiwanger; C.J. Krizan (1998), Aggregate Productivity Growth: Lessons from Microeconomic Evidence, National Bureau of Economic and Policy Research, Working Paper No. 6803, Cambridge.

Franz, W. (1987), Strukturelle und friktionelle Arbeitslosigkeit in der Bundesrepublik Deutschland, in: G. Bombach et al. (Hrsg.), Arbeitsmärkte und Beschäftigung – Fakten, Analysen, Perspektiven, Tübingen, 301-323.

Fuhrer, J.; S. Schuh (1998), Beyond Shocks: What Causes Business Cycles? An Overview, in: J. Fuhrer, S. Schuh, (Hrsg.), Beyond Shocks: What Causes Business Cycles?, Federal Reserve Bank of Boston, Boston, 1-31.

Hall, R.E. (1999), Labor-Market Frictions and Employment Fluctuations, in: J.B. Taylor; M. Woodford (eds.), Handbook of Macroeconomics, Vol. 1, Amsterdam, 1137-1170.

Haltiwanger, J. (2000), Aggregate Growth: What Have We Learned from Microeconomic Evidence? OECD Working Paper No. 267, Paris.

Holst, E.; J. Schupp (2004), Gestiegene berufliche Mobilität geprägt von Frauen und Jüngeren – Erfolgreiche Arbeitssuche durch private Initiative, in: DIW- Wochenbericht 71, 303-310.

Hosios, A. (1990), Factor Market Search and the Structure of Simple General Equilibrium Models, in: Journal of Political Economy 98, 325-355.

Hosios, A. (1990), On the Efficiency of Matching and Related Models of Search and Unemployment, in: Review of Economic Studies 57, 279-298.

Howitt, P. (1985), Transaction Costs in the Theory of Unemployment, in: American Economic Review 75, 88-100.

Jahn, E.; T. Wagner (1996), Der Arbeitsmarkt als Matching-Prozeß, in: Wirtschaftsstudium 25, 843-847.

Jahn, E.; T. Wagner (1999), Arbeitslosigkeit im Gleichgewicht – Eine dynamische Theorie des Arbeitsmarktes, in: Wirtschaftsstudium 28, 1143-1148.

Jovanovic, B. (1979), Job Matching and The Theory of Turnover, in: Journal of Political Economy 87, 972-990.

Moen, E. (1997), Competitive Search Equilibrium, in: Journal of Political Economy 105, 385-411

Mortensen, D. (1986), Job Search and Labor Market Analysis, in: O. Ashenfelter; R. Layard (Hrsg.), Handbook of Labor Economics, Vol. 2, Amsterdam, 849-919.

Mortensen, D.; Ch. Pissarides (1999), Job Reallocation, Employment Fluctuations and Unemployment, in: J. Taylor, M. Woodford (Hrsg.), Handbook of Macroeconomics, Vol. 1, Amsterdam, 1171-1228

Mortensen, D.; Ch. Pissarides (1999), New Developments in Models of Search in the Labour Market, in: O. Ashenfelter, D. Card (eds.), Handbook of Labour Economics, Vol. 3B, Amsterdam, 2567-2627.

Mortensen, D.; Ch. Pissarides (1999), New Developments in Models of Search in the Labor Market, in: O. Ashenfelter, D. Card (eds.), Handbook of Labour Economics, Vol. 3B, Amsterdam, 2567-2627.

Mortensen, D.; Ch. Pissarides (1999), Unemployment Responses to 'Skill-Biased' Technology Shocks: The Role of Labour Market Policy, in: The Economic Journal, 109, 242-265.

Moscarini, G. (2001), Excess Worker Reallocation, in: Review of Economic Studies 68, 593-612.

Petrongolo, B; Ch. Pissarides (2001), Looking into the Black Box: A Survey of the Matching Function, in: Journal of Economic Literature 39, 390-431.

Pissarides, Ch. (1979), Job Matchings with State Employment Agencies and Random Search, in: Economic Journal 89, 818-833.

Pissarides, Ch. (1994), Search Unemployment with On-the-Job Search, in: Review of Economic Studies 61, 457-475.

Pissarides, Ch. (2000), Equilibrium Unemployment Theory, 2. Edition, Cambridge.

Pissarides, Ch. (2004), The Economics of Search, Encyclopedia of the Social and Behavioral Sciences, Oxford, erscheint demnächst.

Rogerson, R.; R. Shimer (2004), Search-Theoretic Models of the Labor Market: A Survey, National Bureau of Economic and Policy Research, Working Paper No. 10655, Cambridge.

Roth, A.; M. Oliveira Sotomayor (1990), Two-Sided Matching, A Study in Game-Theoretic Modelling and Analysis, Cambridge.

Schuh, S.; R. Triest (1998), Job Reallocation and the Business Cycle: New Facts for an Old Debate, in: J. Fuhrer, S. Schuh, (Hrsg.), Beyond Shocks: What Causes Business Cycles?, Federal Reserve Bank of Boston, Boston, 271-337.

Schumpeter, J. (1912), Theorie der wirtschaftlichen Entwicklung, Leipzig.

Shi, S. (2002), A Directed Search Model of Inequality with Heterogeneous Skills and Skill-Biased Technology, in: The Review of Economic Studies 69, 467-491

Shimer, R. (2001), The Assignment of Workers to Jobs In an Economy with Coordination Frictions, National Bureau of Economic and Policy Research, Working Paper No. 8501, Cambridge.

Walwei, U. (1996), Arbeitsvermittlung als öffentliche Aufgabe und privatwirtschaftliche Dienstleistung, in: Mitteilungen aus der Arbeitsmarkt- und Berufsforschung 29, 54-72.

Kapitel 6: Lohnpolitik und nicht transferierbarer Nutzen

Burdett, K.; M. Coles (1999), Long-Term Partnerships Formation: Marriage and Employment, in: The Economic Journal 109, F307-F334.

Burdett, K.; R. Wright (1998), Two-Sided Search with Nontransferable Utility, in: Review of Economic Dynamics 1, 220-245.

Burdett, K; D. Mortensen (1998), Wage Differentials, Employer Size, and Unemployment, in: International Economic Review 39, 257-73.

Christensen, B. (2003), Anspruchslohn und Arbeitslosigkeit in Deutschland, in: Mitteilungen aus der Arbeitsmarkt- und Berufsforschung 36, 573-598.

Gerlach, K.; E. Schmidt (1989), Unternehmensgröße und Entlohnung, in: Mitteilungen aus der Arbeitsmarkt- und Berufsforschung 22, 355-373.

Masters, A. (1999), Wage Posting in Two-Sided Search and The Minimum Wage, in: International Economic Review 40, 809-826.

Möller, J.; L. Bellmann (1995), Der Wandel der interindustriellen und qualifikatorischen Lohnstruktur im Verarbeitenden Gewerbe, in: W. Franz, V. Steiner (Hrsg.), Der westdeutsche Arbeitsmarkt im strukturellen Anpassungsprozeß, ZEW-Wirtschaftsanalysen 3, Mannheim, 65-90.

Mortensen, D. (2000), Equilibrium Unemployment with Wage Posting: Burdett-Mortensen Meet Pissarides, in: H. Bunzel, B. Christiansen, P. Jensen, N. Kiefer, D. Mortensen (Hrsg.), Panel Data and Structural Labor Market Models, Amsterdam, 281-292.

Mortensen, D. (2003), Wage Dispersion: Why are Similar Workers Paid Differently, Cambridge, Mass.

Postel-Vinay, F.; J.-M. Robin (2002), Wage Dispersion with Worker and Employer Heterogeneity, in: Econometrica 70, 2295-350.

Sachverständigenrat (2001), Für Stetigkeit – gegen Aktionismus, Jahresgutachten 2001/02, Wiesbaden.

Kapitel 7: Effizienzlöhne

Adams, J. (1963), Toward an Understanding of Inequity, in: Journal of Abnormal and Social Psychology 67, 422-436.

Akerlof, G. (1970), The Market for Lemons: Qualitative Uncertainty and the Market Mechanism, in: Quarterly Journal of Economics 84, 488-500.

Akerlof, G. (1980), A Theory of Social Custom, of which Unemployment May be One Consequence, in: Quarterly Journal of Economics 94, 749-775.

Akerlof, G. (1982), Labor Contracts as Partial Gift Exchange, in: Quarterly Journal of Economics 97, 543-569.

Akerlof, G. (1984), Gift Exchange and Efficiency-Wage Theory: Four Views, in: American Economic Review, P&P 74, 79-83.

Akerlof, G.; J. Yellen (1988), Fairness and Unemployment, in: American Economic Review 78, 44-49.

Akerlof, G.; J. Yellen (1990), The Fair Wage-Effort Hypothesis and Unemployment, in: Quarterly Journal of Economics 105, 255-283.

Bewley, T. (1999), Why Wages Don't Fall During a Recession, Cambridge.

Bewley, T. (2002), Fairness, Reciprocity, and Wage Rigidity, Cowles Foundation Discussion Paper No. 1383, New Haven.

Carmichael, L. (1990), Efficiency Wage Models of Unemployment – One View, in: Economic Inquiry 28, 269-295.

Elster, J. (1989), The Cement of Society, Cambridge.

Falk, A.; E. Fehr (2003), Why labour market experiments? in: Labour Economics 10, 399-406.

Gächter, S.; A. Falk (2002), Reputation and Reciprocity: Consequences for the Labour Relation, Scandinavian Journal of Economics 104, 1-26.

Gerlach, K.; O. Hübler (Hrsg.) (1989), Effizienzlohntheorie, Individualeinkommen und Arbeitsplatzwechsel, Frankfurt a.M.

Gorman, R.; Kehr, J. (1992), Fairness as a Constraint on Profit Seeking: Comment, in: American Economic Review 82, 355-358.

Greenwald, B. (1986), Adverse Selection in the Labour Market, in: Review of Economic Studies 53, 325-347.

Hicks, J. (1966), The Theory of Wages, London.

Jahn, E.; Th. Wagner (1995), Effizienzlohntheorie, in: Das Wirtschaftsstudium 24, 779-784.

Kahneman, D.; J. Knetsch; R. Thaler (1986), Fairness and the Assumptions of Economics, in: Journal of Business 59, 285-300.

Kahneman, D.; J. Knetsch; R. Thaler (1986), Fairness as a Constraint on Profit Seeking: Entitlements in the Market, in: American Economic Review 76, 728-741.

Katz, L. (1986), Efficiency Wage Theories: A Partial Evaluation, in: National Bureau of Economic and Policy Research, Macroeconomic Annual, 235-276.

Keynes, J.M. (1936), The General Theory of Employment, Interest and Money, London.

Lang, K.; S. Kahn (1990), Efficiency Wage Models of Unemployment: A Second View, in: Economic Inquiry 28, 296-306.

Levine, D. (1991), Cohesiveness, Productivity and Wage Dispersion, in: Journal of Economic Behavior & Organization 15, 237-255.

Licht, G. (1988), Die Effizienzlohnhypothese, in: Wirtschaftswissenschaftliches Studium 17, 132-136.

Lindbeck, A.; D. Snower (1987), Efficiency Wages versus Insiders and Outsiders, European Economic Review 31, 407-416.

Palley, T. (1994), The Fair Wage-Effort Hypothesis, in: Journal of Economic Behavior & Organization 24, 195-205.

Richter, R; E. Furubotn (2003), Neue Institutionenökonomik, 3. Auflage, Tübingen.

Romer, D. (1984), The Theory of Social Custom: A Modification and some Extensions, in: Quarterly Journal of Economics 98, 717-727.

Schlicht, E. (1992), Wage Generosity, in: Journal of Institutional and Theoretical Economics 148, 437-451.

Schlicht, E. (1998), On Custom in the Economy, Oxford.

Scholz, Ch. (2000), Personalmanagement, 5. Auflage, München.

Schweizer, U. (1996), Vertragstheorie, in: J. von Hagen, A. Börsch-Supan, P.J.J. Welfens (Hrsg.), Springers Handbuch der Volkswirtschaftslehre 1, Grundlagen, 229-268.

Shapiro, C.; J. Stiglitz (1984), Equilibrium Unemployment as a Worker Discipline Device, in: American Economic Review 74, 433-444.

Solow, R. (1979), Another Possible Source of Wage Stickiness, in: Journal of Macroeconomics 1, 79-82.

Solow, R. (1990), Labor Markets as a Social Institution, Cambridge.

Weiss, A. (1980), Job Queues and Layoffs in Labor Markets with Flexible Wages, in: Journal of Political Economy 88, 526-538.

Weiss, A. (1990), Efficiency Wages, Models of Unemployment, Layoffs, and Wage Dispersion, Princeton.

Yellen, J. (1984), Efficiency Wage Models of Unemployment, in: American Economic Review, P&P 74, 200-205.

Kapitel 8: Unvollständige Arbeitsverträge

Arrow, K. (1969), The Organization of Economic Activity: Issues Pertinent to the Choice of Market versus Nonmarket Allocation, in: The Analysis and Evalution of Public Expenditure: The PPB System, Vol. 1, U.S. Joint Economic Committee, 91st Congress, 1st Session, Washington, D.C., U.S. Government Printing Office, 59-73.

Bolton, P.; M. Whinston (1993), Incomplete Contracts, Vertical Integration, and Supply Assurance, in: Review of Economic Studies 60, 121-148.

Coase (1937),The Nature of the Firm; in: Economica 4, 386-405.

Dessy, O. (2002), Nominal Wage Rigidity and Institutions: Micro-Evidence from the Europanel, Working Paper, www.dise.unisa.it/AIEL/dessy.pdf.

Dorndorf, E.; Weller, B.; Hauck, F.; Höland, A.; Kriebel V.; Neef, K. (2001), Heidelberger Kommentar zum Kündigungsschutzgesetz, 4. Auflage, Heidelberg.

Grossman, S.; O. Hart (1986), The Costs and Benefits of Ownership: A Theory of Vertical and Lateral Integration, in: Journal of Political Economy 94, 691-719.

Hart, O. (1995), Firms, Contracts, and Financial Structure, Oxford.

Hart, O.; J. Moore (1990), Property Rights and the Nature of the Firm, in: Journal of Political Economy 98, 1119-1158.

Holden, S.; F. Wulfsberg (2004), Downward Nominal Wage Rigidity in Europe, CESifo Working Paper Series No. 1177, München.

Hoyningen-Huene, v. G; R. Link (2002), Kündigungsschutzgesetz, Kommetar, 13. Auflage, München.

Klein, B.; R. Crawford; A. Alchian (1978), Vertical Integration, Appropriable Rents, and the Competitive Contracting Process, Journal of Law and Economics 21, 297-326.

Knoppik, C.; T. Beißinger (2004), Downward Nominal Wage Rigidity in Europe An Analysis of European Micro Data from the ECHP 1994-2001, http://epunet.essex.ac.uk

MacLeod, B.; J. Malcomson (1993), Investments, Holdup, and the Form of Market Contracts, American Economic Review 83, 811-837.

MacLeod, B.; J. Malcomson (1995), Contract Bargaining with Symmetric Information, in: Canadian Journal of Economics 28, 336-367.

Malcomson, J. (1997), Contracts, Hold-up, and Labor Markets, in: Journal of Economic Literature 35, 1916-1957.

Malcomson, J. (1999), Individual Employment Contracts, in: O. Ashenfelter and D. Card (Hrsg.), Handbook of Labor Economics, Vol. 3B, 2291-2372.

Salanié, B. (2002), The Economics of Contracts, Cambridge.

Schweizer, U. (1999), Vertragstheorie, Tübingen.

Williamson, O. (1975), Markets and Hierarchies: Analyses and Antitrust Implications, New York.

Williamson, O. (1985), The Economic Institutions of Capitalism: Firms, Markets, Relational Contracting, New York.

Williamson, O. (2000), The New Institutional Economics: Taking Stock, Looking Ahead, Journal of Economic Literature 38, 595-613.

Kapitel 9: Gewerkschaften und Marktmacht

Addison, J.; C. Schnabel (Hrsg.) (2003), International Handbook of Trade Unions, Cheltenham.

Aidt, T.; Z. Tzannatos (2002), Unions and Collective Bargaining – Economic Effects in a Global Environment, World Bank, Washington.

Althammer, W. (1990), Zur ökonomischen Theorie der Gewerkschaften, Regensburg.

Armingeon, K. (1994), Staat und Arbeitsbeziehungen – Ein Internationaler Vergleich, Opladen.

Ball, L. (1990), Insiders and Outsiders, in: Journal of Monetary Economics 26, 459-469.

Blanchard, O.; L. Summers (1986), Hysteresis and the European Unemployment Problem, in: National Bureau of Economic Research, Macroeconomic Annual, 15-78.

Blanchard, O.; L. Summers (1987), Hysteresis in Unemployment, in: European Economic Review 31, 288-295.

Boeri, T.; A. Brugiavini; L. Calmfors (2001), The Role of Unions in the Twenty-First Century, Oxford.

Bruno, M.; J. Sachs (1985), Economics of Worldwide Stagflation, Cambridge Mass.

Bundesarbeitsgericht (2000), Voraussetzungen der Gewerkschaftseigenschaft, Beschluss vom 6.6.2000 – 1 ABR 10/99, NZA 2001, 160, www.bag.de.

Bundesministerium für Wirtschaft und Arbeit, (2004), Tarifvertragliche Arbeitsbedingungen im Jahr 2003, Berlin, http://www.bmwa.bund.de/Redaktion/Inhalte/Downloads/tarifbericht-2003,property=pdf.pdf.

Calmfors, L. (1993), Centralization of Wage Bargaining and Macroeconomic Performance, A Survey, OECD Working Papers Nr. 131, Paris.

Calmfors, L.; J. Driffill (1988), Bargaining Structure, Corporatism and Macroeconomic Performance, in: Economic Policy 6, 14-61.

Dunlop, J. (1966), Wage Determination under Trade Unions, New York.

Ebbinghaus (2002), Dinosaurier der Dienstleistungsgesellschaft? Der Mitgliederschwund deutscher Gewerkschaften im historischen und internationalem Vergleich, Max-Planck-Institut für Gesellschaftsforschung, Working Paper 02/3, März 2002, Köln.

Ellguth P. (2003), Quantitative Reichweite der betrieblichen Mitbestimmung, in: WSI-Mitteilungen, 194-199.

Farber, H. (1986), The Analysis of Union Behavior, in: O. Ashenfelder; R. Layard (Hrsg.), Handbook of Labor Economics, Volume 2, Amsterdam, 1039-1089.

Farber, H. (1999), Union Success in Representation Elections: Why Does Unit Size Matter?, National Bureau of Economic Research, Working Paper No. 7229, Cambridge, Mass.

Farber, H. (2001), Notes on the Economics of Labor Unions, Princeton University Working Paper No. 452, industrial relations section, Princeton.

Flanagan, R; K. Moene; M. Wallerstein (1993), Trade Union Behaviour, Pay-Bargaining, and Economic Performance, Oxford.

Freeman, R. (1988), Labour Market Institutions and Economic Performance, in: Economic Policy 6, 63-80.

Freeman, R.; J. Medoff (1979), The Two Faces of Unionism, in: Public Interest 57, 69-93.

Freeman, R.; J. Medoff (1984), What Do Unions Do? New York.

Frick, B. und G. Pietzner (2003), Wie rigide sind die Löhne in Deutschland tatsächlich? Universität Witten/Herdecke, mimeo.

Gould IV, W. (1993), Agenda for Reform – The Future of Employment Relationships and the Law, Cambridge, Mass.

Halbach, G.; N. Paland; R. Schwedes; O. Wlotzke (2000), Übersicht über das Arbeitsrecht, 8. Auflage, Bundesministerium für Arbeit und Sozialordnung (Hrsg.), Bonn.

Hayek, F. von (1952), Individualismus und wirtschaftliche Ordnung, Erlenbach, Zürich.
Henley, A.; E. Tsakalotos (1993), Corporatism and Economic Performance, Aldershot.
Hirsch, B.; J. Addison; J. Genosko (1990), Eine ökonomische Analyse der Gewerkschaften, Regensburg.
Hirschman, A. (1970), Exit, Voice, and Loyalty, Cambridge.
Hoel, M. (1991), Union Wage Policy: The Importance of Labour Mobility and the Degree of Centralization, in: Economica 58, 139-153.
Jackman, R. (1990), Wage Formation in the Nordic Countries Viewed from an International Perspective, in: L. Calmfors (Hrsg.), Wage Formation and Macroeconomic Policy in the Nordic Countries, Oxford, 289-332.
Jahn, E. (2004), Institutions Matter – The Role of Institutional Factors for Labour Disputes. A Comment, in: Homo Oeconomicus 20, 423-427.
Jahn, E.; T. Wagner (1996), Insider-Outsider-Theorie, in: Wirtschaftsstudium 25, 310-314.
Jahn, E.; T. Wagner, Zentralisierungsgrad der Lohnverhandlungen, in: Wirtschaftsstudium 27, 774-778.
Jahn, E.; T. Wagner (2001), Labour's law?, Universität Erlangen, Nürnberg, Lehrstuhl für Arbeitsmarkt- und Regionalpolitik, Diskussionspapier Nr. 06, Nürnberg.
Katz, H. (1993), The Decentralization of Collective Bargaining: A Literature Review and Comparative Analysis, in: Industrial and Labor Relations Review 47, 3-22.
Kohaut, S.; C. Schnabel (2003), Tarifverträge – nein danke!? Ausmaß und Einflussfaktoren der Tarifbindung west- und ostdeutscher Betriebe, in: Jahrbücher für Nationalökonomie und Statistik 223, 312-331.
Lindbeck, A. (1993), Unemployment and Macroeconomics, Cambridge.
Lindbeck, A. (1994), The Welfare State and the Employment Problem, in: American Economic Review, P&P 84, 71-75.
Lindbeck, A.; D. Snower (1987), Efficiency Wages versus Insiders and Outsiders, in: European Economic Review 31, 407-416.
Lindbeck, A.; D. Snower (1988), Cooperation, Harassment, and Involuntary Unemployment: An Insider-Outsider Approach, in: American Economic Review 78, 167-188.
Lindbeck, A.; D. Snower (1988), The Insider-Outsider Theory, Cambridge.
McDonald, I.; R. Solow (1981), Wage Bargaining and Employment, in: American Economic Review 71, 896-908.
Moene, K.; M. Wallerstein; M. Hoel (1993), Bargaining Structure and Economic Performance, in: R. Flanagan; K. Moene; M. Wallerstein (Hrsg.), Trade Union Behaviour, Pay-Bargaining, and Economic Performance, Oxford, 65-131.
Möller, J. (1991), Die Insider-Outsider-Theorie, in: Wirtschaftswissenschaftliches Studium 21, 333-339.
NLRB (2003), Sixty-Eighth Annual Report of the NLRB for Fiscal Year Ended September 30, 2003, Washington.
OECD (2004), Wage-setting Institutions and Outcomes, in: OECD Employment Outlook, 127-181.
Olson, M. (1985), Aufstieg und Niedergang von Nationen, Tübingen.
Olson, M. (1995), The Secular Increase in European Unemployment Rates, in: European Economic Review 39, 593-599.

Oswald, A. (1985), The Economic Theory of Trade Unions: An Introductory Survey, in: Scandinavian Journal of Economics 87, 160-193.

Oswald, A. (1987), New Research on the Economics of Trade Unions and Labor Contracts, in: Industrial Relations 26, 30-45.

Sachverständigenrat (1995), Im Standortwettbewerb, Jahresgutachten 1995/1996, Wiesbaden.

Sachverständigenrat (1996), Reformen voranbringen, Jahresgutachten 1996/1997, Wiesbaden.

Schaub (1992), Arbeitsrechts-Handbuch, München.

Schmid-Schonbein, T.; J. Schneider; W. Vogt (Hrsg.) (1989), Die Gewerkschaft in der ökonomischen Theorie, Ökonomie und Gesellschaft, Jahrbuch 7, Frankfurt/Main.

Schnabel, C. (1995), Die übertarifliche Entlohnung, in: Wirtschaftswissenschaftliches Studium 24, 348-353.

Schnabel, C. (1997), Tariflohnpolitik und Effektivlohnfindung, Frankfurt a.M.

Schnabel, C. (2000), Tarifauonomie und Tarifpoitik, Köln.

Schnabel, C.; J. Wagner (2003), Trade Union Membership in Eastern and Western Germany: Convergence or Divergence? Discussionspapier No. 18, Lehrstuhl für Arbeitsmarkt- und Regionalpolitik, Friedrich-Alexander-Universität Erlangen-Nürnberg, Nürnberg, http://www.arbeitsmarkt.wiso.uni-erlangen.de.

Schwedler, T. (1996), Gewerkschaften, Lohnstarrheit und Beschäftigung, Hamburg.

Solow, R. (1985), Insiders and Outsiders in Wage Determination, in: Scandinavian Journal of Economics 87, 411-428.

Soskice, D. (1990), Reinterpreting Corporatism and Explaining Unemployment: Co-ordinated and Non-co-ordinated Market Economies, in: R. Brunetta; C. Dell'Aringa (Hrsg.), Labour Relations and Economic Performance, London, 170-211.

Traxler, F. (2001), National Labour Relations in Internationalized Markets – A Comparative Study of Institutions, Change, and Performance, Oxford.

Traxler, F. (2003), Bargaiing (De)centralization, Macroeconomic Performance and Control over the Employment Relationship, in: British Journal of Industrial Relations 41, 1-27.

Kapitel 10: Arbeitslosenversicherung

Andolfatto, D.; P. Gomme (1995), Unemployment Insurance, Labor Market Dynamics, and Social Welfare, University of Waterloo, Waterloo Economic Series No. 9502.

Atkinson, A. (1999), The Economic Consequences of Rolling Back the Welfare State, Cambridge.

Atkinson, A.; J. Micklewright (1991), Unemployment Compensation and Labor Market Transitions: A Critical Review, in: Journal of Economic Literature 29, 1679-1727.

Baily, M. (1978), Some Aspects of Optimal Unemployment Insurance, in: Journal of Public Economics 10, 379-402.

Barr, N. (1992), Economic Theory and the Welfare State: A Survey and Interpretation, in: Journal of Economic Literature 30, 741-803.

Börsch-Supan, A. (1996), Sozialpolitik, in: J. von Hagen, A. Börsch-Supan, P.J.J. Welfens (Hrsg.), Springers Handbuch der Volkswirtschaftslehre 2, Wirtschaftspolitik und Weltwirtschaft, Heidelberg, 181-234.

Burdett, K.; D. Mortensen (1980), Search, Layoffs, and Labor Market Equilibrium, in: Journal of Political Economy 88, 652-672.

Chiu, W.; E. Karni (1998), `Endogenous Adverse Selection and Unemployment Insurance, Journal of Political Economy 106, 806-827.

Coles, M.; A. Masters (2003), Optimal Unemployment Insurance in a Matching Equilibrium, University of Essex, Working Paper, Essex.

Cramer, R.; Gilberg, R.; Hess, D.; Marwinski, K.; Schröder, H.; Smid, M. (2002), Suchintensität und Einstellungen Arbeitsloser - Ergebnisse einer Befragung zur Struktur der Arbeitslosigkeit zu Beginn des Jahres 2000, Beiträge zur Arbeitsmarkt- und Berufsforschung Nr. 261, Nürnberg.

Di Tella, R.; R. MacCulloch (1996), The Determination of Unemployment Benefits, University of Oxford, Discussion Paper No. 180, Oxford.

Eekhoff, J. (1996), Beschäftigung und soziale Sicherung, Tübingen.

Eurostat (2003), Erhebung über Arbeitskräfte 2002, Luxemburg.

Flemming, J. (1978), Aspects of Optimal Unemployment Insurance, Search, Leisure, Saving and Capital Market Imperfections, in: Journal of Public Economics 10, 403-425.

Franz, W. (2003), Arbeitsmarktökonomik, 5. Auflage, Heidelberg.

Fredriksson, P; Holmlund, B. (2003), Improving Incentives in Unemployment Insurance: A Review of Recent Research, Uppsala University, Department of Economics, Working Paper Series No. 2003:10, Uppsala.

Gangl (2003a), Unemployment insurance and the stability of earnings: A comparison of work exits from unemployment in the United States and West Germany, in Schmollers Jahrbuch 123, 83-94.

Gangl. M. (2003b),Unemployment Dynamics in the United States and West Germany Economic Restructuring, Institutions and Labor Market Processes, Heidelberg.

Gruber, J. (1997), The Consumption Smoothing Role of Unemployment Insurance, in: American Economic Review 87, 192-205.

Holmlund, B. (1998), Unemployment Insurance in Theory and Practice, in: The Scandinavian Journal of Economics 100, 113-141.

Hopenhayn, H.; J. Nicolini (1997), Optimal Unemployment Insurance, in: Journal of Political Economy 105, 412-38.

Jahn, E.; T. Wagner (2000), Does Active Job-Search Reduce Unemployment? in: P. de Gijsel, R. Olthoff, T. Zwick (Hrsg.), The Unemployment Debate: Current Issues, Marburg, 155-183.

Karni, E. (1999), Optimal Unemployment Insurance: A Survey, in: Southern Economic Journal 66, 442-465.

Kotlikoff, L. (1987), Social security, in: The New Palgrave, London, 413-418.

Kreps, D. (1994), Mikroökonomische Theorie, Landsberg/Lech.

Mirrlees, J. (1995), Private Risk and Public Action: The Economics of the Welfare State, in: European Economic Review 39, 383-397.

Mortensen, D. (1986), Job Search and Labor Market Analysis, in: O. Ashenfelter; R. Layard (Hrsg.), Handbook of Labor Economics, Volume 2, 849-919.

Niesel, K. (Hrsg.)(2002), Sozialgesetzbuch Arbeitsförderung – SGB III, München.

Pauly, M. (1974), Overinsurance and Public Provision of Insurance: The Roles of Moral Hazard and Adverse Selection, in: Quarterly Journal of Economics 134, 44-62.

Pigou, A. (1933), The Theory of Unemployment, London.

Riley, J. (2001), Silver Signals: Twenty-Five Years of Screening and Signaling, in: Journal of Economic Literature 39, 432-478.

Rosenbladt, B. von (1991), Arbeitslose in einer prosperierenden Wirtschaft, in: Mitteilungen aus der Arbeitsmarkt- und Berufsforschung 24, 146-156.

Sachverständigenrat (1996), Reformen voranbringen, Jahresgutachten 1996/1997, Wiesbaden.

Sandmo, A. (1995), Introduction: The Welfare Economics of the Welfare State, in: Scandinavian Journal of Economics 97, 469-476.

Schmuhl, H.-W. (2003), Arbeitsmarktpolitik und Arbeitsverwaltung in Deutschland 1871-2002 – Zwischen Fürsorge, Hoheit und Markt, Beiträge zur Arbeitsmarkt- und Berufsforschung 270, Nürnberg.

Sinn, H. (1995), A Theory of the Welfare State, in: Scandinavian Journal of Economics 97, 495-526.

Snower, D. (1994), Converting Unemployment Benefits into Employment Subsidies, in: American Economic Review, P&P 84, 65-70.

Stadermann, H.-J. (1995), Arbeitslosigkeit und Wohlfahrtsstaat, Tübingen.

Steiner, V. (2000), Benefit-Entitlement Effects on the Duration and Incidence of Unemployment, www.fu-berlin.de/wifo/forschung/unemployment_beneft.pdf.

Steiner, V. (2003), Senkung der Arbeitslosenunterstützung: Weniger Arbeitslosigkeit, mehr Effizienz, in: DIW-Wochenbericht 70, 401-408.

Strittmatter, F. (1992), Langzeitarbeitslosigkeit im Wohlfahrtsstaat, Beiträge zur Arbeitsmarkt- und Berufsforschung 157, Nürnberg.

Zweifel, P. (1996), Private oder öffentliche Arbeitsvermittlung, in: Ifo-Studien 42, 47-76.

Kapitel 11: Öffentliche Fürsorge

Akerlof, G. (1978), The Economics of "Tagging" as Applied to the Optimal Income Tax, Welfare Programs, and Manpower Planning, in: American Economic Review 68, 8-19.

Benítez-Silva, H.; M. Buchinsky, J. Rust (2003), How Large Are the Classification Errors in the Social Security Disability Award Process?, National Bureau of Economic Research, Working Paper No. 10219, Cambridge, Mass.

Berner, F.; L. Leisering (2003), Sozialreform „von unten", Neue Wissenssysteme in der kommunalen Sozialhilfeverwaltung – Ergebnisse einer bundesweiten Erhebung, in: Nachrichtendienst des Deutschen Vereins für private und öffentliche Fürsorge 83, 186-193.

Besley, T.; S. Coate (1992), Workfare vs. Welfare: Incentive Arguments for Work Requirements in Poverty Alleviation Programs, in: American Economic Review 82, 249-261.

Besley, T.; S. Coate (1995), The Design of Income Maintenance Programs, in: Review of Economic Studies 62, 187-221.

Boadway R.; N. Marceau; M. Sato (1999), Agency and the Design of Welfare Systems, Journal of Public Economics 73, 1-30.

Boss, A. (2002), Sozialhilfe, Lohnabstand und Leistungsanreize, Berlin.

Breyer, F.; W. Franz; S. Homburg; R. Schnabel; E. Wille (2004), Reform der sozialen Sicherung, Heidelberg, Berlin.

Corneo, G. (2003), Öffentliche Finanzen: Ausgabenpolitik, Tübingen.

Diamond, P.A. (2003), Taxation, Incomplete Markets, and Social Security, Cambridge.

Duclos, J.-Y. (1995), Modelling the Take-up of State Support, in: Journal of Public Economics 58, 391-415.

Fuchs, L.; J. Troost (2003), Kommunale Beschäftigungsförderung – Ergebnisse einer Umfrage über Hilfen zur Arbeit nach BSHG und Arbeitsbeschaffungsmaßnahmen nach SGB III im Jahr 2002, Deutscher Städtetag, Köln.

Gibbons, R. (1992), A Primer in Game Theory, Hemel Hempstead.

Grogger, J. (2003), Welfare Transitions in the 1990s: The Economy, Welfare Policy, and the EITC, National Bureau of Economic Research Working Paper No. 9472, Cambridge, Mass.

Homburg, S. (2001), The Optimal Income Tax: Restatement and Extensions, in: FinanzArchiv 58, 363-395.

Homburg, S. (2002a), Optimal Marginal Tax Rates for Low Incomes: Positive, Negative, or Zero?, Diskussionspapiere der Wirtschaftswissenschaftlichen Fakultät der Universität Hannover No. 255, Hannover.

Homburg, S. (2002b), Arbeitslosigkeit und Zweitbeste Steuer-Transfer-Systeme, Diskussionspapiere der Wirtschaftswissenschaftlichen Fakultät der Universität Hannover No. 262, Hannover.

Homburg, S. (2003), Arbeitslosigkeit und soziale Sicherung, in: Vierteljahreshefte zur Wirtschaftsforschung 72, 68-82.

Hotz, V.; J. Scholz (2001), The Earned Income Tax Credit, National Bureau of Economic Research, Working Paper No. 8078, Cambridge, Mass.

Kayser, H.; J. Frick (2000), Take It or Leave It: (Non-)Take-Up Behavior of Social Assistance in Germany, DIW-Discussion Paper No. 210, Berlin.

Lampert, H.; J. Althammer (2004), Lehrbuch der Sozialpolitik, 7. Auflage, Berlin, Heidelberg.

Neumann, U.; M. Hertz (1998), Verdeckte Armut in Deutschland, Institut für Sozialberichterstattung & Lebenslagenforschung, Forschungsbericht im Auftrag der Friedrich-Ebert-Stiftung, Franfurt am Main.

Ribhegge, H. (2004), Sozialpolitik, Berlin, Heidelberg.

Rieck, C. (1993), Spieltheorie, Wiesbaden.

Riphan, R. (2001), Rational Poverty or Poor Rationality? The Takeup of Social Assistance Benefits, Review of Income and Wealth 47, 379-398.

Sachverständigenrat (2002), Zwanzig Punkte für Beschäftigung und Wachstum, Jahresgutachten 2002/03, Wiesbaden.

Saez, E. (2002), Optimal Income Transfer Programs: Intensive versus Extensive Labor Supply Responses, in: Quarterly Journal of Economics 117, 1039-1073.

Schneider, F. (2002), The Size and Development of the Shadow Economies of 22 Transition and 21 OECD Countries, IZA-Discussion Paper No. 514, Bonn.

Schneider, H.; Kempe, W. (2002),Lohnabstandsgebot kein hinreichendes Kriterium für positive Arbeitsanreize im Niedriglohnbereich, IWH, Wirtschaft im Wandel 8, 85-91.

Shapiro, J. (2003), Work Requirements and Income Maintenance Programs, Universitat Pombeu Fabra, Economics and Business Working Paper No. 544, Barcelona.

Statistisches Bundesamt (2003), Sozialhilfe in Deutschland, Entwicklung, Umfang und Struktur, Wiesbaden.

Kapitel 12: Kündigungsschutz

Addison, J.; Teixeira, P. (2001), Employment Adjustment in a „Sclerotic" Labour Market: Comparing Portugal with Germany, Spain, and the United Kingdom, in: Jahrbücher für Nationalökonomie und Statistik 221, 105-122.

Alvarez, F.; M. Veracierto (2001), Severance payments in an economy with frictions, in: Journal of Monetary Economics 47, 477-498.

Autor, D.; Donohue III, J.; Schwab, S. (2003), The Costs of Wrongful Discharge Laws, National Bureau of Economic Research, Working Paper No. 9425, Cambridge, Mass.

Belot, M.; J. Boone; J.v. Ours (2002), Welfare Effects of Employment Protection, Tilburg University, Center for Economic Research, Discussion Paper No. 48, Tilburg.

Berkowsky, W. (2000), Allgemeiner Kündigungsschutz – Grundlagen, Entwicklung und Geltungsbereich des Kündigungsschutzes, in: Richardi, R.; Wlotzke, O. (Hrsg.), Münchner Handbuch Arbeitsrecht, Bd. 2 Individuaarbeitsrecht II, 2. Auflage, München, 333-404.

Bertola, G. (1999), Microeconomic Perspectives on Aggregate Labor Markets, in: O. Ashenfelder, D. Card, (Eds.), Handbook of Labor Economics, Vol. 3C, Amsterdam, New York, 2985-3028.

Bertola, G. (2004), A Pure Theory of Job Security, in: Review of Economic Studies 71, 43-61.

Blanchard, O.; J. Tirole (2003), Contours of Employment Protection Reform, MIT Department of Economics Working Paper No. 03-35, Cambridge, Mass.

Blanchard, O.; J. Wolfers (2000), The Role of Shocks and Institutions in the Rise of European Unemployment: The Aggregate Evidence, The Economic Journal 110, C1-C33.

Blanchard, O.; Portugal, P. (1998), What Hides Behind an Unemployment Rate: Comparing Portuguese and U.S. Unemployment, National Bureau of Economic Research, Working Paper No. 6636, Cambridge, Mass.

Boeri, T. (1999), Enforcement of Employment Security Regulations, on the Job Search and Unemployment Duration, in: European Economic Review 43, 65-89.

Boeri, T.; J. Conde-Ruiz; V. Galasso (2003), Protecting Against Labour Market Risk: Employment Protection or Unemployment Benefits?, Centre for Economic Policy Research, Discussion Paper. 3990, London.

Booth, A. (1995), An Analysis of Firing Costs and their Implications for Unemployment Policy, Centre for Economic Policy Research, Discussion Paper No. 320, London.

Booth, A.; G. Zoega (2003), On the Welfare Implications of Firing Costs, European Journal of Political Economy 19, 759-775.

Büchtemann, Ch. (1990), Kündigungsschutz als Beschäftigungshemmnis?, in: Mitteilungen aus der Arbeitsmarkt- und Berufsforschung 23, 394-409.

Büchtemann, Ch. (1993), Introduction: Employment Security and Labor Markets, in: Ch. Büchtemann (Ed.), Employment Security and Labor Market Behavior, New York, 3-66.

Burda, M. (1992), A Note on Firing Costs and Severance Benefits in Equilibrium Unemployment, in: Scandinavian Journal of Economics 94, 479-489.

Burguet, R.; R. Caminal (2004), Does the market provide sufficient employment protection?, Centre for Economic Policy Research, Discussion Paper 4198, London.

BVerfG (1990), Beschluß vom 7.2.1990 – 1 BvR 26/84 – BVerfGE 81, 242.

BVerfG (1998), Zur Ermittlung der für die Anwendung der Kleinbetriebsklausel maßgeblichen Arbeitnehmerzahl nach § 23 Abs. 1 Satz 3 KSchG a.F., Beschluss vom 27.1.1998 – 1 BvL 15/87 – http://www.bverfg.de/

Däubler, W. (1998), Arbeitsrecht, Köln.

Dertouzos, J.; L. Karoly (1993), Employment Effects of Worker Protection: Evidence from the United States, in: Ch. Büchtemann (Eds.), Employment Security and Labor Market Behavior, New York, 215-227.

Deutscher Bundestag (1951), Entwurf eines Kündigungsschutzgesetzes, Drucksache Nr. 1/2090, Bonn.

DiTella, R.; R. MacCulloch; A. Oswald (2001), Preferences over Inflation and Unemployment: Evidence from Surveys of Happiness, in: American Economic Review 91, 335-341.

Donges, J; J. Eekhoff; W. Franz, W. Möschel; M. Neumann (2004), Flexibler Kündigungsschutz am Arbeitsmarkt, Stiftung Marktwirtschaft, Kronberger Kreis, Band 41, Berlin.

Dorndorf, E.; B. Weller; F. Hauck; A. Höland; V. Kriebel; K. Neef (2001), Heidelberger Kommentar zum Kündigungsschutzgesetz, 4. Auflage, Heidelberg.

Dörsam, P. (1995), Zur Kündigungsschutzdebatte in Deutschland und den USA: Die Kernargumente und ihre empirische Relevanz, in: Institut für angewandte Wirtschaftsforschung, Mitteilungen 1/95, 13-24.

Dörsam, P. (1997), Die Beschäftigungswirkungen des Kündigungsschutzes aus der Sicht institutionalistischer Arbeitsmarkttheorien, in: Zeitschrift für Wirtschafts- und Sozialwissenschaften 117, 55-84.

Estevez-Abe, M.; T. Iversen; D. Soskice (2001), Social Protection and the Formation of Skills: A Reinterpretation of the Welfare State, in: P. Hall and D. Soskice (eds.), Varieties of Capitalism: The Institutional Foundations of Comparative Advantage. Oxford University Press, Oxford.

Feld, L. (2002), Growth, Unemployment, Investment, and Employment Protection Legislation: Panel Evidence for the EU-12 from 1970 to 1996, Arbeitspapier, Universität Marburg. http://www.wiwi.uni-marburg.de/Lehrstuehle/VWL/FiWi.

Fella, G. (1999), When Do Firing Costs Matter?, Queen Mary & Westfield College Working Paper No. 400, London.

Flanagan, R. (1995), Labor Market Policy, Information, and Hiring Behavior, in: F. Buttler; W. Franz; R. Schettkat; D. Soskice (Hrsg.), Institutional Frameworks and Labor Market Performance, Comparative Views on the US and German Economies, London, 235-247.

Franz, W. (2003), Arbeitsmarktökonomik, 5. Auflage, Berlin, Heidelberg.

Frey, B.; A. Stutzer (2002); What can Economists Learn from Happiness Research?, in: Journal of Economic Literature 40, 402-435.

Goerke, L. (2002), On dismissal pay, in: Labour Economics 9, 497-512.

Gould IV, W. (1993), Employment Protection and Job Security Regulation in the United States and Japan: A Comparative View, in: Ch. Büchtemann, Employment Security and Labor Market Behavior, New York, 165-179.

Gust, C.; J. Marquez (2004), International comparisons of productivity growth: the role of information technology and regulatory practices, in: Labour Economics 11, 33-58.

Halbach, G.; N. Paland; R. Schwedes; O. Wlotzke (2000), Übersicht über das Arbeitsrecht, 8. Auflage, Bundesministerium für Arbeit und Sozialordnung (Hrsg.), Bonn.

Hanau, P. (2000), Welche arbeits- und ergänzenden sozialrechtlichen Regelungen empfehlen sich zur Bekämpfung der Arbeitslosigkeit? Gutachten C. für den 63. Deutschen Juristentag, München.

Hopenhayn, H.; R. Rogerson (1993), Job Turnover and Policy Evaluation: A General Equilibrium Analysis, in: Journal of Political Economy 101, 915-938.

Hoyningen-Huene, v. G; R. Link (2002), Kündigungsschutzgesetz, Kommetar, 13. Auflage, München.

Hueck, A. (1980), Kündigungsschutzgesetz, Kommentar, 10. Auflage, München.

Hunt, J. (1994), Firing Costs, Employment Fluctuations and Average Employment: An Examination of Germany, National Bureau of Economic Research, Working Paper No. 4825, Cambridge, Mass.

Jahn, E. (2002), Warum ein staatlicher Kündigungsschutz – warum ganz anders als heute?, in: Jahrbuch für Wirtschaftswissenschaften 53, 142-160.

Jahn, E. (2002), Zur ökonomischen Theorie des Kündigungsschutzes – Volatilität der Arbeitsnachfrage und duale Arbeitsmärkte, Berlin.

Jahn, E. (2004a), Employment at will vs. Employment against will?, in: Industrielle Beziehungen 11, 77-102.

Jahn, E. (2004b), Der Kündigungsschutz auf dem Prüfstand, Konrad-Adenauer-Stiftung, Arbeitspapier Nr. 138, Sankt Augustin.

Jahn, E.; C. Schnabel (2003), Bestandsschutz durch Abfindungen: Höhere Rechtssicherheit und Effizienz, in: Wirtschaftsdienst 83, 219-223.

Kissel, O. (1999), Standortfaktor Arbeitsrecht – Standortdebatte und Rechtsentwicklung – Wie geht es weiter?, Frankfurt am Main.

Lazear, E. (1990), Job Security Provisions and Employment, in: Quarterly Journal of Economics 105, 699-726.

Meyer, D. (1989), Der Bestandsschutz im Arbeitsverhältnis als ökonomisches Gut, in: Jahrbücher für Nationalökonomie und Statistik 206, 208-224.

Millard, S.; D. Mortensen (1997), The Unemployment and Welfare Effects of Labor Market Policy, A Comparison of the USA and the UK, in: Snower, D./Dehesa, G. de la (Eds), Unemployment Policy – Government Options for the Labour Market, Cambridge, 545-572.

Mortensen, D.; Ch. Pissarides (1999), Job reallocation, Employment Fluctuations, and Unemployment, in: J. Taylor and M. Woodford (eds), Handbook of Macroeconomics, Vol. 1B, North-Holland, Amsterdam, 1171-1228.

Nickell, S. (1978), Fixed Costs, Employment and Labour Demand Over the Cycle, in: Economica 45, 329-345.

Nickell, S. (1997), Unemployment and Labor Market Rigidities: Europe versus North America, in: Journal of Economic Perspectives 11, 55-74.

Nickell, S.; L. Nunziata; W. Ochel; G. Quintini (2003), The Beveridge Curve, Unemployment and Wages in the OECD from the 1960s to the 1990s, in: P. Aghion; R. Frydman; J. Stiglitz; M. Woodford (Eds.), Knowledge, Information and Expectations in Modern Macroeconomics: in Honor of Edmund S. Phelps, Princeton, 394-431.

Nickell, S.; R. Layard (1999), Labour Market Institutions and Economic Performance, in: Ashenfelder, O./Card, D. (Eds.), Handbook of Labor Economics, Vol. 3C, Amsterdam, 3029-3084.

Nickell, S.; S.; Redding, S.; Swaffield, J. (2004), The Uneven Pace of Deindustrialization in the OECD, LSE London, http://econ.lse.ac.uk/~sredding/papers/Deind4.pdf.

OECD (1999), Employment Outlook, Paris.

OECD (2004), Employment Outlook, Paris.

Otto, H. (2003), Arbeitsrecht, 3. Auflage, Berlin.

Parsons, D. (2003), The Optimal Integration of Severance Plans and Unemployment Insurance Savings Accounts, mimeo, George Washington University, Washington.

Pissarides, Ch. (2001), Employment Protection, in: Labour Economics 8, 131-159.

Pissarides, Ch. (2002), Consumption and Savings with Unemployment Risk: Implications for Optimal Employment Contracts, Working Paper, LSE, London.

Rieble, V. (1996), Krise des Flächentarifvertrages, in: Recht der Arbeit, 151-158.

Rüthers, B. (1996), Beschäftigungskrise und Arbeitsrecht, Frankfurter Institut, Bd. 18, Bad Homburg.

Sachverständigenrat (2003), Staatsfinanzen konsolidieren – Steuersystem reformieren, Jahresgutachten 2003/2004, Wiesbaden.

Stahlhacke, E.; U. Preis (1995), Kündigung und Kündigungsschutz im Arbeitsverhältnis, 6. Auflage, München.

Thum, R. (2002), Betriebsbedingte Kündigung und unternehmerische Entscheidungsfreiheit, Frankfurt am Main.

Wasmer, E. (2002), Interpreting Europe and US Labor Markets Differences: The Specificity of Human Capital Investments, Forschungsinstitut zur Zukunft der Arbeit, Discussion Paper No. 549, Bonn.

Wolter, H. (2003), Reformbedarf beim Kündigungsrecht aus Arbeitnehmersicht – Praxiserfahrungen und Schlussfolgerungen, in: Neue Zeitschrift für Arbeitsrecht, 1068-1076.

Kapitel 13: Kapitalmangel und Lohnschere

Alesina, A.; S. Ardagna; G. Nicoletti; F. Schiantarelli (2003), Regulation and Investment, OECD Working Papers 352, Paris.

Blanchard, O. (1990), Unemployment: Getting the Questions Right – and Some of the Answers, in: J. Drèze; C. Bean (Hrsg.), Europe's Unemployment Problem, Cambridge Mass., 66-89.

Blanchard, O.; L. Summers (1987), Fiscal Increasing Returns, Hysteresis, Real Wages and Unemployment, in: European Economic Review 31, 543-566.

Bruno, M.; J. Sachs (1985), Economics of Worldwide Stagflation, Cambridge.

Burda, M. (1988), Is There a Capital Shortage in Europe?, in: Weltwirtschaftliches Archiv 124, 38-57.

Burda, M.; C. Wyplosz (1994), Gross Worker and Job Flows in Europe, in: European Economic Review 38, 1287-1315.

Cooper, R.; J.L Willis (2003), The Economics of Labor Adjustment: Mind the Gap, Federal Reserve Bank of Kansas City, Working Paper 03-05, Kansas City.

Flassbeck, H. (1994), Löhne, Lohnnebenkosten und Arbeitslosigkeit, in: List Forum 20, 294-303.

Franz, W. (1994), Gross Worker and Job Flows in Europe: Comment, in: European Economic Review 38, 1321-1325.

Gordon, R. (1995), Is there a Trade-off between Unemployment and Productivity Growth? Centre for Economic Policy Research, Discussion Paper No. 1159, London.

Hamermesh, D.; G. Pfann (1996), Adjustment Costs in Factor Demand, in: Journal of Economic Literature 34, 1264-1292

Herz, B.; W. Röger (1995), Economic Growth and Convergence in Germany, in: Weltwirtschaftliches Archiv 131, 132-143.

Jahn, E.; T. Wagner (1996), Wachstum und Konvergenz, in: Wirtschaftsstudium 25, 775-781.

Jerger, J. (1991), Lohnlücke, Kapitalbildung und Arbeitslosigkeit, in: Jahrbücher für Nationalökonomie und Statistik 208, 262-271.

Jerger, J. (1993), Beschäftigung und Kapitalbildung, Freiburg.

Klundert, T. van; A. van Schaik (1990), Unemployment Persistence and Loss of Productive Capacity: A Keynesian Approach, in: Journal of Macroeconomics 12, 363-380.

Malley, J.; T. Moutos (2000), Capital Accumulation and Unemployment: A Tale of Two "Continents", CESifo Working Paper 236, München.

Ploeg, F. van der (1987), Trade Unions, Investment, and Employment, in: European Economic Review 31, 1465-1492.

Rowthorn, R. (1995), Capital Formation and Unemployment, in: Oxford Review of Economic Policy 11, 26-39.

Sachverständigenrat (2003), Staatsfinanzen konsolidieren – Steuersystem reformieren, Jahresgutachten 2003/2004, Wiesbaden.

Wyplosz, C. (1994), Demand and Structural Views of Europe's High Unemployment Trap, in: Swedish Economic Policy Review 1, 75-107.

Kapitel 14: Ausgeglichenes Wachstum

Barro, R.; X. Sala-i-Martin (2004), Economic Growth, 2. Auflage, Cambridge Mass.

Hagemann, H. (1995), Technological Unemployment, in: P. Arestis; M. Marshall (Hrsg.), Political Economy of Full Employment, Conservatism, Corporatism and Institutional Change, Aldershot, 36-53.

Hagemann, H.; S. Seiter (1999), Okun's Law, in: O'Hara, P.A. (Hrsg.), Encyclopedia of Political Economy, London, 819-821.

Heise, A. (1996), Faktorintensität und Beschäftigung, in: Wirtschaftswissenschaftliches Studium 25, 243-246.

Klauder, W. (1986), Technischer Fortschritt und Beschäftigung, in: Mitteilungen aus der Arbeitsmarkt- und Berufsforschung 19, 1-19.
Pissarides, Ch. (2000), Equilibrium Unemployment Theory, 2. Edition, Oxford.
Romer, D. (2001), Advanced Macroeconomics, 2. Auflage, New York.
Sachverständigenrat (1995),: Im Standortwettbewerb, Jahresgutachten 1995/96, Wiesbaden.

Kapitel 15: Schöpferische Zerstörung

Agion, P.; P. Howitt (1991), Unemployment – A Sympton of Stagnation or Side-Effect of Growth, in: European Economic Review 35, 535-541.
Agion, P.; P. Howitt (1992), A Model of Growth through Creative Destruction, in: Econometrica 60, 323-351.
Agion, P.; P. Howitt (1994), Growth and Unemployment, in: Review of Economic Studies 61, 477-494.
Agion, P.; P. Howitt (1998), Endogenous Growth Theory, Cambridge Mass.
Alogoskoufis, G. et al. (1995), Unemployment: Choices for Europe, Monitoring European Integration 5, CEPR, London.
Bean, C.; Ch. Pissarides (1993), Unemployment, Consumption and Growth, in: European Economic Review 37, 837-859.
Caballero, R.; M. Hammour (1996), On the Timing and Efficiency of Creative Destruction, in: Quaterly Journal of Economics 111, 805-852.
Hahn, F. R. (1994), Wachstum und Arbeitslosigkeit – Neue Erkenntnisse aus der Wachstumstheorie, in: Ifo-Studien 40, 305-320.
Klauder, W. (1986), Technischer Fortschritt und Beschäftigung, in: Mitteilungen aus der Arbeitsmarkt- und Berufsforschung 19, 1-19.
Pissarides, Ch. (2000), Equilibrium Unemployment Theory, 2. Edition, Oxford.
Ramser, H. (1995), Arbeitslosigkeit und Wirtschaftswachstum, Diskussionsbeiträge der Universität Konstanz, Serie I, Nr. 278.

Schluss: Zur Neuen Politischen Ökonomie des Arbeitsmarktes

Alogoskoufis, G. et al. (1995), Unemployment: Choices for Europe, Monitoring European Integration 5, CEPR, London.
Bernholz, P.; F. Breyer (1994), Grundlagen der politischen Ökonomie, Bd. 2, Ökonomische Theorie der Politik, 3. Auflage, Tübingen.
Berthold, N.; R. Fehn (1996), The Positive Economics of Unemployment and Labor Market Inflexibility, in: Kyklos 49, 583-613.
Detken, C.; M. Gärtner (1992), Governments, Trade Unions and the Macroeconomy: An Expository Analysis of the Political Business Cycle, in: Public Choice 73, 37-53.
Drazen, A. (2000), Political Economy in Macroeconomics, Princeton.
Drazen, A.; W. Easterly (2001), Do Crises Induce Reforms? Some Empirical Tests of Conventional Wisdom, Economics and Politics 13, 129-157.
Eichhorst, W.; E. Thode (2003), Arbeitsmarktreformen im Spannungsfeld zwischen Insidern und Outsidern, in: Wirtschaftsdienst 83, 100-107.
Frey, B.; G. Kirchgässner (1994), Demokratische Wirtschaftspolitik, 2. Auflage, München.

Frister, S.; H. Liljeberg; G. Winkler (1996), Arbeitslosenreport, Daten und Fakten zur sozialen Lage Arbeitsloser in den alten und neuen Bundesländern, Berlin.

Giersch, H. (Hrsg.) (1996), Fighting Europe's Unemployment in the 1990s, Heidelberg.

Grossman, G.; E. Helpman (2001), Special Interest Politics, Cambridge, Mass.

Heinemann, F. (2004), Explaining Reform Deadlocks, Zentrum für Europäische Wirtschaftsforschung, Discussion Paper 04-39, Mannheim.

Kirchgässner, G. (2001), Zur politischen Ökonomie von Arbeitsmarktreformen, Universität St. Gallen, Discussion Paper No. 2001-03, St. Gallen.

Mueller, D. (1989), Public Choice II, Cambridge.

OECD (1994), The OECD Jobs Study: Facts, Analysis, Strategies, Paris.

Olson, M. (1985), Aufstieg und Niedergang von Nationen, Tübingen.

Osberg, L.; A. Sharpe (2003), An Index of Labour Market Well-being for OECD Countries, Centre for the Study of Living Standards, SLS Research Report 2003-05, Ontario.

Rodrik, D. (1996), Understanding Economic Policy Reform, in: Journal of Economic Literature 34, 9-41.

Saint-Paul , G. (2000), The Political Economy of Labour Market Institutions, Oxford.

Saint-Paul, G. (1994), Do Labor Market Rigidities Fulfill Distributive Objectives?, in: IMF Staff Papers 41, 624-642.

Saint-Paul, G. (1995a), Reforming Europe's Labour Market: Political Issues, Centre for Economic Policy Research, Discussion Paper No. 1223, London.

Saint-Paul, G. (1995b), Labour Market Institutions and the Cohesion of the Middle Class, Centre for Economic Policy Research, Discussion Paper No. 1298, London.

Saint-Paul, G. (1995c), A Framework für Analysing the Political Support for Active Labour Market Policy, Centre for Economic Policy Research, Discussion Paper No. 1205, London.

Saint-Paul, G. (1995d), Some Political Aspects of Unemployment, in: European Economic Review 39, 575-582.

Saint-Paul, G. (1995e), The High Unemployment Trap, in: Quarterly Journal of Economics 110, 527-550.

Saint-Paul, G. (1996a), Voting for Jobs: Policy Persistence and Unemployment, Centre for Economic Policy Research, Discussion Paper No. 1428, London.

Saint-Paul, G. (1996b), Are the Unemployed Unemployable?, in: European Economic Review 40, 1501-1519.

Saint-Paul, G. (1996c), Exploring the Political Economy of Labour Market Institutions, in: Economic Policy 23, 265-315.

Saint-Paul, G. (2002a), The political economy of employment protection, Journal of Political Economy 110, 672-704.

Saint-Paul, G. (2002b), Some thoughts on macroeconomic fluctuations and the timing of labor market reform, IZA-Discussion Paper No. 611, Bonn.

Tommasi, M. (2002), Crisis, Political Institutions, and Policy Reform, World Bank Working Papers, Washington.

Glossar

***Abgeschlossene Dauer der Arbeitslosigkeit*:** Wird anhand der Dauer der Arbeitslosigkeit jener Akteure ermittelt, die vom 1. Oktober des Vorjahres bis zum 30. September des Berichtsjahres aus der registrierten Arbeitslosigkeit ausgeschieden sind. Zeitraum, den der Akteur insgesamt arbeitslos gewesen ist.

***Abstandsgebot*:** Für Haushaltsgemeinschaften sollen nach § 28 Abs. 4 SGB XII die Regelsätze der Sozialhilfe zum Lebensunterhalt so festgesetzt werden, dass sie unter den Nettoarbeitsentgelten unterer Lohn- und Gehaltsgruppen zuzüglich Kinder- und Wohngeld bleiben.

***Anspruchsberechtigung auf Arbeitslosengeld*:** „Anspruch auf Arbeitslosengeld bei Arbeitslosigkeit haben Arbeitnehmer, die arbeitslos sind, sich bei der Agentur für Arbeit arbeitslos gemeldet und die Anwartschaftszeit erfüllt haben“ (§ 118 SGB III).

***Anspruchslohn*:** Beim Anspruchs-, Garantie- oder Reservationslohn ist ein Akteur indifferent zwischen einer Beschäftigung zu diesem Lohn und der nächstbesten Alternative, bei der es sich um einen anderen Job oder Freizeit handeln kann.

Arbeitslos: „Arbeitslos ist ein Arbeitnehmer, der nicht in einem Beschäftigungsverhältnis steht (Beschäftigungslosigkeit), sich bemüht, seine Beschäftigungslosigkeit zu beenden (Eigenbemühungen) und den Vermittlungsbemühungen der Agentur für Arbeit zur Verfügung steht (Verfügbarkeit)“ (§ 119 Abs. 1 SGB III).

***Arbeitslosenquote (BA)*:** Verhältnis der registrierten Arbeitslosen zu den abhängigen zivilen Erwerbspersonen bzw. zu allen zivilen Erwerbspersonen.

***Arbeitsmarktanspannung*:** Verhältnis von offenen Stellen und Jobsuchenden; sie steigt, wenn die Vakanzen relativ zu den Arbeitslosen zunehmen.

***Arbeitsproduktivität*:** Output pro eingesetzter Einheit Arbeit.

***Arbitragegewinn*:** Akteure, die Finanz- und Sachkapital aus einer Verwendung A in eine Verwendung B (um-) lenken, weil B einen höheren Ertrag verspricht, heißen Arbitrageure; der Gewinn, den sie bei der Reallokation erwirtschaften, heißt Arbitragegewinn.

***Asymmetrische Information*:** Informationen sind öffentlich oder privat und im letzten Fall asymmetrisch verteilt. Man unterscheidet vor- und nachvertragliche Informationsasymmetrien. Im ersten Fall ist z.B. nur der Bewerber über seine Fähigkeiten, im zweiten ist nur der Beschäftigte über seine Anstrengungen informiert. Die Firma kann demgegenüber weder die Fähigkeiten noch die Arbeitsanstrengungen beobachten.

***Beschäftigungsschwelle*:** Damit während des Wachstumsprozesses neue Arbeitsplätze entstehen, muss die Wachstumsrate des BIP höher sein als die Wachstumsrate der Arbeitsproduktivität, weshalb die Wachstumsrate der Arbeitsproduktivität als Beschäftigungsschwelle bezeichnet wird.

***Beveridge-Kurve*:** Funktionaler Zusammenhang zwischen der Quote der Vakanzen und der Arbeitslosenquote bzw. zwischen der Arbeitslosenquote und der Arbeitsmarktanspannung. Die zuerst genannte wird auch als U/V-Kurve bezeichnet. Verläuft konvex zum Ursprung.

***Bisher zurückgelegte Dauer der Arbeitslosigkeit*:** Stichtagszahl, die als Differenz zwischen dem Erhebungsstichtag und dem Tag der letzten Arbeitslosmeldung ermittelt wird. Sie misst, wie lange ein Akteur am Stichtag bereits arbeitslos war.

***Bruttoinlandsprodukt (BIP)*:** Misst die Produktion von Gütern und Dienstleistungen im Inland abzüglich der Vorleistungen.

***Bruttoinvestitionsquote*:** Verhältnis von Bruttoinvestitionen zu BIP.

***Budgetgerade*:** Grenze der Konsummöglichkeiten, bei der ein Akteur sein gesamtes Einkommen ausgibt.

Bürgergeld: Negative Einkommenssteuer mit zwei Komponenten: der Einkommensschwelle und dem Steuertarif.

***Clubgüter*:** Ein Club ist eine freiwilliger Zusammenschluss von Mitgliedern, die sich die Produktionskosten eines Gutes teilen (Informationskosten), wechselseitig Nutzen aus ihren Charakteristika (Arbeiterklasse) oder aus der gemeinsamen Verwendung eines Clubgutes (Ferienhaus) ziehen.

***Deckungsbeitrag*:** Differenz zwischen Erlösen und variablen Kosten; steht zur Deckung der Fixkosten zur Verfügung.

***Dominante Strategie*:** Eine Strategie ist dominant, wenn sie die beste Antwort auf das Verhalten des Gegenspielers ist, unabhängig davon, welche Strategie der Gegenspieler wählt.

***Durchschnittsprodukt*:** Das Verhältnis zwischen Output und Faktoreinsatzmenge. Grafisch ergibt sich das Durchschnittsprodukt durch die Steigung des Fahrstrahls an die Produktionsfunktion.

***Effektivlohn*:** Summe aus Tariflohn und Lohnspanne.

***Effizienzlohn*:** Lohn, der die effektiven Lohnkosten minimiert.

***Einkommenseffekt einer Lohnerhöhung*:** Der EE misst die Reaktion auf den Anstieg des Realeinkommens, der mit der Lohnerhöhung verbunden ist. Ist Freizeit ein normales Gut, bewirkt die Einkommenssteigerung eine Senkung des Arbeitsangebots.

***Einkommensexpansionspfad*:** Die Verbindungslinie der Tangentialpunkte von Budgetgeraden und Indifferenzkurven bei variierendem Einkommen und gegebenem Reallohn.

***Endogene Variable*:** Variable, die im Modell bestimmt wird und u.U. von den Akteuren des Modells kontrolliert wird.

***Erwerbslose*:** Personen ohne Arbeitsverhältnis, die sich um eine Arbeitsstelle bemühen unabhängig davon, ob sie beim Arbeitsamt gemeldet sind.

***Erwerbspersonen*:** Alle Personen mit Wohnsitz im Bundesgebiet, die eine unmittelbar oder mittelbar auf Erwerb gerichtete Tätigkeit ausüben oder suchen, unabhängig von der tatsächlich geleisteten oder vertragsmäßig zu leistenden Arbeitszeit. Die Erwerbspersonen setzen sich zusammen aus den Erwerbslosen und den Erwerbstätigen.

***Erwerbspersonenpotential*:** Summe aus den Erwerbstätigen, den registrierten Arbeitslosen und der Stillen Reserve. Das Erwerbspersonenpotential soll das Arbeitsangebot wiedergeben, das auf den Markt gekommen wäre, wenn dort hochkonjunkturelle Vollbeschäftigung geherrscht hätte.

***Erwerbsquote*:** Anteil der Erwerbspersonen an der gesamten Bevölkerung bzw. der Bevölkerung entsprechenden Alters, Geschlechts oder Familienstandes.

Erwerbstätige: Personen, die in einem Arbeitsverhältnis stehen, einschließlich der Soldaten und mithelfenden Familienangehörigen, oder selbständig ein Gewerbe oder eine Landwirtschaft betreiben oder einen freien Beruf ausüben.

Ex-ante-Analyse: Analyse einer Transaktion aus dem Blickwinkel einer Periode, die vor der Ausführung der Transaktion liegt.

Exogene Variable: Parameter, der in einem Modell vorgegeben ist und von dem die Lösung des Modells (das Gleichgewicht) abhängt; die Akteure müssen sich an diese Parameter anpassen.

Ex-post-Analyse: Analyse einer Transaktion aus dem Blickwinkel einer Periode, in der die Transaktion bereits abgeschlossen ist.

Externe Effekte: Ungeplante, nicht kompensierte Nebenfolgen von Handlungen; auch Spillover, Externalitäten.

Fairer Versicherungsvertrag: Versicherungsvertrag mit einem Prämiensatz, bei dem der erwartete Gewinn des Anbieters gleich null ist.

Fluktuationskoeffizient: Maß, das die Umschlagshäufigkeit der Zugänge in die Arbeitslosigkeit und Abgänge aus der Arbeitslosigkeit misst und damit Auskunft über die Dynamik des Arbeitsmarktes gibt. Durchschnitt aus kumulierten Zugängen und Abgängen in Relation zum jahresdurchschnittlichen Arbeitslosenbestand.

Freiwillige Arbeitslosigkeit: In dem Teil ihres Zeitbudgets, den die Haushalte beim herrschenden Reallohn nicht auf dem Arbeitsmarkt anbieten, sind sie freiwillig arbeitslos.

Friktionen: Infolge von Heterogenität oder von Informationsasymmetrien entstehen technische, infolge staatlicher Gesetze oder privater Verträge institutionelle Friktionen. Friktionen beeinflussen die Anpassungsgeschwindigkeit von Arbeitsanbietern und Arbeitsnachfragern.

Friktionsarbeitslosigkeit: Arbeitslosigkeit, die infolge von (Such-) Friktionen entsteht.

Fürsorgeprinzip: An Bedürftigkeit oder Bedarf orientierte, nachrangige staatliche Leistungen, die unabhängig von Beitragszahlungen aus dem Steuerhaushalt gewährt werden.

Garantielohn: s. Anspruchslohn

Gesetz des einheitlichen Preises: Sind Güter homogen, haben je zwei Einheiten des Gutes im Gleichgewicht eines friktionslosen Marktes den gleichen Preis.

Gewinn: Der Gewinn ist gleich der Differenz von Umsatz und variablen sowie fixen Kosten.

Gleichgewicht: Zustand, in dem kein Akteur glaubt, durch Änderung seines Verhaltens seine Lage verbessern zu können.

Gleichgewichtige Arbeitslosigkeit: s. natürliche Rate der Arbeitslosigkeit.

Grenzgewinn: Der Gewinn, der sich mit einer zusätzlichen Einheit eines Produktionsfaktors erzielen lässt.

Grenznutzen des Einkommens: Nutzen, den ein zusätzlicher Euro stiftet.

Grenzprodukt der Arbeit: Die Produktionsmenge, die sich mit einer zusätzlichen Einheit Arbeit herstellen lässt; Steigung der Produktionsfunktion.

Grenzrate der Substitution: Die zusätzliche Menge eines Gutes, die einen Akteur für die Aufgabe eines anderen Gutes entschädigt; subjektive Tauschbereitschaft; Steigung der Indifferenzkurve.

Hasardfunktion: Die Hasardfunktion gibt die Wahrscheinlichkeit an, mit der ein Arbeitsloser in der laufenden Periode einen Arbeitsplatz findet.

Hidden Action: Informationen über das Verhalten des Vertragspartners nach Vertragsabschluss sind verborgen.

Hidden Information: Informationen, die für einen Vertragspartner nach Vertragsabschluss nicht beobachtbar sind.

Holdup: Nachverhandlung und Kündigungsdrohung eröffnen A die Chance, Teile der von B geplanten Transaktionsrente unbeobachtet von Dritten zu erbeuten. Sieht B den Holdup voraus, wird er auf die Transaktion verzichten oder weniger in die Aktiva investieren, die bei der Transaktion zum Einsatz kommen.

Humankapital: Bestand an Wissen und Fähigkeiten, die ein Akteur im Rahmen seiner Ausbildung und Erwerbstätigkeit akkumuliert.

Hysteresis: Pfadabhängigkeit eines dynamischen Systems. Anpassungspfad sowie Gleichgewicht hängen vom Anfangszustand ab.

Indifferenzkurve: Geometrischer Ort aller Güterkombinationen, die den gleichen Nutzen stiften.

Insider: Mitglieder einer Gruppe, z.B. Arbeitnehmer, die einen Arbeitsplatz haben und Einfluss auf die Lohnverhandlungen nehmen.

Iso-Gewinnlinie: Geometrischer Ort aller Kombinationen aus Reallohn und Beschäftigung, die den gleichen Gewinn erzeugen.

Jobturnover: Summe aus den absoluten Brutto-Stellengewinnen und Brutto-Stellenverlusten.

Kapitalintensität: Misst den Kapitalstock pro eingesetzte Einheit Arbeit.

Komparative Statik: Untersucht, wie sich die Änderung exogener Größen auf die endogenen Größen eines Modells auswirken; Vergleich zweier Gleichgewichtszustände.

Konsumentenlohn: Realer Nettolohn der Arbeitnehmer, der für den Konsum zur Verfügung steht.

Kontraktkurve: Verbindungslinie aller Tangentialpunkte von Indifferenzkurven auf der einen und Iso-Gewinnlinien auf der anderen Seite. Die Zustände auf der Kontraktkurve sind Pareto-effizient, so dass sich entlang der Kontraktkurve eine Partei nur auf Kosten der anderen verbessern kann.

Kooperierende Produktionsfaktoren: Die Kreuzableitung der Produktionsfunktion ist positiv, so dass z.B. das Grenzprodukt der Arbeit steigt, wenn der Kapitalstock, mit dem ein Arbeitsplatz ausgerüstet ist, zunimmt.

Laborturnover: Summe aus Jobturnover und dem Personalwechsel auf bereits vorhandenen Stellen.

Langzeitarbeitslose: Arbeitslose mit einer *bisher zurückgelegten* Dauer der Arbeitslosigkeit von über einem Jahr.

Lohndifferenzial: Gehaltsunterschiede, die sich infolge von Merkmalen wie z.B. Wirtschaftszweig, Region, Qualifikation, Geschlecht und Alter oder Suchfriktionen ergeben.

Lohndispersion: Streuung der Löhne innerhalb einer Gruppe von Arbeitnehmern. Die Ursachen für die Streuung sind die Heterogenität (1) der Arbeitnehmer, (2) der Arbeitgeber und (3) Suchfriktionen. „reine" Lohndispersion wird durch Suchfriktionen verursacht.

Lohndrift: Entwicklung der Differenz zwischen Effektiv- und Tariflöhnen im Zeitablauf.

***Lohnersatz*:** Einkommensarten wie Arbeitslosengeld oder Sozialhilfe.

***Lohnschere*:** Misst das Verhältnis des realen Produzentenlohns zum realen Konsumentenlohn.

***Lohnspanne*:** Differenz zwischen Tariflohn und tatsächlich gezahltem Lohn.

Lohnverteilung degeneriert: Die Verteilung der Löhne besteht aus genau einem Punkt, dem Gleichgewichtslohn.

***Matching-Prozess*:** Bringt tauschwillige Akteure paarweise zusammen, die anschließend über die Tauschkonditionen verhandeln. Die Koordination erfolgt nicht über Preis- oder Mengensignale, sondern wird de facto durch die Suchaktivitäten der Akteure und im Modell z.B. von einem Zufallsprozess gesteuert, der die Kontaktwahrscheinlichkeiten erzeugt.

***Matching-Technologie*:** Gesamtheit aller Institutionen und Organisationen für die Stellensuche und Vermittlung.

***Medianwähler*:** Bei eindimensionaler Tagesordnung, wie bei einer Entscheidung über die Stringenz des Kündigungsschutzes und eingipfligen Präferenzen, hat der Wähler die Medianposition, zu dessen Linken und Rechten sich mindestens die Hälfte der Wählerpositionen befindet.

***Medianwählertheorem*:** Bei eindimensionaler Tagesordnung, eingipfligen Präferenzen und einfacher Mehrheitsregel kann die Medianposition die Wahl nicht verlieren.

***Mikrozensus*:** Der Mikrozensus ist eine seit Oktober 1957 laufende Repräsentativstatistik der Bevölkerung und des Erwerbslebens im Bundesgebiet. Hierbei wird einmal jährlich ein Auswahlsatz von 1% der Bevölkerung befragt.

Moral Hasard: Nachvertragliche nicht beobachtbare Verhaltensanpassung wie der Arbeitsplatzkonsum oder die nachlassende Anstrengung eines Arbeitnehmers.

***Nash-Gleichgewicht*:** Ein Nash-Gleichgewicht ist ein Zustand in einem (nicht kooperativen) Mehrpersonenspiel, in dem keiner der Spieler seine Auszahlung – gegeben die Strategien der Mitspieler – durch einen Wechsel der eigenen Strategie erhöhen kann bzw. in dem jeder Spieler seine beste Antwort auf das Verhalten der anderen Spieler gibt

***Nash-Lösung*:** Beschreibt das Resultat eines Verhandlungsspiels.

Natürliche Rate der Arbeitslosigkeit: Steady-state-Arbeitslosenquote eines durch Suchfriktionen gekennzeichneten Arbeitsmarktes, um die die tatsächliche Quote zyklisch schwankt.

***Neoklassische Produktionsfunktion*:** Produktionsfunktion, die die Inada-Bedingungen (s. Kap. 2) erfüllt.

***Nettoinvestitionen*:** Bruttoinvestitionen abzüglich des Kapitalverschleißes.

***Netto-Jobturnover*:** Saldo aus dem Jobturnover und der Netto-Beschäftigungsänderung; Maß für den Umfang der inter- und intrasektoralen Stellenumschichtung.

Neueinstellungsrate: Rate mit der (arbeitslose) Jobsucher in eine neue Beschäftigung wechseln; lässt sich auch als Wahrscheinlichkeit für den Sucherfolg interpretieren.

***Nicht kooperatives Spiel*:** Spiel, in dem die Spieler keine glaubhaften und verbindlichen Vereinbarungen treffen können.

***Nichterwerbspersonen*:** Differenz aus der Zahl der Bevölkerung und der Erwerbspersonen.

***No Shirking Condition*:** Bedingung der Anreiztheorie des Lohns. Ein Lohn, der die NSC erfüllt, motiviert die Arbeitnehmer dazu, die vom Arbeitgeber geforderte Leistung zu erbringen.

***Normale Güter*:** Die Nachfrage nach einem normalen Gut nimmt mit steigendem Einkommen zu.

***Offene Stelle*:** Zu besetzender Arbeitsplatz, den eine Firma auf dem Arbeitsmarkt anbietet, indem sie die Stelle z.B. einer Arbeitsagentur meldet oder in einer Zeitung annonciert.

***Öffentliche Güter*:** Güter, bei denen (1) jeder kostenlosen Zugang hat, und (2) keine Rivalität im Konsum besteht, so dass mehrere Akteure das Gut ohne Überfüllungseffekte konsumieren.

***Opportunitätskosten*:** Wert der entgangenen Nutzung eines Gutes oder Produktionsfaktors.

Outside-option Principle: Ein Verhandlungsspiel hat eine Menge zulässiger Lösungen. Vom Markt erzeugte Handlungsalternativen der Spieler beschränken diese Menge der zulässigen Verhandlungsresultate.

***Outsider*:** Nicht organisierte Arbeitnehmer ohne Interessenvertretung, die eine Beschäftigung suchen.

***Pareto-Optimum*:** Eine Pareto-optimale Allokation ist erreicht, wenn kein Akteur besser gestellt werden kann, ohne einem anderen zu schaden.

***Perfektes Kontrollsystem*:** Kontrolliert die Leistung eines Arbeitnehmers kontinuierlich und messfehlerfrei.

***Persistenz der Arbeitslosigkeit*:** Beharrungsvermögen der Arbeitslosigkeit.

***Pfadabhängigkeit der Arbeitslosenquote*:** Die Arbeitslosenquote der gegenwärtigen Periode ist nicht nur von Schocks der laufenden Periode abhängig, sondern wird auch von den Arbeitslosenquoten und damit den Schocks der Vorperioden beeinflusst.

***Pooling-Gleichgewicht*:** Im Pooling-Gleichgewicht eines Versicherungsmarktes bieten die Versicherungsgeber allen Nachfragern die gleiche Police an, da sie die Charakteristika der Kunden infolge verborgener Information nicht zu unterscheiden vermögen.

***Private Information*:** Information, die für Dritte nicht oder nur mit hohem Aufwand erhältlich ist.

***Produktionsfunktion*:** Der Teil der Technologie einer Firma, der die effizienten Input-Output-Kombinationen beschreibt.

***Produzentenlohn*:** Reale Arbeitskosten der Unternehmen einschließlich aller Lohnnebenkosten.

Reaktionsfunktion: Beschreibt die beste Antwort, die ein Spieler auf die Strategien der Mitspieler geben kann.

***Realeinkommen*:** Geld- oder Nominaleinkommen deflationiert mit dem Verbraucherpreisindex.

***Reallohn*:** Geld- oder Nominallohn, deflationiert mit dem Verbraucherpreisindex.

***Registrierte Arbeitslose*:** Diejenigen Arbeitslosen, die bei einem der Arbeitsagenturen als arbeitslos registriert sind. Voraussetzung für die Registrierung ist u.a., dass der Arbeitslose vorübergehend nicht beschäftigt ist und der Arbeitsvermittlung zur Verfügung steht.

***Reservationslohn*:** s. Anspruchslohn

Risikoavers: Risiko wird als Übel betrachtet, weshalb z.B. ein risikoaverser Arbeitnehmer bereit ist, eine Prämie für die Verringerung seines Einkommensrisikos zu zahlen. Die zweite Ableitung der v. Neumann-Morgenstern Nutzenfunktion ist negativ, d.h. der Grenznutzen des Einkommens sinkt.

Risikofreudig: Risiko ist ein Gut, das der Risikofreudige nachfragt und für das er bereit ist, einen Preis zu zahlen. Die zweite Ableitung der v. Neumann-Morgenstern Nutzenfunktion ist positiv, d.h. der Grenznutzen des Einkommens steigt.

Risikoneutral: Risiko ist weder ein Gut noch ein Übel. Die v. Neumann-Morgenstern Nutzenfunktion ist linear, so dass der Grenznutzen des Einkommens konstant ist.

Screening-Spiel: In einem Screening-Spiel ziehen die nicht informierten Spieler zuerst, die informierten beobachten die Angebote, die auf den Markt kommen, und legen danach ihre Antwort fest.

Separierendes Gleichgewicht: Gleichgewicht mit akteurspezifischen Verträgen, die die Teilnehmer dazu bewegen, ihren Typ zu offenbaren.

Signaling-Spiel: In einem Signaling-Spiel ziehen die informierten Spieler zuerst, dann entscheiden die nicht informierten Spieler, welche Strategie ihre beste Antwort ist.

Single Crossing Property: Die Indifferenzkurven zweier Akteure schneiden sich höchstens ein Mal; Bedingung für ein separierendes Gleichgewicht.

Soziale Kosten: Die Summe aller gegenwärtigen und zukünftigen Kosten, die durch eine Transaktion ausgelöst werden, unabhängig davon, wer die Kosten trägt.

Standardisierte Arbeitslosenquote (OECD): Verhältnis der Erwerbslosen zu der Gesamtzahl der Erwerbspersonen.

Steady state: Der Zustand eines dynamischen Systems, in dem sich die endogenen Variablen nicht mehr ändern; wird häufig auch als Gleichgewicht bezeichnet.

Stellenbesetzungsrate: Rate mit der Vakanzen in den Zustand der Beschäftigung übergehen; lässt sich als Wahrscheinlichkeit einer erfolgreichen Stellenbesetzung interpretieren.

Stille Reserve i.e.S. (passive Stille Reserve): Hierzu zählen Personen, die nicht beim Arbeitsamt gemeldet sind, keinen Anspruch auf Arbeitslosenunterstützung haben und nicht erwarten, dass die Arbeitsagentur ihnen eine Arbeitsplatzofferte unterbreiten kann. Dieser Teil der Stillen Reserve, ist nicht direkt messbar.

Stille Reserve in Maßnahmen (aktive Stille Reserve): Hierzu zählen Arbeitssuchende, die vom Arbeitsamt nicht als arbeitslos eingestuft werden, die sich aber entweder in arbeitsmarktpolitischen Maßnahmen der BA befinden, im Vorruhestand stehen, oder Teilnehmer an Vollzeitmaßnahmen beruflicher Ausbildung und Umschulung sowie Rehabilitationsmaßnahmen oder Sprachkursen sind

Stille Reserve: Die Zahl der Personen, die eine Arbeit suchen, aber nicht beim Arbeitsamt registriert sind, oder die entmutigt sind und die Suche nach einer Stelle aufgegeben haben.

Substitutionseffekt einer Lohnerhöhung: Der SE misst die Reaktion auf die Änderung des relativen Preises der Freizeit bei „konstantem Realeinkommen“. Sind die Indifferenzkurven konvex, wird von dem relativ teurer gewordenen Gut (Freizeit) weniger nachgefragt, der SE ist daher mit Bezug auf das Arbeitsangebot positiv.

Suchexternalitäten: Ein zusätzlicher Jobsucher übt auf seine Konkurrenten einen negativen, auf die angebotenen Vakanzen dagegen einen positiven externen Effekt aus. Bei einer zusätzlichen Vakanz sind die Effekte für die Jobsucher vorteilhaft, für die konkurrierenden Vakanzen dagegen nicht.

Teilspielperfektes Gleichgewicht: Strategien stellen ein teilspielperfektes Nash-Gleichgewicht dar, wenn die Spieler die Strategien in jedem möglichen Teilspiel bevorzugen.

Terms of trade**:** Verhältnis der Export- zu den Importgüterpreisen.

Transaktionskosten**:** Such-, Informations-, Vertrags-, Kontroll- und Durchsetzungskosten.

Trennungsrate: Rate, mit der Jobs zerstört, die Stellen vakant und die Arbeitnehmer erwerbslos werden.

Unfreiwillige Arbeitslosigkeit**:** Arbeitskräfte werden als unfreiwillig arbeitslos bezeichnet, wenn sie beim herrschenden Lohn Arbeit anbieten, aber keine Stelle finden; in jedem Zustand des Arbeitsmarktes, der sich links von der Arbeitsangebotskurve befindet, gibt es unfreiwillig Arbeitslose.

Vakanz**:** s. ***Offene Stelle***.

Verbraucherpreisindex**:** Maß für das Preisniveau auf Basis eines festgelegten Warenkorbes.

Verfügbarkeitskriterium**:** Kriterium, das definiert, welcher Arbeitslose der Arbeitsvermittlung zur Verfügung steht. Verfügbar ist, wer eine versicherungspflichtige, mindestens 15 Stunden wöchentlich umfassende zumutbare Beschäftigung ausüben kann, darf und will, Vorschlägen der Agentur für Arbeit zur beruflichen Eingliederung zeit- und ortsnah Folge leisten kann, und bereit ist, an Maßnahmen zur beruflichen Eingliederung teilzunehmen (§ 119 Abs. 5 SGB III).

Versicherungsprinzip: Anspruchsberechtigte müssen durch Beiträge die beitragsäquivalenten Unterstützungszahlungen selber aufbringen.

Vollständige Information**:** Die Akteure verfügen über das gleiche Wissen, es gibt keine privaten Informationen. Das Wissen kann unvollkommen, aber nicht asymmetrisch verteilt sein.

Wertgrenzprodukt**:** Der Umsatz, den eine Firma bei gegebenem Absatzpreis durch Einsatz einer weiteren Einheit eines Produktionsfaktors erwirtschaftet; Produkt aus Absatzpreis und physischem Grenzprodukt.

Stichwortverzeichnis